"十二五"国家重点图书

经济学术译丛

当代制度分析前沿系列

博弈论与社会契约

（第2卷·上）

公正博弈

肯·宾默尔
(Ken Binmore) 著

潘春阳
陈雅静 译
陈 琳

上海财经大学出版社

本书由上海文化发展基金会图书出版专项基金资助出版

图书在版编目(CIP)数据

博弈论与社会契约(第2卷)·公正博弈/(英)宾默尔(Binmore, K.)著;潘春阳等译.—上海:上海财经大学出版社,2016.1

(经济学术译丛·当代制度分析前沿系列)

书名原文:Game Theory and the Social Contract Ⅱ:Just Playing

ISBN 978-7-5642-1875-1/F·1875

Ⅰ.①博… Ⅱ.①宾… ②潘… Ⅲ.①博弈论—研究 ②社会契约—研究 Ⅳ.①F224.32 ②F246

中国版本图书馆CIP数据核字(2014)第073362号

□责任编辑 温 涌
□封面设计 周卫民

BOYILUN YU SHEHUI QIYUE

博弈论与社会契约

(第2卷)

公正博弈

肯·宾默尔 (Ken Binmore) 著

潘春阳 陈雅静 陈 琳 译

上海财经大学出版社出版发行
(上海市武东路321号乙 邮编200434)
网 址:http://www.sufep.com
电子邮箱:webmaster @ sufep.com
全国新华书店经销
上海叶大印务发展有限公司印刷装订
2016年1月第1版 2016年1月第1次印刷

890mm×1240mm 1/32 22.375印张 621千字
印数:0 001—3 000 定价:80.00元(上下册)

图字:09-2001-503号

***Game Theory and the Social Contract*: *Just Playing* (volume 2)**
Ken Binmore

Authorized translation from the English language edition published by The MIT Press.

“当代制度分析前沿系列”总序

林毅夫

这些年来我在各种场合经常讲，中国经济现象是经济学研究的一个大金矿，研究中国的经济问题有可能产生一批世界级的经济学大师。我的信念源自，经济理论的作用在于解释经济现象，其贡献的大小由所解释现象的重要性决定。在现代社会中，各国经济紧密相连，发生在世界经济中心的经济现象影响远大于发生在周边小国的现象。所以，自亚当·斯密出版《国富论》，经济学成为一门独立的社会科学以来，世界级的经济学家大多先后产生于作为世界经济中心的英国和美国。中国的经济规模很有可能在21世纪30年代超过美国，中国将有可能逐渐成为一个新的领导经济学思潮的国际中心。如果我的乐观预测是正确的，中国经济学界的第一个诺贝尔经济学奖获得者，最有可能是从事制度经济学研究的经济学家。

从工业革命开始西方殖民强权兴起，亚、非纷纷继拉美之后沦为殖民地。20世纪初民族自决风起云涌，到了第二次世界大战之后，亚、非、拉等地的被殖民国家终于迎来了民族解放，开始了独立建国后的追赶发达国家的努力。但是，除了东亚的日本和几条小龙外，世界上绝大多数发展中国家和地区不但没有缩小与发达国家的差距，而且这个差距还在不断扩大，到2001年底，世界人口总数为61.3亿人，中低收入国家和地区的人口占了81.5%。怎样缩小差距，甚至赶上发达国家，仍然是当今世界最大的经济问题之一。

根据Robert Solow在20世纪50年代提出的新古典增长理论，发达国家和发展中国家可以采用同样的技术来生产,发达国家资本较多,资本的报酬较低,那么,发展中国家会有比发达国家更高的资本积累,取得更快的经济增长,两者的人均收入差距应该逐渐缩小;然而,许多发展中国家经过三四十年的努力,并未取得预料中的快速增长。由于新古典增长理论不能解释发达国家和大多数发展中国家收入差距的持续扩大,Paul Romer 和 Robert Lucas 在 20 世纪 80 年代提出了内生增长理论,认为一个国家的技术创新速度是由人力资本积累、研究和开发、"干中学"等因素内生决定的;发达国家在这些方面的投资多于发展中国家,因此,技术变迁较快,避免了资本的边际报酬递减,使发达国家经济保持持续增长,并且拉大了和发展中国家的收入差距。然而这个理论也有缺陷,韩国、中国台湾、中国香港特别行政区、新加坡以及后来加入的中国内地等亚洲新兴工业化经济体,在 20 世纪最后 30 年间取得了超乎寻常的经济增长,赶上或大大缩小了和发达国家的差距,但是,这些国家和地区在追赶时期并未在内生增长理论所强调的因素上比发达国家有更多的投资。到了 20 世纪 90 年代末,以哈佛大学的 Dani Rodrik、Andrei Shleifer 和 Daron Acemoglu 等为首的一批经济学家,开始把眼光从资本积累和技术创新转移到制度问题上来,试图用市场效率、政府干预、腐败程度等制度因素来解释发展中国家发展绩效的差异。〔1〕

制度对经济发展的重要性从我国改革前后的经验可以得到印证。主流经济学家间对于市场和政府这两个最重要的制度应该如何发挥各自作用的认识,并没有多大分歧。以世界银行和国际货币基金组织等国际发展机构为主的经济学家,根据主流经济学的认识提出了"华盛顿共识",并从 20 世纪 80 年代初起,以此共识来推动绝大多数发展中国家的经济改革。可是,根据世界银行的经济学家 William Easterly 的研究,1960～1979年间发展中国家人均国民生产总值的年均增长率为 2.5%,

〔1〕 有关这方面的文献回顾,请参见林毅夫和刘明兴为 2003 年 5 月 21 日～22 日在印度举行的第 15 届世界银行年度发展经济学会议所准备的论文《发展战略、自生能力和落后地区的发展挑战》。英文稿可从北京大学中国经济研究中心讨论稿网页下载。

进行了改革后的1980～1998年间增长率反而下降为0.0%。[1] 因此，Easterly将20世纪80年代和90年代称为"迷失的年代"。

"迷失的年代"的出现，反映经济学家虽然已经认识到了制度的重要性，但是对制度是怎么形成的以及怎么作用于经济的了解还远远不足。西方主流经济学是以有效的市场制度为前提建立起来的，直到20世纪60年代以Ronald Coase、Douglass North、Armen Alchain、Harold Demsetz、Oliver Williamson、张五常等为代表的"新制度经济学派"出现以后，主流经济学家才越来越多地将制度作为一个内生变量来研究。然而，发达国家本身的制度已经相对成熟、稳定，少有值得研究的大的制度变迁。从发达国家和发展中国家的制度差异来研究，对于生活、工作在发达国家的经济学家来说，则又受到文化、历史知识的局限，不易把握问题的实质。所以，制度的研究，尤其是一个发展中国家的制度结构如何向一个现代化的市场经济制度体系演进的研究，是一个有待突破的重要领域。

我国从1949年新中国成立以来，经历了从落后的市场经济向计划经济转变，又从计划经济向完善的市场经济转型的经验，等于将发达国家需要几百年时间才能完成的制度变迁压缩在半个世纪里完成，而且，其中还增加了一个非市场经济制度的实验。这些大的制度变革脉络清晰、影响显著、资料易得，不仅可以用来检验现有制度经济学的前沿理论假说，而且可以从中提炼出许多新的理论来解释制度的形成和发挥作用的机制。中国的经济学家在了解中国的社会经济现象上有"近水楼台先得月"的优势，研究这半个世纪以来中国社会经济变革的成败经验，既是关心中国未来命运的当代中国经济学人的使命，也是中国经济学家最有可能对当代经济学做出巨大贡献的领域。

1995年我曾写过一篇"本土化、规范化、国际化"的文章祝贺《经济研

---

〔1〕 William Easterly. *The Lost Decades: Developing Countries' Stagnation in Spite of Policy Reform 1980—1998*. Paper prepared for the Global Development Network meeting in Cairo, February 2001.

究》创刊40周年,强调本土问题的研究,必须置于国际学术界对同一问题的研究成果这一基础之上,才能了解自己的研究对知识增量的贡献在何处,同时也必须按国际学术界前沿的分析方法来表述,才能取得国际学术界公认的成果,并且对国际学术思潮的发展产生影响。这些原则在制度问题的研究上同样适用。

自20世纪60年代以来,当代西方经济学界的制度研究,除了以交易费用为分析工具的“新制度经济学派”外,还出现了以Kenneth Arrow、Frank Hahn、Joseph Stiglitz和George Akerlof为代表的一批当代新古典主流经济学家,或使用一般均衡的分析方法引进交易费用,或从信息的不对称、克服道德风险的角度来研究制度的作用和选择。这一派学者多是一些建立数理模型的高手,文章大多发表在世界顶尖的经济学期刊上。第三个流派是以博弈论,尤其是90年代中后期发展起来的演化博弈论为工具的制度分析,主要代表人物有Ken Binmore、H. Peyton Young、Robert Sugden、Avner Greif等。每一种特定的制度安排都是社会中人们共同接受的制约彼此互动行为的一套规范,它的变革又都是在一定的制度结构、发展阶段中发生,所以这一流派凭借其分析工具之利,最有可能在制度研究上开拓出一片宽广的天地。

1987年我从美国回国之前,为了了解经济改革的实质意义,曾经花了一段时间阅读新制度经济学和Kenneth Arrow、Joseph Stiglitz等新古典主流经济学家有关制度的论著,后来根据我的读书心得以及对政府在制度变革中作用的分析,写了一篇“An Economic Theory of Institutional Change: Induced Change and Imposed Change”,发表于*Cato Journal*上。中文译稿几经周折,以《论制度和制度变迁》为名在国内发表。其后,制度分析成为国内经济学界的一个热门课题,国外的著作纷纷被译成中文,科斯、诺斯成为国内经济学界耳熟能详的名字。不过到目前为止,引入国内的主要是“新制度经济学”的论著,对于新古典主流和博弈论这两个流派的制度分析文献,国内学术界仍然知之甚少。国内有丰富的制度分析的素材,国内年轻的本科生和研究生在数理工具的学习上有先天的优势。

掌握这两个流派的研究成果，并以这两个流派的分析工具来从事国内丰富的制度变迁经验的研究，将会是我国经济学人进军国际经济学术殿堂的一条大道。

复旦大学经济学院的韦森(李维森)教授最近倡议翻译出版一套"当代制度分析前沿系列"丛书，引进近几年西方几家著名出版社出版的博弈论和新古典主流制度分析的经典名著，以推动我国经济学界在制度经济学的研究和分析上再上一个台阶，并邀我为这套丛书写一个总序，我欣然答应。韦森君在国外攻读博士学位期间即已潜心研究当代制度分析的前沿各家论述，后来到英国剑桥大学访问期间更是广泛收集了各个主要学术期刊上的制度分析经典文献。现在，这套丛书经他的策划，即将陆续由上海财经大学出版社出版，这是韦森君为我国经济学界所做的一个新贡献，也是我国经济学界的一件盛事。

译书要做到"信、达、雅"是一件辛苦而又充满挑战的工作。韦森君在教学、研究之余笔耕不辍，随笔文字隽永、发人深省，译著信、达、雅兼备，有上世纪初的译者之风，是主持翻译这套丛书最合适的人选。作为一位关心中国经济学科成长的学者，我感谢韦森君及这套丛书的诸位译者、校者的努力，也期盼这套丛书的读者有志一同，为中国制度经济学的研究走向国际经济学思潮的前沿而努力。

2003 年 5 月 18 日
于北京大学朗润园

译者序

两卷本鸿篇巨制《博弈论与社会契约》是英国伦敦大学学院经济学荣誉教授肯·宾默尔于20世纪90年代完成的学术专著,根据谷歌学术的统计,其引用量迄今已达1 600余次。一个经验规律是,当经济学著作的引用次数超过1 000次时,作者获得诺贝尔经济学奖的概率便显著增加,无怪乎国际学术界一直有一种说法:宾默尔教授是目前英国最后一位有望获得诺贝尔经济学奖的人。在学术研究之余,宾默尔教授还参与设计了英国电信拍卖方案,从而为纳税人节约了350亿美元,一时间誉满全球,可见宾默尔教授不仅仅是一位象牙塔中的理论权威,还是一位充满人文关怀、关注现实社会的学术大师。

《博弈论与社会契约》第2卷"公正博弈"是第1卷"公平博弈"的续篇。简言之,本书的目的在于使用博弈论来研究社会契约,而本书的结论则为,社会契约是无限期重复博弈的一个均衡状态。为了构建其理论,宾默尔教授首先阐释了生存博弈(game of life)的内涵,生存博弈试图刻画人类在没有政府、法律等现代社会制度的条件下所面临的生存困境,可以认为,一切习俗、惯例、法律等社会契约都是从生存博弈中逐渐演化产生的,因而生存博弈是思考人类社会契约的自然起点。这一问题也早已引起哲学家的关注。例如,16世纪的英国哲学家霍布斯将这种生存困境理解为"一切人对一切人的战争"的一个无政府状态。但从博弈论的角度看,生存博弈应该具有一个怎样的形态呢?宾默尔教授认为,生存博弈可能形如囚徒困境、最后通牒、协调问题等经典博弈形态,但他强调,生存博弈符合哪种形态并不重要,重要的是,生存博弈必须存在一个无限期重复的结构,毕竟现代社会的各种社会契约都是长期演化形成的,而非单次博弈的结果。在本书中,宾默尔教授将亚当和夏娃两人参与的无限期囚徒困境作为生存博弈的典型代表。

随之而来的问题是,生存博弈的均衡状态是什么?根据宾默尔教授的理解,直接求解无限期重复博弈具有相当大的难度,因而他借助纳什规划(Nash Program)的思想——无限期重复博弈的非合作解与单次博弈的合作解相重合,于是他通过求解单次博弈的合作解来确定生存博弈的均衡状态,这便解决了博弈论的第一个重要问题——均衡识别。但故事还远未结束,尽管通过这种方式得到的均衡状态往往具有帕累托效率等优良性质,但至少还存在两大问题:第一,这样的均衡状态太多了;第二,其中很多均衡状态与现实中公平导向的社会制度并不相符。究竟哪一个(些)均衡状态会出现在现实中?这便转到了博弈论的第二个重要问题——均衡选择。

解决这个问题殊为不易,因而也是本书的主要贡献所在。宾默尔教授创造性地发明了道德博弈(Game of Morals)这一重要概念,他认为,在每一轮生存博弈之间,都可以插入一个原初状态机制,局中人亚当和夏娃可以进入原初状态,回到"无知之幕"背后,在不知道自己未来身份的条件下进行磋商,以决定下一轮博弈中采用怎样的策略。如果在道德博弈的过程中,局中人没有激励求助于上述原初状态机制,那么此时达致的均衡状态便被定义为一个公平的社会契约。宾默尔教授正是采用道德博弈这一协调机制,解决了均衡选择难题。

毫无疑问,宾默尔教授借用了哲学家罗尔斯发明的伟大工具——原初状态,但必须注意的是,他并没有采用罗尔斯的逻辑,即在"无知之幕"背后的局中人考虑到未来的自己有可能沦为"奴隶"——社会中最弱势群体,因而他们必将达成一个使最弱势群体福利最大化的社会契约,即最大最小原理。但宾默尔教授认为,"无知之幕"背后的局中人依然应该使用期望效用最大化这一贝叶斯准则来思考和决策,因此在求解道德博弈时,宾默尔教授转而借助于哈萨尼规则功利主义的方法。但令人惊讶的是,他发现道德博弈的均衡结局与罗尔斯的平等主义的政策取向不谋而合。直到此时，我们方才理解宾默尔对罗尔斯的评价——直觉正确，但数学糟糕，同时，这也解释了现实中各种平等导向的社会契约。总之，这一发现既在意料之外，又在情理之中，令人拍案叫绝！

综观本书的哲学取向和思想进路，宾默尔教授传承了大卫·休谟自然主义的道德观念，认为道德是随着人类社会发展逐渐演化而来的，从而旗帜鲜明地批判了康德的实践理性哲学和绝对律令的道德法则。同时，宾默尔教授将罗尔斯的政治建构主义和哈萨尼的规则功利主义有机地结合起来，试图消弭两者的巨大鸿沟，从而得到一个思考社会契约问题的统一、内洽的理论框架，这是本书在理论上的重要贡献。

本书也为我们理解政治哲学打开了方便之门。众所周知，政治哲学门派林立、卷帙浩繁，想要理清来龙去脉、前因后果十分困难，造成这种困局的一个重要原因，就是不同学派各自采用一套自己独有的语言体系，相互之间难以对话和交流。宾默尔教授的一大贡献正是在于，他使用当代经济学的统一语境，将穆勒、边沁、哈萨尼、卢梭、康德、柏拉图、霍布斯、黑格尔、休谟、罗尔斯、布坎南、洛克、诺齐克等各种政治哲学思想熔于一炉，并将各种政治哲学的政策取向表达为不同类型的博弈均衡。在阅读本书的过程中，似乎可以感受到不同时代、不同国度的哲学家在同一个殿堂内相互交流、相互辩论，从而在一定程度上打通了不同学派的隔阂，也进一步澄清了不同学派的共同点与差异之处。

笔者与本书算是有些缘分，第一次看到《博弈论与社会契约》第 1 卷的中译本时就被其深深吸引，惊叹于宾默尔教授将深奥的哲学思想寓于简洁的博弈模型中的研究风格。2007 年 5 月，宾默尔教授来复旦讲学，使我们有机会更深入地领略到大师的思想进路与理论逻辑，其深厚学养、睿智幽默以及英伦绅士风范都给在场同学留下了深刻印象。当韦森教授邀请我翻译本书第 2 卷时，我大有受宠若惊之感，便一口答应下来，想集中几个月的时间将其完成，但看完导论之后，才发现翻译这第 2 卷绝非易事，也非一人之力能够支撑，于是我开始邀请青年学者进行合作，但由于工作调整、研究兴趣、科研压力等诸多原因,合作者屡屡变更,时间也越拖越长。最后,复旦大学的陈琳博士和早稻田大学的陈雅静博士先后向我伸出援手,陈琳博士长期研究社会流动与公共政策,并对政治哲学有较多了解,陈雅静博士则是博弈与匹配理论的专家,这才形成了一个知识互补的翻译团队。

尽管在翻译的过程中,我们参考了大量资料并进行过多次讨论,但囿于学术水平,我们难以将宾默尔教授的深邃思想和理论洞见毫发无损地呈现给读者;加之中西文化和语言的巨大差异,也使得我们难以准确捕捉其精彩语境和"笑点"所在,特别是当宾默尔教授阐释英语语法和一词多义现象时,中文翻译更是捉襟见肘、难上加难。

在翻译本书第2卷的过程中,我们感谢韦森教授的支持与鼓励,感谢王小卫、朱国林、李明等青年学者的指导,感谢华东理工大学研究生刘芳、朱仰宾同学在资料收集方面的工作,感谢香港大学的王羽丰老师在翻译冷僻词句方面的帮助。最后,特别感谢上海财经大学出版社编辑部主任袁敏先生,允许我们将译稿一再拖延,以及本书责编温涌女士,她的认真负责和出色的编辑工作为译文增色良多。

在译文即将付梓出版之际,温编辑鼓励我为译文写一篇序言,我又一次不自量力地答应下来,结果可想而知,那便是我将博人眼球的"影评",写成了令人生厌的"剧透",甚至还存在断章取义之嫌。正当我犹豫是否要将本文发给编辑之时,宾默尔教授在《玩转现实》(*Playing for Real*)中的一句玩笑话再次鼓起了我的勇气——"不要向酒吧钢琴师开枪,因为他们已经竭尽全力了"。总之,希望读者不吝赐教,将意见和建议发给我们(alexpanchunyang@163.com)。

潘春阳

2015年8月

于加拿大埃德蒙顿

谨以此书献给我的女儿乔安娜(Joanna)以及她的孩子罗伯特(Robert),他还不知道其他的玩法。

威廉·布莱克的讽喻素描非常著名。这里有一位评论家开始对一个新孕育的想法张开爪牙了。

致 歉

"我不能学它，"素甲鱼(Mock Turtle)叹息了一声说，"我只学正课。"

"正课是什么呢？"爱丽丝(Alice)问道。

"开始当然先学'卷绕'和'翻腾'，"素甲鱼回答说，"然后我们就学各类算计——野心、分心、丑化和嘲笑。"

——刘易斯·卡罗尔(Lewis Carroll)，
《爱丽丝梦游仙境》
(*Alice in Wonderland*)

《公平博弈》作为《博弈论与社会契约》第 1 卷，以老套的致歉方式开头，其中，我对许多事情表示了歉意：在道德和政治哲学方面我是个外行；叙述方式既琐碎又冗长；有时过分数理化，有时又不够数理化；诸如此类。在第 2 卷中我没有新的事情需要道歉了——如果有的话，那就是我花了那么长的时间去撰写它，以及我错误地判断了向自己承诺的章节长度。尽管如此，为我以前的过失致歉只不过是一个幌子，其实我是想利用这个机会来回应第 1 卷所引发的一些有关方法论的批评。

在经济学界流传着一个传奇故事，讲述的是一位审稿人以论文结果错误为由做出了拒稿的决定。作者通过明确驳斥审稿人所举出的反例来进行回应，但审稿人再次拒稿——这次的理由是，他认为结果正确但并不重要。这样的审稿人一定能在我这本书里施展才华，因为他一定能公正地断言这本书既不正确又不重要。

如果这本书被解读为对社会运作方式的一种描述,那就错了,因为它所运用的分析模型太过简单,以至于并不能达到捕捉人类全部经验的丰富与多样。但是,谁又能试图通过保留真实世界的所有复杂性来研究整个世界并获得进展呢?为了获得进步,我们除了压缩一些看似不重要的事物,别无其他选择。其导致的模型在一定范围内可能是错误的,因为它并不能作为现实的完全代表。但是,指出世界要比我们用以研究它的模型复杂得多这一显而易见的观点,实在是毫无趣味可言。令人感兴趣的问题在于,我们能否找到一些足够接近真实世界的简单模型,以使得它们的分析与真实问题紧密相关?如果不能,那么得到有价值的结论的希望就会十分渺茫——因为没有人能在学会解决简单的问题之前,成功地解决复杂的问题。

尽管本书不时地以数学的方式呈现,但它并不重要,因为其结论或多或少能够从假设中直接得到。如果我对即将出现的内容的警告还不够充分,那么那些读过第 1 卷并希望学到深奥定理或巧妙论证的读者的确应该得到一个真诚的道歉。然而从我的角度来看,在政治哲学发展的当前阶段,其完全不需要深奥的定理和巧妙的论证;缺少的是一个与人类进化史的现代发现大致吻合的综合而系统的分析框架,如果具备这一框架,我们就能够在争辩伦理问题时站稳脚跟。

因此,我撰写本书的目的完全是平凡的。我想要证明,存在用一种连贯一致且合乎科学的方式来思考道德和社会改革问题的可能性,但这意味着要吞下一些苦药,因为一些深受喜爱的哲学传统理论与其他理论并不相容。不过在完成了必要的筛选之后,前进的道路往往变得越发宽阔。例如,我认为罗尔斯(Rawls)的《正义论》(*Theory of Justice*)在引入原初状态这一概念时采用了康德(Kant)传统从而误入歧途。我相信,出于各种不同的原因,罗尔斯的思想具有直觉上的吸引力,它充当了一个公平规范的特征化的描述,实际上这一公平规范是由于一些合理的生物学原因而在人类社会中演化生成的。如果我们能够接受这一观点,那么我们就不需要遵循罗尔斯,并强调公民应该将自己视为被原初状态中达成的交易条款所约束。当描述决策是如何在“无知之幕”(veil of ignorance)背后做出时,我们也不可能接受罗尔斯关于标准贝叶斯理论的反对意见。但是,一旦改写原初状态的思想以使其能够接纳这些以及其他的观点,那么论证罗尔斯关于在大型社会中公平规范运作的基本直觉是否正确就变得无关紧要了。

我可以理解某些人的失望之情,他们认为本书无足轻重或者错漏百出,但是我难以苟同一些批评家对我的方法的否定意见,他们认为我的方法与其说是平庸或错误的,不如说是幼稚或荒谬的。实际上,已经有不止一位政治学家公开控诉我逻辑上的不连贯。这些场合是令人尴尬的,因为与一位未受过训练的对手辩论逻辑,就像与一位决心要死在你的剑上的敌人展开决斗。我坚持认为,没有任何理由为自己所做的努力而道歉,因为我保证本书中所展现的思想并不会自相矛盾。专业的哲学家们根本不需要提醒就知道获得大众的认可是多么轻而易举,他们可以告诉人们喜闻乐见的事情,或者通过各种故弄玄虚的手段来掩盖逻辑不一致的地方。但是,我对于玩这种游戏毫无兴趣。因此,有时候我必须为包括我自己在内的每一个人都倾向于认为是错误的命题进行辩护。但实际上,没有人会喜欢一个最终不能用反证法来论证的结论。

对于那些认为我的结论与其说是错误的还不如说是荒谬的观点,我大可以不屑一顾,但当我的方法被斥之为幼稚时,我发现想要恰当地回应就比较困难了。我那不谙世故的背景无疑是值得道歉的,这使我难以用一种更能令人接受的形式来包装我的思想。但我认为,这种从零开始重新思考一个理论的天真行为是令人钦佩的。至于我缺乏世故,从道德和政治哲学的许多传统观点来看,我确实是一位“摩西奶奶”(Grandma Moses)。而且像我这样一个头脑简单的人,总是不知道哪些权威人士可以放心地去藐视,而哪些则必须以尊敬的口吻来提及。我鲁莽地对待诸如大卫·休谟(David Hume)或者伊曼努尔·康德(Immanuel Kant)这类高贵的人士,就仿佛他们占领了大厅对面的办公室,而我提出了我自己关于自由意志等的观点,就仿佛我可以与他们平起平坐。这里,我受到波普尔(Popper)[408]的鼓舞,他简洁而稳健地阐释了柏拉图、黑格尔和马克思的哲学思想。我仍然记得在读他的《开放社会及其敌人》(*Open Society and its Enemies*)时所感受到的那份轻松,因为我发现竟然也有人注意到柏拉图是一个法西斯主义者。〔1〕

如果我在一个不同的传统环境中长大,那么我或许会学着更加尊重权威——但我并不希望如此。当我阅读那些著名哲学家的作品时,有时候我几乎不敢相信如此以次充好的论据能经得起时间的考验。对于像我这样的一个外行人来说,这些作品似乎仍然是经典教义的一部分,这仅仅是因为内行们已经演化出一种奥威尔式(Orwellian)的说辞,使人们无法表达明确的反对意见,否则就会被归为幼稚或者愚蠢。〔2〕特别地,一种强烈的趋势是,当一些简单的解释性模型不能验证传统智慧时,这些模型就会被贴上幼稚的标签。但当复杂的模型是如此难以驾驭以至于我们难以用其进行分析时,我们还采取这样一种世故的态度又有什么意义呢?在这样的情形下,我们别无选择而只能采用对真实世界扭曲程度最小的简单模型来进行研究。毫无疑问,我对自己所引入的简化方式做出了错误的判断。或许,我为了确保只留下那些用来得出结论的必要论据,而进行了过度的简化。然而,上述任何一种考虑都不应该立刻被斥之为幼稚。毕竟,阿尔伯特·爱因斯坦(Albert Einstein)在建立狭义相对论的时候也成熟不到哪里去。

最后,我不得不承认最近我刊登在《伪君子专栏》(*Pseuds Corner*)上的一部分散文式的文章还是多少经过些打磨的。〔3〕但我希望我的那些

〔1〕 波普尔开篇便引用了柏拉图关于领导力问题的观点。根据柏拉图的《理想国》(*Republic*),每个人都需要一个领导;不经允许,没有人可以"起床、活动、梳洗、吃饭"。但是,我们的孩子们却被持续不断地灌输这样一种理念,即柏拉图是第一位,也是最伟大的自由主义先知。

〔2〕 我们都很熟悉一种标准的训练技巧,即通过宣称"你以后会明白的"来打消孩子们对广泛接受的正统观点的质疑。但是,当相同的问题在一个较为高级的课程中被提及时,则会被斥之为幼稚。

〔3〕《私家侦探》(*Private Eye*)是一本有些臭名昭著的英国讽刺杂志,其致力于在这一专栏中取笑那些不靠谱的、虚伪的和爱装腔作势的人。

更为老练的读者能够欣赏我试图照亮论点的辞藻华丽的章节，实际上，这些论点有时引出的只是一丝苦笑。我知道偏离受人尊敬的知识探究的刻板形式所带来的风险。为什么穆勒(Mill)和康德能享有学术严谨的声誉，而边沁(Bentham)和休谟则不能呢？但依我所见，那些对待学术异常严肃的头脑并不适宜挑战传统智慧，无论他们用什么方式表达。

我知道我试图在写一篇致歉的短文，但结果却是狡辩多于歉意。尽管如此，正如在第1卷中那样，我只是对批评家们的正确意见太过敏感了，他们认为我写的主题已经超出了我的能力范围。约瑟夫·哈林顿(Joseph Harrington)、拉里·萨缪尔森(Lary Samuelson)、乔·斯维尔兹宾斯基(Joe Swierzbinski)以及约翰·维马克(John Weymark)帮助我搞清楚了一些问题，并且我也确信，在那些超出他们知识范围的问题上，我必然还会迷失方向。对于那些愿意通过进一步指出事实和判断的谬误之处以建设性地帮助我的人们，我更是感激不尽。

系列前言

麻省理工学院出版社"经济学习与社会进化"系列丛书的出版，反映了目前学界对人类相互作用动态的研究兴趣又开始广泛地复苏了。这一问题为经济学家、心理学家、生物学家、人类学家以及其他学者提供了一个宽广的平台，这一平台的共同目标意识是如此强烈，以至于传统的学科分界线已经开始融化。

在这一系列中，一些著作是理论研究，还有一些著作则是哲学类的或某些概念框架。一些著作聚焦于实验或经验研究，一些著作则是具有相同主题和相关评注的论文集，还有一些著作具有解释性的特点。此外，还有一些著作将新的想法首次曝光。不过所有著作都会有两个统一的主题：一是拒绝某些过时的概念，我们可以放心地忽略那些远离均衡的概念；二是认识到采用模糊的语言以描述有限理性和自发秩序已经不合时宜。正如所有的运动那样，是时候把肉放在餐桌上了——而对于我们来说，这一时机便是现在。

对于那些紧跟时代思潮，并愿意成为本系列丛书作者之一的学者们，我们诚挚地邀请您提交您所构思著作的写作提纲。我们期待，在我们的理念框架下，相关研究能够百花齐放。

肯·宾默尔

伦敦大学学院经济学习与社会进化中心主任

The descent of Man into the Vale of Death

'Tis here all meet'

在投入一段漫长而又疲惫的旅行之前，你最好能够确定，你被引导的方向就是你想要去的地方。

阅读指南

又是一本可恶的砖头书。总是乱涂乱画、乱涂乱画、乱涂乱画！啊，吉本(Gibbon)先生？

——威廉(William)，格洛斯特公爵(Duke of Gloucester)

我们要读多少？

正如我在第1卷的阅读指南中所解释的那样，那些阅读了本书中每一个字的读者，就像走上了一条狭窄而蜿蜒的小路，是那么漫长，有时还会遭遇挫折。书中不但存在迂回曲折的长篇大论，使很多读者感到毫无必要，而且我还一遍又一遍地重复着真正重要的思想，因为我对被人误解深感厌倦。而且除了直截了当的重复，我也找不到其他方法来强调，我所说的就是字面上的意思。对一种思想的循环重复经常会由于语境的变化而变得不那么引人注目，但我不能保证其总是如此。总之，尽管我希望我写的每项内容总能激起某些人的兴趣，但是仍然存在很多章节，即使是最认真的读者也想要跳过不读。

一些"无情无义"的读者会跳过相当多的内容，除非有什么内容能够直接触动他们自己的兴趣。怀着这种信念的读者将会在第4.6～4.8节中找到我的理论核心。经济学家很可能不需要参考先前的资料就可以搞清楚论证的过程，不过如果能预先阅读第2.5～2.7节，那么必定是有帮助的。演化生物学家似乎花费了相当长的时间以重新发明出博弈论专家转动了几十年的方向盘。我特别想要将他们的注意力吸引到第2.4～2.5节关于均衡选择、亲缘关系和重复博弈的讨论上来。演化心理学家也可以在第3.4～3.5节和第4.4～4.5节中找到与他们的学科相关的内容。如果对第4.5节中关于人类学的思索有任何反馈意见，我将感激不尽。政治哲学家可以通过阅读第4.10节来试试水的深浅，在这节中，我同时展现了自己激进的雄心壮志，以及我对现存理论缺陷之处的清醒认识。那些为了讥讽伦理学的自然主义理论而到处寻找武器的道德哲学家们，我建议你们从第2.4～2.5节、第3.2节以及第3.8节开始阅读。

为了帮助更多认真专注的读者在本书中找到自己的阅读方式，我使用下述三个符号来区别段落之间的差异。第1卷的阅读指南详尽地解释了它们的内涵。总而言之，请允许我这样来说，第一层次的材料提供了本书的核心内容；而技术性和解释性的材料则在第二层次中给出；第三层次的材料几乎都是讨论一些哲学问题，它们对于论证的主旨只是起到推波助澜的作用。

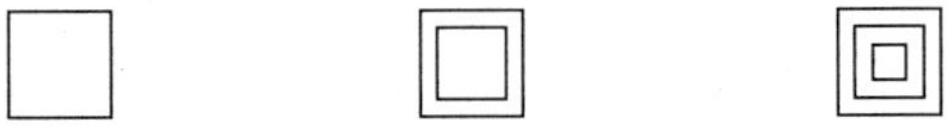

（a）第一层次　（b）第二层次　（c）第三层次

我们已走了多远？

我建议专业的博弈论专家可以完全跳过第1卷。那些相信我的话的人将会发现，第2卷的导论部分对第1卷所采用的一般性方法进行了简短的综述，但是，阅读第1卷所涉及的关于技术性问题的指导，以及那些留待第2卷来处理的问题，仍然是有助益的。

本书的导论部分简短地概述了本书所捍卫的理论。第1卷的大部分内容致力于扫清对博弈论的诸多误解，这些误解为博弈论在道德哲学中的成功应用制造了困难。特别地，第3章耐心地总结了与囚徒困境相关的各种谬误,并希望能够让读者们相信,这些谬误不仅是错误的,而且如果能够首先集中精力搞清楚基础模型,就不会产生这样的谬误。类似地,第 4 章回顾了正统的贝叶斯决策理论。人们对这一理论存在广泛的误解,即使那些在研究中使用这一理论的学者们也是如此。然而,如果有人坚持认为,例如,一个理性人选择 a 而不是 b,是因为他从选择 a 中获得的效用要高于选择 b,那么我关于效用人际比较的方法就会变得毫无意义。其实恰恰相反,我们将一个更大的效用赋予 a 而不是 b,是因为人们在可以选择 b 的情况下选择了 a。

尽管第 1 卷的大部分内容都是解释性的,但是它也涵盖了第 2 卷所要展示的理论根源。这些理论根源可以在哈萨尼(Harsanyi)[223]和罗尔斯[417]的社会契约理论中找到。〔1〕 这些理论都采用了罗尔斯所谓的原初状态的机制,来决定怎样的社会契约才应该被认为是公平的。这一工具要求所有公民将自己想象为,在掩盖了他们当前和未来的社会角色的"无知之幕"背后,对运行哪一种社会契约进行讨价还价。由于这些理论在解释为什么在这种假设环境下所达成的交易条款应该被作为义务而强加于公民的头上时,都需要诉诸康德,因而我将这些理论都视为形而上学的。

第 1 卷的图 1.1 意图澄清哈萨尼和罗尔斯形而上学理论的争论,其从第 1 卷第 1 章开始,并在多次中断之后,在该卷第 4 章中进行了总结。该图的一个更为详尽的版本如下所示。

路径 1 代表了罗尔斯青年时期所捍卫的平均主义,〔2〕展示了他追随先哲的足迹,从洛克、卢梭到康德——尽管最后一位对他的影响是最为显而易见的。

---

〔1〕 尽管需要注意的是,我不允许自己在阐释自由理念的时候过分关注自由;哈萨尼甚至不愿意被称为一位契约论者。

〔2〕 多年以来,罗尔斯[417,419]的思想经历了多次彻底转变。他最近的著作《政治自由主义》(*Political Liberalism*)最终放弃了他在《正义论》中构建的"道德几何学"课题。当罗尔斯在没有进一步条件限制的情况下被提及时,我想到的总是罗尔斯青年时期的观点。

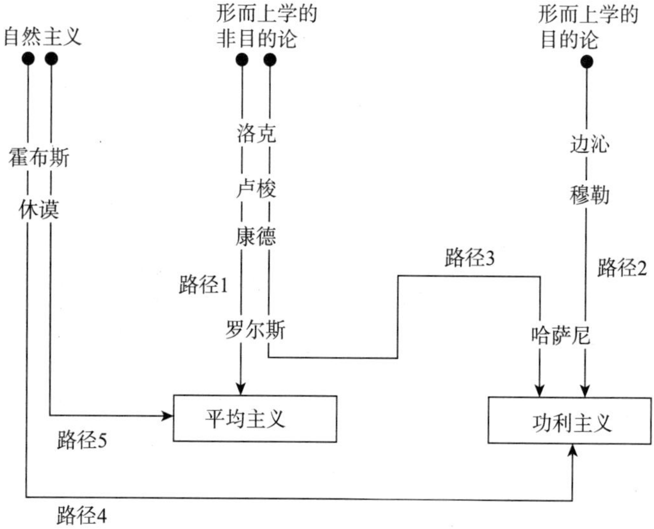

相互对立的社会契约理论

略显另类的是,我将哈萨尼[233]对功利主义的辩护分为目的论和非目的论。目的论将社会应该努力争取的一个先验的善的存在性作为其理论基石。于是,提出这样一个理论的形而上学者所面临的难题便是,如何刻画这种善的本质?非目的论则将一个社会做出决策所依赖的过程视为理论基础。在这样一个理论中浮现的一个共同善函数(common good function)并不存在因果的作用。我们可以简单断言,使用我们所研究的过程就好像是在最大化一个特定的共同善函数那样行为。在罗尔斯自己的形而上学的非目的论版本中,他将自己描述为:利用原初状态这一工具以使康德的绝对命令(categorical imperative)可操作化,进而从正当(Right)中推导出善(Good)。

路径2展示了哈萨尼目的论的一个变种,这一理论直接从边沁和穆勒的传统中衍生出来。路径3则展示了非目的论的一个变种,在某种程度上,我将其归为康德构建主义的一种,并认为它与罗尔斯的路径1具有相同的哲学渊源。

区分路径 1 和路径 3 的根据在于,罗尔斯和哈萨尼在不确定的情形下构建理性选择的不同方式。哈萨尼[233]在这一问题上完全是循规蹈矩,而罗尔斯[417]则显得标新立异,因为他坚持使用最大最小准则(第 1 卷第 4.6 节)。除非我们遵循罗尔斯,认可他打破传统并否定贝叶斯决策理论,否则我们就必须将路径 3 视为路径 1 的正确版本。也就是说,罗尔斯所采纳的康德建构主义将他导向功利主义。

路径 1、2、3 被贴上形而上学的标签,是因为它们都假设公民神秘地受到其社会契约条款的约束,并且都没有提出任何关于执行假设承诺的机制。有时候,人们通过求助于康德,以试图论证必要的承诺假设,但至关重要的是,我们必须领会到,我们不能在接受康德关于理性本质观点的同时,还相信博弈论是有价值的。以我所见,康德对理性的论证之所以没有被沦为笑柄,仅仅是因为他采用了如此晦涩的语言来表达,以至于所有人都如坠云雾。

我自己的方法完全不是形而上学的。我遵循大卫・休谟,采取一种完全自然主义的道德观念。根据这种观念,所谓道德准则,是某种随着一个社会不断积累经验而生长起来的东西。采纳这样一种休谟主义的立场并检验其导致的后果,便是第 2 卷的主要任务。幸运的是,扬弃康德而遵循休谟并不意味着我们会丢失在路径 1、2、3 中学到的知识。事实上,哈萨尼非目的论的路径 3 为第 2 卷所要研究的两条新路径提供了重要基石。

路径 4 在本卷第 2 章中进行研究。它与路径 3 的不同之处在于,它在解释为什么原初状态中达成的假设交易的条款能够约束一个社会的公民时,完全放弃了形而上学的伪装。相反,一种承诺机制以一个慈善且清廉的政府的形式被假设出来,且这一政府中的官员处于他们所管理的社会之外。于是,我们可以致力于分析社会演化是如何决定社会进行人际效用比较的方式的。

路径 5 代表我自己深思熟虑的观点。它会在本卷第 4 章中进行研究。由于一个稳定的社会契约的条款必须包含社会的官员及其普通民众,因而从第 3 章起,我们完全放弃了承诺假设。但是,在没有外部执行机构的情况下,唯一可行的社会契约必须是能够自我监管的。系统地应用这一原理给我们带来了深远而广泛的启示。我们不会像在路径 4 中那样被引导至一个功利主义的结论;相反,我们会被引导至一个平均主义的结局,而这一结局正是罗尔斯在其路径 1 的研究中致力于辩护的。

目 录

在威廉·布莱克的这幅最为著名的画作中,其所设定的场景要比接下来的“导论”一章中所设定的场景具有更大的规模。

导 论

设定场景

早期的人类很快发现了一个重要的一般性规律，一切都有价，一切都可以买卖。这里，我们拥有关于正义和所有公平游戏的最为古老且最为天真的标准……在这一层次上，正义是在权力大致相等的人们之间运行的善意，他们随时准备让步，随时准备达成妥协——或者，在其他情况中，他们被迫接受了这样一份妥协。

——弗里德里希·尼采(Friedrich Nietzsche)[386, p. 202]

0.1 走向何方?

这是两卷本《博弈论与社会契约》的第2卷，在这本书中，我试图从博弈论的视角来探索社会契约问题。本章导论将帮助新的读者做好准备。

我建议那些熟悉博弈论的读者可以跳过第0.2节的内容。而那些对自己掌握的博弈论知识缺乏信心的读者不妨花点时间去浏览第0.4节及其之后的内容，那将会对你有所帮助。而在第0.3节中，我试图将我的研究与更为传统的方法联系起来，估计这只会让专业的哲学家受益匪浅。

0.2 妥协的艺术

外交恐怕是一门妥协的艺术。如果是这样的话,那么冯·克劳塞维茨(von Clausewitz)[125]教导我们,战争仅仅是利用暴力手段去达成妥协的一种企图。我不但没有被这种现实政治(realpolitik)所震惊,而且我还认为冯·克劳塞维茨有些行之不足。所有稳定的人类关系毫无例外地表现为一种妥协——包括战争之后在胜利者与被征服者之间建立的临时协定(modus vivendi)。在这种协定中,双方的力量可能极不均衡,但即便是一个奴隶也不会完全没有权力。只有愚蠢的主子才始终不能理解通过减少鞭打以诱使奴隶为自己努力工作的道理。那些没有遏制住自己野蛮冲动的主子们将会发现,自己其实坐在火药桶上。

这似乎有点奇怪,像我这样的自由主义者还要引用马基雅维利式(Machiavellian)的政治观念来开始写作这部关于正义和公平博弈的书。我们渴望根据历史的教训来反思美利坚共和国开国元勋们的思想,但我们不应过于拘谨,不管我们把自己归为古典自由主义者还是现代辉格党人(whigs),〔1〕我们都致力于复兴冷静而理性的方法,以变革由光辉的

〔1〕 辉格党原本是英国的一个政治党派,于 17 世纪兴起并致力于反对托利党(Tories)。现代的保守党是托利党的直系后代。辉格党后来被现代劳工党所击败而变得无足轻重,但辉格党的残余势力存活了下来并形成了自由党,在与社会民主党联合之后,一直作为自由民主党而存在,这一社会民主党是由于劳工党在某段时间危险地倾向于极左派而分裂出来的。然而,近年来,劳工党相比自由民主党,似乎变得更像辉格党了。

在美国历史上也曾出现过辉格党,其特征与英国的辉格党大体类似。但它反对安德鲁·杰克逊(Andrew Jackson)总统关于使用总统否决权的专制创新。在加入新兴的共和党之前,亚伯拉罕·林肯(Abraham Lincoln)也属于辉格党,但是现代的共和党似乎已经在很大程度上忘记了自己的辉格党根源。

苏格兰启蒙运动所造就的当今世界。如果允许将感情的色彩染于我们对人性本质的理解之上，那么我们便即刻偏离了这一传统。每个人都希望人类应该演化得更高尚一些，但如果我们允许用自己的喜好去影响我们对客观事实的信念，则并不是明智的。

与麦迪逊(Madison)[215，p. 268]一样，现代辉格党人坚信，正义是政府和公民社会追求的目标。正如他所说，正义曾经是，也将永远是人们追求的目标，直到我们获得了正义或者失去了自由为止。但是，如果我们对人的本性存在不切实际的幻想，那么我们将无法建立一个公正的社会。正如麦迪逊[215，p. 259]所言："一个哲学家的国度与柏拉图所希望的哲学王(philosopher-kings)种族一样，都没什么值得期待的。"

0.2.1　高跷上的胡言乱语

坚持认为大自然使人们成为兄弟姐妹这一观点自然毫不费力，尽管我比任何人都反感这一观点。严格地说，人们的兄弟情谊完全是人类的发明。至于大自然赋予我们的那点人情味，她的意图仅仅是让人们养育其周围和亲密的人，而不是以某种方式将产权观念以及公开自己的看法而不必担心遭到报复的权利写入我们的基因。大自然其实根本不知道

接上注

托利党和辉格党分别代表了什么？语源学对于回答这个问题无能为力，因为一个"托利"(Tory)原指一个爱尔兰乡巴佬，而一个"辉格"(Whig)原指一个苏格兰盟约者。即使宣称埃德蒙·伯克(Edmund Burke)属于辉格党也没有帮助，他被认为是现代保守主义的开创者。又或者大卫·休谟，他的思想为我形成自己的辉格主义理念提供了灵感，但在当时，他被认为是一个托利党，因为他公开承认对查理一世抱有怜悯之心。注意到辉格党在传统上与1688年的光荣革命存在关联，将是十分有益的。在光荣革命中，天主教徒和独裁者詹姆斯二世(James Ⅱ)被驱逐，而新教徒和具有宪政思想的威廉三世(William Ⅲ)则得到支持。但即使在这一点上，也是一潭浑水，因为如果没有大多数托利党人的合作，这场政变不可能不流血。但是，政治家将历史的事实置于他们创造的神话之下。根据民间智慧，我们辉格党人追求经济和政治自由、勤俭节约、自我帮助，以及机会平等。我们的敌人不是政府大手花钱并意图培养阿谀奉承的公民的倡导者，就是专制政府和古代特权的腐败的支持者。

诸如生命权、自由权以及追求幸福的权利这些所谓的天赋权利。〔1〕我们学院的创始人杰瑞米·边沁(Jeremy Bentham)[53]就直截了当地认为:"自然权利(nature rights)纯粹就是胡言乱语:自然的和不可剥夺的权利,辞藻华丽的胡言乱语——高跷上的胡言乱语。"

作为开国元勋自然不需要被告知,人类社会中的权力只能通过某种抗衡力量而得以控制。如果认为,是我们对抽象道德观念的坚持与恪守才使得人类文明没有陷入混沌,那么简直是在自欺欺人。一种文明能够成功地存活下来,是因为那些具有影响力的权力愿意向自己的竞争对手做出妥协;而符合道德的行为并不能超越妥协的功能。相反,我们人类道德的演化,恰恰是因为一个成功的人类社会需要将妥协制度化(institutionalize),以便道德运行。

无论是左派还是右派,都不会愿意去接受这个结论。社会主义者认为,坚持改革是符合道德的,但在长期,改革注定会失败,因为它们忽视了权力的现实性。保守主义者抵制改革,因为在他们的想象中,道德在于对规则的遵守,但这些规则从过去演化而来并维持着与现在毫不相关的权力结构。其实双方仅仅是想要通过宣称对手不道德以抹黑对

〔1〕这并不意味着我们不在讨论一些真实的事物,例如,当我们说到亚当有权利将夏娃排斥在他的财产之外时。然而,仅仅从字面上去理解这样的表述是错误的——正如我们从字面上理解"自然界厌恶真空"这一命题是错误的一样。例如,梅纳德·史密斯(Maynard Smith)[347]描述了动物为争夺领地而进行的博弈。在经过一场对抗之后,如果没有一个动物获得明显的战斗优势,那么往往是新来者选择放弃。如果这些动物是人类的话,我们可能会将上述现象解释为,第一个来的动物有权利拥有这块领地——或许是通过他的劳动与土地的洛克式(Lockean)混合,而入侵者选择退却是因为承认了这种权利。但事情的真相或许要平凡得多。每一个动物都被设定程序以最大化其生物适应度。当两个动物同时达到最优时,其结果必然是它们所玩博弈的一个均衡。但是,我们在此考虑的博弈有多个均衡点。其中一个均衡点要求新来者选择退却,正如我们经常观察到的那样。然而,也存在一个与其相对的均衡点,要求首先来到领地的动物选择退却。通过演化动力的运作,动物们被设定程序以选择在第一个均衡点上进行协调。但是,如果它们能够检查自己的行为,它们不太可能在第一次尝试中就偶然发现了这个解释。它们或许会像我们的祖先那样,根据寮屋居住权想出另一个解释。如果演化成功地使得行为在第二个均衡点上进行协调[伯吉斯(Burgess)[108]],他们当然会创作出其他的故事——或许是关于新来者能够在任何一片土地上放置寮屋的权力。需要指出的是,这样的解释能够相当成功地描述实际发生的情况,但这并不意味着,它们能够描述情况发生的原因。

方而已。但是,辉格党人不必对上述争执感到不安。在他们引以为傲的历史上,并没有太多左派和右派的东西。即使按照他们自己的有缺陷的标准,我们社会中一切具有持续价值的事物都是由遵循辉格主义原则的改革家带来的,亚当·斯密[500,501]也曾从辉格原则中汲取灵感,从而成就了他的两本皇皇巨著:《国富论》(*The Wealth of Nations*)和《道德情操论》(*The Theory of Moral Sentiments*)。

0.2.2 社会契约

用博弈论的术语来说,那些左派和右派犯下的错误是因为混淆了一个特定社会中所进行的品德博弈(morality game)和生存博弈(game of life)之间的差异。生存博弈可以随着时间而变化,但是我们无法随心所欲地改变它的游戏规则。生存博弈的游戏规则是由下列因素决定的:物理学和生物学的规律、地理和人口统计学的因素、技术和生理的约束,以及其他一切对我们自由行动构成实质性制约的因素。

另一方面,品德博弈的规则无疑是人类的发明,或者说是社会演化的结果。我们曾经改变过这些规则,也必将在未来继续改变它们。此外,辉格党人应该对它们的延展性感到高兴。如果我们不能改变品德博弈的规则,那么所有辉格式的改革热情都必将付诸东流。

但是,我们无法制定计划去改革当前社会所运行的品德博弈,除非我们首先理解这一博弈在维持社会运行过程中所发挥的功能。这里,我加入了由休谟(Hume)[267]和一些现代学者组成的队伍,其中包括艾克斯罗德(Axelrod)[31]、比基耶理(Bicchieri)[60]、吉伯德(Gibbard)[205]、哈蒙德(Hammond)[218]、克林姆(Kliemt)[307]、肖特(Schotter)[467]、斯科姆斯(Skyrms)[499]和萨格登(Sugden)[511],他们将冯·诺依曼和摩根斯坦(Von Neumann and Morgenstern)[538]的博弈理论视为表达休谟思想的合适工具。

重复博弈理论的无名氏定理(The Folk Theorem)告诉我们,人必须预期到生存博弈存在很多个均衡点。当每个人都为自身的利益而行动,并假设别人也会那么做时,这些均衡点就会出现。在这种背景下,每一个均衡点都代表了某种形式的妥协。但如果说是个人利益引导人们走向妥协,那远非故事的结局。相比而言,有一些均衡状态的确对每个人都更为有利。〔1〕在这种环境下,每个人都偏好的妥协方式被认为是相对其他妥协方式的帕累托改进。例如在交通博弈中,如果我们每天早上通过相互独立地掷硬币来决定今天是靠左行还是靠右行,那么这的确也是一个均衡状态。但如果我们统一都靠右行,则对大家都有好处。但是,如果想要维持这样一个帕累托改进的均衡,我们都需要参与到一个合适的协调公约(coordinating convention)中去。

我把在一个社会中运行的并被普遍理解的协调公约的集合视为这个社会的"社会契约"(social contract)。没有人会受到这样一个社会契约条款的实质性限制。它仅仅有助于协调生存博弈均衡状态中的行为。因此,幸存下来的社会契约并不依赖于某个外在实施机制的支撑。在一个良序的社会中,每一个公民都会遵循社会契约,因为那样做符合公民自身的利益,假设有足够多的公民也会这么做。〔2〕

---

〔1〕 例如,霍布斯(Hobbes)[251]强调,一个以专制主义国家为代表的均衡,相比一个从属于自然状态的均衡,会对每个人都更为有利。尽管我很崇拜霍布斯,但我认为,他对自然状态的观点,以及对其他备选均衡范围的观点都是错误的。

〔2〕 沿着这条思路,我同意休谟[267, p. 280]在提出下述问题时心中拥有的答案:"除非它可以证明其推荐的所有义务也都是每个人的真实利益,否则哪一种道德理论会具有实用价值呢?"这一休谟主义立场对于那些更为传统的道德家来说则是一个诅咒。例如,高德(Gauthier)[196]在其书的开头部分便针对这一论题旗帜鲜明地驳斥了休谟。另一些学者则走得更远,甚至宣称只有那些要求实际行为违背个人利益的规则,才能够被合理地称为道德。这些极端的观点对于自利本质概念的理解要比我狭窄得多。但是,即使传统的道德家们在这一点上拓宽了他们的视野,我也仍然会站在他们的对立面。如果他们的直觉来源于对人类行为的观察,那么我怀疑他们犯了一个错误,那就是混淆了人们的语言和行为。支配我们实际道德行为的规则要比我们的意识心智乐于接受的规则复杂和微妙得多。事实上,我认为,传统的民间智慧在道德问题上忽略了很多我们的道德行为,因为实际使用的道德规则是如此顺畅地协调我们的行为,以至于我们丝毫没有意识到存在协调失败的风险。传统主义者倾向于强调,只有当规则被误用并且被运用于并不适应的情势中时,才会展开一场道德博弈(第 1 卷第 2.3.3 节)。为了从这样的情势中推断其规则,他们将无法避免地产生扭曲,这种扭曲与我们试图从观看辛普森卡通连续剧中推断出正式礼仪规则所产生的扭曲是相同的。

为了在维持社会契约中尽到自己的职责，一个社会的公民需要规则来规范自身的行为。其中，一些规则被奉为法律，一些规则被视为部分社会道德准则，而其他一些规则被归类为时尚或习俗，但还有一些规则却被理所当然地忽视了。我在定义一个特定社会的品德博弈时，将涉及所有这样的规则。本书的一个重要目的便是去揭示，一个社会的品德博弈是一个人造产物。正如下棋一样，我们遵守它的游戏规则并延续至今，因为我们选择去遵守它。其实在下棋的时候，我们完全有能力把“象”当“马”来用，这样在品德博弈中，我们就可以偷窃、欺诈、背信弃义、说谎、超越界限，或者用刀吃豌豆。但理性的人并不会选择欺诈行为，这只是因为他们都遵守交通信号。正如交通信号一样，一个品德博弈是一种协调装置。如果我们好像真的被约束住那样根据规则去博弈，我们便会被引导至一个均衡点上进行协调——不但在我们社会的品德博弈中是这样，而且在生存博弈中也是如此。

0.2.3　改革

在传统意义上，辉格党是务实的改革者。因此，我们有时候被那些聪明的保守主义者迷惑了，他们勉强接受改革并将其视为维持掌权地位的代价。的确，我们和保守主义者都同样厌恶诸如新亚特兰蒂斯(New Atlantis)或者柏拉图的理想国(Plato's Republic)这类的经典乌托邦。也许太阳城(the City of the Sun)或者那个被伯顿(Burton)[110, p. 85]摒弃为幽默小说的基督徒共和国(Christianopolitan Republic)会更令人愉悦，但我却持怀疑的态度。乌托邦式的空想家们说，我们否认这些空中楼阁的现实性，是因为我们不想让它们具有现实性——从而揭示了他们性格的弱点：允许人们关于什么是可行的信念受到人们想要什么达到最优的理念的影响，是并不理性的。

一些人的慈善观念被用于发明集体理性的定义，并认为个人最好能够在单次囚徒困境博弈中选择合作(第 1 卷第 3 章)，对这些人愤世嫉俗情怀的指责,我们很容易一笑了之。但是,当那种基于一厢情愿想法的乌托邦计划获得广泛的支持时,其导致的痛苦则一点都不好笑。提出并非生存博弈均衡状态下的社会契约是没有意义的。忽视这一真理,盲目干预我们当前社会契约的任何行为,都会不可避免地导致社会倒退,并或迟或早地达到某个新的势力均衡——生存博弈的某个新的均衡点。而历史却一点儿也不喜欢这段不均衡的时期,在这段时期中,社会被从原有的均衡点上震荡出来,却还没有找到通向另一个均衡点的道路。

但是,这并不意味着我们必须胆怯地克制所有试图改善我们社会的努力和尝试。诚然,当改革还处于构思和酝酿阶段时,我们必须小心谨慎。仅仅倡导走向帕累托改进的均衡状态或许还是不够的。改革者还必须解释清楚改革将会如何实施。如果变革的计划不够周密,那么在转型过程中,系统很可能会滑出均衡状态。避免这一难题的一种方法便是把眼光局限于一些新的社会契约之上,这些社会契约可以通过缓慢移动并经过一系列中间均衡状态而最终达成。其他人可能会提出一些更具雄心壮志的通向更好社会的路线,但是在放弃中产阶级的舒适生活而承担风险之前,我们辉格党人需要令人信服的大量证据。

辉格党人偏好一致同意(mutual consent)的改革,即那些有能力阻止改革实施的人们已经对计划中的改革方案取得了一致的意见。[1] 这种方式要求妥协的艺术在很大范围内得以实践。但是,我们所需要的这种交际手段与实际发生的讨价还价存在差异。例如,当一个作者与其出版商对预付版税多少进行讨价还价时便是如此。当整个社会从一个均衡移

---

[1] 那么我们是否应该同意奴隶制,因为如果没有奴隶主的同意,奴隶制就不可能会废除? 这样的问题是没有意义的。如果废除奴隶制的确需要那些不可能采取合作的人们的同意,那么我们是否赞成奴隶制就变得不那么重要。人们也可以问,我们是否赞成牛顿万有引力定律? 为了让这个问题变得更有趣一些,其需要进行修改以使得废除奴隶制的改革可以强迫奴隶主们接受。那么,他们就不再有能力阻止改革,但是他们仍然有能力提高改革的成本。于是,计划中的改革需要被重新定义以使得废除奴隶制的成本也包含在改革的具体要求之中。因此,有效地废除奴隶制就需要与奴隶主达成一项妥协,使他们由于失去奴隶而得到相应补偿。需要注意的是,为了支持这一妥协,并不需要人们去喜欢这项妥协。人们只需要看到,正如民主制那样,其他备选方案都更加糟糕。

向另一个均衡时，每个个体都没有发言权。

幸运的是，不需要通过明确的讨价还价达成妥协的老套方法，正与我们人类共同演化。我们当前品德博弈的规则便可以在不需要任何人说任何话的前提下，提供解决很大范围社会事务的有效方法。例如，在上流社会的晚宴中，当一道菜由于供应不足而需要被分享时，几乎不存在什么口舌之争。如果进展顺利，其实也经常如此，这道菜会被合理地分配而不需要主人的任何讨论和干预。当被问起时，大家都会同意每个人应该获得公平的一份。

但是，我们怎么知道什么是公平呢？这并不是一个简单的问题。根据我们当前的品德博弈，所谓的公平通常取决于一系列可能出现的情况的复杂组合，诸如谁比较胖以及谁不喜欢芝士等。更重要的是，如果我们观察实际发生的情况，而不是人们所说的应该发生的情况，那么我们将会发现，上述分配也取决于客人在餐桌上的席位，因为这反映了社会等级秩序。在上个世纪，那些倒霉的穷亲戚被默许坐在桌边，并给自己来一大份他最喜欢的菜肴！

大量的学者试图理解，当人们对事后被认为是公平的结果进行协调时，暗地里所进行的种种算计。人们对“己所不欲，勿施于人”（do-as-you-would-be-done-by）原则的一致同意，绝非偶然现象。〔1〕从古至今，道德主义者提出了众多论据以解释，为什么每个人都应该遵循这条黄金法则在道德上是必要的。但是，这些传统的论据都没有坚实的基础。我认为，对这些观点的认真思考反而使我们受到蒙骗，因为我们太容易将在一个特定情境下我们做了什么的一个相当精确的描述，与为什么我们会那样做的解释混淆起来。

值得注意的是，我认为“己所不欲，勿施于人”原则的变体已经在我们的本能和习俗中根深蒂固，并调节着我们的日常生活，但我并不认为，我们的习惯和习俗是因为我们有意识地采用这些原则而生成的。

---

〔1〕 你们愿意人怎样待你们，你们也要怎样待人。——《路加福音》（Luke）6：31

恰恰相反,我认为我们绝大多数的习惯性行为是通过运行于我们意识心智能够轻易接近的程度之下的程序所获得的。正如猴子那样,我们被设定了程序以模仿我们那些更为成功的邻居的行为。如果将那些被特定的习惯或习俗束缚着的人们视为成功者,那么他们的习惯性行为就会被复制,而并不需要任何人去理解为什么这些习惯性行为在当前的社会环境中能够成功运作。但是,这样的"猴子看猴子做"(monkey-see-monkey-do)"的解释并不被普遍接受。就像那些骗子通过奉承天真的游客以诱使其购买布鲁克林大桥那样,我们也喜欢听那些道德家的奇谈怪论,他们将智人(homo sapiens)视为一群潜在的哲学王,致力于过上传统的自我反省的生活。

0.2.4 原初状态

罗尔斯[417]在其《正义论》中,描述了一个相当有趣的"己所不欲,勿施于人"原则的变体。哈萨尼[233]等人也独立地提出了类似的概念体系。罗尔斯的"原初状态"(original position)是一个假想的立足点,用以判断应该如何组织起一个公正的社会。每个公民都被要求设想,当其当前的社会角色被隐藏于"无知之幕"背后时,公民依然赞同的社会契约。

在这样的假设环境下去考虑赞同的社会契约,每个人都会密切关注那些生活在社会底层的人们的窘困生活。当你自己处于落后地位时,"落后者遭殃"的规律会让你十分反感。正如罗尔斯强调的那样,在原初状态下磋商得到的社会契约,很有可能产生被弱势群体视为公平的结果。

我同意原初状态这一工具的确产生了一些通常被认为是公平的妥协,但是,对于哈萨尼和罗尔斯为了说服人们使用这一工具而提供的康德哲学式的论证,我并不感兴趣。我对这一机制感兴趣仅仅是因为,它代表了一种使典型的"己所不欲,勿施于人"原则可操作化的尝试,而这些原则还面对着一些反对的意见,诸如"己所欲,勿施于人"——因为他人的偏好可能与你的不同。在我看来,演化的确赋予了我们考察这种复杂问题的能力，并且告诉我们，原初状态这一机制已经接近于描述我们如何解决这一问题。

从这种角度研究问题时，公平便完全由自然主义的术语来进行阐释。原初状态被视为均衡选择标准集合中的一个理想代表，与人类一起由于生物和社会的演化力量而被冲上海滩。但是，一个辉格党人并不愿意使事情停留于演化所致之地。就像一个海滩上的搜寻者，在水边的漂浮物中发现了一个宝贝，他问道："为什么我们把原初状态这一工具应用于整个生存博弈，而不仅仅是我们生活的某些方面?"对这种提议的辩护完全是务实的。这里有一种大自然提供的工具，让我们用它来改善我们的生活，就像我们从工具箱中找出某种工具来修缮房子那样。

如果改革建立在原初状态这一工具之上，那么采用这一熟悉的方法，说服人们从目前的均衡移向一个帕累托改进的均衡的任务，将比说服人们根据某个还没有深深扎根于他们日常生活经验的原则进行活动要简单得多。但是，如果我们将生存博弈目前在如何运作的神话故事告诉自己，那么这一改革的计划根本不会成功。

人们在口头上可能会赞同宏大的原则和传统道德家们乌托邦式的目标，但是，正如我妈妈喜欢说的那样，他们知道得很清楚，好听的话不管用。这就是为什么我坚持对品德博弈的本质采取如此顽固的态度。这个计划致力于拓展我们利用原初状态这一工具以协调我们行为的领域，但是，如果我们对这一社会工具在当前品德博弈中发挥的功能抱有不现实的看法，那么在这项事业中我们将一事无成。

生存博弈(The Game of Life) 当我研究那些被民间智慧解释为道德责任的均衡选择机制时，我绝不会戴上有色眼镜，但我对现实主义的承诺并不会拓展到对生存博弈各方面的复杂性进行建模。相反，如果允许人的情感影响人对道德如何真正起作用的感知，那么我认为采用尽可能简单的生存博弈模型能够最小化风险。这一模型必须具备一定的结构，因为从博弈论的观点来看，合作行为作为生存博弈的一个均衡如何得以维系，取决于充实休谟关于潜在机制是互惠性(reciprocity)的洞识(第1卷第1.2.3节)。因此,重要的是不要去遵循那些致力于将生存博弈模型化为单次囚徒困境的政治哲学家。[1] 在单次博弈中显现出互惠性是不可能的,在时间变量没有进入模型图景的情况下,如果亚当停止帮助夏娃,那么夏娃就不能够通过停止帮助亚当以威胁他。同时,将生存博弈构建为一个有限期重复博弈也是不够的。要成功地将合作支撑为一个均衡状态,我们的生存博弈模型至少是一个无限期的重复博弈模型(第1卷第2.2.6节)。

我不但将生存博弈模型简化为一个无限期的重复博弈,而且我还经常将博弈的局中人数量降至两人。我们讨论所用的场景便是伊甸园(Garden of Eden),在那里,亚当和夏娃正在仔细考虑一个公平的婚姻合约的各项条款。有时候,我们可以将亚当和夏娃视为两个同质群体的代表。例如,当讨论性别不平等的问题时,亚当可以被视为一个代表性的男人,而夏娃可以被视为一个代表性的女人。在马克思主义者的眼里,亚当和夏娃或许可以是人格化的劳动和资本。但是,当情景转变为多方参与博弈时,我便无能为力了。即使当亚当和夏娃被视为两个相互排斥的联盟的代表时,我们也必须十分小心谨慎,因为我们不能指望联盟成为一个专一并具有持久偏好的局中人。

回 **道德博弈(The Game of Morals)** 回忆一下,我们将原初状态构建为一个自然工具,以帮助我们在一些博弈的均衡状态上进行协调。而那些围绕着我们的明显的不公正现象,充分证明了我们目前还没有将上述机制完全运用于整个生存博弈。当我们在博弈G中运用该工具时,局中人的行为似乎受到了约束,不但受制于博弈G的规则,而且还受到社会决定的规则集合的影响,这些社会决定的规则与G中自然决定的规则一起创造了一个品德博弈(morality game)M。

---

〔1〕 在囚徒困境中,亚当选择鸽策略不可能是理性的,因为无论夏娃怎么选择,选择鹰策略都能给予亚当更高的收益(第1卷第2.2.4节)。第1卷第3章致力于识别出那些为相反论调辩护者的诸多谬误。

在我的模型中，人为设定的博弈 M 的规则要求，在每一轮博弈 G 之前都存在一个时间段。在此期间，亚当和夏娃可以要求拉下"无知之幕"，并在原初状态下对打开"无知之幕"之后会运行哪一个均衡状态进行讨论。于是，博弈 M 的规则便要求局中人在未来必须采取这一均衡状态所对应的行动，除非亚当和夏娃再次要求拉下"无知之幕"以磋商协定。如果在品德博弈 M 的规则下，自然博弈 G 的一个均衡从未使局中人有理由求助于原初状态这一工具，那么这一均衡状态被称为公平的(fair)。〔1〕

当我们在现实世界中使用公平规则来解决协调问题时，这一模型试图对到底发生了什么情况提供一个特征化的描述。通过这样一种对模型描述性的阐述，可以做出一些预测，而对这些预测有效性的疑虑，在原则上可以通过实验室实验的方法进行解决。我的基本预测——亚里士多德(Aristotle)[18]正确地认为人们按比例来估价公平——早已在我动笔写书之前就被社会心理学家证实了(第 4.4 节)。当后来遇到这一研究时我备感振奋，但没有其他人会信服在理论研究之前得出的经验研究。因此，尝试在第 4.8 节比较静态分析的基础上构建理论以完善实证检验是十分重要的。即使理论上通过了这些实证检验，其预测也毫无疑问地会在某种程度上被证明是错误的。因为我几乎不可能在每个阶段都做出正确的建模判断。然而，或许有人会认为我已经获得了足够的正确性，并值得进一步构建与实际数据相一致的更为精致的理论。

对经验研究的这种关注对于主流的道德哲学研究是陌生的，但我们辉格党人十分务实，并认为任何被提议的改革在付诸实践之前，其基石都要经受破坏性测试。一旦我们正确地理解了在日常使用公平规范的领域内这些规范是如何起作用的，我们就可以脱下实验室工作服并向现实世

---

〔1〕 第 2 章遵循哈萨尼[233]和罗尔斯[417]，并假设博弈 M 的规则与博弈 G 的规则一样牢不可破，以考虑其功利主义内涵。我们假设，在博弈一开始于"无知之幕"背后达成的协议，能够约束以后所有时期中局中人的行为。没有再次磋商的必要，也没有必要将协议局限于博弈 G 的均衡点上。于是，所有事情都被极大地简化了，但这是以引入品德博弈规则不可突破这一站不住脚的假设为代价的。

界进发,以宣传使用公平作为社会契约的主要组织原则的优势所在。

如果我的理论通过了所有必要的经验检验并毫发无损,那么我们所宣扬的可以实现的乌托邦仅仅是要求将博弈 G 替换为整体的生存博弈。当我们谈及这一辉格主义的乌托邦时,我不再将 M 称为一个品德博弈(morality game),而是将其称为道德博弈(Game of Morals)。然而,人们总是可以通过将道德博弈重新解释为一个与一些辅助性的生存博弈 G 相联系的品德博弈,以打击我在这一规范的模式中表达的宏伟堂皇的雄心壮志。一只现实的"南瓜"即将显现出来,我将利用它召唤出一辆仙女马车并送灰姑娘辛德瑞拉(Cinderella)奔赴舞会。

回 **同情与移情** 休谟[267]强调同情的认同在人类道德行为中的重要性。他的学生,亚当·斯密[500],将这一洞识作为其整个道德哲学体系的中心。然而,无论是大卫·休谟还是亚当·斯密,都没有能够充分提炼同情这一概念以使其成为一个可用于分析的严谨工具。

戴维斯(Davis)[150],一位代表性的现代社会心理学家,利用"移情"(empathy)这个词汇来替代休谟和斯密所说的同情中内含的复杂意蕴。社会心理学家的实验研究表明,这一概念可以细分为很多小分支,〔1〕但我遵循维斯普(Wispe)[562, 563]只集中于分析两个主要分支:一个针对同情;另一个针对移情。〔2〕

亚当同情夏娃意味着,亚当认为夏娃的福利是自己效用函数的一个参数。第 2.5.2 节强调我们本能地同情我们的亲属,一个极端的例子便是母爱。

亚当移情夏娃则意味着,亚当将自己置身于夏娃的位置上并从夏娃的角度来看待问题。移情区别于同情的一点是,亚当可以了解夏娃而实际上却漠不关心。例如,一名枪手可以使用他的移情力量去预测对手的

〔1〕 霍夫曼(Hoffman)[255, 256]的研究特别具有启发性。

〔2〕 第 3.8.2 节认为"亚当·斯密难题"的出现主要是因为斯密[500]定义的同情接近于维斯普(Wispe)所说的移情,但在付诸实践时,又与我认为的同情相似。

下一步行动,但又不失去杀死他的欲望。用维斯普[563]的话来说:“同情的目的在于他人的福利,而移情的目的则在于对他人的理解。”

如果夏娃具有同情偏好(sympathetic preferences),也就是说,她引入利润对亚当福利的考虑,那么当亚当比她更为羞怯时,夏娃便有理由给他一块遮羞布(fig leaf)。[1] 而另一方面,夏娃的移情偏好(empathetic preferences)则不能提供这样的动机。如果夏娃说当她是亚当时,相比当她是以迦博(Ichabod)时,赤身裸体会带来较少的烦恼与羞怯,那么夏娃在表达一种移情偏好(第1卷第4.3.1节)。但这样的偏好并不会成为夏娃送遮羞布给亚当的动机,因为实际上,她永远不可能将自己置身于亚当或以迦博的位置。

每个人都能够形成移情偏好,但这些移情偏好有什么用呢?为什么演化要赋予我们这一似乎没有用的移情能力呢?

我猜想我们之所以能够表达移情偏好,不是由于其他原因,而是因为我们在使用原初状态这一工具时需要将移情偏好作为一种投入品。为了在“无知之幕”的背后评估社会契约,人们必须能够在某个特定的社会契约下,比较当他是亚当与当他是夏娃时境况的差异。由于在不考虑公平的情况下,我们并不需要做这样的比较,因而在我们的演化史中,具备使用公平规范的能力必然带来很高的收益,且这一收益能够超过我们头脑携带表达移情偏好设备的成本。

0.2.5 讨价还价

原初状态这一装置要求人们在不知道自己当前社会角色的情况下,预测可能需要磋商的交易。为了理解这一社会工具是如何起作用的,我们有必要考察一下人们是如何讨价还价的。为了达到这个目的,本书第

---

〔1〕 康德(Kant)[298, p. 52]对亚当和夏娃神话的改造,让那块遮羞布代表“通过隐藏任何可能降低尊严的事物,以激发他人尊敬自己的心理倾向”。

1章将利用由埃瑞尔·鲁宾斯坦(Ariel Rubinstein)[445]首次提出的一个讨价还价模型来进行讨论。

我们使用鲁宾斯坦的讨价还价模型,而不采用其他可供选择的模型,是因为鲁宾斯坦的模型模拟了我们在日常生活中观察到的激烈的讨价还价的过程。也就是说,交易的主角仅仅是在交换提议与反对意见,直至达成协议为止。或许有人会抱怨鲁宾斯坦将交易者塑造成为想象中的"经济人"(homo economicus)的做法并不符合现实,〔1〕但是我们没有理由否定鲁宾斯坦对讨价还价过程本身的刻画是十分合乎实际的。不像其他社会契约理论家,他们将讨价还价这一问题纳入一个社会契约中进行严肃的讨论,这一对现实主义的承诺对我来说是十分重要的。我强调当我们在生存博弈的辅助博弈的均衡状态中进行协调时;已经使用了原初状态这一工具的变种。但是,如果假想的讨价还价模式并不在那些可能会遇到这种情形的人们的经验之内,又会怎样呢?

为了对在罗尔斯原初状态中暗含的讨价还价过程进行建模,我认为很有必要遵循鲁宾斯坦以研究具体的讨价还价过程的简单情形,正如人们在东方集市(Oriental Bazaar)上那样面对面地进行磋商。事实上,我们能够在两人博弈的框架下对上述问题进行熟练刻画,已经是现代博弈理论的一个小小成就了。然而,这种思想也还没有能够完全渗透到劳动经济学领域,在该领域中,对工资协商结果预测的错误见解依然大行其道。因此,我在下一章中几乎利用了整章篇幅对双边讨价还价理论进行了细致而踏实的回顾,我希望读者能够原谅我的这一做法。

---

〔1〕 但是,相比那些倡导采用"道德人"(homo ethicus)或"行为人"(homo behavioralis)或者其他某种发明出来的能够大方地给予傻瓜平等待遇的"人类"的学者们,还不算那么不现实。的确,"经济人"并非"智人"(homo sapiens)的翻版。但是,评论家们所引证的分歧往往涉及对理性的偏移,不过其代价很小,甚至可以忽略不计(第1卷第1.2节)。人们会在永远不打算再去的餐馆里给小费的事实,便是这样一个微小的例子。然而,在我们讨论的社会契约中,我们关注在经常出现的重要情景下人们的所作所为。在这样的情景中,我假设用"经济人"近似人类,不是一个太坏的选择。但这并不等同于,人类通常会利用属于"经济人"的特征去思考并解决问题。人类成功地像"经济人"那样行为,是因为其文化引入了其祖先们通过长期试错实验得到的惨痛教训。

多人情形 对于多边(multilateral)讨价还价理论的探索目前尚无定论,因为我相信博弈论在这一领域目前还没有充分发展到使之成为一个可靠工具的地步。如果允许我们忽略 m 个人形成潜在联盟的可能性,那么我使用的简单的数学模型可以直接拓展至 n 个人的博弈情形,其中 $1<m<n$。但是,我并不准备遵循哈萨尼[233]和罗尔斯[417]对社会结构做出这样一个暗含假定。右翼的观点仅仅是,将社会刻画为众多原子化家庭的一个集合($m=1$),而左翼则将社会视为一个垄断的结构,即社会正如放大了的单一个体($m=n$)。但是,辉格党人认为没有必要在上述两种错误观点中进行选择。辉格党人懂得,真实的社会是由一系列相互交叠并以微妙方式相互影响的子社会构成的。对这样的复杂系统进行合理建模自然难如登天,我对于解决这一难题也是束手无策。但正如苏格拉底所说:"通往理解之路的第一步,便是承认哪些是你所不理解的。"

一些合作博弈理论家对由理性最优化者构成的大型社会中联盟形成的性质的要求,远远多于我的让步。但是,即使减少对他们要求的质疑,在这种社会中效用的人际比较难题依然使我非常为难。我遵循哈萨尼(Harsanyi)[233],根据局中人的移情偏好来推导这种比较,并将其视为社会文化的一个人造产物。众多连锁的子社会合起来便构成了一个大型的现代社会,但是,每个子社会必然有它自己的文化,也因此会存在它自己的移情偏好的内在模式。于是,每一个公民便必然会有一整柜的帽子,以便他在不同场合中佩戴以做出公平的判断。因此,在一个社会中被认为是公平的事物,并不必然在另一个社会中也被认为是公平的。而在整个社会中被认为是公平的事物,则通过一种复杂的方式所决定,其可能取决于每一个不同的子社会对公平是如何进行解读的。

我提出的这个仅仅分析了两人博弈情形的理论尽管略显遗憾,但我并没有感到太多的歉意,相反我还略感庆幸,或许我这种缓慢但谨慎的方法会带我们前进一小段路程,而那些在学会走路之前就想奔跑的人几乎不可能到达任何地方。

0.3 道德哲学

本节试图为我的理论找到哲学书架上对应的位置。我建议,那些不熟悉使用元伦理学语言进行辩论的读者们可以毫不犹豫地跳过这一节,直接去读第0.4节。哲学家或许更有耐心,我试图在他们脏兮兮的衣服中间为自己的衣服找个位置,以使其看起来不会过于破烂不堪。

科学的还是劝告的? 由于本书的模型同时容许描述性(descriptive)解释和规范性(prescriptive)解释,这便立刻产生了一个分类问题。赖欣巴哈(Reichenbach)[421]会说:"当我使用第一种解释时,我对描述伦理学(descriptive ethics)做出了贡献;而当我使用第二种解释时,我对意志伦理学(volitional ethics)做出了贡献。"我从来不会同时戴上"描述性"和"规范性"这两顶帽子,但如果读者没有注意到我脱下一顶帽子并换上另一顶帽子的话,我恐怕混淆是难以避免的。西奇威克(Sigwick)[492]完全不会赞同我的做法,因为他很敏锐地注意到:

> 集科学方法与劝告方法于一身的阐述方法,很容易失去它本来要结合起来的两种结果:它将搞乱人们的头脑并且无法激励心灵。

在我的描述性模式下,博弈G仅仅代表了生存博弈的一个片段,且目前我们还将道德博弈(Game of Morals)应用于生存博弈。在这种背景下,我将自己视为一名在实验室里工作的科学家,试图构造出一些能够被反驳的命题。

正如我在第2.4节解释的那样,对于在我戴着"规范性"帽子时所提出的改革建议,我并没有要求对其赋予权威性。我仅仅是表达了我对某种社会的个人偏好，这种社会产生于当我们将道德博弈应用于整体的生存博弈之时。不像大多数乌托邦式的计划，沿着这样一条路以达到一个公正社会并没有超出我们的能力范围。我们知道，运行道德博弈并不需要我们成为圣人或者教授，因为我们已经在小规模协调问题中使用过它了。

0.3.1　传统的哲学分类

在哲学中，一位结果主义者（consequentialist）并不仅仅是一个根据人们的行为结果做出判断和评价的人，而且他还坚持认为，存在一个人类应该努力追求的先验之善（a priori Good）。而一位义务主义者（deontologist）则坚持相反的观点，认为我们有义务无条件地遵循一些规则，且这些规则取决于他所赞同的关于正当的先验观点（a priori notion of the Right）。

我不是一个结果主义者，也不是任何其他类型的目的论者［布鲁姆（Broome）［102］］。根据斯内尔（Snare）［503］和其他的教科书作者，我应该算是一个义务主义者。但是，相比形而上学的关于正当（the Right）的观点，我更加相信形而上学的关于善的观点。

当我戴着“描述性”帽子时，我则成为一个自然主义者（naturalist）——致力于对在不同社会中实际运作的伦理体系有一个现实而清醒的认识。更为重要的是，我还是一个道德相对主义者（relativist），因为我们似乎无法否认，在不同的社会中运作的伦理体系会因为时间和地点的差异而产生变化。〔1〕正如伊壁鸠鲁（Epicurus）［174］所言：

> 一般而言，正义对人们一视同仁，是人们在相互协作过程中

---

〔1〕相对主义有时候容易受到一些诡辩术的伤害，苏格拉底（Socrates）正是使用这些诡辩术来反驳尤西弗罗（Euthyphro）的。根据相对主义者，人们认为某种行为是正确的或是良善的，是因为在他们的社会中，这一观点已经被广泛认可。但是，一个人怎么能够知道某种观点被广泛认可呢？难道通过宣称这就是大多数人所想的？但是，这一循环论证与辩护纳什均衡的循环论证一样致命——为什么亚当做了这件事？因为夏娃做了这件事。为什么夏娃做了这件事？因为亚当做了这件事。

发现的一个有用的东西;但是,当我们把正义这一概念用于特定时空下的具体事例时,其定义会随情况的变化而不同。

最后,我还是某种道德现实主义者(realist),因为我相信一个特定社会对于道德的表述存在客观的对与错;我也是一个心理自我主义者(psychological egoist),因为我认为利用"经济人"的概念对人进行建模是对现实的最好近似。〔1〕

当我用"规范性"帽子替换下"描述性"帽子时,我又成为一个主观主义者(subjectivist)——仅仅表达了自己喜好的社会组织方式的观点。传统的理念要求一个主观自然主义者将"说谎是错误的"这句话转化为"我反对说谎"。〔2〕我怀疑这样的观点根源于道德相对主义和主观主义之间的混淆,这一混淆使得主观主义方法在很多年里声名狼藉(第 3.8.4 节)。

如果我说"说谎是错误的",那么我是戴着"描述性"帽子对一个特定社会做出客观的论断。于是,在我们所讨论的社会中,"所有人都不应该说谎"这一观点便具有客观的正确性。由于这些表述只能较好地适用于某些原始社会,因而这些表述都是相对的。如果我们对"真理应该永远成立"这一信条更为重视,而不仅仅是停留在口头上的话,那么我们自己的社会契约便会土崩瓦解。

我从来没有说过"我反对说谎",因为这对我来说就像在要求别人聆听孤掌之鸣。只有社会能够具有道德观念,因为一项道德观念作为社会契约以协调生存博弈均衡时局中人的行为之前,必然是局中人的共同知识(第 3.8.1 节)。个人具有的是偏好而不是价值观。当我换上"规范性"

---

〔1〕 心理自我主义被认为难以承受哲学家布特勒(Butler)[111] 的压倒性论据的攻击。在其现代形式中,其相当于声称人们最终只有通过将心理自我主义简化为一个套套逻辑(tautology),才能对其进行辩护[斯内尔(Snare)[503]]。在第 1 卷第 2.2.4 节中,我强调这一论断是错误的——但如果心理自我主义真的像"2+2=4"那样是一个套套逻辑,为什么还可以作为反对心理自我主义的论据呢?

〔2〕 根据 A. J. 艾尔(A. J. Ayer)[35]的通俗定义,情感主义者(emotivist)是主观自然主义者中的一类,他们坚信做出"说谎是错误的"这样的道德判断,仅仅是在说类似于"我反对说谎"这样的话。但是,如果某人同意说谎,并且说他反对说谎,那么我们到底是否可以说他做出了"说谎是错误的"这一道德判断?

帽子时，我必然会说，我们的社会应该用另一种社会契约来替换掉当前的社会契约，在新的社会契约中，被发现有说谎行为的政治家会颜面扫地地引咎辞职。这一主观观点可能有人赞同、有人反对，但这都取决于他人的经验与我的相似程度。但是，必须旗帜鲜明地将我这样的对于喜好或者憎恶的主观表达，与类似"政治家说谎是错误的"这类客观错误论断区别开来。我们当前的社会契约不但赞许我们伟大的议员们的谎言，而且还认为那些敢于讲真话的特立独行的政治家并不称职。

0.3.2 世纪末(Fin de Siècle)

为了纪念本世纪末，达维尔、吉伯德和瑞尔顿(Darwell, Gibbard and Railton)[142]为当前道德哲学的活跃分支提供了一种分类。如何才能使得我的理论契合于这一来自密歇根的最新综述呢？

由于人们总是可以问，先天条件和后天环境是如何组合起来使我具备某种文化偏见，而这种文化偏见在我表达对不同社会契约偏好时显露无遗，因此，即使是在被他们列为科学理论的范围之内，对我的模型的规范性解释也似乎难以成立。然而，我并不想被归为科学还原论者(reductionist)或是科学非还原论者(nonreductionist)。[1]

第2.7.1节解释了为什么我认为整体论者与还原论者之间的争论是徒劳无益的，但这并不是我拒绝被归为还原论者或非还原论者的原因，而是因为我想把自己与传统自然主义者的角色区分开来。传统的自然主义者总是对人们讨论道德问题时所使用的词汇和语句进行自然主义的解释。假设物理学家也类似地看待他们在分析朴素物理学语言时所担任的角色，那么又会怎样呢？

让我们思考"自然憎恶真空"(第1卷第1.2节)这一朴素原理。当斯

[1] 第二类实际上是后实证主义非还原主义者，我假设所有人都同意哲学实证主义已经过时。

特拉托(Strato)发现一个特制的排空管能够通过其细颈吸水时,亚里士多德关于真空的思想似乎被证明是正确的。直到托里拆利(Torricelli)利用水银替代水做实验时,才推翻了上述结论。但是,如果托里拆利将毕生的精力都用于研究某种万能的存在体是如何产生出对真空的厌恶的,那么物理学又将会有怎样的发展呢?如果物理学家通过这种方式将语言视为原始数据,我们肯定还在努力挣扎以搞清楚关于大气压的种种误解,并且这种误解根植于前亚里士多德时代的民间传说之中。

在我看来,科学地研究不同社会中的社会契约所需要的数据主要是基于人们做了些什么,而不是人们说了些什么。现代心理学充斥着这样一些例子,它们证明了我们对自己行为的解释往往是后设理性的(post hoc rationalizations)。我们的道德行为不也是这样的吗?

我为声称自己是一位道德科学家而感到幸运,上述来自密歇根的文献综述识别出第三种科学范畴以容纳费丽帕·福德(Philippa Foot)[184]的研究。〔1〕由于任何自然主义者都必须承认他们得益于亚里士多德,因而我很高兴能够将自己称为一位新亚里士多德主义者(neo-Aristotelian)。然而,我属于这个范畴所达致的程度仅仅与大卫·休谟是一样的。想要知道我与当代道德哲学关系的有用信息,那就有必要求助于密歇根文献综述认为是科学断层的那一范畴。

研究道德哲学的科学方法是否有可能是受到否定科学方法关联性的方法的启发而产生的呢?我不知道形而上学的道德哲学家关于善与正当的直觉是从哪里来的,但一位自然主义者很容易将其相关直觉归因于自己的知识以及对社会契约实际运作方式的经验。由于不同的个体往往对同一个现象做出相互不一致的解释,因而这一事实便证明了上述直觉是不可靠的。然而,遵循斯特拉托以检验可以获得的直觉解释的实质与现实数据的符合程度,对于一位自然主义者来说是一个良好的开端。本着这种精神来看待密歇根综述的非科学范畴,我发现我从现代道德哲学中

〔1〕尽管她最近否定了她关于道德作为一个假设的责任系统的刻画。

获得的知识被列在实践理性与建构主义(practical reasoning and constructivism)的标题之下。

康德[299]区分了纯粹理性与实践理性。纯粹理性被用于决定什么是真实的,而实践理性决定什么是应该做的。然而,像所有受过科学训练的人一样,我认为理性原则无论用于何处都是一样的,并且实践理性适用于研究道德哲学问题这一观点体现在现代决策理论之中。由于康德否定"理性是激情的奴隶"这一作为现代决策理论基石的休谟主义原则,因而我与大多数道德哲学家一起依然遵循康德的标准。但是达维尔等[142]并没有将他们的实践理性范畴局限于康德主义,而且他们还将巴勒(Baler)[36]和高德(Gauthier)[196]结合起来,并将其归为一个实践理性的霍布斯主义(Hobbesian)变种。我相信,道德哲学家在他们的研究中所遇到的种种困难可以通过引入博弈论的方法而得以消解,博弈论方法致力于将决策的困难纳入人们同时进行决策的环境中进行研究。〔1〕

我将自己视为一个建构主义者,这主要是因为我的灵感主要来源于罗尔斯[417]和哈萨尼[233]的研究,他们都致力于从原始的关于善的概念出发建构出新的关于善的概念。他们描述了一个我们在做出道德决策时应该遵循的程序,而不是简单地宣称我们必须共同努力追求的关于善的本质。他们还强调,我们关于善的观念来源于下述事实:遵循上述程序的人们的行为好像是在最大化他们所构建的共同善那样。我通过否定康德的观点而在这条路上走得更远,康德的观点被哈萨尼和罗尔斯用来解释为什么人们在道德上不得不遵循他们的程序。因此,我发现有必要从更为原始的假设出发以构建善和正当的概念,而不是从正当的概念中构建出善的概念来。这些假设完全是自然主义的,它们取决于人类历史中生物学事实和社会事实。

在密歇根综述中剩下的范畴便是非认知主义(noncognitivism)和情感(sensibility)。吉伯德(Gibbard)[205]强调在生存博弈的均衡中,认可道德

〔1〕 我与高德的不同之处源于一种恐惧,那就是他为解决多边决策难题所提出的古怪方法会被以为是代表了传统的博弈论方法(第1卷第1.2.9节和第3.2.2节)。

在协调人们行为时的重要性。我也非常同意具备协调功能的实践理性极少通过我们大脑中自觉而狡猾的马基雅维利主义部分进行运作。相反,其在很大程度上受制于演化过程中为了这一目的而发展出来的情感反应(第3.5.2节)。因此,我与非认知主义和情感理论专家们有一些共同之处。但是,我看不到利用哲学方法去解决相关问题有什么前途。对于我来说,现在已经是时候把分析人类情感冲动的工作转交给演化心理学这一新兴学科了。

根据当代哲学的标准,我似乎是一名没有受到认知主义的限制,且利用霍布斯主义的方法研究实践理性的建构主义的新亚里士多德主义者。由于我涉足如此多的领域,或许人们会感到我是无所不能的!

0.4 非合作博弈理论

本导论的余下部分是为那些主要或只从本书第1卷获得博弈论知识的读者准备的。对于这些博弈论新手而言,当务之急是理解本书第0.5节提供的一些关于合作博弈的理念。然而,根据纳什(Nash)[380, 381, 382]的分析进路,合作博弈和非合作博弈这两大理论分支要么同时被理解,要么无法弄懂其中任何之一,因而我打算从回顾非合作博弈理论开始。由于本书第1卷已经详尽地讨论了非合作博弈的理论缘由,这里的重现只是想表明,我总是愿意厚着脸皮重复一些容易被误解的概念。

博弈论的著作有时让人误会:似乎博弈论是由一个单一的有机整体构成,且各分支间的差异也仅仅存在于它们运用于不同情势时的侧重点不同。然而,事实远不能令人满意。一些博弈论分支的确建立在非常不稳固的基础之上。另一些则互不相容,因为理论家们在创造它们的时候,本来就持有截然相反的目的。还有一些理论分支则相互纠缠,因为它们一词多义,当我们需要精确推理时,便有必要将它们仔细区分。尽管想要彻底消除一切导致误解和混淆的来源估计只有大力士赫丘利(Hercules)才能做到,但是,我至少希望在开始讨论作为本书基石的纳什规划(Nash Program)这一方法之前,能够表明博弈论乃是一座容纳众多大厦的小屋。

0.4.1 最后通牒博弈

1944 年,冯·诺依曼和摩根斯坦的巨著《博弈论与经济行为》(*The Theory of Games and Economic Behavior*)的出版标志着博弈论的诞生。但是,他们使用的研究方法则有点"精神分裂"的倾向,该书的第一部分与第二部分的分析模式大相径庭。现代博弈理论将合作博弈与非合作博弈区别对待,于是这种前后不一致的倾向保留至今。

非合作博弈理论要求对博弈规则进行完整的描述,以便于仔细研究博弈局中人可选择的所有策略(strategies)。接下来的目标便是寻找一对恰当的均衡(equilibrium)策略以作为博弈的解。第 1 卷中对所有博弈理论的探讨都是基于非合作的理念。我们既遇到过扩展型(extensive form)博弈,又接触过策略型(strategic form)博弈。在前者中,博弈规则通过描绘一棵博弈树而得到详尽的展现。为了阐释这些理念,我们来考察一个简单的讨价还价博弈。

在讨价还价博弈中,只有当两人达成协议才能够创造剩余价值时,这一讨价还价才是有意义的。在现实生活中的很多谈判都是通过分享信息以估计潜在剩余价值的大小。但是,在本书中,我将忽略所有这些信息问题。现在,假想你有一套很棒的房子以供出售,对你而言,它价值 200 万美元,但对我而言,它价值 300 万美元。于是我假设可供我们分割的 100 万美元的剩余价值是共同信息。这一问题的原型被称为"分钱博弈"(dividing the dollar),故事是这样的:一位慈善家将 1 美元交给我和你,如果我们能够对分割比例达成协议,他便把钱留下;否则,他便取回这 1 美元。

在分钱博弈中可能使用到的最简单的谈判规则,也可以运用于西部商店(Western store)出售物品的情形之中。首先,卖者在待售物品上写上"要么接受,要么放弃"的价格,然后买者决定是购买还是放弃。描述这种买者和卖者面对的讨价还价问题的博弈树如图 0.1(a)所示。这是最后通牒博弈的扩展形式。

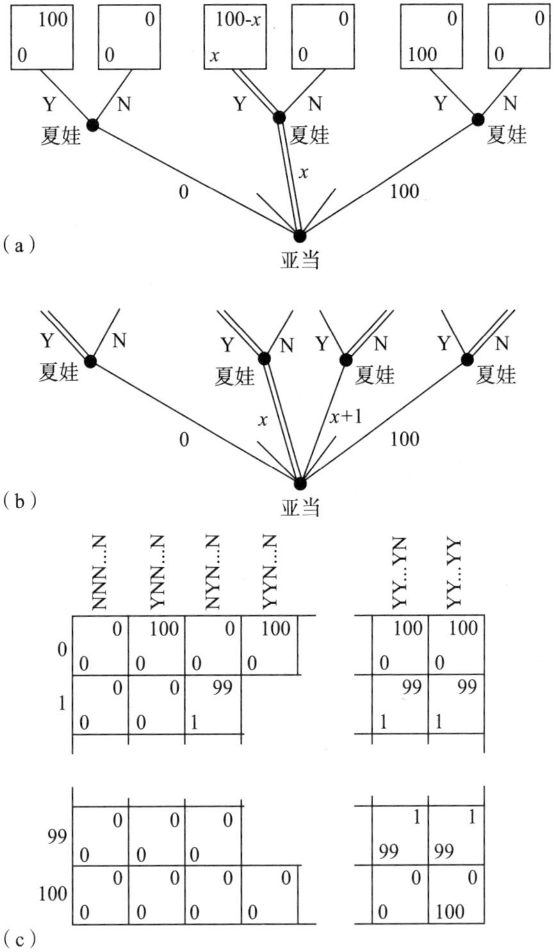

图 0.1 最后通牒博弈

假设亚当是卖者。他在博弈的第一回合(the first move)做出选择,在图 0.1(a)中,用博弈树根部标有"亚当"的节点来表示,从该节点引出的每一条线代表他能够向购买者给出的一个最后通牒。在每个最后通牒上,我们都以美分为单位标记亚当的要价。夏娃是买者。在亚当选择行动之后,她有两种可能的反应:同意或者拒绝。在图中,夏娃最终回合的行动节点都相应地跟随在亚当每一个要价之后。从这些节点引出的标识着 Y 和 N 的两条射线就代表她在这一回合可能的两种选择。每一局博弈由亚当选择的一个最后通牒和紧随之后的夏娃的回应两部分构成。这样的一局博弈在图 0.1(a)中用双线来表示。在该局中,亚当要价 x 而夏娃以 Y 相回应,这一双线路径穿过博弈树到达一个小方框,框内标明了在该局中两位局中人获得的相应收益(payoffs)。其中,亚当的收益 x 出现在方框的西南角,而夏娃的收益 $1-x$ 则出现在方框的东北角。

纯策略　在一场博弈中,某个局中人的一个纯策略(a pure strategy)包含了一整套行动计划,这套极为周全的计划设定了局中人在所有可能出现的情势之下采取的行动。在最后通牒博弈中,亚当的纯策略仅仅是从行动集合{0, 1, 2, …,100}中选择一个数字 x,但夏娃的纯策略就显得复杂异常。她的纯策略必须设定,在亚当所有可能的要价之下需要做出的回应。夏娃可以有这样一个纯策略,即“只有当亚当将整个 1 美元都让给她时,她才接受,否则就拒绝”。这一贪婪的策略可以用 YN…NN 来表示。在 YN…NN 中,Y 表示亚当要价 0 美分时选择接受,第一个 N 表示亚当要价 1 美分时夏娃选择拒绝;以此类推。仅仅使用 Y 或者 N 来构造 101 个字母的“单词”就达 2^{101} 种之多,因而夏娃的纯策略集合异常庞大。

最后通牒博弈的策略形式或者说正常形式是一张巨大的表格,在这一表格中,行对应着亚当的纯策略,列对应着夏娃的纯策略,如图 0.1(c)所示。在表中每一小格内填写的数字代表着当亚当和夏娃恰好采取该小格所在行和列的纯策略时所获得的收益。如前所述,亚当的收益处于每个小格的西南角,而夏娃的收益处于东北角。

冯・诺依曼和摩根斯坦认为,分析博弈问题的正常程序是先将博弈规则编译为一个适当的扩展型博弈,并随即将其过渡到策略型以达到分析的目的。现代的学者则更为小心翼翼。最后通牒博弈具有庞大而臃肿的策略形式,相比其扩展形式更加难以分析,且这类现象并不少见。更为重要的是,当我们以后讨论子博弈完美的概念时,如果将博弈的扩展型转变为策略型,那么一些本该暴露在灯光之下的涉及时间和信息的关键因素反而会隐藏在阴影之中。

□ **收益** 如果博弈中的每一个局中人都是风险中性的,那么最后通牒博弈的策略形式中所填的数字——局中人的收益——可以被视为局中人在博弈结束时所获得的金钱数量。我们说某个局中人是风险中性的,意味着他对 x 美元的冯 · 诺依曼-摩根斯坦效用等于 x 个效用单位(第 1 卷第 4.6 节)。如果一个局中人并非风险中性的,却只关心金钱,那么对他而言,x 美元的收益应该写成 $u(x)$,其中 u 是他的冯 · 诺依曼-摩根斯坦效用函数。如果他不仅关注结局,而且还关注达致结局的方式,那么就有必要将他的收益函数写成 $u(s,t)$的形式,其中 s 表示亚当的纯策略,t 表示夏娃的纯策略。

认真处理这些事情的关键点在于,确保对局中人的动机有一个明确无疑的界定(第 1 卷第 2.2.4 节)。如果我们总是用冯 · 诺依曼-摩根斯坦效用来进行衡量回报,那么我们可以确信,一个理性的局中人必然致力于最大化他的预期收益。

冯 · 诺依曼-摩根斯坦效用函数在《博弈论与经济行为》的一个附录里首次被提出,这一理念为风险的经济理论提供了关键的基石,同样地,其对本书涉及的内容也至关重要。我希望对此内容较为生疏的读者能够去回顾第 1 卷第 4 章。冯 · 诺依曼-摩根斯坦在这方面的思想经常被严重误读——特别当涉及如何比较亚当和夏娃的效用这一难题时,尤为如此。

□ **纳什均衡** 冯 · 诺依曼和摩根斯坦的著作中涉及非合作博弈的那部分,仅仅处理了一类特殊的博弈——两人零和博弈。这类博弈的所有结局都满足亚当和夏娃的收益之和为零。[1] 冯 · 诺依曼和摩根斯坦证明,这类博弈的解往往要求局中人能够使用混合策略(mixed strategy)。

---

〔1〕 有时这被认为是包含了这样一个隐含的假设,即亚当的一单位效用恰好相当于夏娃的一单位效用。对于那些不知道为什么没有隐含这些效用的人际比较的读者,我强烈建议回顾第 1 卷第 4.2.2 节。

一个混合策略要求局中人随机给出他的纯策略以使得对手猜不透。[1] 但是,每一个纯策略应该分别以多大的概率给出?在其著作的非合作博弈部分中,冯·诺依曼和摩根斯坦[538]认为,局中人应该按照如下原则确定那些概率:无论对手如何行动,局中人都保证自身在博弈中的期望收益永远不会低于自身的安全水平(security level),安全水平是指局中人能够保证的最大收益值。正如第1卷第4.6节解释的那样,一个局中人会根据他采用的每一个混合策略所能够确定无疑地获得的期望回报的最小值来计算出自己的安全水平,他的安全水平即为所有这些最小值中的最大值。因此,冯·诺依曼和摩根斯坦对两人零和博弈的推荐玩法被称为"最大最小准则"(maximin criterion)。

尽管冯·诺依曼和摩根斯坦并没有将最大最小原则推广至两人零和博弈之外的情形,然而这一原则在不知不觉间成为广义决策的一种可能依据。例如,罗尔斯[417]假设在"无知之幕"背后的人们会采用最大最小原则,尽管人们面对的这些决策问题与零和博弈没有丝毫相似之处。因此,当他主张利用最大最小原则在一个公正的社会中分配物品时,也就不那么令人惊奇了。更不用说那些受过良好理性决策理论训练的人们,看不出为什么他的论据出于这个理由是很重要的。在两人零和博弈中采用最大最小原则是理性的,这是因为冯·诺依曼[537]著名的最小最大定理断言,[2]在这种博弈中,亚当和夏娃的安全水平之和为零。一个局中人

[1] 如果你对于理性博弈需要随机选择这一点感到有些奇怪,那么不妨考虑扑克牌游戏。显然,有时候你必须虚张声势。如果你以手中的好牌去下一个大赌注,那么对手可能马上选择弃牌,即使他手中有更好的牌。我们也可以同样明显地看到,人不能以一种可预测的方式去虚张声势。随机选择虚张声势的时机是很有道理的,但前提在于要小心谨慎地选择虚张声势的频率。

[2] 为什么是"最小最大"而不是"最大最小"?这一定理经常以如下形式出现:$\max_p \min_q \Pi(p,q)=\min_q \max_p \Pi(p,q)$,其中,$\Pi(p,q)$是指在亚当采用混合策略 p 而夏娃采用混合策略 q 的情况下,亚当所能获得的期望收益。等式左边是亚当的安全水平;等式右边则是夏娃的安全水平的负值。[在两人零和博弈中,夏娃的收益恰好是亚当收益的相反数。但是,$\max_p \min_q -\Pi(p,q)=-\min_p \max_q \Pi(p,q)$。]因此,对于冯·诺依曼定理,人们经常粗心地将最大最小准则称为"最小最大准则"。

的收益不可能比其安全水平更多,除非其对手的安全水平有所降低。另一方面,一个局中人的收益也不会比其安全水平更低,因而他总是能够自由地运用最大最小原则以确保他的安全水平,甚至更好。因此,理性的两人零和博弈必然以每一个局中人恰好获得其安全水平为最终结局。

上述结论在非零和博弈中远非正确。事实上,冯·诺依曼定理在非零和博弈中的推广非常令人失望。

很容易证明,在一个两人零和博弈中,双方都采用最大最小原则必然会导致每一个对手都选择这样一个策略,那就是对手所选策略的最优回应。具备这种性质的策略对称为纳什均衡(Nash equilibrium)。纳什证明,在允许混合策略的前提下,任何有限数量纯策略的博弈都至少存在一个均衡。

纳什均衡的思想对非合作博弈理论具有基本的重要性。一部权威的博弈论著作不可能给出一个非纳什均衡作为一个博弈的解,除非这是一个纳什均衡。如果书上建议我采用一个对我来说并非是对手策略的最优回应的策略,而且如果我相信对手会像书上说的那样做的话,那么我必然不会遵循书上的建议。因此,对冯·诺依曼和摩根斯坦关于两人零和博弈理论的合理扩展,并不在于愚蠢地将最大最小原则应用于所有决策问题。合理的扩展简单来说便是,如果一个非合作博弈存在解,那么这个解必然在该博弈的所有纳什均衡中。

为什么冯·诺依曼和摩根斯坦没有把这一扩展明确地表达出来呢?我猜想其原因是,他们认为,说一个博弈的均衡必定是一个纳什均衡往往对解决问题没有太多助益,一些有趣的博弈经常具有很多个不同的纳什均衡。例如,在最后通牒博弈中,对1美元的任何分割都是一个纳什均衡——包括亚当将整个1美元都给夏娃。图0.1(b)阐释了这样一对策略,亚当要价x而夏娃能够接受$100-x$或者更多,但是拒绝任何低于$100-x$的收益。在给定对方选择的前提下,每个人都最优化自己的效用。对每一个x值,包括$x=0$,因此,这个纯策略对是一个纳什均衡。

在所有这些纳什均衡中,哪个均衡可以作为这个博弈的解呢?对两人零和博弈而言,这一均衡选择问题的答案无关紧要,因为这类博弈中的所有纳什均衡都同样令人满意。我想,冯·诺依曼和摩根斯坦已经认识到在广义的情形中这一点并不正确,因此他们宁可什么都不说,也不愿意说一些他们认为不满意的东西。〔1〕

子博弈完美均衡 近年来,博弈理论家们对于均衡选择问题取得了显著进展,但很多结论依然充满争议。传统的方法是由莱因哈德·泽尔腾(Reinhard Selten)开创的[471]。正如在第1卷第2.5.2节所解释的那样,泽尔腾引入了子博弈完美均衡(subgame-perfect equilibrium)的概念。对原博弈的任何一个子博弈,在博弈进行的过程中,不论其是否被局中人遇到,一对子博弈完美策略要求局中人在那个子博弈中计划采用纳什均衡。

由于整个博弈也可以视为其自身的一个子博弈,一个子博弈完美均衡是整个博弈中附带更多性质的纳什均衡。如果我们把眼光局限在子博弈完美均衡,那么我们便在所有纳什均衡集合中做了一个选择。但是,我们为什么必须要把兴趣局限在子博弈完美均衡呢?想要得到答案,我们需要知道为什么局中人会待在他们最初所选策略设定的均衡路径上。

一个理性的局中人待在均衡路径上,是因为如果他偏离这一路径,可能会发生一些不测。但是,他怎么知道会发生一些什么不测呢?这一信息被认为已经包含于每个局中人最初所选定的策略中。(回忆一下,一个纯策略意味着局中人在博弈的任何可能出现的情形中,而不仅是在实际出现的情形中,可能采取的行动。)但是,为什么理性的局中人在偏离原路径并进入一个从未遇到过的子博弈时,仍会固守他们原初所选择的策略呢?局中人满足于最初所选策略的理由是,这些策略构成了整个博弈的

〔1〕 正如他们可能会说,上面给出的对纳什均衡概念的辩解完全是负面的。这相当于什么都没说,而不是纳什均衡可以作为博弈的解。但是,一个局中人在选择这个而不是那个策略时,需要正面的理由。

一个纳什均衡——以至于每个局中人的策略都是其对手策略的最优回应。如果局中人在偏离原路径并进入一个意料之外的子博弈之后并没有放弃他们最初的策略选择,那么泽尔腾[471]认为,子博弈必须满足同样的条件——与在整个博弈中一样,最初的策略选择必须在每一个子博弈中引致一个纳什均衡。

正如第1卷第2.5节所解释的那样,在简单的博弈中,子博弈完美均衡可以通过后退归纳法(backward induction)计算得到。我们可以首先着眼于最小的子博弈——它们出现在整个博弈的末端。在图0.2(a)所示的最后通牒博弈中,这些最小的子博弈是局中人的单人博弈,那就是夏娃面对亚当发出的最后通牒,必须选择回答Y或N。我们认为,如果遇到这样一个子博弈,那么局中人会理性地行动,并在这一子博弈中采用一个纳什均衡。

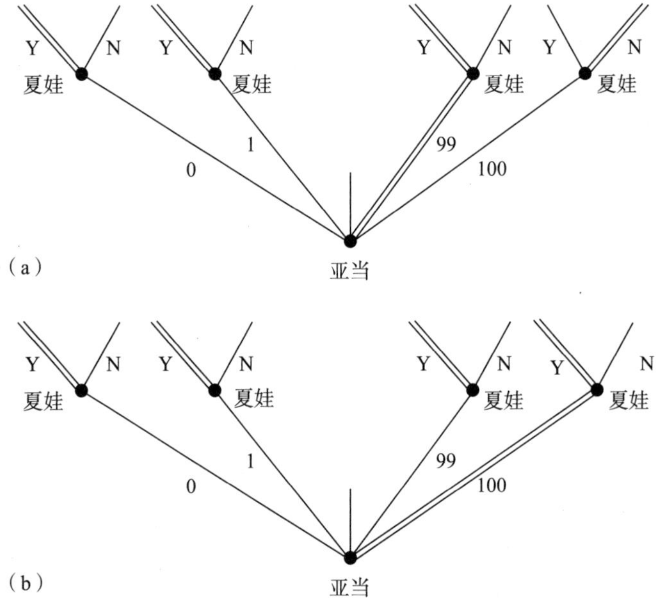

图0.2　更多的最后通牒博弈

在最后通牒博弈的单人子博弈中,纳什均衡是容易刻画的。这些均衡仅仅要求夏娃在子博弈中选择一个最优行动。在图 0.2(a)和(b)中，这些最优行动通过为夏娃增加一倍最优选择而得以体现。当亚当的要求少于 1 美元时，夏娃便是在有和无之间进行选择——她自然会选择前者。当亚当要价整整 1 美元时，由于接受或拒绝都会使夏娃一无所获，因而她具有两个最优选择。[1] 图 0.2(a)显示夏娃在一无所获时选择拒绝的情形，而图 0.2(b)显示了她选择接受的情形。

在处理了最小的子博弈之后，后退归纳原理便要求我们着眼于第二小的子博弈。在最后通牒博弈中，只有一个这样的博弈——整个博弈本身。给定在更小的子博弈中已经设定了的行为，我们现在在剩下的博弈中寻找纳什均衡。如图 0.2(a)和(b)所示，给定第二个局中人在最后通牒博弈的更小子博弈中的行为，我们只需要考虑另一个单人博弈，但这一次，亚当是主角。在图 0.2(a)中，他对夏娃行为的最优回应是要价 99 美分，这一要价将会被夏娃接受；但要价 100 美分则会被拒绝。在图0.2(b)中，他对夏娃行为的最优回应是要价 100 美分，因为这仍会被夏娃所接受。

通过后退归纳法分析最后通牒博弈，揭示了两个纯策略子博弈完美均衡：一个在图 0.2(a)中得到阐释，而另一个出现在图 0.2(b)中。两个博弈都产生了几乎相同的结局：亚当获得了整整 1 美元，最多少拿 1 美分。因此，子博弈完美均衡的分析捕捉了如下直觉：处于面对“要么接受，要么放弃”这类要价一端的局中人，根本没有讨价还价的能力。

如果我们对最后通牒博弈进行修改，以允许亚当要价 1 美元的任意百分比，而不局限于整数的美分，那么上述结论将显得更为简洁。在这种情况下，图 0.2(a)所示的策略对便不再是子博弈完美的，因为亚当可通过要价 99.9 美分而获得更大的收益，而夏娃也会选择接受，即使只有 0.1 美分，因为毕竟聊胜于无。实际上，当允许要价 1 美元的任意百分比

---

[1] 如果我们允许混合策略，那么夏娃就会有更多的最优选择，因为 Y 和 N 的组合都是最优的。

时,唯一子博弈完美均衡满足:亚当要价整整1美元而夏娃计划接受任何亚当的要价。〔1〕当我们考虑一些没有对如何在行动者之间分割剩余施加约束条件的多阶段讨价还价博弈时,上述简单案例揭示了一个有用的原则:在子博弈完美均衡中,无论是谁在当前提议,都会给回应者这样一个剩余量,以使得回应者在接受和拒绝之间毫无差异。在均衡中,回应者总是打算接受这样的或更有利的要价,而拒绝比这个更差的要价。

由于图0.2(a)和(b)所示的均衡对于原始版本的最后通牒博弈而言是子博弈完美的,因而它们也必然是纳什均衡,但它们绝不是最后通牒博弈仅有的纳什均衡。正如早先观察到的那样,任何一种1美元的分割方式都是一个纳什均衡,包括亚当将1美元都交给夏娃这一反直觉的结局。

从对最后通牒博弈的讨论引申出来的重要思想便是,为什么图0.1(b)中所示的纳什均衡并不是子博弈完美的。

如果亚当要价多于x,那么夏娃的策略便是拒绝。但是,如果她实际面对的是少于1美元的要价,那么这种拒绝的行为其实并不是最优的。夏娃可以在最后通牒博弈展开之前先威胁亚当,宣称自己一定会拒绝侮辱性的施舍,但是对于一个理性的局中人而言,亚当会将其行为视为不可信的威胁。一旦给出分割提议,只有不理性的局中人才会坚持认为一无所有胜于获得1美分。

0.4.2 反常现象?

我们以最后通牒博弈为例来介绍非合作博弈理论的基本思想,是因为在文献中,这个博弈经常被作为焦点来怀疑这一思想与人类行为的关联程度。泰勒(Thaler)[519]的研究尤其被广泛引用。上述争议源自一个重复多次的实验室实验。

〔1〕我在《乐趣与博弈》(*Fun and Games*,宾默尔[70])一书第5章中,对这一点进行了更为详尽的讨论。

子博弈完美均衡的发明者泽尔腾[471]曾建议古思、斯科密特伯格和施瓦茨(Güth,Schmittberger and Schwarze)[214]在实验室中检验最后通牒博弈的子博弈完美预测。泽尔腾没有想到他的预测会被证实,然而他的确是正确的。大量后续的实验研究表明,如果亚当只给夏娃剩下不到1/3的金钱,那将是不明智的,因为此时夏娃选择拒绝的概率超过了50%。

这一实验研究通常会引发以下两种反应之一,尽管我认为这两种反应都是错误的。第一种反应来源于传统的经济学家,他们坚信,不论在什么环境下,"经济人"都是描述人类行为的正确模型。因此,他们将所有的人类行为都塞进一只最优化的"鞋子",也不管塞不塞得下。由于在最后通牒博弈实验中,夏娃拒绝一定数量金钱显然没有最大化其财富,因此他们争辩道,她一定在最大化其他什么东西。于是,他们提出了一些反常的效用函数,将怨恨,或者对公平的偏好,或者另外一些压倒夏娃对金钱贪婪的因素引入其中。

第二种反应来源于新时代的经济学家,他们认为策略性思考在很大程度上与人类行为没有相关性,相比"经济人",他们更偏好使用"社会人"作为行为模型,也因此认为人类行为被社会规范所支配。在讨价还价的背景下,他们相信当公平的力量超越任何自私倾向时,公平的社会规范便会被激发出来。

尽管在本书中,我通篇使用经济人作为我的人类行为模型,但是我非常渴望能与那些认为人们总是在进行最优化的幼稚的实证主义者区别开来。我自己的实验研究大多与检验讨价还价博弈中的理论预测相关,在这些研究中,我强调,除非满足以下条件,否则预期这一理论获得成功将是不理智的:

- 该博弈很容易被理解;
- 提供了恰当的激励;
- 有充分的时间进行试错性学习。

早先的实验研究经常忽视上述三个条件。因此,诸如囚徒困境博弈的实验研究大多发现,如果假设被测试者致力于最大化金钱数量,那么博弈理论的预测与被测试者的实际行为相去甚远。然而,莱迪亚德(Ledyard)[313]证明,当满足以上三个条件时,更缜密的现代研究发现,没有必要赋予局中人异常的动机以确保他们的行为与诸如囚徒困境博弈的理论预测相一致。囚徒困境博弈刻画了公共产品私人供给的行为。

不过,反常现象当然是存在的。它们的存在促使我们去思考一些高深的难题。一个博弈要简单到什么程度才能够算是“容易”理解?这个博弈是否以一种“误导”的方式设定了框架?激励要大到什么程度才能够算是“恰当”的?需要多少经验才“足以”使试错性学习得以收敛?我认为,最后这个问题对于理解最后通牒博弈的实验结果显得尤为重要。

宾默尔、盖尔和萨缪尔森(Binmore,Gale and Samuelson)[76]在讨论实验博弈论时,区分了不同的时间跨度:短期、中期、长期和超长期。此处使用的这些术语与第1卷第1.3.7节的有所不同,但需要强调的是,本卷的后续章节将回到先前的使用方法上来。

短期是指在实验设定好的情况下,当被测试者刚进入实验室时所触发的行为。这种短期的行为很有可能在行为演化的环境中是最优的。但正如第1卷第2.3.3节提到的洛仑兹小寒鸦(Lorenz's baby jackdaw)的例子那样,为了某种目的而演化产生的行为可能完全不适应实验室中的环境。卡尼曼和特维斯基(Kahneman and Tversky)[286]针对被测试者的短期行为,已经反复证明了上述事实。

在中期,被测试者开始适应他们的新环境。而在长期,这样的适应性行为会引导他们走向他们所进行博弈的一个均衡点。他们在长期中会达致哪一个均衡点,往往取决于他们出发的位置,也就是说,取决于他们在短期的行为。

如果你希望在实验室里观察到一个历史独立型的均衡选择,那么你必须转向超长期,正如杨(Young)[573],坎多里、罗伯和马拉斯(Kandori,Rob and Mailath)[292],宾默尔等[87]许多学者研究的那样。适应性行为必然是存在噪音的。如果我们等待足够长的时间,那么那些扰乱学习过程的随机冲击将最终把系统从一个均衡的收敛区域中弹出，并进入另一个均衡的收敛区域。如果我们等待更长的时间，上述机制将对该博弈的所有均衡点集合建立起一个概率分布。通常的情况是，这一概率分布将几乎所有的权重都置于一个均衡点之上。于是，我们可以认为这一均衡点是在超长期中被选择出来的。

多久才能够算是长期呢？对简单而典型的调整规则的理论研究表明，这一问题的答案在很大程度上取决于所进行的博弈。在简单的拍卖博弈中，收敛速度较快，因此，微观经济学对这类博弈的良好预测也不令人惊奇。但是，在最后通牒博弈中，收敛速度极其缓慢。罗斯和艾里(Roth and Erev)[440]指出，在最后通牒博弈中观察到的结果仅仅是在学习过程有机会促进收敛之前所拍到的快照而已。这一对数据做出的中期性的解释适用于这种情况。然而，宾默尔等[76]认为，即使在长期，在特定的最后通牒博弈中，我们也不应期待博弈必然收敛于子博弈完美均衡。如果使用存在噪音的达尔文繁殖动态模型来模拟调整过程，他们发现，系统一般会收敛于博弈的一个纳什均衡，即亚当会给夏娃大约1/4的可供分配的金钱！子博弈完美均衡无疑会在超长期中被选择出来，但是期望的等待时间将如此之长，以至于在实验最终结束之前，被测试者或许已经开始领取养老金了。

保持逻辑一致　给定前文中关于最后通牒博弈的讨论，为什么我坚持把子博弈完美均衡的思想作为本书的一个分析工具呢？这么做的主要动机在于，子博弈完美均衡理论提供了一个可供推理的、逻辑一致的分析框架。无论伦理思想史还教了我们一些什么，至少有一条是清晰的，那就是：搞乱逻辑的诱惑十分强烈。因此，第1卷第2.2.4节强调，本书中效用的概念将严格按照显示偏好理论的原则进行解释。这是正统的新古典主义经济学——尽管我不得不承认异教徒绝非少数，尤其是在福利经济学领域。正如第1卷第2.2.5节所指出的那样，子博弈完美均衡概念背

后的后退归纳原理会变成一个套套逻辑。〔1〕

采取如此严格的显示偏好的分析思路,至少会出现两个问题。第一个问题是关于术语学的。正如第1卷反复强调的那样,显示偏好理论在英文表达中含蓄地颠倒了因果关系。例如,在对第0.4.1节最后通牒博弈的分析中,当我们说夏娃只关心最大化金钱数量时,我们并没有给出她如图0.2(a)和(b)所示那样去行动的原因。我们仅仅是用一个方便的速记形式概括了她可能采取的行动。如果我们假设亚当也是一个金钱数量最大化者,并且他知道无论他发出什么样的最后通牒,夏娃都会最大化自己的金钱数量,我们就可以将目光限制于子博弈完美均衡,在这些均衡中,夏娃最多能得到1美分。

幼稚的数学批评家对这种故事感到难以理解的是,实质性的问题根本就没有被涉及。我们仅仅是指出了前提假设的逻辑结果。对于批评家而言,真正重要的问题在于,基于这些假设的理论是否能够真正地应用于这个理论所创建的环境中。在最后通牒博弈这个例子中,实验室中的实验研究表明,其实不然。我们可以利用这种或那种反常的效用函数来刻画局中人显示的偏好,以试图挽救这一理论,但我个人则认为问题出在更深层次。人们面对简单的情形,以真正复杂的方式做出必要的反应其实并没有太多的困难,但当面对不熟悉的环境时,人们的行为便会变得混乱和不一致,直到他们摸清门道为止。因此在这种情形中,我们有理由怀疑显示偏好理论的一致性(consistency)假说。

在第1卷第1.2.2节中,我利用一种演化论方法将效用等同于适应度(fitness),从而流畅地证明了显示偏好理论的一致性要求。这种借助演化论的幻想搁置了不少争议。然而,正如一位牛津哲学家所说的那样,当使用演化论的论据为纳什均衡的概念进行辩护时,这些论据总体来看不尽如人意。但是,当将论据的抽象形式应用于子博弈完美均衡时,则会

---

〔1〕 我当然不同意奥曼(Aumann)[26]的观点,即关于理性的共同知识意味着,当局中人的收益不是由显示偏好理论所决定时,子博弈完美均衡的结局必然能够在完美信息有限博弈中被观察到(宾默尔[72,74])。

面临较大的压力,因为这一概念取决于如下假设,即局中人即使在实际上从未出现的环境中也会一致行为。正统的新古典主义的一致性概念与演化论的故事存在分歧,这是由于,如果非理性的计划有时被引入博弈,那么它必然会被选择。

博弈理论家一般会采取泽尔腾[471]的方法,通过假设局中人经常利用"颤抖手"(a trembling hand)进行决策来分析这一难题,这样博弈树的所有分支都会以某个极小的概率被达到,包括那些具有"稳定手"(a steady hand)的理性局中人永远不会到访的地方。如果在不同节点上进行决策的手都独立地颤抖,那么泽尔腾证明,在完美信息的有限博弈中,只有子博弈完美均衡是可行的——最后通牒博弈便是其中一个例子。

像贫穷一样,颤抖手错误总是毫无疑问地伴随着我们。然而,正如第1卷第3.4.1节所强调的那样,将这样一个打印错误(typo)的博弈论等价物视为扰乱真实生活博弈的唯一错误类型是不正确的。我们需要面对的事实是,思想错误(thinkos)可能更为重要,即使这样的噪音来源更加难以刻画。我们可以粗浅地描述萨缪尔森[457]的一个研究结论,只有当打印错误出现的频率大大高于思想错误出现的频率时,打印错误才能够对演化进程产生显著的影响。我已经提到,存在干扰的达尔文繁殖动态模型并不必然地收敛于最后通牒博弈的一个子博弈完美均衡(宾默尔等[76])。在引入颤抖手错误之后,这一结论仍然是成立的。因此,对我来说,泽尔腾利用颤抖手的概念为子博弈完美均衡进行的辩护不能在本书的情景下继续成立。

幸运的是,对于我们的目的来说,并没有必要去证明演化能够确保显示偏好理论最终应用于长期中的所有博弈。我们仅仅需要对某些博弈的子博弈完美均衡结局进行辩护,而这些博弈对于讨论社会契约问题具有意义。根据本书所采用的分析社会契约思想的方法,我们将精力集中于研究两类博弈。第一类博弈包含了第1章所涉及的讨价还价博弈,对于这类博弈来说,子博弈完美仅仅在第1.7.1节的交替出价博弈(Alternating Offers Game)中是重要的。第二类博弈包含了第3章所研究的无限期重复博弈。

在无限期重复博弈的例子中,最重要的结论便是第3.3节的无名氏定理(Folk theorem)。无论是我们允许所有的纳什均衡,还是仅限于子博弈完美均衡,这一定理都是成立的。当我们问及为什么一个局中人的行为应该被一旦偏离均衡路径便会遭受惩罚的威胁所阻止时,子博弈完美均衡才是重要的。要使得这样的威胁变得可信,扮演警察角色的局中人必须确保在其威胁被忽视时,采取惩罚手段是其最优的选择。这便要求警察也受到可信的威胁,即如果他不能惩罚最初的偏离,那么他也会遭受惩罚。子博弈完美均衡的思想允许这样的威胁链条无限制地延伸。我们可以确定无疑地接受一个不太严格的概念,其仅仅使这样的链条延伸几个时期,但在现实中的收益也只是边际的。

第1.7.1节中的交替出价博弈在更大程度上是一个挑战。第1.7.2节注意到,宾默尔等[81]通过研究能够被有限自动机(finite automata)使用的演化稳定策略,能够复制出鲁宾斯坦[445]对称情形中的唯一性结论。但是,对于非对称情形仍然存在问题。在知道更多之前,我使用鲁宾斯坦定理来辩护纳什均衡解的做法仍然要画上一个问号。然而,评论家们完全可以使用任何一种使他们心动的讨价还价解来重新分析本书的结论。

总之,攻击显示偏好理论的逻辑并无太大意义,但其用以刻画人类行为的一致性假说显然值得怀疑——尤其是用来为子博弈完美均衡的概念进行辩护的时候。的确,对最后通牒博弈及其兄弟模型的研究都表明,显示偏好理论在预测实验室中实际发生的情况时经常一败涂地。然而,经济学家仍然将下述观点视为共识,即这些情形应该被视为异常情况。尽管我对自己的研究并不是那么满意,但我同意正统的理论对于类型广泛的具体应用而言仍然是最好的选择。最重要的是,这一理论具有在逻辑上无懈可击的、不可估量的价值。

社会人 社会规范刻画了社会特征并支配着我们想象中的原始人类。这样的规范提供了文化基因的例子,即道金斯(Dawkins)[151]所说的基因的社会等价物(第1卷第1.2.2节)。社会人概念的支持者也准备好了一个对最后通牒博弈情况的解释。故事是这样的,在实验室中博弈的设定方式触发了实验参与者头脑中的公平规范,于是他们就开始"公平游戏"。除非涉及问题的设定,博弈的策略结构对于决定被测试者的行为来说是不重要的。

就我个人来说,我并没有责难把社会人作为人的模型这一做法。但应当承认,对于理论研究的目的而言,这一做法并不十分有用,这是因为,如果我们可以给他配备某个适当的异常规范的集合,那么他自然可以被用来理性化几乎所有在实验室中观察到的行为。我对社会人的概念感兴趣,是因为我将其视为分析经济人的一块垫脚石。这样做的理由在于,社会演化很有可能影响到支配社会人的社会规范,直到他最终像效用最大化者那样行动为止。正如第1卷第1.2.2节所提到的,如果最大化行为被视为任何使社会规范的践行者成为复制社会规范到他人头脑中的控制点的东西,那么上述论断几乎成了一个套套逻辑。

上述对待社会人的态度与经济心理学家如泰勒[519]或卡尼曼等[285]所采取的态度形成了鲜明的反差。在我看来,他们将这一类人与第1卷第2.4.2节的行为人(homo behavioralis)混淆起来。行为人的行为模式根植于他的头脑,并因此无法变更。这便导致他的观点误入歧途,即错误地认为短期的人类行为是长期人类行为的良好指南。

我自己的实验研究则指向了一个完全不同的方向。在一个两阶段最后通牒博弈中(宾默尔等[88]),只有两次实验结果使得亚当的出价从50∶50显著地偏离到子博弈完美出价。〔1〕如果将被测试者在第一次实验中公平地游戏这一现象解释为人们总是简单地遵循固定的公平规范,

〔1〕 泰勒[519]忽视了这一结果,并声称是实验的说明告诉被测试者这样去做的。如果是这样的话,为什么他们不在第一回合就这样做呢?基于被测试者可以"被教导"去做任何事情这一点的考虑,为被测试者提供学习机会的实验也都同样被忽视了。我的建议是,千万不要相信这些观点。阅读原创论文并形成自己的观点,以判断被测试者学习是为了他们自己还是被教导的。

那么他们为什么不在第二次实验中也"公平游戏"呢? 类似地,如果将被测试者在第一次实验中没有采用子博弈完美均衡这一现象解释为他们具有异常的偏好,那么他们为什么在第二次实验中就采用了子博弈完美均衡呢?

对更为复杂的讨价还价博弈的后续实验研究强有力地支持了学习假说(宾默尔等[90, 89, 79])。更重要的是,当实验结束并向被测试者询问情况时,他们都强烈地倾向于在实验中实际出现的结果是"公平的"。宾默尔等[91]在第 1.6.1 节中分析了平滑纳什要价博弈(smoothed Nash Demand Game),并得到了尤其引人注目的结论。

不同组的被测试者首先被限制于如第 1.3 节所描述的四种不同讨价还价解的对称情形所设定的结果中,以协调他们的要价。[1] 然后,从同一组中随机抽取对手进行 30 次实验。在实验结束时,每一组都准确地集中在这个博弈的某个纳什均衡上,[2]但是,不同组所收敛的均衡点则并不相同。然而,尽管不同的组都找到了通向不同均衡点的路径,但从实验结束之后的汇报结果来看,被测试者们都强烈地倾向于自己组所获结局是这个博弈的"公平"结局。实际上,由一组被测试者实际做出的最后要价的中位数,恰好能够准确地预测那组成员所认为的"公平"要价的中位数。

如果我们将这些实验组中的被测试者视为某个微型社会中的公民,并将他们进行的用计算机操作的讨价还价博弈视为一个人造的生存博弈,那么实验组向纳什均衡收敛的过程便对应着一个社会契约的演化过程。不管这个社会契约最后是什么样子,被测试者总是认为它是"公平

[1] 这一限制条件是这样形成的:让被测试者与机器人进行博弈,且这些机器人都被设定程序以收敛到那组特定选择的讨价还价解。只需要与机器人进行 10 次博弈,就足以限制被测试者的行为。

[2] 正如第 1.6.1 节所解释的那样,一个平滑纳什要价博弈往往有一个唯一的纳什均衡。但是,计算机技术迫使我们采用一种离散近似方法,这便必然形成了大量的纳什均衡。(文中强调了精确的纳什均衡,因为在离散博弈中,所有处于帕累托前沿上的点都是一个 ε-均衡,且满足 ε 小于 10 美分。)

的”。这一事实对我们有什么启发呢?

我个人的观点是,上述结果恰好反映了当我们将公平这一概念应用于其演化形成的领域之外时,我们对公平这一概念理解的困惑。例如,埃尔斯特(Elster)[173]区别了20种在不同环境中使用的公平标准。

每个人都知道人们关注“公平”,因而“公平”一词经常在公开辩论的华丽辞藻中大显身手。但是,没有人清晰地知道公平的内涵。我们总是对公平喋喋不休,但完全没有意识到为什么这一概念会如此强烈地束缚着我们的想象。也几乎没有人会像维特根斯坦(Wittgenstein)那样错得离谱,因为他认为,当我们遇到无法表达的思想时,我们除了保持沉默,再也没有其他的选择。〔1〕其实恰恰相反,我们越是对某事物理解较少,就越是倾向于无休止地谈论它。因此,当语言哲学家试图通过研究人们针对某话题的言论,以从中提取公平的精髓时,他们赋予自己的其实是一项无望完成的任务。我们的文化对于公平本质是如此模糊不清,以至于我们自己的言语中也会存在令人不快的矛盾。

本书试图给出公平概念起源的一个典型解释,以回避上述概念的混淆。如果我们可以理解公平在其演化产生的环境中是如何运作的,那么我相信我们就有希望在一个更大的舞台上成功地使用公平这一概念,而不仅仅是出于修辞的目的。正如赫拉克利特(Heraclitus)[149]所言:

> 谈论任何事物都要根据其本质,明确它是如何产生和发展的。人们在谈论世界的时候既没有关注这个世界本身,也没有倾听自己心灵的声音,似乎他们不是沉沉睡去就是漫不经心。

第1卷第2.3.3节解释了为什么我感到在总体上道德问题是相类似

〔1〕 Wovon man nicht sprechen kann, darüber muss man schweigen.(我们不能言说之处,就是我们保持缄默之时。)维特根斯坦[564]在其著作《逻辑哲学论》(*Tractatus Logico-Philosophicus*)中的这一著名结尾,如果从字面上翻译,就是一个套套逻辑。我的表演似乎有些恶作剧,因为维特根斯坦的内心可没那么世俗和平凡。他的言外之意乃是,哲学的根本问题难以用言语表达,却可以被神秘主义者所理解,他们对《逻辑哲学论》的理解已经足够深入,以至于他们能够认识到,当维特根斯坦谈及这些问题时,他完全是废话连篇。

的原因,我相信支配我们道德行为的规则,相比植入我们语言的民间智慧,更为微妙且更为渺小。在那些规则适应良好的境况中,我们难以注意到它们的存在。因此,我们对它们的直觉理解主要建立在对它们演化产生的领域之外的运行的观察上,在那里,它们鹤立鸡群般地引人注目。所以,难怪我们关于道德的观点,对于道德的实际运作方式而言,是一个如此错误的指南。

0.5 合作博弈理论

合作博弈理论相比它那位不愿踏出家门的“姐妹”,采取了一种更为开放和自由的态度。这一理论关注这样的情景,即在博弈展开之前,局中人可以就博弈中如何采取行动进行磋商。一种标准的做法是,假设这些磋商以签订一份具有约束力的协议而告终。在这些前提条件下,正如我们强调的那样,在博弈中可供利用的那些具体策略将不再那么重要。最重要的则是该博弈的偏好结构,因为正是这一结构决定了怎样的协议才是可行的。

0.5.1 联盟形式下的博弈

关于合作博弈理论的文献基本都遵循冯·诺依曼和摩根斯坦[538]著作第二卷,该卷致力于研究多人博弈中的联盟形成问题。为了研究这一问题,冯·诺依曼和摩根斯坦进一步对这些博弈的结构进行了简化,近年来其逐渐被人称为“联盟形式”(coalitional form)。一个博弈的联盟形式被一个特征函数(characteristic function)V 所定义,这一函数将每种可能的局中人联盟 S 赋值为 $V(S)$,冯·诺依曼和摩根斯坦将 $V(S)$解释为局中人在联盟 S 下所分享的金钱数量。

批评“一个联盟必须具有一个明确定义的数值”这一理念并不困难。只有在一些特定的博弈中，某种联盟 S 能够获得的金钱才独立于联盟 S 以外的局中人的行为。〔1〕当然，这一类博弈并非令人不感兴趣，因为它们包含了大多数交易博弈。如果联盟 S 中的成员仅仅选择在他们内部进行交易，那么他们能够共同获得的剩余将独立于在他们以外的经济体中所发生的任何交易。

但是，即使我们把自己局限于研究这些交易博弈，联盟值的概念仍然令人头疼，因为它想当然地认为效用可以毫不改变地从一个局中人传递给另一个局中人。冯·诺依曼和摩根斯坦在引入“可转移效用”这一形而上学的概念时，并没有试图对其进行严格而审慎的辩护。这一思想是，亚当有可能需要通过贿赂夏娃才能说服她签署一项协议以进行合作。这样的诱饵可以称为“伴随支付”(side payment)。如果在博弈中，他们合作所得到的收益分别是 x_A 和 x_E，议定的伴随支付值为 t，那么亚当的最后收益是 x_A-t，而夏娃的最后收益是 x_E+t。

当然，如果收益都是以美元的形式衡量，并且局中人都是风险中性的，那么实施单边支付将不再困难，而且联盟 S 的值 $V(S)$ 可以简单地处理为联盟中每一个局中人在他们共同议定的行动过程中所获得的金钱总和。但是，当收益不能用金钱表示时，讨论效用交易问题还会有多大意义呢？尽管不太情愿，但我们不得不面对“几乎没有”这个答案。正如第1卷第4章的清晰阐释，想证明亚当和夏娃的效用是可以比较的非常困难。

---

〔1〕冯·诺依曼和摩根斯坦[538]并不满足于被局限在这类博弈中。他们开始着手研究多人零和博弈。在这种博弈中，一个联盟 S 的形成想必会诱使被排除在 S 之外的局中人联合起来形成互补联盟 $\mathcal{CS}$。于是，这两个竞争性的联盟可以被处理为两人零和博弈中的两个普通的局中人。冯·诺依曼定理告诉我们，联盟 $\mathcal{S}$ 的值 $V(\mathcal{S})$ 必须是它的安全水平。到目前为止一切顺利，但冯·诺依曼和摩根斯坦[538]坚持将 $V(\mathcal{S})$ 解释为安全水平，即使是在那些非零和博弈中也那样。虽然这一传统思路并未消亡，但目前的共识是，冯·诺依曼和摩根斯坦在这一点上误入歧途。[为了处理 n 个局中人非零和博弈，他们发明了一个虚构局中人并增加其中，并谨慎地设定其收益，以使得他们构造的 $(n+1)$ 个局中人博弈满足零和条件。但是，为什么这一虚构博弈的分析会与原来那个博弈的分析存在关联呢？]

如果想更进一步表明效用可以被交易,那么这无异于用一根稻草压垮一头骆驼。然而,勇敢地面对"效用可传递"这一不现实的假设,会带来一些不愉快的后果。那就是,我们再也不能将 $V(S)$ 视为一个数值;相反,其必须被视为一个集合。

冯·诺依曼和摩根斯坦使用"分配"(imputation)这一术语来刻画支付向量 $x=(x_1,x_2,\cdots,x_n)$,其中,每个分量对应一个局中人,这一向量对应着博弈的一个可能结局。在一个效用不可传递的博弈中,我们可以将 $V(S)$ 定义为分配向量的一个集合,其满足:分配 x 属于 $V(S)$,当且仅当联盟 S 具备一个联合行动,该行动能确保联盟中的每个成员获得的收益都不小于分配 x 所赋予他的收益。在效用可传递的情况下,上述定义对于某些博弈是很有意义的,在这些博弈中,一个联盟所具有的机会并不取决于这一联盟之外的局中人的行为。

核 我们将要提到两种合作解的概念,以说明如何像冯·诺依曼和摩根斯坦那样运用博弈的联盟形式。回忆一下,合作博弈理论假设局中人会在博弈开始之前磋商他们将如何行动。在达成一项协议之后,一旦博弈开始,他们便受到这一协议的约束且不能反悔。一个合作解的概念告诉我们,在这种情景下,理性的局中人可能达成的协议的相关信息。合作解的概念有时指定了唯一的分配,以作为理性局中人唯一可能的协议。但这个目标往往缺乏野心,并且这一概念简单地将不属于给定的可能协议集合的分配向量排除在外。

对于属于某个 $V(S)$ 的分配 y 来说,如果在联盟 S 中的每一个局中人都偏好 y 甚于 x,那么分配 y 构成对分配 x 的一种排斥(objection)。一个博弈的核(core)就是这样一个分配向量的集合,再也不可能找到一个分配向量能够对其形成排斥。这一思想意味着,核之外的分配不可能成为理性局中人在磋商之后所达致的博弈结局。这是因为,如果提议一个在核之外的分配 x,那么就会导致联盟 S 联合起来实施 y 以排斥 x。

正如合作博弈理论中的其他内容一样,上述思想看似具有说服力,直到你意识到在博弈前的磋商行为是多么目光短浅。在很多博弈中,有可能核是一个空集。也就是说,对于每一个分配,都可以找到其对应的排斥。如果将与核这一概念相匹配的逻辑推理运用于这样的博弈中,局中人将永远不能达成一致!但是,理性的局中人不会让自己掉进这种小儿科的陷阱。一个联盟 S 中的成员将会展望未来并看到,仅仅存在一个对 x 的排斥 y 并不足以激励他们联合起来否决 x。如果一个新的联盟 T 将会立即否决 y,那么否决 x 而支持 y 又有什么意义呢?

在经济学教科书中,核的概念被深入研究,这是因为,在一些温和的前提条件下,在有大量局中人的市场博弈中,核所对应的资源配置是博弈的瓦尔拉斯均衡的一个良好近似。由于经济学主要致力于研究完全竞争市场下的瓦尔拉斯均衡,因而我并不惊奇于经济学家会张开双臂拥抱这一结论。似乎可以说,如果有机会的话,他们会将自己的一生都献给对理性人所同意的结局的研究。但是,正如第 1 卷第 2.5 节所宣称的那样,作为一个论据,我们既不能因为它会导致一个不受欢迎的结果而否定它,也不能因为它能够带来一个有吸引力的结果而肯定它。我并不怀疑经济学家应该用大量的时间去研究瓦尔拉斯均衡,但是我认为他们不能自欺欺人,将市场博弈的核分析作为他们这样做的一个理由。在大规模市场中的市场出清价格毫无疑问不能由作为竞争性联盟的结果而达致,这些联盟对可能的资源配置方案设定了这样或那样的排斥;其也不可能在一个由富有远见的超人组成的世界中存在。

稳定集 尽管目前甚为流行,冯·诺依曼和摩根斯坦也推测性地表达了对核这一概念的疑虑,这是由于他们提出的合作解的概念并没有假设局中人是短视的。他们提出的概念现在被称为"冯·诺依曼和摩根斯坦稳定集"。他们强调,有远见的局中人在否决一个分配 x 时,将不会采取合作的行为,除非在他们头脑中的排斥 y 本身是博弈前磋商的一个可行结局。为了前后一致,他们认为这样的可行分配集合 Y 必须满足以下条件:

- 在集合 Y 中的排斥构成对集合 Y 之外分配的排斥;
- 在集合 Y 中,没有一个排斥构成对集合 Y 之内分配的排斥。

冯·诺依曼和摩根斯坦意识到,一个博弈可能存在很多这样的稳定集,〔1〕他们将同一个博弈中不同的稳定集视为不同"行为标准"的代表,但是对于这样的行为标准是如何建立起来的问题却不是十分清楚。很有可能的是,一个社会采用这种行为标准而不是另一种,正如美国人选择靠右行驶而日本人选择靠左行驶一样。

例如,考虑三人分钱(1美元)博弈的情形,在这个博弈中,分配给每个局中人的金钱数量由多数投票决定。如果局中人都是风险中性的,那么在这个博弈中引入可转移效用是有意义的。将一个在0~1之间的数 $V(S)$ 分配给每一个可能的联盟 S,这样便设定了博弈的联盟形式。只包含一个局中人的联盟可以是{1}、{2}和{3}。这些联盟完全不能保证其成员的收益,因而 $V(1)=V(2)=V(3)=0$。余下的非空联盟为{1, 2}、{2, 3}、{3, 1}以及包含所有局中人的大联盟(grand coalition){1, 2, 3},这些联盟形式都能够确保这1美元仅在联盟内部成员之间进行分配,即 $V(1,\ 2)=V(2,\ 3)=V(3,\ 1)=V(1,\ 2,\ 3)=1$。

这个博弈的核是空集,〔2〕并且具有无限个稳定集,但其中只有集合 $Y=\left\{\left(\frac{1}{2},\frac{1}{2},0\right),\left(0,\frac{1}{2},\frac{1}{2}\right),\left(\frac{1}{2},0,\frac{1}{2}\right)\right\}$ 对称地对待每一个局中人。在 Y 中没有任何一个分配能够构成对 Y 中其他分配的排斥。而且,给定任意在 Y 之外的分配 x,则存在一个在 Y 之内的分配构成对 x 的排斥。当 $x_1\leq x_2\leq x_3$ 时,这个排斥便是 $y=\left(\frac{1}{2},\frac{1}{2},0\right)$。〔3〕

---

〔1〕 除了那些根本没有稳定集的博弈之外[卢卡斯(Lucas)[332]]。

〔2〕 假设一个分配 x 的各分维度满足 $x_1\leq x_2\leq x_3$,那么 $x_1+x_2\leq x_1+x_2+x_3=1$。于是就可以找到一个分配 y 满足 $x_1<y_1$ 且 $x_2<y_2$。那么对于联盟{1, 2}来说,分配 y 就构成对分配 x 的一个排斥。

〔3〕 如果 $x_2<\frac{1}{2}$ 不成立,于是 $\frac{1}{2}\leq x_2<x_3$,那么 $x=\left(0,\frac{1}{2},\frac{1}{2}\right)$。

我曾经批评过核这一概念，但我不想花时间逐条列举针对冯·诺依曼和摩根斯坦的稳定集[1]以及其他基于联盟形式博弈传统合作解的概念——如同夏普利值(Shapley value)以及奥曼(Aumann)和马斯库勒(Maschler)对讨价还价集的观点——的批评[见奥斯本和鲁宾斯坦(Osborne and Rubinstein)[397]第14章]。诚然，这些概念捕捉到了一些重要的信息，且在运用于一些特定的博弈时能够产生在直觉上令人满意的结论。然而平心而论，没有一个传统合作解的概念能够捕捉所有重要的信息。

如果求助于传统合作博弈理论能够证明关于多个局中人社会的一般性定理，那么博弈论专家肯定极不情愿放弃这个机会。然而，尽管我发现有必要作些大胆的假设以刻画社会的运行方式，从而便于引入博弈论进行研究，但我认为真正重要的是，求助于哪一种博弈理论不应该受到任何武断的主观倾向的限制。因此，在本书的余下部分，冯·诺依曼和摩根斯坦的联盟形式仅仅会在行文过程中被偶尔提及。

0.6 纳什规划

合作博弈理论假设存在一个博弈前的磋商阶段，在这一阶段中，局中人对如何进行这个博弈达成一项不可反悔的约束性协议。有时候，当谈及这样的博弈前磋商时，人们认为是博弈前夜在酒吧里的闲聊漫谈。

纳什注意到，任何磋商本身也是某种类型的博弈。在讨价还价的过程中，博弈的行动是局中人用于相互交流的提议和陈述，而结局是他们最

[1] 读者或许已经注意到，尽管相比在核的故事中的局中人，在稳定集的故事中的局中人会少一些近视，但是他们仍然只能看到前面两步。如果他们能够看得更远，他们或许会发现，动摇集合 Y 中的分配 y 是符合他们利益的，因为排斥和反排斥的动作最终会归结为集合 Y 中一个优于 y 的新排斥。

终达成的可能协议。如果我们能够正式设定在博弈前磋商阶段中所有可使用的行动,那么结果将变成一个扩大的博弈。于是,这一扩大的博弈就需要在没有假定任何博弈前磋商的前提下进行研究——因为这样的博弈前磋商已经被纳入其游戏规则。对于这种不需要假设存在任何博弈前互动就可以进行分析的博弈,我在其他研究中将其称为一项“竞赛”(contest)(宾默尔[65])。

预测讨价还价结局 在纳什规划中,对竞赛的分析是最为基础的。如果非合作博弈理论已经发展到了能够使我们写出任何竞赛的“解”的阶段,那么我们也就解决了所有合作博弈理论的难题。对于任何博弈而言,一个合适的合作解的概念仅仅是,在原来的博弈前面加上一个恰当地正式化的磋商阶段所构成的竞赛的“解”。

然而,试图对这一难题发起这样的正面袭击基本是痴心妄想。在真实的讨价还价的过程中,人们所知道的可用于讨价还价的手段的集合大得令人困惑。我们怎么可能构建出一个极具一般性的扩展型博弈,以捕捉一个可信的磋商过程的所有迂回和曲折呢?

纳什意识到对讨价还价问题进行正面攻击并不可行。尽管一些学者存在不同的信念,但是纳什规划并没有将其归结到只有非合作讨价还价模型才能够用于预测结局的地步。纳什[380, 381, 382]并没有将合作博弈理论和非合作博弈理论视为分析讨价还价问题的竞争性的方法。恰恰相反,他认为它们提供了互补性的洞识,用一方的优势去弥补另一方的弱势。特别地,他在致力于预测讨价还价的结局时,还倡导使用合作解的概念。

将一个合作解的概念用于预测,而不是用于分析一个刻画实际讨价还价程序的非合作模型,其理由在于,后者必然包含了各种类型的细枝末节,这些因素不太可能被建模者完全知晓,而且也可能与最终的结局毫无关联。例如,在旧式板球比赛(game of Cricket)中,传统的规则要求参赛者穿着白色球衣。但现在更普遍的做法是,一队穿红色球衣而另一队穿绿色球衣，且不会有人提出异见——认为队服的颜色会影响到比赛的结果。

关注细节　当我们致力于预测一个讨价还价结局时求助于合作解的方法，便直接跳过了关于哪些细节重要以及哪些不重要的烦人的忙乱。当我们转到一个博弈的联盟形式时，所有在扩展形式中呈现的细枝末节都被清扫出门，并且都不能影响从合作解概念中推导出的预测。

有时候，我们会听到一些基于上述这点的对非合作讨价还价模型的非常愚蠢的批评。其认为，从合作解概念中推导出的预测，相比通过分析非合作讨价还价模型的均衡所获得的预测，要更为优越。这是因为，前者并不取决于讨价还价程序的细枝末节。这一观点只有在没有一个讨价还价程序中的细节与最终结局相关时才能够成立。例如在板球比赛中，一个门外汉可能认为，是否允许投球手不时地将球的一侧弄毛糙并不是重要的。然而结果表明，这可以对投手能够施加于球上的旋转速度造成巨大的差异。因此，关于是否允许投手通过磨损和刮擦等方式以干扰球的规则的非常细微的变化，可能会在很大程度上改变比赛的方式。坚持完全不顾这一特定规则的细节，并对板球比赛结局进行预测，那将是十分荒谬的。

类似地，存在一些讨价还价博弈结局对其高度敏感的特定因素，且其重要性对于未经训练的直觉思维来说并不是那么显而易见。例如，在鲁宾斯坦[445]的讨价还价模型中，局中人收益的大小取决于这两个讨价还价者的相对耐心程度。一个合作解的概念并不考虑这类问题的细节，因而不可能准确预测在使用鲁宾斯坦程序时将达致的协议。因此，有助于这种合作解概念做出成功预测的讨价还价程序的类型，必须将鲁宾斯坦程序排除在外——而且其他程序也毫无疑问地需要排除。

理想实验(Gedanken experiment)　一个合作解的概念应该忽略一个讨价还价程序中与结局无关的诸多细节，这是一个美好的愿望——但在一些细节的确很重要的情形中，就变成了一种诅咒。当然，如果我们偶然遇到一个合作解的概念恰巧对重要细节的当前配置状况给出了正确的预测,那么也就避免了诅咒的中伤。

纳什对这一问题的建议是难以实施的,但这构成了纳什规划的特点。纳什认为,不应该不加深究便相信一个被提议的合作解概念,而应该借助于非合作讨价还价模型以对这一合作解概念进行检验,这一非合作模型不但捕捉了讨价还价程序的关键信息,而且其结局正是这个合作解概念所想要预测的。

无论在什么时候,只要一个应用研究者提出使用一个特定的合作解概念来预测一个讨价还价结局,纳什规划就会发出指令,要求我们询问这位应用研究者知道多少在其应用范围之内的现行的讨价还价制度。于是,我们通过构建一个满足这些制度性要求的扩展形式的讨价还价博弈,以展开一个思想实验。然后,我们计算出这一讨价还价博弈的均衡点。如果我们能够解决均衡选择问题,并且局中人受到所研究的非合作讨价还价博弈规则的约束,那么我们就会知道理性的局中人将会达成的协议。这一协议与使用合作解概念获得的预测可能重合,也可能不重合。如果两者不重合,那么应用研究者对其合作解概念的信心就难以维系。这一思想实验反驳了他的理论。

风洞模型 使用没有经过检验的合作解的概念去预测讨价还价的结局,就好比是,在捆住你背上的翅膀并把你从高楼推下的同时,希望你还能飞翔。这是对纳什规划的一个特别恰当的比喻,因为用以检验合作解概念的非合作讨价还价模型,正好是在风洞(windtunnel)实验中使用的飞机模型的一个良好类比。在为风洞实验而建立一个模型时,一个工程师并不旨在制造一个与全尺寸对应物完全一致的复制品。事实上,他往往只有一个关于飞机最终会长什么样的粗略而模糊的想法。然而,他会费尽心机地确保其模型的空气动力学性质尽可能地接近于当前设计中的全尺寸飞机的空气动力学性质。一旦达到了这一目标,这一较简单的模型就可以被加上其他特性,并且也使得解释风洞数据变得容易。

正如一位航空工程师对于其设计的最终产品只拥有有限的信息一

样，一个致力于预测讨价还价结局的应用研究者也不太可能很好地掌握当前使用的讨价还价程序的详细结构。即使是讨价还价者自己，也很可能难以列举出在其磋商过程中的所有迂回和曲折。然而，正如一位航空工程师在构建一个风洞模型中只需要大客机座位安排的粗略想法一样，当我们构建一个在纳什规划中使用的非合作讨价还价模型时，我们也能够在只有关于细节各个方面的非常模糊的信息的情况下进行研究。事实上，我们对当前使用的讨价还价程序所知越少，就越容易反驳给定的合作解概念必然能够预测结局的这种论断。

目标总是从通过构建与所知事实相一致的最简单的非合作讨价还价模型开始，并且我们所构建的模型越简单，我们分析的任务也就越轻松。当然，如果我们甚至完全忽略了那些对讨价还价结局有实质性影响的细节，那么我们使用纳什规划进行分析也是浪费时间——正如进行风洞实验也是浪费时间一样，除非我们已经对正在设计的飞机的空气动力学性质有了清晰的想法。

理性的讨价还价者　构建风洞讨价还价博弈的任务可以通过对局中人的简装模型以及讨价还价程序的简装模型的必要研究而得到简化。我不想重复第 1 卷第 1.2.2 节中我喜欢使用经济人，而不是在有些时候提出的行为人或者伦理人的某个变种，以作为我们人的模型的论据。经济学家非常清楚地知道，理性人范式仅仅捕捉到了人类本性丰富内涵中的某个很小的部分。然而，本书并不关注所有的人类经验。对于社会契约问题的决定，我们不会像为了获得将购物车填满并最终交付给垃圾桶的商品的特权而付出高昂的价格那样，采取粗心的态度。正如老式的英国婚礼那样，对于社会契约问题的决定要"深思熟虑且严肃冷静"地进行处理。因此，我们必须在简·奥斯汀(Jane Austen)而不是那些勃朗特姐妹那里，寻找本书的男主角和女主角。

幸运的是，理性人相比"智人"(homo sapiens)而言是一种更为简单的野兽。当后一物种的两个成员进行互动时，所发生的事情主要是由各自利用对方的愚蠢的企图所构成的。但是,理性的局中人则将辱骂、奉承、对公平的呼吁以及所有其他被时间和习俗神圣化了的讨价还价的夸张言辞都视为无谓的扯淡。理性的局中人只关注真正重要的事物。例如,在邻里间的扑克牌游戏中,人们会采用各种疯狂的玩法。当我们玩这种微不足道的小游戏时,其乐趣主要在于看穿和利用对手的心理弱点。但当知道局中人是理性的时,他们的心理构造便不再是一个问题。事实上,当卡特勒(Cutler)[140]在底池限注扑克游戏(Pot-limit Poker)中为使用最优策略的局中人出主意时,他评论道:“这简直无聊透顶!”类似地,观看两个理性局中人讨价还价也不太可能充满欢乐。然而,正是这些决定两个这样的局中人如何讨价还价的因素才是重要的,正如考虑空气动力学对于设计有用的风洞模型来说是十分关键的。

重要的细节　列出一些在理性的局中人讨价还价中的重要因素并不困难。讨价还价的结果将取决于讨价还价的对象以及局中人对各种他们可能达成的协议的偏好。其结果也取决于局中人对产生分歧所导致的后果的感受。在这两方面,一个局中人对承担风险或推迟交易的态度将是相关的。并且,注意到产生分歧的态度也具有策略的重要性。例如,一次磋商的破裂可能是由于其中一个讨价还价者决定离开并采取他的最优外部选择而导致的。或者也可能是,由于某种超越局中人控制的外部事件的干预,导致局中人不得不放弃了磋商。每一种可能性都会以不同的方式影响最终的结局。

这些以及其他类似的因素将会在第1章进行讨论。而对于其他能够影响讨价还价结局的因素,只有两种会在这里提及。第一种因素关注局中人是否知道博弈的规则及其对手的偏好。正如宾默尔、奥斯本和鲁宾斯坦[80]证明的那样,讨价还价的结局对这类信息问题非常敏感——它们绝对重要。此外,关于不完全信息的讨价还价的文献更是一片混乱,因为那些模型基本上都将均衡选择问题以一种非常难以处理的形式呈现出来。因此,本书系统地回避讨价还价中的信息问题,而将目光集中于完全信息的博弈。在这样的博弈中,在博弈一开始,局中人感兴趣的所有事物都被处理为共同知识。

第二种因素关注局中人可用承诺的可能性。对博弈论专家而言,一个承诺是一种不可撤销的威胁或者许诺——即使后来发生的事情导致局中人对自己鲁莽承诺的行为感到后悔,他也不能反悔并从中撤退。正如第1卷第1.2.4节中解释的那样,有时候可以断言,理性的个人有能力在当前承诺,在未来某个时刻 t 采取某种行动,并且如果他们还有任何选择余地的话,他们绝对不会在 t 时刻选择这个行动。这样一种做出承诺的力量,是在讨价还价过程中达到目标的相当有效的工具。例如,如果夏娃在进行最后通牒博弈之前能够宣传一个承诺——不接受少于99美分,那么亚当的要价就会被限制于1美分。然而,谢林(Schelling)[464]的研究教导,博弈论专家在处理承诺问题时要十分谨慎。声称局中人在没有任何强制执行机制的情况下能够做出向前看的承诺,将是十分令人怀疑的。当承诺的力量的确能够归属于局中人时,那么每一个承诺机会都可以被正式地建模为博弈中的一次行动——这样就可以在没有任何进一步关于承诺的假设的情况下进行分析了。

我在本章中对承诺问题进行小题大做主要有两个原因。第一个理由是纳什[380, 382]在现代对承诺假设的态度发展起来之前所做的论述。因此,他拥有较多的自由将承诺机会放进他的讨价还价博弈的规则之中。而根据现代的标准,他所研究的非合作讨价还价模型对于纳什规划的目的具有可怀疑的价值。第二个理由则是,讨价还价的结局应该被应用于一个社会契约的背景之中。我相信哈萨尼[233]和罗尔斯[417]都存在一个判断失误,他们假设,他们所思考的社会中的公民,如果在不知道当前和未来他们在社会中所处的角色的情况下进行讨价还价,那么就会承诺同意进行这一假设的交易。[1]

---

[1] 然而,哈萨尼和罗尔斯都不会愿意加入那个快乐的"兄弟连",他们致力于使用承诺的论据,以展示在单次囚徒困境博弈中合作是理性的行为。第1卷第3章列示了关于这一点的谬误,我还给出了一个正式的警告,即在承诺这个问题上,我们时刻都不能放松警惕。

正如休谟[267, p. 306]所言,“我们并不必然受到我们许诺的约束,因为我们已经许诺去履行它了”。我们更加不会受到在某种假设的环境中做出的许诺的约束。

自我监管的规则 上述对承诺的讨论将我们带到了关于为纳什规划构建风洞模型的最后需要指出的一点。一个理性的局中人总是选择某种能够最大化其期望效用的可选行动。因此,他不会遵从过去做出的承诺或者威胁,除非那样做对他是有利的。

这对于他所进行博弈的规则也是如此。当两个人讨价还价时,很少可以看到有人充当裁判员的角色。因此,局中人能够违背规则并且不承担被惩罚的风险。所以,为一个讨价还价博弈设计的规则必须是自我监管的(self-policing)。如果这一规则被遵守,那将是因为局中人发现遵守规则是有利可图的。

在第1卷第1.2.4节关于道德博弈的构建中,也提出了一个类似的观点。真正能够约束局中人的是生存博弈的规则。如果他们遵守道德博弈的规则,必须是因为他们发现这样做是符合他们利益的。当构建一个讨价还价博弈时,这一点也同样适用。如果我们不接受我们发明的规则必须与局中人的激励相兼容的话,那么我们完全在浪费时间。

然而,这对于构建风洞模型的问题也不见得全是坏消息。我们必然经常面对在很多个模型中进行选择的任务,而且如果有一个准则能使我们排除各种可能性,那将是非常有帮助的。

例如,在鲁宾斯坦[445]的讨价还价模型中,局中人轮流提出议案。一个局中人在拒绝了一项议案之后,必须等待多长时间才能够提出一项新议案呢?无论他想提出怎样的新议案,尽快提出对他更为有利。除非博弈规则被某个外部代理人强制实施,这样,研究那种每项议案必须间隔一年时间的博弈也就毫无意义了。局中人将忽视这样的规则。在第1章中,我们研究了鲁宾斯坦模型的极限情形,在这一情形中,我们允许相继的两个议案的时间间隔可以收敛到零。于是,一个局中人通过迅速提出议案而获得的优势便小到可以忽略不计。

未竟的事业 如果纳什规划彻底实现了,那么所有合作解的概念将会与成功预测其结局的非合作讨价还价模型的例子相伴随。于是,一个应用研究者就能够将他所知道的在其应用范围内的讨价还价制度与可以获得的非合作讨价还价博弈的例子进行比较,以期找到一个良好的匹配。

不幸的是,事情还没有发展到这个地步。即使是在被广泛研究的纳什讨价还价解,即下一章主要涉及的内容中,实践基本令人失望。我们知道很多关于何时以及怎样使用这一特定的合作解概念。我们也知道如何将参数与配备这些参数的讨价还价环境相关联。然而,这一知识在很大程度上被劳动经济学家忽视了,他们致力于使用纳什讨价还价解来预测工资谈判的结局。我希望第 1 章的论述至少能够劝导一部分劳动经济学家,告诉他们,在纳什规划要求的方式下,使用纳什讨价还价解并不是那么困难。

0.7 实施

在纳什规划中,非合作博弈具有基础的重要性。合作解概念被用于预测两个理性的局中人之间磋商的结局,但是,对这样一个合作解概念的价值的最终检验则是,其产生的预测是否能够与一个适当的非合作讨价还价博弈的相关均衡结局相重合。令人遗憾的是,这一简明的观点有时会由于没有清晰区别纳什规划和实施理论两者之间的差异而变得模糊。

所罗门的判决 所罗门的判决提供了一个关于实施难题的古老案例。当遇到两名妇女在争执谁是婴儿的亲生母亲时,所罗门国王给出了一个极好的提议,那就是将婴儿砍成两半并平分给两位申诉人。那个说谎的妇女同意了这一判决,但《圣经》告诉我们,那个亲生母亲“心里急痛”并乞求将孩子判给对方而不要将其砍成两半[《列王记上》(*1 Kings*):3:26]。于是,所罗门国王就知道了谁是婴儿的亲生母亲并将孩子还给了她。

事实上,《圣经》中的故事并没有很好地支持所罗门那众所周知的智慧。如果这两名妇女更具策略性的头脑,那么他的计划必然失败。但如果所罗门采用如图 0.3(a)所示的格莱泽和马(Glazer and Ma)[207]的博弈,那么他可能会做得更好,这一博弈致力于将孩子判给其真正的生母。在这一博弈中,真正的生母叫特鲁迪,而那个说谎的妇女叫范妮。博弈开始于一个随机的选择,以决定是先问特鲁迪还是先问范妮“你是否是孩子的生母”这一问题。如果第一个被询问的妇女否认这个孩子是她的,那么孩子就判给对方。如果第一个妇女要求认领这个孩子,那么就需要询问第二个妇女相同的问题。如果第二个妇女否认自己是孩子的母亲,那么孩子就判给第一个妇女。如果两个妇女都要求认领这个孩子,那就把孩子判给第二个妇女,但是,所罗门还对两个妇女设定了一个罚金 F,因为她们都考验了他的耐心。而最需要所罗门发挥其著名智慧的就是对罚金 F 的设定。他需要确保 $f<F<t$,其中,f 表示如果把孩子判给范妮,范妮所得到的收益;而 t 表示如果把孩子判给特鲁迪,特鲁迪所得到的收益。

图中的双直线表示应用后退归纳法所得到的博弈结局。所得到的唯一的子博弈完美均衡便是,将孩子判给特鲁迪且不需要支付任何罚金。

设计者博弈 所罗门判决是实施难题的一个例子。一个更为一般性的表述需要使用第 1 卷第 2.2.3 节中引入的术语。令 $\mathcal{P}$ 为一个理性的个人对社会状态集合 S 所可能持有的偏好的集合。如果一个社会仅仅包含亚当和夏娃,那么他们对那些社会状态的态度也被构建到他们的偏好关系 $\preceq_A$ 和 $\preceq_E$ 中。因此,每一个可能的态度集合就等同于在集合 $\mathcal{P}\times\mathcal{P}$ 中的一个偏好剖面 $(\preceq_A, \preceq_E)$。一个社会福利函数 $F:\mathcal{P}\times\mathcal{P}\to\mathcal{P}$ 将每一

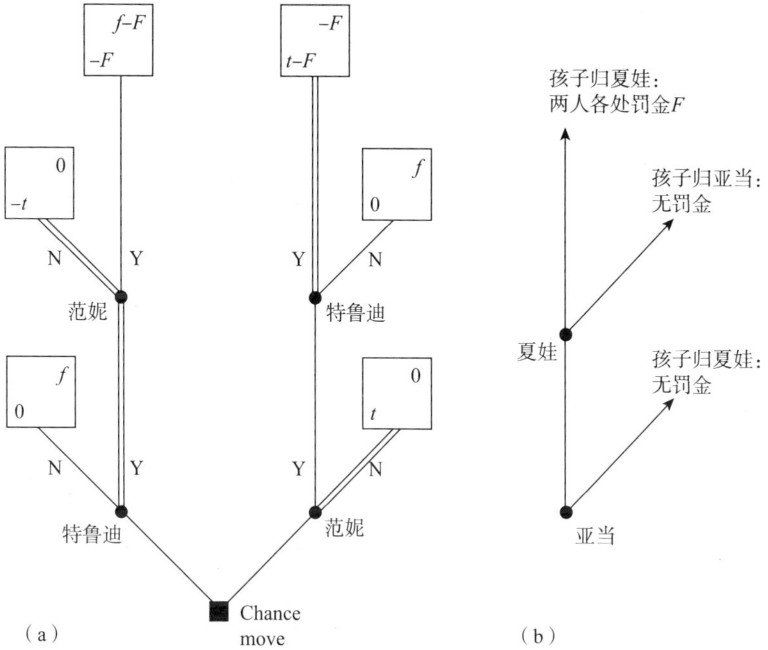

图 0.3 所罗门的判决

个偏好剖面映射到一个公共的偏好$\preceq = F(\preceq_A, \preceq_E)$上。

一个社会福利函数可以被设想为对一种特定的“共同善”概念的总结。很多致力于将伦理置于定量分析的基础之上并将其用于分析公共政策问题的尝试,都是目的论的。持目的论的学者都认为,这种共同善的概念具有基础的重要性(第 1 卷第 2.3.5 节)。目的论的理论是在假设我们似乎对适宜的目标和社会的目的具有某种先验知识的基础上展开的,因而这些理论仅仅致力于回答如何实现这种目标和目的的问题。

我的观点是,将伦理置于这种目的论基础之上是不可接受的形而上学。我也不关心具有家长主义平台的政治党派。我们辉格党人对独裁主义深感怀疑,即使是对于其最为友善的一面。然而,在当前章节中,我们必须将这样的偏见放在一边,以接受一位社会改革者的态度,他已经决定了什么对社会是最优的,并且正在考虑如何最优地实施他所相信的合适的改革。

在第1卷第2.3.4节中,我为社会福利函数描述了阿罗悖论(Arrow's paradox)。阿罗[19]证明,只有将独裁权力赋予一位公民的社会福利函数,才能满足他那些显然天真的要求。在第1卷第4.2.4节中,我描述了一个避开这一悖论的方法。其他方法都涉及减少“集体理性”的要求,这些要求都将某种社会福利函数的使用强加于一个社会。特别地,在$\mathcal{P}$中的一个偏好关系必然是可传递的(第1卷第2.2.4节)。但我们是否总是想要坚持,社会需要像个人一样展现出相同的理性标准呢?我认为答案是否定的,其理由在第1卷第2.3.6节讨论“共同善”的概念时已经给出。

如果我们能够接受这一判断,我们就可以将注意力从社会福利函数转移到社会决策函数$G:\mathcal{P}\times\mathcal{P}\to S$上。注意到,$s=G(\preceq_A,\preceq_E)$并不是一个如同$F(\preceq_A,\preceq_E)$那样的共同偏好关系。一个社会决策函数$G$将一个偏好剖面映射到一种社会状态,而不是一个偏好剖面。对应于社会可能持有的每一个态度集合,函数G确定了哪一种社会状态应该被实施。一项社会决策规则有些复杂。一项社会决策规则$g:\mathcal{P}\times\mathcal{P}\to 2^S$将一个偏好剖面映射到一个社会状态的集合$T=g(\preceq_A,\preceq_E)$,而不是映射到某一种社会状态。[1]

对于一个配备了社会决策规则g的改革者来说,实施难题就是为一个非合作博弈设计规则,[2]当亚当和夏娃具有偏好$\preceq_A$和$\preceq_E$时,这一博弈的解集都与$g(\preceq_A,\preceq_E)$相重合。当然,如果这位改革者知道亚当和夏娃的偏好,那么他就可以简单地将社会状态$g(\preceq_A,\preceq_E)$强加于其上而不需要设计任何博弈。然而,亚当和夏娃的偏好却是他们自己的私人信

〔1〕 符号Y^X表示从X到Y的所有函数的集合。一种常见的误用是,将符号2^X等同于集合X的所有子集合的集合。[在正规的集合理论中,自然数$n+1$被定义为集合$\{0,1,2,\cdots,n\}$。特别有,$2=\{0,1\}$。因而严格地讲,2^X表示所有定义在X上的取值为0或1的函数的集合。每一个这样的函数ϕ可以等同于X的子集T,且$T=\{x:\phi(x)=1\}$。]

〔2〕 在我的《乐趣与博弈》(宾默尔[70])一书中,我将这样一个规则的集合称为一个博弈的脚本(script)。我们也经常使用一个更为平凡的名称——博弈形式(game-form)。当局中人的偏好被清晰设定时,一个脚本或者说博弈形式就变成了一个博弈。

息。改革者设计这一博弈的目的就是，通过创建一个激励系统以补偿其信息的缺乏，从而诱使局中人实现改革者的目标，尽管每个局中人都在追求他自己的私人利益。〔1〕

在所罗门判决的案例中，我们可以用亚当代表第一个被询问的妇女，而用夏娃代表第二个被询问的妇女。一个社会状态是 $s=(W,v)$，其中 W 代表那个被判为孩子亲生母亲的人，可以是亚当(A)或是夏娃(E)，而 v 表示施加于亚当和夏娃的罚金。所罗门需要考虑两个偏好剖面。其中，第一个剖面对应于特鲁迪是亚当而范妮是夏娃的情况。亚当的偏好可以用效用函数 u_A^1 来描述，其满足 $u_A^1(A,v)=t-v$ 且 $u_A^1(E,v)=-v$。而夏娃的偏好可以用效用函数 u_E^1 来描述，其满足 $u_E^1(A,v)=-v$ 且 $u_E^1(E,v)=f-v$。而在第二个剖面中，两个角色得以互换，因而亚当的效用函数 u_A^2 满足 $u_A^2(A,v)=f-v$ 且 $u_A^2(E,v)=-v$。而夏娃的效用函数 u_E^2 满足 $u_E^2(A,v)=-v$ 且 $u_E^2(E,v)=t-v$。

出于该例的目的，我们假设所罗门是一个功利主义者。在每一种情况 i 中，他都致力于最大化 $u_A^i(s)+u_E^i(s)$。因此，他的社会决策函数满足：在情况 $i=1$ 时，选择社会状态$(A,0)$；而在情况 $i=2$ 时，选择社会状态$(E,0)$。如果我们准备将一个非合作博弈的解集等同于其子博弈完美均衡的集合，那么，图 0.3(b)就展示了所罗门能够用来实施其社会决策函数的博弈规则。[注意到，图 0.3(a)恰好是由两个图 0.3(b)构成的，其中一个图满足特鲁迪是亚当而范妮是夏娃，另一个图满足范妮是亚当而特鲁迪是夏娃。]无论应用于哪一种情况，对图 0.3(b)所示博弈的后退归纳分析都将得到没有征收罚金且孩子判给特鲁迪的结果。用行话来说就是，这一博弈提供了一个诱使局中人显示他们类型的激励相容的机制。

在评估这样一个结果时，很重要的一点是，不要忘记一路上所做出

〔1〕 经济学家将其视为一个委托代理问题。改革者是委托人，他必须通过代理人来有所作为，而代理人则知道一些对于委托人而言是隐藏的信息。因此，改革者致力于发明一个激励相容的计划，即使在缺乏代理人私人信息的情况下，也能诱使代理人服从于他的目标。

的假设——特别是那些潜在而不言明的假设。特别需要注意的是,所罗门必须不但有能力去执行他所实施的博弈的规则,而且也能够承诺在事情不如他预期的那样发展时不改变这一规则。在均衡状态下,当被问及这个孩子是否是自己的,在亚当和夏娃中,有一个人会说不是。但如果亚当和夏娃都说是,那么所罗门只能打破整个计划并重新启动。他当然不愿意在不知道谁是生母的情况下分配这个孩子并同时处以高额的罚金。然而,如果两名妇女都认为在这样的情况下所罗门可能改变规则,那么她们就不会相信她们在进行所罗门起初设计的博弈,并且整个故事也将崩溃。

可实施性准则 一个务实的改革者会将一场无法奏效的改革视为浪费时间。因此,他会着眼于可实施的(implementable)社会决策规则。存在大量文献对这类规则的特征进行讨论,其中最为突出的是吉伯德-萨特斯韦特(Gibbard-Satterthwaite)定理。

在第1卷第3章中,我列举了反对将(鹰策略,鹰策略)视为单次囚徒困境非合作解的很多谬误论证。然而,一些博弈论专家将局中人在非合作博弈中不会使用强占优策略这一原则视为最弱的可信的理性准则。因此,吉伯德[203]和萨特斯韦特[460]研究了在强占优策略中的实施问题。是否能够为一个非合作博弈找到规则,以使得在去除强占优策略之后所剩下的结局总是与由一个给定的社会决策规则所选择的结局相重合?对于这一问题,吉伯德-萨特斯韦特定理提供了一个使人联想到阿罗悖论的答案。当且仅当社会决策规则是独裁的,在这些条件下的实施才是可能的。〔1〕

纳什均衡能够实施吗?马斯金(Maskin)[345]已经证明,任何纳

〔1〕 正如在阿罗悖论中,其证明要求 $\mathcal{P}$ 包含所有偏好剖面,并且 S 至少含有三个元素。另外,对于每一个属于 S 的社会状态 s,社会决策规则的结局集合必须与某个偏好剖面所对应的 s 相重合。

什一可实施的社会决策规则必须是单调的。[1] 由于《圣经》中所罗门采用的社会决策规则并不是单调的,这就意味着,如果两个争夺孩子的妇女是理性的,那么他不可能为博弈制定一种规则,以得到他想要的结果。[2]

我们会用一个例子阐释一个单调社会决策规则的思想。假如亚当对社会状态集合 $S=\{a,b,c,d\}$ 的偏好由下式给定:$a\sim_1 b\prec_1 c\prec_1 d$。如果他的偏好变化为 $a\prec_2 c\prec_2 b\sim_2 d$,那么状态 b 在他第二个偏好集合中的排序至少与其在第一个偏好集合中的排序一样高。一个单调的社会决策规则具备以下性质:当偏好剖面发生改变且每个人对状态 s 的排序至少与之前一样高时,处于结局集合中的状态 s 仍然保持不变。这样,如果当偏好剖面为$(\preceq_1,\preceq_1)$时,一个单调的社会决策规则将状态 b 包含在它的结局集合中,那么当偏好剖面变为$(\preceq_2,\preceq_1)$时,状态 b 也必须在结局集合中。

实施与纳什规划 可实施性准则似乎与纳什规划存在关联。尽管一个社会决策规则与一个合作解概念并不是一回事,但这两个理念却紧密相关。显然,如果一个合作解概念是不可实施的,那么其对于纳什规划的目的而言完全没有意义。因此,我们或许会希望实施理论能够提供一些

---

〔1〕 假设 g 是两个局中人的一个可实施的社会决策规则。对于属于 $g(\preceq_A,\preceq_E)$的任何 s,我们都可以找到一个能够产生结局 $s=\pi(\alpha,\beta)$的纳什均衡的策略对(α,β)。说(α,β)是一个纳什均衡,这意味着,对于所有策略 a 和 b,都有 $\pi(\alpha,\beta)\succeq_A\pi(a,b)$ 和 $\pi(\alpha,\beta)\succeq_F\pi(a,b)$ 成立。如果亚当和夏娃的偏好发生改变,但对 s 的排序至少与以前一样高,那么这些不等式仍然是成立的。这样,s 在新的状况下仍然是一个纳什均衡,而且也必然处于新的偏好剖面的结局集合 g 之中。这样 g 必是单调的。

〔2〕 在《圣经》的例子中,可能出现的社会状态是 A、E 和 H,分别对应亚当得到孩子、夏娃得到孩子,以及每人分得半个孩子。当特鲁迪是亚当而范妮是夏娃时,他们的偏好分别是 $H\prec_A E\prec_A A$ 以及 $A\prec_E H\prec_E E$。在这个情形中,所罗门想要实施 A。当范妮是亚当而特鲁迪是夏娃时,他们的偏好分别是 $E\prec_A H\prec_A A$ 以及 $H\prec_E A\prec_E E$。在这一情形中,所罗门想要实施 E。但是,A 的排序在后一情形的所有人的估计中至少与在前一情形中一样高。这样,如果所罗门的决策规则是单调的,那么 A 将处于所罗门决策规则的结局集合之中。

准则,以限制需要考虑的合作解概念的类型。然而,关于针对三个或以上局中人的社会决策函数,结果则表明,无论怎样的合作解概念都可以通过子博弈完美均衡而得到近似实施[阿布鲁和松岛(Abreu and Matsushima)[2]]。〔1〕

这意味着实施理论与纳什规划的相关性是值得怀疑的,反之亦然。然而,这两者却经常莫名其妙地混淆在一起。部分原因是历史性的。在20世纪五六十年代,由于零和博弈在经济学中少有应用,经济学家对冯·诺依曼和摩根斯坦著作中关于非合作博弈的部分关注太少。相反,合作博弈理论则受到了关注。遵循纳什[380]对纳什讨价还价解的公理式刻画(第1.4.2节),发明更为奇特的公理系统并用一个越来越长的列表来刻画合作解概念成为一种时尚。然而,纳什关于非合作讨价还价模型应该被用于检验一个合作解概念的适用范围的思想是如此超越了当时的时代,以至于这一思想几乎完全被忽视了。

在20世纪七八十年代,非合作博弈理论卷土重来。经济学家开始欣赏纳什对博弈论的其他重要贡献——纳什均衡的思想,其可以更有效地应用于经济,但之前却没有人意识到。随着非合作博弈理论的复兴,人们对纳什规划也有了更好的理解。因此,新的合作解概念的潮流在当时有所缓和。但是,实施理论的早期面目开始恢复之前的地位。然而,从现在来看,颁布一些公理并进而描述它们所刻画的合作解概念应该是不够的——我们还必须制定实施新合作解概念的博弈规则。如果其中一些实践者并不认为他们是在促进纳什规划的目标,那么这将是一项无害的智力工程。因此,请允许我强调一下,纳什规划和实施理论是两种截然不同的"动物"。

我在之前指出,实施理论形成了部分研究社会福利的目的论方

〔1〕 给定任意 $\varepsilon>0$,如果一个博弈对于所有偏好剖面,都至少以 $1-\varepsilon$ 的概率实施社会决策函数,那么就能够准确刻画这一博弈的规则。在这一思想下,阿布鲁和森[6]称此为虚拟的实施(virtual implementation)。实际上,阿布鲁和松岛[2]展示了可以通过迭代删除强占优策略而得以虚拟实施的三个局中人及以上的所有社会决策规则。

法。在这种方法中，刻画一个社会决策规则或者一个合作解概念的公理具有基础的重要性。它们表示改革者视为给定的先验目标。改革者发明的以实施这些目标的非合作博弈的规则却是次要的。相比之下，纳什规划根本没有目的论的主张，其目标在于协助预测实际的讨价还价结局。这些取决于实际使用的讨价还价博弈。因此，正是这一复杂且受到误解的非合作博弈才作为其根本。而一个合作解概念则是一种想要协助预测当博弈展开时会发生什么情况的辅助工具。

的确，纳什规划和实施理论都要求分析师为非合作博弈制定规则。然而，纳什规划对分析师制定规则的权力施加了严格的约束。为了使其分析能够在纳什规划中提供一个有用的思想实验，他制定的博弈规则必须不但是能够自我监管的，而且还应捕捉到现实中运行的博弈的策略性精髓。而在实施理论中，没有这样的约束来限制分析师。他的规则并不需要是自我监管的。假设改革者有能力执行任何规则。规则也不需要遵循任何预先设定的模式，它们可以像其发明者的想象那样荒诞不经。

实施理论的文献传统所承认的规则集合，虽远不能成为用于纳什规划的风洞模型的候选对象，有时候定义了一些数学对象，但其作为博弈的可取性也令人怀疑。考虑这样一个两人“博弈”的例子，除非局中人比对手喊得更为大声，否则他就会失败。这一博弈没有纳什均衡。如果我的喊声是你的喊声的一个最优回应，那么我就比你喊得更响。但此时，你的喊声就不能成为我的喊声的一个最优回应，你必须要喊得更响才能表现得更好。

这样的存在性问题在具有一个非紧无限行动空间的决策问题中是常见的。当我被问及我应该得到多少美元时，最严酷的情形就出现了。无论我说什么，都不可能是最优的，因为我总是可以再多要 1 美元。然而，这样的难题是人为产生的——只有当采用了某种不合适的数学形式主义时才会产生。[1]

事实上,一个人能够喊多大声,或者有多少金钱可供分配,都存在一个极限。然而,关于最大喊声成分的规则是实施理论文献的重要组成部分[马斯金(Maskin)[345]、摩尔(Moore)[365]]。这种不现实的规则在纳什规划中没有立足之地。出于实施目的而发明的绝大多数“讨价还价博弈”也是如此。对我来说,把某个事物称为讨价还价博弈是一种语言误用,除非它是现实中的人们在讨价还价中可信地使用的博弈的一种理想形式。在实践中,这意味着,作为最低限度,我们应该将注意力限制于无限期重复博弈,它以某种合理的拓扑结构近似于一个相关的有限期重复博弈。

[1] 最安全的程序便是坚持使用有限期重复博弈。但有时候,解一个有限期重复博弈所要求的数学技术,相比解这个博弈的极限版本所要求的数学技术,要更有难度或更不清晰。例如,在亚当可以从闭区间[0, 1]中选择任意要价的最后通牒博弈的无限版本中,存在一个子博弈完美均衡,因而比现实版本更为简单,在现实版本中,亚当只能选择整数的美分数量。然而,博弈的无限版本是其有限版本“兄弟”的一个可接受的替代品,因为后者的子博弈完美均衡都可以被前者的唯一子博弈完美均衡所近似。但是,在亚当可以从开区间(0, 1)上选择其要价的最后通牒博弈的无限版本中,不存在任何子博弈完美均衡,因而其对于有限版本来说,毫无替代作用。我对这样的无限期重复博弈并不感兴趣,因为它们不能够被现实中人们实际进行的博弈所近似。

威廉·布莱克为沃德豪斯（Wodehouse）所画的《阿姨不是绅士》（*Aunts Aren't Gentlemen*）受到了广泛的认可。这里所描述的磋商过程对男主角非常不利。正如他所说："当我提出 25 这个比他的 30 更漂亮的数字时，他遗憾地摇了摇头，于是我们继续杀价，而且他杀价的水平比我的更好，因而最终我们在 35 达成了协议。"

第 1 章

磋商探微

我终必使阿里伊勒(Ariel)遭难,他必悲伤哀号。

——《以赛亚书》(*Isaiah*)29:2

1.1 现实的讨价还价模型

在改革社会中提倡使用原初状态这一概念的实用主义理由便是,我们已经心照不宣地用它来解决一些微不足道的公平问题。因此,如果提议将其应用于更大的范围,必然会有较强的吸引力。但是,如果我们将其应用于更大范围的领域时没有成功,正如目前应用于较小范围的结果,那么它的吸引力将会逐渐消失。假想的讨价还价过程发生在"无知之幕"背后,明白这一点极其重要。如果假想的讨价还价处于那些利用原初状态这一机制的局中人的经验之外,他们怎么可能当下就使用它呢?——即使面对的仅是一些生活琐事,比如决定今晚谁来洗盘子的问题。

因此,进步往往取决于能够接近一个完善的讨价还价的经济学理论。这样的理论不但在管理讨价还价者如何磋商的规则上贴近现实,而且也必须把赋予局中人超越自我利益的行为动机的诱惑摆在一边。因此,在我们所采用的讨价还价的理论中,公平准则将无立足之地。除了其他考虑之外,如果原初状态本身不能够在没有公平判断的前提下进行使用,那么将原初状态这一机制作为上诉公平问题的最终法庭是没有意义的。这并不是说公平的讨价还价理论没有意义或者令人缺乏兴趣;恰恰相反,本书的主要目的之一便是去辩护公平的讨价还价是由什么因素构成的这样一个特定问题。我们坚信,这些因素应该作为理论的一个结果出现,而不是将其归入理论的前提假设之中。

第1卷大量参考了非合作博弈的纳什均衡理论。在本章中,纳什的名字几乎会在每一页出现。我们将讨论纳什讨价还价问题、纳什讨价还价解以及纳什要价博弈。总之,根本的思想都蕴含于纳什规划之中。不得不承认,我在阅读导论时,更像一只蚱蜢而不是蚂蚁。但是,我希望那些跳过了导论中解释纳什规划部分的蚱蜢式读者能够回头阅读第0.6节,如果这一章的方法论令你费解不已的话。

这里也非常有必要提醒一下非经济学家,本章包含了大量的技术问题。这些问题通常并不是那么深奥,但是如果你想准确理解以后各章的内容,那么你必须消化吸收其中一些技术难题。一种可行的策略便是首先浏览一下本章,并且仅仅关注纳什讨价还价博弈解的性质,但之后必须反复阅读本章以跟上后续的论证。

1.2 讨价还价难题

这里我们将注意力集中在完全信息的两人讨价还价问题之上。这意味着讨价还价问题中的参数对于局中人而言是共同知识。在现实生活的讨价还价中,我们几乎不会那么幸运。例如,当某个工会与其厂商对工资率进行谈判时,工会可能无法确切地知道厂商的收益情况。于是,上述问题的一个环节便是,通过厂商如何开展谈判的态度去推测可供分配的剩余量。纳什[380]曾建议,在这种不完全信息的情形中,使用“杀价”(haggling)这一术语来替代“议价”(bargaining,即讨价还价)。但是,上述建议没有被文献所接受,但在本章中,所有对讨价还价问题的讨论都会遵循纳什,并将完全信息视为当然的前提假定。

1.2.1　收益区域

两个局中人会一直讨价还价,直到达成协议或者磋商失败。一个协议由各方需要实施的某种行动所构成。在一般情形中,讨价还价者可用的协议集合可以等同于某个博弈 G 的策略对集合。这意味着,我们可以将任何磋商过程视为对如何玩博弈 G 的一个讨论。

非合作收益区域　图1.1(a)展示了一个简单的博弈代表 G 的策略形式。其中,行表示亚当的两个纯策略:上和下。列表示夏娃的两个纯策略:左和右。如果局中人坚持使用纯策略,那么这个博弈将会有四种玩法:(上,左)、(上,右)、(下,左)以及(下,右)。与上述四个纯策略对相对应的收益对便是:$P=(5,1)$、$Q=(1,5)$、$R=(3,4)$以及 $S=(2,3)$,如图1.1(b)所示。当然,局中人不会被局限于只使用纯策略。他们也可以使用混合策略。

如果我们将该博弈视为一个竞赛,这意味着在博弈展开之前根本不存在沟通,那么两个局中人随机化的行为将是相互独立的。图1.1(b)中的阴影部分 V 表示,当亚当使用某一混合策略而夏娃独立地使用另一个混合策略时,可以达致的收益对的集合。我们将 V 称为博弈 G 的非合作收益区域(noncooperative payoff region)。

标识为 ℓ 的分割线代表,当亚当以概率 ℓ 采取“下”策略,而夏娃还未决定具体对策时,所可能得到的收益对集合;标识为 m 的分割线代表,当夏娃以概率 m 采取“右”策略,而亚当还未决定具体对策时,所可能得到的收益对集合。如果亚当选择 ℓ 并且夏娃选择 m,那么最终的结局便是

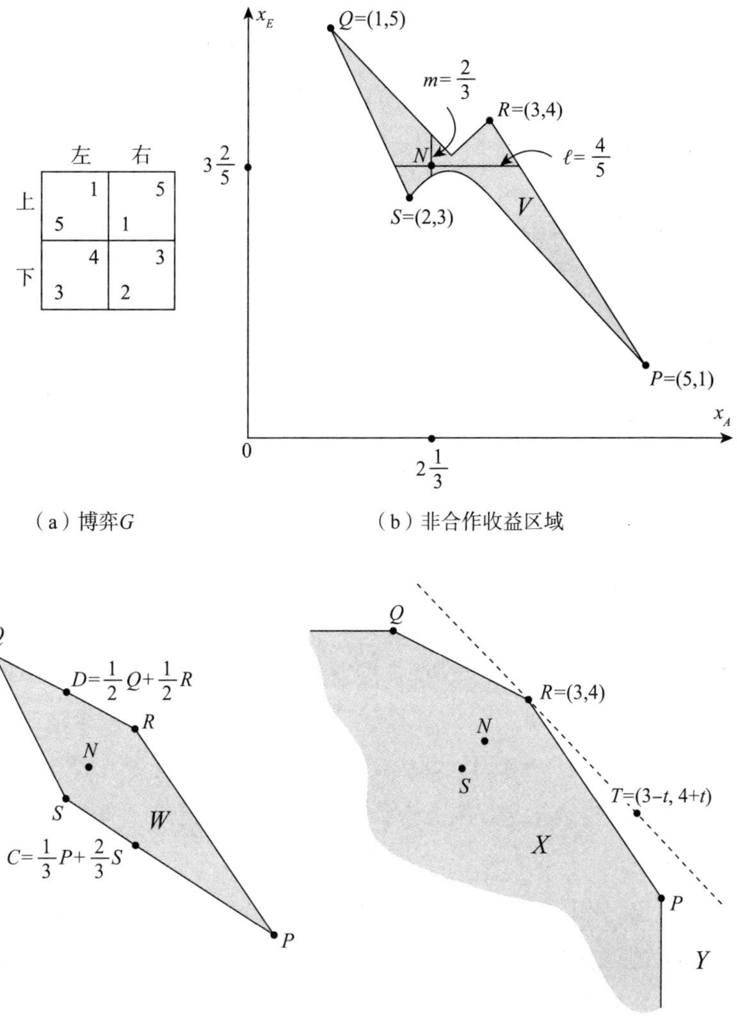

(a) 博弈G　　(b) 非合作收益区域

(c) 合作收益区域　　(d) 自由处置与可转移效用

图 1.1　博弈 G 的收益区域

分割线 ℓ 和 m 的交点,如图 1.1(b)所示。V 集合表示分别代表亚当和夏娃的混合策略的 ℓ 和 m 在所有可能的变化中所形成的交点的集合。

在图1.1(b)中,可以证明,当亚当选择 $\ell=\frac{4}{5}$ 时,对应的分割线是水平的,这一点保证了,无论夏娃选择什么策略来应对 ℓ,其所得的收益都是相同的,因而她对 ℓ 的任何对策都构成了最优回应。类似地,当夏娃选择 $m=\frac{2}{3}$ 时,对应的分割线是垂直的,这一点保证了,无论亚当选择什么策略,其所得的收益也都是相同的,因而他对 m 的任何回应也都是最优的。所以,亚当使用 $\ell=\frac{4}{5}$ 的混合策略而夏娃使用 $m=\frac{2}{3}$ 的混合策略,便构成了该博弈的一个纳什均衡。

这一博弈 G 没有其他的纳什均衡,其唯一的纳什均衡结局由收益对 $N=\left(3\frac{2}{5},2\frac{1}{3}\right)$ 所构成,这一均衡正好处于分割线 ℓ 和 m 的交点处,如图1.1(b)所示。如果我们将博弈 G 视为一个非合作的竞赛来进行分析,那么 N 将是我们唯一可供选择的博弈解。

合作收益区域 然而,我们显然不会满足于将博弈 G 视为一个竞赛来进行分析。与禁止任何博弈前沟通的意愿截然相反,我们现在需要遵循合作博弈理论的惯例,假设允许局中人对如何玩博弈 G 进行磋商,以获得一个不可撤销的、有约束力的合约(irrevocable binding contract)。当允许这样的博弈前互动行为时,局中人便不必再独立地随机化他们的策略。如果他们这样选择的话,他们能够利用相同的随机化机制以混合其纯策略。例如,在英式足球中,双方队长都同意采用抛硬币的方式来决定谁先开球。

在博弈 G 这个例子中,亚当和夏娃或许会同意实施以概率 $\frac{1}{3}$ 出现结局 P 而以概率 $\frac{2}{3}$ 出现结局 S 的合约。在这个合约下,亚当的预期效用为 $\frac{1}{3}P_A+\frac{2}{3}S_A=\frac{1}{3}\times5+\frac{2}{3}\times2=3$。而夏娃的预期效用为 $\frac{1}{3}P_E+\frac{2}{3}S_E=$

$\frac{1}{3}\times1+\frac{2}{3}\times3=2\frac{1}{3}$。因此,我们可以用 P 和 S 的凸组合来刻画他们的这一合约,如图 1.1(c)所示。

$$C=\frac{1}{3}P+\frac{2}{3}S=\left(\frac{1}{3}P_A+\frac{2}{3}S_A,\frac{1}{3}P_E+\frac{2}{3}S_E\right)=\left(3,2\frac{1}{3}\right)$$

可以发现,点 C 位于连接点 P 和点 S 的线段的 2/3 处。类似地,$D=\frac{1}{2}Q+\frac{1}{2}R$ 则位于连接点 Q 和点 R 的线段的 1/2 处。

当把所有对应这类凸组合的合约汇集起来时,[1]我们就可以得到凸集(convex set)W,即图 1.1(c)的阴影部分。[2] 这一集合 W 也称为点 P、Q、R、S 的凸壳(convex hull),因为这是一个包含上述 4 个点的最小凸集合。

由于 V 被称为博弈 G 的非合作收益区域,出于同样的理由,W 可以被称为博弈 G 的合作收益区域(cooperative payoff region)。

□ **自由处置** 然而,W 还不必然是故事的结局。亚当和夏娃往往能够将可行的合约集合从 W 扩展至一个更大的集合 X。

考虑集合 W 中的任一收益对 w,并假设其满足 $x\leq w$。[3] 那么亚当和夏娃可以通过下述方式来达致 x 这一结局:首先,同意实施合约 w,然后每个局中人都烧毁足够数量的金钱,以使得效用从 w 对应的效用水平降低至 x 对应的效用水平。当允许商品能够以上述方式无成本地被毁弃时,经济学家将其称为自由处置(free disposal)。显然,理性的局中人不会有如此疯狂的行为,但如果他们真有这样的癖好,上述行为也并非没有可能。因此,我们需要将集合 W 扩展至如图 1.1(d)所示的集合 X。

---

〔1〕 两个向量 x 和 y 的一个凸组合可以由 $z=\alpha x+\beta y$ 的形式进行表达,其中,$\alpha\geq0$,$\beta\geq0$,且 $\alpha+\beta=1$。随着 α 从 0 上升到 1,z 走遍了连接 x 和 y 的直线段。

〔2〕 回忆第 1 卷第 1.2.5 节,一个凸集合 W 具有以下性质,当存在两个点属于 W 时,连接这两个点的直线段也属于 W。

〔3〕 这意味着 $x_A\leq w_A$ 并且 $x_E\leq w_E$。

集合 X 是综合的(comprehensive),这意味着,如果它包含点 x,那么它一定也包含所有满足 $y \leq x$ 的点 y。[1] 由于 X 是包含 W 的最小的综合集,因而我们可以将 X 称为 W 的综合壳(comprehensive hull)。

可转移效用　当我们考虑到“可转移的效用”时,我们可以进一步将可行的合约集 X 扩展至一个更大的集合 Y。亚当和夏娃可以首先约定实施收益对 $R=(3,4)$,然后,亚当给夏娃一笔单边支付(side payment)t,这样合约的最终结局便是收益对 $T=(3-t,4+t)$。通过变动单边支付值 t,亚当和夏娃可以取得在斜率为 -1 并通过点 R 的直线上的任一收益对。在效用可传递的情形下,所有可能合约的集合 Y 包含了图 1.1(d)中的虚线及其下方的所有收益对。

但是,请允许我重申一下第 1 卷第 4.1 节的一点提醒,那就是可转移效用这一形而上学的概念在分析本书的研究对象中并无立足之地。因此,我们应该满足于将博弈 G 的可能的博弈前协议集合等同于图 1.1(d)所示的集合 X。这样的一种理解并不是排斥了亚当和夏娃相互进行单边支付的可能性。然而,我们坚持认为博弈 G 应该被拓展,以使得单边支付的行为能够被包含于策略集之中。

1.2.2　纳什讨价还价难题

根据合作博弈理论,博弈 G 的可能的博弈前协议集合如图 1.1(d)的集合 X 所示。为了构建对讨价还价问题的抽象表达,纳什[380]放弃了如下想法:合约集合 X 是从第 1.2.1 节中一个基础的博弈 G 中构建起来的。取而代之的是,他简单地把任何如图 1.2(a)所示的那种集合 X 作为一个可能的合约集合(agreement set)。该集合被赋予如下正规条件:

- 集合 X 是闭的且具有上界;

[1] 一个综合集是严格综合的,当这一集合的边界不包含任何垂直或水平的直线段时。

- 集合 X 是凸的;
- 集合 X 是综合的。[1]

纳什意识到局中人达成的协议必然取决于磋商失败时会发生的情况,因而除了合约集合 X,他还要求给定 X 集合中的一个现状点(status quo)ξ。现状点 ξ 可以理解为,在局中人不能达成协议时,他们能够获得的收益对。正式地,一个纳什讨价还价难题(Nash bargaining problem)可以被表示为二元组(X,ξ)。

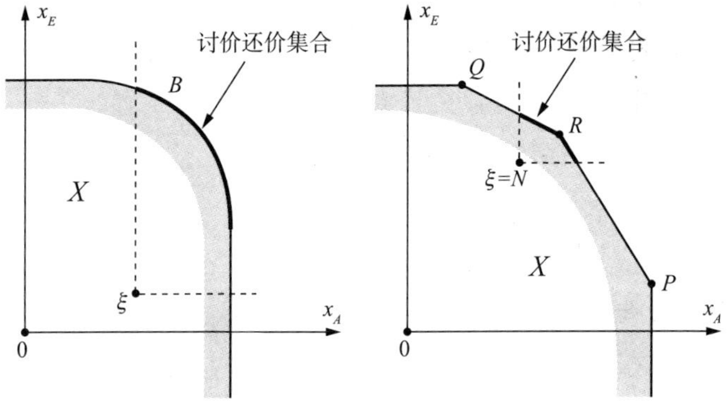

图 1.2　纳什讨价还价难题

例如,假设亚当和夏娃对如何玩如图 1.1(a)所示的博弈 G 的磋商失败。在讨价还价的过程中,亚当和夏娃在提出自己的想法时,都会毫无疑问地带有一些威胁或者警告,以告知对方拒绝自己的后果。这样的威胁有时候的确是可信的承诺,正如第 1.5.2 节所说的那样。然而有时候,一个更为现实的假设是,博弈前的磋商没有达成一个有约束力的协议,就会导致局中人自由地选择博弈 G 中任何他们喜欢的策略。也就是说,在磋商失败之后,亚当和夏娃会将 G 作为一个非合作博弈来展开。由于图 1.1(b)中的点 N 是博弈G 唯一的纳什均衡结局,因而它也自然成为这一

[1] 纳什[380]自己并没有假设 X 是综合的。

难题的现状点(status quo)的候选对象。

图1.2(b)展示了图1.1(d)的 X 集合和现状点 N。二元组 (X,N) 也成为亚当和夏娃在磋商如何玩博弈 G 时所面对的讨价还价问题的一个抽象表达。

复杂的分歧 在讨价还价博弈中,纳什的现状点有时也称为分歧点或者威胁点,我更偏好于使用纳什原创的术语,因为它在解释 ξ 时显得更为中性。一般而言,存在很多种导致磋商无法达成协议并以失败告终的方式,且每一种方式都会导致局中人获得不同的收益。只有在一些特殊的情况下,我才真的可以遵循纳什并将注意力局限于这些方式中的一个。

至少,我们必须将僵局点(deadlock point)和崩溃点(breakdown point)区分开来。僵局点是指,当局中人独立地坐在谈判桌前且永远无法达成一个协议时,局中人所获得的收益对 d。当然,理性的局中人绝不会受困于这样的僵局,但这并不意味着我们可以忽视这种可能的情况。在博弈论中经常出现的情况便是,一个明智的行动方案往往取决于当某个局中人做出愚蠢行为时将会发生的情况。

崩溃点是指,当磋商在一开始便由于某种原因而中断时,局中人所获得的收益对 b。例如,亚当直接退出并采取了他最优的外部选择 b_A,同时迫使夏娃也采用其最优的外部选择 b_E 来进行应对。也有可能的是,磋商由于某种外部因素而被迫中断,例如,当厂商与其工人们在对工资率进行磋商时,厂商的客户们可能会将业务永远地转至他处,导致没有剩余可供分割。

我们也很容易想到其他更为复杂的情形。但我猜测,大多数工资—讨价还价问题都可以纳入一个恰好具有两个分歧点的分析框架。即使只有 b 和 d,我们也有比纳什讨价还价难题更复杂的情形。附录C中将三元组 (X,b,d) 称为一个广义的纳什讨价还价难题。但是目前,我们只将注意力集中于纳什考虑的简单情形。我们可以认为,在这些情形中,局中人的外部选择足够差劲,以至于永远坐在谈判桌前并不会比选择退出更差。

1.2.3 讨价还价集

正如在第 1 卷第 1.2.8 节中提到的那样,冯·诺依曼和摩根斯坦[538]并没有忽视两人纳什讨价还价博弈。然而,他们并没有增进经济学家的传统观点,即认为讨价还价博弈是不确定的。他们断言,理性的局中人所取得的讨价还价结局必定处于他们所谓的讨价还价集之中,但是他们认为,在不知道局中人“讨价还价技巧”这一信息的情况下,不可能进一步缩小可能协议的范围。因此,世界不得不等待纳什[380,382]的出现,以一个更为精妙的方法来处理这一问题。

除非 ξ 是帕累托有效的,[1]对于一个纳什讨价还价博弈(X,ξ)来说,讨价还价集合(the bargaining set)B 是 X 的全体帕累托有效点,[2]即相对于现状点 ξ,构成帕累托改进的点的集合(第 1 卷第 1.2.8 节)。

合约集合 X 的帕累托有效点的集合可称为帕累托前沿(Pareto-frontier)。如果 X 是严格综合的,其帕累托前沿 F 正好与 X 的边界重合。当 X 不是严格综合时,如图 1.2(a)和(b)所示,其帕累托前沿则不与 X 的边界重合。给定处于 X 边界上同一水平分割线或垂直分割线上的两个点,其中一个点必然构成另一个点的帕累托改进。

有时候,正如第 1.3.3 节所言,我们有必要用一个较弱的讨价还价集合来替代 B,在这个集合中,帕累托有效的原则被弱帕累托有效原则所替代。回顾一下,如果从 x 移动到 y 时,某人的效用得到严格增进,同时没有任何其他人的效用受到损害,那么我们说 y 是 x 的一个帕累托改进。如果从 x 移动到 y 时,每个人的效用都得到严格增进,那么我们说 y 是 x 的一个弱帕累托改进。正如一个 X 的帕累托效率点不存在可行的帕累托改进一样,一个 X 的弱帕累托效率点也不存在可行的弱帕累托改进。

---

[1] 在这种情形中,讨价还价集合可定义为单一的点 ξ。

[2] 冯·诺依曼和摩根斯坦的讨价还价集合的概念,有别于在第 0.5.1 节中提到的奥曼和马斯库勒[27]的观点。

一个综合集 X 的弱帕累托前沿总是与其边界相重合。给定处于 X 边界上同一水平分割线或垂直分割线上的两个点，如图 1.2(b)所示，它们都不构成对方的弱帕累托改进。

如果 ξ 不是帕累托有效的，那么一个纳什讨价还价博弈(X,ξ)的弱讨价还价集 B_0 可以定义为，所有相对于现状点 ξ 构成帕累托改进的弱帕累托有效点的集合。

尽管我们至少可以追溯到埃奇沃思(Edgeworth)[169]，但是，理性局中人通过无成本的磋商必然至少会达致一个弱帕累托有效结局的思想，往往与罗纳德·科斯(Ronald Coase)[127]的名字联系在一起。然而，科斯定理也几乎是重复了埃奇沃思的观点，即只要存在一个可行的相对 x 为弱帕累托改进的 y，不受交易成本影响的理性局中人必然不会满足于协议 x。因此，理性局中人可能达成的协议必然是弱帕累托有效的，因为只有这些点才不存在可行的弱帕累托改进的可能。大多数经济学教科书的措辞并不谨慎，将"理性的协议必然是弱帕累托有效的"这一结论，简单地替换为"这些协议是帕累托有效的"。由于这对我们讨论的问题无足轻重，因而我尽可能地遵循后一种用法。

一些学者将理性局中人通过讨价还价达致一个帕累托有效的结局这一思想，视为一个"集体理性"原则。[1] 然而，当这类学者谈及"个人理性"时，他们几乎很少区分一个特定个体的理性与该个体所在集体的理性之间的差异。相反，个人理性(individual rationality)这一术语是用以表明，没有一个局中人会在低于其安全水平的情况下同意结束这个博弈。

在一个纳什讨价还价博弈中，一个局中人的安全水平可以被视为他的现状收益(status quo payoff)，这是因为一个局中人可以简单地通过反对一切的方式来确保他至少拥有这些收益。只有当 $x_A \geq \xi_A$ 时，协议 x

---

〔1〕 除了这种一般用法之外，集体理性这一术语也用于表示一个可传递的集体偏好关系。

才符合亚当的个人理性。只有当 $x_E \geq \xi_E$ 时,协议 x 才符合夏娃的个人理性。而只有当 $x \geq \xi$ 时,合约 x 才同时符合亚当和夏娃的个人理性。因此,X 的个人理性点的集合恰好与由 X 中的 ξ 及其帕累托改进点构成的集合相重合。于是,博弈(X,ξ)的讨价还价集 B 正是 X 的所有符合个人理性且帕累托有效的点的集合。

核 对于一个纳什讨价还价问题(X,ξ),如果 X 的点 x 处于讨价还价集合 B 之内,那么这个点既符合集体理性,也符合个人理性。它的集体理性体现在它符合帕累托效率;而它的个人理性则体现在,对于 ξ 而言,它是一个帕累托改进。这些思考使我们将集合 B 与核这个概念联系了起来,核的定义曾在第 0.5.1 节中给出。

在一个两人博弈问题中,大联盟(grand coalition)就是集合 $N=\{1,2\}$。N 能够确保的合约集合是 $V(N)=X$。另外两个非空联盟是 $\{1\}$和$\{2\}$。集合 $V(1)$由所有在垂直线 $x_1=\xi_1$ 之上及其左侧的点构成,而集合 $V(2)$由所有在水平线 $x_2=\xi_2$ 之上及其下侧的点构成。在大联盟中,存在一个对任意 $V(N)=X$ 中的非帕累托效率点的排斥。在联盟$\{1\}$中,存在一个对任意 $V(1)$ 中满足 $x_1<\xi_1$ 的 x 的排斥;而在联盟$\{2\}$中,存在一个对任意 $V(2)$中满足 $x_2<\xi_2$ 的 x 的排斥。当我们移除在某个联盟中对其存在排斥的所有分配 x,我们就得到了博弈(X,ξ)的冯·诺依曼和摩根斯坦讨价还价集合 B。

1.2.4 分钱博弈

第 0.4.1 节介绍了分钱博弈的问题。回顾一下,一位慈善家将 1 美元赠送给亚当和夏娃,并假设他们能够对如何分配达成协议。如果他们无法达成一致,那么他会把钱收回囊中。很多讨价还价博弈都具有这种简单的结构。例如,工资谈判经常被简化为对如何分割由厂商和工人共同努力创造的剩余的争论;如果不能达成任何合约,那么剩余也将不复存在。

典型的合约规定了每一方所同意实施的行动。因此,我们总是可以把一个合约视为以某种方式玩一个博弈的协议。在本节中,基础的博弈模型是纳什要价博弈(Nash Demand Game)。不像第0.5.1节中的最后通牒博弈,纳什要价博弈的规则规定,每个局中人必须同时做出向慈善家索要金钱数量的决策,如果两位局中人的要价之和低于或等于1美元,那么慈善家就会按照其要价进行支付;否则,两位局中人将一无所获。

第1.6.1节将更为详细地讨论纳什要价博弈。但是目前,我们只要将满足 $m_A+m_E\leq 1$ 的金钱要价对 (m_A,m_E) 视为合约,而将任何其他要价对视为分歧即可,每个局中人都会将这一分歧等同于无果而终。

在一些情形中,亚当可能不但关心自己能够获得多少金钱,也会考虑夏娃获得的数量。但是在这里,为了简化对问题的分析,我们假设每一个局中人都只关心他自己的收益。[1] 于是,我们可以用一个冯·诺依曼-摩根斯坦效用函数 $u_A:\mathbb{R}\to\mathbb{R}$ 来刻画亚当的偏好,这个函数将效用值 $u_A(m_A)$ 赋予合约 (m_A,m_E)。类似地,夏娃的偏好也可以表示为一个冯·诺依曼-摩根斯坦效用函数 $u_E:\mathbb{R}\to\mathbb{R}$,这个函数将效用值 $u_E(m_E)$ 赋予合约 (m_A,m_E)。

第0.4.1节所讨论的分钱博弈假设每个局中人都是风险中性的。本节的研究将放松这一假设,仅仅要求每个局中人是风险规避的。正如第1卷第4.6节所解释的那样,如果亚当的冯·诺依曼-摩根斯坦效用函数是凹的(concave),那么他就是风险规避的。[2] 图1.3(a)描述了亚当是严格风险规避而夏娃是风险中性情形下的分钱博弈问题。该图分为四个

---

[1] 回忆一下,博弈论专家并不将 m_A 和 m_E 视为收益(payoffs)。收益总是用效用值进行衡量。对应于金钱收益对 $m=(m_A,m_E)$ 的收益对 $x=(x_A,x_E)$ 的定义如下:$x_A=u_A(m_A)$ 且 $x_E=u_E(m_E)$。

[2] 在一个凹函数图像上画的弦总是处于图像之上或者在其下方。风险偏好的局中人具有凸的效用函数。在一个凸函数图像上画的弦总是处于图像之上或者在其上方。风险中性的局中人具有仿射的效用函数。仿射效用函数的图像是直线(第1卷第4.6节)。

不同的区域。图的西南区域给出了用金钱数量表示的分钱博弈。图的东南区域描述了方程 $x_A = u_A(1-m_E)$ 的凹形图,其表达了根据夏娃获得的金钱数量计算得到的亚当收益的效用值。图的西北区域描述的是对应夏娃效用方程 $x_E = u_E(1-m_A)$ 的直线图。正如第1卷第4.2.2节所解释的那样,冯·诺依曼-摩根斯坦效用刻度的零点和基本单位可以视方便而自由选择。在本例中,最简便的方法就是规定 $u_A(0)=u_E(0)=0$ 且 $u_A(1)=u_E(1)=1$。

图1.3(a)的东北区域给出了用效用值表示的分钱博弈。我们可以注意到,图西南区域的金钱要价对 m 对应于图东北区域的效用收益对 x。类似地,金钱协议集合 M 对应于根据效用表达的协议集合 X。由于分歧点对应于效用收益对 $\xi=(0,0)$,因而图东北区域将风险规避局中人的分钱博弈表示为一个纳什讨价还价博弈(X,ξ)。

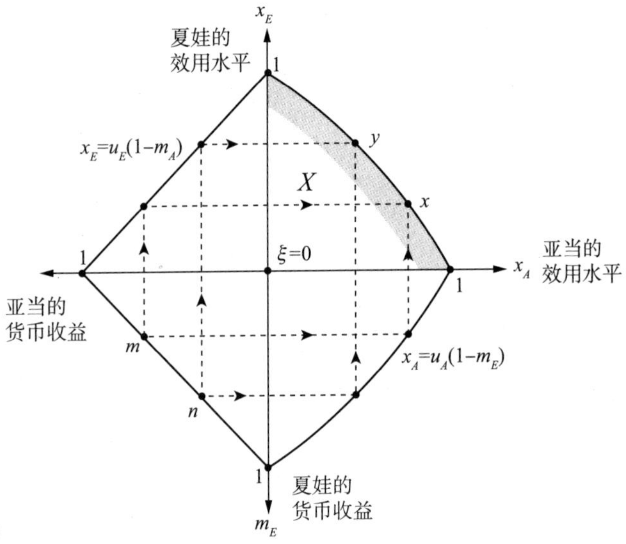

(a)

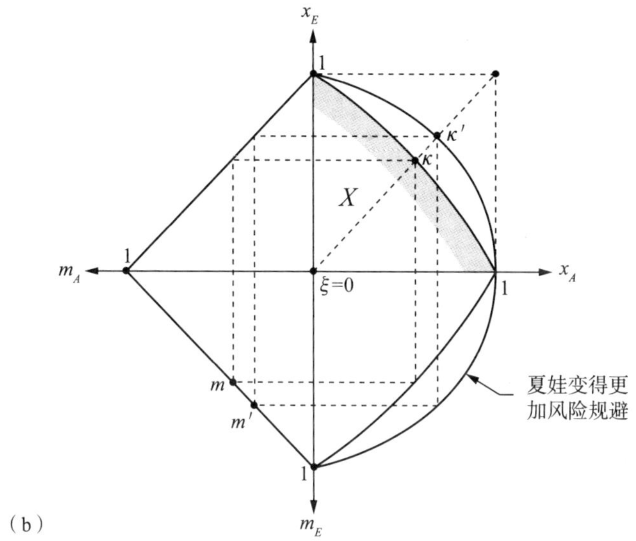

图 1.3　分钱博弈

对收益流的磋商　分钱博弈的故事将亚当和夏娃的关系视为转瞬即逝的。他们相遇并决定如何分配 1 美元之后便分道扬镳。但是，人们经常针对收入流(income flows)的分配进行讨价还价。例如，当一个厂商正常运行时，其收益可以用每周的现金流来衡量。在扣除非劳动力成本之后，厂商和工会便会对余下的剩余进行分割。在对如何分配这一剩余进行讨价还价时，他们将会对各方获得的收益流进行磋商。

亚当的收益流可以用函数 $f: T \to \mathbb{R}$ 来表示，其中 T 表示相关的时间集合，而 $f(t)$ 表示亚当在时间点 t 所获得的收益。这里我们只研究 T 是一个离散时间集合 $\{t_0, t_1, t_2, \cdots\}$ 的情形，且满足 $0 = t_0 < t_1 < t_2 < \cdots$。如果时间以周为单位进行衡量且 $t_k = k$，那么这意味着 t_k 将会在距离现在 k 周之后出现。在常数收益流的情形下，$f(t)$ 总是等于 2，即亚当从现在开始每隔一周将获得 2 单位的效用值。

收益流问题与彩票的思想遥相呼应,时间点 t 的收益 $f(t)$之于前者,正如彩票中的奖金之于后者。第 1 卷第 4.2.2 节描述了冯 · 诺依曼和摩根斯坦使用的一个公理以刻画一个理性局中人对彩票的偏好。本着同样的精神,学者也提出了刻画局中人对收益流偏好的公理[菲什伯恩和鲁宾斯坦(Fishburn and Rubinstein)[182]]。一些相对温和的条件集合足以确保亚当针对收益流的冯 · 诺依曼-摩根斯坦效用函数 u_A 满足以下的形式:

$$u_A(f)=f(t_0)\delta^{t_0}+f(t_1)\delta^{t_1}+f(t_2)\delta^{t_2}+\cdots \tag{1.1}$$

其中,常数 δ 满足 $0<\delta<1$。我们将 δ 称为亚当的折现因子(discount factor),其衡量了亚当的急躁程度(impatience)。δ 越小,亚当就越没有耐心。

效用函数 $u_A(f)$ 衡量亚当的整个收益流 f 的折现值(present discount value)。当每周的收益流是一个常数时,效用很容易计算,即如果对所有 t 都有 $f(t)=x$ 成立,那么:

$$u_A(f)=x\{1+\delta+\delta^2+\delta^3+\cdots\}=x/(1-\delta) \tag{1.2}$$

如果亚当和夏娃达成的协议规定,亚当每周都获得一个固定的 x 单位的效用流,那么亚当会将这一交易的总价值视为 $x/(1-\delta)$。

由于将固定的 x 单位的收益流转化为相应的整个收益流的折现值 $x/(1-\delta)$,仅仅是乘了一个常数 $1/(1-\delta)$而已,于是,分割收益流的讨价还价博弈经常会通过收益流本身的形式直接表达出来,而不具体涉及整个收益流的折现值。例如,分钱博弈的问题可以被表达为如何对每周 1 美元的收入流进行分配的问题。

当在协议集中的收益对被解释为收益流对时,我们就必须小心谨慎地根据相同的准则去评价分歧问题。例如,在一个对周工资率的工资博弈中,我们一般会希望将僵局点视为厂商和工会在罢工过程中获得的收益流对。而崩溃点是当双方放弃谈判,转而采取各自的最优外部选择时,所能够获得的收益流对。对工人而言,他的最优外部选择或许是开始接受失业救济金。于是,在其放弃谈判之后,他所能够获得的收益流取决于他的社会福利账户的余额多少。如果法律允许,那么当谈判崩溃之后,厂商或许会有替换其劳动力的机会。如果那样的话,谈判崩溃后厂商的收益流便取决于与新劳动力谈判达成协议之后所预期获得的周利润率。

利息率　当计算美元收入流时,折现因子将以更为具体的形式出现。我们必须密切关注当前的利息率(rate of interest)。假设周利息率为 r,如果我现在获得 x 美元的收入并将其存入银行,那么在一周过去之后,我将能得到 $(1+r)x$ 美元。这意味着,下周支付给我 y 美元的可靠许诺,对我来说现在只值 $y/(1+r)$ 美元。类似地,两周后支付 y 美元的承诺,现在只值 $y/(1+r)^2$ 美元。一般地,t 周后支付 y 美元的承诺的折现值是 $y/(1+r)^t$ 美元。

因此,我们可以用折现因子 $\delta=1/(1+r)$ 来计算折现值,从而获得周美元收入流的当前价值。我们需要将正确的折现因子赋予风险中性的局中人,使其能够利用以固定利息率 r 进行借贷的坚固的银行系统。在应用中,经常干脆地将 δ 设定为 $1/(1+r)$。然而,在本书中出现的折现因子往往需要更为宽泛的解释。

我们一直按周来衡量时间,但如果收入是以月、年或者日为间隔的,那又会怎么样呢? 令 τ 为连续两次收入的时间间隔。如果时间按周进行衡量而收入按日进行衡量,那么 $\tau=1/7$。为了计算以时间长度 τ 为间隔的固定的 x 美元收入流的折现值,我们可以将 $t_k=\tau k$ 代入(1.1)式。于是我们可以得到用 δ^τ 替代了 δ 的(1.2)式。

对应于折现因子 δ^τ 的利息率 $r(\tau)$ 由公式 $\delta^\tau=1/(1+r(\tau))$ 给出,因而有 $r(\tau)=-(1-\delta^{-\tau})$ 成立。瞬时利息率 ρ 表示当 τ 趋于无穷小时,每单位时间所对应的利息率。当 τ 变得非常小时,利息率 $r(\tau)$ 将近似地等于 $\rho\tau$,其中:

$$\rho=\lim_{\tau\to 0}\frac{r(\tau)}{\tau}=-\lim_{\tau\to 0}\frac{1-\delta^{-\tau}}{\tau}=-\log\delta$$

上式可以根据洛必达法则(L'Hôpital's Rule)推导得到。[1] 于是,折现因子 δ 与瞬时利息率 ρ 就可以通过下式联系起来:

$$\delta = e^{-\rho} \tag{1.3}$$

即使在没有被解释为瞬时利息率的情况下,(1.3)式所定义的参数 ρ 也是十分有用的。对应于 δ,ρ 被称为折现率(discount rate)。尽管我们非常容易混淆折现率和折现因子这两个概念,然而我们有必要记住,一个缺乏耐心的经济行为人有一个较低的折现因子和一个较高的折现率。

1.2.5 埃奇沃思箱形图

埃奇沃思[169]于1891年出版的那本《数学心理学》(*Mathematical Psychics*)预见到了一系列现代经济理论家们所致力于研究的主题,其书名更是别具一格。鲍利(Bowley)[97]利用埃奇沃思箱形图(Edgeworth Box)对埃奇沃思所阐释的两人交易难题(two-player bartering)进行改写,从而获得了丰硕的成果。

亚当将 W_A 蒲式耳的小麦和 F_A 磅的鱼带到了市场,于是他初始的商品束可以表达为 (W_A, F_A)。而夏娃将 W_E 蒲式耳的小麦和 F_E 磅的鱼带到了市场,于是她初始的商品束可以表达为 (W_E, F_E)。因此,可供再分配的小麦和鱼的总量分别是 $W = W_A + W_E$ 和 $F = F_A + F_E$。我们将商品束 (W_A, F_A) 和 (W_E, F_E) 分别称为亚当和夏娃的初始禀赋(endowment)。假设没有其他的交易机会,现在预测亚当和夏娃最后会以怎样的商品束离开市场。

图1.4(a)展示了一个长 W、宽 F 的箱形图 ε。在这个埃奇沃思箱形图中的点 (w, f) 代表了一种可能的交易,在这种交易中,亚当获得了

---

[1] 洛必达法则表明:假设 $g'(\xi) \neq 0$,当 $x \to \xi$ 时,有 $f(x)/g(x) \to f'(\xi)/g'(\xi)$ 成立。我遵循大多数数学家使用 $\log x$ 表示 x 的自然对数。这样,$y = \log x$,当且仅当 $x = e^y$。

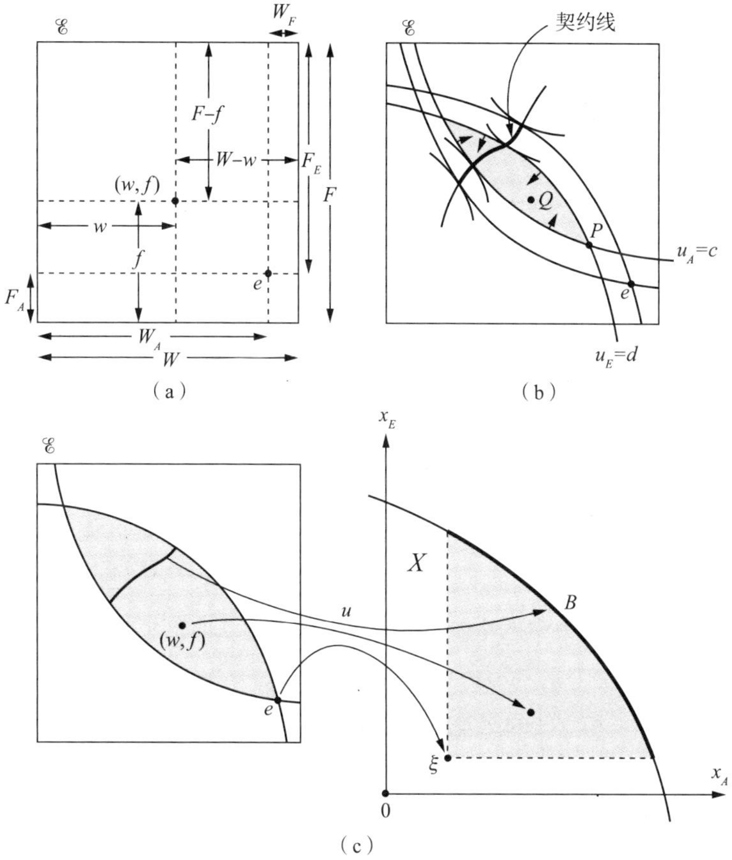

图 1.4　埃奇沃思箱形图

(w, f)的商品束，而夏娃获得了$(W-w, F-f)$的商品束。点 $e=(W_A, F_A)$被称为禀赋(endowment)点或者无交易(no-trade)点。如果亚当和夏娃没有对交易达成一致，那么亚当就会以商品束(W_A, F_A)离开市场，而夏娃则会以商品束$(W_F, F_E)=(W-W_A, F-F_A)$离开市场。

我们还需要关于亚当和夏娃的偏好的信息。我们用冯・诺依曼-摩根斯坦效用函数 u_A 和 u_E 来进行描述。亚当的无差异曲线(indifference curve)是满足方程 $u_A(w,f)=c$ 的所有点(w,f)的集合，其中 c 为某个常数。由于在一条无差异曲线上的每一个商品束都被赋予了相同的效用，因而亚当对于这条曲线上的任何商品束都感到毫无差异。[1]

我们假设 u_A 是连续且递增的函数。[2] 我们也假设亚当是风险规避的，因而函数 u_A 是凹的。图1.4(b)展示了当 u_A 具有上述性质时亚当的无差异曲线。其中的箭头表示了亚当偏好的方向。

我们假设夏娃的效用函数 u_E 具有与亚当效用函数相同的性质。不过，在图1.4(b)的埃奇沃思箱形图中，夏娃的无差异曲线具有不同的形态。当亚当获得商品束(w,f)而夏娃获得商品束$(W-w,F-f)$时，夏娃的无差异曲线便是满足方程 $u_E(W-w,F-f)=d$ 的所有点(w,f)的集合，其中 d 为某个常数。我们也注意到，夏娃的偏好方向并不像亚当那样指向东北角。在其他条件相同的情况下，她所偏好的交易要求亚当获得更少的小麦和更少的鱼。因此，她的偏好箭头指向西南方向。

除了亚当和夏娃的无差异曲线，图1.4(b)还展示了埃奇沃思所谓的契约线(contract curve)。这条线代表在埃奇沃思箱形图中个人理性交易所达致的帕累托效率的点的集合。

我们认识到，在箱形图内两条无差异曲线的交点不可能达致帕累托效率，这一点对于寻找埃奇沃思箱形图内帕累托效率的点集是很有帮助的。如图1.4(b)所示，所有处于无差异曲线围成的舟状区域内的点(如点 Q)都构成无差异曲线的交点 P 的一个帕累托改进。因此，只有那些由无差异曲线相切所形成的切点才是埃奇沃思箱形图内代表帕累托效率

〔1〕 数学家认为，一条无差异曲线是一条等高线或一条水平线。函数 $f:\mathbb{R}^2\to\mathbb{R}$ 的图像是一个三维的曲面。一条等高线 $f(x)=c$ 由所有这样的点 $x=(x_1,x_2)$ 所构成，即在点(x_1,x_2)所对应曲面的高度正好等于 c。正如在地理学中，一幅等高线地图是用二维图形表示三维曲面的最佳方式。

〔2〕 u_A 是递增的，意味着对于 $x\leq y$，有 $u_A(x)\leq u_A(y)$成立。

交易的点。

正如第 1.2.3 节所解释的那样，个人理性要求没有一个局中人的所得会低于其安全水平。在上述两人交易难题中，每一个局中人都有拒绝所有交易的自由，并确保他至少能够获得刚来到市场时所拥有的初始禀赋水平。因此，个人理性要求任何发生的交易都必须高于或处于亚当那条通过禀赋点 e 的无差异曲线。类似地，任何这样的交易也必须低于或处于夏娃那条通过禀赋点 e 的无差异曲线。

图 1.4(c)展示了在函数 $u:\varepsilon\to\mathbb{R}^2$ 之下，如何将埃奇沃思箱形图转化为一个纳什讨价还价博弈 (X,ξ)。这里的效用函数被定义为：

$$u(w,f)=(x_A,x_E)$$

其中，$x_A=u_A(w,f)$ 且 $x_E=u_E(W-w,F-f)$。总之，如果交易 (w,f) 实施的话，那么函数 u 将交易 (w,f) 映射到亚当和夏娃所获得的效用对 (x_A,x_E)。

我们来关注一下契约线是如何映射到冯·诺依曼和摩根斯坦讨价还价集合 B 的。有时候这样做对于理解函数 u 颇有助益：首先，沿着契约线将埃奇沃思箱形图对折；然后，通过伸展和压缩结果，使其与 X 集合重合。

上述讨论想当然地认为，现状点 ξ 与禀赋点 e 所对应的收益对相一致。然而，我们有必要注意到，禀赋点实际上对应于第 1.2.2 节所介绍的崩溃点，而且直至目前为止，这个故事还没有告诉我们僵局点在哪里。如果将这里的商品解释为商品流量而不是商品存量，那么识别现状点的难题就消失了。如果说亚当被赋予(1,2)的初始禀赋，那就意味着他每周能够得到 1 蒲式耳的小麦和 2 磅的鱼。即使亚当和夏娃陷入僵局，干坐在谈判桌前并永远不能达成一致，上述结论依然能够成立。那么，僵局点和崩溃点将会重合。

1.3 讨价还价解

为了研究联盟形式的多人博弈而发明的合作解概念真是多得令人困惑。而为了研究纳什讨价还价博弈而特别发明的合作解概念也同样令人绝望。这样的合作解概念被称为讨价还价解。

令 B 为所有可能的纳什讨价还价博弈(X,ξ)的集合。于是,一个讨价还价解(bargaining solution)就是函数 $f: B \to \mathbb{R}^2$,且满足 $\sigma = f(X,\xi)$ 属于集合 X。收益对 $\sigma = (\sigma_A, \sigma_E)$ 被解释为纳什讨价还价博弈(X,ξ)的解。

第1.2.3节解释了为什么我们应该预期到理性的局中人会达成一个同时具有弱帕累托效率又符合个人理性的协议。我们只考虑具有这种性质的讨价还价问题。$\sigma = f(X,\xi)$属于合约集 X 的假设将总是被加强到,σ 属于(X,ξ)的弱讨价还价集合 B_0。只要可能,弱讨价还价集合 B_0 会被正则的讨价还价集合 B 所替代。实际上,只有在第1.3.3节的成比例讨价还价解的情形中,我们才必须考虑 B_0 而不能是 B。

由于在这一章中将大量地出现“纳什这个”或者“纳什那个”,因而我们不必惊奇于第一个且最著名的讨价还价解就是纳什讨价还价解。当我们分析处于原初状态的理性局中人是如何在“无知之幕”背后磋商一个社会契约时,纳什讨价还价解就成为我们最重要的分析工具。

纳什讨价还价解的主要竞争对手便是卡莱-斯莫洛定斯基(Kalai-Smorodinsky)讨价还价解。对于两人讨价还价博弈,这个解的概念会与高德(Gauthier)[196]在其社会契约理论中所发明的讨价还价解的概念相重合。因此,我们有必要详细地说明为什么卡莱-斯莫洛定斯基解还远远不能达到我们的目的。

1.3.1　纳什讨价还价解

回顾一下,冯·诺依曼和摩根斯坦[538]认为,当理性的局中人在面对讨价还价博弈(X,ξ)时,我们除了知道他们达成的交易必然处于讨价还价集之内,其他实在无话可说。纳什[380]第一个挑战了上述绝望的忠告,他提出纳什讨价还价解的概念以作为讨价还价博弈的唯一(unique)理性解的一个候选对象。

给定社会福利函数:

$$W_N(x)=(x_A-\xi_A)(x_E-\xi_E) \tag{1.4}$$

讨价还价博弈(X,ξ)的纳什讨价还价解(Nash bargaining solution)就是在受制于$x\geq\xi$的条件下,最大化$W_N(x)$的X中的点v。

加权的纳什讨价还价解　纳什的最初定义对局中人一视同仁。一个更为一般的非对称(asymmetric)的定义版本要求引入权重$\alpha\geq0$和$\beta\geq0$,我将其称为亚当和夏娃的讨价还价能力(bargaining power)。于是,讨价还价博弈(X,ξ)的加权纳什讨价还价解(weighted Nash bargaining solution)将根据如下社会福利函数进行定义:

$$W_{wN}(x)=(x_A-\xi_A)^\alpha\ (x_E-\xi_E)^\beta \tag{1.5}$$

加权纳什讨价还价解是在受制于$x\geq\xi$的条件下,最大化$W_{wN}(x)$的X中的点n。图1.5(a)阐释了这一定义。

n的位置仅仅取决于α和β的比例。通过变动这一比例,加权的纳什讨价还价解能够与讨价还价博弈(X,ξ)的讨价还价集B中的任意点相重合。[1] 当$\alpha=0$时,亚当只能够获得他的现状收益ξ_A。此时我们可

[1] 一个针对加权纳什讨价还价解的愚蠢批评,推测其没有预测能力。如果允许变动万有引力常数,万有引力定律也会预测出作用于任意点的力可以有任意大小这样的荒谬论断,于是,同样的批评也可以施加于牛顿的万有引力定律!然而,在应用牛顿万有引力定律时,我们会在假设定律成立的前提下,用已知的数据去估计万有引力常数的大小。然后,将这一估计值用于预测未知的数据。类似地,为了预测而使用纳什讨价还价解时,我们需要首先利用已知的数据去估计议价能力的比例。

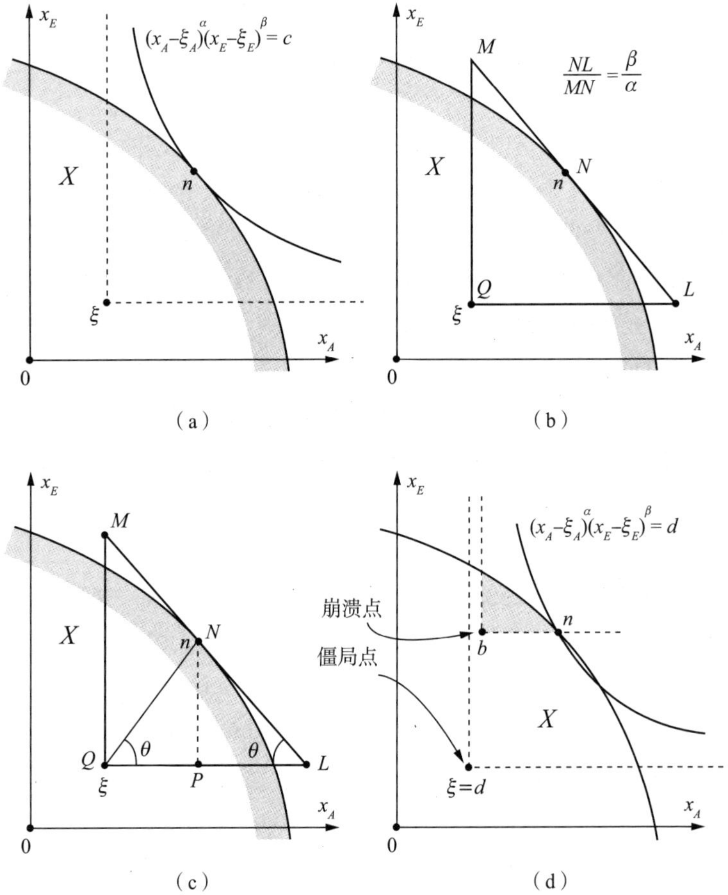

图 1.5　纳什讨价还价解

以说夏娃拥有所有的讨价还价能力。同样地,当 $\beta=0$ 时,夏娃只能够获得她的现状收益 ξ_E。此时我们可以说,亚当拥有所有的讨价还价能力。

在纳什[380]对纳什讨价还价解最原始的定义中,亚当和夏娃被假设为具有相同的讨价还价能力,即 $\alpha=\beta$。为了区别于加权的定义版本,这一最初的解的概念应该被称为对称的(symmetric)纳什讨价还价解。

纳什[380]首先根据冯·诺依曼和摩根斯坦[538]来为自己的对称假设进行辩护,强调局中人应该被视为具有相同的"谈判技巧"。然而,纳什后来的文章明确修正了这一观点(纳什[382]),他指出,一位局中人比另一位局中人有更强的讨价还价能力是完全有可能的。正如一头完全理性的黑猩猩至少与国际象棋名将阿廖欣(Alekhine)具有相当的棋艺,[1]因而亚当在讨价还价中至少与夏娃具有同样的技巧;反之亦有可能。在一个加权的纳什讨价还价解中,讨价还价能力不应该被解释为谈判技巧,因为讨价还价能力取决于局中人在讨价还价的环境中所获得的策略优势。有代表性的例子便是第 1.7.1 节所研究的鲁宾斯坦讨价还价模型。

其他特征化　利用(1.4)式和(1.5)式的纳什乘积形式去寻找纳什讨价还价博弈解的具体位置并非总是易事。于是,其他特征化方法便显得颇有价值。图 1.5(b)和图 1.5(c)展示了两种特征化方法。

在图 1.5(b)中,LM 与 X 的边界相切,[2]且满足 $LN/MN=\beta/\alpha$。于是,讨价还价博弈(X,ξ)的加权纳什讨价还价解即处于点 N。[3]

利用一些基础的欧几里得几何学知识,就足以推导出图 1.5(c)中确定讨价还价博弈(X,ξ)的对称纳什讨价还价解位置的条件。[4] 对称纳什讨价还价解 N 可以通过如下方法获得:画一条过 N 点且与 X 边界相切的直线 LN,并保证 LN 与横轴的夹角等于从现状点 Q 出发并通过 N 的射线 QN 与横轴的夹角,且假设角度都等于 θ。

具有外部选择的纳什解　第 1.2.2 节认为,在一个真实的讨价还价难题中出现的分歧问题有时显得非常复杂,以至于我们难以简单地利用现状点 ξ 对其进行总结和描述。最简单的推广包含两种分歧点:僵局点

---

〔1〕 据报道,阿廖欣曾说:"位置,位置有什么重要的！我的意志才重要。"然而,在一场完全理性的国际象棋比赛中,除了当前的位置之外,什么都不重要,即使对于发明阿廖欣防御的天才也是如此。

〔2〕 如果集合 X 的前沿并不是光滑的,那么 LM 就成为凸集 X 的一条支撑直线。

〔3〕 具体的数学内容可参见我的《乐趣与博弈》(宾默尔[70])的第 5.5.6 节。

〔4〕 在图 1.5(b)中,角 QNP 和角 LNP 的正切值分别是 OP/NP 以及 LP/NP。在对称的情形中,这些值是相等的,因为根据比例分割定理,我们有:$1=LN/MN=LP/QP$。

d 和崩溃点 b。于是,一个讨价还价博弈便转变为一个三元组(X,b,d)。

亚当的崩溃收益 b_A 是指,当磋商失败迫使他采取最优的外部选择时,他能够获得的收益。当一些应用研究者根据纳什讨价还价解寻求一个现状点时,他们的眼光一般不会超越外部选择收益对 b,但将 ξ 视为 b 可能是错误的,除非我们有理由假设第 1.5.2 节论述的纳什[382]可变威胁理论与这个问题相关。然而,这一理论所赋予局中人的承诺能力经常是缺失的。这使得鲁宾斯坦的交替出价博弈成为模拟讨价还价过程的一个优先选择。正如我们在第 1.7.1 节所看到的那样,当交替出价博弈实施纳什讨价还价解时,其将现状点定为僵局点 d。这代表了在局中人总是处于谈判之中而不能达成协议时,局中人所能够获得的收益。

那么,什么角色要留给僵局点 b 呢? 简单的交替出价博弈假设,局中人根本没有外部选择。然而,当外部选择被引入模型时,〔1〕其不会将适当的纳什乘积纳入考虑。相反,它们以对集合的约束的形式出现,正是在这一集合上,纳什乘积取得了最大化。

更准确地说,讨价还价博弈(X,ξ)的加权纳什讨价还价解的定义在应用于讨价还价博弈(X,b,d)时,必须进行修改,以使得在社会福利函数 W_{wN} 的定义中出现的 ξ 被 d 所替代,并且使得在约束条件 $X\geq\xi$ 中出现的 ξ 被 b 和 d 所替代。这样,博弈(X,b,d)的加权纳什讨价还价解为 X 中的点 n,以使得社会福利

$$W_{wN}(x)=(x_A-d_A)^{\alpha}\ (x_E-d_E)^{\beta}$$

在约束条件 $x\geq b$ 和 $x\geq d$ 之下达到最大。图 1.5(d)展示了当约束条件 $x\geq b$ 起作用时的情形。〔2〕当约束条件 $x\geq b$ 不起作用时,讨价还价的结局与博弈(X,d)的加权纳什讨价还价解相一致。

---

〔1〕 见宾默尔、谢克德(Shaked)和萨顿(Sutton)[90],宾默尔、鲁宾斯坦和沃林斯基(Wolinsky)[83],或者宾默尔、奥斯本(Osborne)和鲁宾斯坦[80]。其中第一篇文献包含了一项实验,其在一个交替出价的情境中,对作为现状点候选对象的 b 和 d 进行了比较。发现后者的表现远胜前者。

〔2〕 这意味着 $n_A=b_A$ 或者 $n_E=b_E$。

对这一定义的正式辩护需要诉诸第 1.7.1 节的模型,如附录 C 所示。然而,我们不难看出,当约束条件 $x \geq b$ 不起作用时,即 $n_A \geq b_A$ 且 $n_E \geq b_E$ 成立,此时如果亚当的外部选择增加至 c_A,且满足 $b_A < c_A < n_A$,那么也不可能改变结论。亚当为了利用他在讨价还价处境中的某种优势,他可能会这样威胁夏娃,除非夏娃给予他的多于 n_A,否则他就会退出讨价还价过程。但是,夏娃可以安全地忽略这一威胁,并如同以前那样讨价还价。在每一回合中,当亚当预先获得这个退出机会时,亚当不会选择退出,因为 $n_A \geq b_A$。在新的情形下,选择退出则显得较有吸引力,但尽管如此,他在退出机会出现时也总是会选择继续磋商,因为 $n_A > c_A$ 仍然成立。只有当 $c_A \geq n_A$ 时,形势才会有所转变。此时,夏娃必须至少给予亚当 c_A,以使得亚当仍然愿意与她达成一个交易。

尽管这是一个令常人都能迅速理解的简单论证,但它却被劳动经济学家们大大地忽视了。在对一些情景进行建模时,讨价还价理论的专家们会使用对称的纳什讨价还价解来研究博弈(X, b, d),而劳动经济学家们则经常使用加权的纳什讨价还价解来研究博弈(X, b)。比例 α/β 的值可以通过现实的数据进行估计。

由于加权的纳什讨价还价解有一个自由的参数,因而其结果有时能很好地拟合现实情况。使用一个正确模型甚至会导致一个更差的拟合——正如牛顿双体模型不能像具有足够多本轮的托勒密模型那样准确地预测火星的运动。然而,这并不是一个使用错误理论的借口,而是一个转向较少抽象的正确理论版本的论据。例如,在火星的例子中,我们可以转向一个考虑了木星运行轨迹的三体牛顿模型。

1.3.2　卡莱-斯莫洛定斯基解

纳什讨价还价博弈(X, ξ)的卡莱-斯莫洛定斯基解(Kalai-Smorodinsky solution)可以根据如下社会福利函数进行定义:

$$W_{KS}(x)=\min\left\{\frac{x_A-\xi_A}{U_A-\xi_A},\frac{x_E-\xi_E}{U_E-\xi_E}\right\} \tag{1.6}$$

其中,亚当的乌托邦收益 U_A 是指,在给定夏娃至少获得其现状收益 ξ_E 的情况下,亚当能够获得的最大收益;而 U_E 是指,在给定亚当至少获得 ξ_A 的情况下,夏娃能够获得的最大收益。卡莱-斯莫洛定斯基解就是在受制于 $x\geq\xi$ 的条件下,最大化 $W_{KS}(x)$ 的点 K。第1卷中的图1.5(b)展示了这一定义。

图1.6(a)的几何特征化更容易使人理解。亚当和夏娃同时获取他们的乌托邦效用经常是不可能的——图1.6(a)通过将乌托邦点 U 置于合约集 X 之外来反映这一事实。在确定乌托邦点 U 之后,用直线将该点与现状点 Q 连接起来。卡莱-斯莫洛定斯基讨价还价解 K 便处于这条直线与 X 的帕累托前沿的交点之处。

在第1卷第1.2.9节中,我解释了为什么高德(Gauthier)[196]认为卡莱-斯莫洛定斯基解与理性讨价还价相关联。卡莱和斯莫洛定斯基[289]在阐释他们的解的概念时,则显得更为小心谨慎。他们的目的仅仅是指出,不同于纳什[380]的公理体系也能够导出讨价还价解,但从数学的角度来看,不如纳什讨价还价解那么优雅。一旦这一点被指出,即使是数学家也别无选择,而只能提些涉及这些竞争性公理体系的意义的解释性的问题——第1.4.1节将会涉及这一问题。

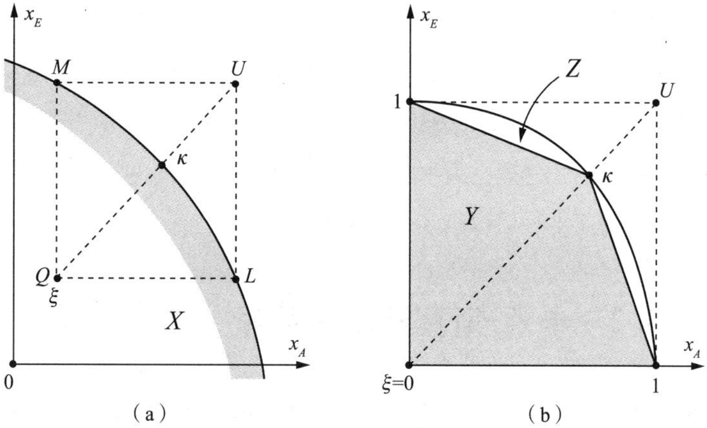

图1.6　卡莱-斯莫洛定斯基解

1.3.3 存在人际比较的讨价还价

从某种意义上去判定一个讨价还价结局是否是公平的,我们需要能够比较亚当和夏娃在这一交易中获取的效用水平。但是,不论是纳什讨价还价解还是卡莱-斯莫洛定斯基解,都不取决于亚当的效用能够与夏娃的进行比较。因此,相比后文马上要介绍的成比例讨价还价解和功利主义解,不论是纳什讨价还价解还是卡莱-斯莫洛定斯基解,都不是一个具有伦理意义的概念。

这里有必要坚持的一点是,由于莱法(Raiffa)[413]将一些讨价还价解的优点视为公平的仲裁程序,因而在早期水就被搅浑了。因此,纳什讨价还价解应该被视为公平仲裁程序的唯一候选对象这一理念也有了生命力。即使是现在,遇到一些认为拒绝纳什讨价还价解是合理的学者也并不偶然,因为他们认为其并不具备一个伦理学概念的特征。

然而,那些理解纳什讨价还价解的人们都不愿意宣称,其具备一个伦理学概念的任何特征。如果有,其在"无知之幕"背后的运用就会抢占原初状态决定什么是公平的这一角色。纳什讨价还价均衡就是打算用来预测具有不同个人偏好的理性局中人之间的磋商结局。康德主义者坚持认为,策略性问题是不重要的,因为真正的理性要求把个人的偏好放在一边,从而去做那些被认为是"正当"的事情。但是,在本书开发的理论中,这样的浪漫主义并无立足之地。理性并不在于公平地博弈,而在于在给定当前力量对比的情况下,寻求最优的妥协。但我们并没有说,可得的最优妥协必须是公平的。

尽管纳什讨价还价解和卡莱-斯莫洛定斯基解并没有建立在比较亚当和夏娃效用的基础之上,但存在其他讨价还价解,它们的确做出了效用可以比较的假设。对于本书的目的而言,较为重要的便是加权的功利主义讨价还价解和成比例讨价还价解。在本章中还没有提及这些思想,但这并不是由于我们对它们不感兴趣。恰恰相反,一个合作博弈论专家会把我的整本书评价为一种将纳什规划拓展到这些概念的尝试,而不是其他。

加权功利主义解 在第1卷第2.2.4节中,我将功利主义者定义为一位具有可分可加普通商品函数的结果主义者。相应地,一个纳什讨价还价博弈(X,ξ)的功利主义讨价还价解(utilitarian bargaining solution)根据以下社会福利函数进行定义:

$$W_H(x)=x_A+x_E$$

功利主义讨价还价解是在受制于$x\geq\xi$的条件下,使社会福利函数最大化的在集合X中的点H。第1卷的图1.5(b)阐释了这一定义。

而加权的功利主义讨价还价解则允许社会计划者选择他自己的关于亚当和夏娃效用的对价率。如果他将亚当V单位的效用等同于夏娃U单位的效用,那么就意味着他将上述社会福利函数替换为一个加权的版本:

$$W_h(x)=Ux_A+Vx_E$$

其中,权重U和V是预先设定的非负常数。对于这样的权重,只有其比例U/V才是重要的。在图1.7(a)中,加权功利主义解位于点h处。

成比例讨价还价解 这是一个被学者广泛研究的概念,如莱法(Raiffa)[413]、伊斯贝尔(Isbell)[281]、卡莱(Kalai)[288]、迈尔森(Myerson)[373]、罗斯(Roth)[438]、皮特斯(Peters)[403]等人。一个满足权重$U\geq0$且$V\geq0$的纳什讨价还价博弈(X,ξ)的成比例讨价还价解(proportional bargaining solution)位于点ρ处,如图1.7(a)所示。该点可以通过画一条斜率为U/V且穿过现状点ξ的射线而得到。点ρ恰好位于这条射线与集合X前沿的交点处。罗斯[438]强调,当X并不是严格综合时,成比例讨价还价解可能不是帕累托有效的。因此,这是我们考虑的所有讨价还价解中唯一一个可能不处于讨价还价集合B之中的解。但当X是综合的时,它总是弱帕累托有效的,因而它总是处于弱讨价还价集合B_0之中。

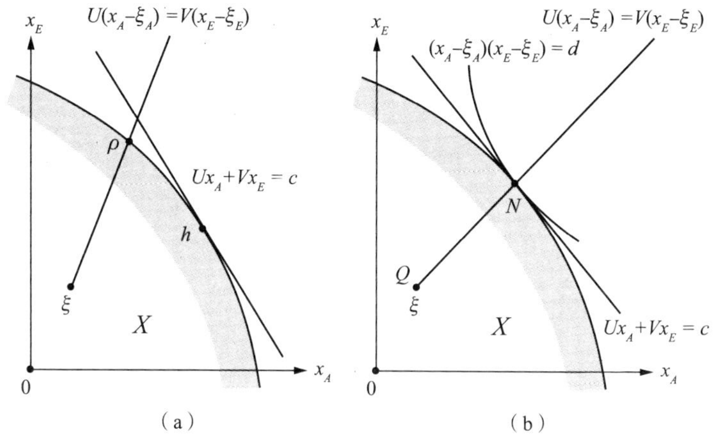

图 1.7　成比例讨价还价解和功利主义解

当 X 是严格综合的，纳什讨价还价博弈(X,ξ)的成比例讨价还价解也可以根据如下社会福利函数进行定义：

$$W_\rho(x)=\min\{U(x_A-\xi_A),V(x_E-\xi_E)\} \tag{1.7}$$

成比例讨价还价解是在受制于 $x\geq\xi$ 的条件下，使社会福利函数最大化的在集合 X 中的点 ρ。

根据社会福利函数 W_ρ 来特征化成比例讨价还价解，使我们更容易看出其与罗尔斯最大最小原则之间的关系。如果我们写下 $y_A=U(x_A-\xi_A)$ 且 $y_E=V(x_E-\xi_E)$，那么一位社会福利函数 W_ρ 的最大化者将不会满足，直到他获得如下福利水平：

$$\max_y \min\{y_A,y_E\}$$

因此，倘若亚当和夏娃的效用尺度能够被适当地重新校准，那么成比例讨价还价解得到了与罗尔斯最大最小原则完全一致的结果。罗尔斯并不感兴趣于重新校准局中人的效用值，因为他相信人们可以使用他的基本物品(a primary good)的概念以回避人际比较的难题。在第 1 卷第 1.2.5 节中，我解释了为什么我认为这种对关键问题的逃避是不可靠的。本书在很大程度上可以被视为，通过论证为什么要专注于一种特定的对亚当和夏娃效用尺度的重新校准，来填平罗尔斯推理的缺漏。

□ **当世界毁灭时**　图1.7(b)通过复制第1卷图1.6(a)以展示三种不同的讨价还价解:对称的纳什讨价还价解 v、加权的功利主义解 h,以及成比例讨价还价解 ρ。正如耶理(Yaari)[570]所证明的,如果我们选择权重 U 和 V 以使得上述三个解中的两个相重合,那么第三个解也必然与前两个处于同一点。

这一结论很容易通过采用如图1.5(c)所示的纳什讨价还价解的特征化来进行检验。在后续章节的我们最感兴趣的例子中,已知的两个相重合的讨价还价解便是对称的纳什讨价还价解和成比例讨价还价解。在图1.7(b)中,点 v 和 ρ 的位置都处于点 N。由于 $N=\rho$,直线 QN 的斜率便是 U/V。由于 $N=v$,直线 QN 的斜率便是直线 PN 斜率的相反数(因为 QN 与纵轴的夹角等于 PN 与纵轴的夹角)。这意味着直线 PN 的斜率为 $-U/V$。因此,加权功利主义解 h 也必然处于点 v 和 ρ 的位置。

第4.6.7节解释了我为什么认为这三种不同的讨价还价解之间的关联对于社会契约问题是至关重要的。特别地,我猜测这或许可以在一定程度上解释,为什么像哈萨尼和罗尔斯那样的大思想家,尽管伦理立场大相径庭,但最终却倡导相类似的社会改革。

回 **公平与正义**　功利主义公平吗?正义是否要求使用成比例讨价还价解?我十分关注这样的问题。但在现阶段,提出这些问题还远不成熟,因为我认为公平和正义都是不具有先验内涵的概念。像麦凯(Mackie)[338]一样,我相信这样的伦理概念都是人类的创造,而不是柏拉图形式(Platonic forms),即我们并不可以通过采取罗丹"思想者"雕塑的姿势并期待灵感的出现以获得其真实的内涵。我们也不能够通过分析"公平"和"正义"这两个词汇在英语中的运用方式而得出一个全面且综合的定义。事实上,对我来说,我们的祖先将一个连贯一致的道德理论隐藏于我们的语言结构之中这一思想也显得异乎寻常。当我们试图讨论道德问题时,我们能够使用的词汇是从最初在较小的社区中使用而演化出来的,这些社区所面临的问题与困扰现代社会的问题具有天壤之别。因此,我们并不需要惊讶于当代关于公平和正义的争论是多么令人困惑并且毫无定论。尽管有那么多关于公平的华丽辞藻伴随着工资谈判,然而关于如何计算公平的工资仍然莫衷一是。谈判各方都会提出在当前看似权宜之计的某种标准,并且都会宣称,对他们来说,再降低其所得份额将是不公平的。

道德哲学家发明了他们关于公平和正义的定义,并且我认为对于这一点,不应该采取回避的态度。当然,我们很难做到完全忽视字典中关于这些词汇的定义。当将这些词语应用于其演化而来的小范围现象时,这些词语的定义需要与其用法相一致,在这些现象中,它们的意义相对而言争议较少。我相信罗尔斯[417]原初状态这一机制成功地为公平提供了这样一个定义。由于对我来说,"正义"承载着程序正义能够被观察这一更深远的内涵,因而我对他关于公平和正义的识别并不抱有太多的热情。然而,由于我对于法律事务几乎无话可说,因而对于本书的目的而言,将"公平"和"正义"两个词语视为等同似乎无伤大雅。

我区别于罗尔斯的地方在于,在我的信念中,如果我们想要理解,为什么原初状态这一机制与我们在那些关于公平性质具有广泛共识的小范围情势中的直觉相一致,那么我们就需要探索社会演化的动力。采用这样的方法使得我们难以将公平判断特征的研究从如何在人与人之间进行效用比较这一问题中分离出来。事实上,我坚信这两个问题是如此千丝万缕地纠缠在一起,以至于在不同时对人际比较问题进行讨论的情况下,我们不可能正确地讨论加权功利主义解或者成比例讨价还价解。因此,对这些讨价还价解的任何分析都取决于下述问题的进展,即说亚当和夏娃的效应可以比较将意味着什么。

1.4 讨价还价解的特征化

合作博弈理论的传统是,解的概念必须配备一套特征化的公理。一个广为认可的观点是,一个合作解概念的优点与缺陷可以通过将这些公理与我们直觉中认为是正确的事物进行比较的方式来进行评估。希腊人认为物理学也是如此,因而发明了亚里士多德原则,其在几千年来未受到过质疑。事实上,很多调查显示,大多数人仍然遵循亚里士多德的教义,坚持认为重的物体要比轻的物体下落得更快!

如果说我们未经训练的物理学直觉并不是很好,那么我们对理性人社会的自我组织方式的直觉将会有多么糟糕呢?出于这个理由,存在疑虑的人们将被邀请以关注康德对理性伦理学的卓越研究(第1卷第2.4节)。如果康德对这一问题的观点对于未经训练的直觉来说是合理的,那么我们的直觉就真的需要进行训练了!正如当学习滑雪或者掌舵时,我们需要认识到我们的直觉需要接受检验,并且在发现有欠缺时,需要果断放弃。

我们的头脑总是令人惊奇地擅长发明为什么某个珍贵的概念不应被放弃的借口,但纳什规划提供了一种难以回避苛责的纪律。第0.6节相当详尽地讨论了纳什规划。在构建公理体系时,它被设计出来以协助推翻我们乐于新建的空中楼阁。

当我们根据合作博弈理论提出一个解的概念以预测理性的局中人在磋商之后所可能达成的交易时,纳什规划便要求构建一个关于实际中可能使用的讨价还价过程的详细模型,以检验在这种情况中结论的有效性。这样的一个模型将由一个扩展型博弈构成,且可以使用非合作博弈理论的方法进行开放式分析。如果可以解决这一博弈的均衡选择问题,那么在局中人使用模型所构建的讨价还价程序的前提下,我们就能够知道一个理性的磋商所产生的结局。如果那个合作解概念不能预测出这一结局,那么从其功能来看,它就被证明是无用的——倘若在检验中所使用的讨价还价程序很好地捕捉了讨价还价者所面临问题的策略精髓。

我必须非常坚持这一最后的附带条件。毕竟,如果一个合作解概念不能预测一个在现实生活中没人想使用的讨价还价程序的结局,那么谁又会在乎呢?

1.4.1 卡莱-斯莫洛定斯基公理

依赖未经训练的直觉来评估那些特征化合作解概念的公理可能会带来危险,且这些危险会在使用卡莱-斯莫洛定斯基讨价还价解时显现出来。同样的案例也适用于阐释,纳什规划有时是如何被误用的。

只要可能,我们假设应用一个讨价还价解 $f: \mathcal{B} \to \mathbb{R}^2$ 所获得的解结局 $f(X,\xi)$处于博弈(X,ξ)的讨价还价集合 B 之中。此外,卡莱和斯莫洛定斯基[289]提出了以下公理:

- 效用校准的独立性
- 对称性
- 个体单调性[1]

我们将逐一分析这些公理。

效用校准公理　这一公理基于下述思想,即使亚当和夏娃的效用尺度由于零点位置的改变或由于衡量效用值单位的改变而被重新校准了,讨价还价者所签订的合约按真实值来看依然是维持不变的。因此,从一个效用尺度的集合到另一个效用尺度的集合的这种转移,除了要求根据新的效用值重新改写相关事物之外,不会对讨价还价解产生任何其他影响。

正如我在第 1 卷第 4.2.2 节所解释的那样,使用效用单位(utils)来衡量效用(utility)正如使用度数来衡量温度。无论温度计的刻度是用摄氏度还是用华氏度来标记,水的温度都维持不变。类似地,无论我们是使用冯·诺依曼-摩根斯坦效用函数 u_A 和 u_E,还是使用等价的冯·诺依

---

〔1〕 单调性对不同的人来说具有不同的意义。对数学家来说,一个单调的函数非增即减,但对经济学家来说,往往意味着这个函数是递增的。有时候其意味着它是严格递增的。单调的社会决策规则在第 0.7 节中出现过。一个单调的讨价还价解则完全不同。我们经常可以将其理解为,在这种解中,当协议集合扩大时,两个局中人都能够获得更多。(在这一意义下,纳什讨价还价解并不是单调的。)

曼-摩根斯坦效用函数 $v_A = au_A + c$ 和 $v_E = bu_E + d$(其中 $a>0, b>0, c$ 和 d 为常数),亚当和夏娃的偏好都维持不变。效用函数 v_A 正如 u_A 一样刻画了相同的偏好,只不过 v_A 改变了零点的位置并使用新的效用尺度单位来衡量偏好。

例如,在分钱博弈难题中,一个合约会设定亚当获得 m_A 美分而夏娃获得 m_E 美分。现金收益对 $m=(m_A, m_E)$ 对应于收益对 $x=(x_A, x_E)$,且满足 $x_A = u_A(m_A)$ 和 $x_E = u_E(m_E)$。于是,原始的问题就被转换为一个纳什讨价还价博弈 (X, ξ),如图 1.3(a)所示。如果我们重新校准效用尺度,用 $v_A = au_A + c$ 来替代 u_A 而用 $v_E = bu_E + d$ 来替代 u_E,那么原始的问题就被转换为另一个纳什讨价还价博弈 (Y, η)。如图 1.8 所示,第二个讨价还价博弈是在函数 $R: \mathbb{R}^2 \to \mathbb{R}^2$ 之下第一个讨价还价博弈的象,其中函数 R 被定义为:

$$R(x_A, x_E) = (ax_A + c, bx_E + d)$$

简言之,有 $(Y, \eta) = (R(X), R(\xi))$。

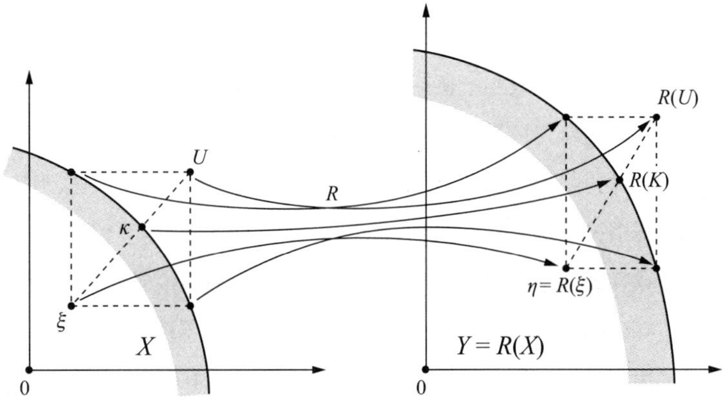

图 1.8 效用尺度的重新校准

如果对效用尺度的校准与讨价还价结局无关,那么第一个博弈的解 $f(X, \xi)$ 必然对应着第二个博弈的解 $f(Y, \eta)$,且在这两个博弈中,亚当和夏娃都获得了相同的现金收益。这意味着 $f(Y, \eta) = R(f(X, \xi))$。由此产生了一个使得讨价还价解独立于效用尺度校准的条件的正式陈述。对于任何再校准函数 R，我们要求下式成立：

$$f(R(X),R(\xi))=R(f(X,\xi)) \tag{1.8}$$

图 1.8 展示了博弈 (X,ξ) 和 (Y,η) 的卡莱-斯莫洛定斯基解。注意到，第二个博弈的卡莱-斯莫洛定斯基解的确与 $R(\kappa)$ 相重合，其中 κ 代表第一个博弈的卡莱-斯莫洛定斯基解。[1] 这样，卡莱-斯莫洛定斯基解的确独立于效用尺度是如何被校准的。对于纳什讨价还价解，我们也可以使用图 1.5(b)的几何方法以轻松地证明得到相同的结论。

一些学者由于对冯·诺依曼和摩根斯坦的效用理论的认识甚为肤浅，因而对上述思想也多有误解，由此导致的结果是，效用校准问题或许成为混淆合作讨价还价理论的主要来源。因此一些博弈理论家，特别是奥斯本(Osborne)和鲁宾斯坦[397, p. 299]，直接根据亚当和夏娃的偏好关系 $\preceq_A$ 和 $\preceq_E$ 来讨论卡莱-斯莫洛定斯基解和纳什讨价还价解，从而完全避开提及效用一词。不幸的是，这一选项对我们并不开放，因为后续章节讨论的功利主义和成比例讨价还价解的确取决于局中人的效用尺度是如何被校准的。如果仍然有读者存在困惑，那么我只能建议你再去阅读第 1 卷第 4.2.2 节，然后再上路。

还需要认识到的是，由于卡莱-斯莫洛定斯基讨价还价解独立于效用尺度是如何被校准的，因而它不可能取决于亚当和夏娃效用相对值的比较。纳什讨价还价解也是如此，因为其也满足“效用校准独立性”这一公理。

对称性公理　一个纳什讨价还价博弈 (X,ξ) 是对称的，如果其对于每一个局中人来说都完全一样。因此，一个对称的博弈 (X,ξ) 可以用两条性质进行特征化。第一条要求 $\xi_A=\xi_E$ 成立。第二条则要求当 (y,x) 处于集合 X 之中时，(x,y) 也必然处于集合 X 之中。如果实际使用的讨价还

[1] 由于 R 是仿射的，因而它将一条直线映射到另一条直线。特别地，它将一条通过点 ξ 和点 U 的直线映射到一条通过点 $R(\xi)$ 和点 $R(U)$ 的直线。

价程序也将亚当和夏娃对称地看待,那么很自然地可以假定讨价还价解也将是对称的。对称性公理通过要求每当(X,ξ)是一个对称的讨价还价博弈时,$f(X,\xi)$都赋予亚当和夏娃相同的收益,从而正规化了上述假定。

个体单调性公理 假设(Y,ξ)和(Z,ξ)是两个不同但具有相同现状点ξ和乌托邦点U的讨价还价博弈。假设Y是Z的一个子集合,但$f(Y,\xi)$是Z的一个帕累托效率点,如图1.6(b)所示。那么,个体单调性意味着$f(Z,\xi)=f(Y,\xi)$。

一旦个体单调性公理加入其他两个公理中,我们便可以很容易地证明,这三个公理一起特征化了卡莱-斯莫洛定斯基解。首先,我们可以重现校准博弈(X,ξ)的效用尺度,以使得博弈$(Z,0)$具有现状点$(0,0)$和乌托邦点$(1,1)$。令Y为图1.6(b)所示的风筝状区域。对称性公理告诉我们,博弈$(Y,0)$的解必然是点K。个体单调性公理进一步认为,K必然也是博弈$(Z,0)$的解。这样,$f(Z,0)$便是博弈$(Z,0)$的卡莱-斯莫洛定斯基解。现在应用效用校准独立性公理。这告诉我们,博弈(X,ξ)的讨价还价解可以通过回到原始的效用尺度并从K点获得。由于卡莱-斯莫洛定斯基解在这种效用尺度的重新校准下是不变的,这意味着$f(X,\xi)$必然是讨价还价博弈(X,ξ)的卡莱-斯莫洛定斯基解。

在卡莱和斯莫洛定斯基[289]对个体单调性公理的辩护中,他们指出,对每一个在集合Y中的结局y,都存在一个在集合Z中的结局z,其在赋予亚当不少于y_A收益的同时,赋予夏娃多于y_E的收益。他们强调,夏娃在博弈(Z,ξ)中的收益应该高于其在博弈(Y,ξ)中的收益。由于这一条件对于亚当也同样成立,就意味着$f(Z,\xi)\geq f(Y,\xi)$。但当$f(Y,\xi)$是集合Z的一个帕累托有效点时,便意味着$f(Z,\xi)=f(Y,\xi)$。

这样的辩护有多好呢?为什么我们要假设,在某些变化扩展了协议集合之后,夏娃的讨价还价地位还必须至少与之前一样强,以使得对于亚当获得的每一份收益而言,她总是能够得到更多?即使我们接受这一原则,为什么它仅仅是在所比较的两个状态具有相同的乌托邦点时才被应用呢?

在合作博弈的文献中，这样的问题很少被提及。公理仅仅是用一两句话并用正式的术语表达出来，因为真正重要的事情被认为是对其后续定理的证明。于是，受过良好训练的数学家们便把注意力转移到证明的细节上去，而普通的读者仅仅阅读相关研究的普及版本，因为他们实在害怕代数公式。但是，当前对卡莱-斯莫洛定斯基讨价还价解的讨论或许足以展示，在几乎没有代数公式的情况下，有时候我们也能过得去，但是，对公理不加质疑地全盘接受从来都是不明智的。

讨价还价和风险规避　在探索个体单调性公理的似真性时，我们将使用分钱博弈这一例子。

图1.3(b)展示了通过将夏娃变得更加风险规避，以使得协议集合 Y 扩展到协议集合 Z 的情况。我希望那个图能够帮助我们搞清楚，为什么当采用卡莱-斯莫洛定斯基解时，一个局中人风险规避程度的提高从来不会使他的境况变得更糟[希尔斯特龙(Khilstrom)等[304]]？但对于讨价还价解来说，这是否是一个合理的性质呢？为什么一个局中人变得更加不愿意承担风险应该成为他的一项策略资产呢？局中人风险规避程度的提高，很可能意味着局中人会停止尝试一些之前看上去对其具有吸引力的策略性活动，因为现在它们所包含的风险太高了。通过这种方式将夏娃置于不利地位，应该会成为亚当的优势而不是夏娃的。那就是说，夏娃风险规避程度的提高应该使亚当受益而不是使她自己受益——在纳什讨价还价解的例子中也的确如此。

因此，伴随个体单调性公理的故事只是具有表面的似真性。特别地，它在分钱博弈的例子中就不能成立。但仍然可信的是，在其他讨价还价博弈中，一个局中人风险规避程度的增加或许是有利的，但其也足以使我们制造一个反例以破坏其一般性。

实施卡莱-斯莫洛定斯基解　纳什规划要求一个合作解概念要通过比较其对非合作讨价还价模型均衡结局的预测来进行检验。当用这种方式检验卡莱-斯莫洛定斯基讨价还价解时,应如何展开呢?

穆林(Moulin)[366]发明了实施卡莱-斯莫洛定斯基讨价还价解的非合作博弈的规则。在这一博弈中,亚当和夏娃一开始便同时指定一个概率。投出最高的概率 p 并赢得这一拍卖的局中人便有机会提出一个可行的协议 s。如果他的对手接受了这个提议,那么裁判员便组织一项抽彩,其以概率 p 产生结局 s 并以概率 $1-p$ 产生现状点 ξ。如果提议被否决,对手便给出一个新提议 t。如果第一个局中人接受了这一提议,那么裁判员就像之前那样组织一项抽彩,并使用相同的概率 p。如果这一新提议被否决,那么就必然实施现状点 ξ。

这一博弈的结果有时被引用,以展示卡莱-斯莫洛定斯基讨价还价解在符合纳什规划的要求方面,并不比纳什讨价还价解差。然而,在接受这样一份对结果的阐释之前,我们需要提出一系列的问题:谁来组织穆林的博弈?为什么要组织这个博弈?裁判员是从哪里来的?是什么东西约束着局中人以遵守规则?最重要的是,我们是否可以认为穆林的博弈真正模拟了一个讨价还价的过程呢?

我认为显而易见的是,穆林的博弈根本经受不住这一连串问题的考验。它并不是一个讨价还价模型,因而它与纳什和卡莱-斯莫洛定斯基讨价还价解的相对优劣并无关联。它只是对实施理论的一个补充。

1.4.2 纳什公理

通过讨论特征化卡莱-斯莫洛定斯基讨价还价解的公理,第1.4.1节致力于鼓励我们对仅仅依赖于公理式方法的做法采取怀疑的态度。我们接下来要考虑的一套公理,特征化了对称的纳什讨价还价解。我应该大致地证明在第1.4.3节中有一个我认为是更好的特征化,[1]但我不打

[1] 在阅读了对卡莱和斯莫洛定斯基[289]的特征化其解的公理的证明之后,大多数读者能很容易地重构纳什的证明版本。如若不然,我的《乐趣与博弈》便包含了一个容易理解的证明(宾默尔[70, p. 186])。

算证明这一事实。然而,纳什讨价还价解的历史发展使得我们在没有提及纳什无关选项独立性公理的情况下无法向前行进。

尽管我们可以发现,纳什[380]公理相对于卡莱和斯莫洛定斯基[289]的那些公理,更经得住批评的攻击,但只有在第 1.7.1 节学习了一些实施它的非合作讨价还价博弈模型之后,我们才可以放松警惕。

纳什[380]公理的第一条便是,要求讨价还价解是帕累托有效的。事实上,当其他公理成立时,我们可以使用讨价还价解是个人理性的这一假设来勉强应对(罗斯[438]、宾默尔[65])。然而,面对我们的一揽子假设,只要可能,博弈(X,ξ)的讨价还价解必然处于讨价还价集合 B 之中,那些美好的事物也就变得与我们毫不相关了。剩余的纳什公理如下所示:

- 效用校准的独立性
- 对称性
- 无关选项独立性(Independence of Irrelevant Alternatives)

效用校准的独立性和对称性这两条公理已经在第 1.4.1 节中讨论过。对称性只是在特征化对称的纳什讨价还价解中要求成立。其他的公理特征化了加权的纳什讨价还价解(卡莱[287]、罗斯[438]、宾默尔[65])。在纳什构建的体系中,至关重要的便是无关选项独立性公理。

无关选项独立性　这一公理经常被辩护为"集体理性"原则。就这一点而言,其最佳表述为如下要求:如果当协议 t 可行时,局中人有时会达成协议 s,那么当协议 s 可行时,他们绝不会达成协议 t。例如,假设亚当和夏娃在一家中餐馆想要选择一道菜来分享,其菜单中有炒面、炒杂烩菜和芙蓉鸡蛋。在详细讨论之后,他们选择了炒杂烩菜。而服务员却在此时出现并告诉他们炒面已经没有了。如果这一信息导致亚当和夏娃改变他们的决定,放弃炒杂烩菜并选择芙蓉鸡蛋,那么他们就违背了不相关选择的独立性,其中炒杂烩菜担当了协议 s 的角色,芙蓉鸡蛋担当了协议 t 的角色,而炒面则担当了一个不相关选项的角色。由于它无论如何都不会被选择,因而它的存在与否不应该产生任何影响。

这一原则也可以用某种与个体单调性公理相对立的形式表达出来，后者在特征化卡莱-斯莫洛定斯基讨价还价解中被要求成立。[1] 假设 (Y,ξ)和(Z,ξ)是两个具有相同现状点 ξ 的不同讨价还价博弈。假设集合 Z 是集合 Y 的一个子集合，但 $f(Y,\xi)$属于集合 Z。那么，根据无关选项独立性公理，我们有 $f(Z,\xi)=f(Y,\xi)$。

纳什解与风险规避　在认识到无关选项独立性逆转了个体单调性的逻辑之后，我们也不必惊讶于，当其中一个局中人变得更为风险规避时，纳什讨价还价博弈，无论是对称的还是不对称的，都以一种对立于卡莱-斯莫洛定斯基解的形式出现[克劳福德和范里安(Crawford and Varian)[137]、罗斯(Roth)[439]]。

当不同的博弈解应用于分钱博弈时，每个局中人所获得的收益完全取决于局中人风险规避的程度。这就是决定图 1.3(a)中效用函数形态的因素，它同时也决定了协议集合 X 的形状。[2] 然而，当夏娃变得更为风险规避时，纳什讨价还价解会赋予她比之前更少的金钱，但卡莱-斯莫洛定斯基解则会赋予她比之前更多的金钱。第 1.4.1 节坚定地倾向于前者，认为在这两种可能性中，前者更为可信。

实施　尽管无关选项独立性公理被辩护为“集体理性”原则，但它并不是一份与在纳什规划中对纳什讨价还价解的运用完全一致的辩护。非合作讨价还价博弈的局中人对集体理性原则毫无兴趣。每个局中人仅

---

〔1〕 它们并不是完全相对立的，这主要基于以下两点原因。第一，无关选项独立性没有关于乌托邦点位置的信息。然而，正如第 1.4.1 节所说，似乎没有特别的理由去赋予乌托邦点任何特殊的重要性。第二，目前还没有说 $f(Y,\xi)$是集合 Z 的一个帕累托有效点。然而，由于 $f(Y,\xi)$是集合 Y 的一个帕累托有效点，那么它在任何所属的子集合 Z 中也必然是帕累托有效的。

〔2〕 如果局中人不是风险规避而是风险爱好的，那又会怎么样呢？于是，集合 X 就不再是凸的，且必须被其凸壳所替代。任何对称的讨价还价解都要求亚当和夏娃扔硬币以公平地决定谁获得整个 1 美元。于是，各方都承担着最后一无所获的风险，但是风险爱好的人就是喜欢承担风险。

仅对致力于最大化自己的效用函数感兴趣。

就我个人而言，我认为谈及集体理性将产生更多的混乱，得不偿失。它试图让我们将一群人视为一个大写的单一个体，并具有一致的目标和自己的目的。有时候，群体的确会为了某种目的而以这种方式进行活动。但在第 1 卷第 2.3.6 节中，我强调我们不能总是期望这样的情况产生。然而，无关选项独立性还被辩护为一个实施准则(implementation criterion)。

第 0.7 节讨论了马斯金(Maskin)[345]的单调性准则。它为可实施的社会决策规则提供了一个必要条件。对于一个给定的现状点 ξ，这一准则可以通过将所有 $X\geq\xi$ 的收益对视为一个社会状态集合 S 而被应用于讨价还价博弈。根据每一个协议集合 Y，我们可以关联到一个偏好关系对 $\leq_A$ 和 $\leq_E$。亚当的偏好关系被这样来定义，以使得所有在集合 Y 之外的不可行收益对 x 和现状点 ξ 对他来说都毫无差异。给定集合 Y 中两个可行的收益对，他则偏好于那个赋予他更高收益的收益对。夏娃的偏好关系也类似地被定义。给定一个讨价还价解 f，我们就可以通过下式来定义一个社会决策函数 g：

$$g(\leq_A,\leq_E)=f(Y,\xi)$$

这样的一个社会决策函数有别于对每一个偏好剖面都赋予唯一一个社会状态的社会决策规则。

现在假设集合 Y 被其子集合 Z 所替代，且 Z 仍然包含 $\sigma=f(Y,\xi)$。于是，亚当和夏娃的偏好关系就以这样一种方式发生变化，即 σ 的排序与之前一样高。马斯金的单调性条件由此意味着，σ 仍然是由 g 选择的社会状态。这样，正如无关选项独立性公理所要求的那样，$\sigma=f(Z,\xi)$。

1.4.3　再磋商公理

第 1.5 节开始检验当局中人拥有无限承诺能力时，纳什讨价还价解能够在多大程度上准确预测讨价还价的结局。当我们在第 2 章研究哈萨尼对功利主义的辩护时，需要诉诸这一研究。然而，我自己的理论却走向另一个极端,否认局中人具有任何承诺能力;即使有,也是转瞬即逝的。

正如我们在第1.6节中所看到的,在博弈实施的半路上,一个局中人可能会要求对协议进行再磋商。理性的局中人能够预测到这种对交易条款再磋商的需求是存在的,并且会将他们的注意力局限于具有下述性质的协议,即任何要求的再磋商都会简单地更新原初的协议。这一重要的理念可以被用作一个更令人满意的对纳什讨价还价解公理式特征化的基础。在其他优点中,其清晰地阐释了为什么图1.5(a)中的纳什乘积会进入该图。

新的公理面对的潜在结构将磋商分为两个阶段。首先签订的是一份局部协议,接着才是一份完整协议。局部协议的签署旨在使完整协议的磋商更为轻松、简便。然而,局部协议的实施要根据最终达成的完整协议而定。如果完整协议并未达成,那么协议取消并且局中人被迫接受他们的现状收益;如果完整协议达成,那么完整协议的规定必须与局部协议的一致。在完整协议达成之后,这一讨价还价博弈就可以用两个阶段来实施,而不必惧怕第一阶段之后会出现一个破坏稳定的再磋商要求。

无关选项独立性公理已经捕捉到了这一思想的某些部分。签订一个局部协议的效果在于,将可行的最终协议集合从初始的集合 X 缩小到一个子集合 Y。于是,$f(X,\xi)=f(Y,\xi)$ 这一要求也可被视为要求完整协议与局部协议相一致的条件。

这一针对无关选项独立性公理的新的辩护的弱点在于,它假设在签订局部协议之后出现的讨价还价博弈能够独立于局部协议的条款而被解决。为什么在讨价还价过程的第一阶段达成的条款,不会改变用于第二阶段的讨价还价解呢?

作为一个当第二阶段讨价还价博弈能够独立于第一阶段博弈而合理地被解决的例子,我们假设有人留给亚当和夏娃1 000法郎和100德国马克,但没有留下任何关于如何分配这些遗产的指示。他们或许开始于一份局部协议以决定谁获得多少法郎。然后再联合决定如何分配德国马克以达成一份完整协议。为了看到后一个决策可以从分配法郎的问题中分离出来,我们可以想象,亚当和夏娃现在可以将分配德国马克的磋商委托给他们的律师,而不告诉他们谁得到多少法郎的信息。而律师也拥有了他们代表其委托人进行合理磋商的所有信息。然而,如果亚当和夏娃被给予的是一套房子和一辆车,那么情况当然不会是这样,并且初步的局部协议会关注如何处理半套房子和半辆车。在第二阶段的律师们也需要知道在第一阶段每个人都得到了些什么,以搞清楚亚当和夏娃对剩下的一半房子和车子是如何估价的。

这样的推理启发我们引入一个无关选项独立性公理的弱化形式,即将其应用局限在第二阶段的讨价还价博弈能够真正地独立于第一阶段的讨价还价博弈的情况。对于本书的目的而言,〔1〕替代在第 1.4.2 节中列示的特征化纳什讨价还价解的无关选项独立性公理的公理被称为:

- 再磋商一致性(renegotiation consistency)

我们可以将其作为这样一个公理,即它将无关选项独立性中的"不相关"一词变得可操作化了。

可分的讨价还价难题　再磋商一致性公理始于将其应用领域局限在可分的讨价还价博弈之中。想要成为可分的,一个讨价还价博弈必须满足三个要求:第一,要求局中人的偏好允许初始的讨价还价博弈可以被分割为两个讨价还价附属博弈,且其分别被磋商是有实际意义的;第二,要求在初始博弈中可获得的任何协议等价于讨价还价附属博弈对的一个协议对;第三,要求在两个讨价还价附属博弈中得到的局部协议是毫无价值的,除非完整协议最终能被达成。

因此,再磋商一致性公理要求,将讨价还价解 $f:\mathcal{B}\to\mathbb{R}^2$ 应用于一个可分的讨价还价博弈所得到的结果,与将其分别应用于将初始博弈分割而来的两个讨价还价附属博弈所得到的结果,是完全一样的。

在分配法郎和德国马克的讨价还价例子中,第一条和第二条可分性要求得到了满足,但是第三条则更为严格。其目的在于,确保第一阶段磋

〔1〕 在宾默尔[65, 62]中,新的公理被称为"习俗一致性"(convention consistency)。

商的完成不会赋予任何一个局中人更多的、能在第二阶段发挥作用的讨价还价能力。由于在一个可分的讨价还价博弈的定义上施加的要求越强，再磋商一致性公理就越弱，因而对这一假设强度的关注有所错位。

再磋商一致性的正规化 根据第1卷第4.2.2节定义的符号，令$\mathbf{L}$和$\mathbf{M}$为两个抽彩。我们根据下述奖金对来创造一个新的抽彩对$(\mathbf{L},\mathbf{M})$。在这个新奖金对中，当且仅当奖金$\mathcal{D}$以概率p存在于$\mathbf{L}$而奖金$\mathcal{E}$以概率q存在于$\mathbf{M}$时，奖金对$(\mathcal{D},\mathcal{E})$以概率$pq$存在。抽彩$(\mathbf{L},\mathbf{M})$旨在捕捉同时独立地运行两个抽彩$\mathbf{L}$和$\mathbf{M}$所产生的效果。建立于这样的联合抽彩之上的偏好关系$\preceq$是可分的，当且仅当

$$(\mathbf{L},\mathbf{M})\prec(\mathbf{L},\mathbf{M}') \quad \Rightarrow \quad (\mathbf{L}',\mathbf{M})\prec(\mathbf{L}',\mathbf{M}')$$
$$(\mathbf{L},\mathbf{M})\prec(\mathbf{L}',\mathbf{M}) \quad \Rightarrow \quad (\mathbf{L},\mathbf{M}')\prec(\mathbf{L}',\mathbf{M}')$$

对所有的$\mathbf{L},\mathbf{L}',\mathbf{M},\mathbf{M}'$成立。

如果局中人i具有可分的偏好，并且他对抽彩$\mathbf{L}$和$\mathbf{M}$的冯·诺依曼-摩根斯坦效用函数分别为x_i和y_i，那么他对抽彩$(\mathbf{L},\mathbf{M})$的冯·诺依曼-摩根斯坦效用函数为：

$$ax_iy_i+bx_i+cy_i+d$$

其中，a,b,c,d是非负常数。[1] 所有这些常数都可以通过选择适当的效用尺度而被消除。标准化所有的讨价还价博弈，以使得现状点处于(0,0)而乌托邦点处于(1,1)。根据可分的讨价还价博弈定义的第三个要求，我们可以得到$b=c=d=0$，唯一非零常数为$a=1$。

这一结果允许再磋商一致性公理可以用直积(direct product)的形式来表达。两个收益向量x和y的直积被定义为$x\otimes y=(x_Ay_A,x_Ey_E)$。集合$X\otimes Y$表示所有$x\otimes y$的集合，并满足$x$属于集合$X$且$y$属于集合$Y$。如果$(X,0)$和$(Y,0)$是标准化的讨价还价博弈，那么再磋商一致性公

〔1〕 根据以下事实，冯·诺依曼-摩根斯坦效用函数对于一个严格单调的仿射变换是唯一的。

理就可以简化为如下要求：

$$f(X\otimes Y,0)=f(X,0)\otimes f(Y,0) \tag{1.9}$$

其中，$f(X\otimes Y,0)$是一个标准化的讨价还价博弈。〔1〕使用图 1.5(a)所示的特征化方法来检验是否任意的加权纳什讨价还价解都满足(1.9)式，这并不重要。那就是说，如果 λ、μ 和 υ 分别是具有讨价还价能力 α 和 β 的纳什讨价还价博弈$(X,0)$、$(Y,0)$和 $f(X\otimes Y,0)$的加权纳什讨价还价解，那么 $\upsilon=\lambda\otimes\mu$。

为了证明(1.9)式已经足以取代特征化加权纳什讨价还价博弈解的无关选项独立性公理，第一步便要认识到，如果 x 属于集合 X 而 y 属于集合 Y，那么 $x\otimes y=\upsilon$ 意味着 $x=\lambda$ 且 $y=\mu$。〔2〕第二步要求考虑标准化的讨价还价博弈$(\Delta,0)$，其中 Δ 是单位单形(unit simplex)。〔3〕由于 $\upsilon=f(\Delta,0)$处于博弈$(\Delta,0)$的讨价还价集合之中，那么我们可以找到讨价还价能力 α 和β，以使得 υ 成为博弈$(\Delta,0)$的一个加权的纳什讨价还价解。第三步则要求选择一个任意的标准化的讨价还价博弈$(X,0)$，并且认识到我们能够找到另一个标准化的讨价还价博弈$(Y,0)$，以使得 $X\otimes Y=\Delta$(宾默尔[65, 62])。但根据再磋商一致性公理，我们可以推导出 $f(X,0)\otimes f(Y,0)=f(\Delta,0)=\upsilon$。根据第一步的论证，我们有 $f(X,0)=\lambda$。那就是说，讨价还价博弈$(X,0)$的解是具有讨价还价能力 α 和β 的加权的纳什讨价还价解。

我们仍然需要诉诸效用校准独立性公理，将上述结果拓展到非标准化讨价还价博弈的情形。为了得到通常的纳什讨价还价解，我们也需要使用对称性公理，以确保 $\alpha=\beta$。

---

〔1〕在　般情况下，$X\otimes Y$ 不一定是凸的。

〔2〕对于任意 x 属于集合 X 以及 y 属于集合 Y，有 $x_A^\alpha x_E^\beta\leq\lambda_A^\alpha\lambda_E^\beta$ 和 $y_A^\alpha y_E^\beta\leq\mu_A^\alpha\mu_E^\beta$。如果 $x\neq\lambda$ 或 $y\neq u$，那么上述不等式至少有一个是严格的。但是，这样就有$(x_A y_A)^\alpha(x_E y_E)^\beta<(\lambda_A\mu_A)^\alpha(\lambda_E\mu_E)^\beta$ 成立，那么 $x\otimes y\neq v$。

〔3〕是点(0,0)、(0,1)和(1,0)的凸壳。

1.5 有承诺的讨价还价

哈萨尼[233]和罗尔斯[417]都假设局中人会忠于在原初状态中达成的假想的交易。在研究他们分析社会契约的方法时,一致性要求我们假设,当局中人在"无知之幕"背后讨价还价时,他们也能够做出承诺。幸运的是,当纳什构建第一个非合作讨价还价博弈时,纳什[380]像哈萨尼和罗尔斯一样,采取了随心所欲的态度。因此,在下一章展示我对哈萨尼和罗尔斯思想的重新构建时,我们便可能遵循纳什的方法且不需要任何改动。

1.5.1 纳什要价博弈

纳什[380]研究的非合作讨价还价博弈被称为纳什要价博弈。[1] 在第1.2.4节研究分钱博弈时,我们初步接触到这一博弈。然而,在本节中,我们需要遵循纳什,即假设局中人直接以效用值而不是以美分来出价。

与纳什讨价还价博弈相关联的纳什要价博弈,要求每个局中人同时进行出价。如果亚当出价 x_A 那么多的收益而夏娃出价 x_E 那么多的收

〔1〕 在第1卷第2.3节关于社会契约的讨论中,我考虑了一些被视为社会缩影的简单博弈模型。单次囚徒困境博弈是到目前为止最为流行的选择,但斗鸡博弈和猎鹿博弈也有其追随者。我的观点是,社会更应该被构建为重复博弈模型,但如果为了简化分析而要求我们将目光局限于单次博弈模型,那么使用纳什要价博弈是一个好的选择,而不是其他被提议的单次博弈模型。纳什要价博弈有一个纳什均衡的连续统,正如无名氏定理在重复博弈中所保证的那样。在现实生活中,纳什要价博弈为我们提供了很多种关于可行社会契约的选择。我不会继续纠缠这一点,以免冲淡我在之后给出的重点。我想强调的是,将社会构建为一个重复博弈模型是重要的。在其他涉及纳什要价博弈的地方,我也没有将这一点分析过头(宾默尔[66, 64, 68])。然而,其他研究者或许会对这些分析感兴趣。特别地,宾默尔[64]研究了不完全信息版本的纳什要价博弈与哈萨尼和泽尔腾[236]将纳什讨价还价解推广至不完全信息情形这两者之间的关联。宾默尔[68]和斯科姆斯(Skyrms)[499]探索了演化的情形。杨(Young)[572]对后一主题还有特别精彩的观点。

益，那么在收益对 $x=(x_A,x_E)$ 属于集合 X 的情况下，这些要价是相容的(compatible)。在这种情况下，每个局中人都获得其要价。如果这些要价是不相容的(incompatible)，那么每个局中人获得其现状点收益。

在最后通牒博弈中，其中一个局中人被赋予率先出价的机会，因而这一博弈捕捉到了有承诺讨价还价博弈的精髓。正如在第0.4.1节中，假设第一个出价的局中人是亚当。他的最优策略便是将其开放式的提议伴随一个承诺，除非立刻选择接受，否则就把任何回应都视为结束这个磋商。那就是说，对亚当来说，在第一步行动中就最大限度地限制了他未来的自由，是其优势所在。所导致的状态由最后通牒博弈来模拟，在这一博弈中，亚当最后得到了一切。

相比而言，纳什[380]专注于两个局中人的策略机会是相同的情况。如果允许做出承诺，那么两个局中人都会争做第一并给出一个“要么接受，要么放弃”的要价。纳什要价博弈捕捉到了博弈过程的精髓，这样的竞争注定得到一个平局，以至于两个局中人将同时提交“要么接受，要么放弃”的要价成为一种共同知识。事实上，给定机会，一个局中人会尽最大努力在当下承诺，在每一轮讨价还价博弈中都采取“要么接受，要么放弃”的提议，这些讨价还价博弈是他在未来很可能要面对的，从而确保他没有输掉任何承诺竞赛的风险。然而，在这样做的过程中，他将发现任何理性的对手都会采取这样的计谋。如果在所有讨价还价博弈中都做出这样的优势承诺成为一种共识，那么其效果与讨价还价者在每一轮博弈开始时同时选择他们的策略是完全一样的。

每一个在讨价还价博弈 (X,ξ) 的讨价还价集合 B 中的点 x，都是纳什要价博弈的一个纳什均衡。正如图1.9(a)所示，如果亚当要价 x_A，夏娃的最优回应便是通过要价收益 x_E 而使 x 达到帕累托有效，从而吸干可获得的剩余——除非发生 $x_E<\xi_E$ 的情况。如果那样的话，她的最优回应则是提出一个与亚当不相容的要价，以使得她能够获得她的现状点收益 ξ_E。除了讨价还价集合中的纳什均衡以外，我们还必须注意到那些我们并不感兴趣的由 $x\geq U$ 所特征化的大量纳什均衡 x 的集合，其中 U

表示讨价还价博弈(X,ξ)的乌托邦点。

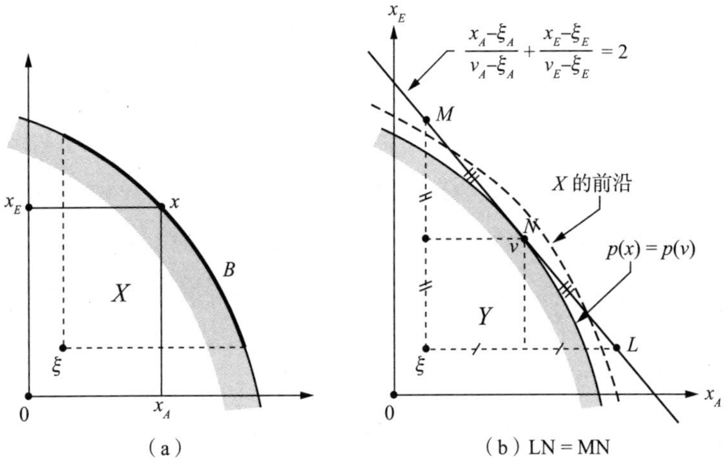

图 1.9　纳什要价博弈

纳什[380]使用一种方法来处理纳什要价博弈中的均衡选择难题,最近,卡尔森和范·达姆(Carlsson and Van Damme)[114]将这一方法推广并应用到更广泛的博弈类型中。纳什通过引入要价对 x 是否相容的不确定性来修正他的要价博弈。这一新的博弈配备了一个函数 $p:\mathbb{R}^2\to[0,1]$。函数值 $p(x)$表示 x_A 和 x_E 恰好相容的概率。如果对于属于集合 X 的 x 有 $p(x)=1$ 成立,其他情况下则有 $p(x)=0$ 成立,那么这一新的博弈就与原始的纳什要价博弈相重合。然而,纳什假设函数 p 是可微的,因而当 x 穿越集合 X 的前沿时,$p(x)$的变动是平滑的。出于这个理由,这个修正了的模型有时被称为平滑的纳什要价博弈。

在什么情况下,一个要价对 v 才能构成平滑博弈的纳什均衡呢?如果夏娃要价 v_E 而亚当要价 x_A,他能够获得的期望收益是:

$$x_A p(x_A,v_E)+\xi_A\{1-p(x_A,v_E)\} \tag{1.10}$$

亚当对夏娃要价策略的最优回应可以通过最大化上式而得到。[1]

〔1〕 不失一般性,我们可以令 $\xi=(0,0)$来简化分析。

类似地,夏娃对亚当要价 v_A 的最优回应,可以通过最大化下式得到:

$$x_E p(v_A, x_E) + \xi_E \{1 - p(v_A, x_E)\}$$

如果 v 是一个纳什均衡,那么 v_A 和 v_E 必然分别是上述两个最大化问题的解。由于 p 是可微的,因而 v 成为纳什均衡的必要条件是:

$$(v_A - \xi_A) p_{x_A}(v) + p(v) = 0$$

$$(v_E - \xi_E) p_{x_E}(v) + p(v) = 0$$

其中,p_{x_A} 表示 p 对 x_A 的偏导数,而 p_{x_E} 表示 p 对 x_E 的偏导数。[1]

所有满足 $p(x) = p(v)$ 的收益对 x 的集合定义了函数 p 的一条等值线。这条等值线在点 v 处的切线方程由下式给出:

$$p_{x_A}(v)(x_A - v_A) + p_{x_E}(v)(x_E - v_E) = 0$$

将 $p_{x_A}(v)$ 和 $p_{x_E}(v)$ 替换为纳什均衡的必要条件,切线方程便简化为下述令人愉悦的简单形式:

$$\frac{x_A - \xi_A}{v_A - \xi_A} + \frac{x_E - \xi_E}{v_E - \xi_E} = 2$$

如图 1.9(b)所示。将该图与图 1.5(b)相比较,我们可以发现,平滑的纳什要价博弈的一个纳什均衡 v 必然是纳什讨价还价博弈(Y, ξ)的对称纳什讨价还价解,其中 Y 由所有处于等值线 $p(x) = p(v)$ 之上或之内的点 x 所构成,如图 1.9(b)中的阴影部分所示。

将纳什要价博弈平滑化,为解决原始博弈提出的均衡选择问题带来启发。然而,将平滑博弈表达成这种形式简直是本末倒置。在现实生活中,一切都有风险——即使是死亡和税收也是如此。因此,平滑的博弈相比非平滑的版本更接近于现实生活。[2] 想为平滑版本抽象掉了贴近真实的细节而倾向于非平滑版本寻找理由,那就是,一路上被丢掉的细节是不重要的。但论据显示,这些被压缩的细节事实上的确是重要的。将它

---

[1] 由此推导出:$p_{x_A} = (x_A, v_E) = \partial p(x_A, v_E)/\partial x_A$。于是,我们通过计算偏导数 $p_{x_A}(x_A, v_E)$ 在点 $x_A = v_A$ 处的值,得到 $p_{x_A}(v)$。

[2] 这是一个夸大其词的断言。在模拟仅仅一种不确定性的来源中,潜在的假设是,其他不确定性的来源相对而言可以忽略不计。

们抽象掉会产生一个伪均衡选择难题。然而,我们可以通过将非平滑的纳什要价博弈视为当不确定性水平趋于无穷小时平滑版本的极限状态而同时获得两种模型的优点。特别地,我们可以将平滑博弈纳什均衡的极限值作为我们从非平滑博弈的所有纳什均衡集合中的选择。〔1〕

为了使非平滑的纳什要价博弈表现为平滑版本的极限形式,我们需要确保每一条满足 $0<c<1$ 的等值线 $p(x)=c$ 都近似于集合 X 的帕累托前沿,如图 1.9(b)所示。于是,我们可以将极限视为等值线带向前沿收缩的过程。图 1.9(b)的集合 Y 便收敛于集合 X。因为平滑博弈的纳什均衡 n 是博弈(Y,ξ)的对称的纳什讨价还价解,所以其极限值便是博弈(X,ξ)的对称的纳什讨价还价解。〔2〕

由于我们的均衡选择准则从原始纳什要价博弈的所有纳什均衡的集合中选择了对称的纳什讨价还价解,因而对称的纳什讨价还价解通过了纳什规划所要求的检验——虽然这仅仅适用于局中人能够自由地做出任何他们喜好的承诺的情形。

1.5.2　固定的和可变的威胁

纳什[380]构建的讨价还价博弈(X,ξ)有时称为固定威胁(fixed-threat)理论,以区别于后文将要讨论的可变威胁(variable-threat)理论。我并不喜欢这样的术语,因为其想当然地认为,只有那些能够应用纳什讨价还价解的讨价还价过程,才将不受限制的承诺能力赋予了局中人。然而,谢林[464]令人信服地强调,这基本上是一个高度不现实的假说。

研究不受限制的承诺这类情形的技术上的优势在于,它解决了在哪里放置现状点的难题。在某些情形中,定位一个现状点不会导致任何困难。例如,如果亚当和夏娃在对如何玩单次囚徒困境博弈展开讨

〔1〕 我计划忽略一个例外的情形,在这个情形中,平滑博弈可能拥有不止一个纳什均衡(宾默尔[66])。

〔2〕 在豪斯多夫(Hausdorff)测度中,纳什讨价还价解是连续的(罗斯[438])。

价还价，那么，无论我们是否假设局中人能够做出着眼未来的承诺，现状点都显然属于在两个局中人都采取鹰式策略时所产生的收益对。然而，在像图1.1(a)的G这样的博弈中，是否允许向前看的承诺就大有所谓了。

第1.2.1节提到，博弈G只有一个纳什均衡结局，即图1.1(b)中的点N。如果局中人对如何玩博弈G展开讨价还价且不能够做出承诺，那么我们会很自然地将现状点置于点N。然而，如果局中人能够在讨价还价过程中做出前向看的承诺，纳什[380]认为，可以同样合理地假设局中人也能够对在磋商崩溃时采取什么行动做出承诺。

子博弈完美均衡的思想依赖于如下假设：除非威胁是可信的，局中人将会忽略这些威胁(第0.4.1节)。亚当可能会这样威胁夏娃，除非让他看他最喜欢的电视节目，否则他会把住的房子给烧了。但夏娃必然无动于衷，因为她知道亚当的威胁是句空话。如果电视节目不能遂他心愿，那么为什么他会通过破坏他的房子来损害自己呢？然而，如果他能够可信地承诺并实施这一威胁，那么事情就大不一样了。在他提出威胁之后，夏娃便会面对一个选择，是错过她喜欢的电视节目，还是看着她的房子被烧毁。假设她更倾向于前者，于是亚当便赢得了看哪个电视节目的争论。或许我们需要感激的是，在现实生活中做出承诺实际上是非常困难的，如果所有分歧都以这种方式来解决，那么我们很难看到这样的婚姻能够长久。

当然，当亚当威胁夏娃如果不达到他的目的就要放火烧房子时，他也并不期望实施这一威胁。他知道夏娃是理性的，并且只有在夏娃不理性的情况下，他才会实施他的威胁。因而高德(Gauthier)[196]误入歧途，他认为：

> 最大有效威胁策略……担当了一个纯粹假设性的角色……由于亚当和夏娃实际上并不会选择它们……但如果亚当和夏娃没有选择这些策略，那么他们就不能够用它们制造可信的威胁。

最大有效威胁策略被证明是不起作用的。[1]

不论是亚当还是夏娃都不会真正实施他们的最大有效威胁,这一点当然是正确的。但这并不是因为要求制造这种威胁的策略是无效的。恰恰相反,威胁没有真正实施,是因为策略是如此有效,以至于对手总是选择屈服。类似地,我们很少看到人被汽车撞倒,但这并不意味着被车撞倒的威胁可以被人忽视。从人们尽力避免车祸的角度来看,这恰恰是因为人们总是将这一威胁牢记在心。

什么是最大有效威胁策略呢?正如通常所说的,[2]伴随纳什可变威胁理论的故事假设,局中人通过做出一个承诺以同时展开磋商,如果他们不能够对如何玩博弈 G 达成一个协议,那么就对他们在博弈 G 中会采取的行动做出一个承诺。于是,这些开放的承诺为应用对称的纳什讨价还价解决定了一个现状点。[3] 局中人所面对的问题在于,以一种最为有效

---

[1] 最初的表述是安妮(Ann)而不是夏娃,且上述论述出现于对由茨威森(Zeuthen)[576]提出的一个博弈的解决方法的讨论之中,这一博弈由于哈萨尼[233]而复兴,但之后却由于第1.7.1节的鲁宾斯坦[455]的模型而被遗弃。我不清楚为什么高德会认为纳什威胁理论与这种情况相关联。我们也没有感到他在这一问题上的观点在新近的论文中有所澄清(高德[198]),在这篇论文中,他区别了"保证"(assurance)与承诺或说威胁。例如,在卡夫卡(Kavka)[302]的"毒酒谜题"中,他认为在某人给出了想要喝下毒酒的保证之后,他喝下毒酒是理性的。然而,这对于我来说,高德仅仅是给第1卷第3.2节的"透明处置谬误"穿上了新的外衣。他告诉我们,故意选择不理性可以是一种理性的行为。但这恰好是人们承诺使自己以某种特定的方式进行行动的另一种说法。类似地,他关于保证的概念似乎也只是他下述思想的复活,即他认为可以假设理性人具有透明的头骨。

[2] 欧文(Owen)[398]给出了一个非常清晰的解释。我的《乐趣与博弈》(宾默尔[70, p. 261])仅仅讨论了该理论的一种简化情形。

[3] 尽管这个故事简化了在可变威胁的情形下对讨价还价结局的计算,但其与之前所采取的对承诺的态度是不相容的。当讨价还价展开时,亚当和夏娃不仅会对在磋商失败的情况下应该做什么做出承诺,他们也会抓住机会做出承诺以限制在讨价还价过程中他们的回旋余地。因此,对于文中所述的博弈 G,他们不仅会选择混合策略 ℓ 和 m,从而决定一个现状点 $\xi(\ell,m)$;他们也会像在固定威胁的情形中那样同时做出"要么接受,要么放弃"的要价 x_A 和 x_E。如果夏娃承诺她采取 $m=\mu$ 且 $x_E=v_E$,那么亚当便需要选择 ℓ 和 x_A 以最大化(1.10)式,并将 ξ_A 替换为 $\xi_A(\ell,\mu)$。亚当可以首先在固定 ℓ 值的情况下找到 x_A 的最优值。假设夏娃已经处于最大化状态了,我们可以从对固定威胁的研究中知道,在极限状态下,随着不确定性水平趋近于无穷小,在具有现状点 $\xi(\ell,m)$ 的博弈中,x_A 的最优值处于对称的纳什讨价还价解中。现在亚当要做的便是计算 ℓ 的最优值。对于这一步,他正好可以按文中所述的那样去做。

的态度来选择这些开放的承诺。

在图 1.1(a)的博弈 G 中,每个局中人都具备无限数量的混合策略以作为可能的威胁。回顾第 1.2.1 节,我们可以知道,标识 ℓ 用于表示亚当的混合策略,在这个混合策略中,亚当以概率 ℓ 选择"下"策略。类似地,标识 m 表示夏娃以概率 m 选择"右"策略的混合策略。在亚当承诺实施 ℓ 并且夏娃承诺实施 m 之后,令博弈 G 的相应解为 $\xi(\ell,m)$。

当对称的纳什讨价还价解将 $\xi(\ell,m)$ 用作现状点时,结果便是如图 1.10(a)所示的收益对 $\sigma(\ell,m)$。因此,我们面临的便是一个亚当选择 ℓ、夏娃选择 m,并且导致的结局为 $\sigma(\ell,m)$的博弈。为了找到每一个局中人的最大有效威胁策略,我们需要检查这个威胁博弈的纳什均衡。

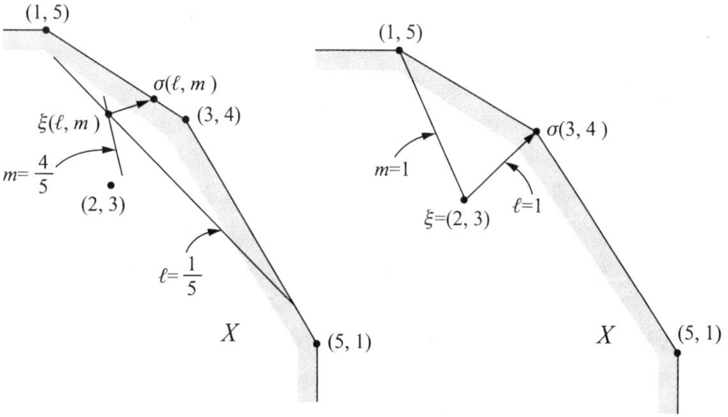

（a）亚当以ℓ进行威胁，而夏娃以m进行威胁

（b）最优威胁是$\ell=1$且$m=1$

图 1.10　一个纳什威胁博弈

幸运的是,这一难题比初始感觉的要容易得多,因为所有结局都处于图 1.10(a)的集合 X 的帕累托前沿之上。这一威胁博弈是严格竞争性的,因为亚当和夏娃对于结局具有严格相反的偏好。尽管这一威胁博弈并不是零和的,然而冯·诺依曼和摩根斯坦用于分析零和博弈的原理依然能够应用。特别地,我们可以通过应用最大最小准则找到纳什均衡。

图1.10(b)展示了最大最小选择 $\ell=\lambda=1$ 以及 $m=\mu=1$。

当亚当和夏娃对如何玩图1.1(a)的博弈 G 展开讨价还价时,亚当进行如下威胁:如果谈判崩溃,就采取“下”策略。而夏娃则以采取“右”策略进行威胁。当对称的纳什讨价还价解使用现状点 $\xi(\lambda,\mu)=(2,3)$ 进行计算时,最后的结局将是处于点 $\sigma(\lambda,\mu)=(3,4)$ 上的一个协议。

这是如此优美的一个结果,但我们必须抱着无比的遗憾说,这与实际问题基本没什么关系。再一次回应谢林[464]的观点,将无限制的承诺能力赋予局中人完全是不现实的。

1.6 无信任交易

直到目前为止,本章都遵循合作博弈理论的标准传统,即假设局中人都不可撤销地受制于他们在博弈前磋商中所达成的协议。前一节走得更远,假设局中人还能够在磋商过程中做出任何他们中意的承诺。第一个假设相比第二个假设更容易得到辩护。在契约法则之下,双边协议被认为是可实施的,然而,在单边承诺无条件地具有约束力的情况下,法律地位则远不确定。一个局中人或许会向某个第三方缴纳一笔保证金,在他放弃他想要做出的承诺时将其作为罚金,但这种将一个单边承诺简化为一个双边合约的尝试是罕见的,这可能是因为我们不能总是依靠法院来执行它们。

即使存在一个标准的双边合约,也不能保证它体现的协议会被真正执行。如果亚当没能遵守他的合约义务(contractual obligation),那么这就轮到夏娃来决定是否起诉。但只有当出现有利判决的概率足够高,以使得夏娃感到她承担巨大的成本是值得的,夏娃才会决定诉诸法律。且这些巨大的成本正是法律界向那些想要法律服务的足够倒霉的人们课征的。

从严格意义上来看,一个法律上具有约束力的合约并不是真正具有约束力的。如果亚当或者夏娃忽视他们签订的合约的条款,那么他们就在玩一个法律博弈(a legal game)——这一博弈有很多次机会变动,并且相比原来的契约,玩这个博弈有时候要下更大的赌注。因此,理性的局中人不会将合约义务视为神圣而不可侵犯的。当亚当和夏娃在一个合约上签名时,他们相当清楚他们只是在用一个博弈交换另一个博弈。

总之,采用合作博弈理论的方法论,我们完全没有摆脱非合作博弈理论的难题。我们仅仅是将计算原始博弈均衡的问题转换为计算各种法律博弈均衡的问题。然而,有时后一问题可被忽视。例如,当法律判例是有利的时候,人们可能真的会把一大笔违约赔偿金写入合约,从而使得遵循合约成为一个强占优策略。然而,当我们讨论社会契约时,这类简化的权宜之计完全没有可能实施。

社会契约并不是法律意义上的合约,因为没有人处于生存博弈之外,如果有人存在欺诈行为,那么人们也无法向某人求助以获得赔偿。每一个人——包括最高决策者长官(Lord High Executioner)——都是生存博弈中的一个局中人。然而,社会契约并不具有法律约束力的事实,并不意味着我们必须全盘否定合作博弈理论的方法。事实上,理论的应用在某一方面却有所简化,因为在某人欺诈之后所要展开的博弈的规则总是相同的,但是,在一个法律合约被违反之后所要展开的法律博弈的规则,却很自然地取决于写入合约的条款和条例。然而,当没有警察可供求助时,事情就变得更为困难了,因为只有能够自我监管的协议才值得人们签署。正如我在第 1 卷第 1.2.5 节中所解释的那样,这样的一个自我监管协议将简化为局中人对他们计划协调的生存博弈的均衡状态的一种理解。

1.6.1　重复博弈

如果我们将博弈前协议具有约束力的假设去掉,那么哪一部分可以作为图 1.1(a)中博弈 G 的协议集合 X 将产生极大的差异。只有博弈 G 的自我监管的博弈前协议才是博弈唯一的纳什均衡,如图 1.1(d)中的点

N 所示。[1] 然而,相比囚徒困境与斗鸡博弈,将博弈 G 作为一个生存博弈的模型更不合适。在第1卷第2.3节中,我讨论了这些博弈充当生存博弈的适用性。在本书中,生存博弈被构建为一个重复博弈。

第3章讨论了重复博弈理论的无名氏定理。这一定理证明,一个无限期重复博弈均衡结局的集合与该博弈重复进行时的合作收益区域具有紧密的关联。

为了理解这一关联,我们有必要从解释收益在重复博弈中是如何衡量的开始。正如第1.2.4节那样,我们假设亚当通过计算收益流折现值的方式来评估一个收益流 $x_0,x_1,x_2,\cdots$ 的价值。如果他的折现因子为 δ,[2]那么他从该收益流中获得的总收益为 $x_0+x_1\delta+x_2\delta^2+\cdots$。一个常数收益流 $x,x,x,\cdots$ 相应产生的总收益为 $x+x\delta+x\delta^2+\cdots=x/(1-\delta)$。如果一个收益流 $x_0,x_1,x_2,\cdots$ 等价于一个恒定的每次博弈收益 x,那么必须满足:

$$x=(1-\delta)(x_0+x_1\delta+x_2\delta^2+\cdots)$$

在重复博弈理论中,一个局中人的收益总是建立在这种每次博弈的基础上。

---

[1] 如果博弈 G 有若干个均衡点,那么局中人或许会同意通过抛硬币的方式来决定协调哪一个均衡。博弈论的文献经常认为,没有一个局中人会有激励在协议上行骗,除非他相信他的对手会行骗。然而,只有在局中人承诺在硬币下落之后不再进行互动的情况下,这一条件才是严格成立的。毕竟,如果不会损害名誉,那么一位由于抛硬币而面对不利局面的足球队长就可以坚决拒绝这个协议并坚持再抛一次硬币以决定谁先开球。这是否是一个好主意,将取决于接下来发生的事情。如果这看上去是一个微不足道的问题,那么或许我应该建议再去阅读第1卷第1.2.4节中关于道德博弈的讨论。

[2] 在第1卷第2.2.6节中,我讨论了不确定重复博弈而不是无限期重复博弈。在前者中,博弈不会永远进行。相反,在每一轮重复博弈之后,抛一个加权的硬币出现正面时,博弈就立刻结束。假设每一次抛硬币出现正面的概率都是 p,且满足 $0<p<1$。如果硬币总是出现反面,导致亚当获得收益流 $x_0,x_1,x_2,\cdots$ 的策略对带来的期望收益为 $x_0+x_1\delta+x_2\delta^2+\cdots$,其中 $\delta=1-p$。这样,当我们在一个不确定重复博弈中评估一个收益流时,$1-p$ 便充当了折现因子的角色。出于很多原因,判断我们是在对付一个无限期重复博弈还是在对付一个不确定重复博弈,其实并不重要。事实上,自然为我们编入对未来折现的程序,可能是因为真实的生存博弈充满了随机变动,这可能会导致我们不能在未来有机会进行兑现。

拒绝使用单次博弈来构建生存博弈的理由在于，单次博弈没有机会发展长期的关系。如果我们相信维持社会的车轮运转的是互惠性(reciprocity)这一机制，那么我们至少要用与重复博弈同样复杂的事物来构建生存博弈。即使在一个重复博弈中，如果局中人的折现因子太小，那么互惠的安排也是不可行的。因为亚当在今天背叛夏娃所能获得的收益将超过他们关系维持不变的情况下他所能获得的优势，因此，我们要研究允许局中人折现因子接近于单位 1 的极限情形。一个局中人的收益于是变为：

$$x=\lim_{\delta\to 1}(1-\delta)(x_0+x_1\delta+x_2\delta^2+\cdots)$$

由此推断，在平均值的极限存在的情况下，[1]下式也必然成立：

$$x=\lim_{N\to\infty}\frac{x_0+x_1+\cdots+x_N}{N}$$

于是，我们可以将一个重复博弈收益流的每次博弈收益视为其长期平均值。

因此，在亚当和夏娃之间的无限期重复博弈的结局可以被认为是一个长期平均收益对。在第 1 卷的图 2.4 中，我展示了囚徒困境、斗鸡博弈和性别战的无限期重复博弈版本的纳什均衡结局集合 R。图 1.11 将图 1.1(a)中博弈 G 的重复版本的纳什均衡结局集合 R 与其合作收益区域进行比较。由于我们需要有一个现状点 ξ 处于集合 R 内，因而两个集合之间的差异并无关联。[2]

重复博弈理论的无名氏定理得到了异乎寻常的结论，当博弈 G 能被无限期重复地玩时，亚当和夏娃做出的如何玩单次博弈 G 的所有合约安排都是可以实现的——而不需要通过一个外部代理人来强制实施协议。在无限期重复博弈的情况下，在一个均衡上进行协调的协议是自我实施的。

即使我自己的社会契约理论从来没有假设亚当和夏娃达成的协议是

[1] 数学家将会看出，我们说的阿贝尔可和性(Abel summability)意味着塞萨罗(Cesaro)可和性。我好像在很久之前写过一篇论文来讨论这一晦涩难懂的问题。

[2] 正如我在第 1 卷第 1.2.1 节中所解释的那样，我的理论将讨论一个社会契约的自然状态置于当前社会运行中的社会契约之中。由于我假设社会契约只有在它们对应于生存博弈的一个均衡的情况下才能存在下来，因而自然状态必须处于集合 R 中。

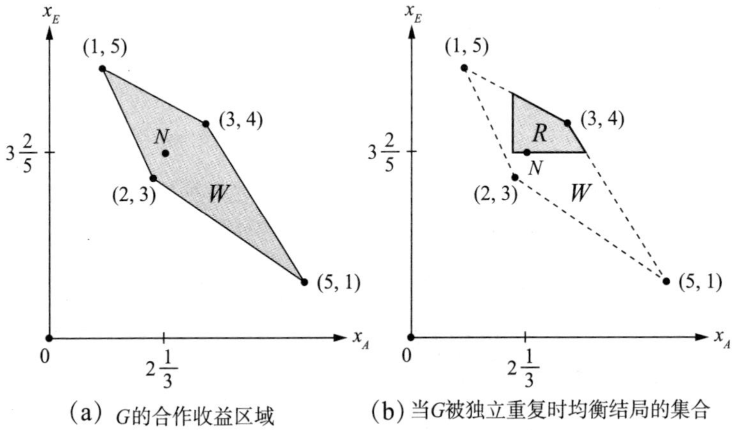

图 1.11　一个重复博弈中的均衡结局

有约束力的,然而当我们研究无限期重复博弈的博弈前讨价还价时,无名氏定理从来不允许我们过多地借助于合作博弈理论的工具并一成不变地进行使用。事实上,我总是假设一个无限期重复博弈的均衡结局集合满足第 1.2.2 节协议集合 X 具有的所有性质。我们假设集合 X 是闭的、有上界的、凸的,并且是综合的。

特别重要的是,无名氏定理保证了一个重复博弈的均衡结局集合必然是凸的。即使当能够签订合约时,局中人总是同意用抛硬币的方式来决定困难事务的要求也经常能够被公开地讨论。工会老大能够向他的成员们解释的是,他们在工资谈判中最后获得了较低的待遇是因为他输掉了抛硬币的游戏! 然而,在无限期重复博弈的背景下,我们并不需要任何随机化的工具,就能够使均衡结局集合具有凸性。如果两个足球队在每个星期六比赛,那么他们并不需要每次都抛硬币来决定谁先开球——因为他们可以轮流开球。

我们假设均衡结果集是综合的,只是为了让事情变得简单一些。如果出现一些重要的因素有赖于这一假设,那么我们就有必要放弃它并全部重新开始。

1.6.2 过渡协议

假设亚当和夏娃在当前实施了一个协议，并导致亚当获得了收益流 ξ_A 且夏娃获得了收益流 ξ_E。然而，他们同意从点 ξ 移动到一个帕累托改进点 x。如果 ξ 和 x 都是所玩博弈的均衡结局，那么当他们在旧的协议下运作时便不会产生执行问题。而且一旦出现新的协议，执行问题也不会产生。但当他们处于从一个均衡向另一个均衡移动的过渡时期，会怎么样呢？

有时候，过渡可以一夜完成，正如瑞典那样从靠左驾驶转变为靠右驾驶。在苏联解体之后，一些东欧国家也类似地经历了从中央计划和命令经济向西方国家的市场经济模式的快速转变，并取得了不同程度的成功。这种快速前进的改革尝试有时被批评为鲁莽和残暴的，在情况变坏时尤其如此。然而，批评家们很少认识到，当系统处于均衡之外的过渡时期时，快速改革能够最小化正在被推翻的政权所带来的风险。

备选的方案便是沿着一条很长的由邻近均衡点组成的序列，试图从最初的状态向计划中的帕累托改进状态缓慢而渐进地移动。这是我们期待看到的一个理性社会所采用的改革路径，因为它清除了改革实施过程中失控的可能性。需要承认的是，戈尔巴乔夫(Gorbachev)按照这些原则对苏联实施的改革并不是一个对上述谨慎方法的良好宣传。而在另一方面，中国则似乎成功地实施了类似的渐进式改革，而且没有陷入混乱。等待我们的一项工作便是，通过展示亚当和夏娃能够沿着一条安全且无痛苦的路径，从他们社会起源的自然状态来到帕累托有效的社会契约这一他们最后的目的地，从而证实上述直觉。

蜈蚣博弈与连续交易　在此处，我想要研究的是一个更为简单的过渡性问题。两个犯罪分子同意用一定量的海洛因交换一笔金钱。亚当最后得到夏娃的海洛因而夏娃得到亚当的金钱。但是，如果每个人都能够在任何时间自由地离去,并带走当前他或她所拥有的财物,那么这个过渡应该如何被设计呢?在现实生活中,事情会由于身体暴力的存在而变得十分复杂,但我们假设不能强制亚当和夏娃以违背他们意愿的方式来行动。他们也不怕因为违背承诺而损害他们的声誉或者丧失生命。

显然,认为亚当会提出议定的价格并等待货物的出现,那将是毫无意义的。两个犯罪分子必须在其之间安排一个交易流,以使得金钱和毒品可以逐渐地转手。〔1〕根据沿着一条连续的路径运动的模式来构建无信任合作模型的问题,我们可以通过以下方式来解决,即假设在足够小的交易情形中,亚当和夏娃都是可以被信任的,然后进一步考虑其极限情况。

假设亚当有100美元,如果他不把钱花在海洛因上,那么每1美元对他来说仅仅价值1美分。亚当按照议定的交换率用1美元购买每一粒海洛因,而每一粒海洛因如果不卖给亚当的话,对夏娃来说仅仅价值1美分。图1.12用交替行动的方式展示了这一博弈,其代表了局中人用以促进交易的一种程序。在每一个决策节点上,轮到其行动的局中人可以选择"横穿"(across)或者"下沉"(down)。选择"横穿"意味着送给对方一份礼物,其对赠送者来说价值1美分,而对接受者而言价值1美元。〔2〕选择"下沉"则意味着局中人在协议上行骗,拿着自己拥有的财物退出交易。行家们将认识到,这一交易博弈与广受研究的蜈蚣博弈(Centipede Game)具有相同的结构[罗森塔尔(Rosenthal)[437]、宾默尔[63]、麦克尔维和帕尔弗里(McKelvey and Palfrey)[349]]〔3〕。

---

〔1〕 生物学提供了一个更为奇特的关于雌雄同体的美洲黑鲈性行为的例子[杜格纳托夫(Dugnatov)[163, p. 45]]。由于生产卵子成本昂贵,而生产精子则相对便宜,因而当两条美洲黑鲈交配时,各方都轮流为对方生产一小批卵子以助其受孕。一次性产下所有卵子的美洲黑鲈会被一条排外的雄性突变异种所侵害,后者会令卵子受精并在没有等价地投资它们共同的孩子的情况下独自游走。

〔2〕 本节所研究的无信任交易模型假设,局中人不会折现时间。由于每一个模型都有一个有限的时间轴,如果引入折现因子并且允许其接近单位1,那么在分析之后我们都会得到相同的结论。

〔3〕 这样称谓,是因为它有100条腿。

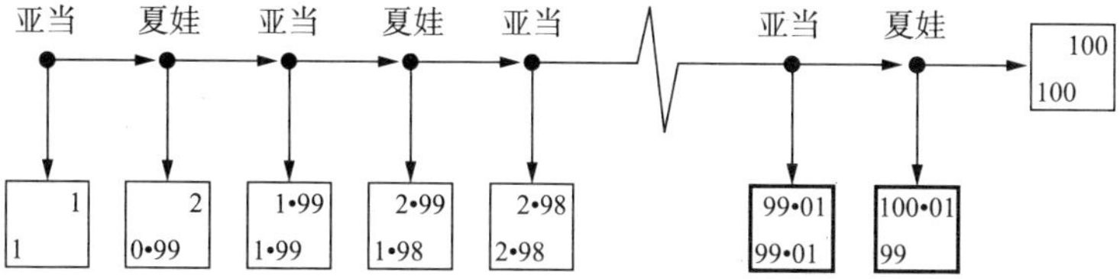

图 1.12　蜈蚣博弈

蜈蚣博弈只有唯一一个子博弈完美均衡。这一均衡要求局中人总是采取欺骗行为。因此,没有交易会发生。为了看到这一点,我们来考虑,在达到最右边的节点所产生的子博弈中,什么行为是最优的。此时,出售者必然在 100.01 和 100 之间进行选择,因而他选择前者从而产生了欺骗行为。在达到倒数第二个节点所产生的子博弈中,购买者会根据出售者预测到这一行为。因此,他必然在 99.01 和 99 之间进行选择,他也选择前者从而产生了欺骗行为。由于在每一个节点上,相同的后退归纳论证都起作用,因而子博弈完美分析的结果便是,两个局中人都会计划行骗。

这是否意味着,在没有信任的情况下,交易就不可能发生呢?得出这样一个结论,是给予了上述数学模型不可承受之重。真实世界中有各种方面的不完美。蜈蚣博弈考虑到金钱不能无限可分这一不完美性。但是,真实的人类要比真实的金钱更不完美。特别地,他们并不具有无限的分辨能力。对任何人来说,多 1 美分与少 1 美分有什么所谓呢?遵循拉德纳(Radner)[412],人们都致力于通过着眼于 ε-均衡来捕捉这样一种不完美性,在这种均衡中,局中人都会满足于 ε 以内的最优收益。倘若我们选择的相关交易单位(图 1.12 是 1 美分)要小于 ε,那么我们就以 ε-均衡来履行这一交易。

现在,我们可以用越来越小的交易单位来理想化这一蜈蚣博弈。这使得我们能够用一个越来越小的 ε 值来研究 ε-均衡。当我们取极限 $\varepsilon \to 0$ 时,就产生了一个连续交易模型。如果在第 0.4.1 节中的最后通牒博弈的最小货币单位显著小于 ε,那么我们就可以找到很多个 ε-均衡,这是因为亚当的最后通牒必须考虑到以下事实,即当给予夏娃少于 ε 时,夏娃就会拒绝这一提议。然而,在 $\varepsilon \to 0$ 的极限状态中,所有这些均衡都会收敛到这一最后通牒博弈连续版本的唯一的子博弈完美均衡之上。[1] 但当 $\varepsilon \to 0$时,蜈蚣博弈的所有 ε-均衡并不会合并一处。特别地,所履行的交易是 ε-均衡的一个极限。欺骗行为也是 ε-均衡的极限,但其并不是一个局中人愿意进行协调的极限均衡。

回 **在连续时间中建模** 有时候,关于上述连续交易的研究方法会产生哲学上的难题。第1.7.1节的鲁宾斯坦讨价还价模型也会产生类似的困难,这一事实就是我们如此书生气十足地对待证明细节的主要原因。

有时候,我们认为没必要为取极限所带来的挑剔细节烦扰,因为写出任何相关的微分方程并"在连续时间中直接建模"显得更为合理。于是,分析就简化为找到方程的一个合适解的问题。由于时间的确是连续的,所以故事仍在继续,并且将时间离散跳动的情形视为基础是错误的。

用这类批评家能够理解的方式进行回应其实并不容易。特别地,将注意力吸引到物理学家的行事方式上,对于那些很少或没有受过科学训练的批评家们来说根本不起作用。提出时间的形而上学本质尚无定论的观点则更加没有帮助。这经常会被认为是在开玩笑。然而,我已经发现,指出一个导数被定义为一种极限,有时是一种有效的方法。写下一个微分方程,实际上是声明了一种态度,即认为某些极限是相互关联的。如果我们想把这些关联搞清楚,那么我们除了关注导致它们形成的极限过程以外,基本没有其他选择。

这是一个至关重要的问题。例如,在用微分博弈论方法研究的追逃博弈(pursuit-evasion game)中,我们经常假设追捕者及其猎物都以常数速率运动。但是,假设他们在运动中的每一个时刻都能够选择方向是不合理的。事实上,在连续时间的状态下,根据一个扩展型博弈进行思考是完全不合理的。[2] 我们无法知道局中人在这一时刻和下一时刻之间是

---

〔1〕 在该博弈的连续版本中,亚当的要价可以是[0,1]上的任意实数。

〔2〕 舒贝克(Shubik)[491]绘制的一个连续时间展开博弈,应归入艾舍尔(Escher)的不可能风景画之中!

如何改变他的行为的，因为当时间被处理为一个连续变量时，根本就没有下一时刻这种东西。因此，我们在局中人面对并做出决策的时间里，选择一个离散的点序列，并且在相继两点之间的距离趋于无穷小时，计算相应的极限值。然而，在追逃博弈中，这些极限都不存在，除非对局中人在相继两个决策节点之间改变方向的程度施加约束。在取极限之后，这样的约束会转变为关于局中人最小转弯半径的假设。但是，为了对在最终的微分方程中出现这样一个量提供合理的辩护，我们难免从头到尾都遵循这一极限过程。

这对于连续版本的蜈蚣博弈也同样成立。正如追逃博弈的局中人被假设具有不完美的敏捷程度，亚当和夏娃也可以被假设在区别小笔金钱时具有有限的能力。这一假设在一个离散模型中被首次提出，并且在取极限时依然存在。微分方程这一强大理论的存在并不允许我们免除对微小不完美相对量级的仔细考察，这一需求是运用这样的方法论所必然导致的。相反，我们除了紧密关注我们是否有希望最终得到正确的微分方程这件事之外，没有其他的选择。正如本书所述的那样，如果在完成对模型细节必要的仔细考察之后，剩下的分析问题是如此简单，以至于可以诉诸任何微分方程理论，那就更好了。当"在连续时间中直接建模"时，似乎可以得到各种不同的结论，我们总是要问问，为什么所研究的微分方程被认为是相关联的？不过经常的情况是，不会出现一个统一的答案。

再磋商　在上文分析的毒品交易博弈中，通过将从亚当到夏娃的连续金钱流与同时发生的从夏娃到亚当的海洛因流相平衡的交易安排，其中一方信任另一方的需求就被隐藏了起来。当蜈蚣博弈被用于模拟交易规则时，没有任何一方有激励在任何时间采取欺骗行为，因为欺骗所能够取得的效果都是在完成前终止这一交易，并对双方都产生不利影响。 □

说蜈蚣博弈是一个特别简单的例子，至少有两个原因。第一，这一博弈的规则不允许在交易被打断后再重新开始。第二，交易比率是事先给定的：每一粒海洛因要么与美元以 1∶1 的比率交换，要么根本不发生任何交易。在一个更为现实的模型中,我们有必要允许局中人可以暂时叫停交易,并对交易比率进行再磋商。在这样一个再磋商之后,交易很可能以一个不同的交易比率继续进行。

在没有信任的情况下讨价还价时,亚当和夏娃需要记住,如果某一方认为其能获得更多优势,那么他们在零时刻达成的协议的实施可能会在任何时刻被打断。输掉的那位局中人自然会感到很悲伤——正如夏娃在最后通牒博弈中那样,她得到的金钱少得令人可笑。然而,夏娃忍气吞声并接受她的所得是理性的,因为即使是1美分也比什么都没有要强。因此,在再磋商之后,悲伤的一方会发现拒绝接受什么也得不到,因为力量对比使他处于劣势。

存在再磋商的可能性意味着,亚当和夏娃不必费心去考虑他们知道是不可行的协议,因为某人会在交易完全实施之前违背协议。因此,我们有必要将注意力集中于那些能防御再磋商的协议。[1] 因为任何再磋商仅仅会复制出原来设定的协议。毒品交易博弈的例子尤其简单。

图1.13(a)的集合X展示了毒品交易者能够联合获得的所有收益对的集合。当交易者不能达成协议时,他们可能会在某个街角争吵,并以一个常数的风险引起永远保持警觉的法律和秩序的力量的注意,其所导致的收益对位于僵局点d。正如第1.3.1节所言,我们有必要区别僵局点和崩溃点。如果磋商立刻崩溃,并且亚当和夏娃同时离开并采取他们的最优外部选择,那么其所导致的收益对是$b(0)>d$。因此,局中人最初面对的讨价还价博弈便是第1.3.1节中的$(X,b(0),d)$。然而,他们在无信任的情况下讨价还价,提议某个收益对以作为他们的讨价还价博弈的解还是不够的。我们有必要找到一条通过X的连续的交易路径,以描述他们在每一个时点用海洛因换美元的比率,并直到交易完成。由于在t时刻,磋商崩溃的结果是,每个局中人带着自己从交易开始以来所积累的财物离开,因

〔1〕 再磋商防御是博弈论中的一个众所周知的错综复杂且充满争议的话题。然而,第3.7.3节解释了,为什么我认为要求社会契约只有在均衡路径上才能防御再磋商是合理的。这一对传统要求的放松,使得再磋商防御问题不再像文献中那样,成为一个烫手的山芋。

而在这条曲线上，t 时刻所达到的点可以标记为 $b(t)$。当这条曲线延伸至集合 X 的帕累托边界时，交易便完成了。进一步磋商的尝试将必然导致交易的立刻崩溃，因为没有人能够在不损害别人的情况下改善自己的地位。如果完成整个交易花费了时间 T，那么最后一笔交易可以表示为 $b(T)$。

在第 1.3.1 节中，我们曾经看到，对讨价还价者外部选择的考虑促使我们对一个被提议的讨价还价解的有效范围施加约束。对再磋商的考虑也有潜力施加更多的约束。例如，如果我们提议 $b(T)$应该是博弈$(X,b(0),d)$的对称纳什讨价还价解，那么这一提议需要增补的条件便是，设定一条穿过集合 X 的从$b(0)$到$b(T)$的连续路径，以使得在这条路径上，对于 $0\leq t\leq T$，$b(T)$也是博弈$(X,b(t),d)$的对称纳什讨价还价解。如果我们能够找到这样一条路径，那么在交易过程中的任何时刻，没有一个局中人会有激励要求进行再磋商，因为这种磋商的结果仅仅是复制出原来的协议。正如图 1.13(a)所示，这样的路径能被很容易地找到。[1] 并且结果证明，亚当和夏娃之间信任的缺乏并不是障碍，因为他们能够达成与他们是知心兄妹时所能达成的相同交易。

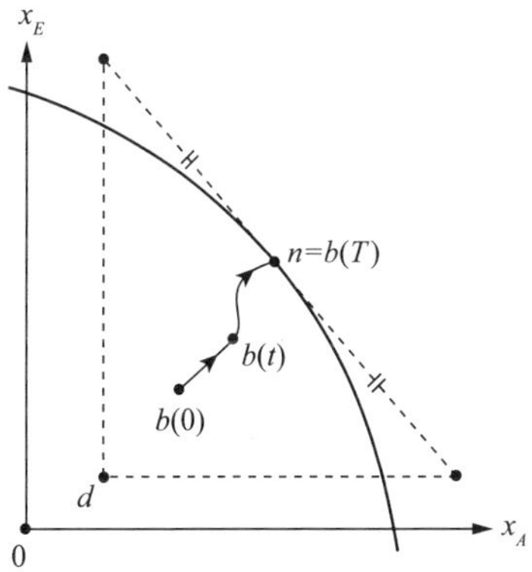

（a）移动崩溃点

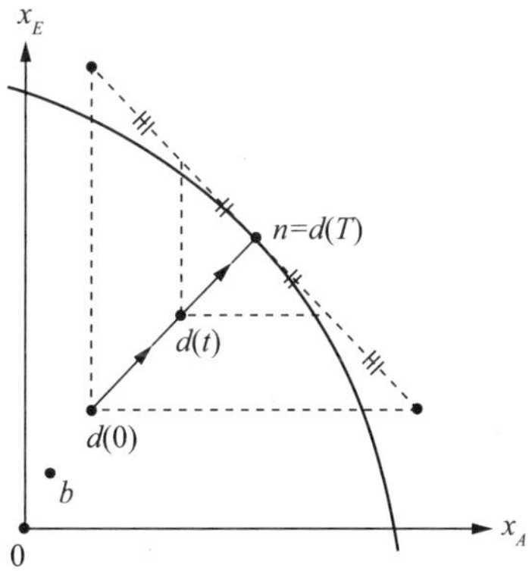

（b）移动僵局点

图 1.13　无信任讨价还价

〔1〕 只需要成立的条件是，$b_A(t)$和 $b_E(t)$在闭区间$[0,T]$上连续并递增。

在刚刚讨论过的毒品交易案例中,僵局点在交易过程中被保持不变以使得事情简单一些。图1.13(b)阐释了一个颠倒僵局点和崩溃点角色的例子。想象一个在工人和厂商管理层之间每天都要重复的博弈。正如在第1.2.4节中所解释的那样,收益应该被解释为流量(而不是在海洛因交易案例中的存量)。集合 X 中的每一个点对应于重复博弈的其中一个均衡选择所产生的收益流对。当前厂商运行的是对应于 $d(0)$ 的帕累托有效的均衡。与此同时,管理层和工人对如何分配在达成一个接近更有效的均衡的情况下所能产生的剩余进行讨价还价。这样,$d(0)$ 便是僵局点。一个更差的崩溃点位于 $b<d(0)$。崩溃点表示,当工人在其他地方找到工作并且管理层雇用最好的替代人员时,工人和管理层得到的收益。

对厂商来说,是否有可能在双方没有建立信用的情况下,针对博弈 $(X,b,d(0))$,从 $d(0)$ 移动到对称纳什讨价还价解 n 呢?这样的移动会涉及管理层和工人根深蒂固的特权及惯例的逐渐瓦解。一旦瓦解,这些事物就不可能恢复到原来的样子。如果这一向点 n 的移动由于一方或者另一方坚持要求再磋商而在完成之前被迫中断,那么厂商就会陷入一个新的均衡。图1.13(b)中的点 $d(t)$ 便对应着这样一个均衡。如果在时刻 t 存在一个再磋商的要求,那么点 $d(t)$ 便将充当一个新的僵局点,与此同时,崩溃点 b 仍然维持不变。

因此,这一案例相比毒品交易案例的不同之处在于,交易被视为僵局点从 $d(0)$ 到 $d(T)$ 的一次连续的移动,而不是崩溃点从 $b(0)$ 到 $b(T)$ 的一次连续的移动。因此,想要满足防御再磋商要求,即博弈 $(X,b,d(0))$ 的解 n 也是满足 $0\leq t\leq T$ 的每一个博弈 $(X,b(t),d)$ 的解,并不是轻而易举的。事实上,正如图1.5(c)所阐释的对称纳什讨价还价解的特征那样,从 $d(0)$ 到点 $n=d(T)$ 的唯一可能满足要求的路径是图1.13(b)中的那条直线。然而,由于这样一条直线的确是存在的,因而结果表明,对于厂商而言,在管理层与其工人之间的信任对其获得一个有效结局并不是必要的。

这是最后一个与第4章中讨论的社会契约问题最为相关的故事。然而,我们还可以从这样的故事中得到一个更具普遍意义的教训,即在对应用环境没有清晰认识的情况下,使用纳什讨价还价解,或者任何其他讨价还价解,都是无的放矢。特别地,在图 1.13(b)的管理层—工人的博弈故事中,将现状点置于点 b——霍布斯自然状态的对应物——肯定是错误的,除非做出不合理承诺的假设。这正是布坎南(Buchanan)[103, 104]所坚持的观点。

1.7　无承诺的讨价还价

理性的局中人能否做出单边承诺以限制他们未来行动的自由呢?正如第 1 卷第 1.2.4 节中解释的那样,博弈论专家坚持认为,任何可供局中人使用的承诺机会都构建在所研究的博弈的规则之中,从而博弈的分析能够继续进行,且没有成为谬误的牺牲品的风险,这些谬误在第 1 卷第 3.2 节中都记录在案。承诺机会能在多大程度上成为博弈规则的一部分,往往取决于建模者的判断。我对这一问题的个人观点来源于谢林(Shelling)[464]。腐败和衰朽等待着任何大型的社会或政治制度,这些制度依靠人民,特别是它自己的官员,他们以牺牲自己的个人利益为代价,致力于实现组织的目标。因此,现实主义要求,对生存博弈进行建模的尝试要尽可能少地将承诺行为内置于其规则之中。这并不是说,完全不能将承诺机会赋予局中人。我对我的人类同胞们还没有那么失去信心,以至于认为永远不能相信他们对近来将要发生的微小事务的承诺。因此,我们必须研究将承诺机会内置于其规则之中的博弈,但我仅仅满意于当允许承诺的程度趋于无穷小时幸存下来的模型所得出的结论——正如第 1.6.2 节所述。

对于本章所研究的讨价还价问题,承诺问题出现于两个地方。当需要他们真正实施的时候,局中人是否还忠于在讨价还价过程中达成的协议?局中人是否会承诺实施他们在讨价还价过程中做出的任何可能制约他们未来讨价还价行为的威胁或允诺?在合作博弈论中,第一个问题的标准答案为“是”。第 1.2 节回顾了一些已被开发出来以阐释这一肯定答案的内涵的技术设备。但对于本书的社会契约问题而言,对第一个问题的正确答案是“否”。幸运的是,第 1.6 节表明,在合理解释的情况下,很多标准的技术设备还是可以使用的。

第 1.5 节回顾了第二个问题答案为“是”的内涵。尽管其产生的理论十分优美,但我个人的观点是,这与人们如何在真实世界中讨价还价基本没有关联。当某事对双方都很重要时,人们对其进行讨价还价不会表现得那么幼稚,以至于当他声称做出了一个“要么接受,要么放弃”的最终提议时,还会按照对手的话去做。因此,本节研究的模型对第二个问题的回答为“否”。结果表明我们再次成为幸运儿,回答为“否”并不会迫使我们放弃回答为“是”时所开发的技术装备。在第 1.5 节中,我们使用了纳什要价博弈来对有承诺的讨价还价进行建模。本节则使用迥然不同的斯塔尔(Stahl)[507]和鲁宾斯坦[445]的交替出价博弈,来对无承诺的讨价还价进行建模。然而,在两种情形中,我们都得到了某一版本的纳什讨价还价解。所以,下述观点仍然是正确的,即一个局中人越是风险规避,他获得剩余的份额就越小。但是,无承诺讨价还价的情形必然更为复杂:由于有耐心的局中人可以采用拖延战术来对无耐心的局中人施加压力,因而时间要连同风险一起进行考虑。

幸运的是,结果表明,上述复杂性可以通过将称纳什讨价还价解转移到一个加权解版本来解决,在这一加权解中,局中人的讨价还价能力反映了他们耐心的程度。无耐心的局中人具有较小的讨价还价能力,并因此被赋予较小份额的剩余。于是,成功的讨价还价者将不但有耐心,而且还时刻准备承担适当的风险。[1] 我们在本节中的任务是去量化他们对风险的态度以及非生产性的时间流逝对他们所得剩余份额的影响。

---

〔1〕 回忆一下,我们只研究完全信息下的讨价还价问题。当局中人对他人以及可供分配的剩余总量具有不同信息时,事情会变得更加复杂。那时,局中人可能会发现,通过使用拖延战术来显示他们有多么强硬是值得的(宾默尔、奥斯本和鲁宾斯坦[80])。

1.7.1 交替出价博弈

迄今为止，在我们研究过的非合作讨价还价博弈模型中(第0.4节和第1.5节)，局中人能够忠于“要么接受，要么放弃”的出价的假设，迫使所有行动在0时刻一次性爆发。在没有承诺的情况下，这种“要么接受，要么放弃”的出价不再可行。一个局中人总是能够拒绝一个出价，并且还有机会用一个反出价进行回应。因此，在协议达成之前，时间已经流逝。于是，我们除了考虑局中人对非生产性时间流逝的态度之外，不再有其他的备选方案。正如克洛斯(Cross)所评论的，“如果局中人在何时达成协议是无关紧要的，那么局中人是否能够达成协议也完全是无关紧要的”。[1]

我们假设，一个在时刻 t 达成的交易 s 将收益 $\delta_A^t u_A(s)$ 赋予亚当，而将收益 $\delta_E^t u_E(s)$ 赋予夏娃。折现因子 δ_A 和 δ_E 与相对应的折现率 $\rho_A=-\log\delta_A$ 和 $\rho_E=-\log\delta_E$ 在第1.2.4节中已经讨论过了。我们假设折现因子都处于0～1之间，以使得折现率都为正值。

回忆第1.2.2节，集合 X 代表了一个讨价还价博弈中所有可行收益对的集合。由于亚当和夏娃都不喜欢被拖延耽搁，于是这一协议集合由下式给出：

$$X=\{(u_A(s),u_E(s)):s\text{ 是可行的交易}\}$$

如果已经有时间 t 过去但协议却未达成，那么可行交易的集合就收缩为以下集合：

---

〔1〕 数学家有可能根据以下事实而对这一观点有所争议，即在 ℓ^∞ 或者 ℓ^2 这样的拓扑空间中，1,0,0,0,…,0,1,0,0,…,0,0,1,0,…这样的序列并不会收敛到序列0,0,0,0,…。然而，模型采用的拓扑结构应该根据对现实的考量来决定。这里的现实考量是，如果某人推迟享受足够长的时间，其可能会由于某种不可预见因素的干预，而承担失去享受机会的风险。因此，人们就有很好的理由对未来进行折现。如果根据忽视这一生活事实的拓扑结构进行研究，正如在研究代际公平的文献中那样，我认为是毫无意义的。$\delta=1$ 是唯一公平的代际折现因子，这一观点有时可以用下述理由进行辩护，即模型仅仅关注纯粹的时间偏好，对于风险的考虑都被抽象掉了。然而，这样的模型似乎与现实无关——除非我们相信人类一定能以现在的方式永远生活下去。

$$X_t=\{(x_A\delta_A^t,x_E\delta_E^t):x\in X\}$$

为了简化分析,我们假设协议集合 X 满足第1.2.2节的要求。这样就是假设集合 X 是闭的、有上界的、凸的和综合的。为了确保集合 X 是凸的,经常必须要求局中人都是风险规避的。

一个有限期版本的讨价还价模型首次出现于斯塔尔(Stahl)[507]的研究之中。然而,我们需要学习的是由鲁宾斯坦[445]独立构建的一个无限期版本的模型。[1] 正如模型的名称所示,在这个交替出价博弈(Alternative Offers Game)中,亚当在时刻 t 给出第一个要价,然后局中人交替出价,直到有一个出价被接受为止。在一个出价被拒绝之后,将有时间 $\tau>0$ 流逝,以待下一轮出价的到来。原则上,在所有出价都被拒绝的情况下,可以达到一个僵局点。我们假设这样一个僵局点赋予局中人的收益为0。[2] 于是,根据第1.2.2节所定义的符号,我们关注的这一讨价还价博弈可以被表示为$(X,0)$。

正如第0.4.1节的最后通牒博弈中,交替出价博弈的任何一个结局都可以作为一个纳什均衡。因此,我们再次将目光集中于子博弈完美均衡。阿瑞尔·鲁宾斯坦[445]的著名结论如下:

交替出价博弈有唯一的一个子博弈完美均衡,并因此决定了讨价还价博弈$(X,0)$的唯一解。

证明一种特殊情形 正如经常发生的情况,理解鲁宾斯坦结论的主要难点在于,认识到这个结论可能确实是对的。一旦我们认清使这一定理运作的机制,那么我们就有可能构造一个相当简洁的证明,正如宾默尔[67]或者谢克特和萨顿(Shaked and Sutton)[448]所做的那样。对于下

---

〔1〕 有时候我们认为,利用后退归纳法来计算一个有限期模型的子博弈完美均衡,然后让时间期限趋于无穷以研究均衡的性质,是一个合适的方法。在交替出价博弈这一案例中,这会导致鲁宾斯坦的结果。然而,在其他情形中,无限期模型将会有其他的子博弈完美均衡,而且相比通过考虑有限期博弈的极限状态而得到的均衡,这些均衡具有同样或更好的被选择的理由。

〔2〕 因为当 $t\to\infty$ 时,有 $u(s)\delta^t\to 0$。

文所考虑的一种特殊情形而言,后一篇论文给出了一份相当优美的证明。附录 C 分析了这一模型更为广义的版本。

图 1.14(a)展示了扩展型交替出价模型的前两个阶段,其描述了具有风险中性的局中人的分钱博弈这一特殊情形。

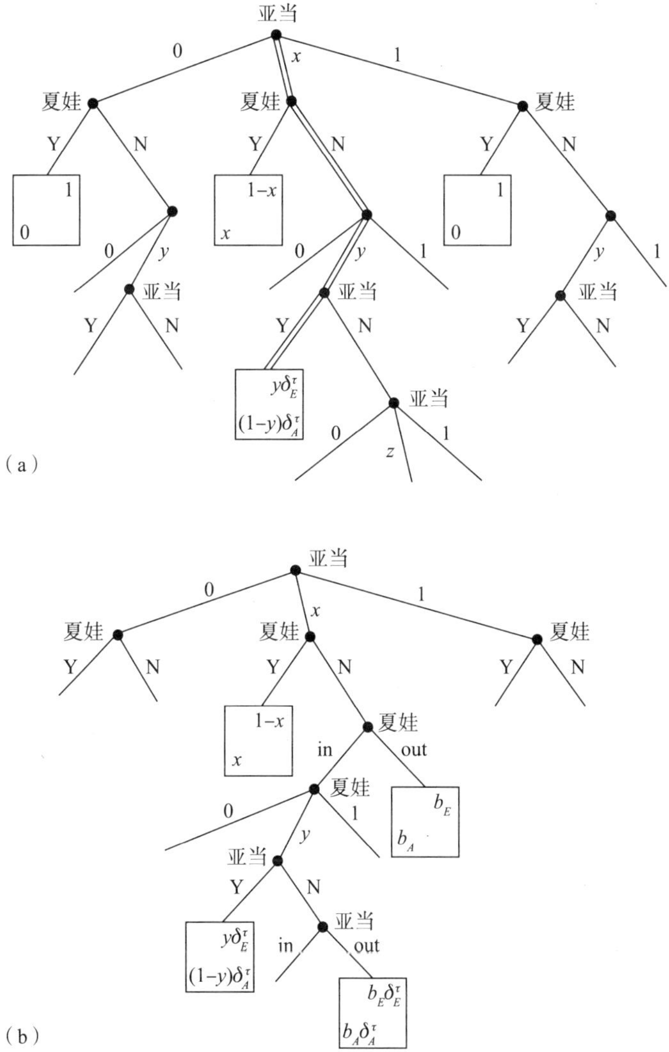

图 1.14　交替出价博弈的扩展型

在图1.14(a)中,加粗的直线表示两个局中人的某些策略。亚当的策略要求他通过要价1美元的 x 部分来开始这场博弈。这等价于他将剩下的1美元的 $1-x$ 部分让给夏娃。如图1.14(a)所示,夏娃的策略则要求她拒绝这一出价,并且在时刻 $t=\tau$ 时给出一个反出价 y。图1.14(a)表明,亚当接受了给他剩下的 $1-y$。由于推迟了一个时期才达成协议,因而亚当获得的收益为 $(1-y)\delta_A^\tau$,而夏娃获得的收益为 $y\delta_E^\tau$。

我们的问题在于,博弈可能具有很多个子博弈完美均衡。令 m_A 和 M_A 分别表示亚当在交替出价博弈 G 的子博弈完美均衡中所能得到的最小和最大收益。[1] 令 m_E 和 M_E 分别表示夏娃在伴随博弈 H 中得到的相应收益量,这一伴随博弈由夏娃首先出价。如果亚当在博弈 G 中的开局出价被拒绝了,那么就必须展开 G 的一个子博弈,这个子博弈除了开始于时刻 $t=\tau$ 之外,其他都等同于博弈 H。于是,这一 G 的子博弈的子博弈完美均衡收益可以通过对博弈 H 多折现一个时期来获得。也就是说,在跟随夏娃拒绝亚当开局出价之后的子博弈中,夏娃的最大和最小子博弈完美均衡收益分别是 $M_E\delta_E^\tau$ 和 $m_E\delta_E^\tau$。

证明的下一步便是使用这一事实来得到下述不等式:

$$1-M_E\delta_E^\tau\leq m_A\leq M_A\leq 1-m_E\delta_E^\tau \tag{1.11}$$

如果亚当在博弈 G 中的开局出价 x 满足 $x<1-M_E\delta_E^\tau$,夏娃若选择接受,便得到 $1-x>M_E\delta_E^\tau$;若选择拒绝,则最多得到 $M_E\delta_E^\tau$。在均衡中,她必然选择接受。如果我们假设存在一个亚当的收益 $y<1-M_E\delta_E^\tau$ 的子博弈完美均衡,那么就会产生一个矛盾。为了确保得到更多,亚当必然要价 x,且满足 $y<x<1-M_E\delta_E^\tau$。这就证明了(1.11)式中的 $1-M_E\delta_E^\tau\leq m_A$。证明 $M_A\leq 1-m_E\delta_E^\tau$ 更加容易。亚当获得收益 $x>1-m_E\delta_E^\tau$ 的子博弈完美均衡是不存在的,因为在这种情况下,夏娃最多只能得到 $1-x<m_E\delta_E^\tau$。但是,她可以通过简单地拒绝亚当的开局要价而至少获得 $m_E\delta_E^\tau$ 的收益。最后,因为最小值必然不会大于最大值,所以

〔1〕严格地说,最小值和最大值应该被写成下确界和上确界。

有 $m_A \leq M_A$。

现在,同样的论证也可以应用于博弈 H。由于博弈 H 除了颠倒亚当和夏娃的角色之外,都与博弈 G 完全相同,因而我们可以通过交换字母 A 和 E 的位置而得到以下不等式:

$$1-M_A\delta_A^{\tau} \leq m_E \leq M_E \leq 1-m_A\delta_A^{\tau} \tag{1.12}$$

现在,我们可以利用(1.12)式去消除(1.11)式中的 m_E 和 M_E。通过一些代数运算就可以产生以下不等式:〔1〕

$$\frac{1-\delta_E^{\tau}}{1-\delta_A^{\tau}\delta_E^{\tau}} \leq m_A \leq M_A \leq \frac{1-\delta_E^{\tau}}{1-\delta_A^{\tau}\delta_E^{\tau}} \tag{1.13}$$

这意味着有 $m_A = M_A$ 成立。因此,在交替出价博弈中使用任何子博弈完美均衡都可以得出,亚当获得的收益恰好是 $\xi = (1-\delta_E^{\tau})/(1-\delta_A^{\tau}\delta_E^{\tau})$。

夏娃得到了多少呢?如果夏娃拒绝亚当的开局出价,她会在博弈 H 中获得她的子博弈完美收益 $(1-\delta_A^{\tau})/(1-\delta_E^{\tau}\delta_A^{\tau})$,但需要再折现一个时期。然而,我们有 $\delta_E^{\tau}(1-\delta_A^{\tau})/(1-\delta_E^{\tau}\delta_A^{\tau}) = 1-\xi$ 成立。因此,亚当能够获得收益 ξ 的唯一方法就是,在开局就给出这一要价并让夏娃接受。〔2〕正如在第0.4节研究的最后通牒博弈的情形中那样,那时夏娃对接受和拒绝感到毫无差异,但均衡的玩法要求她选择接受。因此,夏娃得到的收益是 $1-\xi$。那就是说,唯一的子博弈完美结局是帕累托有效的。1美元会被立刻分割,亚当得到 ξ 而夏娃得到 $1-\xi$。

□

鲁宾斯坦和纳什 鲁宾斯坦[445]的模型似乎准确地描述了现实世界中讨价还价的唇枪舌战。双方的确交替出价,无论他们是在一个东方

〔1〕 首先我们可以将(1.12)式的不等式 $M_E \leq 1-m_A\delta_A^{\tau}$ 代入(1.11)式的不等式 $1-M_E\delta_E^{\tau} \leq m_A$,从而得到不等式 $1-(1-m_A\delta_A^{\tau})\delta_E^{\tau} \leq m_A$。对这一不等式进行移项,我们可以得到(1.13)式的前半部分。其后半部分也可以类似地推导出来。

〔2〕 如果亚当要价其他数量且夏娃接受了,那么亚当将不能获得 ξ。如果亚当要价 ξ 且夏娃拒绝了,那么她最终得到 $1-\xi$。而亚当最终得到的必然小于 ξ,因为只有当他们立刻同意时,他们的收益之和才能为1。

市场中对一条面包进行讨价还价,还是在曼哈顿的摩天大楼里进行讨价还价。然而,仍然有难题需要解决。亚当能够首次出价从而获得先动优势(the first mover advantage)的机会是怎么来的?为什么局中人很有礼貌地轮流行动?假设轮到夏娃,为什么她要等待长度为 τ 的一段时间后再做出反应?在拒绝了亚当的一个出价之后,立刻给出反出价对她来说或许是最优的。

当我们考虑 τ 趋于无穷小时所得到的该模型的极限版本时,上述难题都变得不那么紧迫。如果亚当和夏娃在一个东方市场中对一条面包进行讨价还价,那么没有人会觉得迟一秒钟达成协议所造成的损失是重大的。在对曼哈顿的摩天大楼的讨价还价中,推迟一两天达成协议也没什么问题。我们必须仍然假设某种对模型的讨价还价惯例的承诺,但该承诺的程度会随着时间间隔 τ 趋于0而累进地缩小。

当我们证明鲁宾斯坦定理时,我们考虑到具有风险中性局中人的分钱博弈的情形。当 $\tau\to 0$ 时,在这一特殊情形下的亚当的均衡收益变为[1]:

$$\lim_{\tau\to 0}\frac{1-\delta_E^{\tau}}{1-\delta_A^{\tau}\delta_E^{\tau}}=\frac{\rho_E}{\rho_A+\rho_E}$$

于是,在极限状态下,夏娃的均衡收益为 $\rho_A/(\rho_A+\rho_E)$。这意味着他们按比率 $\rho_E:\rho_A$ 分割这一美元,或说按比例 $1/\rho_A:1/\rho_E$ 进行分割。

这一结论能够立刻推广到讨价还价博弈 $(X,0)$ 的情形。极限均衡结局正是博弈 $(X,0)$ 的加权纳什讨价还价解,其中,讨价还价能力分别是 $\alpha=1/\rho_A$ 且 $\beta=1/\rho_E$(宾默尔[66])。更重要的是,为了证明这一结论,倘若我们愿意相信的确存在一个唯一的子博弈完美均衡,在这一均衡中,提议者总是计划提出一个使回应者愿意接受的数量,并且回应者在接受和拒绝之间感到毫无差异,那么我们并不需要重新计算这一更具一般性的均衡收益。

[1] 使用洛必达法则,并记住 $\delta=e^{-\rho}$。

对于某个特定的 $\tau>0$,令 $P=(a,b)$表示在一般交替出价博弈(Alternating Offers Game)G 中唯一的子博弈完美均衡结局。在这个一般性模型中,亚当仍是先行者。我们的任务是将收益对(a,b)与讨价还价博弈$(X,0)$的一个合适的加权纳什讨价还价解联系起来。在这个任务中,正如以前那样,考虑一个伴随博弈 H 是十分有助益的,这一伴随博弈除了交换亚当和夏娃的角色之外,其他都与交替出价博弈完全一致。于是,夏娃便在博弈 H 中拥有了先动优势,博弈 H 的唯一子博弈完美均衡结局可以用$Q=(c,d)$来表示。

如果亚当在博弈 G 中的开局出价被拒绝了,那么便会进入 G 的一个子博弈,在这个子博弈中,夏娃是先行者。这个子博弈除了开始于时刻 $t=\tau$,其他都与博弈 H 完全一致。因此,它的唯一子博弈完美均衡结局为$(c\delta_A^\tau,d\delta_E^\tau)$。这样,夏娃就知道,如果两个局中人在这一子博弈中都采用他们的子博弈完美策略,那么她拒绝亚当的开局出价将导致她最终获得 $d\delta_E^\tau$ 的收益。因此,在均衡状态下,只要最终在集合 X 中的收益对(x,y)满足 $y>d\delta_E^\tau$,夏娃便必然接受亚当在时刻 $t=0$ 时提出的任何出价。类似地,在均衡状态下,她必然拒绝任何满足 $y<d\delta_E^\tau$ 的出价。由于子博弈完美玩法也要求亚当采取最优化的行动,因而他的均衡提议必然满足$y=d\delta_E^\tau$。由于夏娃在博弈 G 中的子博弈完美收益为 b,这意味着博弈 G 必然开始于这一被夏娃接受的出价。这样就有 $b=d\delta_E^\tau$ 成立。将相同的推理应用于伴随博弈 H,我们也可以发现 $c=a\delta_A^\tau$。

图 1.15(a)阐释了这两个等式:

$$b=d\delta_E^\tau \text{ 且 } c=a\delta_A^\tau \tag{1.14}$$

这些等式特征化了交替出价博弈 G 的唯一子博弈完美均衡结局。注意到,(a,b)和(c,d)必然是协议集合 X 的帕累托有效点,因为其对于提议者在让给对手最小可接受量之后最大化他自己的收益来说总是最优的。

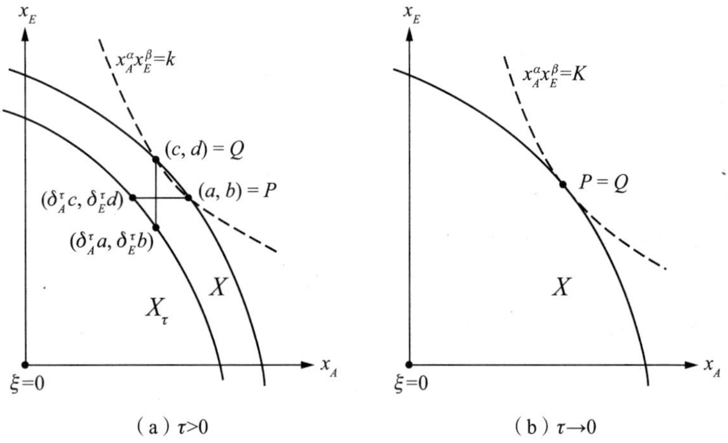

图 1.15　极限状态结局的特征化

(1.14)式经过一些代数运算之后,变得友善了一些。将(1.14)第一式两边都乘幂 $\alpha=1/\rho_E$。然后将第二式两边都乘幂 $\beta=1/\rho_A$。[1] 接着将两式相乘。我们可以得到以下等式:

$$a^\alpha b^\beta=c^\alpha d^\beta$$

据此可知,点 $P=(a,b)$和点 $Q=(c,d)$都处于同一条等高线 $x_A^\alpha x_E^\beta=k$ 之上,正如图 1.15(a)所示。

图 1.15(b)展示了当 $\tau\to0$ 时的极限状态。点 P 和点 Q 都收敛到共同的极限点 v,等高线 $x_A^\alpha x_E^\beta=k$ 与协议集合 X 的帕累托前沿在该点相切。将该图与图 1.5(a)相比,我们看到点 v 正是讨价还价博弈$(X,0)$的加权纳什讨价还价解,并满足讨价还价能力 $\alpha=1/\rho_A$ 且 $\beta=1/\rho_E$。

纳什规划　第 0.6 节讨论了纳什规划,鲁宾斯坦的结果为纳什规划的使用提供了一个引人注目的案例。交替出价模型是一个现实的非合作讨价还价模型,在这个模型中,唯一子博弈完美均衡的玩法导致每一个局

[1] 原书如此,疑误。根据文意,应该有 $\alpha=1/\rho_A$,$\beta=1/\rho_E$。——译者注

中人得到的收益都是由一个加权版本的纳什讨价还价解所赋予的。

这一模型不但证明了在完全信息的情况下，使用纳什讨价还价解来预测理性的讨价还价者将达成的协议是正确的，而且它也提供了如何使用纳什讨价还价解的有价值的线索。特别地，它为讨价还价能力 α 和 β 提供了一个解释。正如在第 1.7.1 节所提到的，由于理想中的理性的局中人都会最优地进行讨价还价，因而将这些变量视为局中人的相对讨价还价技巧并不合理。在鲁宾斯坦模型中，$\alpha=1/\rho_A$ 和 $\beta=1/\rho_E$ 衡量了局中人的耐心程度。一个不耐心的局中人将会有一个较低的折现因子 δ，并因此有一个较高的折现率 ρ。因此，他的讨价还价能力将是较低的。

交替出价博弈对于当将纳什讨价还价解应用于讨价还价博弈 (X,ξ) 时，如何对现状点 ξ 进行解释的问题也是有启发的。正如第 1.2.2 节所强调的那样，ξ 应该被置于僵局点 d。这是在讨价还价永远继续进行却无法达成协议的情况下，所导致的收益对。换句话说，在关于达成协议时间的十字架格言(Cross's aphorism)的精神中，正是协议才使得局中人对于何时实施协议感到毫无差异。在上述研究的交替出价博弈的简单版本中，$d=(0,0)$。当对收益流进行讨价还价时，d 将是在磋商进行过程中每个局中人所获得的收益流对。

第 1.2.2 节也强调了崩溃点 b 的角色。收益 b_A 和 b_E 代表了当磋商于时刻 $t=0$ 中断时，亚当和夏娃所拥有的最优外部机会。在上述研究的交替出价博弈中，我们并没有考虑由于一个局中人离开谈判桌并采取一个外部选择而导致磋商终止的可能性。然而，我们可以允许局中人在拒绝了一个出价之后决定是否立刻退出，从而很容易地将其修正为如图 1.14(b)所示的交替出价模型。如果局中人选择在时刻 t 退出，那么导致的收益对为 $(b_A\delta_A^t, b_E\delta_E^t)$。如果他选择参加，那么在他给出下一个出价之前，会流逝 τ 长度的时间。

一个比具有外部选择的交替出价博弈更为一般的模型将在附录 C 中进行正规分析。然而，其本质和基础已经在第 1.2.2 节中完整论述了，这是由于，在那里给出的论据可以被很容易地转换为一个在交替出价博弈背景下的正式证明。在 $\tau \to 0$ 的极限情况下,事情变得尤其简单。如果点 b 处于协议集合 X 之外,那么局中人就没什么好讨价还价的了。各方都会立刻采取他们的外部选择。如果 $b < v$ 且 τ 足够小,那么没有人会采取一个外部选择。因此,其讨价还价结局将与完全没有外部选择的情况恰好一致。否则,外部选择将起作用。如果 $b_A \geq v_A$,那么亚当就正好得到他的外部选择 b_A,而夏娃则得到余下部分;如果 $b_E \geq v_E$,那么夏娃正好得到她的外部选择,而亚当得到余下部分。

总之,具备外部选择的交替出价博弈有唯一的子博弈完美均衡结局,且会收敛到讨价还价博弈(X,b,d)的一个加权纳什讨价还价解。而在不具备外部选择的情形中,相关的讨价还价能力为 $\alpha = 1/\rho_A$ 和$\beta = 1/\rho_E$。

让我再次强调,上述理论并不支持劳动经济学文献的传统观点——这些文献将某种版本的纳什讨价还价解应用于讨价还价博弈(X,b)而不是(X,b,d)。因此,其完全忽视了僵局点,并且错误地将纳什讨价还价解的现状点置于崩溃点的位置。如果局中人能够承诺采取"要么接受,要么放弃"的威胁,正如第 1.5 节所描述的那样,那么在 $b < d$ 的情况下,将讨价还价博弈构建为(X,b)当然是合理的。那样,每一个讨价还价者的最优威胁都是采取他的外部选择。然而,让我再重复一遍,可信的威胁,才是有效的威胁。

1.7.2 鲁宾斯坦模型有多现实呢?

为了理解鲁宾斯坦[445]定理发表所引起的轰动,我们有必要回忆一下包括冯·诺依曼和摩根斯坦在内的经济学家们所持有的传统观点,即讨价还价博弈是不确定的(indeterminate)。但是,鲁宾斯坦提供了一个完全信息条件下的理性人之间的讨价还价模型,在这个模型中,博弈结局完全取决于局中人对时间和风险的态度。

当时其他的讨价还价模型,特别是第 1.5 节的纳什要价博弈,都推导出了一个唯一确定性的结局,但鲁宾斯坦的交替出价博弈则似乎是一个描述现实中人们如何讨价还价的更具现实意义的代表。但这一印象被证明是正确的吗？对这一问题表示疑虑的批评家自然不在少数。尽管用一个击倒性的反驳进行回应是可能的，但我却选择考虑某些相关建模判断问题的更为微妙的批评意见。

反应时间　第一个批评意见并不是直接针对模型本身，而更多的是针对我对局中人讨价还价能力的解释。注意到每一个局中人都想要在做出回应之前等待尽可能少的时间，这一批评意见假设交替出价博弈相继两轮之间的时间间隔必须取决于局中人的心理反应时间。由于反应时间以秒来计，因而研究 $\tau \to 0$ 的极限状态，相比对近似模型的标准解释要合理得多。然而，这会产生一个新的问题，因为夏娃的反应速度可能是亚当的 5 倍。如果亚当和夏娃都同样有耐心，夏娃被赋予的讨价还价能力将是亚当的 5 倍。但谁又会认为，在一个讨价还价过程中，反应快慢是决定人获得多少的重要因素呢?

回应这一路线的批评意见要说的第一句话便是，如果我们纠结于反应时间，那么交替出价博弈需要进行修改。鲁宾斯坦的构建并不允许在出价及其被接受或拒绝之间存在丝毫的时间流逝。如果在这一点上，我们引入一个相当于回应者反应时间的延迟，那么夏娃的优势就不存在了，因为决定讨价还价能力的真正重要因素是，局中人从拒绝一个出价到得到对手对其反出价的回应所要等待的时间长度。这一时期是提议者构建其出价的时间和回应者决定接受与否的时间的总和。如果亚当对所有事件的反应时间是 τ_A 而夏娃是 τ_E，那么对两位局中人而言，相继两次接受出价的机会之间的时间间隔为 $\tau_A + \tau_E$。因此，反应快并不能带来讨价还价的优势。

然而，对这一批评的合理反应是否认反应时间的相关性。并非巧合的是，在现实生活的讨价还价中，我们观察到的拖延时间长短的确利害攸关。当我们在集市上对一条面包进行讨价还价时，出价以秒或者更短的时间单位来分割。在房地产交易中，交易的延期用小时或天来衡量。在跨国谈判中,可能拖延数月而无任何行动。因此,拖延的时间长短是内生决定的。结果越是重要,我们就越是感到需要更多的时间来考虑,以确保我们在做正确的事情。除了讨价还价,我们还要用时间做很多其他的事情。在我的日程表中,吃饭和睡觉总是排得很靠前。同样重要的是,我们需要牢记,现实中的人们几乎很少在完全信息下展开讨价还价。我们对于对手究竟有多少耐心或有多么厌恶风险,几乎总是怀有疑虑。在这样的情势下,拖延可以作为一个策略信号来使用,以告诉对手我方在以强大的实力进行讨价还价。

当然,一种理想的做法是,扩展模型以至于,将所有我们认为可能与决定讨价还价时间表相关的因素包含进来,而不是遵循鲁宾斯坦,将时间表视为给定。瑞尼和佩里(Reny and Perry)[423]已经沿着这条路开始起步,但我仍然满足于将注意力集中到鲁宾斯坦模型对反应时间的天真解释。

货币以整数美分的形式出现 第二个批评意见出现于迈尔森[374, p. 404]精彩的教科书《博弈论:冲突的分析》(*Game Theory: Analysis of Conflict*)以及范·达姆等[529]和穆素(Muthoo)[369]的论文之中。

在第0.4节中,我们研究了最后通牒博弈。在1美元可以被任意细分的情况下,该博弈只有一个子博弈完美均衡;但当这1美元只能以整数美分的形式被分割时,就存在两个纯策略子博弈完美均衡。对于交替出价博弈而言,类似的结论依然成立。事实上,当1美元只能以整数美分的形式分割时,在$\tau \to 0$的极限状态中,任何分法都是一个子博弈完美均衡结局。更重要的是,在协议没有立刻达成的情况下,还存在其他的子博弈完美均衡。[1]

迈尔森[374, p. 407]推断认为,鲁宾斯坦定理不过是一个数学玩具。当将纳什讨价还价解应用于社会契约问题时,由于总是存在可能协议的

---

〔1〕 为了理解其中的原因,我们首先可以考虑唯一可能的协议是,亚当得到整个1美元或者夏娃得到整个1美元的情形。在证明存在亚当将整个1美元都留给夏娃的一个子博弈完美均衡之后,剩下的工作将是容易的。

一个连续统,因而这一批评意见很容易被忽视。然而,这是一种不诚实的逃避。正如鲁宾斯坦[448]认为,对人来说玩一个博弈真正重要的并不是他们困境的原初事实,而是他们对事实的感知(perception)。因此,问题并不在于协议集合是否是一个连续统,而在于人们在做决定时,是否将其构建为一个连续统。

但首先,我们有必要处理一个转移注意力的话题,其涉及时间和货币单位的衡量。迈尔森对交替出价博弈多重均衡存在性的论证仅仅要求,相比衡量货币的单位,衡量时间的单位要足够小——物理学家衡量时间要小到纳秒级别,而会计师从来不会使用美分以下的单位,难道是不正确的吗?然而,物理学家和会计师在实验室或会计师事务所所做的事,正如花卉在春天开花的情形。在日常生活中,现实中的人们几乎不会关注多一秒或少一秒、多一分或少一分。事实上,秒和分是我们通常衡量时间和货币的最小单位,这恰恰是因为,只有大致这种规模的单位才能让我们开始感知到。较大规模的单位会很快通过某种变通的办法被分为更小的部分。[1] 例如,当我们对一个不可分割的物品进行讨价还价时,在不可能使用金钱等物对失败者进行补偿的情况下,我们会考虑通过抛一个适当加权的硬币来决定所有权,或者采用一个轮流拥有该物品的计划。

一旦理解了我们通常使用的衡量时间和货币的最小单位是内生地取决于我们日常生活的环境这一道理,就可以进一步思考我们在大多数场合也经常将其视为连续变量的这种可能性。真实的情况是,亚当可能会迟到很多小时(many hours),而夏娃也可能在桥牌桌上不小心输掉很多美元(many dollars)。但这是因为,以某种单位计数必然是一种离散的操作。然而,英语的语法迫使我们说,亚当的火车延误很久(much delayed),以及如果夏娃打牌更聪明的话,她会变得富有得多(much richer)。因而在这里,我们的语言将时间和货币处理为连续变量。一个显

[1] 意大利为两种情况提供了一个很好的案例。由于意大利里拉(lira)的单位太小,因而价格都以几百里拉来计。而在另一方面,当几年前意大利用来找零的小额货币变得稀少之后,用几块糖果补偿差价的做法变得十分常见。

而易见的解释便是,这正是我们在组织日常生活时对它们的建模方式,因而似乎完全合理的是,鲁宾斯坦也应该使用相同的模型。

对于那些偏爱正规论证的人来说,宾默尔等[81]提供了一个模型,该模型假设演化减少了交替出价博弈中并不必要的复杂策略。于是,生存下来的策略只有在值得做的情况下才考虑博弈的精美细节。在 $\tau\to 0$ 的极限状态中,修正了的演化稳定策略如剩余所允许的离散性质那样接近鲁宾斯坦的预测。

在协议上食言　交替出价博弈的规则假设,一旦某个出价被接受,讨价还价便立刻停止。但是,如果我们允许局中人在达成了协议之后可以食言,那么将会怎么样呢? 穆素[368, 371]指出,在这种情况下,局中人有时会发现,出于策略的原因,利用这样一个机会是有利可图的。用正规术语来讲,他证明了当修改交替出价博弈以允许违背协议时,存在多重子博弈完美均衡。

然而,如果我们假设局中人承诺能够在长度为 $T>0$ 的时期内进行交易,并且相继两次出价的时间间隔允许趋于无穷小,那么新的子博弈完美均衡就会消失。如果先取极限 $\tau\to 0$,再取 $T\to 0$,那么幸存下来的将是唯一解。

其启示在于,鲁宾斯坦的结论依赖于两个局中人之间存在的较小程度的互相信任,且这一信任在我们接近连续时间的情形时能够趋于无穷小。由于第1.6.2节已经发现,当对一个协议的实施建模时,我们有必要假设这样一种退化的信任程度,当论证交替出价博弈时,施加一个最小信任程度的假设并不会给本书的目的造成额外的困难。

僵局收益的内生化　费尔南德斯和格雷泽(Fernandez and Glazer)[181]研究了一个厂商和工会之间的交替出价博弈,在这个博弈中,罢工的决定是内生的。在每一次出价被拒绝之后,工会决定是否在下一次出价被提出之前,发动一场历时为 τ 的罢工。如果没有罢工,那么厂商依然在旧的契约下运行,并且双方都得到一个正的收入。如果存在罢工,那么双方都一无所获。这一模型具有多重子博弈完美均衡,其中一些均衡包含为了达成协议而采取实质性的拖延行为。

但是,这里还有一个可选择的模型。工会一开始就公布其罢工决定。其决定在两个时期内保持有效,而且厂商在第一个时期内出价,工会在第二个时期内出价。如果两个出价都被拒绝,那么工会便修改其罢工决策并开始新一轮循环。这一模型有唯一一个子博弈完美均衡结局。在 $\tau \to 0$ 的极限状态中,如果在旧的契约下,工会相比厂商处于相对不利的地位,那么工会总是选择罢工;而如果在旧的契约下,工会处于相对有利的地位,那么工会总是选择继续工作。简言之,工会将僵局点设置在对它最有利的位置。

这些模型中哪一个更合理呢?这一问题归结为发动罢工和结束罢工的速度有多快。我认为第二个模型更为合理,因为它假设出价能够比发动罢工更快。如果工会的罢工决策承诺的是100个时期而不是2个时期,那就更加合理了。如果工会的罢工是无限期的,那么除了工会是否罢工的开局决策之外,我们就回到了鲁宾斯坦模型。

通过电话选择退出 作为第二个挑战鲁宾斯坦模型稳健性的例子,其考虑了下述谢克特(Shaked)[487]模型的一个变种,而谢克特分析的是具有外部选择的交替出价博弈。图1.14(b)的标准模型存在唯一的子博弈完美均衡。然而,谢克特证明,只有改变模型以使得一个局中人的退出机会在他自己的出价被拒绝之后——而不是他拒绝对手的出价之后——立刻出现,博弈的多重均衡才会出现。

这两个模型哪一个更合理呢?这一问题可以简化为,一个局中人承诺不再参与磋商的难度有多大?在集市发生的面对面的讨价还价中,一个潜在的购买者会离开并准备与其他出售者做生意,从而令人信服地打断了磋商——但如果在他走开时,他不能听到摊贩的最后出价,他便不会那样去做。因此,谢克特认为,他的模型更适合于在电话中的讨价还价,因为一个局中人能够通过挂断电话来终止磋商。但是,他真的可以吗?我自己的经验是,当有人想要我为他们做某些重要的事情时,即使我试图中断与他们的联系,他们还是会不断打电话给我,无论我如何坚决地强调我偏好我的外部选择。你或许会考虑剪断电话线并且拒绝接见来访者。但我想起当年在安娜堡(Ann Arbor)上空盘旋的一架轻型飞机,其拉下一条横幅,写着“嫁给我吧,梅齐”。由此可见,躲避听到不受欢迎的提议真是难如登天。

为什么是子博弈完美? 最后一个批评意见在第0.4节中讨论最后通牒博弈时,已经被相当详尽地回顾过了。为什么我们要假设局中人在交替出价博弈中会使用一个子博弈完美均衡?

正如在第0.4.2节中解释的那样,我同意那些批评家的观点,他们认为,支持将注意力局限于子博弈完美均衡的一般性论据并不具有压倒性优势(在收益并不是通过证明后退归纳算法的有效性是套套逻辑来决定的情况中)。然而,一个为鲁宾斯坦预测的备选辩护存在于在原初状态中运行的对称情形。第3.3.8节简要地讨论了一个演化稳定策略的思想,其通过改造更偏好于简单策略而不是具有相同功能的复杂策略。宾默尔等[81]将这一思想应用于交替出价博弈,并在 $\tau \to 0$ 的极限状态中,得到了与鲁宾斯坦讨价还价博弈相同的确定性的结局。然而,不对称情形仍然存在问题。

1.8 研究讨价还价的其他方法

本章所辩护的对讨价还价问题的研究方法仅仅是多年以来学者提出的诸多方法中的一小部分。其他的方法理解起来毫不费力并似乎具有普遍的应用价值,因而经常极具诱惑力。例如,抓住一个合作解概念并不加鉴别地将其应用于所有问题,这一想法的引诱力的确很强。即使是纳什讨价还价解,如果轻率地使用,正如劳动经济学家将其应用于讨价还价博弈(X,b)而不是(X,b,d)那样,也会使我们误入歧途(第 1.3.1 节)。为了强调在细长而狭窄的路径上站稳脚跟的重要性,尽管这条路十分崎岖,本章最后一节简要地回顾了破解讨价还价理论难题的另外两种尝试。

1.8.1　科斯定理

法经济学这一迅速发展的学科主要是罗纳德·科斯(Ronald Coase)[126, 127]智慧的结晶。在他对这一学科和其他学科的诸多贡献中[梅德马(Medema)[351]],他建立了这样一种理念,那就是对产权的清晰界定对于一个分权社会系统的有效运作是至关重要的。科斯在这一领域的研究总是倡导这一主张,如果相关的交易成本可以忽略不计,那么理性的讨价还价者必然能够达成一个帕累托有效的交易,这与第 1.2.3 节所讲的内容是类似的。

于是,斯蒂格勒(Stigler)开始将这一分析工具称为科斯定理(Coase Theorem)。[1] 然而,正如在第 1 卷第 1.2.8 节观察到的,科斯绝不是第一个提出这一命题的人。这一命题的历史可以追溯到冯·诺依曼和摩根斯坦[538],并最早达到埃奇沃思(Edgeworth)[69]。说它是一个定理也是不合适的,因为科斯为了辩护而提供的论据并不是严格的数学证明。因此,斯蒂格勒并没有帮到科斯,他只是将一个既不是科斯的也不能称为定理的东西称为科斯定理。

当然,我们可以将任何阻碍理性的讨价还价者达成一个帕累托有效交易的事物定义为一个正的交易成本,从而将科斯定理变成一个真正的定理。例如,我们经常宣称,任何在讨价还价者之间的不对称信息代表了

〔1〕 正如文中陈述的那样,各种科斯定理的推论有时被作为科斯定理本身加以引用。一个与科斯定理完全不相关的关于耐用品垄断定价的命题,有时也被称为科斯定理。

某种类型的交易成本。这种类型的文字游戏听起来还不错,但通过分析下述鲁宾斯坦[445]的例子,就足以暴露其空洞无物的本质(附录C.5的注解3)。

在这个例子中,两个具有完全信息的讨价还价者对如何分割1美元交替进行出价。局中人不像鲁宾斯坦讨价还价理论的标准版本中那样对时间进行折现,而是在每一个提议被拒绝时,每个局中人都会损失 c 美元。用来分析存在折现的交替出价博弈的数学证明也适合于处理这一情形,但是,存在唯一子博弈完美均衡这一结论不再成立。这一博弈具有很多个子博弈完美均衡,其中一些涉及为了达成协议而采取拖延的行为。涉及这种拖延行为的均衡不可能是帕累托有效的。这是因为,如果两个局中人继续使用他们的均衡策略,那么立刻同意他们最终将要达成的交易对两个局中人都更有好处。就其本身而言,这一结果并不会对科斯定理制造难题,因为只要 $c>0$,我们就可以认为交易成本是正的。然而,我们可以通过考虑 $c\to 0$ 的极限状态来研究交易成本为0的情形。

当我们取极限 $c\to 0$ 时,我们惊讶地发现帕累托无效的均衡并没有消失。其中一个极限均衡结局远非帕累托有效,其要求首先选择拖延以耗费每个局中人50美分,然后平均地分割这1美元。因此,两人最终都一无所获!这是一个病态的结论,因为其并没有向更为现实主义的方向进行改变,从而无法恢复到鲁宾斯坦标准理论的唯一性结论。但它表明,科斯定理作为一个定理,从严格意义上来说是错误的——除非我们准备将交易成本的定义延伸至荒谬的程度。

就我个人而言,我认为,如果接受满足某些前提条件的所有符合实际的讨价还价结论——包括我在本书中所依赖的结论,那么科斯主义者将有更好的发展。在我们关注的实际应用中,当其中一个讨价还价者具有较好的外部选择时,讨价还价结局在交易成本很小的情况下是近似帕累托有效的这一结论变得尤其不可信。

正如我们在第1.7.1节中所看到的,将鲁宾斯坦的讨价还价理论应用于博弈 (X,b,d),的确预测到讨价还价结局将是帕累托有效的。然而,尽管满足帕累托有效,这一交易授予拥有较好外部选择的局中人的收益并不会多于他选择退出所得到的收益。那就是说,他的均衡策略告诉他要参与交易,但实际上获得均衡收益和选择退出对他来说毫无差异。为了预测一个帕累托有效结局将会被观察到——即使是在经验丰富且信息完备的讨价还价者对一大笔金钱进行磋商的情况下,我们过度依赖于一个处于刀刃上的理论结果。事实上,实验室的实验表明,标准的鲁宾斯坦理论在交易的确达成的情形中,在预测剩余如何分割方面表现甚佳,但当其中一个局中人拥有一个足够好的外部选择时,讨价还价者经常无法达成一个协议(宾默尔等[90, 79, 82])。

社会最优性 为什么科斯定理被赋予如此重要的地位?学生们总是受到这样的教导,它证明了在交易成本可以忽略不计的情况下,不应该干预争论的状态。这是因为,如果我们允许争论的双方在无约束的情况下私自磋商,那么他们将会达成一个社会最优的安排。我不知道学生们是否意识到,同意这样一个观点意味着他们默认了"强权即公理"(might makes right)的观点。毕竟,正如第0.2节所指出的,即使是一名奴隶和他的主人之间,也存在需要通过有效地磋商来解决的事情。但我们是否想说,在不存在交易成本的情况下,他们达成的交易将是社会最优的?

将社会最优等同于帕累托有效,对我来说实在是过于肤浅。也不存在将消费者的社会福利等同于消费者剩余的适当理由。[1] 承认这一点,相当于假设额外的1美元对于一个富人和一个穷人来说具有相同的价值。我们更不能想当然地认为,总社会福利等于消费者剩余加上生产者剩余再加上一项外部性。的确,通过这种方式定义社会福利,使我们能够运用分析完全竞争市场所使用的熟悉的技术。但除了一些孤立的地带,整个世界远未接近了理想的完全竞争状态,因而遵循科斯传统,根据由不可忽略的交易成本导致的对完全竞争状态的偏离来解释所有事情,

---

[1] 即使对于一个拟线性效用函数也是如此,正如第1卷第4.3节所解释的那样。

在我看来十分可笑。

然而,尽管存在这样和那样的保留意见,需要意识到的是,我自己的立场与科斯及其追随者们有很多共同之处。我并不同意,在结局是帕累托最优的情况下,根本的权力结构是无关紧要的;但我的确同意,我们必须容忍那些无法改变的事物。因此,理性的改革方法并不是绝望地抱怨我所谓的生存博弈的规则,而是遵循科斯,在这一博弈中寻找一个均衡,且其相比当前社会运行的均衡是一个帕累托改进。我再一次同意,并不存在绝对的原则来告诉我们,应该偏好于这一种帕累托改进还是那一种帕累托改进。但我并不遵循科斯式的推论,认为分配问题是无关紧要的。不同的人偏好于不同的帕累托改进,并且我们必须找到某种解决这类冲突的方法。我的实用主义的建议是,利用内置于我们当前社会契约中的公平准则,实际上,这些准则正是出于这一目的而被植入的。我并没有断言这些准则是社会最优的;想要说的仅仅是,它们的存在为我们提供了一种有用的社会工具,我们如果不用,就实在太愚蠢了。

1.8.2 对社会契约讨价还价的高德观点

对最后一个困惑的来源进行剖析是为了提醒各位,本章对于讨价还价问题的喋喋不休仅仅是清扫战场,为进攻社会契约问题做好准备。

罗尔斯[417]认为,亚当和夏娃能够通过使用原初状态这一机制公平地解决他们的分歧。也就是说,如果他们在不知道自己当前的社会角色的情况下进行讨价还价,那么每一个人都应该同意他们达成的交易。高德(Gauthier)[196]扯下了罗尔斯式的“无知之幕”,并认为亚当和夏娃使用卡莱-斯莫洛定斯基讨价还价解直接达成了一个妥协。在第1卷第1.2.9节中,我笼统地讨论了这一方法的不足之处。最为突出的批评是,高德对卡莱-斯莫洛定斯基解的使用将其程序的伦理内涵都压缩进对现状点 ξ 的选择之中。高德强调,现状点 ξ 应该根据洛克式原则来确定,但我并不认为高德关于自然状态的资产阶级观念要优于诸如霍布斯

(Hobbes)[251]的“所有人对所有人的战争”或者布坎南(Buchanan)[103, 104, 105]的“自然均衡”等竞争性观点。事实上,这恰恰是因为,这样的问题充满争议,以至于我们需要罗尔斯[417, p.121]在其《正义论》中试图给出的“道德几何学”的帮助。然而,本节将这些宏大的问题放在一边,致力于剖析高德提出的用来为其观点进行辩护的论据,他认为卡莱-斯莫洛定斯基解是具有完全信息的局中人之间的理性磋商的必然结果。

首先需要指出的是,本章并未提及纳什-哈萨尼-茨威森定理,这主要因为博弈论的出现将这一定理淘汰出局,而高德[196, p.133]则将这一定理作为评价包括他的理论在内的其他讨价还价理论的基准定理。大约在相同的时间,冯·诺依曼率先将他的零和博弈思想组合了起来,而茨威森[576]则在撰写一本著作,在这本著作中,他展示了超越他们时代的讨价还价思想。事实上,正如哈萨尼[233]后来所证明的那样,使用茨威森原则将不可避免地导致纳什讨价还价解。

茨威森的行为假设是对其直觉合理性的赞颂,[1]但根据现代标准,我们无法接受。如今,我们想要知道为什么我们应该相信理性局中人在讨价还价时会遵从茨威森原则。这对于高德[196]提出的行为假设也是如此。为什么我们应该遵循高德,认为理性的讨价还价的本质是一个两阶段的过程,其中,每一个局中人在第一阶段提出要求,然后在第二阶段做出让步?即使在这一分析框架中,我们应该假设理性的局中人会服从高德的命令?特别地,为什么我们应该假设最初要求的向量是图 1.6(a)中的乌托邦点 U?没有这些问题的答案,高德提出的理性契约问题的解决方案便没有任何坚实的基础。

为了探索解决讨价还价难题的高德方法,我们考虑具有两个风险中性主人公的分钱博弈。也不存在特别的理由证明局中人必然遵循高德的方案,即同时以要求 a 和要求 b 来开启这一程序,并且都不预期对方会选择接受。然而,我们可以通过遵循穆素(Muthoo)[370, 372],引入一个对

[1] 鲁宾斯坦、斯拉法和汤姆森(Rubinstein, Srafa and Thomson)[449]。

最初要求的让步成本来美化高德的故事。穆素假设:如果亚当最终同意接受 $x<a$,那么他将损失 $\gamma(a-x)$;如果夏娃最终同意接受 $y<b$,那么她将损失 $\gamma(b-y)$。

高德故事的第二个缺漏涉及局中人在首次要求之后计算让步的方式(第 1 卷第 1.2.9 节)。这一缺漏可以通过假设局中人在宣布他们的要求之后遵循鲁宾斯坦程序而得以弥补。如果他们的折现率相等,那么就可以使用对称纳什讨价还价解来计算他们的让步。

在最初阶段,局中人提出要求并且存在一定的让步代价,在没有这一阶段的情况下,局中人将面对图 1.16(a)的纳什讨价还价博弈$(X,0)$。这一博弈的对称纳什讨价还价解为$(\frac{1}{2},\frac{1}{2})$。然而,在局中人提出他们的要求 a 和 b 之后,有效的收益区域不再是集合 X。例如,如果局中人最终决定这样分割这 1 美元,使得亚当得到 $x_A<a$ 而夏娃获得 $x_E<b$,那么每个局中人就必须支付对应他们最初要求的让步成本。这样一份协议所产生的效用对为$(y_A,y_E)=(x_A-\gamma(a-x_A),x_E-\gamma(b-x_E))$。因此,对于 $a+b>1$ 的情况,在提出最初要求之后,我们必须用如图 1.16(b)所示的讨价还价博弈$(Y,0)$来代替最初的讨价还价博弈$(X,0)$。因为:

$$y_A+y_E=(1+\gamma)(x_A+x_E)-\gamma(a+b)=1-\gamma(1-a-b)=w$$

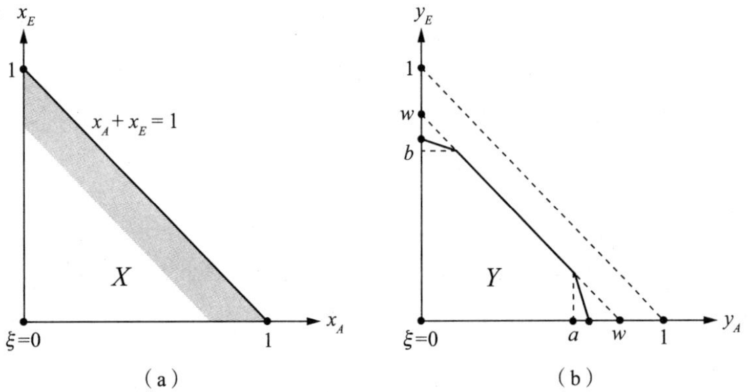

图 1.16 具有可撤销承诺的讨价还价

假设 $a \geq \frac{1}{2}w$ 且 $b \geq \frac{1}{2}w$，那么博弈 $(Y,0)$ 的对称纳什讨价还价解为 $(\frac{1}{2}w, \frac{1}{2}w)$。所以，在 a 和 b 足够大的情况下，亚当的最终收益是 a 的一个减函数。因此，在这一分析框架中，亚当当然不会以高德[196]建议的方式要求 a 尽可能大。恰恰相反，对于每一个足够大的 b，他都至少会将 a 降低至 $a=\frac{1}{2}w$。类似地，夏娃也至少会将 b 降低至 $b=\frac{1}{2}w$。

如果 $a=b=\frac{1}{2}w$，那么 $a=b=\frac{1}{2}$。[1] 这一要求对是一个均衡，因为在对手要求 $\frac{1}{2}$ 的情况下，局中人的最优行为也是为他自己要求 $\frac{1}{2}$。我们已经看到，在对手要求 $\frac{1}{2}$ 的情况下，没有一个局中人能够通过要求多于 $\frac{1}{2}$ 而获得更多的收益。如果两个局中人都要求 $\frac{1}{2}$ 并不是一个均衡，那么其中一个局中人必定可以通过降低其要求而获得更多的收益。然而，其中一个局中人降低其要求的结果，实际上创造了一个新的讨价还价博弈 $(Z,0)$，如图1.16(b)所示。这一新的讨价还价博弈的纳什讨价还价解仍然是 $(\frac{1}{2}, \frac{1}{2})$，并且将要求降低至 $\frac{1}{2}$ 以下的局中人会一无所获。

综上所述，高德[196]强调，在分钱博弈中，使用他的讨价还价方案的局中人会在一开始都要求整个1美元。然而根据穆素[370]，每个局中人仅仅要求他预期的最终所得，也就是50美分。[2] 更重要的是，无论让步成本 γ 有多小，这一结论依然成立。

高德[199, p. 179]认为，没有理由因为穆素的推理而感到惊慌失措，这是因为穆素推导得到的对称讨价还价博弈的最终结局与他自己的完全

---

[1] 将 $w=1-\gamma(1-a-b)$ 代入 $a=b=\frac{1}{2}w$。

[2] 不难证明，其他均衡并不存在(穆素[370])。

相同。然而,如果我们有可能将目光局限于社会契约问题的对称收益区域,那么我们为什么需要求助于讨价还价理论呢?我们到底要致力于解决什么问题呢?正如我在第1卷第1.2.5节所解释的那样,如果收益区域是对称的,那么“出生和自然禀赋的不平等”这些被罗尔斯[417, p. 100]认为需要用一个社会契约进行纠正的事物将完全不复存在。但在不对称讨价还价博弈中,穆素的推理并没有得到与高德相同的最终结局。即使移除集合 X 中处于直线 $x_A=\frac{3}{4}$ 右侧的部分,穆素仍然得到一个50美分∶50美分的分割方案,但这对于高德所偏爱的卡莱-斯莫洛定斯基解来说,当然是不正确的。

威廉·布莱克一生成就颇丰,其中之一就是发明了连环画。这里我们可以看到的就是用来诠释人类演化史的连环画这种新手段。

第 2 章

伊甸园里的演化

了解狒狒的人对形而上学做出的贡献，可能比约翰·洛克还大。

——查尔斯·达尔文(Charles Darwin)

2.1 善、正当与适当

传统的道德哲学理论可以大致分为三派，分别是善论(the Good)、正当论(the Right)和适当论(the Seemly)。激进派(左倾主义者)强调善，哲学家称其为结果主义者。他们认为，存在一个先验的、高于所有个人私利的共同利益。功利主义者和福利主义者是这一流派中最有话语权的代表。

保守派(右倾主义者)强调正当。哲学家称之为道义论，并将其视为与左派的结果主义论相对的理论。道义论者强调天赋权利的存在，而不计后果地遵守这种权利是人们的义务，其中尤以对私有产权的尊重最为重要。[1]

---

[1] 我并未把“由于某件事情是对的而去做”和“有权利去做某件事情”混为一谈。在第 3.2.2 节中，我假设我们有权利采取任何责无旁贷的行动，即我们的权利是由义务决定的。但是，遵循正当原则就是简单地履行自己的职责。

包括我在内的辉格党人则更倾向于认可道德规范或意愿仅仅受习惯和风俗约束的适当论。哲学家们对于应把我们归于上述体系的哪个部分仍存有疑虑,有时甚至忘记把我们放入整个体系之中。当他们提到我们的时候,往往带着对我们所支持的自然主义伦理理论的嘲讽。

我不得不承认,过去一些伟大思想家的著作常常与传统道德哲学体系过于简单的分类无法相容。例如,边沁有时说某件事情是对的,因为它推动了善。罗尔斯[417]把他的《正义论》描述成从正当中推导出善的一种尝试。亚里士多德对于适当原则的辩护与其信仰的目的论难以调和。同时,适当论的集大成者休谟常常被认为是某种意义上的功利主义者。约翰·斯图亚特·穆勒(John Stuart Mill)则指出,甚至正当论的集大成者康德有时也要借助功利主义的观点。〔1〕而作为回应,康德很可能指出,穆勒这位不太优秀的善论拥护者显然没能将其有关个人自由的观念与其功利主义的基本立场统一起来。

现代政治辞藻的随意性使得这一分类更为混乱。甚至连马克思主义者也把他们的改革诉求归于某种人类长久以来被剥夺了的"权利"。与此同时,保守主义者却在哀呼"社会精神"的缺失,他们认为这一精神是独立于其赖以繁荣的社会制度的。尽管在分类方面存在上述诸多混乱,但是我仍然试图用善、正当、适当这一分类框架作为后面三章的组织原则。本章会讲述有关善的理论,而正当则会在下一章被探究。需要指出的是,由于这些概念是从传统定义演化而来,所以我将采用对位法(way of counterpoint)来阐述它们。

第欧根尼(Diogenes)[149]曾指出,他看到了现实的杯子和桌子,却没有看到柏拉图所说的"杯子"与"桌子"的抽象概念。对传统善和正当理论中的"柏拉图主义",我持有相似的态度。边沁[53]指出,正当的概念无异于"高跷上的胡言乱语",我觉得善论亦如此。然而,否定善和正当作为

---

〔1〕 在康德[293]的著作中,不乏对穆勒的批判。例如,他曾指出:"我们内心有一种道德上的目的论倾向,要从其意图,甚至从我们在世界中的最终意图这一角度,对每起事件的原因进行解释。"当代学者也对此表示赞同[黑尔(Hare)[230]]。

绝对道德的存在,并不意味着日常生活中对好坏、对错的区分毫无意义。诚然,抽象的“杯子”和“桌子”的概念也与“善”和“正当”的概念一样,只是人类的发明,但是,“杯子”“桌子”却实实在在地存在着。

我相信生物和社会的演化使得善论所需要的个人福利比较成为可能。但是,我却不想把这一结论作为不证自明的公理。在本章中,我正是要探讨此现象是如何及为何演化的。同理,我相信社会的有效运转需要我们把某些权利看做不可剥夺的,同时把某些义务看做不可推卸的。然而,就像下一章将要阐述的一样,我并不认为使我们产生如此行为的机制和让狒狒世界稳定运转的机制有原则上的差异。但是,没有人会因为狒狒被赋予与生俱来的正当原则而建议狒狒维持现有的行为方式。

长期以来,适当论都名声不佳。如果有人说演化伦理学的好话,只有天真和愚钝之人才会相信。且不论智慧上的思虑,与更加壮阔的善论和正当论相比,适当论也缺乏这二者所具备的社会威信。但是,人类如我开始写作适当论的著作,恐怕就是适当论时代即将来临的标志。然而,在本书中,适当论大放异彩还要等到最后一章,在那里,我将所有的思想线索整合起来,希望能呈献给读者一个逻辑自洽的理论体系。

2.2　功利主义

本章的核心内容是讲述效用的演化和人际比较。讲述我能想到的功利主义的基本观点并同时指出它的闪光点绝非难事。我认为这种论述有致命的缺点,那就是使功利主义失去了在社会契约领域的竞争价值。然而,这并不是说功利主义不能引起我们的兴趣。相反,我认为功利主义原则在福利经济学家所面临的情境中意义非凡,如果这些福利经济学家关注的不是改造整个社会,而只是把功利主义作为一种仁慈的家长式政府的行政手段。

通过引入原初状态(original position)机制,罗尔斯[147]对康德的绝对命令(categorical imperative)理论进行了充实和完善,我的分析方法与罗尔斯相同。正如本书第1卷第2.3.7节所阐明的那样,罗尔斯对在"无知之幕"笼罩下所得到的假想契约的分析,直接引致他提出了两种正义原则。在第一原则所要求的自由平等权利得到保证的情况下,第二原则讨论的是用来解决社会—经济不平等问题的差别原则。我个人更愿意将此原则称为最大最小准则(maximin criterion)。

罗尔斯认为,对处于原初状态下的理性人而言,最大最小准则是其做出个人决策的最恰当原则。我认为罗尔斯在此处有所偏误,本书第1卷第4.6节已经用相当长的篇幅对此做出解释。虽然我口头上批判贝叶斯决策理论的滥用,但是我也发现在原初状态的情境中对其加以应用很有必要。确实,如果正统理论在这样的情境中都不正确,那么它一定在任何情况下都不可能正确了。因此,从其在决策理论方面的观点来看,罗尔斯可以被归为反传统派。一旦这一点得到认同,人们自然会问,如果罗尔斯没有把贝叶斯决策理论束之高阁,那么他的理论会走向何方?

正如本书中"相互对立的社会契约理论"中的路径1所显示的,罗尔斯[417]在哲学思想上与洛克、卢梭和康德一脉相承。而在该结构图中,哈萨尼[233]的路径3与罗尔斯有同样的思想来源——因为早在上段末的问题被提出之前,哈萨尼就在与罗尔斯无任何交集的情况下对该问题进行了解答。哈萨尼[233]指出,在原初状态中采用贝叶斯决策理论所得出的结论,不是某种形式的平等主义,而是一定意义上的功利主义。如果罗尔斯把原初状态作为实现"绝对命令"的途径这一观点是正确的,那么这就意味着康德学派的伦理学必须重写,并以此验证穆勒关于康德是某种程度上的功利主义者这一观点的正确性!

因为我已经把康德视为正当论的集大成者,说他的论证模式可能让他成为善论的集大成者,听起来似乎自相矛盾。但是,这样的不一致并非我独有。前面曾提到过,罗尔斯是个公认的康德主义者,他试图从善论中推导出正当论——虽然并非功利主义意义上的善。哈萨尼在此问题上与我的观点则更为接近。在本节结束的时候，我希望哪怕是最彻底的功利主义者也愿意承认：或许他们与康德主义的相似性远远大于人们的想象。之所以事情发展为现在的样子，我认为是因为康德对于个人自主权的宣扬使得人们相信，实行他的理论将会产生真正自由的社会。〔1〕有时，康德甚至被认为是理性自由主义的奠基者。〔2〕然而，正如以赛亚·柏林(Isaiah Berlin)[56]所阐释的，这一印象的获得来自把普通人所认为的无拘束的自由重新定义为奴隶制，之后再提出某种形式的奴隶制作为真正自由的本质。一旦意识到了这一点，就有可能认识到康德所提出的伦理体系只有在下述情况下才具有真实意义，即有一个构建良好的权威来实施被理性个体接受为普遍规律的最大化原则。〔3〕由此，家长式的教条与功利主义福利经济学家所倡导的父爱主义之间的距离变得不再遥远。

虽然我很坚定地做出了康德应该是一个功利主义者的大胆判断，但是这与社会契约问题关系不大，因为我认为罗尔斯和哈萨尼在采用康德主义作为其理论基础的时候都有失偏颇。更重要的是，我认为没有任何必要认同这两位学者关于康德主义的观点，即亚当和夏娃在某种程度上

---

〔1〕每个人都认为自由是一件好事情。因此，所有的改革提案都应该有利于增进自由。随之而来的结果是，长期社会争论的历史留给我们大量相互矛盾的自由概念。以区分“积极自由”和“消极自由”而闻名的柏林[56]，除了上述两种自由之外，认为“自由”一词的不同含义超过200种。例如，哈耶克(Hayek)[240]指出，政治自由不同于公民自由——一个雅典公民拥有投票自由，却可能仅仅由于不受其他大多数公民欢迎而被驱逐。自由意志与内在自由或自我控制也不一样。自由的来源和去向事实上与物质和权力的分配密切相关。确实，哈耶克[240]就指出，一旦被视为与赋权等同，则“自由”一词的原本意义就会面临荡然无存的风险。而在康德看来，这一风险在于混淆了自我控制与不受强迫的概念。

〔2〕外行可能认为，这意味着康德是第一个采用理性主义方法来支持自由主义的人，而非第一个强调了个人自主价值的理性主义哲学家。从字面上看，这一观点让辉格党人很难接受，因为我们认为大卫·休谟才是理性自由主义的化身。事实上，康德认为休谟几乎在所有问题上都不正确，他也正是因此才开始写作。无论如何，从辉格党人的角度看，康德的确不能被认为是任何意义上的理性主义者或自由主义者。特别地，在我们看来，康德关于理性(rationality)以服从绝对命令为前提的观点实属无稽之谈。

〔3〕康德[295，p. vii]深受卢梭的影响，他甚至把后者称为道德理论界的艾萨克·牛顿(Isaac Newton)。然而，想要在现实中实现卢梭理念的空想主义者劫持了法国大革命，但很快就转变成了独裁主义，我认为这并非意外。辉格党人埃德蒙·伯克(Edmund Burke)[101]就能够解释空想主义者的这一壮举必然失败的原因。

承诺遵守在“无知之幕”背后达成的假想契约。然而,直到本书最后一章之前,我都将暂时搁置自己对这种承诺假设可行性的怀疑,到那时,我将证明罗尔斯平等主义信念的正当性——虽然是采用了罗尔斯本人可能并不喜欢的论证方式(阅读指南中的图中路径 5)。在本章正文中,我将在摒弃罗尔斯和哈萨尼的康德主义基础的条件下继续保留他们的承诺假设,相应地,我假定存在一个慈善廉洁的外部机构来执行社会契约(阅读指南中的图中路径 4)。

2.2.1 至善

弗兰西斯·哈奇森(Francis Hutcheson)[277]认为,我们应该追求最多数人的最大幸福[斯科特(Scott)[470]]。边沁〔1〕不经意间重述了这一说法,并从此为功利主义的反对者们提供了一个重要的批评工具。然而,在一个固定规模的社会里,很容易得出清楚明白的定义。〔2〕本书第1卷第 2.2.4 节把功利主义者定义为拥有可分可加共同利益函数的结果主义者。因此,功利主义者把每个市民的福利估计进行加总,从而得出整个社会的总福利。

不幸的是,很多学者把不同种类的结果主义者混淆在一起,并毫无区分地把他们统称为功利主义者。另外一些学者加剧了对上述概念的混乱认知,他们认为核心问题在于,个体行为是否与一个效用最大化模型相容? 因此,他们给任何一个运用此模型的人都贴上了功利主义的标签,似乎没有注意到,一个由追求自身效用最大化的个体所组成的社会不一定在总体上也追求效用最大化。

〔1〕 我的同事弗雷德·雷森(Fred Rosen)指出,边沁可能既不是从哈奇森(Hutcheson)那里,也不是从莱布尼茨(Leibnitz)那里,而是从贝卡利亚(Beccaria)的《罪与罚》(*Crimes and Punishments*)[夏克顿(Shackelton)[486]]那里得到的这个说法,对此我要表示感谢。

〔2〕 正如第 2.5.2 节所阐释的,当人口规模可变时,关于总效用或者平均效用是否是一个可靠的度量标准还存在争议。

关于功利主义定义的哲学混乱使得我们无暇做出谨慎区分，即使是对于在本书中所采用的狭义上的功利主义概念也不例外。类似的还有经济学者们关于哈萨尼[233]功利主义观念可行性的微小但长期持续的争议，我在附录 B 中对此进行了简述。倘若没有正确理解，我从罗尔斯[417]那里所借鉴的目的论与非目的论伦理理论的区别也很容易引起混乱(本书第 1 卷第 4.2.4 节和附录 B)。特别要注意的是，本章对于功利主义的辩护具有一定程度的非目的论(nonteleological)特征。但是在对此进行具体阐释之前，有必要先说一说更常用的目的论方法。

2.2.2　道德伪善主义者

森(Sen)[477]认为，哈萨尼(Harsanyi)[233]根本不应该被归为功利主义者，因为他的理论主要是基于"人们想要什么"，而非"倘若知道什么是对自己好的，那么人们想要什么"。然而，我们怎么知道"人们应该想要什么"呢？应该以某种方式被提炼为唯一"至善"(Summum Bonum)准则的众多标准已经在文献中不计其数，但是它们显然只反映了其编纂者的文化和阶级偏见。〔1〕历史上有很多这样的例子。在"为了他们好"这一冠冕堂皇的理由之下，中世纪的西班牙宗教法庭对异教徒加以折磨和焚烧。直到相对近期，无助者还在"为了他们好"的理由中流血牺牲。维多利亚时期的空想社会改良家则打着"为了他们好"的旗号，用特制的工具束缚孩子以避免其在夜晚手淫。

当代的空想社会改革者在未来会不会受到同样严厉的批评呢？据我猜测，那些认为生活是一种强制性商品，就算生不如死也要继续忍耐的人，将来会受到苛刻对待。类似地，妨碍生育控制的人则可能面临更不乐

〔1〕 第 1 卷第 4.6 节推测许多学者之所以认为最大最小原则在直觉上很有吸引力，是源自其厌恶承担风险的阶级本性。但是，我们有什么理由要把这一资产阶级的偏见强加于其他阶级呢？

观的历史评价。〔1〕简言之,当代的空想社会改革者可能没有他们的前辈们那么野蛮,但是他们的灵感来源同样不可靠。穆勒[358]指出,以"为了你好"之名对个体进行限制所带来的破坏,很可能远远大于个体可能犯下的所有错误带来的破坏本身,显然,这一判断有点言过其实。然而,我们辉格党人也认为,一个这种强迫限制盛行的社会显然无法稳定。

上述观点并不意味着我们完全不支持让食不果腹之人有所食、让无家可归之人有所居等类似的慈善活动——通常,温饱和居有定所是人的基本要求。同样,我不认为父母从孩子们的长远利益出发而忽略其诸多要求是不道德的——当孩子们长大些时,他们甚至可能会对自己在幼年时未被溺爱而感激父母。我只是想对非要把自己关于什么是"好的"的个人观点强加于人的傲慢行为表示抗议,这些人往往没有意识到,其他人也完全具有鉴别好坏的能力。他们称自己为客观主义者,而我更愿意追随边沁称他们为道德伪善主义者——那些在道德责任伪装之下把自己的偏见强加于别人的人。

在我用以阐释本书观点的理想伊甸园中,亚当和夏娃的私人偏好只在抽象意义上存在,所以,通过找出私人偏好与道德伪善主义者偏见的一致性来解决二者之间冲突的尝试并不容易。即使是在我们所生活的这个不完美的世界中,历史对于那些运用权力时忽略了他人意愿的家长主义者也并无溢美之词。而且,这些空想改良者越是热心和自信,后代们认可

〔1〕人们反复听到,马尔萨斯(Malthus)[340]在其《人口论》(*Essay on Population*)中关于世界末日的预言可以被忽略,因为他在第二版本中撤回了声明。他确实变得对末日可能性不那么悲观了,他认为社会最终会学会让它的人口和资源保持平衡。但是,他的下述基本观点仍然与以前相同,即人口如果不受抑制地增长下去,最终一定会不可避免地超过资源总量。如果出生率超过死亡率,那么人口就会以几何级数增长。因为资源只是以算术级数增长,所以,人口增长最终会超过资源的增长——除非出生率或者死亡率发生变化。有人说,只要运用新技术和高效率运作,我们就可以免受资源限制。要想发现其中的错误,我们只需要想想自己站立的地方。即使我们有可能把人类生命体总量全部装进一个扩大了的球体,相对论告诉我们,它的半径只能与时间以相同比率扩大。因此,它的体积,可容纳最大人口数量,只能以数量级数进行增长。然而,在站立空间的极限状态到达之前,战争随时可能爆发。

其正义标准的可能性往往就越小。

2.2.3　理想观察者

对于我们前面所讨论的那些空想改良者，他们认为把自己私人偏好中对于善的判断强加于其他人是理所应当的。例如，卢梭[444, p. 15]坚持要对“公意”(general will)和“众意”(will of all)进行区分。卢梭[442, pp. 255 - 260]还解释说，“公意”只能被那些具有“卓越美德”的人所领会，并应当通过“让所有的个别意志都与其一致”来实现。

然而，属于更主流学派的功利主义者理所当然地认为公共善标准应当是非私人的(impersonal)。他们从不把自己的成见进行包装美化并作为社会应该遵守的准则，而是假想了一个理想的观察家，认为要由他来确定所有社会成员应该为之努力奋斗的目标。

本书第 1 卷第 1.2.7 节讨论了“理想观察者”的概念。如果一个理想观察者完全没有个人偏见，那么他的偏好就必须通过对被观测社会中所有公民偏好的某种形式的加总获得。这样他就以某种方式成为卢梭所谓“众意”的代表。功利主义者指出，一个给定国家的理想观察者的效用应该由所有国家公民个体效用的简单加总得出。

但是，这一观点并未回答下述三个问题：

- 效用由什么构成？
- 为什么要对个体效用进行加总？
- 为什么我应该最大化总效用而不是我自己的效用？

边沁和约翰·斯图亚特·穆勒等早期的功利主义者几乎不能回答这些问题。边沁[52, p. 615]曾用其特有的坦诚方式指出：“用来证明所有事物的内容，无法证明其自身。”[1]至于对幸福进行加总，则被离奇地描

[1] 这个幸福的相加，如果严格审议的话，可能是虚构的。它是一个先决条件，没有这个条件的允许，所有政治推理都会陷入僵局。——边沁[52, p. 616]

述成“胡言乱语”。

穆勒[360]有时继承了这一观点,但有时又想要尝试对功利主义给予简单的证明。他的证明包含的唯一观点就是:人类想要的东西就是幸福。在令自己较为满意地证明了这一条件之后,他就止步不前了——认为没有处理第二和第三个问题的必要。〔1〕之后的功利主义者——如西奇威克(Sidgwick)[492]——认为“好的”是一个“无法分析的概念”,也没有对上述问题做进一步解答。〔2〕以功利主义传统写作的当代道德哲学家,则似乎已经对这样的基本问题完全失去了兴趣。

幸运的是,哈萨尼[233]是个例外,还有他的追随者布鲁姆(Broome)[102]和哈蒙德[219,221]。〔3〕如上文所述,哈萨尼在写作关于功利主义的问题时显示了“双重身份”,在其中目的论的身份下,他为功利主义者的理想观察者方法提供了一些基础。

哈萨尼对于上述三个问题中第一个问题的回答,是在冯·诺依曼-摩根斯坦的效用理论的基础上给出的。在这一理论中,参与者的效用只是简单地为了描述其偏好而存在。〔4〕对第二个问题的回答则要借助于我们应该持有的对于善的本质的直觉,这一直觉被认为以某种先已存在的柏拉图主义形式存在。就像欧几里得运用其理想化的点和线一样,哈萨尼把他在这方面的直觉压缩在了一系列公理中。这些公理的要求包括,个人善与共同善等同的理想观察者,应该与每个个体公民一样理性。如果理性观察者对于某一事件的预期效用只取决于他所服务的社会公民对于该事件的预期效用,那么正如本书第1卷第4.2.4节指出的那样,冯·

〔1〕我们对于第二个问题的观察所得是:“每个人的幸福对于个人来说都是一种善,因此总的幸福就是所有人的善之加总。”

〔2〕埃奇沃思(Edgeworth)[169]以敏锐的智慧,为我们捍卫功利主义提供了一个保险论据,这个论据有时会不恰当地被包含到西奇威克等人的著作中。尽管如此,我把埃奇沃思的论据作为表达非目的论方法的首要尝试。

〔3〕黑尔(Hare)[228,229]是沿着并行轨道的另一个特例。

〔4〕从显示性偏好论(第1卷第2.2.4节)的角度来看,理性局中人会最大化自己的效用是一种同义反复。如果我们愿意用效用来度量幸福并假设人是理性的,那么穆勒对“人类渴望幸福”进行证明的企图就会变得多余。

诺依曼-摩根斯坦理性公理意味着他的效用方程能被表达为社会中所有公民的效用的加权平均(附录 B.2)。

然而,哈萨尼基本上没有回答第三个问题。高于个人利益的共同善的存在被认为是理所当然的。一旦从其公理中推导出了共同善的性质,哈萨尼就认为他的任务已经结束了。而对于其他结果主义的目的论,大家也没有提供更多解释,本书第 1 卷第 2.3.4 节已经对此进行了说明。在这个问题上,他们加入了义务主义的集大成者们,坚持认为我们具有道德上的义务来执行任何理论所定义的任何道德行为。更有甚者,适当论的先知们在这一问题上也饱受诟病。然而,在下述反契约论的摘录中,埃德蒙·伯克[109]至少能诚实地承认道德义务的来源完全是个谜:

> “我们来到这个世界的方式是黑暗而神秘的。导致这一神秘自然过程的本源不是我们关注的内容。然而在物理因素之外,还有一个我们知之甚少甚至全然无知的道德责任问题,对此,因为我们能够完全理解,所以应该不折不扣地去执行。父母可能不认为他们之间有道德关系;但是无论同意与否,他们都不得不担负起一系列的繁重责任,虽然对此他们从未给彼此任何形式的承诺……社区〔1〕中的个体也一样:无论个体喜欢与否,他们都处在要遵守法律和维护国家的道德义务之下。”

我认为功利主义者的一个主要错误在于,他们不应该提倡为什么个体应当追求某个理想观察者的目标,而非改善自己的个人利益。需要解决的问题是,功利主义到底是被个体用来规范其与其他个体互动的道德体系,还是一个有权实施其法令的政府所要遵循的一系列原则。功利主义者当然不愿意承认他们的教条是需要强加于人的。他们更偏好于假设存在一个功利主义的国家,其中所有的国民都热烈拥护其想法。这就同

〔1〕 这个类比是不恰当的。自然已经把同情(sympathize)婴儿的需求写在了我们的基因里。因此,社会契约是没必要去约束一个母亲和她孩子之间关系的。但是,我们只是在有限程度上同情那些没有协助传输我们基因的人。和陌生人一起时,如果想要寻求协调我们之间的行为,我们只能依靠移情(empathetic)的力量了。

马克思主义者一样,当"国家"一词终于到达每个国民的心中时,其本身就已经消亡了。另一方面,大多数功利主义者看到了进行一定强制的现实需要。正如穆勒[358]所言:"对于那些影响了其他人利益的行为,该行为的实施者需要对其负责,并可能还要承受社会和法律的惩罚。"

我个人认为,功利主义者应该明智地选择公共政策观点,即哈丁(Hardin)[224]所说的制度功利主义(institutional utilitarianism)和古丁(Goodin)[209]所说的公共功利主义(public utilitarianism)。如果掌权者倾向于把他们所构成的政府的职责个人化,那么他们可能会对政府行为要和个人行为一样具有理性这一观点持开放态度。在一个具有平等主义传统的社会中,边沁[53]的"每个人能且仅能代表一人"这一观点可能具有很大的吸引力。如果当权者也认同这一说法,那么哈萨尼[233]的目的主义论断则要求政府就如同具有一个功利主义理想观察者的偏好那样行动。

像我这样的辉格党人仍未被说服,但并不是因为我们不同意公民需要被强制服从。只要存在对监管人的监督,我们就认为在一个大型的当代国家中还是有必要进行强制实施的。毕竟,如果不被强迫的话,谁愿意及时全额地缴纳税款呢?即使是哈耶克(Hayek)[240, p. 153]在这一点上也并无异议。如果法律不是从私利出发制定的,他就愿意承认:"当我们遵守法律时……我们并不是受制于别人的意志,而是自由的。"[1]所以对于目的论的功利主义者而言,执行就不是一件痛苦的事情——只要他们愿意勇敢面对他们学说中与生俱来的父爱主义。

---

〔1〕 为了评估哈耶克下的定义,假设我们都受到同样严格的规则约束,明确一个正规仪式来管理如何度过一天中的每一个时刻。既然我们都在同一条船上,这样一个体系应该是比较公平的,但是我们如何能明显地感知自由呢?即使最后选择的仪式与我们自己有机会选择时所做出的选择相同,自我选择机会被剥夺的事实说明,我们还处在别人的控制之下。我们可能成为满足的奴隶,但仍然是奴隶。我认为哈耶克(Hayek)[240, p. 16]在滥用词语方面难辞其咎,而哈耶克本身也用同样的理由责难他人。从这个词的普通意义上来说,当我们在一个社会中联合起来的时候就应该放弃某些自由。社会的分类不仅仅是自由和不自由两种。我们顶多也就可以说:一个社会提供给其公民的自由比另一个社会所提供的更多。

总之,哈萨尼[233]从目的论角度对功利主义的辩护,对于福利经济学家们想要解决的问题最具有实用性。在理想状态下,一个仁慈而家长式的政府要解决的问题是,应该让自己管辖下的公民采取怎样的行动?当政府把自己看做一个大写的、没有个人偏见的"个体"时,哈萨尼的回答就能够讲得通了。然而,要理解哈萨尼从非目的论角度对功利主义的辩护,则需要采用一个不同的角度——哲学王的角度。

2.2.4　哲学王

到目前为止,我们已经考虑了两种形式的目的论功利主义(teleological utilitarianism)。这二者中都存在一个独立于系统之外的代理人,由其来强制系统之内的个体实施一种善的概念。与第一种的不同之处在于,第二种坚持"什么是善"要由非个人的方式决定。我采用"非私人的"(impersonal)而不是"无偏见的"(impartial)这个词,是为了与罗尔斯[417, p. 187]所做的区分保持一致,这对于后面马上要讨论的非目的论功利主义很重要。前面提到过,非目的论主义者把社会决策的程序作为基本问题。〔1〕

一个真正公正的哲学王当然不会想要把他自己对于善的私人的(personal)观念强加于别人——但是,他也不愿意在没有公众授权的情况下来强制实施一个非私人的善念。他可能同意哈萨尼的观点,即他代表国家所做出的行为应该具有一致性,但是为什么他的个人观念就一定要被大众接受呢?他的被统治阶层很可能更偏好于在其决策时采用一定程度的非理性——如果这样做能够确保每个公民都得到公正对待的话。

那么,一个公正的哲学王的角色是什么呢?让我们假设他无所不能、

〔1〕 因此,一种非目的论伦理观断言,一个使用一定程序的社会,就好像它在试图寻求最大化一个特殊的共同善函数一样。正如现代效用论中常说的一个谬误,即拥有效用函数为 u 的一个决策者会选择 a 而不是 b,因为 $u(a)>u(b)$,在一种非目的论伦理观中常见的一个谬误,是拥有共同善函数 G 的一个社会将选择 a 而不是 b,因为 $G(a)>G(b)$。

极尽仁慈。我们还假设他自身并没有可供分配的资源,国家的所有生产潜力都由被管辖者掌握。这样他的职能就只剩下了纯粹的组织职能。首先,他从人民那里接受追求某一目标的授权,之后他坚决要求每一个人都为了达成这一目标而采取一切必要的行动。在现实生活中,人们太容易在支持某一目标的同时,却反对为了达成这一目标而必须采取的措施。然而,在一个理性的社会中,人们会接受这样的事实,即为了一起努力实现某个雄心勃勃的目标,需要在一定程度上牺牲个人自由。如果没有一个哲学王来监督他们的自律努力,那么公民们就只能依靠自身不会搭便车的无力承诺了。如此,他们能够共同达成的目标就会受到严重限制。但是,如果有一个哲学王来监督实施公民自身制定的法律,那么社会公民所能达成的共同目标的集合就会大得多。

政治合法性 对于哲学王作用的这一解释与当代政党所采用的理论有很密切的相似性,他们以自由为借口来为他们掌权时的行为提供正当性。

被称为现代保守主义奠基人的辉格党人埃蒙德·伯克(Edmund Burke)却不这么认为。在一个给布里斯托尔选民的著名演讲中,他详细阐释了他对于道德伪善主义者(ipsedixist)信条的观点,他认为,即使被选为当权者的人自身对于善的判断与选民自身的判断相矛盾,他仍然有追求其个人观点的正当性。马克思主义者关于“无产阶级专政”的信条就是理想观察者(ideal observer)理论的极致体现。独裁者就是理想观察者,而在一个无产阶级占绝大多数的社会中,“非个人化”的要求则决定了任何形式上的偏好加总都将使其看起来像是无产阶级。在现代社会中,这两个极端都不受欢迎。当前,一个不争的事实就是:所有的政治评论者几乎都成了社会民主主义者,他们事实上都在辩护以哲学王为基础的权力理论。

本章的论述表明,把哈萨尼的目的主义观念应用到理想观察者理论上,就不可避免地得到了功利主义的结论,而把他的非目的主义的观点应用到哲学王理论上也是如此，我认为上述论述很重要。正因为如此，许多人[包括巴里(Barry)[48, p. 334]和布鲁姆(Broome)[102, p. 56]]认为，如果一个人无法被哈萨尼[233]从目的主义角度对功利主义的辩护说服的话，那么他也没有理由被其从非目的论角度的辩护说服。然而，上述对政治理论不乏天真的分类给出了一个与第1卷第2.3.6节的基本原因不同的答案。简单来说，一个没有左倾到被理想观察者理论所吸引的人，可能仍然会认同社会民主，并被哲学王的故事所吸引。

康德是功利主义者吗？ 现代西方民主可能想要通过强调其公民所拥有的自由来使得自己与其他宣称民主的国家区分开来。但是当我们说一个国家是自由的时候，我们究竟想表达什么意思呢？即使是在最为自由的体制之下，也没有任何人能够随便拒绝纳税。而这也并非所有人想要看到的拓展到每一个人的自由。就像哲学王和政治合法性的社会民主理论之间联系得非常紧密一样，对康德绝对命令的这个回应并不令人意外。同样不应该令人感到意外的，哲学王被赋予执行被统治阶层为自己制定的规则这一职责时，也与卢梭(Rousseau)[443, p. 19]关于“真实自由”的主题一致。哲学王其实担当了一个社会亟须的大师，用康德的话来说，他能够“打破个人的意志，并强制人们遵守一种能使每个人都自由的一般意志”。

在我看来，以洛克[1]、卢梭和康德为代表的理论传统对于“自由”一词的上述滥用，只是使得现在我们正试图澄清的问题更复杂化了。[2]在没有某种形式的哲学王的情况下，这一混乱掩盖了下面的事实：在他们的理论传统中，没有任何人能够解释为何他们阐释的道德原则必须对一

〔1〕 自由状态只是一种自然状态，却不是一种放纵状态。——洛克(Locke)[330]

〔2〕 早前我提到通过执行法治来减少人们的有效选择集，以此来限制被统治阶层自由的哲学王。一个康德学派的人会说，他会因此增加被统治阶层的自由。更简洁地说，康德主义自由不包括免费搭乘。

个理性个体具有约束力。[1] 然而,在拥有哲学王以及只有有限承诺能力的被管辖者的情况下,上述困难消失了,并使得康德主义对自由的理解在一定意义上言之有理。

对我们承诺能力的限制也可被视为对我们的"自由"的限制,因为它限制了我们能够选择的可行行为集。[2] 一个具有无限强制能力的公正而仁慈的哲学王,通过强制我们尊重自己做出的承诺,能够把我们从这些约束中解放出来。通过强制实施我们为自己制定的这些规则,他进而提供了一种我们之前无法拥有的"自由"。

但是,那个我们想要哲学王来强制实施的准则,该如何得到呢? 对于很多人来说,这个问题有一个非常简单的答案——这套准则应该通过多数人投票得出。但这是一个很天真的回答。首先,现代民主政治具有已经嵌入其结构的各种纠错与平衡机制来防止荒谬事件的发生,例如在伯罗奔尼撒战争中,斯巴达人占领着雅典城邦,而雅典人却投票同意对锡拉库扎进行远征这样的蠢事。类似的纠错与平衡机制也保护少数人不受到大多数人的剥削和迫害。在这里需要引用詹姆斯·麦迪逊(James Madison)[215, p. 268]的如下言论:

> "在一个较为强大的群体可以很容易地联合起来压迫弱势群体时,无政府状态就会盛行,这种状态无疑和自然状态一样,其中较为弱势的个体无法免受强者的暴行。"

---

〔1〕 康德[290]告诉我们下面的双边论述:一个理性人必须要服从绝对命令,但是这种遵守是无条件的。康德[297, p. 131]明确地告诉我们,这个明显矛盾的结论是不可解释的。我们能做的就是去理解他的不可解释之处! 我不知道这将康德[297]从未加工的目的论基础(Groundwork)(第 1 卷第 2. 4. 2 节)中推断出绝对命令的做法置于何处。同样的疑惑存在于康德[299]之后宣称的理论中,即服从道德法的动机是由一种对于法律的特殊尊重提供的,这种尊重是由理性人通过对法律知识的掌握所自然获得的!

〔2〕 这是对"自由"一词的滥用,因为下面的说法仅仅是胡言乱语,即任何人都会断言他的自由是受约束的,因为他并不能创造人类所不能及的丰功伟绩。正如伯林(Berlin)[56]所看到的,任何人说自己被奴役或强迫都会显得很古怪,因为他并没有理解黑格尔深色页面的内容黑暗的本质。

然而,反对把多数投票原则看成无所不能的原则的最主要论据是,我们需要找到,在何种程度上,各种形式的集体决策能够在更具根本性的基础上被证明是合法的。因此,我们无法给某种特别的政治机制指派一个特殊角色。简单来说,某个问题需要由多数投票原则决定这个结论应该是个定理而非公理。[1]

康德会辩驳说,在一个由真正的理性个体组成的社会中,每个人都会同意,由哲学王所执行的原则应该是满足绝对命令的最大集合。然而,即使是最忠实的康德主义者也不会宣称绝对命令是一个精确的工具。所以罗尔斯(Rawls)[417, p. 256]才提供了原初状态这个工具,以作为"对于康德自治和绝对命令的程序上的解释"。正是基于这一观点,我才认为,本章所提供的对功利主义的非目的论辩护表明,康德事实上应该是一个功利主义者。而那些不认同罗尔斯对正统康德主义评论的人,在解释了罗尔斯自己也应该是一个功利主义者之后,应该得到了满足。

2.2.5 社会契约方法

上文阐释的其自身关于原初状态的逻辑可能导致功利主义的结论,可能会让康德主义者感到不开心,但是需要提醒读者的是,我自己并未把功利主义认定为公共或私人的道德系统。我所赞成的既不是善论,也不是正当论,而是适当论。特别地,我不太关心原初状态是否是实施康德的绝对命令的合法工具。对我而言,原初状态只是一个公平准则的典型代表,这一准则随着人类为了达成解决小规模协调问题的目标的努力而演化。辉格党人提倡使用原初状态这一工具,只是出于实用主义的原因,他们的目的是为了获得现有社会契约的帕累托改进。

辉格党人不仅认为康德对其绝对命令所做的形而上学式辩护没有必

[1] 尽管如此,这是一个可以被那些其所分析的社会模型比我在本书中所论述的更为具体的人所证明的定理。

要,而且认为在考虑宪法改革时,不朽的哲学王的概念也毫无益处。相反,我们认为采用一种把腐败问题抽象掉的观念是非常致命的。我们必须经常拷问:谁来监管监管者?辉格党人的回答是,我们必须相互监管,从而使整个社会处于均衡。当考虑整个社会的宪法时,我们不能把国家官员简单看做独立于社会之外的社会工具。必须把他们放入一个激励机制体系内,该机制能够引导他们完成保持社会均衡的角色,不会向掌权者常常面临的诱惑低头。

虽然辉格党人认为功利主义具有致命的弱点,但是在本章中,我们有若干个理由认为对下述问题的讨论是有意义的,即为什么具有政治合法性的当前共识会不可避免地导致功利主义。第一个理由是,使该共识变得不可信,从而为重新思考为美联邦奠基者们提供了灵感的社会契约理论开辟了道路。

第二个理由是,通过思考传统社会契约理论在有哲学王存在情况下的意义,功利主义总结了为什么需要对该理论进行更新。在公民可以利用的社会工具箱中引入这一假设,能够把问题大大简化,因为这样我们就能够忽略社会契约的实施问题。想象我们回到了幼儿园中,那里有一个无所不能但是非常仁慈的老师,他将在任何有必要的时候干涉我们的行为,这样,我们就能够避免“如果他人不按规则博弈怎么办”这一问题了。后续的章节将会讨论能够自我实施的可行社会契约,但是在本章继续保留这一“实施不是问题”的神秘假定也有一定的必要性,它能使我们在讨论公平概念的演化根源时更为集中精力。

第三个理由更为正面。无论是左派的功利主义者,还是右派的自由主义者,他们都犯了一个错误,即假定他们的体系作为整体社会契约是可行的。但是,否定他们这样的乌托邦主义观点,也并非意味着他们的方法一无是处。与所有的经济学家一样,我被灌输的观念是,在大多数情况下市场机制是配置资源的有效的并且在信息上也有效的工具。但是,自由主义者认为市场能够在真空中运行的观点却是大错特错。没有一个适当的社会契约作为背景,我们甚至无法理解私有产权的概念。自由主义者关于“人们不关心公平”的观念也同样是错误的。当有必要回答谁应该承担致命的风险时，人们深切地关注公正的存在。也正是在这时，功利主义有了存在的理由。

例如，西欧的福利国家很快就不能再假装它们的医疗保障中不存在配给机制了。那么，政府应该采取什么样的配给机制呢？本章讲述的故事正是回答这类亚宪法(sub constitutional)问题的理想方式。一个明智的政府应该承担起哲学王的角色，从人民那里接受其在公平的情境下做出的授权。经济学家们提供了应该在此情境中被最大化的多种社会福利函数，但是本章则提供了选择第 1.3.3 节中的加权功利主义社会福利函数的合理性。

许多福利经济学家都赞同对功利主义的这一观点，但是我的方法与正统的基于先验的善的观念并不相同。正如第 1 卷第 2.3.6 节所强调的，辉格党人是从雅各布的梯子最底端出发的。这就是说，他们通过构建从更基本概念得到的需要进行最大化的共同善的概念，使得“善”降格为了“适当”。这一方法的好处在于，功利主义社会福利函数的权重是与尘世中真实存在的人们所做出的公平判断相一致的，而不是通过某种假定的客观方式所确定。道德伪善主义者的劣势在于，他们无法用自己个人的偏见来替代那些非福利社会的人们的偏见。

2.2.6 是规则功利主义还是行为功利主义？

森和威廉姆斯(Sen and Williams)[484, p. 2]认为，功利主义者不清楚他们的理论是否与个人道德或者公共政策有关这一问题值得深入探讨，而我则认为这不足为奇。如果功利主义者不回避这个问题，那么他们的理论就无法回答执行问题。然而，通过模糊个人道德与公共政策的界定，他们也为自己设下了多个陷阱。其中之一就是行为功利主义者和规则功利主义者的争议。前者宣称，每个个体行为都应该最大化公共善，而后者则认为功利主义原则应该被应用到我们决策时所依赖的准则之上。

哈萨尼[233, p. 62]是坚定的规则功利主义者。[1] 为了反驳行为功利主义,他举了一个很典型的例子:穷人亚当从富人夏娃那里借了一笔资金。[2] 当到期日来临时,亚当应不应该把钱还给夏娃呢? 行为功利主义者将回答"不应该还",因为这笔钱对亚当更有价值。[3] 所以,让亚当保留这笔钱,才能使总效用达到最大化。而规则功利主义者将回答"应该还",因为如果不能保证"有借有还"的话,任何人都不愿意再借钱给别人。因此,信守承诺的规则会帮助实现社会效用最大化。

由于我们没有被告知所要采取的立场,故对这一观点差异进行评估是很困难的。道德是怎样在现实世界中发挥作用的这一问题,对我们的制度来说是否有吸引力呢? 如果有,那么规则功利主义似乎就是相对正确的,因为那些在这个环境中不遵守自己承诺的人会被全社会所轻视。然而,正如第1卷第2.2.5节所阐释的,现实生活中人们遵守承诺的原因绝不是规则功利主义者认为理所应当的康德主义原因。他们并不会真正问,如果"每个人都这样行动"会怎么样? 他们之所以遵守承诺,只是因为,这是符合惯例的——而这样的惯例之所以会保留下来,是因为不遵守承诺的人在未来将不被信任。一般来说,如休谟(Hume)[270]所言,"我们为社会行善的所有义务似乎都是相互的"。

功利主义作为在个人道德方面的理想理论,是否有吸引力呢? 倘若

---

〔1〕 哈萨尼[235, p. 4]正确地论证了,规则功利主义不会获得比行为功利主义更低的社会效用,因为规则的其中之一就是像行为功利主义者那样行动。尽管如此,如果在信息完美的社会中的每个人都是行为功利主义者,并采取相同的、有远见的社会效用本质,那么只要所有公民总是在需要做决定的时候共同采取任何必需的措施,那么社会效用最大化的目的就一定能达成。在这样的理想社会中,规则功利主义与行为功利主义之间并没有差异。

〔2〕 我打算忽略反行为功利主义者的如下论据:亚当在不同时刻会被看做不同的人,就如同西奇威克[492]企图在对待同一时刻的不同人与不同时刻的同一人之间画一条平行线(第1卷第2.5节)。

〔3〕 在第1卷第4.2节我讲述的传统故事中,其中隐含的假设是,效用是财富的凹函数,所以,亚当多出的1美元比夏娃多出的1美元更有价值。正如边沁[51]的表述:"随着财富数量的增加,每单位财富所带来的幸福感会越来越少。"

有，那么我们可能要问，亚当和夏娃是否都是功利主义者？如果都是的话，那么我们就无须对亚当不遵守还钱承诺而感到烦恼，因为夏娃会为让亚当解脱还钱义务而感到快乐。确实，她还会继续把财富分给亚当，直到他们对于 1 美元的边际效用完全相同为止。但是，如果夏娃不是一个功利主义者，会怎么样呢？这时我们就遇到了把功利主义以及其他私人道德理论拖下水的大石头。对于那些仍然没有被功利主义论点所说服的人，我们该怎么做呢？

要把康德主义的理性分析运用于该问题，看起来非常简单——虽然康德主义者本身可能不太喜欢这个答案。通过采用非私人化的理性观察者的这一观点，亚当会希望最大化效用之和。所以，他就会假设最大化总效用之和是真实情况，并且不遵守自己的还钱诺言。[1] 如果这一结果有悖于我们关于道德的传统观念，那么对于传统美德而言则更糟糕。行为功利主义者对于为我们的现有行为寻找正当理由并不感兴趣，他们感兴趣的是，告诉我们应该采取怎样的行动。与康德一样，我非常崇敬他们在这个方面的诚实品质。

这种用康德主义来反驳规则功利主义的康德主义解释的做法，看起来有点像"搬起石头砸自己的脚"——假设我们把功利主义作为私人道德理论。然而，如果你像我一样拒绝对于道德的康德主义解释，你很可能也会拒绝认为功利主义是关于私人道德的可行理论。这就给我们留下了从公共政策角度分析亚当困境的选择。一个政府，无论他是由假想的理想观察者所授权，还是由像哲学王一样的人所授权，他应不应该强制执行契约呢？对于现实生活中可以看到的穷人与富人之间的借贷行为，答案明显是肯定的，我认为给出肯定答案的理由也是毋庸置疑的。

总之，如果功利主义是一种关于私人道德的理论，那么功利主义者将

---

〔1〕 我没有忘记，康德自己认为，信守承诺是亚当希望选择的行为准则。但是，在一个每个人都最大化一个单一共同善是一般规律的世界中，做出承诺是没有意义的。群体会像具有单一目的的一个人一样来行动，这样亚当和夏娃之间就没有必要做出承诺了，就像我的胳膊和腿不会相互做出承诺一样。

能够欣然接受行为功利主义。然而,对于资产阶级而言,行为功利主义显然是不受欢迎的,因为这要求他把自己所拥有的交给穷人。因此,想要高枕无忧的资产阶级功利主义者自然而然会被规则功利主义所吸引。然而,他们将发现自己处在一个尴尬的情境中,即需要假装原本为公共政策制定的理论能够作为关于私人道德的理论。对于那些真正的清醒者,他们还不如完全放弃功利主义,而采信本书中所赞成的资产阶级自由主义!

2.2.7 整体情况

在这部分题外话中,我将尝试对政治理论进行初步分类,并进而解释我自己的辉格主义观点与功利主义的关系。在我详细阐释了自己的观点之后,第4.10.2节将再次回到这一问题。

政治态度的分类 要对现有的丰富的政治态度进行大致分类,在我看来至少需要两个维度。图4.16(a)用两个轴把整个平面分成四部分,我把它们分别称为无计划的中央集权、无计划的非中央集权、计划的非中央集权和计划的中央集权。但是,这样的经济学语言太乏味了,所以我把它们改称为新封建主义、自由主义、辉格主义和功利主义。一个新闻工作者可能会更进一步,把功利主义者描述为软心肠、大规模支出的自由主义者等,但是我情愿稍微控制一下自己的偏见。

从传统的左派—右派这一政治分类角度,功利主义位于社会主义左派,而自由主义位于资本主义右派。在道德哲学中也有同样的二分法,即追随善的结果主义者和追随正当的义务主义者。但是,我认为这些分类与真正的重要问题并不相关。与把善和正当区分开来的关于绝对道德(Absolute Morality)性质的形而上差异一样,功利主义者和自由主义者都无法实现的乌托邦对于人类真正面对的问题也帮助不大。在说出演化如何决定人性之前,我们要把困扰结果主义者和义务主义者的问题统一到适当论中。与此相似，在抛弃功利主义和自由主义有一些共同基础的可能性之前，我们需要把这二者的灵感中的可行部分和不可行部分区分开来。

我认为，应该用上述的双维度四分类法来代替陈旧且无果的关于"左右"的争论，这一分类对比了两种不同的社会：用公平来协调集体决策的社会与把这些决策直接委派给个体或精英者的社会。我用"新封建"(neofeudal)一词来描述后一种社会契约。历史上所有大型的、组织有序的国家都有"新封建"的特征——包括那些认为自己的主要特征是资本主义或者社会主义的国家。从第二次世界大战前德、日两国的集权主义政权，以及第二次世界大战后这两个国家所运行的社会共识中可以看出，资本主义的繁荣并不需要自由主义的政治体制。同样，英国在第二次世界大战之后的经历显示，无须放弃自由和民主，一个国家转向社会主义就足以使其经济遭受破坏。因此，如果要追问冷战中铁幕(Iron Curtain)两侧社会契约的政治体制究竟哪一方更有优势，用市场经济已经战胜了计划经济这样的事实作为论据是令人疑惑的。只要我们是在现存的政治体制中进行抉择，那么政治哲学家所要解决的问题就不是应该如何组织我们的经济，而是我们的后代们将在下述哪种社会中取得更大的成就：是一直由同一个寡头执政者统治的社会，还是用一种传统上看来公平的方法来轮换其寡头执政者的社会？

在本书的潜在读者中，我猜想没有人会偏好前一种社会。但是辉格党人想要更进一步，把根深蒂固的权威连根拔起，无论其代表轮换与否。与第2.2.4节中典型的保守主义者、社会主义者和社会民主主义者都不同的是，即使掌权者能够被推翻，我们也不愿意信任他们。我们认为，腐败是当代国家所面临的最核心问题。

每个人都厌恶困扰着每个社会的贿赂行为和裙带关系，但是辉格党人更关注另一种腐败，即执政者不是在履行那些自己应该去完成的既定目标，而是在不知不觉中运用权力来达成他们的私人目标。既然富人已经学会了如何通过无意义的广告宣传来减少政治争议，并让自己操纵的傀儡在政治选举中胜出,那么我们的民主选举在多大程度上是公平的呢?当法律纠纷中的一方极度富有而另一方一无所有时,我们如何实现公正?对于想要维护自己合法权益的穷人而言,他们能期待那些盘踞着公共体制核心的官吏们对于合规程序给予怎样的尊重呢?社会制度的建立大多出于最为仁慈的初衷,但是,如果留有松垮的线头,即使是异常坚实的网也无法经受时间的侵蚀,良好的意愿也无法得到实现。正如蒙提·派森(Monty Python)的经典名言所讲,"没有人期待着西班牙宗教裁判所的产生"。但是,这就是原本为了播撒耶稣基督福音而建立的体制在腐败侵蚀下的最终宿命。

与辉格党人一样,功利主义者和自由主义者对于我们现有的新封建主义体制都表示不满,但是他们的所作所为却犯了和桑塔亚娜(Santayana)笔下的撒旦(Lucifer)一样的错误,后者想要反抗上帝决定创造最美好世界时所面对的可行性(feasibility)约束。但是,如果一个理想社会体系的可行性取决于人类能否改变其本性,那么设计这样的社会体系就毫无意义了。人类本性就是这样,再怎么期待也很难改变。所以我们屈就于生活在一个次优的社会中,因为最优的社会是不稳定的。想要建立最优社会的乌托邦主义者,实际上是把我们放在了一个可能由非稳定乌托邦演化而成的任何糟糕的社会中。

美利坚合众国的建立者非常好地理解了这一点,他们在美国宪法中设立了一系列制约平衡机制,想要把新封建主义关在旧世界的牢笼中。但是,他们的设计已经无力应对当前产生的新封建主义的新形式。而我们自己的国家则尚无任何书面的宪法或人权法案来阻止新封建主义的盛行。

故对辉格党人而言,政治哲学的急迫任务就是,从那些起草了美国宪法的古典自由主义者的角度,想象如果他们处在今天的环境之下会怎样思考。我们需要找到一条从古典自由主义者时代就开始演化的新型新封建主义的逃离之路,并走向一条新的辉格主义之路——把公平放在抵制腐败的社会契约的核心位置的道路。

 总之,我们应该停止"究竟应该把社会放在左边还是右边"的思考,这个问题已经过时了。在功利主义和自由主义之间进行选择,就如同争论狮鹫和独角兽哪个更适合作为宠物一样没有意义。反而,我们应该开始思考如何在四象限的坐标中从新封建主义转移到辉格主义。

平等主义 从新封建主义发展为辉格主义,本书能帮上什么忙呢?恐怕不会很多。我最多能做到的就是,展示如何运用博弈论的当代发展历程来清除传统理论留下的若干知识障碍。在我看来,公平是最需要从干扰当前理性争论的概念混淆中得到澄清的。关于这一概念的直觉的来源是什么?我们怎样预期人们对于公平的认知?关于公平社会的概念会不会比乌托邦梦想更不可行?

在我对政治态度的粗略分类框架中,关注公平是关注社会组织的计划(planned)形式。所以本书的大部分内容将致力于对功利主义和我称之为辉格主义的平等主义进行分析。可以简单总结为,本书用自然主义的方法重述了哈萨尼[233]对功利主义的博弈论辩护,但是读者会发现,沿着这一逻辑却得出了罗尔斯[417]在其《正义论》中提倡的平等主义结论。

然而,对于罗尔斯所倡导的平等主义运动,我仍然半信半疑。虽然我认为平等主义直觉较好地反映了人们在日常生活中对公平概念的运用,但是对当代平等主义运动试图把这一直觉纳入正式系统的努力,我却认为其前景黯淡。他们对效用理论的背弃看起来尤其像是一种倒退,因为这样他们把效用理论所意图消除的所有谜团和悖论再次带回到了道德哲学中。如果读者对于当前平等主义和效用主义的争论一无所知,可能会觉得下述事实有些讽刺:我一直在批判当代平等主义的错误,同时也在持续用功利主义所倡导的理论为平等主义提供坚实的知识基础。然而,真正具有讽刺意味的是,现代平等主义者已经把自己逼到了一个困境之中。在此,相较于功利主义者,他们更难以看到我支持平等主义的辩护之力。

构造非计划社会? 平等主义和功利主义都是社会组织的计划形式。读者可能会问,对于我政治分类方法中的非计划形式的研究,博弈论是不是也能有所贡献?

对上述问题,我们无法给出明确的回答,因为当存在各种各样的可能选择时,我们无法预测文化演化会选择何种社会契约。即使当一个社会的生存博弈如同无限期重复的囚徒困境那么简单时,第3.3.8节也已经展示了,问题远比政治科学文献所想象的复杂得多。然而,虽然展示了时间能够让一个自由主义的乌托邦发生怎样的变化的正式研究具有启发意义,但是要对新封建主义进行过度理论化似乎意义不大,因为在我们周围存在着太多新封建主义社会契约的现实标本,它们都等待着那些愿意提出正确问题的政治科学者和社会学者的实证研究。

2.3 虚幻假定?

上一节区分了三种制度功利主义:道德伪善主义者、理想观察者和哲学王。

上一节也提出了功利主义者需要回答的三个问题:什么构成了效用?为什么要对个体效用进行加总?为什么我应该最大化加总的效用而非我自己的效用?

当从理想观察者理论过渡到哲学王理论时,注意力被集中在第三个问题上。由于在两种理论中的效用都以冯·诺依曼-摩根斯坦形式出现,所以无须重新考虑第一个问题。然而,经常在文献中被忽略的一点是,理想观察者对于第二个问题的回答可能并不满足哲学王理论的要求。正如第1卷第4.2.4节所阐释的,代表了理想观察者偏好的冯·诺依曼-摩根斯坦效用函数,是个体公民效用的加权平均。但是,哲学王的公正性使得他不能采用自己的或者是移情的偏好作为评价的标准。他评价个体间效用的标准应该来自他所统治的人民。

2.3.1　效用的人际比较

要建立个体间效用比较的标准，常常被认为是不可能或者无望的。哈蒙德(Hammand)[220]引用了很多能够表述此意的著名经济学家的话，他本来还可以引用边沁[52]的话：

“对某种东西进行数量上的加总是没有意义的，因为两种独立的物品数量加总之后依然是相互独立的，例如，一个人的幸福永远不会是另一个人的幸福；一个人的所得与另一个人的所得并不相同；20 个苹果和 20 个梨子看起来都可以在数量上进行加总。”

在逻辑实证主义盛行的时候，对人际效用比较理论的反对几乎到了歇斯底里的程度。莱尔内尔・罗宾斯(Lionel Robbins)[429]尤其强烈公开谴责个体间比较是非科学的，他的理由之一就是，对亚当和夏娃的效用进行比较是没有实际意义的。〔1〕这一争论的回音仍然困扰着当前的经济学界。各种权宜之计被发明出来，他们的目标事实上是在没有切实对效用进行比较的同时，实现对个体间比较的判断(第 1 卷第 4.3 节)。同时，哲学界内也在进行努力，哲学家们认为，伦理价值的本质决定了其不可比较，他们试图从这一观点中发展一门技术性的学科。

在我看来，在维多利亚时代被认为是基础常识的粗略的效用理论分析，并不值得继续关注。当老鼠有机会通过杠杆刺激其大脑中的愉快中枢时，它显然就不再会想其他的快乐了。谁能断定我们人类不会如此行动呢？我不认为维多利亚时期的观点应该归功于我们这些用现代效用主义理论作为个体间比较基础的人们。〔2〕我也不认为“效用在个体间不可能进行概念上的

〔1〕哈萨尼[233]用一个不能够去听歌剧的人作为例子来回应，这个人需要做出选择：把票赠与一个能获得最大效用的朋友。我喜欢人们无论何时在通过一个公平规范来解决争端的时候，都能显示出他们的人际比较标准。

〔2〕哲学家有时会说，效用在现代理论中应该被解读为“偏好满意度”，以便把这个方法与边沁和穆勒的享乐观点区分开来。

比较”这一观点值得被多么严肃地对待。但是,对效用进行思考有多种可能的方式,下面我将通过对传统方法的简单回顾来一一展示。

计算感知临界值 当描述个体所处环境的系数发生变化时,可能要变化到一定程度才能使主体感知到这一变化,我认为埃奇沃思(Edgeworth)[169]是第一个提出要对此程度进行观测的学者。如果主体表现出了对于较低参数值的偏好,那么当参数从较高一端变化到较低一端时,他就会经历数次的感知跳跃,而在这两个极端之间的所有跳跃的次数就能够被用来作为他在这两个极端之间偏好的强度。心理学家露斯(Luce)[333]就是该想法的现代拥趸。鲁宾斯坦(Rubinstein)[447]也对此进行过探讨。

如果可行的话,这一程序就能够提供一个独立于他们所处社会的习俗的、比较个体间效用的客观方法。但是这样的比较有没有意义呢?即使是有意义的,有没有可能说服人们把它作为做出公平判断时需要考虑的因素呢?

与许多人一样,我自己不仅是短视的,而且也是适度色盲的。在游戏扑克桌上如果同时出现了蓝色和绿色的筹码,我就需要非常小心。这是否意味着我所享受的视觉快乐少于那些视力完好的人呢?我的听力相较于视力更差,这是否意味着听力完好的人从音乐中得到的快乐程度更高呢?我对于自己的身家一直不太清楚,而有些人则对自己的账簿计算精确到毫厘,这对于我们应该纳多少税有什么影响吗?

冒着听起来像是G. E. 摩尔(G. E. Moore)(第1卷第2.3.5节)的风险,我不得不说,当面临上述问题时,这些为边沁主义的效用提供更恰当基础的企图注定要走向失败。一旦某人借助于真正可观察的媒介得出了某种“幸福”的绝对定义,并且该定义被采纳的时候,因此定义而处于下风的对手就会问:“但这是不是幸福的准确定义呢?”〔1〕

---

〔1〕 尽管如此,与摩尔(Moore)[364]对善的论断不同,我不认为幸福是我们能够直观感知的某种先验概念,而是超越我们分析能力的概念。我认为,用幸福这个解释性主体去描述它最初被发明用以理性化的现象是不够的。

零一法则 另一个建议的处境要相对好一点。豪斯曼(Hausman)[238]甚至指出,如果有一个比较有限基数效用的“正确”方法,那么就是零一法则了。

当一个人的偏好可以毫无争议地被一个基数效用函数(通常是冯·诺依曼-摩根斯坦效用函数)衡量时,零一法则就可以适用了。如果亚当可得的最差情况是$\mathcal{L}$而最好情况是$\mathcal{W}$,那么零一法则需要重新校准他的效用单位,进而使得他的新冯·诺依曼-摩根斯坦效用函数v满足$v(\mathcal{L})=0$和$v(\mathcal{W})=1$。这样重新校准后的效用函数就可以毫无困难地进行比较了。

在第1卷第4.3.1节,亚当和夏娃的个人效用函数都进行过这样的重新校准,其中$\mathcal{L}$代表地狱而$\mathcal{W}$代表天堂。然而,当时没有基于此校准进行个体效用比较的尝试。这是因为,夏娃可能是一个疲倦不堪的久经世故者,对她而言$\mathcal{W}$只是较$\mathcal{L}$稍微不沉闷一些而已;而亚当可能是一个热情的年轻人,对他而言这二者的差距非常悬殊。豪斯曼(Hausman)[238]、格里芬(Griffin)[213]、哈蒙德(Hammond)[417]、罗尔斯(Rawls)[475]和森(Sen)[475]对此问题都持有相同观点。简单地说,对于零一法则的批判和对于计算感知跳跃次数的批判是一样的。它确实提供了一种比较个体间效用的方法,但是谁能说清由此产生的比较结果意义何在呢?

有交易成本的讨价还价 我猜想,个体比较之所以名声不好的主要原因就在于,人们理所应当地认为这个理论必须具有上述两种方法的特征。所以我将给出一个完全不同的例子。

第1.7.1节研究了根据鲁宾斯坦(Rubinstein)[445]交替出价博弈进行讨价还价的理性人所达成的交易协议。最有趣的情况发生于当出价间隔τ变得非常小的时候。此时的协议近似于一个不对称的纳什讨价还价解,其中双方的讨价还价能力分别为$1/\rho_A$和$1/\rho_E$,而ρ_A和ρ_E分别为亚当和夏娃的折现率。与往常一样,讨价还价的初始状态非常重要。在轮流出价博弈中,初始状态必须被放在僵局点d上,即如果局中人不停讨价还价而无法达成协议时所能得到的收益。

在轮流出价博弈的标准版本中,如果局中人僵持不下,则什么也不会发生,即 $d=(0,0)$。但是我们能够把该模型复杂化,对于因为未达成协议而浪费的每一单位时间,亚当被要求支付 c_A,夏娃被要求支付 c_E。那么亚当的僵局收益就是:

$$-c_A\tau\{1+\delta_A^{\tau}+\delta_A^{2\tau}+\cdots\}=-c_A\tau/(1-\delta_A^{\tau})$$

当 $\tau\to 0$ 时,这一收益趋近于 $-c_A/\rho_A$。类似地,夏娃的僵局收益为 $-c_E/\rho_E$。当 τ 可忽略不计时,如果亚当和夏娃拥有和以前一样的谈判能力,那么鲁宾斯坦的理论会导致下面的结论产生,即亚当和夏娃会在纳什讨价还价解处达成协议,但是初始状态就变成 $d=(-c_A/\rho_A,-c_E/\rho_E)$。

下一步我们要考虑局中人都变得十分耐心的情况,这样,$\rho_A\to 0$ 且 $\rho_E\to 0$。尽管如此,我们仍然需要跟踪局中人的相对不耐心水平,因为这个水平能够决定谁最终得到什么。因此,我们假设折现率以下面的方式收敛于 0,即 $\rho_A/\rho_E=r_E/r_A$,其中 r_A 和 r_E 都是正常数。如果 $r_E>r_A$,亚当就会显得比夏娃更加没有耐心。

在这种极限情况下,纳什讨价还价解是怎样的?我们很容易发现,最后的解收敛于加权功利主义解,其中权数为 $U=r_A/c_A$ 和 $V=r_E/c_E$。简言之,非常耐心的局中人会根据鲁宾斯坦理论讨价还价,但是在协议达成前,他们都必须为消逝的时间进行支付,其中每单位时间的支付数额是固定的,他们好像按照功利主义者那样行动,使用下面的社会福利函数 W_h:

$$W_h(x)=Ux_A+Vx_E$$

因此,他们就像认为亚当的效用 V 等于夏娃的效用 U 一样在行动。

需要注意的是,以这种方式建立的人际效用比较标准完全没有因果的功能。亚当和夏娃达成的契约并没有被选择,因为他们都是功利主义者,且认为亚当的 1 单位效用等于夏娃的 U/V 单位效用。我们没有任何理由去假设当他们在其他条件下互动时,会以此比率去交换效用。用人际效用比较理论对他们的讨价还价行为进行描述,维多利亚时代的人会有受骗的感觉。不过，在这个例子中，维多利亚时代的人们的立场会被摒弃，取而代之的是一个显示性偏好的角度。显示性偏好理论并没有解释亚当和夏娃为什么会如此行事。它仅仅简单地告诉我们亚当和夏娃做了什么。

投票 下一个例子给出了类似的结论，但是在一个更为苛刻的情境中。亚当、夏娃和伊卡博德(Ichabod)都是一个家庭中的成员，这个家庭有机会邀请休谟或康德中的一人共进晚餐。夏娃是严肃谨慎的人，她会把票投给康德而不是轻佻的休谟。然而，亚当和伊卡博德对于哲学没什么兴趣，但是听说休谟能讲笑话，他们因此把票投给休谟，因为休谟似乎不是那么无趣。结果，由于 2∶1 的优势，休谟被选中了。

值得一提的是，当我们要在两名候选人中投票时，我们就是在进行人际比较。夏娃的家庭成员，像功利主义者一样，采用了零一法则进行人际比较并且在康德和休谟之间做出了最终选择。如果用 p 来表示休谟被邀请的概率，$1-p$ 表示康德受邀请的概率，那么夏娃的家庭将选择 p 值，这就好像是在最大化如下的功利主义共同善函数：

$$W(p)=v_A(p)+v_E(p)+v_I(p)$$

这里，冯·诺依曼-摩根斯坦效用函数被标准化了，其中 $v_A(0)=v_E(1)=v_I(0)=0$ 并且 $v_A(1)=v_E(0)=v_I(1)=1$。〔1〕我把这种福利函数的运用称为零一功利主义。

因为梅(May)[346]和森(Sen)[475]，对这些功利主义的社会决策函数进行公理化变得可能。我们可以用 HKH 代表夏娃家庭的偏好束。令 $f(HKH)$代表邀请的客人。帕累托有效保证了 $f(HHH)=H$ 且 $f(KKK)=K$。为了证明 $f(HKH)=H$，我们证明它的逆反命题，假设 $f(HKH)=K$，那么第 0.7 节提到的单调性会导致 $f(KKH)=K$。如果候选人的名称与结果无关(中立性)，我们就可以推断出 $f(HHK)=H$。

〔1〕 然后，$v_A(p)+v_E(p)+v_I(p)=1+p$，该式在 $p=1$ 处得到最大化。

如果家庭成员的称呼也与结果无关(匿名性),我们就可以得出 $f(HKH)=H$,这与我们的假设相矛盾。所以,$f(HKH)=H$。[1] 这个论述的一般形式告诉我们,一个能够拥有更多支持者的候选人总是会被邀请。

第1卷第2.3.4节提到了孔多塞悖论(Condorcet's Paradox),它说明当候选项超过两个的时候,使用多数投票原则来解决问题会出现困难。当候选项只有两个的时候,多数投票原则等同于零一功利主义原则,那么人们可能会想,在多于两个候选项的问题中,零一功利主义原则是多数投票原则的自然拓展。迪隆和默滕斯(Dhillon and Mertens)[160]通过弱化阿罗用来公理化零一功利主义原则的公理,强化了上述论述。[2]

就像之前的例子一样,将人际比较引入多数投票原则,经常会导致错误结果的产生。当投票人投票的时候,他们很少会把自己看做功利主义者。因此,我们不能贸然断定,投票者的共同决策是由根据零一法则所做的人际比较所导致的。但是,显示性偏好理论又否认了下面的论述,即每个候选项的效用必须同实际做出的选择的效用之间有因果关系。相反地,效用实际上只是被用来描述理性决策者的选择行为——就像我们用零一功利主义原则来描述只有两个候选项的投票问题中的多数投票原则一样。

我们不得不承认,用这种方式做人际比较是高度情境依赖的(context-dependent)。因此,如果人们想要获得一种绝对可行的人际福利度量,就必须寻找其他方法。零一功利主义并不适用于公平问题。这是因为,如果夏娃极其想邀请康德,而亚当和伊卡博德对邀请休谟只有非常弱的偏好,让三人在投票中拥有同样的话语权就不太公平。我们都心知肚明,投票程序经常会践踏决策者的公平考量。

---

〔1〕 我们的思维方式是,"(P 不成立的情况下导出 P)意味着 P 成立"。

〔2〕 他们把零一功利主义看做相对功利主义。

即便我们用公理来刻画零一功利主义原则，事情也没有变得更加令人乐观。在讨价还价理论中，当我们在摘要中讨论公理系统的时候，它们往往讲得很通。但是，揭开它们的神秘面纱，对它们做深入讨论却难上加难。迪隆和默滕斯(Dhillon and Mertens)[160]的公理体系所体现出来的效用比较标准，本质上同多数投票中体现出来的效用比较标准是一样的。

成本—收益分析　上述讨论显示，一人一票规则清晰地定义了一个进行人际效用比较的标准。采用成本—收益分析方法的经济学家所采用的标准更为直接。他们不是采用每个人都被同等对待的边沁主义原则，而是每 1 美元都被同等对待的原则——不论这是住在城堡中的富人的第 10 亿个 1 美元，还是守在他门前的那个穷人仅剩的 1 美元。

范里安(Varian)[534, p. 169]在下述例子中拓展了这一原则的应用：第 i 个消费者拥有一个拟线性效用函数 $U_i(x,y)=U_i(x)+y$，其中 x 可能代表苹果的数量而 y 代表美元的多少。每个消费者则永远愿意用一个效用单位价值的苹果(根据其效用函数 U_i 衡量得出)交换一个单位的美元。如果所有的美元被看做一样的，那么消费者用来衡量苹果的效用也应该都被看做一样的。在这个特殊的例子里，我们基本上能够理解基于效用主义基础的成本—收益分析的标准程序了。在更具一般性的情况下，读者可能会更同意范里安(Varian)[534, p. 167]的说法，即成本—收益分析这一马马虎虎的程序，只有在消费者拥有拟线性效用函数的理想情况下才是完全可行的。

我不想否认采用成本—收益分析的有用性。[1] 但是，这一方法

〔1〕 我认为社会选择论的主要角色最终会演变成，基于该理论所提供的描述性方法，为公共政策提供关键评估。例如，如果有人想要通过某种标准来论证妇女的社会地位低下，那么他们就可以论证说，政府像一个赋予亚当的权重远远高于夏娃的零一功利主义者那样在行动。相似地，如果有人想要论证政府浪费公帑，那么成本—收益分析是一个有用的工具。

不可否认地暗含了下述人际效用比较的标准,即把穷人口袋里的1美元拿出来放到富人口袋里对于社会而言是中性的。但是,这一标准显然是不公平的。正如保罗・萨缪尔森所给出的著名例子所言,下雨时富人打车而穷人则选择淋雨,是因为打车费用对于穷人而言效用更高。

夏普利值 耶里(Yaari)[570]已经对夏普利(Shapley)[489]的个体间效用比较方案给出了一个伦理学的评价,所以这里有必要对此进行一些讨论。

夏普利值的定义基于具有可转移效用的联盟形式博弈(第0.5.1节)。在分割美元时,它要求美元在两个风险中性的参与者之间进行平等分配。〔1〕但是,如果我们处在一个效用无法转移的博弈中呢? 夏普利(Shapley)[489]指出,此时需要重新校准局中人的效用单位,从而构造一个在效用可转移情况下的夏普利值作为录入值。这一重新校准过的值就可以作为个体间效用比较的基础。

这个问题在两人分钱博弈的情境中最为简单。假设局中人的当前收益与其安全水平相一致,夏普利的建议意味着选择对称的纳什讨价还价解。对于效用单位的再校准,要求调整图1.5(b)中的 M 点和 L 点,直到直线 ML 的斜率为-1。如果局中人在此均衡后的纳什讨价还价解 N 中的收益是可转移的,则 N 就是新情境下的夏普利值。

最低要求是,遵循夏普利的建议,双人博弈的效用比较就简化为,重新校准亚当和夏娃的效用单位,以使得用校准后单位衡量的、博弈中二人

---

〔1〕 如有 n 个局中人,先列出 $n!$ 条路径中的每一条,借助该路径,通过一次增加一个局中人的办法,可以建立一个包含所有局中人的大同盟。对于每一条这样的路径,计算一个特殊局中人在加入同盟时带来的同盟价值的增加。夏普利值分配给他所有此类增加值的平均数。在两人分钱博弈的问题中,有两条路径可以通向大同盟,即路径12和21。沿着第一条路径,形成的第一个同盟是{1}。局中人Ⅰ在加入同盟之后的贡献是0,因为局中人单独行动是没有意义的。下一个形成的同盟是{1,2},它的价值为1。另一条路径21中局中人的贡献正好相反,所以每一条路径的夏普利值最终为1/2。

从现状转移到对称纳什讨价还价解时获得的效用增量相等。

我一直无法理解，为什么夏普利值在可转移效用问题中能得到如此重视。所以，我认为没有必要把它作为效用不可转移时的多个参与者效用比较的基础。然而，两个参与者的情况更有趣，因为倘若合理定义了现状，夏普利值就简化为对称纳什讨价还价解。事实上，在社会演化使得亚当和夏娃认为纳什讨价还价解是公平的情况下，我将给出与夏普利类似的建议。

这一提议看起来有些自相矛盾，除非读者愿意同意个体间效用比较与其他因素没有因果关系且在不同情境下有本质差异。正如第 1.3.3 节所强调的，找到纳什讨价还价解并不要求个体间的比较。所以作为一个伦理概念，它一无是处。如果亚当和夏娃认为这个解是公平的，那么伴随着他们之间的交易，所有的伦理内容也就都消失了。但是，这并不妨碍他们和我们继续使用“公平”一词。如果效用比较的标准发生了演化，使得在从现状到均衡纳什讨价还价解的变动过程中，亚当和夏娃被看做接受了同样的效用，那么情况就如同运用了对称比例讨价还价解一样。在这种情况下，亚当和夏娃将把他们的交易看做公平的——正如第 0.4.2 节中讨价还价实验的主体可以毫无困难地分辨任何偶然间公平演化的行为。

一个旁观者可以用两种方式来描述这一情况。其中一种是，亚当和夏娃在运用成比例的讨价还价解，故展现出进行效用比较的一种特殊标准。无论亚当和夏娃是否用这种方式解释其行为，这种方式都有其描述性价值。如果他们不用这种方式，那么整个故事就没有任何因果作用。如果他们采用了这种方式，那么他们脑海中的公平概念就成了他们行为的直接诱因。但是，正如第 0.4.2 节所强调的，对于他们的行为的此种解释是肤浅的。一个更为完整的解释必须对某一种而不是其他种公平标准得以演化的原因进行说明。

移情偏好 第1卷第1.2.6节把我处理个体间比较的方法追溯到了休谟(Hume)[267]和亚当·斯密(Adam Smith)[500]。他们的观点可以用现代扩展同情偏好理论进行规范化,就像萨普(Suppes)[513]、阿罗(Arrow)[20]、森(Sen)[475]和哈萨尼(Harsanyi)[233]所做的一样。现实中很容易把扩展同情偏好与更为直接的同情偏好混为一谈。所以我一直提到移情偏好而非扩展同情偏好,以反映威普斯(Wipse)[562]和德·瓦尔(De Waal)[539]等对移情和同情所做的区分。正如第0.2.4节所解释的,如果亚当同情夏娃,则他必须直接关心她的福利,但是,即使他对她的痛苦漠不关心,也同样能移情于她。

第1卷第4.3.1节详细讨论了移情偏好的数学表示。本章的后续内容将会对这一概念给出更多说明。想要详细研读这些内容的读者可以直接跳转阅读第2.4节。

如果我说我宁愿做穿着无花果树叶的亚当,也不愿做吃着苹果的夏娃,那么我就在表达一种移情偏好。在适当的假设之下,代表我的移情偏好的效用方程可以被表述为代表亚当和夏娃私人偏好的冯·诺依曼-摩根斯坦效用函数的加权平均。其中的权重就充当了对亚当和夏娃的个人效用进行比较的标准。

这样的效用比较标准是个体内的(intrapersonal)而非个体间的(interpersonal)。它是我自己独有的特殊标准而无须与其他任何人共享。但是,如果我和其他人无法就联合决策时的个体间标准达成共识,那么即使我拥有自己的私人个体内比较标准也无济于事。对于个体内标准加总的可能性而言,社会选择理论也并未给出令人欢欣鼓舞的结论。海兰(Hylland)[279]曾指出,正如某个版本的阿罗悖论所指出的那样,唯一一个满足一般社会选择标准的加总方法在本质上是独裁的。也就是说,我们必须选择某个市民,然后把他的标准强加于社会。这样的程序与道德伪善主义者的哲学很是匹配。如果理想观察者被视为一个想象中的公民,那么理想观察者的方法也适用于这种程序。但是,本章却是致力于探讨哲学王的概念的，而哲学王的所有标准都必须来源于人民。

第 1 卷第 2.3.4 节表明阿罗悖论所要求的假设过于严格。在目前所讨论的特殊情况下，我认为正是阿罗的“无限制域”条件最需要更改。这一条件要求加总方法能够适用于所有可能的移情偏好束。然而，我同意哈萨尼(Harsanyi)[233, p. 60]的说法，即来自相同文化背景的个体事实上对于如何进行个体间效用比较具有广泛共识。如果这样的话，那么阿罗悖论对我们而言就不是问题了。但是，如果个体间比较存在某种共识的话，这种共识又是怎么产生的呢？

哈萨尼(Harsanyi)[233]提出了一个康德主义式的回答。他构造了一个厚厚的“无知之幕”，幕后的人们忘记了他们在现实生活中拥有的移情偏好，进而发现有必要采用一种新的移情偏好。然后，他提倡了一种被称为“哈萨尼教条”的原则。这一教条坚称，类似情境中的理性个体将做出相似的反应。〔1〕亚当和夏娃在原初状态中所采用的移情偏好故而会是相同的，这也就解决了个体间的比较问题。既然亚当和夏娃将被引导到相同的效用比较标准上，那么把这一标准作为一般标准也就毫无异议了。

我在第 1 卷第 3.4.1 节详细阐释了双胞胎悖论，以强调哈萨尼逻辑的危险性。然而，即便论据相当充分，我们这样的凡人又怎么能预测出理性的神在哈萨尼厚厚的“无知之幕”背后所采用的移情偏好呢？即使我们能够预测到，那么我们为什么要用它来替代自己已经有的偏好呢？

我的方法与哈萨尼的有很大不同。我认为我们之所以会有移情偏好，只是因为在现实生活中，当我们使用简陋的原初状态这一工具进行公平判断时，需要用移情偏好作为输入值。目前来看，来自类似文化背景的人都有类似的移情偏好，正是因为以这种方式来运用原初状态，才产生了

---

〔1〕 科姆(Kolm)[309]提出了类似的原则。

偏向于某些移情偏好而不是其他种类的演化压力。中期的结果是,一个社会中的每个人都倾向于有同样的移情偏好集。事实上,虽然本章表面上致力于分析功利主义,但是我写这一章的主要意图是,对以类似方式运行的基础机制进行程式化的说明。

2.4 演化伦理学

本章大部分内容致力于分析哈萨尼对功利主义的非目的论辩护,但在本节的开始将暂时偏离一下主题。这对于介绍我用来替代康德主义的自然主义很有必要,而前者正是哈萨尼和罗尔斯的理论基础。

在重新回到第2.6节的非目的论功利主义之前,我们可以暂时把哲学王的概念放在一边。它只是一个虚构的概念,当我在第4章论述我自己的理论时将完全弃用它。但是,如果自然真的仁慈到能够给我们一个执行我们协议的哲学王,下述演化思想仍然适用。当在第2.6节哲学王重新出现的时候,这些演化思想也会随之被提及。

上帝与我们同在 第2.3节已经充分表明,对个体间效用比较的争论是一个知识雷区。对此问题的任何解释都可能引起这样或者那样的误解。而引入演化论的考虑则将使问题更为复杂。仅仅是简单地把“演化”和“伦理”两个词语放在一起,就足以令许多哲学家大发雷霆。达尔文(Darwin)[143]认为,伦理演化也是人类自然演化的一部分,而继承了这一观点的我们不是被公开指责为险恶的优生主义者,就是被嘲笑为糊里糊涂的相对主义者。

G. E. 摩尔[364]宣称,演化伦理学其实就是认为“我们之所以沿着演化的方向发展,仅仅是因为这就是演化的方向”,他的话仍然在作为权威而不断引用。这就距离将演化主义者所认为的“虚弱的人败北是对的,因为适者生存”的论断做出误读不远了。维多利亚时代的一些社会达尔文主义者确实持有这样的观点[1](第1卷第2.2.1节),但是像我这样的现代社会达尔文主义者[2]则认为,摩尔认为伦理学应该为之提供答案的那些目的论问题根本没有意义。

演化伦理学否认人类社会的存在是为了达成某种伟大的目标。演化主义者只是简单地想要明白,为什么有些人类组织能够存活下来,而另外一些却不能。我们可能用这个信息来论证,某些改革能够比其他改革带来更长久的社会变化,但是演化伦理学不能为任何想要宣称某种道德体系内在地优于其他体系的人提供任何权威。演化伦理学是关于适当的理论——而在一个社会中适当的体系很可能在另一个社会中令人难以想象。希罗多德(Herodotus)[245, p. 229]关于希腊人和印度人聚集在大流士法庭上要求对其葬礼习俗进行比较的故事,已经将此道理讲述得非常清楚了。希腊人对于印度人会吃掉自己已逝长者的行为感到万分惊恐,而印度人对于希腊人会烧掉长者们的做法也同样感到恐惧。

这样坦率的道德相对主义,使得某些批评者认为演化伦理学是完全空洞的。就像拉古纳(Laguna)[152]指出的,“已经一次次地证明,达尔文主义的理论将能够与任何种类的道德信仰相容”。[3] 它当然会如此!一个对于伦理体系的演化主义解释怎么能够与真正演化出的道德体系不

---

〔1〕 我认为丹尼特(Dennett)[158, p. 393]对社会生物学的现代批评者过度敏感了,他甚至把赫伯特·斯宾塞(Herbert Spencer)的观点描述成“可憎的”和“极其邪恶的”。斯宾塞在他的时代肯定无法摆脱偏见,而且他的科学观点时常是古怪的和混乱的,但他后期作品所显露的理想看起来十分像维多利亚时代崇尚自由的人们的理想。因此,他因为是某种程度上的纳粹分子而被剥夺了作为“进化伦理学之父”的事,让我感到些许遗憾。甚至从社会演化角度来看,他的“拉马克学说”(Lamarckism)也不那么疯狂了。认为文化基因是彻头彻尾地通过模仿来复制,就是想当然地认为“习得特性”(acquired characteristics)可以被传递。

〔2〕 如果把我自己称做社会达尔文主义者,我肯定会被谴责是阿道夫·希特勒的追随者。因此,我在这里仅仅是把现代社会达尔文主义者看做相信并运用达尔文主义观点来解决社会问题的人们。

〔3〕 对于类似愚蠢的错误,请参见法柏(Farber)[178]的《演化伦理学之诱惑》(*Temptations of Evolutionary Ethics*)。

一致呢?同其他所有人一样,社会达尔文主义者常常不喜欢那些和自己的志向差别很大的社会道德观念,但是演化伦理学教会我们,不要根据某个所谓的绝对准则来给社会贴上"错误"或"坏"的标签。

最根本的误解在于,传统主义者认为,拒绝给一个社会贴上"错误"或"坏"的标签,就等同于认为所有的社会都是一样"正确"或者"好"的。但是一个相对主义者认为,说两个社会一样好或其中一个更好没有实际意义。当传统主义者听到我这样的相对主义者表达我们想让自己的孩子生活其中的社会类型时,他们的疑惑可能会更深。我们从哪里得出我们的观点?权威的来源是什么?如果"什么都不重要",我们又何苦麻烦呢?

答案很简单。同其他每个人一样,社会达尔文主义者不过是那些已经被成功复制进我们大脑的文化基因的代言人。这些文化基因也尝试着把自己复制到其他大脑中,因为如果它们没有这样的适应度,它们就无法生存。作为相对主义者,社会达尔文主义者完全明白下述事实:如果我们生活在不同的时间和空间中,那么其他的文化基因也会把我们作为他们的复制工具。但是,为什么因为我们愿意承认这一显而易见的现实,就使得我们没有资格倡导改革了呢?那些标榜立足于道德制高点的人们的观点,也同样不过是他们的文化符号。那些他们想要改变他人的潜在理由也同样落入俗套。

在提倡改革时,传统主义者和社会达尔文主义者的唯一不同在于,他们为自己的观点提出了一个假想的权威。在想要说服其他人时,社会达尔文主义者被新达尔文主义的文化基因所束缚,实用主义地利用同胞们的自利本性。[1] 但是,传统主义者则可以向自己和其他人讲述更为激动人心的故事,故事中有对于"道德直觉"与"实践理性"的依赖,以及对其他某种作为我们祖先权威来源的神祇的现代形式的依赖,这使得他们的故事很容易战胜世俗的理论。有时,当传统主义者以"生命尊严"为理由而把痛苦加诸尚未出生的孩子之上时,我也很想通过发明某种新的权威

〔1〕广义的解释请参见第1卷第1.2.2节。

来源来以毒攻毒，比如人道主义、大地女神或者科学——但是推动这支笔的文化基因的复制力如此强大，以至于它甚至不允许我借助于“学术诚实”来反驳传统主义者新发明出来的这些偶像。

社会生物学和还原主义　对不相信非目的论伦理学的社会达尔文主义者的批判，只是故事的一半。还原主义者也是值得警惕的敌人，他们肆意曲解演化理论，想要抨击它过分简单。他们指责道，演化伦理学试图把人类道德降低到最赤裸裸的生物必然性上。这一说法取得了如此巨大的成功，以至于如果我们想要避开不经思考的滥用〔1〕的话，就不得不把曾经被称为社会生物学的理论称为演化心理学或者行为生态学。但是，即使是最为彻底的社会生物学者也从来没有认为，演化把正确的道德行为规则写进了我们的基因之中。社会生物学者相信的是协同演化——据此，我们的能力习性的生物遗传与控制着原始社会的习俗惯例的社会遗传协同进行[威尔森(Wilson)[559, 560]、拉姆斯登和威尔森(Lumsden and Wilson)[336]]。简单地说，与史前道德行为相关联的文化基因是同生物基因共同演化的，所以明显不能对某一个单独进行研究。

语言的演化看起来是对此现象特别具有说服力的例子。大家都知道乔姆斯基(Chomsky)[120, 121, 122]关于所有的人类语言都具有共同的深层结构的观点。而平克(Pinker)[405]在其伟大的著作——《语言本能》(*Language Instinct*)——中则进一步宣称，语言的内在能力是内生于我们的基因中的。这并不是说法国人就有说法语的基因，或被日本人收养的美国人会较其亲生子女更难学会日语。正如我们的免疫系统并不是简单的抗体集合，而是一个可以按需产生抗体的生物硬件一样，语言本能也是一个内生于我们基因中的工具，它能够让牙牙学语的小孩子更容易地学习根据某些内在原则而构造的语言。它绝不仅仅是把所有的语言细

〔1〕参见杜比(Tooby)[522]或巴寇(Barkow)[43]等人对于演化心理学真正卓越特性的描述。行为生态学可以参见巴拉什(Barash)[42]、休斯(Hughes)[263]、克雷布斯和戴维斯(Krebs and Davies)[310]。

节都捆绑在一起的工具。相反,法语和日语的差别之所以如此之大,正是因为我们的基因为社会演化留有了很大余地。

在为人类语言本能的存在提供了充分理由之后,平克(Pinker)[405, p. 420]加入了考斯麦茨和图比(Cosmides and Tooby)[136]的行列,开始思索关于人类本质的白板理论多大程度上在其他方面被误解了。他认为,人类性冲动是与生俱来的这一点是不会引起争议的。他还坚持认为,避开污染的食物、在一定的情境中逃离危险或奋起反抗也被写入了我们的基因,我认为这毫无疑问也是正确的。当被诸如爱情、厌恶、恐惧和气愤等强烈情绪所控制时,我们仿佛机器人似的行为使得对此类问题的严肃质疑很容易出现。〔1〕

而我们移情于同胞的能力中是否至少有一部分是与生俱来的这一问题是更有争议的。柏拉图把人定义为具有政治天赋的、宽指甲、无羽毛的两足动物〔2〕——对于黑猩猩或者狒狒社会的现代研究看起来证实了柏拉图的观点,即我们是具有解剖学上基因决定特征的政治动物。社会生物学的批评者会嘲笑这些观点,并把其等同于吉尔伯特(Gilbert)和沙利文(Sullivan)所著的《艾俄兰斯》(Iolanthe)中的政治理论,据此:

> 活着来到这个世界上的
> 每一个男孩或者女孩
> 天生就是一个小自由主义者
> 抑或是一个小保守主义者

但是,没有一个人认为我们天生被基因决定要实施某种特定的政治

〔1〕 对这个生命事实的感知常常是与下面的信念联系起来的,即感知情绪的能力使我们成为比机器高级的物种。但是,如果我们去观察一个正在害相思病的少年,会发现他有着机械行为,就像刚刚孵化的幼鸭会好奇地盯着它第一眼看到的任何移动物体。有经验的驾驶员也离不开自动驾驶装置。简言之,我们拥有的情绪生命实际上符合我们的机器本质。我们在爱情中茫然无措或处于愤怒的边缘,这些行为都是最具机器特质的。表达这种情绪并不是要超越这种机械性。相反,爱情中的茫然正是让我们感受到了作为刺激—反应机器是什么感觉!

〔2〕 在第欧根尼描述了"拔光了毛的鸡"之后,宽指甲被加入了两足动物的定义中。

体制——至少不比我们把苹果称为 pomme(法语)或把动词放在句子结尾处的那种自然基因强烈。与语言本能一样,政治本能也在一个深层次的结构中运行。正如休谟[267]所解释的,我们的社会被"自然法则"所控制很自然,但是自然本身并未决定在一个特定社会中起作用的特定"自然法则"。而被道德哲学家称为"自然法则"的,不过是人类的发明,抑或是社会演化的产物。

道德感　我一直在强调协同演化概念对于社会生物学的重要性,从而为下面讨论更富有争议的平克[405, p. 420]关于内在人类特征的内容铺平道路。我同意平克[405]和詹姆斯·威尔森(James Wilson)[561]等很多人的下述观点:我们生而有之的可能不仅仅包括对人类心理本质的本能掌握,而且还有天生的正义感。这并不是说,我们的基因决定了在某个特定社会中什么是公平的,而是说,它们只是决定或者限制了一个社会用来决定什么是公平的运算法则。但是,倘若没有某些输入值,这些运算法则也无法运转。我猜想,几乎所有必要的输入值完全是由社会决定的。由于不同的社会有不同的社会历史,所以它们自然会做出关于正义的不同判断。〔1〕即使平克关于正义本能的存在论是正确的,这也并不意味着伦理学可以被简化为生物学。相反,除了一些重要的例外之外,我相信几乎所有引起道德哲学家争论的内容都是由社会演化所决定的。〔2〕

第2.5节想要澄清我用于研究社会正义的模型中,生物演化和社会演化之间的界限。我完全明白引向该模型的那些思想具有高度不确定

〔1〕 厄尔斯特(Elster)[173]和杨(Young)[573]发现,在不同情境下被使用的不同公平算法使用相同的社会输入值。我情愿采用下面的论述,即不同的社会输入值被用于相似的公平算法上。

〔2〕 我们关注最多的例外是性别和家庭。我们也应当把小型严密组织内部的关系包括进来,因为它们看起来似乎能引发与演化提供给家庭内部使用的相同的生物机制。在没有注意到人类有大多数相同基因的情况下,政治哲学有时争论的问题是,我们是否分享共同的人性? 但是,我们与其他人进行关联的能力的生物基础常常被认为是理所当然存在的。哲学上比较在意的粘液菌群体里的变形虫,无疑会发现基于不同的生物现实去预测社会组织是十分困难的。

性,而模型本身对于描述人类问题复杂性而言也过于简单。但是,在此重复我的一贯托辞,我们总得从某处开始。

2.5 演化与正义

对于理解人类道德的演化根源这条道路而言,前人的铺垫工作已经做得非常好了,所以我认为现在只需要再指出一些沿路的路牌。达尔文(Darwin)[143]和赫胥黎(Huxley)[278]在伦理演化方面的建树乏善可陈,但是现代学者则提出了更加条理分明并被该领域内大量证据所支持的故事,他们包括亚历山大(Alexander)[11]、博伊德和里彻森(Boyd and Richerson)[98]、德瓦尔(de Waal)[539]、汉密尔顿(Hamilton)[216,217]、梅纳德·史密斯(Maynard Smith)[347]、尼泰克和尼泰克(Nitecki and Nitecki)[387]、鲍尔(Power)[409]、特里弗斯(Trivers)[524,525]、威廉姆斯(Williams)[555]、威尔逊(Wilson)[559,560]、赞恩-瓦克斯勒(Zahn-Waxler)[574]等人。然而,对于这一问题的初学者而言,去读一些通俗读物可能会有帮助,例如道金斯(Dawkins)[151]、丹尼特(Dennett)[158]、克罗宁(Cronin)[138]、里德利(Ridley)[425]或赖特(Wright)[567]的书籍。

荒谬的是,正是当这些演化之路上的朝圣者们即将到达现代人类这一终点时,他们脚下的路才开始退化为一条布满了不确定性种子的无方向之路。在观察其他种族和原始人类社会时,我们似乎能够采用一种冷静的客观态度,但是当我们开始把注意力放在自己身上时,这种客观性就不复存在。然而,正如个体发育是系统发育的概括摘要一样,我认为有望通过追溯人类道德简单的初始状态来理清我们对于它的混乱直觉。但是,我们要做的不是尝试像第1卷第3章那样去尽量解决人类合作这个化圆为方的难题,而是需要像辛格(Singer)[495]在其演化伦理学的开创性著作的标题里面所讲的那样扩展圆圈,如图2.1所示。

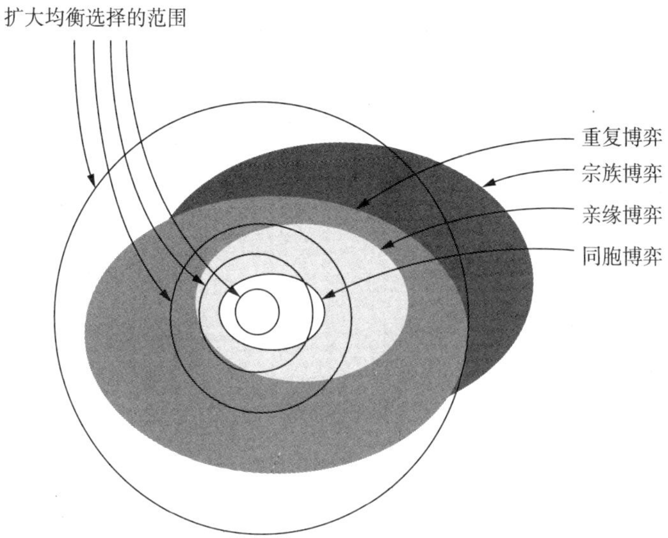

图 2.1　扩大范围

辛格把人类道德边缘的扩张解释为亲缘选择、互惠利他主义和群体选择的拓展。虽然我沿用了辛格语言方面的比喻，但是我并不像他那样认为人类道德的演化进程是逐级更为复杂的均衡选择机制(equilibrium selection devices)。虽然亲缘选择和互惠利他主义本身很重要，但是二者都不关注生存博弈中的均衡是如何被选择的。互惠利他主义关心的是，生存博弈中的均衡是怎样维系的。〔1〕亲缘选择关心的则是，家庭博弈中的收益应该怎样正确计算。〔2〕因此，互惠和亲缘都成了演化中的道德边缘得到扩大的部分基础，正如图 2.1 所显示的那样。而我的那些圆圈就都落在了群体选择(group selection)的范围之内——辛格(Singer)

〔1〕因为当时涉及的利他主义的概念是虚幻的，所以我宁愿仅仅把互利主义讲成互惠(reciprocity)。到目前为止，真正的利他主义在生物学情境下才有意义，它是在亲缘选择的标题下被讨论的。

〔2〕因此，亲缘选择这个术语是有误导性的，我宁愿仅仅把它讲成亲缘关系(kinship)。当局中人是相互关联的时候，他们所玩的生存博弈使得均衡选择问题解决起来更加容易，但是，仅仅有亲缘关系的事实本身并不能解决问题。汉密尔顿(Hamilton)[217]宁愿把亲缘选择讲成包括适应性。

[495]对此概念的运用大部分是尝试性的,因为这个术语在生物学上的应用存在很大争议。

由于这一争议的存在,我有必要声明我和威廉姆斯(Williams)[555]一样持有下述正统观念:由韦恩-爱德华(Wynne-Edwards)提出的群体选择的观念是建立在对演化运转方式的一个重要误解之上的。韦恩-爱德华[596]写道:“在社会群体特征的情境中,由父辈传给后代的是在一系列社会环境中每个人为了集体利益——而非个人利益——所要采取的正确反应机制。”在这个定义中,韦恩-爱德华忽略了这样一个事实,即把集体利益放在私人利益之上的个体很容易在利益上受到把私人利益放在社会利益之上的个体的侵犯。然而,只要阅读道金(Dawkin)[151]的《自私的基因》(*The Selfish Gene*)就会发现,演化要么在基因的层面上进行,要么就不会发生。因为基因就是事实上被复制的东西。只要突变基因的复制速度快于正常基因,它们就会很快占据控制地位,而无论整个种族是否能够从中受益。用博弈论的术语来说,韦恩-爱德华想让我们相信,自然就是第 1 卷第 3 章中严厉批评的那些化圆为方者之一,因为它们发明了错误的论据,想要以此证明在囚徒困境中进行合作是理性的。

但是,即使韦恩-爱德华[569]在他提供的对他书中所描述的群体现象的解释方面被误解,这并不意味着这些现象不是群体间选择的演化结果。〔1〕确实,这些机制是行为生态文献的常规研究对象。〔2〕但是,提及群体选择的概念则使得一些人产生了自然的敌对态度,这些人认为,群体选择的概念只有当关于基因的存量知识都被否认时才有意义。但是对于群体间选择的过程,我们应该采用哪些词汇对其进行描述,才能同时不

〔1〕 如波洛克(Pollock)[406]所讲,韦恩-爱德华的学术贡献并不值得受到与现在一样多的关注。

〔2〕 例如,博伊德和里彻森(Boyd and Richerson)[99]、格拉芬(Grafen)[212]、努尼(Nunney)[393]、韦德(Wade)[540]、威尔逊(Wilson)[556]、威尔逊和索布尔(Wilson and Sober)[556]。甚至克鲁泡特金(Kropotkin)[311]针对达尔文主义的批评,为无政府主义所做的辩护都值得重视。

违反基因规则呢？更进一步地，我们应该如何讨论个体间的选择呢——因为我们的基因遗传不过是一组基因罢了？

令人庆幸的是，本书中的术语问题都轻易解决了。在博弈中，我用了一种更加具体的"均衡选择"(equilibrium selection)的概念来替代辛格(Singer)[494]泛指的"群体选择"。这一术语的使用具有一定的优点，它与"自私基因"批判明显不相关。把选择的范围限定在均衡范围内，能够剔除那些内在不稳定的组织，这些组织就算不与其他组织进行竞争也无法存活下来。这可能也会提醒生物学家们：现实生活中的动物博弈通常在多重因素的作用下产生大量的均衡。一个群体可以通过上述的均衡因素达到一种不稳定的均衡，于是，在群体受到轻微震动的情况下，选择就会重新开始(第 3.3.8 节)。这类博弈把均衡选择问题用一种尤其剧烈的形式表现出来。

2.5.1　互惠

在讨论扩大均衡选择的范围之前，我们有必要先谈谈划定这些范围的基础——需要从中做出选择的生存博弈的均衡集合。互惠利他主义[特里弗斯(Trivers)[524, 525]]和亲缘选择[汉密尔顿(Hamilton)[216, 217]]的思想对于理解可行均衡的范围以及多样性至关重要，不过本章将极少提及互惠利他主义，因为这是下一章的主题。

正如我在第 1 卷第 2.2.6 节所阐释的，在无限期重复博弈中使用"礼尚往来"的均衡策略，将有可能维持高度合作的结果。只要他的同伴愿意合作，那么每个局中人都会继续合作，如果有任何人偏离合作，局中人就会转向使用一种惩罚策略。这种策略的最简单形式见诸无限期重复的囚徒困境中的针锋相对(tit-for-tat)，其令人愉悦的性质被艾克斯罗德(Axelord)[31]的著作《合作的演化》(*The Evolution of Cooperation*)(第 1 卷第 3.2.5 节)广为推崇。尽管如此，重复博弈的无名氏定理揭示了，在博弈局中人完全自私的情况下，针锋相对只是局中人中维持合作的大量策略中的一种。

然而,由自私代理人进行的重复博弈均衡与特里弗斯(Trivers)[524,525]的互惠利他主义(reciprocal altruism)概念有什么关系呢?利他主义当然会导致一定程度的自我牺牲。然而,当亚当和夏娃都在无限期重复的囚徒困境中针锋相对时,自我牺牲问题就不复存在。他们会继续通过鸽策略来合作,因为他们知道企图利用受害者只会换来鹰策略的凶狠报复,而最终偏离者只能通过再次合作来表示忏悔。但当合作约定顺利进行时,观察者将看不见合作双方的黑暗面。他只是单单看见亚当和夏娃在利用一切机会合作。因而受此现象迷惑,某些乱出点子的人会把这种行为归因于利他主义。例如,我们大多会被成双结对的比翼鸟展现的互爱所感动,但是,我们也可以说他们是互相粘着对方,只是因为如果不是一直看守,他们的伙伴就有可能变得不忠诚。

所以,互惠利他主义可以说是某种程度的用词不当。我们应该说,互惠机制让某些利他主义的好处显现出来,无须人与人之间存在爱意。就像在第 1 卷第 1.2.2 节中我所观察到的,海德先生(Mr. Hyde)同吉基尔博士(Dr. Jekyll)一样,都有能力在重复情境中与他的同伴融洽相处。

互惠利他主义的可能性使我们确信,在一种无限期重复的生存博弈中,亚当和夏娃可以在均衡中维持多种合作结果。然而,至于可能的结果是如何维系(sustained)的问题在本章中将作轻描淡写的处理,这样我们就能集中关注这些结果是如何从所有可行集合中选择出来的问题。于我而言,要理解在公平或公正的标题下讨论的均衡选择机制的起源,我们一定要首先弄清楚,有血缘关系的动物如何进行自然赋予它们的生存博弈。

2.5.2 亲缘关系

亚里士多德(Aristotle)[16]告诉我们,我们必须首先在家庭中找寻“友谊、政治组织以及正义的源头”。不过,只有当遗传学变为一门科学的时候，我们才能在上述问题上有所进步，而不是仅仅点头同意亚里士多德的建议。

汉密尔顿(Hamilton)[216,217]的亲缘选择(kin selection)概念是演化和家庭研究的基石。有血缘关系的人也有共同的基因。因此，修正某些行为的基因会被频繁地复制，如果它不仅考虑了被修正行为为基因主携带者所带来的更多繁殖机会，而且考虑了与基因主携带者带有相同基因的亲戚们繁殖机会的增加。学者 J. B. S. 霍尔丹(J. B. S. Halden)以一种半严肃的笑话表达了这个观点。当他被问及是否会为另一个人献出生命时，他回答，如果是在拯救了两位兄弟或八位表亲的条件下，这种牺牲就是值得的！

巴拉什(Barash)[42]、休斯(Hughes)[263]、克雷布斯和戴维斯(Crebs and Davis)[310]或里德利(Ridley)[425]等关于行为生态学的书籍基本上都是令人心悦诚服的，因为生物学家能够运用成百上千个案例研究。归因于亲缘关系的动物合作行为确实是广泛存在的。例如，非洲猎狗会反刍食物来帮助其饥饿的同胞兄弟摆脱困境。当能够解释为什么某个基础理论的明显反例恰好成为支持该理论的证据的特殊情景出现时，该证据就会变得特别有说服力。对于像蜜蜂和蚂蚁这种膜翅目昆虫的壮观社会组织的解释，是非常引人入胜的。然而，虽然很有趣，我却并不打算对海量的文献进行介绍。在本书其他地方，尤其是之后要讨论的同胞争宠博弈并不是真实的。我介绍同胞争宠博弈的目的只是想说明，采用下面的假设是错误的：有血缘关系的亲戚们会以牺牲其他家庭成员的繁殖机会为代价，来自私地争取自己繁殖机会的最大化。

窝里的小鸟表示同意　前面所提及的霍尔丹格言是基于这个事实：我们与一个兄弟分享一半的基因，并且与一个表亲分享 1/8 的基因。因此，安排我们去救一个表亲的基因会有 1/8 的机会是拯救它自己的复制品。这种基因上的考量会在多大程度上使某个人为他的亲属做出牺牲呢？著名的汉密尔顿[217]法则就是对该程度的量化。然而，在正式介绍这一法则之前，我们尚需等待一些时日，甚至那时它将不会以标准形式出现。〔1〕因为从本书的目的角度来看，追随伯格斯特龙(Bergstrom)[55]或迈尔森(Myerson)[375]等人用较为抽象的博弈理论语言来描述结果似乎更加有用。

为了着手解决亲缘关系问题，可以想象孩子们总是成双出生。一对兄妹，亚当和夏娃在幼年将会占用同一个窝。在窝内，他们进行同胞争宠博弈，其结果将影响他们将基因传给下一代的最终能力。为了使这一事件简单化，可假设这种同胞争宠博弈是对称的，只有两种纯策略：鸽策略和鹰策略。同胞争宠博弈的可能候选类型包括囚徒困境、斗鸡博弈〔2〕或者第1卷里的猎鹿博弈。

在第1卷第2.2.1节，如果亚当使用纯策略x，夏娃使用纯策略y，则亚当的收益$\pi(x,y)$被诠释为亚当的生物适应度，即由博弈中的策略对(x,y)导致的，在某个固定的基础水平π的基础上，亚当所获得的平均后代数量的增加。〔3〕既然同胞争宠博弈是对称的，那么夏娃的适应度就是$\pi(y,x)$。

当考虑到一个群体的演化稳定性时(第1卷第3.2.3节)，记住这样一个事实十分重要，即亚当拥有适应度$\pi(x,y)$和夏娃拥有适应度$\pi(y,x)$是第二考虑因素。我们需要考虑的核心问题是，他们所携带的基因被复制的比率。在不分男女种类的物种的情况下，所有的同胞兄弟姐妹都拥有和母亲相同的基因，都是克隆品，这样事情就变得最简单了。如果所有

〔1〕 当时出现的汉密尔顿法则认为，当$B_r>C$时，就有望出现利他主义行为，这里的B表示利他主义行动的接收者所获得的收益，C表示行动成本，r表示施主和受益人之间的关系程度(假定受益人是唯一的)。

〔2〕 生物学家所称的斗鸡博弈是指鹰鸽博弈。第1卷指出，梅纳德·史密斯(Maynard Smith)[347]对鹰鸽博弈的粗略定义包含了斗鸡博弈和囚徒困境。如果我们支持梅纳德·史密斯的定义，那么无论是使用博弈论的原始术语还是使用演化生物学的新术语，都不会显得冗余。

〔3〕 一个家庭的子女数量固定为2这一事实，并不与$\pi(x,y)$的解释矛盾。在生殖期，只要亚当活得足够久，他就可以养育很多家庭成员。

窝里的幼崽行为都完全由遗传决定,那么拥有共同母亲的全部幼崽就必须选择相同的策略。假如正常家庭选择鸽策略,突变家庭选择鹰策略,那么在正常家庭和突变家庭中基因被复制的比率分别增加 π(鸽策略,鸽策略)和 π(鹰策略,鹰策略)。如果前者的比率超过后者,那么正常家庭的人口就会稳步演化。任何新产生的基因突变都会最终消失,因为突变基因的复制速度远远慢于正常基因。

当然,上述推理与第1卷第3.4节的双胞胎悖论背后的讨论类似这一点并非偶然。毕竟亚当和夏娃在这个情境下的确是双胞胎。因此,演化会引致一次性的囚徒困境中的合作行为,虽然当亚当和夏娃独立做选择的时候,合作行为不是均衡。

在更加一般的博弈里,一种成功的基因可以潜移默化地影响克隆群体的行为,我们可以使用康德的绝对命令之粗糙版来进行概括:在同胞会选择同你一样的策略的条件下最大化你自己的收益。用博弈论术语来表达就是,最终控制群体的基因会促使亚当和夏娃在一个局中人(one-player)的博弈中进行最优化决策,二人在一个局中人博弈中面临的策略与同胞争宠博弈相同,只不过选择策略 x 所产生的收益为 $\pi(x,x)$。因此,使用两个局中人(two-player)同胞争宠博弈作为对亚当和夏娃预期行为的博弈论分析的基础并不恰当。完全相同的双胞胎二人的行为是由基因决定的,他们根本就不是独立的局中人。唯一的真正局中人就是在背后操作的单独基因组。

当我们研究有性别物种时,有必要进行更为敏锐的分析。在简单的单倍体细胞中,有待研究的行为特征是由以相同概率继承的父亲或母亲的单个基因决定的。假设人口规模非常大[1],并且到了繁殖孕育阶段的个体都可任意地配对。为了测量群体的演化稳定性,假设一个突变基因控制了一个群体 ε 比率的成员,这些成员已经进行了配对。结果是,这

〔1〕 人口规模需被设定为是无穷大的,以便我们非正式地借助大数定律来解决问题。见宾默尔等[87]。

个群体的孩子也有 ε 比率拥有突变基因,所以我们必须把注意力转移到群体的孙辈上。问题是,孙辈们拥有突变异种的比率到底是大于还是小于 ε? 如果是小于 ε,那么正常群体的演化就是稳定的。

既然突变父母的数量是少数,一个正常的儿童几乎肯定是来自父母双方都是正常的婚姻结合,而突变儿童几乎肯定是来自父母中一个正常、另一个突变的混合婚姻结合。正如伯格斯特龙(Bergstrom)[55]的研究所述,演化稳定性的问题将因此被简化为比较来自正常婚姻的孩子和来自混合婚姻的孩子之间的适应度。〔1〕 因为一个来自混合家庭的同胞孩子拥有一半成为突变基因携带者、一半成为正常人的机会,所以一个正常群体稳定演化的准则是:

$$\pi(\text{鸽策略},\text{鸽策略})>\frac{1}{2}\pi(\text{鹰策略},\text{鹰策略})+\frac{1}{2}\pi(\text{鹰策略},\text{鸽策略}) \tag{2.1}$$

这个准则是由格拉芬(Grafen)[211]首先提出来的,并且它被行为生态学家用来修正汉密尔顿(Hamilton)[217]的"包容性适应度",且定义了一个被称为"私人适应度"[海因斯和梅纳德·史密斯(Hines and

---

〔1〕 为了检验准则(2.1)的有效性,我们可以从估计所有类型的孙辈数量 N 和突变的孙辈数量 M 开始。如果准则(2.1)是正确的,那么它等同于下面的说法,即对任意小的 $\varepsilon>0$,都有 $M/N<\varepsilon$。为此,令 F 是家庭成员的数量,令 $p(x,y)=\pi+\pi(x,y)$ 是一个人平均生育孩子的总数,如果他使用了策略 x 且他的同胞使用了策略 y。

父母双方都正常的婚姻的比例是 $(1-\varepsilon)^2$,父母中一个正常、另一个突变的比例是 $2\varepsilon(1-\varepsilon)$,父母二人都突变的比例是 ε^2。如果我们忽略值或者它的高阶项,产生的结果就是,在估计各种类型孙辈总数 N 时如同所有的婚姻双方都正常。因此,N 大约是 $2Fp$(鸽策略,鸽策略)。在估计 M 的时候,我们需要保留 ε,但是忽略所有其他高阶项。从而我们就可以按照所有的突变孩子都来自混合婚姻这样来处理,所有混合婚姻的数量为 $2\varepsilon F$。由于同样的原因,突变孙辈——几乎都来自混合婚姻——的数量和突变孩子的数量大致相同。1/4 的时间,来自混合婚姻的孩子都是正常的,这样我们无须计算。1/4 的时间,孩子都是突变异种,取自这样一个家庭的突变孙辈的数量就为 $4\varepsilon Fp$(鹰策略,鹰策略)。一半的时间,一个孩子是正常的,而另一个是突变异种。因为来自该家庭的孩子中只有一个会生育突变后代,所以突变孙辈的数量就为 $2\varepsilon Fp$(鹰策略,鸽策略),那么突变孙辈的总数 M 就约为:

$$\frac{1}{4}\times 4\varepsilon Fp(\text{鹰策略},\text{鹰策略})+\frac{1}{2}\times 2\varepsilon Fp(\text{鹰策略},\text{鸽策略})$$

因此,对任意小的 $\varepsilon>0$,都有 $M/N<\varepsilon$,当且仅当准则(2.1)成立。

Maynard Smith)[248, p. 20]]的新名词。然而，这里提到两种对传统“生物适应度”的修正，只是为了防止读者再次提起它们。在下文中，适应度经常是指一个特殊个体的成功复制。

伯格斯特龙(Bergstrom)[55]把准则(2.1)称为半康德学派的准则，因为一个成功基因慢慢融入一个单细胞群体的行为，实际上是康德绝对命令与纳什无上命令的混合体，后者已经在第 1 卷第 2.4.3 节轻松讨论过了。混合规则是在假定你的同胞们一半时间会选择与你相同的行为、一半时间会选择不对你的行为做出回应的条件下，命令你去最大化自己的收益。伯格斯特龙(Bergstrom)[55]把这个结果描述为对称的、两个局中人的严格〔1〕纳什均衡，在该博弈中两个局中人的策略与亚当和夏娃在同胞争宠博弈中的策略相同，只是当亚当选择 x、夏娃选择 y 时，亚当的收益是：

$$V(x,y)=\frac{1}{2}\pi(x,x)+\frac{1}{2}\pi(x,y) \tag{2.2}$$

不过，我认为我们把上述情景想象成领导者—追随者博弈〔2〕会更好，在领导者—追随者博弈中，为了最大化 $\pi(x,x)$，领导者首先选择 y，追随者以最大化$\frac{1}{2}\pi(x,x)+\frac{1}{2}\pi(x,y)$为目的选择 x 作为回应。在领导者选择了 y 之后，追随者进入了一个局中人(one-player)的博弈。

当同胞争宠博弈是一次性的囚徒困境时，由此产生的康德学派有关家庭伦理的本质就更为明显了。假如亚当和夏娃确实在同一个窝里博弈，他们都会选择鹰策略，因为这个选择能占优于鸽策略。但是，真正的局中人是控制他们行为的基因，正如我们所看到的一样，他们博弈的方式出乎我们的意料。当亚当和夏娃都是克隆人时，控制他们的单一基因包会安排他们通过选择鸽策略来合作，原因是，康德的绝对命令起了激励作用。当他们是单细胞群体的同胞时，他们就会采用半康德规则。如果在

〔1〕 在一个纳什均衡中，每个人都对其对手所选择的策略做出最优反应。在严格纳什均衡中，每个人都有唯一的最优反应。

〔2〕 为了捍卫博弈中的领导者地位，我们需要求助于某种在第 2.5.3 节讨论的均衡选择依据。

第1卷图2.2(a)表示的普通一次性囚徒困境中有 $2y>x+z$ 且 $y>z$,那么结果就是,双方都选择鸽策略来合作。当同胞争宠博弈是斗鸡博弈或猎鹿博弈时,他们也会相似地以和平方式博弈。

当然,上面分析的情况似乎过分简单化了。同胞争宠博弈有不定数量的局中人而且也不一定是对称的。局中人之间的关系程度也不太可能是清晰的,哪怕因为有杜鹃鸟的出现,也不会好转。动物通常也不会随意交配,而人口事实上也不会是无穷大的。即使是作为原子单位的基因概念也会在对分子进行密切研究的现实面前变得令人质疑。总之,基因控制行为的方式比它们控制眼睛颜色的方式要复杂得多。人类种群并不是单倍体。[1] 然而,我们接下来要看的就是,如果人类被加入讨论,我们将会面临更为根本性的困难。

是后天行为还是本能行为? 先前的讨论是在幼鸟共享一个鸟巢的背景下进行的,这么做是为了强调亚当和夏娃的行为完全受他们基因的控制。我所阅读的文献表明,在把社会生物学的结论推广到人类时,社会生物学家们往往想当然地采用与先前讨论相同的假设,这导致他们在反对社会学家提倡的"白板"(tabula rasa)论时,时常忘记对于共同演化论的根本承诺。在第1卷第2.4.2节的语言中,他们把现代智人(homo sapiens)看做行为人(homo behavioralis)——程式化的激发—响应机器,其行为就像一台巧克力分配机器一样。这样做的诱因之一是为了遵循康德[297, p. 63]的思想,即任何人类可能去追求的世俗目标——比如保证身

〔1〕 我们是每个基因座都承载着两个基因的二倍体物种。即使是在单一基因座模型中,我们也必须考虑两个基因。如果突变基因占主导,必要的考虑因素也同在二倍体案例中考虑的一样,不过当突变基因是隐性的,情况就变得更加复杂了。因此,伯格斯特龙(Bergstrom)[55]说明,$V(x,y)$ 必须能被 $W(x,y)=\frac{1}{5}\pi(x,x)+\frac{3}{5}\pi(x,y)+\frac{1}{5}\pi(y,x)$ 替代。蜜蜂和蚂蚁都是单倍二倍体——未受精的卵子生产出单倍体雄性和受精卵产出二倍体雌性,要解释这些物种为何能够达到如此高层次的社会性,我们还有很长的路要走[汉密尔顿(Hamilton)[217]、亚历山大(Alexander)等[12]]。

体内部的基因代代相传——最好能够由丝毫不懂思辨的人种来实现，这样的人种天生就只会对每个直接相关的刺激[1]做出相应的最优应激反应。

不管社会生物学家相不相信人类行为在某种程度上是本能的，我的观点是：生存博弈是如此复杂，以至于我们不能对所有生存博弈的附属博弈都简单粗暴地采取最优策略。在大多数场合来看，我们的基因并没有像行为人那样直接规划我们的行为。所以，采用大众心理学的基本假定来推进我们的论述是更加实际的做法，即我们的认知过程确实包含了经济人(homo economicus)偏好和信念的使用，这个概念显示出，偏好理论也比较推崇。

读者需要注意，在推定偏好和信念的实际存在的时候，我避开了显示偏好理论中的不可知论。不要只是说亚当和夏娃的行为好像是在他们的信念约束下最优化其效用函数，我现在应该宣称亚当和夏娃有时真的会在信念约束下最优化其效用函数——即使他们很少去算计或者进行任何图谋。

毫无疑问，我们的很多私人偏好都是由基因决定的，如饥饿、口渴和性冲动。也许我们的一些信念也是天生的，从而使世界不仅比我们想象的要奇怪，而且比我们能力范围内的任何想象还要怪异。[2] 但是，有些偏好和大部分信念都是注定会获得的。也就是说，我们的基因并不总是强制我们喜欢或相信某个具体东西；在某些情境里，它们只是让我们根据偏好和信念来组织我们的认知过程。从这一观点来看，我们配备了算法，它不仅能够诠释我们根据偏好—信念模型所观察到的自己或者他人的行

---

[1] 正如我在第 1 卷第 2.4.2 节所阐述的，康德(Kant)[297, p. 64]因此认为，这个理由对我们的真实需求来说是多余的，它的存在是为了服务于创造“善的意愿”的抽象目标。他主张，这样的一个意愿必须能够操纵他的绝对命令。像往常一样，尝试追随康德的思想就如同进入镜子里的世界。例如，我们刚刚看到，当局中人属于现代行为人物种的时候，康德推导出绝对命令的直觉可以得到辩护。但是，现代行为人的情况恰好被康德自己的理论排除在外。

[2] 这是对 J. B. S. 霍尔丹格言的释义。

为模式,还能使这类模式成为我们操作系统的组成部分。正如休谟(Hume)[267, p. 422]所言,"没有什么能比习惯和重复更有效的了,这两者既能增加和减少我们的热情,也能将快乐化为悲痛,悲痛化为快乐"。

蕴藏在学习新行为或获得新偏好之中的心理机制看起来似乎有很多,而且多样化。不过我只打算推断心理机制的极小集,这个集合将会与我所讲的人类亲缘选择的故事一致。

我们是天然的模仿者,这一点是毫无疑问的。就像众所周知的猴子一样,我们倾向于复制眼前的他人正在做的事情,不管这个行为是否有意义。但人与猴子并非都是不加鉴别地模仿。我们根据自己的偏好测试新习得的行为,就如我们通过自己的情绪反应进行表达一样。简言之,我们反问自己是否喜欢新行为所产生的结果。如果我们发现新习得的行为是令人满意的,我们就会去锤炼这种行为;反之,我们会继续在实践中验证这种行为。

然而,如果用于这些目的的偏好不是与生俱来的,我们该从哪里获得它们呢?我的猜测是,人类生而有之的是一些似乎在以下面的方式运行的算法,即它们使用显示偏好理论原则从一致的行为集合中导出偏好—信念模型。上述过程是递归的,而不是循环的。在某个特殊情境中,一个成熟的行为集合首先被编码成一个偏好—信念模型。然后,在一个新行为成为一个人的习惯性反应或者进入一个人的反应库之前,这个偏好—信念模型就可以被用来测试或锤炼该行为。〔1〕接下来将进入一个调整期。在此期间,行为将被不断锤炼直到获得充分一致性,在此基础上,建立一个经过修正的偏好—信念模型的必要性就产生了。

这样一个诱导过程〔2〕的演化优势是,在新的行为被投入生命的角

〔1〕这类新行为可以从偏好—信念模型中重新构造出来,但是与通过模仿或偶然习得的行为相比,计算这类行为的做法是比较少见的。

〔2〕众所周知,这个过程属于生物遗传的观点是演化康德主义者提出来的。尽管如此,休谟[267]对这一现实的认知似乎把握得更好,因为他告诉我们,尽管我们没有为科学诱导原则提供理性基础,但是我们别无选择,只能按照它的指导来行动。我的故事可以解释以上论述的原因。

斗场之前，可以在内部实验室用过去的经历进行测试。如果环境足够稳定，我们过去的经历与现在的挑战相关，那么新行为就有可能被同化，并且不用冒很大的风险。因为个人的成功创新能够很快通过模仿来扩散到整个文化，因此上述机制使我们变成了稀有的、灵活的动物。

不过，我们不得不为这个灵活性付出代价。正如我在第1卷第2.4.2节发现的一个事实：由于自然几乎不能控制我们进行大多数博弈的方式，我们必须要学会如何自己行动，这使我们成为处于次优状态的物种。特别地，因为在第1卷第3.4节我给出的理由，人类同卵双胞胎不能模仿固有行为的物种，所以有双胞胎悖论的产生。如果媒介人类行为的偏好能够充分反映演化后种族的成功或失败，那么我应该简短地宣告，在我们所进行的博弈中选择最优反应是不对的——否则就会被听从我的建议的对手取而代之。不过，如果每个人都选择最优反应方式，那么结果就会是博弈中的纳什均衡。

既然本性促使我们在博弈中选择纳什均衡，我们的种群就必须以无法维持单次囚徒困境中最好的结果为代价生存下去。另一方面，当所运行的博弈与固有行为物种不同时，我们也可以避免与它们一样的命运。无论如何，人类不会选择可能由刺激因素引发的第三好的策略，在任何博弈中人们都愿意拥有一种学习第二好策略的潜力，不论这种潜力所带来的益处在人类演化史中所扮演的角色是否重要。

尽管根据我所提倡的心理学原则来行动的人最后对于新挑战的反应就如同他是经济人(homo economicus)，但是有一点我们必须坚持且十分重要，即这并不意味着他能清醒地意识到他脑袋里所发生的一切事情——即使他向自己和其他人传达的有关他内在生命的故事与他被观察到的行为是完全一致的。

当我们试图评估自己对于亲戚命运的同情度时，进行自我追问是有问题的。我到底有多爱自己的兄弟？难道“爱”这个词就能正确表达我的感觉吗？就个人而言，我发现自己无法对这类问题给出充分的回答——我甚至怀疑其他人对此类问题做出的明确回答更多应归因于浪漫虚构而不是真正的自我认知。与我一直描述的模型相一致,我们通过测试不同的行为和观察我们身体的情绪反应,无意识地得知自己对于亲戚的感觉程度。在这一过程的末尾,我发现自己没有更好的方式用言语来表达我所获知的感觉,只能说我是如此爱我的兄弟,因而我打算借给他那双蓝色的绒面鞋来让他今晚的约会更吸引人。然而,虽然自我追问很少让我们以一种直接的方式来充分量化我们的情绪,但是,这一事实并不意味着它就不能紧密地控制我们的行为。大众心理学至少在这一学科上能够一语中的。

汉密尔顿法则 一个人的基因通过操纵偏好而不是行为来控制他,运用这样的模型会产生大量的结果。特别地,在我们讨论人类时,用格拉芬(Grafen)[211]和伯格斯特龙(Bergstrom)[55]提出的新康德学派准则——一种对汉密尔顿法则的修正——来替代汉密尔顿法则是否正确,就变得令人怀疑了。实际上,此刻我想表明,霍尔丹提出的看待兄弟的适应度有如自己适应度的一半珍贵,是非常必要和正确的。

首先就是要证明上述主张——人类在生存博弈中会选择纳什均衡——有道理。如果我们比较一下人类从社会约定的规范中脱离出来的后果和一个突变儿童从基因约束的规范中分离出来的后果,就会更容易找到证明方法。

想象一下,亚当和夏娃所具有的偏好要么是由基因决定的,要么是由过去习得的习惯性行为提取而来的。不论哪种情况,当新行为通过个人的试错调整和社会模仿的结合被同化时,偏好就保持相对稳定,这是十分重要的。我支持奥曼(Aumann)[25]把这样一种互动学习的本质看成是两个阶段的过程,首先我们收到的是一个社会信号,告诉我们如何去做,然后针对我们的偏好来测试行为,看我们是否愿意接受这个信号给出的建议。在第1卷第3.4.1节,我讨论了奥曼(Aumann)[25]的理论基础,即相关均衡的概念。不过现在事情变得更加简单,因为一个史前家庭博弈中的局中人是不可能获得他的亲戚所不知道的任何社会信号的。在上述条件下操作相关均衡,问题就会被简化为如何选择一种纳什均衡。例如,在第 1 卷表 2.1 中呈现的两性之争,社会信号就只是简单地告诉我们,最后的纳什均衡会是(鸽策略,鹰策略)。不过这种情况也可以要求投掷硬币决定:如果硬币落在正面,选择(鸽策略,鹰策略)均衡;如果硬币落在反面,则选择(鹰策略,鸽策略)均衡。

重要的是,因为局中人被假定测试的是针对偏好的任何建议,所以使用的社会规范最终重视并倡导运用纳什均衡。在实践中,这就意味着他们会偶尔以假设或实际的方式来测试那些没有被建议的策略,以此来发现他们是否会获得更大的收益。正如第 1 卷第 3.4.1 节已详细阐述的,我们期待不同局中人的偏离必须是不相关的。即使亚当和夏娃是同卵双生,我们不能因为亚当在现实中周二睡觉前试用了一次偏离社会规范的行为,就假设夏娃会在同一时刻恰恰也选择偏离。因此,社会规范要达到稳定和自我监管的条件是,每个局中人都对他推荐给其他局中人的行为做出最好的回应。换句话说,社会规范必须将局中人的行为协调成纳什均衡。这种情况与有直接行为模式的单细胞物种形成了强烈对比。一个局中人突变基因的出现能确保另一个局中人突变基因的出现。一个突变基因导致的局中人偏离规范,会相应地导致另一个局中人同时发生相似的偏离行为。

对于上面提出的人类行为模型,大自然会把何种偏好写进由关系程度为 r 的亲属所组成的生存博弈之中呢?如果亚当和夏娃是同卵双生,$r=1$,因为他们分享共同的基因。如果他们不是同卵双生,$r=\frac{1}{2}$,因为他们共享一半的基因。如果假设他们是兄妹关系,那么 r 就是某种一半不到的情况,因为其中他们的母亲可能承担不忠诚的风险。如果已知他们是同母异父,那么 $r=\frac{1}{4}$。如果已知他们是堂兄妹或表兄妹关系,则 $r=\frac{1}{8}$。如果他们是一个更大家族群体里的成员,则 r 更小但为正数。

在所有上述情况中,对我来说像是同义反复的是,演化会最终安排亚

当和夏娃拥有运用汉密尔顿法则、根据他们各自的适应度计算出来的效用函数 u_A 和 u_E:

$$\begin{aligned} u_A(x,y)&=\pi(x,y)+r\pi(y,x) \\ u_E(x,y)&=\pi(y,x)+r\pi(x,y) \end{aligned} \tag{2.3}$$

接下来我们要解决一种私人偏好并非狭隘和自私的情况。如果亚当和夏娃是亲戚并且他们都同情彼此的生育愿望。每个局中人都明确地将其亲戚的生物适应度作为私人效用函数的影响因素,该函数将决定他在生存博弈中的收益。我们可能得到的是一种结果:即使同胞争宠博弈是单次囚徒困境,兄弟姐妹们也会选择合作。尽管如此,有人会辩称,博弈中的局中人们并没有利他地行动,因为每个局中人都在实际进行的生存博弈中追求最优化。不过,没有比这一节讨论的亲缘选择例子更接近真正的利他主义了。

式(2.3)的推理比包含半康德学派规则的式(2.2)的推理更加简单。在幼鸟都在鸟窝里的情况下,一个突变基因准备让一个局中人偏离的事实会为这个基因提供信息。该基因意识到,其他局中人同时偏离的概率很大。同样重要的是,基因如果知晓另一个局中人确实偏离,那么两个局中人都会同时携带突变基因,这样就会获得两倍收益。[1] 另一方面,如果另一个局中人不偏离,他就不会携带突变基因,因此他的适应度就不会给突变基因带来任何收益。

这种复杂性不适用于人类,想必也同样不适用于灵长类动物或其他一代代传递自己种族文化的动物种类。在亚当偏离后,一个改变了他偏好的基因仍然不知道自己于夏娃那里的存在情况。如果亚当和夏娃在一个人类家庭中的关系程度是 r,那么亚当的一个基因就会继续相信,在亚当从社会规范偏离出来之后,它存在于夏娃体内的概率是 r。假定亚当的基因被设计为最大化某样东西,那么一个控制基因的传播率就会被最

[1] 该原则与在第1卷第3.2.3节所述的演化稳定性概念中使用的原则相同,除非突变异种自己博弈的概率在家庭环境中变得很大。

优化,如果用来计算最优化的公式是式(2.3)。类似地,假定亚当的基因传播率也通过最优化某些特殊函数被最优化了,那么控制亚当的学习算法的基因会竭尽全力,如果该算法告诉他去最大化该函数。

与往常一样的基准问题是,当同胞争宠博弈是单次囚徒困境时,事情是如何发展的?这不是一个新问题,因为通过用式(2.3)中的汉密尔顿法则转换囚徒困境所得到的生存博弈,在第1卷图2.5(c)中作为下面的博弈出现,即各种用化圆为方来替代囚徒困境博弈中的一个。[1] 既然鸽策略占优于鹰策略,那么批评家们主张,当 $r \geq \frac{1}{2}$ 时,在改变的博弈中进行理性合作是正确的。不过在局中人不再互相同情而玩单次囚徒困境时,批评家们如果假定这种情况与上述结论有关,就只会误入歧途了。

用来表征生物适应度的单位是预期后代数量。尽管如此,没有什么能够说明亚当和夏娃必须同等重视各自的孩子。确实,汉密尔顿法则要求每个局中人重视其兄弟姐妹孩子的程度是其重视自己孩子的程度的一半。当他们是兄弟姐妹时,亚当就会因此把夏娃的适应度单位等同于他自己适应度单位的一半。情况类似地,夏娃把亚当的适应度单位等同于她自己适应度单位的一半。有人可能会说,他们这样做像是半功利主义者。正如一个半康德主义者会选择 x 去最大化 $V(x,y)=\frac{1}{2}\pi(x,x)+\frac{1}{2}\pi(x,y)$,所以一个半功利主义者会选择 x 去最大化 $V(x,y)=\frac{1}{2}W_H(x,y)+\frac{1}{2}\pi(x,y)$,其中,$W_H(x,y)=\pi(x,y)+\pi(y,x)$是传统的功利主义社会福利函数。

只有在亚当和夏娃是同卵双生,即 $r=1$ 这种极端情况下,他们才会分享一个进行人际生物适应度比较的共同标准。然后他们会变成传统的功利主义者,在生存博弈中的收益仅仅是加总他们的生物适应度。在第

[1] 在第1卷图2.5(c)中,关系程度是 y 而不是 r。

1卷图4.4(b)和(c)所显示的渡渡鸟博弈(Dodo Games)例子中,生存博弈就成了一种共同利益博弈。在这样一种博弈中,不论博弈的结果可能是什么,亚当和夏娃都会获得相同的收益。因此,没有冲突的范围存在。他们共同的利益在于最大化他们适应度的总和,即使这意味着亚当必须为了夏娃而放弃自己的生命。

不像康德学派的同卵双生行为都是由基因决定的,一对人类的同卵双生会继续着两个局中人生存博弈。里根(Regan)[420]发现,天真的功利主义公式化实际上存在着问题,即共同利益博弈可能会产生帕累托劣势均衡(第1卷图2.8)。我不理解的是,既然"大善"已经很明显在产生帕累托有效均衡的博弈中达成了,传统功利主义者还有必要因为这个问题而失眠吗?尽管如此,演化并不关乎"大善"的问题,因此一些历史事件会使人类同卵双胞胎陷入生存博弈的帕累托劣势均衡中。他们的家系也会因此更容易在均衡选择中被剔除,因为那些达到帕累托占优的家庭的繁殖能力会更强。

我们对亲缘选择的研究是从康德的绝对命令开始的,现在已经达到了传统功利主义。这一事实是否能够解释哲学家们激烈不休辩论的道德直觉起源问题呢?我想答案是肯定的。确实如我们将要看到的,我认为,几乎所有被认为是用来引导孩子的永恒的道德原则,都能在由大家族或一些小的族群所维系的社会契约中找到本源。

□ **扩大家族** 让我们再回到同胞争宠的问题上来,亚当怎么知道夏娃是自己的姐妹呢?一般来说,人们在自己的家庭圈子里如何用一个精确值 r 来表示不同的人呢?

对上述问题有两个可能的答案。第一个答案是,我们收到一个可以提供必要信息的基因信号。例如,该信号有可能是,亚当的家族成员都长着绿色的胡须,他可以通过比较自己和夏娃的胡子的颜色深浅来判断他和夏娃的关系程度。极端的例子包括由霍华德(Howard)[261]设想的要求在每个局中人的前额印上遗传密码;或者如第1卷第3.2.2节高德

(Gauthier)[196]所建议的,要求每个局中人拥有透明的头骨。

某些物种可以轻易从陌生人中分辨出它们的兄弟姐妹。也许它们能尝到或嗅到必要基因的差异。尽管如此,人类用这种方式操作看起来似乎不可能。证据来自在一起抚养的无亲戚关系儿童的性别偏好,他们的例子表明,我们会视家庭圈子〔1〕里遇到的人为亲戚。第二个答案是,我们会从与某人的亲密程度来推断我们的关系程度。因此,夏娃推断亚当是她的兄弟,是从亚当总是在吃饭时间在她周围闲逛,试图同她的母亲争夺其注意这个事实来推断的。

如果上述推测是正确的,对于伦理演化来说就会产生重要的结果。这就意味着,在家庭内部激发利他主义的机制,也能在一组关系足够近的人群中被激发出来。通常用来解释这类现象的例子是在战斗环境下军队里的一个排或者是一个年轻的街头帮派。在这些族群所进行的宗族博弈(clan games)中,我猜测人与人之间的兄弟情义不再是一个空洞的比喻,而是实际上描述了组内人是如何联系在一起的。使用正式的兄弟会仪式来接受陌生人加入原始部落和街头帮派,这种方式最贴切地表达了兄弟情义开始的生物机制。即使当结合仪式看起来不太能够被察觉的时候,比如以前的校友或办公室同事们,人们还是会表现出关心。甚至我们在街上和一个乞丐对视时,也会莫名地对无视这样一个家伙感到不安,所以有时候我们会走过去不计回报地交出我们的一些小零钱。

对于自由主义者而言,在朋友和邻里间确定同伴关系和彼此信任产生了一种危险性。我们忍不住会假设这种在我们所属的各类小集团内部起作用的良好伙伴关系可扩散到整个社会。但是,我们并不会把陌生人当做家庭成员来对待,这是因为,在反其道而行之的乌托邦社会中,我们能够预料到的只能是灾难性的结果。邓巴(Dunbar)[164,165]提供证据证明,乌托邦式家庭成员的数量最多为 100 左右。他推测这类家庭规模

〔1〕 在旧式的以色列集体农场社区幼儿园里被抚养长大的孩子们,长大后在一个阶段里很少显现出相互间的性兴趣。

的进一步增长会被抑制,因为我们的新大脑皮层无法处理用来记住多个成员之间社会关系的大容量信息。

上述观点同埃尔斯特(Elster)[171]所声称的爱和责任是社会纽带的观点相互矛盾。令人失望的真相是,只有在气氛充分模拟史前家庭环境的家族或小型组织中,爱和责任才值得依赖。因此,我在第1卷第1.2.2节拒绝以同性恋伦理(homo ethicus)作为超出这些设定的人类模型。为了理解那些在大型现代国家运作的社会契约,我们需要找到一种机制,该机制可以在不需要利他主义本能驱动的情况下保持经济人的合作状态。

回 **代际转移** 在讨论亲缘选择时,我关注的是同胞争宠博弈,因为是这类博弈的自然解为我们后来关于公平和正义概念的演化研究提供了出发点。但是,父母同其后代的关系也同样扮演着一个角色,它为活在当下的人们以及还未出生的一代之间搭起了一座桥梁。由于还有很多要讨论的事,我已经决定把这个重要问题置于核心问题之外,除了大致说明关于代际问题我能想到的方法。读者如果直接跳读到第2.5.3节的话,在后一阶段的阅读里也不会因此感到欠缺背景知识。

一个孩子和父母分享一半的基因,因此他们之间的关系程度是 $r=\frac{1}{2}$。但是,假设在一夫一妻制的种族中普遍存在着令人惊讶[1]的通奸情况,那么依此推测,父亲同他们名义上子女的关系程度会显著地低于母亲。如果一个人的适应度随着年龄的增长而迥异,情况就会更加复杂。一个老母亲已经很少能有机会再繁育一个同她一样的后代了,而一个新生儿必须在可以繁殖之前经历发育期。如果我们的钱财和摄取的食物以及其他变量被用作适应度的替代物,考虑年龄因素,就必须乘以一个远远小于1的贴现因子 r。在一个母亲和她的孩子们之间进行的生存博弈中,大自然似乎并不打算放弃对于他们行为的本能控制。

---

〔1〕 贝克尔和贝里斯(Baker and Bellis)[38]通过基因测试发现,住在利物浦高楼大厦里的儿童不到80%实际上拥有着他们名义上的父亲。

在上述情境中，汉密尔顿法则的应用比在同胞争宠博弈中更不保险。然而，如果我们仅仅把该法则运用于父母同他们青春期或成年子女间的关系，并且不过多考虑关系的亲密程度或者计算出来的折现因子，那么事情并不会变得多糟糕。宏观经济学家按常规会遵循巴罗(Barro)[45, 47, 46]的思路进行上面的假设。也就是说，他们看待代际传递的问题，会假设现在的一代寻求自己效用和未来所有代的贴现效用之和的最大化。

在十分简单的经济中，对于政府通过将资源从一代传给另一代的方式来改变社会的这一尝试，结果证明代际利他主义能够使之失效，因为政府这样做只能让人们重新定义一个现状水平。〔1〕如果我们的一些祖先必然会和你们的一些祖先结合，那么我们的后代就会有足够的异种繁殖数量，在这种情况下，一个类似代际利他主义的机制[伯恩海姆(Bernheim)[57]、伯恩海姆和巴格韦尔(Bernheim and Bagwell)[58]]甚至会抵消政府在当代成员中转移资源的企图。如果只看表面价值，在一个自由社会中，我猜想这样的结果会移除正义问题的有趣性。尽管如此，此种结果所依赖的模型是如此简单，以至于它的唯一作用就是警告乌托邦主义者们，人们在自己的财富面临重新分配的时候是不会袖手旁观的。作为回应，他们会以各种方式令状况朝着自己喜欢的方向发展。简言之，如果他们不能在行为上协调至一种均衡，改革就是毫无意义的。

无论如何，我都不相信这些从宏观经济学得到的结果能够平息罗尔斯(Rawls)[417, p. 284]提出的代际公平问题。他建议我们通过以下要求解决问题，即我们都要遵守所有当代和未来一代公民在不知晓自己属于哪代的情况下在原初状态下讨价还价得到的储蓄原则。第 1 卷第 1.2.8 节已经列举了这种方法的困难。总之，没有人会比即将出生的人更无能。现在活着的人有权利去发挥作用，因此在计算作为社会契约的最佳候选项的生存博弈的均衡时，只有这些人的偏好与其相关。但是，这

〔1〕这里一个重要的附带条件是，我们只关注内部(interior)均衡。

并不意味着一个不考虑任何后代利益的社会契约会被选择出来。我们都或多或少同情我们的孩子。因此,我们倾向于为他们提供福利。所以,当权者在"无知之幕"背后达成的交易也不会忽略后代的利益。确实,就像代际转移宏观经济模型所说的那样,后代的利益有时会比其他任何问题都更重要。

有多少人? 作为一个代际问题的例子,让我们考虑一个人是应该最大化总效用还是最大化平均效用的功利主义困境[布莱克尔拜和唐纳森(Blackorby and Donaldson)[93]、布莱克尔拜(Blackorby)等[92]、达斯古普塔(Dasgupta)[147, 148]、罗默(Roemer)[435]]。如果能够选择应该有多少人,那么最大化前面的哪个数值区别就很大。最大化平均效用会创造一个比最大化总效用所创造的人数更少的社会。[1]

我并不打算在总功利主义和平均功利主义的争论上一边倒,因为我认为人们对于这个问题的看法有误解。沉溺于抽象地辩论何种功利主义真正适用是没有意义的。与其他事情一样,我们还是要回到原初状态上去解决这个问题。

最简单的案例就是去讨论一个所有成员都是亚当和夏娃的克隆复制品的社会,他们是原初状态中的每个克隆分类的代表。与上面讨论的同胞争宠博弈一样,我们不会假设亚当和夏娃只目光短浅地关注当今一代出生子女的数目最大化。他们也不会直接关心自己的复制品在任何时间存在多少。因为他们是克隆人,他们关心的是与他们的目的——最大化他们的基因密码的预期存活时间——真正相关的任何时候存活的亚当和夏娃的数量。在任何时候,存活的亚当复制品如果太少,就会使他的部落

[1] 如果一个拥有 N 个公民的社会中单个公民的效用是 $N^a e^{-bN}$,那么当 $N=a/b$ 时,总效用得到最大化。当 $N=(a-1)/b$ 时,平均效用得到最大化。如果 b 值很小,那么二者的差异就极大。在极端的例子中,我们可能得出帕菲特(Parfit)[399]的"讨厌的结论",根据这个结论,一个过度拥挤且其中每个人都是行尸走肉的世界,却优于一个人数更少且其中每个人都享有舒适生活的世界。

很容易受到自然灾难或夏娃部落的攻击。如果克隆人总是太多的话，又会十分耗费资源和污染环境。

在“无知之幕”背后，亚当和夏娃会最终达成某种妥协，这其中包括在所有可能的状态下，可以批准的每种类型复制品的存在数量。这种妥协会是帕累托有效的。因此，没有其他安排能够在不减少一个部落的预期存活时间的前提下，增加另一个部落的预期存活时间。每个部落所占人口总数的比例取决于其相对力量和在“无知之幕”背后部落间达成的协议对环境的假设。在本章的各类假设之下，结果都是功利主义的。不过，即使是在这个简单得近乎荒诞的例子中，对于结果的计算过程也比总的或平均的功利主义者设想的更加复杂。

2.5.3　均衡选择

在博弈论术语中，一个组织要从内部保持稳定而不是偏离的必要条件是：该组织运行由其成员进行的任何形式的生存博弈的均衡。不过博弈通常有很多种均衡形式。如果某些族群的动物使用一个均衡时的平均福利会大于另一些族群的动物使用另一个均衡时的平均福利，其中的一些均衡会比另一些要好。换言之，如果第一组运用的均衡相对于第二组运用的均衡是帕累托改进的，结果肯定是第一组比第二组好。因此，以牺牲使用帕累托劣势均衡的族群的福利为代价，使用帕累托占优均衡的集团会获得规模和数量上的不断扩张。最终，劣势集团会消失。演化是以偏爱一种集团组织而牺牲另一个来运转的。

消除一个由所有集团运行的帕累托劣势均衡所需要的时间长度，取决于某个集团自发转向帕累托占优均衡的可能性大小。如果突变是相关变异性的唯一来源，那么我们预期等待的时间将会大大超过物种的预期寿命。例如，在膜翅目昆虫——包括蚂蚁、蜜蜂和黄蜂等——的种群中，我们会发现不同物种运行着许多层次的社会契约，从霍布斯式“所有人对所有人的战争”的哲学，即单一个体会毫不顾及他们曾给予或从别人那里获得的帮助,而只寻求自己适应度的最大化,到卢梭式理想,即聚居地中的所有个体似乎都会使自己的个人利益服从于一个“共同意志”。因此,演化生物学并不能保证一个物种学会合作,即使是在看起来很可能的环境下。

令人庆幸的是,人类社会不需要去等待漫长而又不确定的生物演化过程来达到均衡的转换。但是,第4章中我将谈及的关于人类如何达到这个伟大目标的故事,正好由生物学家讨论的膜翅目昆虫科的真社会性(ensociality)演化的故事影射出来。因此,我希望刚才所讲的有趣的昆虫的故事能够支撑我自己关于人类社会演化的推断。不过,生物学家们应该警醒,我所使用的博弈论术语对于真社会性的争论没有任何实质性贡献。所以他们最好跳过这一部分,而在讨论人类社会的均衡选择时继续阅读。

回 **亲缘关系和均衡选择** 莫诺(Monod)[362]的名言声称,均衡选择能够在社会道路上把一个物种带走多远,同时取决于机会和必要性。尽管机会是原动力,然而,通过仔细观察一个物种由其基因结构决定的生理约束和它所栖息的生态环境,人们在该物种的演化史方面可讨论的内容还有很多。对于一个博弈论专家而言,刻画一个物种的生理约束和机会,是作为由其基因所运行的生存博弈的法则出现的。

演化生物学家E. O. 威尔逊(E. O. Wilson)[558]注意到,真社会性[1]在膜翅目昆虫之外是比较罕见的。亚历山大(Alexander)[12]等人提出,真正的真社会性实际上是在膜翅目昆虫中至少进行12次独立演化而成的,但只有两次是发生在其他地方的例外情况:一次是属于白蚁目的白蚁进化,还有一次是最近研究的啮齿类裸鼹鼠。汉密尔顿[217]建议,把亲缘关系作为对该现象的一种可能解释。

---

〔1〕 如果一个物种住在重叠世代的群体中,且只有一个或一小部分个体繁育后代,而其他个体则各司其职地作为帮仆并且不繁育后代,这样的物种就具有真社会性。

汉密尔顿的论据是基于膜翅目昆虫是单倍二倍体的事实，也就是说，未受精的卵子成长为单倍体的雄性和受精卵成长为二倍体的雌性。在单倍体物种中，每个基因座只承载一个基因。人类是二倍体基因生物，每个基因座承载两个基因：一个来自母亲，另一个来自父亲。我在第2.5.2节中解释说，人类姐妹的关系程度是 $r=\frac{1}{2}$。相比之下，膜翅目昆虫中姐妹的关系程度为 $r=\frac{3}{4}$。这是因为，它们的基因座从父亲那里继承了相同的基因，而另外一个基因是随机从它们母亲基因座所携带的两个基因得来的。因此，汉密尔顿[217]认为，比起其他物种，真社会性在膜翅目昆虫中较为常见，因为膜翅目昆虫进行合作的好处是最大的。特别地，如果雌性蚂蚁或黄蜂的姐妹找到一个新聚居地，复制它们的基因就会比繁殖下一代更加频繁(因为她和她女儿的关系只是 $r=\frac{1}{2}$)。

膜翅目昆虫中的真社会性主要归结于，亲缘选择的观点遭到了各类作家[道格那托夫(Dugnatov)[163, p. 142]]的质问。例如，林和米切纳(Lin and Michener)[326]指出了所谓互惠或者公共聚合的假设。这一观点与第1卷类似：为了使一个社会合作能够运作起来，没有必要让每个公民都成为对待别人像对待兄弟一样的吉基尔博士(Dr. Jekylls)。如果共同生活能够推进每个公民的自私目的，即使是海兹先生(Mr. Hydes)描述的社会也可以合作。尤其是，一个物种的单个成员成功抚养子女的可能性是那么小，以致它要以牺牲自己的生殖机会为代价加入一个专制政体，该专制政体的目的是要保证女王的孩子生存下来的极大可能性——即使女王与其被统治阶层之间的关系程度相对较小。在一份关于热带和亚热带黄蜂形成的多元女王社会[1]研究中，伊图(Itô)[282]支持这一关于膜翅目昆虫真社会性演化的有竞争力的解释。尽管伊图研究的部落中女工

---

〔1〕 在热带地区黄蜂面临的危险显然比在温带气候中的要大，温带气候区里单一女王的群体占主导地位。据此有人认为，多元女王群体繁殖得更快，这样它们才能在更为危险的热带环境中存活下来。

们都是姐妹关系,甚至有些女王只是使自己的繁殖机会最小化的配角,但一对随机选择的女儿之间的关系程度却真的一点也不高。然而,真社会性依然存活了下来。

如何把这些或另外的考虑因素译为博弈论术语?如果我们把博弈论用作一种分析工具,首要的问题就是要决定如何最好地模型化由基因所运行的生存博弈。通常,生物学家只关注生存博弈的策略形式(第1卷第2.5.1节)。不过,即使是在抽象层级操作,这也要求我们明确该物种基因的可行的策略以及局中人们在每一个局中人选择了一个策略之后所获得的收益。博弈中的收益简单等同于适当计算后的生物适应度。什么是策略,取决于研究的时间间隔。通常,一个物种经过基因包的性别重组所获得的所有策略都要被计算在内。研究期间很有可能发生的基因突变也要列入清单。〔1〕设计博弈的指导原则就是,在研究进行的时间跨度内,所有策略都有机会被用到。那么,把人口作为博弈均衡影响因素的达尔文主义演化论的必要性就存在了。

正如我们在第2.5.2节所见,亲缘关系的考量被加入生存博弈中,主要是因为他们对收益的影响。〔2〕就膜翅目昆虫而言,汉密尔顿观察得出的 $r=\frac{3}{4}$ 意味着,这些影响会比那些 r 值偏低的物种要强烈。但是,就如亚历山大(Alexander)等[10,12]发现的,姐妹间亲密的亲缘关系并不是促成膜翅目昆虫真社会性演化的唯一因素。在该昆虫纲里的一些物种拥有足够强的蜇刺能力,以至于一个个体就能够阻止庞大的脊椎动物突然袭击它们的巢穴,这个事实也是十分重要的。同样重要的还有,它们拥

〔1〕 一个更为野心勃勃的方法也会考虑不太可能发生的突变或者灾难性的环境变化,这样的考虑是通过把这些事件建模为低概率随机事件而达到的。那么,生存博弈就会被看做重复博弈,其中机会通过扩大或缩小可行策略集或者改变它的收益来改变相继替换的局中人之间的阶段博弈。尽管我们在考虑一个真实物种的演化史时,无法避免地会对这种更为一般的情况进行思考,但我在本书中假定,所有的灾难都是不可能发生的,并且所有相关的突变都会在需要的时候产生。

〔2〕 尽管第2.5.2节也指出了亲缘关系对于博弈结构的影响。例如,在极端情况下,多局中人同胞争宠博弈可能对应着一个局中人的生存博弈。

有发展化学控制的潜力，帮助一个母亲奴役她的一些孩子，使其能够花时间协助它产更多的卵，而不是产它们自己的卵[亚历山大(Alexander)[10]的亲代操纵假设]。有效时间跨度里出现的由基因决定的这种潜力特性，需要被整合到一个物种的生存博弈策略之中。

物种栖息的生态位性质会影响收益和博弈策略。例如，热带黄蜂比它们温带的兄弟姐妹们更容易面临一个危险环境，这可通过它们从可行策略中获得适应度反映出来。类似地，由白蚁和裸鼹鼠共同开发的相对安全的地下环境，会在它们的生存博弈中扮演更大的角色。

公共聚合的假设被置于何处呢？于我而言，这与亲缘或者父母群操纵假设，或者需要被构建到生存博弈中的任何其他因素都不是竞争关系，而是一种对如下事实的陈述，即真社会性的演化要求大自然解决均衡选择问题。简言之，我把公共聚合假设看做一种表达事实的方式，而这个事实就是，均衡选择是任何有关社会性演化故事的必要组成部分。

大自然不得不解决的均衡选择问题的困难，取决于被研究的物种所玩的特殊生存博弈。问题被下面的事实严重化了，即大自然要做的不仅仅是把一个物种从非合作均衡转移到合作均衡。与林奈(Linnaean)的“大自然不会跃变”格言一致，大自然必须找到一系列的中间均衡，作为生物从原始均衡过渡到最终均衡可以遵循的路径。

可行的合作均衡集取决于生存博弈本身。例如在第 2.5.2 节，我们发现亲缘关系的考量可以把只有非合作均衡的同胞争宠博弈改变成只有合作均衡的生存博弈。但是，真正的生存博弈必须有需要大自然来抉择的大量均衡。合作均衡集越大，且可能更为重要的是，通向这种均衡的路线集越大，就越容易有机会和必要把大自然引向均衡选择问题的真社会解。正如我们所见，针对为什么膜翅目昆虫科物种所进行的生存博弈能够更容易在通往合作均衡的路上找对方向，各种各样的假设被提出来了。但是，成功的均衡选择机制能否及时完成任务，则取决于机遇。因此，我们一定要明白，有时候大自然会在并不被看好的博弈中找到合作均衡，有时却在很被看好的博弈中未能如愿找到。[1]

所有最棒的故事都以一个寓言结尾,膜翅目昆虫真社会性的传说也不例外。在第1卷第2.3.1节我勇敢地正视这个问题,即在没有人彼此信任和没有迫使人们履行承诺的哲学王存在的情况下,如何把一个社会从自然的起始状态改变成帕累托改进社会契约。没有哲学王,可行的社会契约就必须是生存博弈中的一种均衡。此外,在信任缺乏的前提下,如果要将社会从一种均衡变为一个更加合作的替代均衡,局中人需要采取的就必须是均衡策略。完成这个"把戏"(trick)的最简单方式就是设想,社会通过一系列的中间均衡,逐步地从自然状态演化到最终的文明国家。

因此,一个寻求用合理的理由重组社会的改良者会面临的潜在问题,与大自然解决一个物种生存博弈的均衡选择问题时面临的问题几乎等同,不同的只是人类的均衡选择运作方式和那些完全由基因决定其行为的动物的均衡选择方式。

人类的均衡选择 昆虫物种必须等待一次机会,将社会从一个均衡状态转变成更加具有合作性、更适合生存的状态。如果多个社会竞争相同的资源,那么在低效率均衡基础上运作的社会最终将会消失。人类社会具有更多的弹性,我们的模仿能力使得我们善于借用他人的文化创新。然而,我的猜测是,大自然赋予我们更加灵活的特性。我想,这可能是因为我们的基因已经被编入了一种算法,它能够保护我们的社会不受创新性对手的威胁。当我们的居住环境不断发生变化的时候,这种算法积极

[1] 这里我所说的只是我的个人观点,我猜想亲缘关系对于社会性的演化最终会显得不那么关键。也许壮观自然界中的膜翅目昆虫能够达到合作均衡迷惑了我们的双眼,使我们很难发现大自然的成就,即如果进行不同的生存博弈,自然能够使其他目物种以更加适度的合作均衡来达到它们最好的收益。例如,尽管伊图的热带黄蜂也属于膜翅目昆虫,但是它们却没能享有温带表亲们的悠闲生活,因为它们生存的环境如此危险,以至于不允许一个生长缓慢、单一女王群体的存在。我怀疑合作演化的关键绊脚石通常在于偏离非合作均衡之后所走路径的开端(beginning)。如此,真正的谜团就变成:合作到底是如何开始的?

寻求帕累托改进的均衡。

例如,第 1 卷第 3.2.4 节描述了一种“廉价磋商”机制,它最终将卢梭的猎鹿博弈中的局中人从帕累托劣质均衡转向帕累托占优均衡。[1] 然而,将一个社会转向帕累托占优均衡的这类机制对于一般性目的而言,太过于简单,因为其成功取决于,我们不要求达到某一个特定的帕累托占优均衡。但通常地,这种帕累托占优的均衡存在多个——例如,一个社会需要分配更多的剩余资源,那么问题就变成谁应该得到多少。在这种情形下生成的任何帕累托改进都必然包括一个均衡选择标准。

我的猜测是,人类社会中近乎普遍的公平规范主要是因为这个目的而得以演化。它们的主要作用是,在不破坏和扰乱内部冲突的必要条件下,从多个对现状进行了帕累托改进的均衡中选出一个。

第 1 卷第 1 章详细解释了为何我认为我们运用自如的、在小规模状态下决定什么是公平的这类社会工具,有可能会被用来寻找大规模问题的答案,而这些大规模问题是演化历史尚无技术解决的问题。就下文中待陈述的不断扩大的圈子比喻而言,这表明我们有意识地寻求扩张人类作为道德动物而存在的范围。然而,正如我一再指出的,这样的建议是没有希望成功的,除非我们能意识到目前正在使用的道德体系的次优性质。这就是为何我如此急切地追踪正义直觉的自然起源,而不是将它们归因于形而上学领域的灵感。

扩大圈子　总结眼下的故事,我们认为,人类道德演化的起始点是运行在家庭博弈中的均衡选择的结果。它首先在家庭中出现,是因为大自然发现,均衡选择问题在亲人之间的博弈中——而不是在陌生人之间的

---

〔1〕 当在无限期重复的“囚徒困境”中讨论合作的演化时,艾克斯罗德和汉密尔顿(Axelord and Hamilton)[34, 31]解释了,如果局中人仅仅和他们的邻居进行互动,使人口达到帕累托有效均衡的这类机制是如何变得更有效的。在塞曼(Zeeman)[575]首次提出的一个更简单的博弈中,宾默尔(Binmore)[70, p. 432]和梅纳德・史密斯(Maynard Smith)[347]对他们的思想进行了简单的介绍。就本节中的语言来讲,这样的模型展示了,演化是如何通过作用于本地化社区将均衡选择算法嵌入一个社会的。

博弈中——更容易得到解决。其原因是,通过直接把对亲人的福利考量放入自己的效用函数中,人类能移情于他们的亲戚。在极端情况下,我们已经看到,这种影响足以将兄弟姐妹间的竞争博弈——看起来像是一次性“囚徒的困境”——转化为唯一均衡是帕累托有效的生存博弈。

我们越频繁遇到的人们越可能是我们的近亲,我们就越容易移情于他们的需求和所关心之事。对那些我们不太遇到的远亲,我们的移情程度就会非常小。但我的猜测是,我们仍保留足够大的能力使得我们甚至能够移情于完全陌生的人,这解释了“暖光”情绪——一种引导我们在从未想过再次光临的餐馆中留小费,或做出与我们收入相比较少的慈善捐献的情绪——的存在。

这种仅存的暖光情绪,并不足以为一个现代化国家的构建提供基础。爱陌生人根本不是我们的本性,因为我们爱的是身边的人、亲近的人。这并不是否认罕见的圣人的存在。同时我们也没有否认,在某些罕见的情况下,我们都能够做出巨大的自我牺牲。但是,依赖于其公民日复一日的圣人行为的乌托邦式国家是根本运转不起来的。当道德行为从大家庭扩展到整个世界时,它采用的是一种比训练我们像爱兄弟一样爱所有人的方式更微妙的方式。为理解这一机制,有必要放弃这种思想:大自然可以按照改变同胞博弈结构的方式,改变我们与陌生人所玩博弈的结构。我们应将注意力集中在,演化是如何在一个固定的博弈中成功地将我们从一种均衡状态带向另一种均衡状态。

我的想法是,有时道德圈通过如下方式进行扩张,即局中人误读了环境信号,并错误地对圈内更大群体的人或者一个新博弈实施了一种行为或一种思维方式。当错误铸成之后,局中人就试图发挥自己的作用,以在内部圈子的博弈中维持均衡,他们没有意识到,外部圈子的博弈中具有完全不同的规则。例如,亚当可能误将夏娃当做兄弟姐妹,即使她是一个完完全全的陌生人;或者他可能误将一次性博弈当做无限循环的博弈。

组成圈内博弈均衡的策略束一般不会是圈外博弈的均衡。因此,内部圈子均衡策略在外部圈子博弈中的使用通常会遭到反对。但是,像进行圈内博弈一样进行圈外博弈，有时反倒会使局中人能够更好协调掌控外部圈子博弈的均衡。那么该小组就会偶然发现一个适用于外部圈子博弈的均衡选择机制(equilibrium selection device)。通过表现得好像在玩另一个规则更为严格的博弈，局中人可在圈外博弈中获得成功。〔1〕

总之，我们需要将注意力从亚当和夏娃互相移情的小圈子，转移到他们之间的移情强度弱到无法识别的大圈子。这时，移情偏好(empathetic preferences)就不得不替代在家庭内部运作的同情偏好。但应注意的是，允许我们使用同情偏好的某个内部算法，也会同时允许我们操纵移情偏好。当一个人讨论实质问题时，同情和移情效用函数都可简单计算为博弈中收益的加权平均。在同情偏好的情况下，该博弈类似于同胞竞争博弈。在移情偏好的情况下，该博弈类似于第2.5.4节将讨论的食物共享博弈。因此，大自然没必要发明一些全新的机制来弥合家庭内部的利他主义与陌生人间的公平概念的差距。在采用为了满足新的和不同的目的需求而演化的机制时，她只需要提供一些简单的支撑材料。

2.5.4　移情与公平

亚历山大(Alexander)[10]和汉弗莱(Humphrey)[275]认为，我们拥有体积较大的大脑，这是物种间"军备竞赛"的结果，旨在建立更大、更好的内部计算机器，以达到智取对方的目的。于我而言，这似乎是一个非常合理的猜测，但这种想法自然会吸引博弈论专家。但是，无论移情于同胞

〔1〕 这种对事物的看法奠定了第4章分析范式的基础。局中人表现得就好像他们被某种人为的道德博弈规则所限制一样。但通过这种做法，他们成功地在实际所进行的生存博弈中选择了均衡。如果顺利，道德行为和开明的自我利益之间就不会产生冲突，尽管局中人自己可能不清楚这一点。然而，正确地研究这种方法，就必须同时处理很多问题。在本章中，通过维持哲学王——他的存在使得我们能够忽略在重复博弈中处理均衡时产生的问题——的假定，问题的数目大大减少了。这就使得我们可以专注于公平标准，我相信这些标准已融入道德博弈中，且技术干扰最小，因为我们可以像分析一次博弈一样分析生存博弈。

的能力是不是我们拥有比其他灵长类动物更大的大脑的主要原因,似乎没有争议的是:我们的基因有能力将自己放在他人的位置,并从他人的角度看待事情。[1] 第1卷第3.4.2节甚至认为,“我”的概念源于这种移情能力,其主要功能是充当我们大脑中窥探别人的一面镜子,它能够反映出我们如何同样反映在他人的脑中。

帮助我们预测他人行为的移情识别的重要性是很明显的。但是,它在帮助我们通过模仿而学习的作用方面可能没有这么明显。因为通过模仿和教育而进行的社会规范传播是下文的重要背景,因此,下面的问题可能是值得观察的:如果亚当想知道何时(when)应模仿夏娃的行为,他需要理解为什么(why)她以特定的方式来表现自己[霍夫曼(Hoffman)[255]]。为使用他的移情能力来理解是什么引发了她的行为,他需要把自己想象成处于她的位置,拥有她的偏好和信念。那么将其私人喜好与她的私人喜好相比就没那么困难了,正如他在同胞竞争博弈中将自己的适应度与其同胞的适应度相比一样。

然而,在开始移情偏好讨论之前,首先要谈谈均衡选择问题的类型,大自然对这个问题的回答是移情偏好。

保险契约和原初状态 正如艾萨克(Isaac)[280]论证的那样,人类采用社会生活方式的主要优势恐怕就是有机会分享食物。达马斯(Damas)[141]、埃文斯-普里查德(Evans-Pritchard)[176]、洛夫乔伊(Lovejoy)[331]、威斯纳(Wiesner)[552]、卡什登(Cashden)[116]、萨林斯(Sahlins)[455],以及史密斯(Smith)[502]都是记录现代狩猎社会中共享食物这一普遍做法的经典文献。

已经达成的共识是:食物共享是在罕见的资源稀缺时渡过难关的一种相互保险方式。如果亚当足够幸运,在本周得到了过量的食物,他将与夏娃一起分享这些食物,以期将来当她足够幸运时也会如此慷慨。在黑猩猩

[1] 据说自闭症患者看到受损的电线也会产生移情。

社会运行的联盟协作中，情况也是相似的。黑猩猩会帮助不幸引起了强大敌人仇恨的盟友，以期当它们角色互换时，它也能得到同样的帮助。

如果局中人是亲戚，这种关系将更容易取得进展，因为某种程度上局中人之间都会移情于彼此。但是，这种植入相互保险行为中的互惠协定可以执行得很好，无须将任何利他动机强加到局中人身上。事实上，重复博弈理论的无名氏定理告诉我们，我们可以期待有一个数量极大的有待选择的均衡。因此，在决定应运行哪种均衡时，局中人面临一个经典的讨价还价问题。

可能的协议是：共享规则必须在局中人知道谁更幸运之前协商好。在预测每个局中人可能从特定规则中获益多少方面，局中人们会使用他们的共同经历（过去的事情是如何进展的），以给亚当将是幸运儿这一事件分配一个概率 p。我的猜测是，这种互保条约在势均力敌的局中人之间将运行得更为成功。但是，我们应看到，将 p 值取 $\frac{1}{2}$ 并不是必需的。无论 p 值取多少，每种可能的共享规则都能决定亚当和夏娃的预期收益。所有收益对的集合 T 为该讨价还价问题的可行协议的集合。现状 τ 为无互保协定时所产生的收益对。

任何人都不知道我们的原始祖先会在多大程度上像现代的买家和卖家一样在商场中讨价还价。传统无疑是非常古老的，但我们不需要假定讨价还价是以这种方式正式化的——甚至局中人所提出的建议和反建议都不是用语言表达的。如果局中人仅仅对自己提出的建议和反建议身体力行了一段时间，之后也会发生同样的事情。但是，无论讨价还价是怎样完成的，重要的一点是，一些讨价还价必须是在非常接近于罗尔斯（Rawls）[417]和哈萨尼（Harsanyi）[233]在各自独立定义原初状态（original position）时所设想的情形中发生。

“不确定性之幕”　互保协定讨价还价与原初状态下的讨价还价之间的差异，影射了布坎南和塔洛克（Buchanan and Tullock）[107]的“宪政合约"方法与罗尔斯(Rawls)[417]的社会契约理论之间的区别。与罗尔斯的"无知之幕"不同,布坎南和塔洛克研究了"不确定性之幕"(veil of uncertainty)。[1] "不确定性之幕"表示对于哪种事件即将发生的真正的知识缺乏,而罗尔斯的"无知之幕"则表示对固定事件的假装的知识缺乏。德沃金(Dworkin)[167]的"原生运气"和"机会运气"之间的区别也有着类似的意味。

一个简单的模型也许会有助于澄清"不确定性之幕"背后的讨价还价是如何进行的。想象一下,亚当和夏娃在知道明天谁更幸运之前进行讨价还价,而不是两个局中人Ⅰ和Ⅱ在不知道谁会成为亚当或者夏娃的条件下进行讨价还价。假设幸运儿是成功猎取猎物的猎手,而倒霉蛋则是颗粒无收的猎手。然后,亚当和夏娃的相对狩猎技巧则反映在概率 p 中,p 为亚当成为幸运儿这一事件的概率。[2]

在人类社会性的演化环境里,互保协定一定会采用重复博弈理论中研究的互惠机制进行自我监督。但是,由于时间维度被引入分析蓝图,所产生的复杂性将在下一章进行探讨(第 3.4.4 节和其他地方)。

在此处研究的模型中,一个虚构的哲学王会强制执行"不确定性之幕"背后进行的谈判,这层幕布遮住了幸运儿和倒霉蛋的身份。注意力就会被放在保险契约上,该协定仅仅表明幸运儿所分得的猎物比例 x。[3] 通过假设亚当和夏娃具有同样的偏好,事情得到了进一步简化,因此有 $u_A(y)=u_E(y)=u(y)$,其中 y 为局中人收获猎物的比例。这些效用函数将被标准化,由此有 $u(0)=0$ 且 $u(1)=1$。

幸运儿和倒霉蛋分配给保险契约 x 的效用则为 $u_L(x)=u(x)$和

---

[1] 布坎南和塔洛克(Buchanan and Tullock)[107]认为,宪政初期关于何种立法问题是有争议的不确定性,使得共识比下面的情况更容易达成,即所有需要决定的问题都被留到立法阶段。罗尔斯(Rawls)[416]的原著定义了一个相似的"不确定性之幕"而不是"无知之幕"。

[2] 如果亚当和夏娃都变得幸运或不幸,就没什么好讨价还价的了。因此,概率是以互保协定可撰写为前提的。

[3] 第 2.6 节考虑了状态依存的(contingent)社会契约。此处类似的精炼将导致,x 的取值依赖于,幸运儿是亚当还是夏娃。

$u_U(x)=u(1-x)$。因此,在"不确定性之幕"背后,亚当和夏娃分别寻求最大化。

$$\begin{aligned} w_1(x)&=pu_L(x)+(1-p)u_U(x)=pu(x)+(1-p)u(1-x) \\ w_2(x)&=(1-p)u_L(x)+pu_U(x)=(1-p)u(x)+pu(1-x) \end{aligned} \tag{2.4}$$

请注意这些目标函数,与无不确定性条件下且亚当和夏娃为关系度为 r 的亲属时的目标函数之间的相似性。接受了比例为 y 的猎物的局中人然后会关心,同他一起打猎的亲戚只分到了 $1-y$。根据汉密尔顿法则,每位局中人都会设法将 $u(y)+ru(1-y)$ 最大化。

如果对如何划分猎物未达成协议,幸运儿可以自己吃掉它。因此,亚当和夏娃在"不确定性之幕"背后所面对的讨价还价问题的现状,可通过将 $x=1$ 代入方程(2.4)得到。正如第 1.3.1 节所解释的那样,使用对称纳什讨价还价解的结果可由最大化纳什积来获得:

$$\begin{aligned} \Pi &=\{w_1(x)-w_1(1)\}\{w_2(x)-w_2(1)\} \\ &=\{(1-p)u(1-x)-p(1-u(x))\}\{pu(1-x)-(1-p)(1-u(x))\} \end{aligned} \tag{2.5}$$

正如我们将在第 2.6.1 节所发现的那样,使用几何方法可以更好地处理这类问题。然而,处理两种最简单的情形则不需要任何计算。

在第一种情形中,亚当和夏娃都是风险中性的,因此 $u(y)=y$。但是,风险中性的人们看不到支付保费以避免风险的任何意义。因此,我们提前知道亚当和夏娃都不会签署一份有效的保险契约。对称纳什讨价还价解会执行空契约 $x=1$,其中幸运儿会直接吃掉所有猎物而不用共享。〔1〕

对亚当和夏娃来说,一份保险契约是有意义的,除非他们是严格风险

〔1〕 在方程(2.5)中写下 $V=u(1-x)$ 和 $W=1-u(x)$。那么 $\Pi=p(1-p)(V-W)^2+\{4p(1-p)-1\}VW$。如果 $u(y)=y$,$V=W$,那么 $\Pi=\{4p(1-p)-1\}(1-x)^2$。由于 $4p(1-p)\leq 1$,Π 在 $x=1$ 处得到最大化。注意,当 $p=\frac{1}{2}$ 时,本文引用的一般情况会出现例外,那时任何 x 都是一个解。

规避的。第1卷第4.6节解释了,此时效用函数 u 不仅是严格递增的,还是严格凹的。有了这一假设前提,我们再来看看 $p=\frac{1}{2}$ 时的情形。此时,"不确定性之幕"背后的谈判问题就变得对称了。借助于第1.4.2节的对称性公式,我们得出 $x=\frac{1}{2}$。[1] 因此,幸运儿会与倒霉蛋五五分成。

对称焦点 为了使"不确定性之幕"背后的讨价还价问题对称化,要求 $p=\frac{1}{2}$ 就足够了,不必假设亚当和夏娃具有相同的偏好。随后局中人会将集体剩余进行平均分配,因为他们在"不确定性之幕"背后所能获得的信息中和了个人特征的差异。类似的结果也是讨价还价问题文献的共识。

亚当和夏娃是从同一人群的不同类型成员中随机选择的谈判对手这种情况,得到了广泛关注[宾默尔(Binmore)[64]、斯科姆斯(Skyrms)[499]、杨(Young)[571]和无数其他学者]。如第1章所解释的那样,如果风险中性的亚当与风险规避的夏娃匹配,他将能够得到大部分的剩余猎物,因为在谈判中他不是那么害怕谈崩——这种情况只有当亚当和夏娃对风险的态度是一般知识的时候才会发生。

当博弈的局中人除了来自同一人群外不了解对手的任何信息时,亚当就不能获得如此多的份额了。正如夏娃所看见的那样,她的对手可能像伊卡博那样弱或像亚当那样强。如果亚当可以口头劝告夏娃,说他属于强势的类型,那么伊卡博也可以照猫画虎地宣称自己属于强势的类型。因此,对手再多的声明都不会影响夏娃的信念。除非亚当有办法用伊卡

---

〔1〕 继续前面的脚注,注意 $p=\frac{1}{2}$ 意味着 $\Pi=\frac{1}{4}(V-W)^2$。由于 $\Pi'=\frac{1}{2}(V-W)(V'-W')$,当 $V=W$ 或 $V'=W'$ 时,出现最大值。但 $V=W$ 将 Π 最小化了。因而当 $u'(1-x)=u'(x)$ 时,出现最大值。由于 u 为严格凹函数,则 u' 严格递减。这样 $1-x=x$ 且 $x=\frac{1}{2}$。

博无法做到的方式向夏娃发出信号,告诉夏娃他的真实类型,否则夏娃将使用同样的谈判策略,无论她的对手是亚当还是伊卡博。[1] 当两个局中人使用第 1.5.1 节的平滑纳什要价博弈进行分钱博弈时,则没有可用信号。因此,唯一一个帕累托有效的均衡需要美元在两个局中人之间平等划分[宾默尔(Binmore)[64]]。

对称博弈总是具有对称均衡。因此,如果对称博弈具有唯一的均衡,则该均衡也必定是对称性的。一旦演化学会在这类博弈中使用对称来帮助局中人集中于博弈的唯一均衡,那么同样的方式可以被应用到拥有多重均衡的对称博弈的对称均衡的选择上。然后,对称传统可被扩展应用到拥有对称均衡的不对称博弈中。

谢林(Schelling)[464]关于焦点的著名论文,将一系列难度递增的协调问题留给读者去解决。其中一些得到重点关注的解决工具要求,使用字母序列或者其他语言技巧来解决问题,可惜这些工具根本无法让来自不同文化的人进行协调。但是,采用对称决议的呼声很高。[2] 我的猜测是,我们对采用对称焦点的倾向是本能的。

有时,据认为,公平只不过是在道德情境中所使用的对称焦点。但是,只有当作为一般知识的局中人之间的非对称性相对于他们所处的环境是次要的时候,公平规范实际上才建议将盈余平均分配。因此,我倾向于将平等分割习俗视为前公平规范(prefairness)。在评估一个局中人的所得份额相对另一个局中人的价值时,现代公平规范把诸如需求、努力和能力这类因素都考虑在内(第 4.7 节)。然后,再将平等分割习俗应用于上述估值——而不是每个人接收到的原始份额。

这种做法的起源在我们用来讨论“不确定性之幕”背后的讨价还价博

[1] 亚当可在信号上公开投入比伊卡博能负担的更多的钱来宣扬他的权力。或者他可将协议延迟,但伊卡博却等不了那么长时间。博弈论专家将这些高成本的信号与语言信号区分开来并将后者称为“廉价磋商”。

[2] 举一个小例子,亚当和夏娃同意在出口汇合,是因为他们相信这是唯一的出路。在发现有三个距离相当远的出口之后,夏娃就会毫不犹豫地选择在中间的出口等待亚当。

弈的简单模型中已经得到明显体现。亚当将成为幸运儿的概率 p 是其相对于夏娃的能力度量。如果通过给亚当和夏娃分配同样的严格凹效用函数 $u(y)=\sqrt{y}$ 而确保保险契约值得签署,那么并不难表明幸运儿的猎物份额约为 $p=\frac{2}{3}$。[1] 当幸运儿获得 $\frac{2}{3}$ 的猎物时,亚当和夏娃的预期收益分别约为 $\frac{5}{15}$ 和 $\frac{2}{15}$。因此,保险契约可视为应用平均主义范式的结果,因为亚当的狩猎技巧在他所得到的效用中体现了出来,亚当的均衡效用确实为夏娃的 $2\frac{1}{2}$ 倍。

但是,什么样的人际对比标准被使用了呢?只要问题是有意义的,第 2.3.1 节的零一法则就是答案。亚当和夏娃肯定都不打算同情对方的处境。当被问及成为幸运儿或者倒霉蛋的感受时,亚当只需想想他自己第二天可能会经历的事情。即使当预公平规范进行了修改,将相关的不对称性考虑进去时,在成为我们所熟悉的成熟的公平规范之前,它们还有很长一段路要走。

□

从不确定性到无知 从预公平规范到公平规范,演化不得不找到一种方法,使得布坎南和塔洛克(Buchanan and Tullock)[107]的"不确定性之幕"让位于哈萨尼(Harsanyi)[233]和罗尔斯(Rowls)[417]的"无知之幕"。

为了明确互助保险协定讨价还价和原初状态讨价还价的相似性,我们需要重新命名亚当和夏娃,因为他们处在"无知之幕"背后。亚当和夏娃仍保留他们的身份,但不再是局中人Ⅰ和局中人Ⅱ。新的设置中要求

---

〔1〕 继续第 246 页的脚注,我们现在需要将 Π 在 $\Phi=V^2+(1-W)^2-1=0$ 的约束下进行最大化。写下拉格朗日方程 $\Pi+\lambda\Phi$ 的驻点条件,我们得出方程 $W/N=2\lambda/q$,其中 $q=1-2p(1-p)$。如果我们坚持认为 $x=16/25$,由此可得 $\lambda=q/6$。将这一结果代回拉格朗日方程,我们发现 $q=15/28$ 且 $p=\frac{1}{2}(1\pm\sqrt{1/14})$。

局中人Ⅰ和局中人Ⅱ假装不知道谁会变成亚当或夏娃，而不是让亚当和夏娃不确定他们会不会变成幸运儿或倒霉蛋。这就变得很清楚了，转移到原初状态方法只需要让局中人处在他人的位置——亚当或夏娃——来思考，而不是以自己未来可能处的位置来思考问题。

然而，从表面上判断，罗尔斯或哈萨尼使用原初状态来判断宪政的公平性的建议，与我们祖先曾使用它来解决猎物分割争端的做法之间依然存在着巨大的差异。

在史前保险契约中，协议各方不必假装他们会站在他人的位置上来思考问题。相反，正是将他们可能会变成幸运儿或倒霉蛋这一预期成为现实，激励他们首先写下契约。但是，当我们像罗尔斯一样使用原初状态机制来判断问题的公平性时，局中人Ⅰ非常明确地知道他就是亚当，而且根本就变不成夏娃。为了使用哈萨尼和罗尔斯建议的机制，他必须要沉浸于一种反事实的(counterfactual)想象中。他不能变成夏娃，但他必须假装他可以。

在不违反林奈的格言——大自然不会跃变——的情况下，现实与想象的差距是如何弥合的？尽管关于间断平衡会有诸多大惊小怪[丹尼特(Dennett)[158]]，演化生物学家的正统观点还是坚守这一原则：大自然是一个修补匠[雅各布(Jacob)[283]]。她只想对现有结构进行简单的修补，而不是进行大刀阔斧的改革。为使原初状态机制的自然起源合理化，有必要陈述一下大自然第一次将公平规范融入世界时所修补的那些结构。

似是而非　我看到了原初状态机制在互保协定商定的过程中的使用，以及其在解决公平纠纷过程中的使用，这一步骤可作为道德是如何从一个圈子扩展到另一个圈子的示例。为重申这一理论，人们采用了某个社会问题范围内所使用的技术，并不假思索地将它应用于更广域的问题中。这样做时，他们就继续按照演化出该技术的博弈的规则进行，而没有注意到或假装没有注意到在更广范围内进行的博弈的规则。通常，结果甚至不是更广博弈中的均衡,演化可以轻易让我们偏离本来的目标。但是,有时候这一过程将在更广域博弈的帕累托改进均衡处成功地产生合作行为,于是均衡选择又把演化向前推进了一步。

我一直认为,原初状态机制的根源在于早期人类签订帕累托改进保险契约的需求。更早时,我认为移情偏好的根源将在亲缘博弈中找到。现在我提出,演化在某种程度上可将这两种发展结合起来,以创造我们在求助于公平或者正义时并未清醒意识到的均衡选择机制。我的猜测是,至少有一些允许我们运行这种均衡选择机制的"内部管道"是由基因决定的——因此产生了不同文化对公平和正义的共同依赖。然而,我认为,作为正义算法输入值的移情偏好几乎完全是由社会决定的——因此在不同社会中使用正义算法会产生不同的结果。

在保险契约谈判中,接受自己是倒霉蛋的事实,同思考自己可能变成另外一个身体中的另外一个人的可能性似乎毫不相干。但差异真的如此之大吗?毕竟,所有人在吃饱穿暖时与在又累又饿时相比,都几乎判若两人。在不同的情形下,我们揭示不同的性格,并且需要不同的东西。当在不确定条件下规划未来时,如果我们使用预估家庭博弈收益所使用的同一种方法来预估我们的收益,那是一点也不奇怪的。

在规划未来时,局中人会将其预期效用计算为所有未来人们——骰子停止转动后他可能成为的那些人——收益的加权平均。当选择家庭博弈中的策略时,局中人将其收益视为家庭所有人适应度的加权平均。为了将我们协商保险契约的能力转化为将公平作为生存博弈合作机制的能力,我们唯一需要做的就是,通过允许局中人用一个对待他像对待自己的姐妹、堂兄弟、姨妈一样的人来替代由掷骰子所决定的未来他可能成为的那个人,从而将这两个过程混合起来。

图2.2显示了目前所述故事中的移情偏好以及原初状态的演化史。但问题仍然存在。从某种意义上来说,我们在家庭博弈中计算同伴适应度所采用的权重,是通过估计我们与亲属的关系程度获得的,而这种估计依赖于家庭的动态发展过程以及我们的位置。但是,当构建移情效用函

数时，我们从哪里获得将亚当和夏娃的私人效用进行贴现的权重呢？

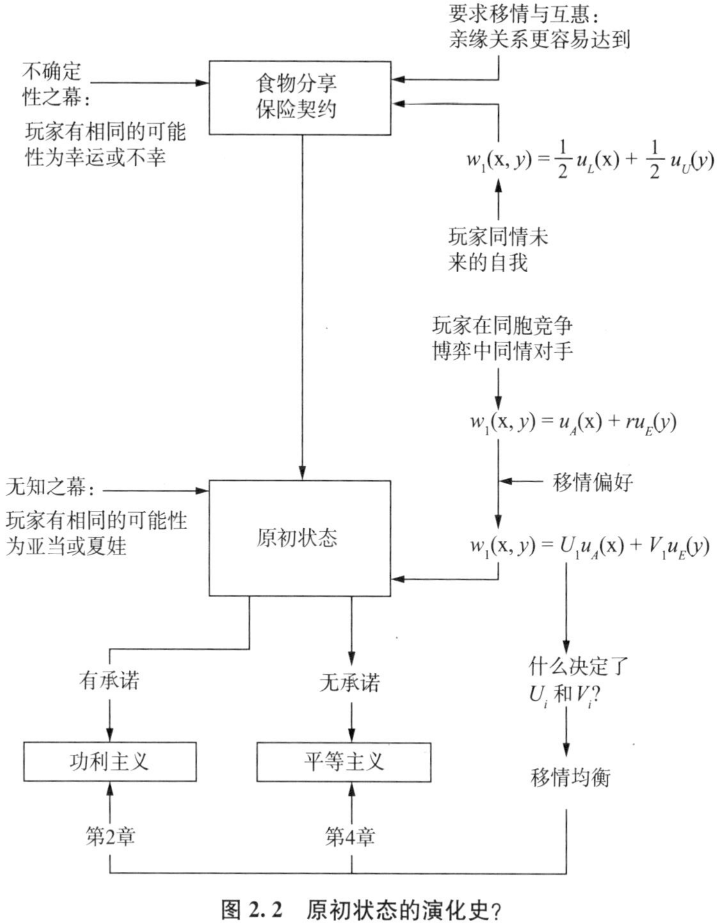

图 2.2　原初状态的演化史？

模仿与移情均衡　进行史前保险契约谈判的某位局中人的讨价还价地位，是由一组状态依存的偏好决定的。作为最低要求，该局中人需要将两组状态进行对比：狩猎时，幸运地满载而归后分发食物所造成的损失与不幸地空手而归后获赠食物所带来的收益。换句话说，他需要能够将一种情形中的幸运与另外一种情形中的不幸作比较。移情偏好具有完全一致的结构，只不过我们现在有必要将一种情形中的亚当与另一种情形中的夏娃作比较。例如,人们可能会表示倾向于穿着无花果树叶的亚当而不是吃苹果的夏娃。正如人们不能在未具备合适的状态依存的偏好时进行保险契约谈判一样,他们也不能在未具备合适的移情偏好时利用原初状态机制来裁决公平性问题。

第1卷第4.3.1节充分讨论了移情偏好。如果假设这类偏好满足了冯·诺依曼和摩根斯坦的公理(第1卷第4.2.2节),那么它们则可用冯·诺依曼和摩根斯坦的效用函数来表示。如果我也能成功地进行移情识别,当我从同胞的角度考虑问题时,根据他自己的私人偏好,我可将他吃苹果与他穿无花果树叶进行比较,那么我们得到这一规律:代表我移情偏好的效用函数可以表示为,代表着亚当和夏娃的私人偏好的冯·诺依曼-摩根斯坦效用函数的加权和。然后,该加权和中的权重可作为比较亚当和夏娃的个人效用的标准。

要求亚当在处于夏娃的位置思考问题时假设自己拥有夏娃的私人偏好,是令某些批评家非常头疼的。例如,德沃金(Dworkin)[167]没有将这样的条件融入他的正义理论。但是,如果人们需要严肃对待我对移情偏好的自然主义起源的说法,这一假设就是不可避免的。在保险契约谈判中,对于亚当来说,这种假设是很荒谬的:因为今天狩猎时运气不好而挨饿了,那么明天狩猎时运气很好却仍会挨饿。类似地,在同胞竞争博弈中,让夏娃假设如果她是她哥哥,她的适应度也不变是讲不通的。然而,我也并未在对下列假设的基于直观道德基础的反驳中看到任何力量,即亚当和夏娃应该相互移情的假设。〔1〕当道德分歧演变成竞争对手间的口水仗时,我们与其逃避接踵而至的纷争和冲突,不如做出真正的(Genuine)尝试,来从他人的角度看待事物——无论他们的观点多么令人反感。

---

〔1〕 人们有时认为,对于亚当来说,因为与夏娃如此亲密而将她的私人偏好"合法化"可能是错误的。举个例子,假设某个孩子因为车祸受伤而被送往医院。亚当是医生,而夏娃是这个孩子的母亲。亚当希望给孩子输血来挽救他的生命。但夏娃拒绝了,理由是,如果无视神的旨意,孩子将丧失在天堂的地位。亚当会认为,如果他是夏娃,他不会被偏见所蒙蔽,因此,夏娃的观点应被忽视——但如果夏娃对此类事情具有一定的影响力,这种态度会如何推进事态的发展?(也许这种状态是一种神权政治,医院的存在也是勉强得到允许的。)

我将特定社会中个人持有的移情偏好视作其成长的符号。随着孩子们的成长，他们被同化到他们生长的环境中，这主要是因为他们模仿周围人的自然本性造成的。他们将要观察到的社会现象之一是：在实现公平妥协时，使用原初状态机制。当然，当我们使用原初状态机制来决定谁应该洗多少盘子之类的事项时，对于什么是原初状态机制，他们的认知不可能比我们多。相反，他们只是复制那些他们看到的使用这种机制的人们的行为模式。一种内部算法随后将这种行为提炼成偏好信念模型，凭借这种模型，他们就可测试不同的行为模式。这种模型中的偏好即为移情偏好——应用原初状态机制时所需的输入值。

通过把一组移情偏好简单地视作社会信号或文化基因[meme，德沃金(Dawkin)[151]为"基因"自创的社会学名称]，我打算将复杂的实际传导机制简化一下。模仿过程则被视作传播这种文化基因的一种手段，其传播方式很大程度上类似于普通感冒病毒在人群间的传染方式。像往常一样，为简洁起见，我假设所有待进行的博弈都是信息完整的博弈，这意味着博弈规则和局中人偏好都是我们的常识。特别地，假设"无知之幕"背后的虚拟讨价还价博弈具有完全的信息。因此，局中人用来评估他们在原初状态下的困境的移情偏好也被视为常识。[1] 同一系列移情偏好一起，关于在原初状态使用哪种谈判策略，文化基因也提供了参考价值。只有当系统的稳定性被"突变"基因的出现所威胁时，他们才有理由偏离正常的讨价还价策略。

为探索演化稳定性，假设所有局中人目前都被一种正常基因 N 所控制。突变基因 M 现在也出现了。它能从人群中的最初立足点开始扩张吗？如果能，那么正常人群并不是演化稳定的。

第 1 卷第 3.2.3 节描述了演化稳定性的两个简单条件，但此处只需

〔1〕 如果没有这一英勇的假设，人们必须借助哈萨尼的信息不完全博弈理论，一切将变得更加复杂。为保证这种特殊情况下的假设，人们可以观察到，与局中人的讨价还价行为相比，他们的移情偏好被假定是稳定的。因此，在重复博弈中，他们将有机会了解彼此的偏好。

要一个条件,即(M,N)应为相关博弈的对称(symmetric)纳什均衡,其中,M 和 N 均为策略[宾默尔(Binmore)[70, p.414]]。总之,N 一定是对自身的最优反应。

为解释这一条件,想象一下局中人Ⅰ已经感染了突变基因 M,而局中人Ⅱ仍然受到正常基因 N 的控制。[1] 根据他们各自拥有的移情偏好,两个局中人均可测试他们的谈判策略并调整他们的行为,直至他们达到讨价还价博弈的纳什均衡。我会假设该纳什均衡执行了该博弈(第1.3.1节)的合适的纳什讨价还价解。因此,局中人Ⅰ和局中人Ⅱ均可从博弈中收获一些利益和负担。决定什么时候复制他人正在使用的基因的模仿机制,将考虑谁得到了什么。几乎所有当前的旁观者都将受到正常基因 N 的控制,因此,借助于基因 N 所固有的移情偏好,他们就能评估局中人Ⅰ和局中人Ⅱ各自接收的份额。如果局中人Ⅰ的收益超过局中人Ⅱ,那么我认为,敏感的旁观者将很可能被控制局中人Ⅰ的基因 M 所控制,而不是控制局中人Ⅱ的基因 N。但是接下来,对于 N 而言,M 将是一个比其自身更好的回应。

因此,正常人群演化稳定的一个必要条件是:局中人Ⅰ和局中人Ⅱ拥有的移情偏好构成了第1卷第1.2.7节所称的对称移情均衡(empathy equilibrium)。为了测试一对移情偏好是否构成移情均衡,应对每位局中人提出以下问题:

> 假设你可以欺骗大家,使其相信你的移情偏好是你所任意声称的那样。那么在原初状态下,相对于你实际拥有的移情偏好而言,你认为这种欺骗行为值得吗?

对于移情均衡而言,正确答案是:不值得。

---

〔1〕 如果由基因 M 控制的人口比例为 ε,那么这种混合匹配的数目则为 $2\varepsilon(1-\varepsilon)$。两个局中人都受 M 控制的匹配的数目为 ε^2,它是一个数量级比较小的数。因此,混合匹配中发生的事情将是主要的。只有当 M 和 N 同时在混合匹配中发挥作用,研究两个局中人都受 M 控制时将会发生的事情才是有必要的。这样就引出了第1卷第3.2.3节中给出的演化稳定性的第二个条件。

因为两个实质性假设都很难察觉，导致这一标准的似乎是同义反复的论据很容易造成误解。在简单的两人博弈中，局中人Ⅰ实际上是亚当，局中人Ⅱ实际上是夏娃。然而，我们已经设想局中人Ⅰ和局中人Ⅱ都忽略了其自身身份。每个人都表现得好像他或她都各有1/2的机会就是亚当或夏娃。在这种想象的不确定性中，他们使用各自的移情偏好来评估自己的前景。因此，在前面的论述中模仿局中人Ⅱ的人和局中人Ⅱ一样，假装不知道局中人Ⅱ为夏娃。因此，模仿者不会根据夏娃的私人效用评估局中人Ⅱ的收益，因为如果他是从外向内看待该局中人的处境而不是移情地想夏娃的脑子里在想些什么，他也会这么做。他同夏娃一样采用了局中人Ⅱ的视角，因此能够像局中人Ⅱ那样解释收益。在移情均衡的定义中，这个要求是作为以下条件出现的：局中人只考虑欺骗行为在原初状态下是否值得。

在史前保险契约的情况下，这种假设是相当自然的。一直等到所有不确定性都得到解决后才开始评估这些在知道谁是幸运儿之前所做的决策，是很愚蠢的。我知道人们往往都会做出如此愚蠢的评估——他们认为把赌注压在“船夫的愚蠢”(Punter's Folly)上是错误的，因为实际上是“赌徒破产”(Gambler's Ruin)赢得了比赛。〔1〕同样的史前错误将判断，幸运儿不应该与他的倒霉蛋同伴谈判保险契约，因为这样他不得不与他共享自己的猎物却不能得到任何回报。然而，隐性地内化这种推理的部落最终将在演化竞争中落败。〔2〕

如果演化只是借用运行原始保险契约的机制来运行原初状态机

〔1〕 政客们通常都以这种方式进行评估。温斯顿·丘吉尔是一位伟大的政治家，因为在第二次世界大战之初他选择继续战斗后，事情最终发展为理想的状态。但是，如果事情按照当时看起来更可能的方向发展，人们会怎样评价他？

〔2〕 请注意，我并不是认为史前猎手应学会贝叶斯决策理论之类的知识。正如科斯米德和托比(Cosmides and Tooby)[136]所记录的那样，在熟悉的社会背景下，我们的行为看起来往往像是经过深思熟虑，但将同样的原理应用于更简单但不熟悉的背景中，我们却觉得异常艰难。至于为什么大自然没有令我们成为自然的逻辑学家，那些教新生微积分的老师不需要到处寻找证据来证明这个问题。

制,那么我们因此找到只从局中人Ⅰ和局中人Ⅱ角度进行评估而不是从亚当和夏娃角度进行评估的基因,将是意料之中的事情。更为普遍的是,每当我从内部对一项正在被邻居使用的基因进行评估,并有意将它纳入自己的基因库时,我会无法避免移情于我的邻居。否则,我将不能完全了解什么是该基因所包含的行为的适当的表达情境。〔1〕如果我的邻居夏娃构建了某一情境,在该情境中基因是由偏好—信念模型触发的,那么我必须竭尽全力去认识该偏好—信念模型。也就是说,我必须理解什么是她试图实现的目标以及为什么她会表现得好像这是实现其目标的适当行为。但是,当夏娃使用原初状态机制时,哪种偏好—信念模型占据了她的大脑?这是根据局中人Ⅱ所看到的世界而构建的模型。世界是虚构的,这是事实。当夏娃从局中人Ⅱ的角度来看待问题时,她就表现得好像被道德博弈的规则所束缚一样,而不是生存博弈的规则。但是,如果康德发现很难区别这些博弈,那么当移情于他人时,我们为什么还会期待从智力——我们大脑使用的某种算法——中得到更多东西呢?

难以察觉的第二个实质性假设涉及移情均衡的对称性(symmetry),这是我们下面要关注的内容。为了使支持对称性的论据能够讲得通,假设每个人都从其他人那里进行学习是十分关键的。如果男性只模仿男性,女性只模仿女性,那么亚当和夏娃的移情偏好是一致的就显得毫无理由了。因此,将人们的注意力吸引到对称移情均衡的一个基本前提是,一个社会的所有公民都共享一种文化。〔2〕

正是在这个层面我相信,现代社群主义者和古代的道德家所强调的

〔1〕 自闭症儿童并不理解,他们知道的一些事情,其他同伴可能不知道。当患自闭症的亚当观察到夏娃正在寻找一个被收进抽屉的玩具,并观察到该玩具在夏娃在场的情况下被放在夏娃看不到的地方,当夏娃回来在抽屉中寻找玩具时,他会感到很吃惊。

〔2〕 有时,这一要求是说,亚当和夏娃所尊重的规范在他们的文化中是共通的(universal)。道德进步则可通过共通性范围的连续扩大来得到确认——奴隶被公认为人类或者女人被公认为公民。我的理论把道德范围的扩大归因于下面的发现,即采用外部人或者陌生人的习俗让人受益。

社区精神实际上有着相似的运转模式。正如第1卷第2.3.6节所观察的那样，我们并不是被责任和义务的铁枷锁束缚在一起，而是被对社会所宣扬的习俗的共同理解团结在一起，习俗在社会上传播的方式就像蘑菇通过烂木头生长一样。系统中的每个丝状体都如此脆弱，以至于它几乎很难撑过白昼的光照。但是，像格列佛在小人国一样，我们被这种丝状体的聚集体紧紧束缚在一起，以至于如果大自然真的为我们提供了传统主义者发明的枷锁，也不一定做得更好。

然而，尽管文化如何维持自身发展这一主题能够引起人们巨大的兴趣[博伊德和理查森(Boyd and Richerson)[98]、卡费利-斯福尔札和费尔德曼(Cavelli-Sforza and Feldman)[118]]，我希望我对这一过程的心理学细节的不切实际的推测被给予它应得的极端谨慎的对待——因为本书中所提出的许多正式道德理论并未强烈依赖于这些细节。例如，在本章中，对称移情均衡的概念只会在人们认为社会演化会给每个人都提供同样的移情偏好——所有的道德内容最终将被它们侵蚀——时才能得到使用。但是，除了那些我认为最合理的假设，这样的结论可以从各种不同的假设中得出。

2.5.5　长期、短期和中期

为了对本书中研究的不同动态过程增加一些秩序，第1卷第1.2.7节提出了各个动态过程收敛到均衡所需的时间跨度的粗略分类。作为最低要求，我们需要区分：

- **短期现象**：短期对应着经济时间——市场所需的用以适应意外消息的时间。我认为短期应用分钟或小时来衡量。
- **中期现象**：中期对应着社会时间——文化规范或社会习俗所需的用以适应环境改变的时间。我认为中期应用月或年来衡量。
- **长期现象**：长期主要是指生物时间——等待基因库适应新挑战所需的时间。我认为它可以用几代人来衡量。

采纳这些区别所使用的建模技术是从厂商的经济理论借鉴而来。经济过程、社会过程和生物过程实际上是同时进行的,但反映这一现实的模型则相当难以处理。因此,人们假设短期过程比中期过程快得多;反过来,中期过程则比长期过程快得多。通过这一假设,人们试图模拟世界的实际运作方式。当研究短期动态过程时,人们会把中期变量和长期变量当做固定的变量,那么这些中期变量和长期变量的值则可充当决定短期过程应在哪一经济均衡点收敛的参数。在中期动态过程的研究中,人们会将长期变量视为固定变量,而将短期变量设定为在短期分析中计算得出的均衡值。然后,长期变量则充当决定中期过程应在哪一社会均衡点上收敛的参数。

幸运的是,关于长期变量是如何确定的,在本章中是没必要讨论的。然而,在第 4.8 节中,通过将中期变量的值设定在中期分析中计算得出的社会均衡值上,我们对长期动态过程做了相应的研究。长期过程所收敛到的生物均衡点则决定着长期变量。这些再确定中期变量,最后确定短期变量。

使用这些模型技术需要一些重大的简化假设。在本研究伊始,我将亚当和夏娃的私人偏好设定为长期变量。因此,我们对干净的水和健康性生活的喜好则被视作典型的私人偏好。正如上面所讲的,把私人偏好处理为天然的生理特征有极大的优势——它们在本章中是被固定的,因为时间只有在短期或者中期才能发生变化。

我知道一些私人偏好实际上每年都在变化。〔1〕第 2.5.2 节讨论的是,我们如何把与他人的关系程度融入私人偏好,事实上,这个讨论取决于,我们的私人偏好甚至在更短的时间内都是可以改变的。不过,我会忽略这些复杂的例子,正如我忽略以下事实一样:一些社会决定的行为已经历经几千年而未发生任何变化。

〔1〕 尽管最常引用的例子并不总是恰当的。例如,人们并不总是时尚的忠实追随者,因为他们对高裙摆或低裙摆的喜好随时间而改变。他们追随时尚,主要是因为他们希望被他人视为时尚的。

亚当和夏娃的移情偏好被视做中期变量。包括一组新移情偏好的基因,可在人群中通过模仿传播,但这不是一夜之间就发生的事。因此,短期内的移情偏好是比较稳定的。然而,局中人的策略选择可在短期内发生变化,因为他们会尝试偏离规范,以测试相对于他们的偏好而言它是否是最优的。回想一下,通过这种对优势的连续角逐,我有理由将注意力限制在正在进行的博弈均衡上。

将策略选择确定为短期变量后,为了描述经济均衡——它决定亚当和夏娃在由他们自己所设想的在原初状态下进行的讨价还价博弈中的战略选择,第一步是回到第1章寻找答案。在“无知之幕”背后,亚当和夏娃使用他们的移情偏好评估社会契约。因此,他们在原初状态达成的交易将取决于那些在短期内保持不变的中期变量。然后下一步是,探讨亚当和夏娃的移情偏好在中期是怎样由他们的私人偏好所决定的。但是这一步会被延迟到第2.6.2节才开始讨论。确定亚当和夏娃在长期内的私人偏好的最后一步,将在第4章的不同背景下进行讨论。

2.6　非目的论功利主义

本章开篇提出了道德的划分,将其分为善论、正当论与适当论。善论的主要内容是功利主义,它有各种流派,而我只关注古丁(Goodin)[209]所称的“公共”功利主义以及哈丁(Hardin)[224]所称的制度功利主义。制度功利主义者又可分为道德伪善主义者、理想观察者以及哲学王。在第2.2节,我认为对政治合法性的现代共识是与哲学王理论最匹配的。然而,为了让哲学王功利主义有扎实的基础,有必要采用非目的论方法,该方法认识到,人们经常说某件事是好事的唯一原因是,大家都这么说。当然,这就等同于将善论简化为适当论。

作为本节内容的基础,上一节提供了有关移情偏好的演化起源,以及有关移情偏好在原初状态机制运行中所起作用的一些思考。本节将这些想法聚集在一起,以便为读者呈现成熟的功利主义哲学王理论的全貌。

发展这一理论所使用的技术是从哈萨尼(Harsanyi)[233]对功利主义进行的非目的论辩护中借鉴而来的。然而,正如第1卷第4.3节和4.4节对哈萨尼著作的初步分析所做的解释,哈萨尼所讨论的康德的建构主义,对于像我一样的休谟主义者来说是毫无吸引力的。因此,这里所讲的理论有着完全迥异的理论基础。

不幸的是,甚至哈萨尼的康德版本的理论也在很大程度上被现代道德哲学家忽略了。因此,有必要详细讨论其理论的具体细节。这需要我们掌握几页简单的代数知识。幸运的是,有关其论点的代数式已在第1卷第4.3节和4.4节进行了详细描述。因此,在本节中,我们可以轻松跳过技术细节。事实上,很多读者可能希望干脆跳过下一部分即将回顾的效用论而直奔主题。

2.6.1 伊甸园里的承诺

我们从一个短期的故事开始,在该故事中,所有偏好都是固定的。随后,我们必须转向中期分析,那时就可以询问为何亚当和夏娃拥有一组移情偏好而不是另一组了,但在当前,它们则被当做外生变量。

婚姻契约 在即将讲述的寓言中,公正的哲学王代表着一个仁慈开明的政府,他的存在只是为了执行人们为自己而设的法律。国家则被简化为“伊甸园”,那里的公民只有亚当和夏娃,我们假设他们是完全无关的。他们的任务是协商一个合适的婚姻契约。

请记住,这是一个旧式婚姻,在这个婚姻中,即使当蜜月期结束后其中一方提出解除婚约,哲学王也会确保亚当和夏娃受到婚姻誓言的约束。当然,在结婚的时候,他并没有违背他们的意愿,将他们强行束缚在一起。

在婚礼当天，他们希望能用誓言来约束自己，因为他们知道，在将来他们会受到诱惑并因此而误入歧途。哲学王也没有将契约的形式强加给他们。他承认，他们可以使用原初状态机制来决定他们的婚姻契约。哲学王希望婚姻契约不会将夏娃变成亚当的动产，但他同意罗尔斯的看法，即亚当和夏娃应受到契约条款的约束，无论这些条款的内容是什么。〔1〕

哈萨尼(Harsanyi)[233]和罗尔斯(Rawls)[417]假设，亚当和夏娃能够也愿意致力于同时遵守他们将在原初状态下所达成的假想交易。〔2〕第 1 卷第 1.2.4 节解释了，在缺乏让亚当和夏娃履行承诺的外部机制的情况下，这一假设含有无法克服的困难。但在此处即将讲述的故事中，哲学王正好提供了这样一个外部机制。他的存在让我们能够抛开我们对将全部承诺权力归于亚当和夏娃的疑惑。因此，可行的社会契约不再需要局限于如下博弈的均衡，即第 1 卷第 1.2.3 节所讨论的生存博弈。相反，与可行社会契约相对应的收益对集合 X，是与生存博弈的整个合作收益区域相一致的(第 1.2.1 节)。

第 1 卷第 2.2.6 节中提及的无名氏定理，确保了当生存博弈建模为重复博弈时，集合 X 的此种扩展没有造成明显的区别。另一方面，当生存博弈建模成一次博弈如囚徒困境时，亚当和夏娃可接触到整个合作收益区这一事实，则会造成巨大的差异。然而，无论生存博弈的基本性质如何，其合作效益区 X 必然是凸(convex)的，其原因已在第 1.2.2 节列出，该节也给出了假设集合 X 是封闭的、有上界的且综合的原因。在本章中，为方便起见，我也假设其边界是光滑的。然后，集合 X 如图 2.3(a)所示。

集合 X 的不对称性记录了亚当和夏娃之间根深蒂固的不平等性，对

〔1〕 详见第 1 卷第 1.2.4 节中奴隶主的论点。

〔2〕 当然，哈萨尼和罗尔斯都对他们的承诺要求进行了证明。例如，哈萨尼(Harsanyi)[233]告诉我们，亚当和夏娃在道德上必须遵守在原初状态下所达成的假想交易。但是，这样的说法只是起着修辞的作用。有些作者主张人们的表现应与其承诺一致，他们这样主张是因为认为那些偏离承诺的人是不道德的，这样的主张简直是在说，人们应该做某些事因为他们应该这样做。

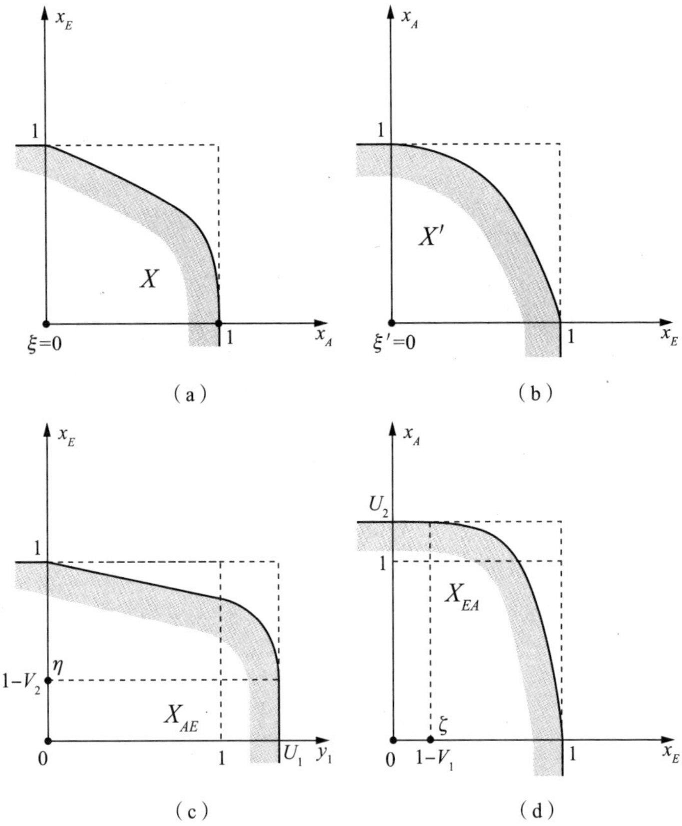

图 2.3　集合 X 的各种变换

此,原初状态机制提供了补救(第1卷第1.2.5节)。为运行这个社会工具,亚当和夏娃必须能够设想他们在"无知之幕"背后进行讨价还价所达成的社会契约。为分析他们在讨价还价过程中的处境,他们需要名字来称呼彼此,但是不了解彼此的真实身份。如前面一样,在原初状态下,亚当被称为局中人Ⅰ,而夏娃则被称为局中人Ⅱ。

在"无知之幕"背后,局中人面对着一个不确定的局面。在他们的讨价还价结束的时候,他们不知道两件事——AE 或者 EA——中的哪一件会被揭晓。因为是我们选择的符号,我们知道实际上事件 AE 会发生,其中局中人Ⅰ是亚当,局中人Ⅱ是夏娃。但主角本身也必须考虑事件 EA,其中局中人Ⅰ为夏娃,局中人Ⅱ为亚当。与哈萨尼(Harsanyi)[233]不一样,我允许亚当和夏娃做出这样的安排:他们可使社会契约依照谁会占据哪个角色而定。也就是说,他们可以随意决定:如果事件 AE 发生,则履行一项社会契约 $\mathcal{C}$;如果事件 EA 发生,则履行契约 $\mathcal{D}$。这种状态依存的社会契约将用$(\mathcal{C},\mathcal{D})$表示。

效用理论　一个状态依存的契约$(\mathcal{C},\mathcal{D})$是一个不确定的预期,如第1卷图4.6(a)所示。为使用贝叶斯决策理论来评估$(\mathcal{C},\mathcal{D})$,我们需要知道局中人对可能发生的结果 $\mathcal{C}$ 和 $\mathcal{D}$ 的偏好,以及他们对事件 AE 和 EA 的信念(第1卷第4.5节)。

局中人Ⅰ的偏好可由他的移情冯·诺依曼-摩根斯坦效用函数 v_1 给出。他的信念则用主观概率分布表示,在最简单的情形中,该分布简化成局中人Ⅰ赋予事件 AE 的概率 p_1。对于状态依存的社会契约$(\mathcal{C},\mathcal{D})$,局中人Ⅰ的预期效用是:

$$w_1(\mathcal{C},\mathcal{D})=p_1 v_1(\mathcal{C},\mathcal{A})+(1-p_1)v_1(\mathcal{D},E) \tag{2.6}$$

在该表达式中,$v_1(\mathcal{C},\mathcal{A})$为局中人Ⅰ以亚当的角色履行社会契约 $\mathcal{C}$ 时所取得的效用;类似地,$v_1(\mathcal{D},E)$为局中人Ⅰ以夏娃的角色履行社会契约 $\mathcal{D}$ 时所取得的效用。

移情效用函数 v_1 不应与亚当的私人效用函数 u_A 混淆。当在比较是成为披着无花果树叶的亚当还是成为啃苹果的夏娃时,移情偏好量化了他可能表达的偏好。私人偏好量化了他自己的关于无花果树叶或苹果的消费偏好。但是,这两种类型的偏好并不是相互独立的。例如,亚当对无花果树叶和苹果的个人喜好可能与夏娃相反,但为了充分移情于夏娃,他必须接受,如果他处于夏娃的处境的话,他也会具有她的偏好。

正如第1卷第4.3.1节所解释的那样,某人充分移情于亚当和夏娃这一假设,意味着他的移情效用函数可以用他们的个人效用函数 u_A 和

u_E 来表示。实际上,一旦我们知道亚当和夏娃的私人效用函数,我们只需要知道两个正常数 U_1 和 V_1,就能够写下局中人Ⅰ的移情效用函数。根据第1卷第4.3.1节的方程(4.8),我们得出:

$$v_1(\mathcal{X},A)=U_1u_A(\mathcal{X}) \tag{2.7}$$

$$v_1(\mathcal{X},E)=1-V_1(1-u_E(\mathcal{X})) \tag{2.8}$$

假定所有效用尺度都已适当调整。[1] 这些表达式可以解释为,局中人Ⅰ具有效用比较的内省(intrapersonal)标准,它将亚当的效用 V_1 与夏娃的效用 U_1 等同起来了。借助于亚当和夏娃的私人偏好,根据方程(2.6)写下 $w_1(\mathcal{C},\mathcal{D})$ 及相应的 $w_2(\mathcal{C},\mathcal{D})$ 的公式,我们得到:

$$w_1(\mathcal{C},\mathcal{D})=p_1U_1u_A(\mathcal{C})+(1-p_1)\{1-V_1(1-u_E(\mathcal{D}))\} \tag{2.9}$$

$$w_2(\mathcal{C},\mathcal{D})=p_2\{1-V_2(1-u_E(\mathcal{C}))\}+(1-p_2)U_2u_A(\mathcal{D}) \tag{2.10}$$

第1卷第4.7节认为,假定原初状态机制被用来裁决现实生活中的公平性问题,那么需要 $p_1=p_2=\frac{1}{2}$。由于实践是我们的向导,因此,这一假设应为原初状态定义的一部分。也就是说,当穿过“无知之幕”时,每个局中人所使用的想象行为应该包括,表现得就好像他相信他会以相同的可能性成为亚当或夏娃那样。

将要求 $p_1=p_2=\frac{1}{2}$ 代入表达式(2.9)和(2.10),局中人Ⅰ和局中人

---

〔1〕 第1卷第4.3.1节所使用的校准需要把尺度锚定在两个理想的结果 $\mathcal{W}$ 和 $\mathcal{L}$,人们可将它们分别理解为天堂和地狱。然后,选择这两人的个人效用尺度,使其零点位于 $\mathcal{L}$ 处、单位位于 $\mathcal{W}$ 处。将亚当和夏娃的效用尺度固定是完全武断的做法,没有任何意义。它被采用仅仅是因为,在人们开始讨论如何比较他们的效用之前,必须将他们的个人效用尺度以某种方式固定。否则,说亚当的效用比夏娃的效用更值钱,就像是在说1肘尺(cubit,古时长度单位)长于1路德(rood,英国长度单位),而未认真考虑这些过时的长度是如何定义的。不幸的是,零一法则的存在使得一些人相信,单纯只将亚当和夏娃的效用尺度固定,必然意味着如此定义的效用能够进行一对一交易。但是,这种人际比较的标准将与亚当和夏娃的私人效用尺度一样武断。在固定局中人Ⅰ和局中人Ⅱ的移情效用尺度时,类似的混淆是不可能的,因为这种武断性比较明显。他们的移情尺度是固定的,因此 $v_i(\mathcal{L},A)=0$ 和 $v_i(\mathcal{W},E)=1$。然后,常数 U_i 和 V_i 可由 $U_i=v_i(\mathcal{W},A)$ 和 $1-V_i=v_i(\mathcal{L},E)$ 分别给出。

Ⅱ各自从协议中预期到的若 AE 发生则履行合约 $\mathcal{C}$ 和若 EA 发生则履行合约 $\mathcal{D}$ 的效用则为：

$$w_1(\mathcal{C},\mathcal{D})=\frac{1}{2}U_1u_A(\mathcal{C})+\frac{1}{2}\{1-V_1(1-u_E(\mathcal{D}))\} \tag{2.11}$$

$$w_2(\mathcal{C},\mathcal{D})=\frac{1}{2}\{1-V_2(1-u_E(\mathcal{C}))\}+\frac{1}{2}U_2u_A(\mathcal{D}) \tag{2.12}$$

当原初状态机制被评定为公平标准时，人们可能会问，为什么会把 $p_1=p_2=\frac{1}{2}$ 当做这么理所当然的事情？一个可能的原因是，p_1 和 p_2 的值在中期并不是那么重要。为了证明这一点，定义 $U_1^*=2p_1U_1$，$V_1^*=2(1-p_1)V_1$，$U_2^*=2(1-p_2)U_2$ 和 $V_2^*=2p_2V_2$。如果将不相关的常数项丢弃，那么方程(2.9)和(2.10)可简化为方程(2.11)和(2.12)，前提是，后面方程中的系数全是带星号的。但是，第 2.6.2 节中的社会演化力量并不在乎这些常数是否带星号。

"无知之幕"背后的讨价还价问题　第 1.2 节告诉我们，讨价还价问题的最简洁形式可归结为一对(T,τ)，其中 T 包含两位局中人都同意的收益对，τ 为没有协议时产生的收益对。因此，我们的第一个问题就是，确定原初状态下局中人Ⅰ和局中人Ⅱ的所有可行收益对集合 T。

如果亚当和夏娃在一个可行的社会契约上进行合作，那么他们所获得的个人收益对由图 2.3(a)所展示。在"无知之幕"背后，局中人Ⅰ和局中人Ⅱ都赋予事件 AE 和 EA 各$\frac{1}{2}$的概率。由于他们通过计算其预期效用来评估不确定前景，他们将如果 AE 发生时导致的收益对 y 和如果 EA 发生时导致的收益对 z 的状态依存的社会契约等同于下面的公式：

$$t=\frac{1}{2}y+\frac{1}{2}z \tag{2.13}$$

上述方程仅仅是方程(2.11)和(2.12)的压缩形式。[1]

收益对 t 如图 2.4(a)所示。它处于收益对 y 和 z 连线的中间位置。收益对 y 处于集合 X_{AE} 中。集合 X_{AE} 表示,一旦事件 AE 发生,局中人Ⅰ和局中人Ⅱ认为可实现的所有收益对。集合 X_{AE} 的形状与 X 类似,但需要进行重新调整,以便反映局中人Ⅰ赋予亚当的效用的相对价值以及局中人Ⅱ赋予夏娃的效用的相对价值。从方程(2.7)中我们得知,局中人Ⅰ认为亚当的收益 x_A 的价值为 $y_1=U_1x_A$。从方程(2.8)中我们得知,局中人Ⅱ认为夏娃的收益 x_E 的价值为 $y_2=1-V_2(1-x_E)$。为从集合 X 中导出 X_{AE},我们必须将 X 中的每个收益对 $x=(x_A,x_E)$ 用重新调整过的收益对 $y=(y_1,y_2)=(U_1x_A,1-V_2(1-x_E))$ 来替换。产生的集合 X_{AE} 如图 2.3(c)所示。

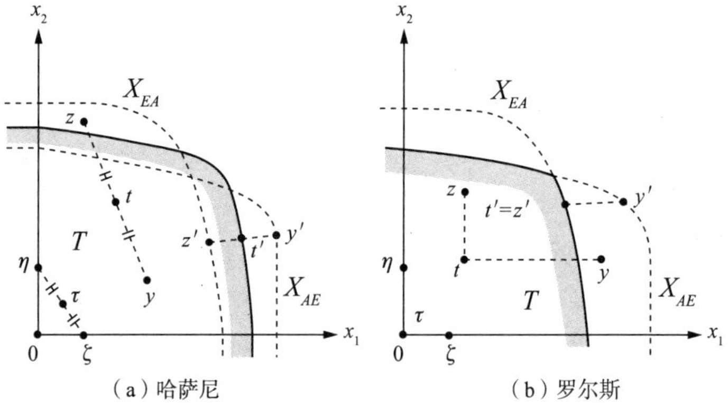

图 2.4　构建集合 T

从集合 X 中导出 X_{EA} 会稍微复杂一些,因为如果 EA 发生的话,局中人Ⅰ将成为夏娃。然而,亚当的收益是在水平轴上衡量的,而夏娃的收益是在垂直轴上衡量的。正如图 2.3(b)所示,因此有必要将亚当和夏娃所在的轴进行交换,以获得集合 X'(它仅仅是 X 在线 $x_A=x_E$ 上的映

[1] 回想一下,$t=\frac{1}{2}y+\frac{1}{2}z$ 仅仅意味着 $t_1=\frac{1}{2}y_1+\frac{1}{2}z_1$ 和 $t_2=\frac{1}{2}y_2+\frac{1}{2}z_2$。

射)。这种转换完成之后,局中人Ⅰ的收益和夏娃的收益都可在水平轴上衡量,因此,我们可以继续像以前一样进行分析。集合 X_{EA} 与 X' 的形状类似,但需要进行重新调整,以便反映局中人Ⅰ赋予夏娃的效用的相对价值以及局中人Ⅱ赋予亚当的效用的相对价值。为从 X' 中获得 X_{EA},将 X' 中的每个收益对 $x=(x_E,x_A)$ 用重整调整过的收益对 $z=(z_1,z_2)=(1-V_1(1-x_E),U_2x_A)$ 替换。集合 X_{EA} 如图 2.3(d)所示。

前面有关 X_{AE} 和 X_{EA} 是如何从 X 中构建出来的讨论,是绘制在原初状态下所有对局中人Ⅰ和局中人Ⅱ都可行的收益对集合 T 的必要前提条件。如图 2.4(a)所示,T 为所有 $t=\frac{1}{2}y+\frac{1}{2}z$ 的集合,其中 y 位于 X_{AE} 中且 z 位于 X_{EA} 中。(T 的帕累托前沿可描述为满足 $t=\frac{1}{2}y+\frac{1}{2}z$ 的集合,其特性是,X_{AE} 的帕累托前沿在 y 处的切线与 X_{EA} 的帕累托前沿在 z 处的切线具有相同的斜率。)

确定了集合 T 后,关于讨价还价问题(T,τ),下一步要明确的就是确定现状 τ。在哈萨尼自己的理论中,这并不是一个问题,他的理论不需要了解那些体现在集合 X 之外的生存博弈的特性。对即将在第 4 章讨论的我自己处理社会契约问题的方法,上述问题却是存在的。我在当前章节中重构哈萨尼对功利主义的非目的论辩护的尝试,也同样会面临这个问题。

在我看来,像沃尔夫(Wolff)[565, 566]那样,没有提及自然状态的社会契约理论不可能是完备的。因此,我们不能忽视生存博弈的策略性结构。然而,在为功利主义的辩护中,长篇大论地纠结于生存博弈的策略结构如何决定自然状态是相当迂腐的,因为人们肯定不需要这些信息来找出集合 X 中的功利主义结果。因此,通过使用一种特别简单的生存博弈模型,可将自然状态问题囊括进本章的背景中。在该模型中,讨论如果亚当和夏娃在社会契约问题上谈不拢,“将会发生什么”这类问题被认为是毫无意义的。因此,在我以这种方式将自然状态问题变得无意义之前,最好还是先概括在一般情况下决定 τ 的原则。

自然状态 霍布斯(Hobbes)[251]的悲观社会契约理论辩称,专制主义是在他定义的自然状态下的唯一可行选择,他将这样的悲观社会描述为“孤独、贫穷、龌龊、凶残和短暂”的。

第1卷第1.2.1节承认,如果对未能达成协议造成的后果缺乏了解,基于公民之间隐性讨价还价的国家理论将毫无意义。然而,对于——认为现代国家的组织原则是基于对史前社会政治安排的思考——这样的尝试,我并未看到任何有益之处。不改革,并不意味着我们应该回到一些被遗忘的或想象中的原始状态;而是意味着,即使没有改革,我们也可以继续运转下去。因此,将在第4章呈现的我自己理论中的自然状态由社会的当前社会契约构成——正如第1卷图1.3(b)中的收益对 ξ 所表示的那样。

然而,我自己的理论与家长主义式的理论有很大不同,因为我没有假设存在一个哲学王来强迫亚当和夏娃履行承诺。若有一位真正冷静的哲学王在场监督,原初状态的协议选择将会是:在协议未达成的情况下,哲学王会令局中人做出的威胁付诸实施。

第1.5.2节中的纳什的可变威胁理论描述了局中人Ⅰ和局中人Ⅱ在选择其最优威胁时所使用的原则。这里的问题有点复杂,因为在“无知之幕”背后,局中人威胁采取的行动取决于他是亚当还是夏娃。假设实施这些威胁将产生收益对 η(如果事件 AE 发生)和 ζ(如果事件 EA 发生)。那么局中人Ⅰ和局中人Ⅱ在原初状态下面临的讨价还价问题的现状将为 $\tau=\frac{1}{2}\eta+\frac{1}{2}\zeta$,如图2.4(a)所示。

正如第1.5.2节提到的那样,如果亚当和夏娃在充分了解其身份的情况下,使用纳什的可变威胁理论来对一次性的“囚徒困境”进行讨价还价,那么一旦谈判告吹,每个人都会决定采取鹰策略。因此,局中人Ⅰ和局中人Ⅱ为自己在原初状态处创造的自然状态,很可能连愤世嫉俗的霍布斯都认为是悲惨的。τ 具体有多悲惨，取决于生存博弈的策略结构——这一点我们目前并未提及。

细说生存博弈　一般情况下，在处理自然状态问题时我们无须涉及会计问题。现在，我将亚当和夏娃在婚姻契约谈判中所面临的困境简化为最原始的货币问题：如何分割嫁妆。如第 1.2.4 节所示，我们可以不失一般性地假定，所涉及的金额为 1 美元。在没有钱被浪费的情况下，社会契约 $\mathcal{C}$ 在这种分钱博弈中是帕累托有效的。因此，将 s 美元分给亚当的帕累托有效的社会契约，会将 $1-s$ 的美元分配给夏娃。

此处我并未继续用 $u_A(\mathcal{C})$ 来表示亚当在社会契约 $\mathcal{C}$ 中的私人效用，在分钱博弈的情形中，我将用 $u_A(s)$ 来重新定义他的效用，其中 s 是在契约 $\mathcal{C}$ 被执行时亚当得到的美元数。那么，本节的符号将与第 1.2.4 节一致。类似地，当履行契约 $\mathcal{C}$ 时，夏娃的收益也用 $u_E(1-s)$ 重新定义，这是她得到 $1-s$ 美元所获得的效用。

冯·诺依曼-摩根斯坦效用函数 u_A 和 u_E 将被假定为二次可微、严格递增，并且是凹的。别的不说，这意味着亚当和夏娃是风险规避的，且总是倾向于得到更多而不是更少的钱(第 1 卷第 4.6 节)。至于固定效用尺度，用 $\mathcal{L}$ 代表亚当和夏娃都一无所获的状态，因此 $u_A(0)=u_E(0)=0$。类似地，用 $\mathcal{W}$ 代表他们每人都得到 1 美元时的状态(不可行)，因此 $u_A(1)=u_E(1)=1$。

与可行的社会契约相应的收益对的集合 X 的帕累托前沿，由收益对 $x=(u_A(s),u_E(1-s))$ 组成，其中 $0\leq s\leq 1$。根据我们对 u_A 和 u_E 的假设，集合 X 保留了迄今为止被赋予的全部属性。[1] 特别地，尽管将亚当和夏娃的生存博弈视作分钱博弈问题把他们所面临的问题在金钱方面对称化了，他们在个人收益方面所面临的问题并未被对称化，除非我们假

〔1〕 事实上，亚当和夏娃都是风险规避的事实能够保证 X 是凸的，而不需要假设社会契约涉及任何随机化(除了假设的向局中人Ⅰ和局中人Ⅱ分配身份的随机行动以外)。

设他们对于风险有完全相同的态度,进而有 $u_A=u_E$。因此,即使是在分钱博弈问题中,需要予以纠正的不平等性仍然存在。

对数学家而言显而易见的是,将亚当和夏娃的生存博弈视做分钱博弈问题,我们并未做出大的妥协。[1] 同样地,将他们的生存博弈策略结构视为第 1.5.1 节中描述的纳什要价博弈的策略结构也在情理之中。在这个博弈中,亚当和夏娃同时宣布了收益需求 x_A 和 x_E。如果需求对 $x=(x_A,x_E)$存在于可行集合 X 中,每个人的需求都会得到满足;否则,每个人都颗粒无收。换句话说,图 2.3(a)中展示的原初状态结果 $\xi=(u_A(0),u_E(0))=(0,0)$得以实现。当我们重新调整图 2.3(a)中的效用,将 X 转换成图 2.3(c)中的集合 X_{AE}时,现状点 $\xi=(0,0)$转换为图2.3(c)中的$\eta=(0,1-V_2)$。当我们重新调整图 2.3(b)中的效用,将 X'转换成图2.3(d)中的集合 X_{EA}时,点 $\xi'=(0,0)$转换为图 2.3(d)中的 $\zeta=(1-V_1,0)$。

将生存博弈看成纳什要价博弈,只会严重制约与定位自然状态有关的结论的一般性。事实上,我选择将生存博弈限定为纳什要价博弈的主要原因是,想将自然状态问题无效化。有了生存博弈,局中人在原初状态可造成的最大威胁是,在走出“无知之幕”后提出自己的要求,无论别的局中人要求什么,这种要求是得不到满足的。到时纳什要价博弈的现状将得以实现。

将生存博弈限定为纳什要价博弈,我们就可简单地假定,如果在原初状态下协议未能达成,局中人Ⅰ和局中人Ⅱ所估计的收益对为 $\tau=\frac{1}{2}\eta+\frac{1}{2}\zeta$。

□ **解决讨价还价问题** 我们已经详细说明了生存博弈,使得 τ 的决定变得无关痛痒,现在我们可以忘掉生存博弈的细节,直到第 2.6.2 节。

回想一下,局中人Ⅰ和局中人Ⅱ在原初状态处所面临的讨价还价问

[1] 金钱只是起到限定 X 的曲线的一种参数化的作用。

题已经被描述为(T,τ),如图 2.4(a)所示。很容易用几何知识来描述讨价还价问题的答案。如图 2.5(a)所示,纳什的承诺谈判理论预测出,对于讨价还价问题(T,τ),结果将为对称的纳什讨价还价解 σ。

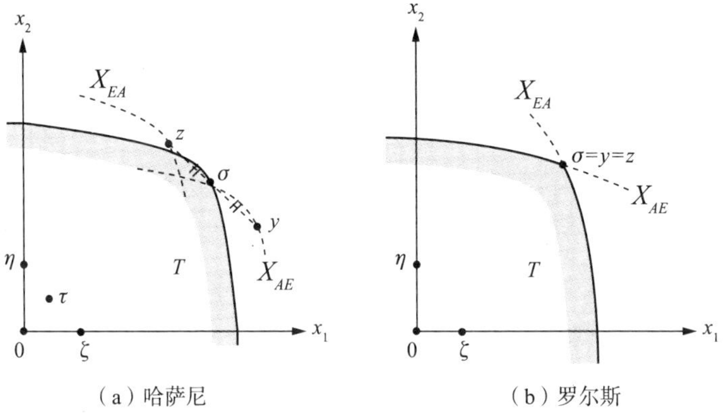

图 2.5 将纳什讨价还价解应用到(T,τ)

在开始讨论这个解对于亚当和夏娃的个人收益来说意味着什么之前,我们有必要强调一下为了得出图 2.5(a)中的收益对 σ 所需的强信息假设。在原初状态,局中人Ⅰ和局中人Ⅱ忘记了他们是亚当还是夏娃。由于他们自己的移情偏好是共同知识,因此,他们也必须忘记哪些移情偏好来自亚当、哪些移情偏好来自夏娃。但在局中人Ⅰ和局中人Ⅱ之间的一切其他东西都被视为常识。对所有构建讨价还价问题(T,τ)的数据,这一假设都是必不可少的。因此,局中人Ⅰ和局中人Ⅱ知道生存博弈的规则,也因此知道哪种潜在的社会契约是可行的。每个人都知道亚当和夏娃的私人偏好,以及他自己及其讨价还价对象的移情偏好。

所有这一切都是他们需要了解的,所以,找到一种更一般的不依赖于如此强大的信息假设的方法是值得探讨的。然而,如果没有强大的信息假设,就有必要回归到哈萨尼(Harsanyi)[232]的不完全信息博弈理论,其结果是,技术问题将变得更为棘手。但是,在这一方向上讨论问题没有

概念上的障碍。〔1〕

回到原初状态下在 σ 处的协议是如何转化成亚当和夏娃的个人收益这一问题上来,我们有必要回想一下,对于成为集合 T 中可行一员的 σ,它必须是如下形式:$\sigma=\frac{1}{2}y+\frac{1}{2}z$,其中,$y$ 位于 X_{AE} 中,z 位于 X_{EA} 中。我们还必须记住,理应发生在“无知之幕”背后的讨价还价仅仅是假想的。当使用原初状态方法来计算一个公平的社会契约时,亚当和夏娃只是假装忘记他们的身份。实际上,局中人Ⅰ为亚当,局中人Ⅱ为夏娃。因此,在这两种事件 AE 和 EA 中,实际上只有前者能够实现。

由此可见,实际上将履行的社会契约 $\mathcal{C}$ 将与图 2.5(a)中显示的 X_{AE} 中的收益对 $y=(y_1,y_2)$ 相对应。就亚当和夏娃的初始个人效用尺度而言,社会契约 $\mathcal{C}$ 产生收益对 $h=(h_A,h_E)$,其中,$y_1=U_1h_A$,$y_2=1-V_2(1-h_E)$。据我所知,就集合 X 和生存博弈而言,目前还没有非常简洁的方式来总结其收益对 h。然而,在图 2.6(a)所显示的对称情况中,事情变得更有希望了。

当 $U_1=U_2=U$ 且 $V_1=V_2=V$ 时,图 2.5(a)转化为对称的图 2.6(a)。特别地,讨价还价问题(T,τ)变得对称了,使用对称的纳什讨价还价解获得的结果也是对称的。

$$N=\frac{1}{2}H+\frac{1}{2}K \tag{2.14}$$

对称性确保了无论是 AE 发生还是 EA 发生,社会契约 $\mathcal{C}$ 都会被采用,从而能够实现收益对 N。然而,实际发生的事件是 AE,因此,当履行契约 $\mathcal{C}$ 时,亚当和夏娃实际体验到的个人收益对为 $h=(h_A,h_E)$,其中,$H_1=Uh_A$ 且 $H_2=1-V(1-h_E)$。

在不对称的情况下,事实证明,很难将收益对 h 描述为集合 X 中的点。但在此处,很容易在 X 中识别出点 x,且 x 处的加权功利主义社会

〔1〕 纳什讨价还价解的一般化必须像哈萨尼(Harsanyi)和泽尔腾(Selten)[236]所讲的一样。对应的纳什威胁理论的一般化则出现在宾默尔(Binmore)[66]所做的研究中。

福利函数

$$W_h(x)=Ux_A+Vx_E$$

得到了最大化。为看到这一点，我们观察到图 2.6(a)中的 H 和 K 位于 X_{AE}和 X_{EA}的帕累托前沿的共同切线 $x_1+x_2=c$ 上。同时，H 为 X_{AE}上的一点，在该点处社会福利函数 $W_H(x)=x_1+x_2$ 被最大化了。但由 $x_1=Ux_A$和 $x_2=1-V(1-x_E)$定义的将 X_{AE}映射至 X 的函数，将 x_1+x_2 转换为 $Ux_A+1-V(1-x_E)$。常数 $1-V$ 与最大化不相关，因此，将 X_{AE} 中的 W_H 最大化就与将 X 中的 W_h 最大化是一样的。

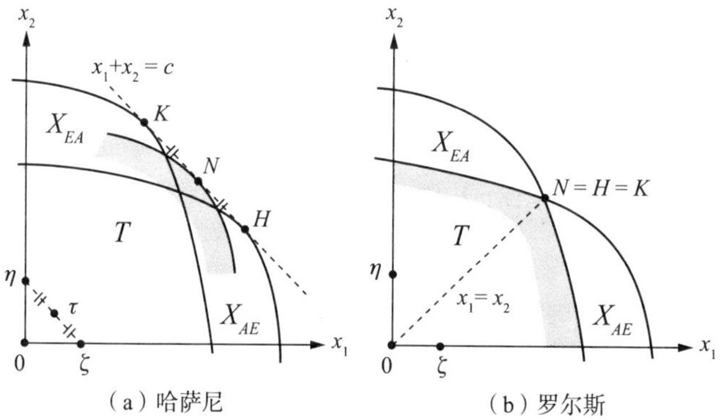

图 2.6　对称情形：$U_1=U_2=U$ 且 $V_1=V_2=V$

图 2.7(a)复制了第 1 卷中的图 1.3(a)，将位置 h 显示为 X 中的使得 W_h 得到最大化的点 x。回想一下，这种功利主义的讨价还价解是独立于现状的。这一事实表明，尽管我们永远也忘不了讨价还价讨论中未达成一致时将会发生的情况，当给出 U 和 V 时，τ 的精确位置经证明与最终的功利主义结论无关。

假定人们愿意接受 $U_1=U_2=U$ 且 $V_1=V_2=V$ 的假设，此时，推导出图 2.7(a)中的 h 的论证，就将哈萨尼对功利主义的非目的论辩护扩展到了状态依存的社会契约的情形中。正如附录 B 所讲，如果我们不需要在解决参数 U_1、U_2、V_1 和 V_2 如何在中期被确定这一问题的过程中所产生的结果，那么上述扩展就不值得我们付出努力。

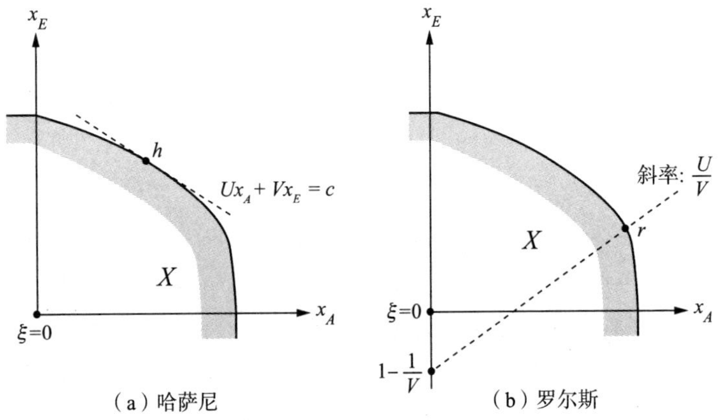

图 2.7　功利主义和罗尔斯主义的解

2.6.2　中期的人际比较

第 2.6.1 节中的讨论是一个短期分析,其中所有偏好都是固定不变的。现在我们考虑中期的情况,其中私人偏好是固定不变的,但社会演化有机会塑造移情偏好。其目的是,研究社会演化力量对 U_1、U_2、V_1 和 V_2 的影响,这些值决定着图 2.5(a)中集合 X_{AE}和集合 X_{EA}的形状。

作为在中期当基于模仿行为的演化压力作用于移情偏好时可能产生的最终产品,第 2.5.4 节引入了对称移情均衡的概念。对称性要求未在第 2.5 节中被提出来,但当梅纳德·史密斯(Maynard Smith)和普瑞斯(Price)[348]的演化稳定性概念被应用到对称博弈中时,对称性就成了标准要求。[1] 在现阶段做出这样的要求就是假设亚当和夏娃共享一种文化,在该文化中,每个人都从其他人身上学习新事物。那么对称性就是说,如果人们模仿一切现在看起来成功的行为,那么最终所有人都会做出

[1] 如果允许使用混合策略,所有有限对称的博弈都有一个对称的纳什均衡。它们可能不涉及演化稳定的策略,但我们不应使用演化稳定性定义的全部力量。

相似的行动。[1]

第 2.6.1 节提到，哈萨尼(Harsanyi)[233]在其哈萨尼学说中引入了康德的哲学，这样就有足够理由说明 $U_1=U_2=U$ 且 $V_1=V_2=V$。这里，只需要将注意力限制在对称移情均衡上，就可轻而易举地取得同样的效果。那么，第 2.6.1 节的论点就足以说明，亚当和夏娃会请求哲学王将下述功利主义福利函数最大化：

$$W_h=Ux_A+Vx_E$$

因此，就可将哈萨尼对功利主义的非目的论辩护毫不费力地转化为我的自然主义的条件。

然而，关于至关重要的比率 U/V 是如何确定的，哈萨尼的学说并没有留给我们任何线索。如果我们不关心为什么局中人们会认为亚当的效用与夏娃的效用具有同样的价值，那么哈萨尼在这个问题上的沉默就不会引起多大问题。但是，对我而言，人际比较是如何进行的这一问题是无法忽略的重要问题。使用移情均衡的概念可获得对这一问题的洞见，这是我的方法的主要优点之一。

我们将看到，即使对于不对称移情均衡而言，亚当和夏娃由于在“无知之幕”背后讨价还价而获得的私人收益，与我们直接使用对称纳什讨价还价解来解决讨价还价问题(X,ξ)而获得的私人收益是一致的。当允许在中期运行时，社会演化的影响就会从原初状态方法中过滤掉所有道德内容。对这一说法的反应各有不同。那些认为这一结果是显而易见的读者，可直接跳至第 2.7 节，它详细讨论了其意义；那些还持怀疑态度的，可以阅读下面的数学证明。

为了使数学运算更简单，生存博弈再次被具体化为分钱博弈问题。因此，帕累托有效的状态依存的社会契约可通过数量 r 和数量 s 得到确定，其中，r 为当事件 AE 发生时亚当得到的钱，而 s 为当事件 EA 发生时

[1] 十几岁青少年对时尚的追求是一个显著的例子。当有权自行选择穿什么时，他们的着装一致程度令人吃惊。

亚当得到的钱。亚当在两种情形下的私人收益分别为 $u_A(r)$ 和 $u_A(s)$。相应地,夏娃的私人收益则为 $u_E(1-r)$ 和 $u_E(1-s)$。如果就分钱博弈问题未达成任何协议,那么亚当和夏娃两人均一无所获。自然状态下亚当的收益为 $u_A(0)=0$,夏娃的收益为 $u_E(0)=0$。

第一步是找出图 2.5(a)中对称纳什讨价还价解 σ 的代数特征。如第 1.3.1 节所解释的那样,σ 可以被描述为 T 中的帕累托有效收益对 t,在此处纳什积

$$\Pi=(t_1-\tau_1)(t_2-\tau_2)$$

被最大化了。考虑这一纳什积时,我们可将注意力限制到 T 中的帕累托有效收益对 t。每个这样的 t 都与状态依存的社会契约 (r,s) 相对应。由此可见,有:

$$t_1=\frac{1}{2}U_1u_A(r)+\frac{1}{2}\{1-V_1(1-u_E(1-s))\}$$

$$t_2=\frac{1}{2}U_2u_A(s)+\frac{1}{2}\{1-V_2(1-u_E(1-r))\}$$

因为 $u_A(0)=u_E(0)=0$,$\tau_1=\frac{1}{2}(1-V_1)$ 且 $\tau_2=\frac{1}{2}(1-V_2)$。因此有:

$$\Pi=\frac{1}{4}\{U_1u_A(r)+V_1u_E(1-s)\}\{U_2u_A(s)+V_2u_E(1-r)\}$$

如果我们丢弃 $\frac{1}{4}$ 这个无关紧要的因素,并且改变符号,从而使得 $f(x)=u_A(x)$,$g(x)=u_E(1-x)$,$\phi=U_1/V_1$ 且 $\psi=U_2/V_2$,那么上述公式就不那么可怕了。它可以被简化为如下形式:

$$\Pi=\{\phi f(r)+g(x)\}\{\psi f(s)+g(r)\} \tag{2.15}$$

其约束条件为:$0\leq r\leq 1$ 且 $0\leq s\leq 1$。

我们不考虑角点解。[1] 如果 (r,s) 要成为将 Π 最大化这一问题的

---

〔1〕 在 $0\leq r\leq 1$ 和 $0\leq s\leq 1$ 的约束下,积 Π 被最大化。如果最大值在其中一个约束条件有效的情况下发生,则会产生一个角点解。当最大值在配对 (r,s) 处出现且 $0<r<1$ 和 $0<s<1$ 时,则会产生一个内点解。

内点解,则一个必要条件是,两个偏导数$\partial\Pi/\partial r$和$\partial\Pi/\partial s$均为0。这样:

$$\phi f'(r)\{\psi f(s)+g(r)\}+g'(s)\{\phi f(r)+g(s)\}=0 \quad (2.16)$$

$$g'(r)\{\psi f(s)+g(r)\}+\psi f'(s)\{\phi f(r)+g(s)\}=0 \quad (2.17)$$

请注意,方程(2.16)和(2.17)组成了一个未知量为$X=\psi f(s)+g(r)$和$Y=\phi f(r)+g(s)$的线性方程组。该方程组具有$X=Y=0$之外的解的条件是,它的行列式为0。这样:

$$\phi\psi f'(r)f'(s)=g'(r)g'(s) \quad (2.18)$$

图2.5(a)对方程(2.18)做出了一个几何解释。该图表示,X_{AE}的帕累托前沿在y处的斜率与X_{EA}的帕累托前沿在z处的斜率是相同的。[1]正如第2.6.1节在构建集合T时所提到的那样,只要$t=\frac{1}{2}y+\frac{1}{2}z$为集合$T$的帕累托有效点,那么$y$和$z$就会保持上述性质。

局中人Ⅰ和局中人Ⅱ的移情偏好是分别由参数ϕ和参数ψ决定的。一旦这些参数被固定,将纳什积Π最大化的状态依存的社会契约(r,s),可通过解方程组(2.16)和(2.17)而得出。这些方程的解r和s各为ϕ和ψ的函数,即$r=r(\phi,\psi)$且$s=s(\phi,\psi)$。

假设当$\phi=\Phi$、$\psi=\Psi$时,出现移情均衡。使用第2.5.4节给出的移情均衡的定义,我们将局中人Ⅰ和局中人Ⅱ的移情偏好固定,即$\Phi=U_1/V_1$和$\Psi=U_2/V_2$。将局中人Ⅰ和局中人Ⅱ的偏好在原初状态处固定以后,下一步我们要问的就是,如果结果是由ϕ而不是由Φ控制,局中人Ⅰ能否获得与其移情偏好相称的收益。类似地,我们会问,如果结果是由ψ而不是由Ψ控制,局中人Ⅱ能否获得与其移情偏好相称的收益。

如果局中人Ⅰ的移情偏好由Φ决定且局中人Ⅱ的移情偏好由Ψ决定,但Φ被误报为ϕ,而Ψ则是正确的,那么局中人Ⅰ的预期收益则与$\Phi f(r(\phi,\Psi))+g(s(\phi,\Psi))$成比例。收益对$(\Phi,\Psi)$能够找到一个内部移

---

〔1〕 由于$y=(U_1u_A(r),1-V_2\{1-u_E(1-r)\})$,$X_{AE}$在$y$处的帕累托前沿斜率为$-V_2u_E'(1-r)/U_1u_A'(r)$。类似地,$z=(1-V_1\{1-u_E(1-s)\},U_2u_A(s))$,且$X_{EA}$在$z$处的帕累托前沿斜率为$U_2u_A'(s)/-V_1u_E'(1-s)$。

情均衡的一个必要条件是,该收益可在 $\phi=\Phi$ 处被最大化。将局中人Ⅰ的收益对 ϕ 进行微分,再将局中人Ⅱ的收益对 ψ 进行微分。然后,我们可得到关于(Φ,Ψ)的一对必要条件并以此决定一个内部移情均衡:

$$\Phi f'(r)r_\phi+g'(s)s_\phi=0 \tag{2.19}$$

$$\Psi f'(s)s_\psi+g'(r)r_\psi=0 \tag{2.20}$$

在这些以及后来的表达式中,我们对函数 r 和 s 以及它们的偏导数[1]在 $\phi=\Phi$ 且 $\psi=\Psi$ 处进行了评估。

为进一步了解方程(2.19)和(2.20),有必要了解关于 r 和 s 的偏导数。为此,我们把方程(2.16)和(2.17)对 ϕ 和 ψ 进行偏微分。进行各种代数运算之后,[2]我们随后推导出如下简单的必要条件:

$$\Phi\Psi f(r)f(s)=g(r)g(s) \tag{2.29}$$

---

〔1〕 笨拙的符号 $\partial y/\partial x$ 的标准简化形式为 y_x。例如,在方程(2.19)中,s_ϕ 代表着在 $\phi=\Phi$ 和 $\psi=\Psi$ 时的偏导数 $\partial s/\partial\phi$。

〔2〕 先将方程(2.16)和(2.17)在 ϕ 和 ψ 处进行微分。在方程(2.16)和(2.17)的帮助下,我们可以将由此产生的表达式简化为以下形式:

$$\Phi\Pi_{\phi r}=-g'(r)g(s)+\Phi Ar_\phi=0 \tag{2.21}$$

$$\Pi_{\psi r}=\Phi f'(r)f(s)+Ar_\psi=0 \tag{2.22}$$

$$\Pi_{\phi s}=\psi f'(s)f(r)+Bs_\phi=0 \tag{2.23}$$

$$\Psi\Pi_{\psi s}=-g'(x)g(r)+\Psi Bs_\psi=0 \tag{2.24}$$

其中:

$$A=\Phi\Psi f''(r)f(s)+\Phi f''(r)g(r)+\Phi g''(r)f(r)+g''(r)g(s) \tag{2.25}$$

$$B=\Psi\Phi f''(s)f(r)+\Psi f''(s)g(s)+\Psi g''(s)f(s)+g''(s)g(r) \tag{2.26}$$

为证明如何做到这点,参考方程(2.21)。由方程(2.16)可得:

$$\Phi\Pi_{\phi r}=\Phi\{(fg)'(r)+\Psi f'(r)f(s)\}+\Phi r_\phi\{\Phi\Psi f''(r)f(s)+\Phi f''(r)g(r)+2\Phi f'(r)g'(s)+\Phi g''(r)f(r)+g''(r)g(s)\}+\Phi s_\phi\{\Phi\Psi f'(r)f'(s)+g'(r)g'(s)\}$$

根据方程(2.16),第一个括号里的项等于 $-g'(r)g(s)$。利用方程(2.18)和(2.19)的结果,最后一个括号中的项可与中间括号中的 $2\Phi f'(r)g'(r)$ 同时消掉。

消除方程(2.21)~(2.24)中的 A 和 B,我们得到:

$$g'(r)g(s)s_\psi=-\Phi^2f'(r)f(s)r_\phi \tag{2.27}$$

$$g'(s)g(r)r_\phi=-\Psi^2f'(s)f(r)s_\psi \tag{2.28}$$

方程(2.27)和(2.28)与方程(2.19)和(2.20)一起,构成了一个具有4个未知量 $\Phi f'(r)s_\phi$、$g'(s)s_\phi$、$g'(r)r_\psi$ 和 $\Psi f'(s)s_\psi$ 的四次齐次线性方程组。由于该方程组具有一个非零解,我们得到方程(2.29),因为它告诉我们该方程组的行列式为0。[方程(2.18)也是以类似方式获得的。]

与功能类似的方程(2.18)一样,方程(2.29)在图2.5(a)中具有一个几何解释。该图告诉我们,连接 η 和 y 的直线斜率与连接 ζ 和 z 的直线斜率是相同的。

在几何方法之外,我们还可以将方程(2.18)和(2.29)相除。$\Phi\Psi$ 项将被消除,得到如下方程:

$$\frac{f'(r)f'(s)}{f(r)f(s)}=\frac{g'(r)g'(s)}{g(r)g(s)} \tag{2.30}$$

通常该方程只有一个解[1],此时 $r=s$。由此可见,在均衡时,"无知之幕"背后达成的交易将不再依存于谁是谁。无论局中人Ⅰ是亚当还是夏娃,他都会指定,亚当得到了 r 美元,夏娃得到了剩余的 $1-r$ 美元。

在方程(2.30)中将 r 替换成 s,产生以下方程:

$$\frac{g(r)}{f(r)}=-\frac{g'(r)}{f'(r)}=\sqrt{\Phi\Psi} \tag{2.31}$$

该方程说明,连接 $\xi=0$ 和 $v=(f(r),g(r))$ 的直线与纵轴的角度的正切值,与 X 在 v 处的切线斜率相同。根据第1.3.1节,v 就成为问题 (X,ξ) 的纳什讨价还价解。[2]

前面的分析并不要求所讨论的移情均衡是对称的。[3] 实际上,因为我们知道结果是完全由比率 $\phi=U_1/V_1$ 和 $\psi=U_2/V_2$ 决定的,所以

---

[1] 让我们不失一般性地假设

$$\frac{f'(x)}{f(x)}\bigg/\frac{g'(x)}{g(x)}$$

是 x 的严格单调函数。这是对的,例如当 $f(x)=x^\alpha$ 且 $g(x)=(1-x)^\beta$ 时。即使在特殊情况下,当 $r=s$ 时,也常常有一个解存在。

[2] 另外,人们可观察到如下方程:

$$\frac{f'(r)}{f(r)}+\frac{g'(r)}{g(r)}=0 \tag{2.32}$$

将 v 描述为 X 上的点 x,在该点处纳什积 $\Pi=(x_A-\xi_A)(x_E-\xi_E)$ 被最大化了。将注意力放在 x 的帕累托有效值上,我们得到 $x=(u_A(r),u_E(1-r))$ 和 $\xi=(u_A(0),u_E(0))=(0,0)$。但是 $u_A(r)=f(r)$ 和 $u_E(1-r)=g(r)$。因此,条件 $d\Pi/dr=0$ 简化为方程(2.32)。

[3] 如果该均衡是非对称的,那么其结果与对称情况下的结果 $U=\sqrt{U_1U_2}$ 和 $V=\sqrt{V_1V_2}$ 相同。

$U_1=U_2=U$和 $V_1=V_2=V$ 这种要求完全对称性的假设过强了——演化压力不可能重塑不影响任何事物的参数的数值。当然,这一点也不是特别重要,因为给任何不相关参数分配方便数值并不会造成伤害,但我需要把问题讲清楚。

如果对移情均衡的对称要求仅为 $\Phi=\Psi$,那么方程(2.18)和 $r=s$ 则意味着 $\Phi=g(r)/f(r)=v_E/v_A$。由于 v 为问题$(X,0)$的对称纳什讨价还价解,根据第 1.3.1 节,X 在 v 处的帕累托前沿斜率为$-\Phi$。如果 $U/V=\Phi$,那么功利主义福利函数 $W_h=Ux_A+Vx_E$ 在 X 上的点 $x=v$ 处取最大值。也就是说,即使允许不相关的参数发生变化,我们也能得到哈萨尼的结论。

2.6.3 重述罗尔斯的故事

在其《正义论》中,罗尔斯(Rawls)[417, p. 115]像哈萨尼那样,给局中人Ⅰ和局中人Ⅱ在原初状态处赋予了同样的承诺力量。正如他所说,我们的"基本天职是遵守公正的制度"。

第 4 章认为,如果我们想为罗尔斯的公正直觉进行成功的辩护,就必须放弃这种承诺假设。然而,当罗尔斯的理论采用与哈萨尼理论相同的方法进行重构时,完整性要求我们调查他的理论到底发生了怎样的变化。〔1〕与哈萨尼不同,罗尔斯否认贝叶斯决策理论可用在"无知之幕"背后,由此对二者的随后论述并不完全一致。因此,纯粹主义者可以跳至

〔1〕 不熟悉罗尔斯(Rawls)[417]的《正义论》的读者应该注意,待描述的模型无情地删除了罗尔斯的位置,这样注意力才可集中在其模型的结构上。除此之外,该模型表现得就好像只有商品和服务分配才与秩序井然的社会相关一样,并且,它将罗尔斯的基本商品指数概念用出现在哈萨尼对功利主义的非目的论辩护中的同一效用(same utilities)概念来代替。在新模型中应用最大最小准则,即为创建一个"混合怪物"(hybrid monster),没有任何传统依据。然而,这个问题是罗尔斯方法所固有的。在他自己的公式中,这个问题同样严重。正如第 1 卷第 1.2.5 节和第 4.3 节所解释的那样,通过使用基本商品或其他商品的指数来逃避人际对比问题是不可能的。事实上,罗尔斯(Rawls)[418]自己也承认,对经济学家而言,他所提出的指数就像临时拼凑的一样。

第 2.7 节阅读。

罗尔斯(Rawls)[417]用最大最小原则代替了贝叶斯决策理论。第 1 卷第 4.6 节对罗尔斯(Rawls)[417]做出这一替代的做法提出了怀疑,但是我们暂时搁置对这一做法的怀疑态度,我们假定原初状态下的局中人会有如下的行为方式,即就算是他不喜欢的 AE 或 EA 中的某个事件确定会发生,他也会继续把博弈进行下去。然后,问题会继续沿着重建过的哈萨尼理论进行,直到达到方程(2.13)。在这一点上,我们有必要从哈萨尼的论证中偏离出来,因为我们不再使用局中人 i 追求 $t_i=\frac{1}{2}y_i+\frac{1}{2}z_i$ 最大化的贝叶斯假说。相反,我们必须采取所有观点中最悲观的一个,即假定局中人 i 旨在寻求最大化:

$$t_i=\min\{y_i, z_i\} \tag{2.33}$$

方程(2.33)定义的收益对 $t=(t_1, t_2)$在图 2.4(b)中被表示出来。为找到 t,画一个以 y 和 z 为对角点的矩形。点 t 位于这个矩形的西南角。局中人Ⅰ和局中人Ⅱ面临的讨价还价问题(T, τ)的集合 T 就是所有这类 t 的集合。

上述对集合 T 的描述比哈萨尼方法更简单,因为它是所有同时位于 X_{AE} 和 X_{EA} 中的收益对。也就是说,$T=X_{AE}\cap X_{EA}$。图 2.5(b)展示了如何在新情形中计算对称纳什讨价还价解 σ。当这种情形接近于对称时,σ 位于 X_{AE} 和 X_{EA} 的帕累托前沿交界处。[1] 图 2.6(b)展示了当 $U_1=U_2=U$ 且 $V_1=V_2=V$ 时完全对称的情形。

对于哈萨尼和罗尔斯两人来说,对称性假定保证了,不管 AE 和 EA 哪个事件随机发生,使用同一社会契约 $\mathcal{C}$ 就能使收益对 N 被找到。如果是事件 AE 会发生还是 EA 会发生的结果是由投硬币得到的,上述结论并不意味着,局中人Ⅰ和局中人Ⅱ对投硬币的结果毫不关心。相反,在哈萨尼的情形中,他们提心吊胆地等待结果出现,因为契约 $\mathcal{C}$ 可能会使得亚

〔1〕 当情况更不对称时,σ 与(X_{AE}, τ)或(X_{EA}, τ)的对称纳什讨价还价解一致。

当在博弈过程中被夏娃奴役。[1] 然而,在罗尔斯的情形中,这种焦虑却完全没有必要。不管硬币落在哪一面,局中人Ⅰ和局中人Ⅱ都将获得同一效用。因此,这种版本的罗尔斯理论是非常平等的。

图2.7(b)中展示的个人收益对 $r=(r_A,r_E)$ 告诉我们,走出"无知之幕"并发现实际上发生了事件 AE 之后,亚当和夏娃是如何评价社会契约 $\mathcal{C}$ 的。它由下列要求决定:

$$Ur_A=1-V(1-r_E)$$

对于现状 α 为 $(0,1-1/V)$ 的讨价还价问题 (X,α),人们可能会将 r 描述为问题 (X,α) 的权重为 U 和 V 的成比例讨价还价解。

高德终极版? $U=V=1$ 的情况能引起人们的一些特别兴趣,因为图2.7(b)中的结果 r 可简化为讨价还价问题 (X,ξ) 的卡莱-斯莫洛定斯基解。

高德(Gauthier)[196]建议,使用卡莱-斯莫洛定斯基解作为亚当和夏娃对于执行何种社会契约的理性讨价还价问题的必然结果。他对这一说法的辩护在第1卷第1.2.9节以及本书的其他地方都遭到了批评。然而,我们现在看到,其实他可以用另一种方式去辩护。为获得高德对社会契约问题的解,我们首先使用第2.3节的零一法则来确定一个标准,以便对效用做人际比较。[2] 然后,我们使用建立在原初状态机制上的罗尔斯假设,即"无知之幕"背后的局中人们都采用最大最小原则进行决策。

这种对高德之解的辩护很容易受到标准的批评。为什么要使用最大最小原则,而不是贝叶斯决策理论?有什么能够证明零一法则可以用来进

〔1〕 回想第1卷第1.2.4节中讨论的罗尔斯(Rawls)[417, p.167]的奴隶主论点。罗尔斯解释道,在其原初状态的版本中,虽然亚当和夏娃在他们自己的原初状态下不赞同一个蓄奴社会,但如果他们想要这样做的话,他们可能也会认可这样一个社会。

〔2〕 设定 $U=V=1$ 的要求即表示,需要局中人Ⅰ和局中人Ⅱ将亚当和夏娃在天堂 $(\mathcal{W})$ 和地狱 $(\mathcal{L})$ 看做福利等同的。也就是说,$v_i(\mathcal{W},A)=v_i(\mathcal{W},E)$ 且 $v_i(\mathcal{L},A)=v_i(\mathcal{L},E)=0$。

行效用的人际比较？当 $U=V=1$ 时，对称移情均衡会发生，人们也许希望通过展示这一点来证明零一法则，但这种渺茫的希望马上就要破灭了。

错进错出？　在本章中，我们只对罗尔斯情形下的移情均衡给出最简单的评论，因为在第 4 章我们会在一个更加令人满意的情境中详细讨论这个主题。如图 2.6(b)所示，当纳什讨价还价解(T,τ)在 X_{AE} 和 X_{EA} 的帕累托前沿交叉点 σ 处发生时，不难证明对称移情均衡是不可能发生的。因此，对于对称移情均衡来说，X_{AE} 和 X_{EA} 的帕累托前沿在 σ 点处相切是很有必要的，这样局中人Ⅰ和局中人Ⅱ中的任何偏离都会将纳什讨价还价解(T,τ)向纳什讨价还价解(X_{AE},τ)或(X_{EA},τ)移动。然而，事实证明，通过使 $v>V$，局中人Ⅰ和局中人Ⅱ中只有一个人能提高其位置。因此，对称移情均衡不存在。

这样一个令人失望的结论不足为奇。图 2.7(b)中毫无意义的现状位置已经表明，某些事情出现了问题。在效用理论中，只有预期效用最大化原则才是有意义的决策原则，所以，如果人们将最大最小原则放入效用理论中，是不会得到有意义的结论的。

2.7　道德作为一种短期现象

本节将回到在 2.6.2 节被打断的功利主义的故事。本节首先哀叹这一事实：时间最终会削弱常被用做标准目的的公平规范的所有道德内容。第 2.6.2 节告诉我们，社会演化进行到中期后，如果亚当和夏娃使用原初状态方法进行公平博弈，他们将取得与进行面对面针锋相对的讨价还价相同的私人收益。如果正义的原则是外柔内刚的，那么道德又有何用呢？

答案是，我们所关注的道德类型在短期内还是有影响的。但在开始讨论相关过程的技术之前，浏览一下中期的情况是有帮助的。

2.7.1 公主和豌豆

外柔内刚很好地比喻了在中期运行原初状态方法的现实。虽然实际结果是由铁腕决定的或者说刚性的,亚当和夏娃很可能只看到了天鹅绒手套或者说柔性的原则。因为下面的事实不会被认为不公平:资产阶级在高档餐厅用餐,而相对不那么幸运的同胞们则在穿街走巷翻垃圾桶找吃的,所以亚当和夏娃将会考虑一个折衷的办法,即将纳什讨价还价解应用到他们的个人效用方程中,二人认为这个折衷方法是完全公平的。他们都没有错,因为他们没有通过一场用赤裸裸的现实权利来相互对抗的激烈战斗来达成这一交易。相反,他们采用了一种完全文明的原初状态的方式。因此,每个人都完全同情对方的处境。但是,他们的文化赋予他们的移情偏好更重视强大者的不便,而不是无助者的痛苦。正如童话故事中所解释的那样,真正的公主会因为床上的一粒豌豆而遭受诸多不适,即使是十个床垫也不足以给她一个良好的睡眠。言外之意,公主的仆人忍受着整夜睡不着的痛苦来满足她的要求,却只是一个平凡的配角。在苏联那样的社会中,事情也不会变得更好,虽然它们的建立明显都是用来促进平等的。正如在奥韦尔的《动物庄园》里,有些猪最终总是比它们的战友高出一等。

描述相同行为的多个模型 两种不同的模型描述了亚当和夏娃在中期的行为。不道德的经济学家会倾向于显示偏好理论,认为亚当和夏娃表现得好像他们在行使自由支配的权力,以尽可能多地为自己攫取利益。另一方面,富有道德的哲学家同时宣称,亚当和夏娃表现得就好像他们是在执行一项功利主义的公平标准。

中期的社会演化完成后,哲学家模型和经济学家模型都同样出色地预测了亚当和夏娃的行为。如果判断一个模型正确与否的标准仅仅是,所观察到的行为能否被这个模型预测,那么两种模型都同样“正确”。但相较哲学家的模型而言，经济学家可以祝贺自己提供了一个能解释更多内容的模型。功利主义模型涉及了无法解释的参数 U 和 V，它们代表着所研究社会的效用的人际比较标准，但经济学家的模型则不需要这样的参数。

然而，虽然经济学家的模型比其哲学竞争对手的模型能够提供更多解释，但是这并不意味着其内在运作能更好地表现世界是如何组成的。我们仅仅能猜测现实中人们的行为是如何生成的，但有关我们故事中的亚当和夏娃的心理过程，在第 2.5 节中却没有做任何说明。认知心理学家的内部发条模型把这类信息包含在内，他们肯定不会接受经济学家的说法。对他们而言，富有道德的哲学家的模型更能解释亚当和夏娃的思维运行过程。

如果经济学家如往常一样提出抗议，心理学家可以再提出一个实验。如果 X 在短期内变成 Y，那么经济学家的模型就会预测亚当和夏娃停止运用讨价还价问题 (X,ξ) 的对称纳什讨价还价解 v，转而运用讨价还价问题 (Y,ξ) 的对称纳什讨价还价解 ω。哲学家的模型则会预测亚当和夏娃运用 (Y,ξ) 的加权功利讨价还价解，U 和 V 的权重与问题 (X,ξ) 中的 U 和 V 权重相同。因为我们一直假设心理学家的模型能够准确预测出亚当和夏娃的思想是如何工作的，且参数 U 和 V 在短期内固定，我们就知道经济学家的模型将被“驳倒”，而哲学家的模型则被“证实”。

另一方面，其模型包含了一些对亚当和夏娃的心理活动及其习以为常的文化运作模式的理解的社会学家，可能会提出做另一项将 X 改成 Y 的试验，并观察亚当和夏娃在中期是如何反应的。这样一来，哲学家的模型将被“驳倒”，而经济学家的模型则会被“证实”。总之，讨论是经济学家的模型还是哲学家的模型更好，是很天真的。哪种模型更好，取决于所问的问题。

天真的还原主义？　有些社会科学家并不了解，即便一个模型不能准确代表它想要澄清的现象的具体运作，它有时也是有用的，对他们来说，最后这一点是非常难以接受的。对于这类思想家来说，提出一个模型就是在声称,除了已经被建模的东西,世界上没有其他东西是相关的。然后建模者被谴责为天真的还原论者,[1]因为他们总是执着于"仅仅是"的谬论。

因此,我再次重申,本书的模型只是工具。就像我在为描述同一现象的两种不同模型做辩护时所讲的,我不相信存在着能解释一切的完美模型。如果亚当和夏娃是生活在真实社会的真实人类的话,无论是经济学家模型还是哲学家模型,在目标函数所受限制非常多的时候都不是完美的——心理学家模型和社会学家模型也是这样。尽管纯粹主义者反对不一致模型的叠加使用,但是,我并不觉得用尽全力去获得哪怕是对新事物一点点理解是值得道歉的行为。事实上,整体论者对还原论者的谴责似乎让他们搬起石头砸了自己的脚。如果不试图用单一的非正式模型来解释一切,他们在做些什么?这样做时,他们与真正的还原论者的区别仅在于,没有明确阐述他们的假设或结论。

2.7.2 正义是如何运作的

回想第 1 卷第 4.7 节的内容,当讨论公平规范的时候,有必要戴两顶帽子:一顶描述性的帽子和一顶规范性的帽子。就目前而言,应该戴的是描述性的帽子——描述性方法讨论了公平规范是如何演化以及它如何在日常生活中被使用的。

为讲述描述性故事,我们必须首先想象:在不同时间为了不同目的而聚集在不同地方的人们,发现自己不断面临着一种需求,那就是协调新问题的帕累托有效解。在我的方法中,这种迷你社会被简化成一对对男女寻求某些妥协,我称之为婚姻契约。在我们的伊甸园寓言中,亚当是代表性男人,而夏娃则是代表性女人。

至于为什么每对夫妻会面临着同样的自然状态点 ξ 或同样的可行社会契约集合 X,并没有特殊的原因。每对夫妻也不必充分了解他们所面

[1] 由于诽谤总是卑鄙的,所以还原论者总是天真的。

临的(X,ξ)的特性。除了假装某些信息被隐藏在罗尔斯的“无知之幕”背后以外，他们必须接受其他信息也被隐藏起来了，无论他们是喜欢还是不喜欢。在他们从“无知之幕”背后走出来之后，他们仍会发现自己面临着如第 2.5.4 节所研究的“不确定性之幕”。但是，现在需要考虑的“不确定性之幕”隐藏了更多机会举动（选择一位幸运儿）的结果。新的“不确定性之幕”隐藏了所有他们在生活博弈中未实现的机会举动的结果。

我将“不确定性之幕”的两种极端情形进行了区分。在第一种情形中，这一对夫妻可使其社会契约根据不确定性的解决方式而变化。这样，他们为问题(X,ξ)所选的社会契约就会是一样的，就好像他们提前知道(X,ξ)一样。这种情形的主要好处在于，能够观察到如下事实：社会契约的中期演化行为可能让面对不同问题的亚当和夏娃选择不同的人际比较标准。正如埃尔斯特(Elster)[173]和杨(Young)[573]所强调的那样，达成公平判断的方式根据所考虑的问题的不同有很大不同。我的理论以一种极端方式解释了这种相对主义。即使是使用同一种公平算法的同一人群，也可能会在不同的环境中做出不同的公平判断，因为他们发现自己持有的人际效用比较标准是高度情境依赖的。正如伊壁鸠鲁(Epicurus)[174]所观察的那样：

> 在抽象形式上，根本没有正义这回事，它仅仅是人们之间的协议。它对所有人而言都是一样的，这种东西在人们的相互关系中是有用的；但是，这并不表明它在不同地方、不同环境下的每个人心里都是相同的。

在待考虑的第二种极端情形中，夫妻们不能使他们的社会契约随下述事情的变化而变化：当夫妻们从“无知之幕”背后走出来后，他们所发现的真实发生的事情。这种情况不会造成更多的数学难题，因为此时的社会契约 $\mathcal{C}$ 是通过对所有收益的预期进行评估的，这些收益由社会契约 $\mathcal{C}$ 引致，为亚当和夏娃在面对所有不确定性时做出所有可能决策的情况下所得到。粗略地说，人们只需将第 2.6 节中讨论的配对(X,ξ)换成所有在“无知之幕”背后可行的配对的加权平均。无论(X,ξ)包含的哪种确定性情况真的实现了,亚当和夏娃都会运行相同的人际效用比较标准。即使社会演化在中期进行运转之后,也没有人会观察到亚当和夏娃运行已经实现了的配对(X,ξ)的对称纳什讨价还价解。他们将运用(X,ξ)的功利主义讨价还价解,其中所选的权重U和V在下文会有所描述——但是,对称纳什讨价还价解未运用到(X,ξ)上,而是运用到(X,ξ)有可能出现的所有配对的加权平均上。

然而,接下来,所有这些复杂性都被一扫而空了。为简洁起见,假定所有配对都面临着相同的可行社会契约集合X,以及同种自然状态ξ。由于第 2.5 节所述原因,假定亚当和夏娃会使用原初状态机制来选择一种社会契约。同时假定社会演化在中期运行,来帮助亚当和夏娃形成人际效用比较的方式。最后,当对比亚当的效用和夏娃的效用时,每个人都会使用同样的权重U和V。在哲学王存在的情况下,他有权力也有倾向来强制执行亚当和夏娃为自己写就的任何社会契约,那么权重U和V的计算过程如图 2.8(a)所示。计算规则如下:

(1)找出讨价还价问题(X,ξ)的对称纳什讨价还价解v;

(2)选择权重U和V,以使(X,ξ)的加权功利主义解与v一致。

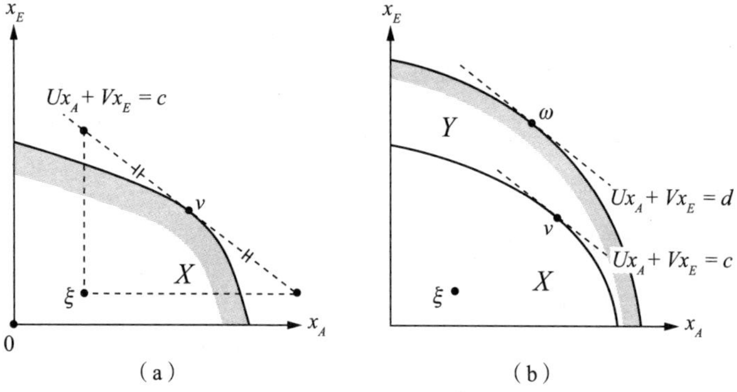

图 2.8　短期正义

需要注意的是,保留自然状态点ξ的决定终于得到了回报。虽然当

U 和 V 给定时，它的位置与加权功利主义解 v 的位置不相关，但是它与 U 和 V 在中期的确定方式并非不相关的。

如果对称纳什讨价还价解 v 与如图 2.8(a)和(b)所示的加权功利主义讨价还价解一致，那么第 1.3.1 节则显示，它必然也与具有相同权重 U 和 V 的成比例讨价还价解相同。这种观察或许可令善论的拥护者们稍事休息，因为它表明，维护正当论的道德哲学家可同样响亮地声称，亚当和夏娃正在运行罗尔斯公平规范。(如第 1 卷第 1.2.5 节所解释的那样，当有必要考虑对比亚当和夏娃的个人效用时，我们可将成比例讨价还价解视为罗尔斯最大最小原则的适当修改版本。)我想，这个事实颇费周折地解释了，为什么像我这样的辉格党人所支持的平等主义的改革，与那些资产阶级的道德哲学家所给出的改革并没有很大不同(第 4.6.9 节)。

然而，虽然善论、正当论、适当论倡导者认同社会规范在中期运行之后什么样的人际效用比较标准会被获得，但是这种认同的代价也很大。正如我们所看到的那样，在中期，使用公平规范是得不到任何东西的，因为所产生的妥协仅仅反映权力的平衡。

但是，短期的情况会有很大不同。如图 2.8(b)所示，假设一些新的创新导致可用社会契约的集合从 X 扩展至 Y。现在公平规范有机会实现它原初的演化使命——将迷你社会转至新帕累托有效社会契约 ω 而不会损坏内部冲突。从短期来看，U 和 V 保持不变，因此，新的社会契约位置如图 2.8(b)所示。简言之：

(3) 新社会契约为讨价还价问题(Y,ξ)的加权功利主义解 ω，是通过从问题(Y,ξ)演化而来的权重 U 和 V 计算得出的。

当然，如果亚当和夏娃所面临的代表性问题长时间内继续为(Y,ξ)，[1]

[1] 虽然新讨价还价问题的现状位置并不影响加权功利主义解 ω 的位置，人们可能会问，为什么我采用了新问题(Y,ξ)而不是像第 4 章中的(Y,v)？为回答这一问题，我们有必要回想一下，哲学王故事中的自然状态点是由局中人 I 和局中人 II 在“无知之幕”背后所受到的威胁确定的。在采用新问题(Y,ξ)的过程中，我假定当 X 扩展至 Y 时威胁情况并未改变。我在整个过程中所忽视的有关功利主义的问题是，我们并未说明 ω 必须是 σ 的帕累托改进。

那么人际比较标准将调整至新情形,因此社会契约的道德内容又会再次被侵蚀掉。但是,道德在规范我们的行为方面只起着很小的短暂作用这一推论是错误的。如果事情看起来不是这样,那是因为我们误导了自己,认为只有巨大的难点问题才需要道德出马解决。事实是,在与周围人相处的过程中,我们一直在使用根深蒂固的正义感来解决不断出现的无数短期协调问题。这种协调问题通常是如此平凡,我们解决它们的时候如此毫不费力,以至于我们甚至不把它们当做问题——更不用说道德问题。就像莫里哀(Molière)作品中的乔丹先生(Monsieur Jourdain)欣喜地发现他已经讲了一辈子的散文一样,我们是有道德的,但我们对此并不知情。

虽然很少有人认同我的论述,我还是认为,道德的意义是很重大的,大多数时间里它的运转都如此顺利,以至于我们甚至没注意到它的运转。正如拇指只在疼痛的时候我们才会注意到它,道德哲学家往往也只在需要将道德用于他们出现问题的制度中时才会注意到道德规则。第1卷第2.3.3节将他们的情况与康拉德·洛伦兹(Konrad Lorenz)的观察进行了对比,后者观察到:将一个完全没有经验的小寒鸦放在大理石桌面上时,小寒鸦会做出洗澡的所有动作。通过触发病态情况下的本能行为,洛伦兹了解了很多有关在小鸟洗澡时什么是本能行为而什么不是本能行为的情况。但是,这种重要信息只有回避了下面的错误假设才能获得:洗澡行为赋予了站在大理石桌面上的小鸟一些演化优势。类似地,人们通过激发病态情况下的本能行为,而对道德算法机制有了很多了解,但前提是,人们不做出错误的假设,即道德规则就是用来应对病态问题的。

最后,我脱下寒酸的描述性帽子,并戴上了乐观的规范性帽子,这顶帽子也曾被哈萨尼(Harsanyi)[233]或罗尔斯(Rawls)[417]戴过。这一论点我们现在相当熟悉了。我们不需要将原初状态机制局限到小规模问题上。我们可以尝试将这一熟悉的社会工具应用到大规模的问题上。也就是说,借助于用来解决小规模问题的同一公平标准,我们可以获得大型协调问题的帕累托改进解。但是,这项事业只有在我们抛弃对公平直觉的浪漫想象的情况下才能实现。这包括,人们会做出他们喜欢做出的效用的人际比较——而不是按照我们希望他们做出的那样。

如果我的理论接近于正确，寻求忽视权力现实的公平就是没有前途的，因为是潜在的权力的平衡最终塑造了人际对比，而人际对比是公平判断有意义的必要条件。对于人类还存在乌托邦式幻想的哲学家告诉我，这样的结论是不可接受的。但是，我认为，这个结论只是因其不受欢迎的意义而被反对的论断中的一个。特别地，公平规范并不像乌托邦思想家所想的那样运作，这一事实不应阻止我们尝试让它们以原本的方式来进行运作。其他人可自由地考虑将我们的星球转换成一幅新耶路撒冷的宏伟蓝图，但我们辉格党人则旨在寻找一种让人们的生活更惬意的可行方法。

2.8 为什么不是功利主义？

威廉·戈德温(William Godwin)[208]的著作被人们所记住，是因为他讲述了在费内伦大主教(Fénelon Archbishop)宫廷的火灾故事。只有有教养的慈善大主教或其谦卑的女仆才可获救。功利主义表明，大主教应获救，因为这将社会的整体效用最大化了。但是，如果女仆是你的母亲呢？戈德温提出了这一寓言，同时认为，功利主义的推理应该优先于传统道德。但是，现代作家普遍使用类似的故事来诋毁功利主义，他们将这一逻辑反过来了。因此，我们就听到下面的故事，虐待狂的欢乐比受害者的痛苦更大，或无辜的旁观者因破坏公物而应被执行死刑。

我不明白为什么功利主义会单独获得如此大的关注。人们可轻易编出故事，嘲笑基督的建议——我们应该爱我们的敌人，或嘲笑康德的说法——欺骗一个寻找邻居下落的杀气腾腾的樵夫是不道德的。似乎这些故事的道德直觉也不值得我们坚守。如果我们说，他们在客厅摆弄着由今天依然存在的奴隶童工生产出来的优雅的东方地毯，那么这里面肯定有虚构成分。如果在现实生活中不被这样的愤怒所困扰,为什么会对虚构的故事感到如此震惊呢?即使我们这样做了,为什么要允许我们用对道德问题的天真直觉来推翻用冷静理智达成的结论?毕竟,阿兹特克人(Aztecs)会被取消人祭惯例这种“不道德”的建议所激怒,因为他们认为这样会使公众利益遭受损害。如果阿兹特克人似乎是过于野蛮的一个例子,那么亚里士多德对于奴隶制的说法呢?或者斯宾诺莎(Spinoza)[504, p. 386]对于女性征服的建议呢?

不受欢迎的事实是,现实道德——实际存在于生活之中的道德——确实赞同那些对弱者的剥削。我们把无家可归者和赤贫者视为一个有活力的社会为其工人提供足够激励的必要性的不幸结果。这是不是说,我们不接受下面的说法:下层社会的人民必须受苦,这样其余的人才能享受更高水准的生活?当然,我们并没有公开讲这种话。但是,我们在潜意识里却看不起那些底层人民。由于撒切尔夫人创造了英国的下层阶级,我已经无数次听到晚宴上的人们在解释如何避免眼神接触,〔1〕以避免送零钱给乞丐。毕竟,谁想与精神病患者打交道来破坏他们美好的一天呢?〔2〕

依赖公平直觉的对功利主义的攻击,取决于对我们的如下劝说:不要在亚当困难时期落井下石,而是把他看做“我们中的一员”。我们的隐式社会契约的相互保护条款呼吁我们采取行动,以使那些有权力的人能有所作为——正如我们期望亚当,当他发现自己处于一个举足轻重的位置时,能够代表我们执行其权力进行干预一样。但亚当是一个外人,没有能

〔1〕为什么视觉接触如此重要?因为在他们对彼此作为单独个体存在这一观念达成共识(common knowledge)前,亚当不能与夏娃进行视觉接触。

〔2〕下面的说法是非常值得探讨的,即街上的人都是一群精神分裂的人,这应当是我们拒绝同情他们困境的借口。首先,这一观点是明显错误的。街上很少一部分人的确精神上有疾病,但大多数人都是正常的倒霉蛋。不管怎样,为什么一个人不能帮助自己这一事实,反倒成了别人拒绝提供帮助的理由?我们放在嘴边的这些正规道德似乎建议我们,我们这些会因为关闭公共精神病院而支付更少税收的人,应该做点什么来减轻因我们而受害之人的痛苦。然而,正常道德不是以这种方式运作的。这是因为,精神分裂的人是我们漠视的对象,由此,我们也可能用同样的方式漠视其他人。

力或知识来回报我们可能采取的保护他的任何行动,这一点表现得越明显,我们就越容易忽视他为公众利益所忍受的痛苦。因此,未出生的后代都特别脆弱,难怪我们如此肆无忌惮地污染他们的环境、消耗他们的资源。意料之内的还有,乳臭未干的年轻人参加战争,或者自由主义的枪支法的受害者大多生活在贫民窟。简言之,功利主义反对者的道德理想具有如此多的疑点,只是我们不太愿意承认罢了。

本章显示,我们可以得到一个逻辑自洽的命题,如果人们能够遵守他们在完全平等条件下制定的法律,那么功利主义对于静态的人类社会来说将是最优选择。但是,人类不具备不假思索的自我牺牲的本能,就像蜜蜂会自我牺牲来叮咬侵入它们巢穴的黄蜂。我们口头上说着呼吁人们把社会利益放在个人私利前面的先验道德义务,但非常明显的是,我们无法做到与我们的私人激励不相容的道德说教——当然,除非我们的过错能够得到外部权威的监督与惩罚。但是,独裁社会的官员是臭名昭著的腐败分子。

乌托邦主义尝试建立一个最理想的社会,这从一开始就注定要失败。独裁政府在刚成立时都有善意的目的,但是一些市民很快就变得高人一等。就像诺齐克(Nozick)[392]所解释的,我们会因此不可避免地成立一些正式和非正式的相互保护机构,保证我们不受腐败的迫害。成立这样的互相保护机构,可以通过限制执政者乱用权力来保护市民。但是,对当权者是否滥用权力的监察一旦开始,他们成立一个最理想社会的梦幻就破灭了,因为他们也会对仁慈的哲学王进行权力监察。

简言之,一个尊重个人自由的社会只是个二等社会。这不是反对保护个人权利和自由的制度。一等社会与人类的本性不相容,像我这样的辉格党人会非常愿意生活在二等社会中,因为我们发现,试图建立一等社会,会最终让人们生活在三等——甚至更糟——的社会。〔1〕

〔1〕 我们也看到,功利主义提供的激励政策是不利于财富创造的,但是这种动态的论述在本章研究的静态模型中是不存在的(第4.7.7节)。

对功利主义的批评主要因为它是一个静态社会的次优理想，这些批评者们犯下了托马斯·à. 贝克特(Thomas à Becket)在艾略特(Eliot)的名著《大教堂里的谋杀》(*Murder in the Cathedral*)中就已经预料到的错误：

> 最后的诱惑是最大的背叛：
>
> 以错误的理由做正确的事情。

他们可以贬低功利主义，但不是因为这一需要让某些个人为社会做出很大牺牲的学说整体都是二等信条。

如果眼睛是可以转移的，通过投票决定谁要为一个瞎子提供一只眼睛，这种功利主义的权宜之计似乎是最优的。然而，我们发现这样的提议是非常矛盾的，因此哲学家们创造出很多关于为什么它们不应被使用的高深道德标准。但是，拒绝这项提议的真实原因是，眼睛移植手术是如此恐怖，以至于我们只想赶快加入与我们想法一致的同类来建立二等社会——不管盲人会因此遭受什么样的痛苦。

拒绝功利主义的原因并不是它不是最好的，而是它是最好的。人性将最好的社会置于我们遥不可及的地方，由此，对不在可行集合中存在的乌托邦的向往是没有意义的。

用燃烧的剑插进天使之身　总之，伊甸园可作为功利主义社会的一个理想背景，因为亚当和夏娃可以随时把上帝作为可依赖的公正的哲学王来强制他们履行婚礼上所做的承诺。[1] 如果有人批评这样的功利社会可能会强迫一些公民为他人的利益做出牺牲，这种批评是严重忽略现实的。例如，考虑以下广为引用的来自约翰·鲍尔(John Ball)——他在1381年因为倡导社会和经济的平等被处决——的诗句：

〔1〕 伏尔泰可能敏锐地观察到，我们对神的观念已经随着时间而演化，并与我们假装认为的他所执行的不断变化的道德法则保持同步。约克大主教(Archbishop of York)最近被引述说，甚至活在罪恶中也不再有罪了。

在亚当耕田、夏娃织布之初，

谁为绅士，谁又是贵族？

答案应是:没有人。虽然任何女权主义者都会很高兴地解释说，亚当是真正的绅士，夏娃是其仆人。但在中世纪的人看来，当讨论平等性问题时，女性从未被考虑在内。

功利主义者戴着一副与平等主义者完全不同的眼罩。他们的失败在于，缺乏权力运行的现实主义基础。如果没有一位廉洁的、无所不能的父亲保证我们在窄而小的路上前进，功利主义社会势必土崩瓦解。进一步地，我认为有必要研究，当没有哲学王在“无知之幕”的任何一侧来强制执行他们缔造的社会契约时，亚当和夏娃在原初状态下达成的交易。

回到《圣经》中的寓言，我们需要让亚当和夏娃吞下自我认知之树结出的果子。他们将知道上帝会让他们寻找自己的生存之道而没有外部的帮助或监督。在伊甸园之外的地方，唯一的监管者是他们自己。在探讨下一章将要提到的亚当和夏娃如何处理这一棘手的现实问题时，我想我们应慢慢了解，为什么我们孩提时代在既定的社会契约下能够强烈感受到功利主义思想的非平等本性。

“十二五”国家重点图书

经济学术译丛
当代制度分析前沿系列

博弈论与社会契约

（第2卷·下）

公正博弈

肯·宾默尔
(Ken Binmore) 著
潘春阳
陈雅静 译
陈 琳

上海财经大学出版社

本书由上海文化发展基金会图书出版专项基金资助出版

图书在版编目(CIP)数据

博弈论与社会契约(第2卷)·公正博弈/(英)宾默尔(Binmore, K.)著;潘春阳等译.—上海:上海财经大学出版社,2016.1
(经济学术译丛·当代制度分析前沿系列)
书名原文:Game Theory and the Social Contract Ⅱ:Just Playing
ISBN 978-7-5642-1875-1/F·1875

Ⅰ.①博…　Ⅱ.①宾… ②潘…　Ⅲ.①博弈论—研究 ②社会契约—研究　Ⅳ.①F224.32 ②F246

中国版本图书馆CIP数据核字(2014)第073362号

□责任编辑　温　涌
□封面设计　周卫民

BOYILUN YU SHEHUI QIYUE
博弈论与社会契约
(第2卷)
公正博弈

肯·宾默尔
(Ken Binmore)　著
潘春阳　陈雅静　陈　琳　译

上海财经大学出版社出版发行
(上海市武东路321号乙　邮编200434)
网　　址:http://www.sufep.com
电子邮箱:webmaster @ sufep.com
全国新华书店经销
上海叶大印务发展有限公司印刷装订
2016年1月第1版　2016年1月第1次印刷

890mm×1240mm　1/32　22.375印张　621千字
印数:0 001—3 000　定价:80.00元(上下册)

The Day of Judgment

那些决定我们社会地位的人的语焉不详的反对，也经常足以使我们维系在由一个次优社会契约所决定的均衡路径之上。如果我们可以劝导人们更多地关注生存博弈在人死后将继续进行这一思想，而不仅是获得人们的口头支持，那么威廉·布莱克所面临的惩罚就能使最优的社会契约在当下实现。

第 3 章

理性互惠

让我总是做这个，我就会总是让你做这个，你就会让别人总是做这个。你在一个商业国家中承担了人的全部责任。

——潘克斯先生(Mr. Pancks)，引自狄更斯(Dickens)，《小杜丽》(*Little Dorrit*)

3.1 相互帮助

前一章以亚当和夏娃被驱逐出伊甸园而告终。在本书的剩余部分，再也不存在哲学王或者其他外部执行机构以维系某个他们一起制定的契约。唯一存在的“执法者”将是亚当和夏娃自己。

如果他们的生存博弈是如图 3.1(a)所示的单次囚徒困境，那么结局将变得十分悲惨。在存在一个哲学王以实施协议的情况下，在如图 3.1(b)阴影部分所示的合作收益区域内的任何一个收益对，都可以成为一个社会契约(参考第 1.2.1 节)。在不存在哲学王的情况下，亚当和夏娃将被局限于运行他们生存博弈中的均衡状态。但是，单次囚徒困境博弈只有一个均衡点——在这个均衡点中，每个局中人都会采用“鹰”这一强占优策略并获得零回报。

	鸽	鹰
鸽	2, 2	−1, 3
鹰	3, −1	0, 0

(a)

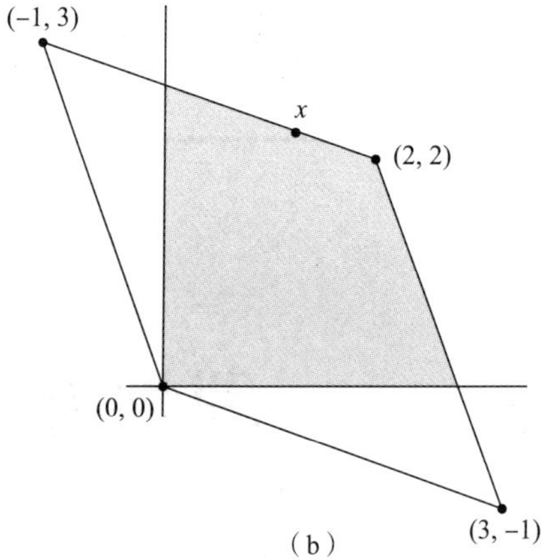

(b)

图 3.1　囚徒困境

然而,正如第1卷所反复强调的,遵循某些政治哲学家们的做法是错误的,他们致力于将我们的生存博弈构建为囚徒困境——或者是斗鸡博弈、性别战,抑或是其他单次博弈。如果我们的生存博弈的确是单次囚徒困境,那么我们将永远不可能进化为社会动物。尽管仍然包含了大量近于夸张的简化,但将生存博弈构建为一个无限期重复博弈显然更有意义。正如我在第1卷第2.2.6节所解释的,这样的建模方法解决了一个难题,那就是如何找到"正确"的博弈理论框架以刻画人类困境。真正重要的是,存在某个博弈是重复的,而我们选择重复哪个博弈在很大程度上是次要的。

在一个无限期重复博弈中,如果局中人仍然选择单次博弈中的一个纳什均衡,那么这仍然是一个均衡状态。在无限期囚徒困境博弈中,如果亚当和夏娃总是计划采用鹰策略,那么这也是一个均衡状态。这一均衡状态通常与霍布斯[251]提出的残酷的自然状态是一致的,是唯一一个能够替代独裁社会契约的选择。当然,还存在很多其他的纳什均衡点。在图3.1(b)阴影区域中的每一个收益对都代表了无限期重复囚徒困境博弈的一个纳什均衡结局(第1卷第2.2.6节)。特别地,亚当和夏娃可以选择任何帕累托有效的收益对作为他们的社会契约，且这一收益对相比霍布斯自然状态是一种帕累托改进。

正如我在第 1 卷第 2.2.6 节所解释的，在一个无限期重复博弈中，支撑这种合作的纳什均衡的机制正是互惠性（reciprocity）——艾克斯罗德（Axelrod）[31]提出的著名的“针锋相对”（TIT-FOR-TAT）策略便是一个良好的例证。

合作的演化 这一策略要求一个局中人一开始便采用鸽策略，之后总是选择对手上一期采用的策略（第 1 卷第 2.2.6 节）。两个“针锋相对”的策略便构成了无限期囚徒困境博弈的一个纳什均衡。由于无论是背叛还是合作都是相互的，因而对“针锋相对”策略的最优反应，便是在所有时期都选择合作（假设贴现率并不是特别高）。因为采用“针锋相对”策略的局中人永远不会成为第一个背叛者，所以两个都选择了“针锋相对”策略的局中人总是能够保持合作状态。任何一个局中人都会对对手的策略选择做出最优反应。

人们认识到互惠性是人类社会性的主要动力，至少可以追溯到公元前 7 世纪，[1]但是，关于其内在机制可以辨识的现代表述，则不得不等待大卫·休谟的出现。正如休谟[267, p. 521]所解释的：

> 我学会了对别人进行服务，虽然我并没有感怀他的任何恩德，因为我可以预料，他会报答我的服务，并期望得到同样的另一次服务，并且也为了与我或与其他人维持同样的互助往来关系。而且相应地，在我为他服务之后，他会从我的行为中获得利益，他会被诱导以履行他的义务，因为他预见到他的拒绝可能产生的后果。

我怀疑，那些在 50 年代重新创立这一理念的博弈理论家们，可能完

---

〔1〕 施与那些施与别人的人，不施与那些不施与别人的人。——赫西奥德（Hesiod）

[246]

全没有意识到休谟的思想。因为对他们而言,显而易见的是,单次博弈的应用范围十分有限,他们的工作仅仅是将纳什[381]当时新创造的均衡概念拓展至重复博弈。通常的情况便是,当某种思想出现的时机到来时,许多学者几乎同时想到了重复博弈理论的基本结论的不同版本[奥曼和马斯库勒(Aumann and Maschler)[28]]。之所以现在我们把这一结论称为无名氏定理(folk theorem),是因为没有人知道这一定理的发现应该归功于谁比较合适。该定理认为,单次博弈合作收益区域中的所有令人感兴趣的结局,也可以成为该博弈的无限期重复版本的均衡状态。因此,在重复博弈的情势下,我们并不需要一个哲学王来执行契约;也就是说,我们自己都做不了的事,外部执法机构也必将无能为力。

我不知道当时的博弈理论家们对这一发现的广泛意义的理解达到了什么程度,但是他们显然没有成功地将这一福音传播至生物群落,结果是,特里弗斯(Trivers)[524]在大约15年之后重新发现了这一基本思想,他成为一个更为成功的福音传道者。因此,无名氏定理背后的作用机制被认为是互惠利他主义(reciprocal altruism)的,尽管在这一机制运作时,并没有真正的利他主义包含其中。

在梅纳德·史密斯(Maynard Smith)[347]广受赞赏的《演化与博弈论》(*Evolution and the Theory of Games*),以及艾克斯罗德(Axelrod)[31]更为成功的《合作的演化》这两部名著出版十多年以后,严肃的博弈理论几乎仍然是演化生物学家和政治科学家们的未知领域。例如,杜格纳托夫(Dugnatov)[163, p. 11]的《动物间的合作》(*Cooperation among Animals*)告诉我们,冯·诺依曼和摩根斯坦对博弈论的贡献在于提出了囚徒困境!因此,我决定在本章详尽地讨论无名氏定理及其内涵,当然,首先我们有必要对这一定理在社会契约理论中的地位进行拓展回顾。

自利 自由主义者想当然地认为,那些使各种大家族团结起来的相互尊重和兄弟情义的共同纽带,也必然提供了防止大型社会分崩离析的黏合剂。事实上,对许多学者来说,自利动机能够提供足够的向心力以维持社会运转的思想令人十分厌恶。我同意利他主义者相比利己主义者更能够成为合得来的伙伴，但我认为，人们需要成为利他主义者，才能使社会运转这一信念与人类历史的事实并不一致。陀思妥耶夫斯基(Dostoyevsky)[162, p. 35]在其自传《死屋手记》(*House of the Dead*)〔1〕中描述他在俄国沙皇集中营的囚徒经历时，非常清晰地阐明了这一点：

> 那里的绝大多数人都堕落得无可救药。诽谤和流言从未停息；这就是一个地狱、一个灵魂的黑夜。但是，没有人敢于反抗这一内在规律，而都选择接受监狱的规则；每一个人都屈服于它们。当做得过头的人来到监狱时，恐怖的气氛便笼罩了整个村镇。然而，新来的罪犯潜移默化地变得十分顺从，并融入了整体的环境。

总之，我们并不需要遵循埃尔斯特(Elster)[172]强调的爱与责任是连接社会的黏合剂的观点。更为现实的做法是，与詹姆斯·麦迪逊(James Madison)[215, p. 285]一起在大卫·休谟中寻找一个恰当的隐喻。〔2〕稳定的社会无须黏合剂以使其连接在一起，因为它们建立在与干石墙相同的基础之上，这些干石墙正是牧羊人用以为分清他们的财产而建造的。正如一只狒狒给另一只狒狒梳毛刷洗以期获得一次类似的服务作为回报那样，在干石墙中的每一块石头都被其邻居的重量固定在位，同时也贡献自己的力量将其邻居固定在位。

吉基尔博士(Dr. Jekylls)的社会相比海兹先生(Mr. Hydes)的社会无

---

〔1〕 道德哲学家们经常引用文学著作作为证据，以支持其所辩护的某种心理学理论的现象早已司空见惯。特别是荷马(Homer)和亨利·詹姆斯(Henry James)的作品似乎还广泛地成为灵感的来源。但确定无疑的是，人们从虚构作品中学习到的都是作者自身对人性的理解。然而，陀思妥耶夫斯基的《死屋手记》并不是一部虚构的作品，而是当时他亲眼所见并为之震惊的事实记录。

〔2〕 人类的幸福与繁荣……或许可以与拱顶建筑相类比，其中每一块石块，如果单独出来，都会掉落地面。但是通过各部分的相互支撑和组合，整个建筑结构便得以支撑。——大卫·休谟[266]

疑显得更为上流,但是无名氏定理告诉我们,只要条件合适,后者也能够像前者那样有效地开展合作。实际上,历史似乎给予更不受欢迎的曼德维尔(Mandeville)的观点更具实质性的支持,他认为,海兹社会上的每个人都千方百计地使事物向着有利于自身利益的方向发展,这便构成了该社会向前推进的强大活力,能够比吉基尔社会创造更大的"社会蛋糕"(social cake)。即使海兹分蛋糕不如吉基尔平等,但是海兹社会中的穷人依然比吉基尔社会中的穷人在物质上更为富足。当然,这并不意味着在海兹社会中的穷人将比吉基尔社会中的穷人更为满意。人们总是将自己世俗的财富与亲眼所见的他人的享乐进行比较——而不是与某个并不存在的世界中可能发生的事物进行对比。我们可以很容易观察到,生活在一个商业繁荣但并不平等的社会中的穷人,很可能比生活在一个保守但平等的社会中的穷人有更多的食品。

□

邻居们会怎么说呢?　我们说,海兹社会能够有效地合作,并不意味着我们应该将真实的人塑造为自恋的怪兽。正如第2.5.3节所强调的那样,我们感受到的对家人和朋友的同情必须被扩展到更弱的形式,甚至扩展到陌生人。某种吉基尔的混合形式,在准备成为人类社会的鸡尾酒时,必然会与海兹社会纠缠不清。也正如我接下来要强调的那样,我们也不应该幼稚地解释自利这一概念。

在第1卷第1.2.2节中,我引入了"文化基因"(meme)这一概念,道金斯[151]将这一词语用做"基因"的社会等价物。一个文化基因可以是一种规范、一种观念、一种经验法则或是一套行为守则——是一种能够通过模仿和教育,从一个人的头脑复制到另一个人的头脑中的东西,而且这个东西一旦进入人脑,就能够决定人在某些方面的行为。

在本书中,我继续认为我们的绝大多数的社会行为似乎是由我们头脑承载的文化基因所决定的。像其他使用文化基因这一概念的人一样,我完全清楚与基因相比,将文化基因也视为不可分割的、自我复制的实体存在更大的问题。我也深知,突变异种这一概念在文化基因理论中比在基因理论中承受着大得多的负担。当我们谈论到社会进化时，我们需要想象一个在源于多种渠道的突变异种流持续不断冲击下的均衡的文化基因种群。我们不但要考虑文化基因在存储和传递的过程中的自发错误，而且还必须考虑其他文化基因通过创造性思考有意创建的，或者个人通过试错学习产生的文化基因。〔1〕

卡维利-斯弗尔萨和菲尔德曼(Cavelli-Sforza and Feldmann)[118]、博伊德和理查德森(Boyd and Richardson)[98]以及朗姆斯登和威尔森(Lumsden and Wilson)[336]都提出了社会进化的模型，在这些模型中，模仿都被视为一个核心的复制机制。经济学也以“羊群效应”(herd behavior)为题研究了相关模型[班纳吉(Banerjee)[40]、别坎德(Bikhchandru)等[61]、李(Lee)[314]、沙尔夫斯泰因和斯坦(Scharfstein and Stein)[463]]。〔2〕但即使是这些先驱性的研究，也没有人想要强调存在某种接近文化基因科学理论的东西。人们只是接受一个概念性的方案，在这个方案中，文化基因扮演了一个核心角色以更好地满足各方面的要求。

在第 1 卷第 2.2.1 节中，我解释了当博弈论被用于构建生物进化的模型时，赫伯特·斯宾塞(Herbert Spencer)的“最适生存”(survival of the fittest)理论是如何转变为一个套套逻辑的。在生物学的背景下，一个博弈的收益是局中人的适应度——当采取某一策略组合时，他们通常能够复制自身的数量。在这样一个博弈中，能够最大化预期收益的局中人便自动确保了他们后代数量的增长，并且这一增长还以那些采取次优策略对手的后代数量下降为后果。如果策略选择确保纯种繁殖，那么唯有最大化适应度者才能够在长期生存下来。

---

〔1〕 由于获得的特征由此得以传递，因而由模仿所驱使的社会演化在某种程度上是拉马克主义的。需要注意的是，我们并不需要将一种自主权赋予某个个体，以使其负责将新的文化基因注入种群。我们可以假设，他们是在生产文化基因的文化基因的控制下行动的。

〔2〕 在羊群效应模型中，有一小部分内生决定的行为人自己承担成本以找到现行最优的决策，而种群的剩余部分则都搭他们的便车，他们仅仅是通过观察他人的行为而进行模仿。

如果我们遵循道金斯(Dawkins)[151]的处理方法,将装载于人脑中的软件视为文化基因创建的并用以复制自身的一种机器,那么这就将我们导向了一种关于自利本性的非传统观点。生存博弈中的收益与经济学家对财富和福利的粗糙衡量并不一致。这些收益可以被解释为社会适应度(social fitness)——当采取某种策略组合而不是另一种策略组合时,一个文化基因能够被复制的平均次数。

在基于模仿的社会进化理论的背景下,真正影响博弈中收益决定的便是,任何使得一个文化基因的持有者成为位点(a locus),以将这一文化基因复制到其他人头脑中的因素。社会地位或许是最接近于上述思想的通俗概念。正如在生物学的背景下,一旦进行了足够的抽象,识别便会成为套套逻辑。为什么亚当会模仿夏娃?因为她具有较高的社会地位。为什么她会有较高的社会地位?因为像亚当那样的人会模仿她。如果说模仿是最真诚的奉承,那简直是一针见血。当然,当人们进行较低水平的抽象时,套套逻辑就需要被转换为某种具有可操作性的东西。因此,正如蜘蛛的生物学适应度与蜘蛛产卵的数量相关联,社会适应度与财富、权力以及其他所有能够使某人在社会中赢得更多尊重的事物相关联。〔1〕

我们在多大程度上意识到我们被卷入一场惨烈的竞争以寻求社会等级秩序中的一席之地呢?我们很容易发现,很多美国人坚决否认在他们自由的国土上存在任何阶级结构,但我的猜测却是,相比人们乐意承认的,人们对正在发生的变化更为关注。但是,无论我们可以在多大程度上有意识地计划和安排以再爬上一级社会阶梯,大多数图谋社会地位的行动必然是在自觉意识之下发生的。

我认为最后这一点对于理论来说非常重要,这一理论将一个社会契约构建为无限期重复博弈的一个均衡状态。这些均衡状态由于某些策略的存在而得以维持,这些策略引入一些惩罚算法,致力于禁止其他博弈局

---

〔1〕 并非巧合的是,罗尔斯[417]提出的3种基本物品正是收入与财富、权力与特权,以及令人尊重的社会基础。[实际上,罗尔斯将其称为“自尊”(self-respect),但我认为,尊重自己仅仅是移情于从他人那里得到的尊重,并且你也会用尊重回敬他人。]

中人偏离暗中协定的均衡路径。正如阿布鲁(Abreu)[1]所展示的那样，人们经常可以通过研究支持性策略以大大简化重复博弈的均衡分析，在这些策略中内置的惩罚方案要求从任何偏离中攫取最大量的可信罚金。但是，这并不意味着我们能够看到这样严苛的治疗方案在现实生活中得以运用。恰恰相反，我猜测那些防止我们在社会契约中作弊的惩罚总是那么温和，以至于我们几乎不能注意到它们的存在。在我自己的国家中，想要总结身体语言的微妙使用和口头表达的言外之意是十分困难的，而我的邻居正是依靠这些方法来暗示我，现在的行为使我的社会地位陷入险境。人们是如此习惯于做出合适的反应，以至于这样的潜意识的信号都在没有意识控制下自动地转化为行为。只有当某种微小的社会过失在其他国家遇到一个不熟悉的信号时，这一机制才变得明显一些。

当我们在一个重复的生存博弈中讨论惩罚时，我们有必要戒除仅仅依据法律规定的正规治疗方案进行思考的习惯。电椅和教养院在维持我们的社会契约正常运行的过程中，只能起到相对微小的作用。更为重要的是，我们的同伴在我们误入歧途时用来传递他们反对意见的暗示和信号。〔1〕有时候暗示的信息是明确的，但是人的内置软件经常不得不仅仅从他的朋友和熟人对他的可感知的冷淡态度中推断出他拥有的社会地位所面临的风险。

奖励和惩罚维持了一份社会契约，一旦我们认可互惠性奖励和惩罚网络的微妙本质，那么我们就更容易理解为什么改革一个腐败的社会有那么困难。在这种社会中，犯罪被视为社会可以接受的行为。美国禁酒法令这一案例便充分证明，尽管我们可以强加某种类型的严厉惩罚，这样右翼人士便会乐于看到犯罪分子由于足够倒霉而被逮捕；但如果认为其所产生的抑制作用将是不充分的，这基本上是一个套套逻辑，因为如果几乎每个人都有罪，那么任何人不幸被捕的概率都是极小的。

---

〔1〕 即使是那些独立自主且对不受尊敬也显得十分健忘的个体也是如此，他们处于这样一个世界中，无论他们在怎样的小派系或小阶级中表现出社会动物的角色，整个世界实际上都拼命地关注他们所持有的观点。

正如埃德蒙·伯克[305, p.99]所言:

> 国家并非只是一个局部范围或者个人暂时聚集的概念,而是一种连续性的概念,不但在时间上得以延展,而且也表现在数量上和空间上的扩张……它是由特定的环境、时机、情绪、性格,以及道德、礼仪和社会习惯制造出来的,这些因素只有在长期中才能得以展现。

对右翼政策的快速修补,充其量也只能提供暂时性的补救措施。同时,我们也不应该期待采纳左翼的更吸引人类本性的权宜之计会带来更令人满意的效果。我们只能现实地希望通过下述方式来改革一个社会,那就是说服每一个人,使其相信其态度的改变能够给他自身带来好处。用博弈论的术语来说,改革一个社会就是要将生存博弈中的一个均衡状态移向另一个均衡状态。这样的一种移动要求改变一个社会的文化——社会的共同知识池(第1卷第2.3.6节)。但是,人们不会在一夜之间改变其终身的习惯。如果我们想要改革有一个持续的效应,那么我们必须接受现实,潜移默化地改变人们的心智。

□ **谁来监管监管者(Quis custodiet ipsos custodies)?** 休谟[267]将维系博弈均衡的规则称为习俗(convention),且这一博弈均衡构成了某个社会的社会契约。一个理性人会遵从这样的习俗,因为他相信别人也会遵从它们,而且遵从它们也是出于对自身利益的考虑。[1] 想要将一个社会的社会契约视同重复博弈的一个均衡状态,那就要勇敢地面对这样的事实,即一个社会的内在稳定性仅仅取决于人们知道的或者人们相信的事物。

---

〔1〕 在采纳这一观点的过程中,我抵制了德沃金[166]对哈特[237]版本的约定论(conventionalism)的批评。德沃金区别了两类道德:习俗性(conventional)道德和协同性(concurrent)道德。作为一个协同性道德的例子,他举了康德的说谎的例子。如果我相信无论在我的社会中的惯例如何,我都有义务讲述事实真相,那么我就在表达一个协同性道德原理。如果我相信地球是平的,那么我可以被认为是在表达一个协同性物理原理。但是,为什么一个协同性道德原理与道德之间的相关性,要强于一个协同性物理原理与物理之间的相关性呢?

相比于责任和义务的铁链，共享知识和经验的蛛丝似乎显得脆弱不堪。而传统主义者认为，正是这些责任和义务将社会连接在了一起。正如休谟[271]所指出的：

> 对于那些用哲学的眼光审视人类事务的人们来说，没有什么比多数人被少数人所统治的适宜性，以及人们暗中将自己的情感和激情托付给他们的统治者的现象更令人惊奇的了。当我们探究是通过什么手段才使这一奇观得以实现时，我们必须看到，由于力量总是站在被统治者的一边，统治者除了观念以外没有其他东西来支持他们。因此，政府仅仅建立在观念的基础上，这一格言不但适用于最为专制和最为军事的政府，也适用于最为自由和最受欢迎的政府。

总之，诸如教皇、总统、国王、法官和警察的权威都是习俗和习惯的问题。亚当服从国王，因为这是一个惯例(custom)；并且这一惯例得以生存是因为，如果亚当不服从，国王就会命令夏娃去惩罚亚当。但是，为什么夏娃要服从命令去惩罚亚当呢？简言之，谁去监管监管者呢？

康德[296, p. 417]荒谬地认为，想要回答这一问题，必然要展开一个无穷回溯(infinite regress)的论证，但是无名氏定理的证明清晰地解决了这一责任链条的问题。夏娃服从命令，是因为她害怕国王会另外命令以迦博去惩罚她。而以迦博服从命令，是因为他害怕国王会另外命令亚当去惩罚他。因此，博弈论对"谁来监管监管者"这一问题的回答便是，我们必须都扮演正式或非正式的警察的角色，时刻密切关注我们的邻居以达到相互监管的效果。在我们重点关注的仅由两个人构成的社会这一特别简化的例子中，亚当和夏娃沿着这条诚实而公正的狭窄路径前行，这是因为他们都害怕激起对方的愤怒。

允许现代国家机器——宪法、法律制度、道德准则、盛大典礼活动——蒙蔽这一真理，乃是一个严重的错误。特别地，即使是刻在石碑上的法律和指令，也仅仅是帮助我们在生存博弈的均衡状态中进行协调的工具。一个事实是,将作为法律工具的法官排除在我们的社会契约之外,正如同将一位国王或总统排除在象征至高无上权力的国玺之外。

为了我们有效地进行协调,我们的社会契约当然有必要将领导职能分配给某些个人,但是休谟提醒我们,我们借给强者(the mighty)的权力应该保留在我们集体的手中。由于历史警告我们,我们不能够相信强者不会滥用他们的特权,因而一个自由主义的社会契约要求能够有效地提供这一集体权力,并在腐败威胁到国家完整性时迅速产生影响。正如休谟[271]如此恰当地评价道:

> 在约束任何政府系统以及固定宪法相互制衡的功能的过程中,每一个人都应该被视为一个无赖,除了追求私人利益之外,没有其他的行动目标。〔1〕

用经济学的术语来说,社会契约分配给一个国家官员们的职能必须与他们的行为激励相容。否则,就会回到韦纳尔的名言(Juvenal's dictum):越大的监管者,也有越大的被监管的需要。

由社会主义者和保守主义者提出的关于善和正当的理论,遮掩了独裁政治体制的危险性,他们错误地认为,我们能够依靠形而上学的思考以保护我们免于权力滥用的危害。例如,在柏拉图所著的《理想国》(*Republic*)里的荒唐可笑的宪法中,没有东西能够约束哲学王和他的守护者。这要求我们转而相信他们的理性将足以确保他们遵循善。〔2〕如今,没有人会使用这样幼稚的词语去表达他对“善”和“正当”的信仰,但是我们都同样地受到自称是哲学王的人的折磨,这些人自认为拥有与柏拉图一样的美德。但是,不管其他什么历史想要教育我们,我们现在都已经

〔1〕 在这一广受误解的引文中,休谟并不是说,我们总是应该将我们的朋友和邻居当做无赖来对待。他更没有说政治家们都是无赖。他仅仅是宣称,我们中间的无赖将会进入权力的位置,如果我们令这件事值得他们去做的话。

〔2〕 当与斯巴达的集权政体相比时,柏拉图发现希腊的民主政体没什么好被羡慕的。正如他在《理想国》中宣称的那样:“民主社会中的公民被喂饱了自由,以至于他们的牲畜都趾高气扬。”但是,他忽视了斯巴达式的国家中官员臭名昭著的腐败行为。

知道应该坚定地相信阿克顿勋爵(Lord Acton)的名言:“权力导致腐败,绝对的权力导致绝对的腐败。”

当辉格党人坚持这一点时,他们谈论的不仅仅是从提供的服务中收取费用。腐败的官员往往完全没有意识到他们对社会契约所犯下的罪行,但是尽管如此,他们的确暗中破坏了社会契约。我们只是都急于将自己蒙骗于这样的故事:为什么我们所在的内部组织有资格根据比我们想象用来约束外人宽松得多的规则来监管他们的事务?对于辉格党人来说,一种没有将这一关乎人类本性的事实置于中心地位的政治哲学已是离题万里。我们将腐败视为一个现代国家所面对的主要内在问题——因此,我们将接触到关于“适当”的理论。

3.2　在适当理论中的权利

善、正当和适当分别是本书最后三章的内容。前一章将我们对善这一概念的直觉理解追溯到其在史前家长主义社会的根源。我们找到的并不是民间传说中那盏注定由上帝或理性指引的、照亮通往圣城(New Jerusalem)之路的、永不熄灭的明灯,而是一个用以描述某种卑微的公平规则运行状况的人造杰作,而且这种规则是由原始的食物分享习俗演化而来的。目的论道德哲学家的绝对的善从而被弱化为一个适当理论中的相对的善——这种善不但在两个不同社会之间存在差异,而且在同一社会的不同子社会之间也存在差异,甚至在同一子社会的不同时间或不同环境中也不一样。

现在,义务论道德哲学家所捍卫的关于正当概念的绝对论阐释也面临着类似的命运。如同“善”一样,“正当”这一概念也会在一个适当理论中被归纳为一个相对权利和义务的体系。

我们说“去做某件事是正当(Right)的”,等同于在说“人有义务

(Duty)去做这件事”。我们致力于将一个神秘地绑定全人类的无条件义务的概念进行引申,并用于概括各种在特定社会契约中实际运作的义务的尝试。英语这一语言允许我们说:我们照顾年老的父母是正当(it is right)的,但是我们有权利(have a right)将陌生的老年人留给他人去照顾,这便带来了一定的混淆。或许非常幼稚,当我说我们有权利采取某个行动当且仅当我们没有义务去避免它时,我捕捉到这一区别。

亚当·斯密[500, p.160]将我的观点置于果壳之中,他写道:

> 我们起初并没有赞同或者谴责特定的行为,这是因为经检查,它们看似符合或者不符合某个确定的整体规则。相反,这一整体规则从经验中被发现并建立起来,某一类型的所有行为都被赞同或者被反对。

这就是说,权利和义务都内嵌于一个社会的社会契约之中。由于不同的社会运行着不同的社会契约,所以处于不同社会中的公民在行使他们的个人自由时,面临着不同的限制。即使在同一个社会中,由于社会契约会随着时间而不断演化,以响应命运的莫测变化和改革者的人为努力,一个公民所享有的权利和义务也会因此而得以改变。

谈及1789年法国大革命风格的不可剥夺或不可侵犯的自然权利,无异于白费口舌。我们辉格党人对个人自由的评价绝不低于美国《人权法案》(*Bill of Rights*)或者法国《人权宣言》(*Declaration of the Rights of Man and of the Citizen*)的创作者们。〔1〕但是,除了转瞬即逝的好处,我们丝毫不能看到通过宣传“我们的自由不可能被剥夺”这一错误命题所带来的收益。

我们是否不能囚禁或处决罪犯并剥夺他们的被认为是不可侵犯的权利呢?这一错觉只能通过假装认为我们没有将那些具有不可剥夺权利的人们合理地视为公民而得以维持。正如汤姆斯·摩尔(Thomas Moore)

〔1〕每一个政治协会的目的都是保护人的自然且不可剥夺的权利——法国国会,1789年8月27日。

在描述杰弗逊的奴隶时写道：

> 爱国者，刚从自由的议会中回来，
> 现在在家里以鞭打他的奴隶为乐；
> 或者，可能是，有魅力的阿斯帕西娅女子，
> 并且在他女奴的怀抱中梦想着自由。

这是一个不受欢迎的事实，但它仍然是一个事实，那就是我们拥有的仅仅是我们能够行使的权利——并且历史告诉我们，这些权利事实上也很容易被剥夺。

我们能够留住我们拥有的权利，仅仅是因为我们中足够多的人将足够多的权力保持在集体的手中，以使得独裁者们不能够从中攫取。任何隐瞒这一残酷事实的宣传行为，对我们这些不愿生活在专制政权之下的人来说都是威胁。辉格党人相信，放弃所有关于不可剥夺自然权利的华丽辞藻——尽管在短期内可能是有效的，我们将会过得更好，以免我们成功说服我们的后代自由的代价是永远提高警惕。

3.2.1 权利如同策略吗？

道德哲学的文献对权利和义务展开了详尽的讨论，但令人惊奇的是，几乎没有经济学家试图将权利和义务的概念纳入一个正规的模型。

在各种将权利的概念规范化的尝试中，以森[476]提出的定义最为出名。他对一个最小权利(a minimal right)的定义要求，每个公民至少在一对社会备选项上具备独裁权。例如，如果亚当有权决定他的穿着，那么他至少在一对社会备选项 a 和 b 上是一个独裁者：当选择 a 时，亚当穿上无花果树叶；而当选择 b 时，亚当选择赤身裸体。除此之外，选项 a 和 b 没有其他差异。这一定义立即导致了"森悖论"(Sen's Paradox)，这一悖论认为，一个社会不能够在不破坏帕累托原则的前提下，同时给予每一个公民最小权利(第1卷第2.3.3节)。

诺齐克[392, p. 164]将“森悖论”视为强化他自己观点的论据,他认为,一种权利可以很容易地被解释为一个在做出社会选择之前就需要被满足的“辅助约束”(side constraint)。德沃金[166]表达了相同的思想,他将权利归类为一种优于其他社会选择的“胜利”(Roemer [435])。这种对待权利本质的态度,与盖尔特纳(Gaertner)[190]和萨格登(Sudgen)[511, 512]针对森的批判是相一致的,他们认为,森忽视了对以下事实的考虑,即人们应该能够相互独立地行使他们的权利。〔1〕

我同意森的批判者们的观点,社会选择理论的语言过于单薄,以至于难以充分捕捉到权利的理念。萨格登(Sudgen)[511, 512] 根据一个博弈的策略来定义权利,从而致力于充实现有的语言。斯宾诺莎的“自然权利”这一概念很容易通过这种方式表达出来。正如霍布斯那样,〔2〕斯宾诺莎[505, pp. 200 - 204]坚持一个观点,那就是在我们的权力范围之内,我们拥有一种自然权利以采取任何行动。特别地:

> 每个人生来都有权利虚伪地行动,并且违背他的承诺,除非他被某种更伟大的善的希望或者更可怕的恶的恐惧所约束。

在斯宾诺莎的观念中,一种自然权利可以等同于如下要求,即一个局中人在他所在的任何博弈中,能够自由选择任何他喜欢的策略。但是,在第1卷第2.3.3节所给出的“石头—剪刀—布”的例子中,我证明了,行使这样的自然权利甚至与可传递的集体偏好关系的存在性都不一致,更不要说帕累托原则了。所以,即使采用博弈论的语言,我们依然不能逃脱“森悖论”。

然而,斯宾诺莎发明自然权利的理念,仅仅是提供了一个霍布斯式残

〔1〕 也见吉伯德(Gibbard)[204]、哈蒙德(Hammond)[222]、帕坦奈克和铃村(Pattanaik and Suzumura)[400]、莱利(Riley)[427, 428]、铃村(Suzumura)[516]以及森[482]。哈蒙德(Hammond)[222]总结了文献并提供了进一步的参考书目。最近在《分析和评论》(*Analyse & Kritik*)中的一个专题论文集致力于分析相关问题。该专题论文集中收录的我的一篇文章,是本章哲学部分的一个缩写版本(宾默尔[73])。

〔2〕 每个人对每件事都有一项权利;甚至对另外一个人也是如此。——霍布斯[251]

忍无情的自然状态与在社会契约达成后将其取而代之的民主社会之间的恰如其分的鲜明对比。但是,我们对权利本质的直觉理解并不是来源于这样的理想实验,而是来源于在我们当前运行的社会契约中,对权利如何运行的直接观察。如果我多少有点接近于将社会契约构建为一个固定生存博弈中的均衡状态,〔1〕那么我们对权利理念的直觉理解,就必须从生存博弈的均衡状态如何得以维持中进行寻求。

由于社会选择理论专注于社会备选方案是如何被选择的,因而它只能为探讨权利提供一个非常简陋的框架。特别地,我们不应该遵循诺齐克[392]对权利的理解,他认为权利是在选择做出时,需要被满足的在社会备选方案集之上的辅助约束。我们需要追随的则是帕坦奈克和铃村(Pattanaik and Suzumura)[400],他们将权利视为对一个社会备选方案的部分描述,而这一社会选择方案会被抽象为社会选择理论家于其中做出选择的可行集合中的一个点。

当我们将一项权利视为博弈中的一个纯策略时,也会出现类似的问题。对我来说,我们对权利的直觉理解在很大程度上取决于,当生存博弈存在重复结构时,互惠行为出现的机会。然而,当一个博弈的扩展形式被其策略形式所替代时(第0.4节),我们便不能再研究,在博弈进行过程中,权利和义务是如何通过亚当和夏娃所选择的纯策略的互动来证明自己。正如我们需要洞察代表社会备选项的黑箱,以寻找权利在社会选择框架中所隐藏的位置一样,我们也需要探索代表均衡剖面中纯策略的黑箱,以发现权利在博弈论框架下所隐藏的位置。

总之,我们总是可以轻而易举地讨论如何在一个抽象的框架内选择一个社会契约,但我舍弃了这种抽象的框架,因为其并不适合讨论权利。但是,权利的理念并不在于讨论社会契约是如何被选择的,而是在于讨论它们是如何得以维持的。

---

〔1〕 斯宾诺莎[505, p.204],以及在他之前的霍布斯和在他之后的休谟,都认为有必要使得替代自然状态的社会契约满足激励相容的要求:"要求一个人永远保持与我们相同的信仰是非常愚蠢的,除非我们也竭力做到,违反我们达成的合约会使得违反者得不偿失。"

3.2.2 维持均衡的规则

本节想当然地假设,权利和义务是由某个特定社会中运行的社会契约所决定的。特别地,一个局中人的义务无非在于从不偏离由社会契约所设定的均衡路径。于是,履行自己义务的惯例便留存了下来,因为那些逃避应遵从社会契约的义务的人们遭受了足够的反对和惩罚,以使得偏离均衡路径不再具有吸引力。履行自己的义务是正当的,但是,当且仅当人没有义务去克制某种行动时,人就有一项权利采取这种行动。〔1〕

在简单的情况中,将一次正当的行动等同于一次均衡的行动,便使得权利这一概念不再重要,因为一个局中人在完成其义务之后,能够自由地从中选择的行动集合或许只包含了一个元素。为了行使他的权利,一个局中人可能并没有选择的余地。

例如,假设生存博弈是一个无限期重复囚徒困境,并且正在行使的社会契约要求亚当和夏娃采用第1卷第3.2.5节中的"冷酷"(GRIM)战略。这一"冷酷"战略要求,只要对手给予回报,局中人就总是实施鸽策略以选择合作;但如果对手在交易中存在暗中欺骗,那么局中人便永远转向实施

〔1〕 记住一个社会契约是生存博弈中的一个均衡状态,这一点非常重要。因此,其注重权力的现实性。这意味着,说一棵树有不被砍倒的权利是毫无意义的,说我们后代有权利拥有世界剩余资源的一个公平的份额也是如此。一棵树或者一个未出生的人是毫无能力的,因而不可能成为生存博弈中的一个局中人。动物、婴儿、老人以及精神病患者只是相对不那么无助。然而,这并不意味着一个社会契约会忽视弱势群体的利益。例如,那些在生存博弈中关心环境的局中人把对树的热爱植入他们的个人偏好之中。但是,即使当没有一个局中人关心弱势群体的命运时,社会契约也没有必要将他们扔进垃圾堆。第3.4.1节描述了一个具有代际交叠结构的社会契约的简单案例,在这个案例中,老人是无助的残疾人且不被任何人爱护,然而他们的日子与他们年轻的同胞们过得一样好。他们不被帮助,是因为他们有被帮助的权利;他们被帮助,是因为那些实际上玩这一博弈的人们有义务关心他们的老人——被博弈中的其他局中人所强制执行的义务。对那些希望在一个充满关爱的社会中生活的人来说,我相信允许情感因素来玷污这一点是一个危险的错误。在不同时谈及当前义务的情况下讨论权利是毫无意义的。因此,我们不能回避核心问题:应该如何执行这些义务?

鹰策略。[1] 根据这个“冷酷”的社会契约，亚当有义务选择鸽策略的行动，除非夏娃在之前通过实施鹰策略而偏离了原来的路径。在后一种情况下，亚当有义务永远转向实施鹰策略以惩罚夏娃。当完成了他的义务之后，亚当便没有自主选择并行使其权利的空间了。

这一权利的概念只有在具有更丰富结构的生存博弈中才变得十分重要。一个在文献中得到详尽讨论的案例，关注人选择穿什么衣服的权利。亚当是否应该有权利去决定他是赤身裸体还是穿上无花果树叶？图 3.2 所示的时尚靓丽的囚徒困境模型展示了如何将这一难题移植到标准的囚徒困境上去。夏娃的收益会被加上或者减去一个小正数 ε，以表明她总是偏好亚当在公众场合遮蔽他的裸体。但是，亚当的偏好则存在变化。一个随机变动(chance move)便决定了亚当今天是穿衣服还是裸体的偏好，并会根据他的穿着方式，在他的收益中加上或者减去 ε。在观察到随机变动的结果之后，亚当便决定是穿衣服还是裸体。于是，囚徒困境博弈便展开了。

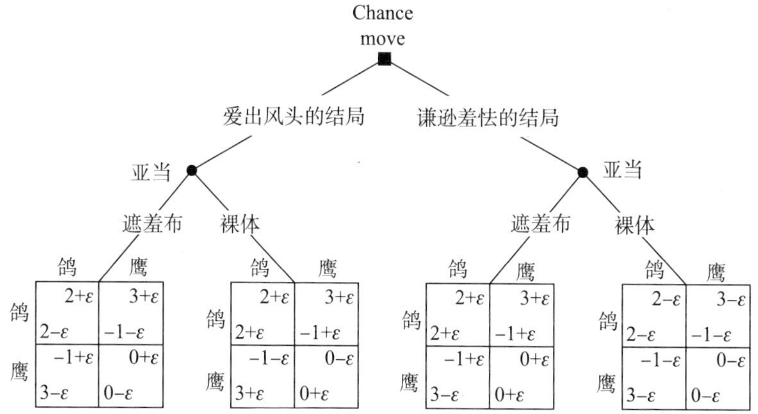

图 3.2　时尚靓丽的囚徒困境模型

我们很容易得到上述无限期重复时尚靓丽囚徒困境的两个社会契

[1] 因此，没有一个局中人会有激励偏离均衡路径，除非对手首先偏离。正如第 3.3.4 节所详尽解释的那样，策略对(冷酷，冷酷)是一个纳什均衡。

约。在第一个社会契约中,两个局中人都采用冷酷策略,而不考虑亚当的穿着方式。在第二个社会契约中,夏娃计划,如果亚当脱下他的衣服,她就实施“冷酷”惩罚;如果亚当一旦实施鹰策略,她也同样实施“冷酷”惩罚。如果他通过裸体出现在公共场合而忘记了他自己,亚当会计划转向实施鹰策略以示报复。

在第一个社会契约中,亚当有义务永远不实施鹰策略,除非夏娃首先采用,但是他有权利选择他的穿着方式。在第二个社会契约中,亚当有义务永远不实施鹰策略并且永不裸体出现。因此,在第二种情况下,当涉及亚当的权利行使时,他便只能在“穿衣服”和“穿衣服”之间进行选择。

3.2.3 道德责任

传统的分配正义理论在决定谁得到什么的准则方面存在差异。经常有人告知我们,亚当的社会蛋糕的份额应该取决于他的需要、他的价值、他的优点和他的劳作。[1] 例如,关于最后这些备选项,《圣经》告诉我们,一名劳动者是值得雇用的;《伊索寓言》中有蚂蚁和蚱蜢的故事;柏拉图的《理想国》甚至告诉我们,某人如果失去了工作的能力,也就失去了生存的权利。

对我来说,所有这些传统的理论都涉及奖赏和惩罚是如何取决于我们当前的社会契约的。每一个理论都有它自己的应用范围。例如,社会福利可能取决于必要的需求,而诺贝尔奖则取决于贡献。但是,没有一个理论适合作为普世的理论,来解释我们当前是如何分配责备和奖赏的问题。一个乌托邦社会将选定其中一个理论而排斥其他理论,这一主张也经常没有被强烈地表达。我将上述事实视为对寻找一种根本不同类型理论的需求的心照不宣地接受——并且这种理论并不根源于一个特定社会或子社会在某个特定的历史时期的惯例或偏见,但其清晰地认识到,责备

[1] 弗拉斯托斯(Vlastos)[536]讨论了如何区别这种无形的价值或者优点。

和奖赏是随着我们从一个社会契约移动到另一个社会契约而剧烈变动的相对概念。

我提议，将责备赋予生存博弈中的一个局中人在操作上等同于，在一个特定社会契约之中将他确定为一个惩罚的目标。将奖赏赋予一个局中人，则是将他确定为一个合适的奖励的目标。[1] 当"冷酷"的社会契约在无限期重复囚徒困境中被采用时，如果一个局中人偏离了均衡玩法，他被认为是应遭责备的；而如果他没有偏离，则被认为是值得赞赏的。他在后一情形中所得的奖励，便是他的对手继续采用鸽策略。他在偏离情况下所遭受的惩罚，则是他的对手在以后所有时期都采用鹰策略。

这样一种区分责备与奖赏的方法，令我们回想起现代效用理论批评者们难以回避的一个重大谬误。现代理论家并不会说，夏娃选择了 a 而不是 b，是因为 a 的效用超过了 b 的效用。a 的效用被认为高于 b 的效用，是因为我们发现夏娃总是选择 a 而不是 b。类似地，根据我对责备和奖赏的理解，夏娃并不是因为她应该受到责备而遭到惩罚。她被认为要受到责备，是因为运行的社会契约要求她受到惩罚。

尽管各种各样的名言警句意识到我们憎恨我们伤害过的人的需求，[2]但传统主义者发现，很难相信有人会很认真地提出，大众心理学所接受的因果链条需要被颠倒过来。在对道德责任的本质没有先验理解的情况下，怎么可能去讨论公正的惩罚呢？没有这样一种先验的理解，我们是否会不可避免地发现，我们自己在根据人们无法控制的事物来责备或奖赏他人？

但是，我们当前的社会契约已经制度化了根据人们无法控制的事物而责备他们的惯例。这并不是说，我们对违规者执行的惩罚力度从不取

[1] 斯坎隆(Scanlon)[462]将职责(responsibility)从责任(accountability)中分离出来。我的定义与其等同。但是，这样一种判别只有在责任并不是从某种准法律的角度进行狭隘解释的情况下才是合理的。

[2] 有时候，我们指向那些我们伤害过的人的仇恨，好比是那些我们帮助过的人指向我们的仇恨。但我认为，后一种现象是我们嫉妒能力的一种病理学表现(第 4.2 节)。

决于他对导致他犯罪的事件的控制程度。恰恰相反,这些情形显然都是惯例,因为当我们没有必要阻止他人模仿犯罪行为时,一个有效的社会契约不会要求在这种环境中,对犯罪行为强加惩罚。如果我们可以通过指出犯罪的直接原因来证明亚伯(Abel)死在该隐(Cain)的手上仅仅是一场意外,那么我们并不需要遵循我们撒克逊前辈们的惯例,坚持责备该隐并且索要偿命金。〔1〕但当因果链条不确定时,我们的社会契约必须是残酷无情的。例如,我们所有人都被认为是有罪的,直到缴了税之后才被证明是无辜的。

一些法律的案例甚至更为显然。考虑“不懂法律不能成为借口”这一教条。我们很清楚为什么这一教条是必要的。如果起诉人必须证明被告人认识他所违反的法律上的每一个字,那么每个人总会以不知情为由来逃脱罪责,并且法律制度也会崩溃。纳格尔(Nagel)在《道德运气》(*Moral Luck*)中的例子对于传统观点而言就更难理解了。〔2〕这些例子包含了如下信条,即一项犯罪的严重性取决于受害人遭受的伤害。但是,受害人遭受的伤害往往并不在犯罪者的控制之中。例如,一个行凶抢劫者以同样的力度袭击了两名受害者,但只有在其中一个人恰好有异乎寻常的薄脑壳的情况下,他才会以谋杀罪而受审。在离家越来越近的时候,我们中有多少人仅仅是因为碰巧没有伤害任何人而逃脱由于粗心驾驶而导致的牢狱之灾?

在社会层面上,我们经常因为别人的丑陋、无聊、笨拙和缺少魅力而将最为精细的心理折磨加于我们的伙伴。那些认为自己是知识分子的人们,对待愚蠢和没有教养的耻辱是残酷无情的。在中世纪,那些患有临床忧郁症的人们被认为具有倦怠的原罪(sin of accidie)。现在人们还记得,私生子是在人们的蔑视中长大的。当我们不能想出为什么有些人有权对别人造成伤害的理由时,肤色和性别仍然为我们提供了论据。我发现相

〔1〕 这种惯例或许同为受害者的家属提供保险——而不是惩罚罪犯——更为相关。

〔2〕 这原本是旨在回应伯纳德·威廉姆斯(Bernard Williams)[554]的同名著作的。

当具有启发性的是，人们总是通过关心无家可归者并将他们称为“神经病”来为自己辩护(第 2.8 节)。

这样的例子似乎反驳了上述论点，即我们的社会契约运行其上的原则在于，惩罚是根据某个先验的道德责任的概念来决定的。很可能的是，人们坚持这一理念是因为他们相信，如果对责备和奖赏的归属采取一个更为现实主义的态度，会导致我们道德制度(moral institutions)的崩溃解体。但是，我们的监狱中已经塞满了出身贫寒的年轻人，他们都认为自己“根本没有机会”。如果我们停止假装认为他们与出身名门的年轻人具有同等的“自由选择”，那么将产生的变化仅仅是我们会停止再开自己的玩笑。结论也当然不会是，因为“他们实在走投无路”，所以要释放来自贫民窟的罪犯。出于我们隔离危险疾病患者的同样理由，他们必须接受惩罚。一个不能阻止犯罪蔓延或者反社会文化基因的社会契约，将无法生存下去。

3.2.4 自由意志

第 1 卷第 3.4.2 节揭示了我持有关于自由意志本质的机械论观点。但是，如果我们不能够在对与错之间进行自由选择，那么我们怎么可能去讨论责备和奖赏呢？如果我们所做的一切是由物理规律以及大爆炸时宇宙的状态所决定的，[1]那么对于一名传统主义者来说，很显然没有人能够对他自己的行动负责。并且，如果我们可以不对我们所做的负责，那么分配责备和奖赏的基础又是什么呢？

如堕五里雾中 在我看来，那些为自由意志的形而上学的概念辩护的学者，注定会将复杂的事情简单化而将简单的事情复杂化。这或许是

〔1〕 尽管对这一点经常存在小题大做，但对我来说，量子物理的原理在本质上是统计学的事实与这一问题并无关联。很可能的是，夏娃的行为只能从统计学的意义上进行预测，但如果她不能改变她采取各种行动的概率，那么对于传统主义者来说，因为她的行为而责备她与因为没有同花顺而责备发牌同样没有道理。

由于知识的邪性造成的,约翰·弥尔顿(John Milton)将其从“堕落天使”中历数出来。正如《失乐园》(*Paradise Lost*)所载:

有的胸怀高尚的思想,
坐在偏僻的小山上面,
就理性、先见、意志和命运
即定命、自由意志和绝对的先见等问题,
试作高谈阔论,但都很迷茫,
如堕五里雾中,得不到结论。

或者,可能是他们在辩论中没有思考,从而使得他与魔王和魔鬼为伍。他们是否真的相信,我们之中那些拒绝将一个个人的“不动的始动者”(unmoved mover)植入我们关于人的模型之中的人们,会否认促使我们祖先发明自由意志的概念的现象呢?但是,将自由意志视为一种否认我们都经历过的精神现象的方便的虚构,而拒绝将其视为其他任何东西,只不过意味着,拒绝回答关于宙斯今天为什么愤怒的问题,是在否认能够在山谷中听到雷声的现象。

在第1卷第3.2.4节中,我试图回应针对将心智构建为机器的一些更为尖锐的批评意见,但我并不打算在这里详细论述这些思想,因为丘奇兰德(Churchland)[123, 124]、丹尼特(Dennett)[155, 156, 157]等人已经说了应该说的话,并且比我希望说的要好。我也不打算讨论关于并行分布系统这一复杂研究的新近发现,诸如人类大脑和人工神经网络,其反驳了过分简化的传统主义者所坚信的大众心理学。〔1〕相反,我仅仅打算解释,为什么我认为没有必要用个人自由的小山丘制造出一座大山脉。

---

〔1〕令我感到非常困惑的是,由于我在第1卷第3.4.2节中对色觉生理学(physiology of colorvision)的无辜评论所引起的敌意。丘奇兰德[124]对相同现象的更为详尽的讨论或许更能令人接受。[我们并不需要遵循丘奇兰德,以发明出某些无法想象黄色视觉的人。萨克斯(Sachs)[454]报告的案例中,一位艺术家同时失去了视觉和对颜色的概念。他在灰色的背景中甚至否认一切看到的东西,因为灰色也是一种颜色。]

我认为自由意志的问题已经在1677年被斯宾诺莎[506, p. 134]解决了，他强调：

> 经验教导我们的并不少于推理，人们相信自己是自由的，仅仅是因为他们意识到自己的行动，却没有意识到决定这些行动的原因。

人们拒绝接受这样一份对自由意志难题的解答，是因为觉得它太简单了，以至于不值得去认真关注。但是，思想史充斥着类似的拒绝，而且可以看到，解决一个问题的唯一的障碍便是，有人固执地认为存在一个障碍。例如，如今没有人不认同物体无时无刻不处于运动之中的观点。这一牛顿力学的真理是解决连续运动问题的关键所在，这一问题困扰了哲学两千多年。只有当魏尔斯特拉斯(Weierstrass)教导我们如何以一种规范的方式对连续统建模时，我们才意识到芝诺(Zeno)一直提供着连贯一致的模型，而且他理所当然地认为，一个运动中的物体和每个时刻都处于静止状态的物体是一回事。引用伯特兰·罗素(Bertrand Russell)[453]的话来说：

> 运动仅仅包含以下事实，物体此时在这个位置而彼时在另一个位置，而且在中间时刻它们处于中间的位置。只有那些费力地度过关于这一问题的哲学思辨的困境的人们才能意识到，从古老偏见中解放出来的东西便包含在这种简单而直接的老生常谈之中。

□

解围之神(Deus ex machina)?　第2.2节引用了柏林(Berlin)[56]和哈耶克(Hayek)[240]关于"自由"的异常丰富的定理。我只想基于以赛亚·柏林(Isaiah Berlin)[56]的消极自由和积极自由，区别这两种类型的个人自由。亚当的消极自由的程度取决于他可以从中选择的可行集合的规模。当他实际做出一个选择时，他便行使了一种积极自由。

在我看来，与积极自由和消极自由同时相关的现象，甚至与最为粗糙的心智力学模型也相一致。在消极自由的情形中，我们甚至不需要假定存在不可观察的随机变动以解释实际数据,这是因为斯宾诺莎的自由意志的方法解释了,为什么即使是一台确定性计算机也能够像形而上学者那样行为,且他们将这种行为模式归属于存在于人类中的神圣闪光。

让我们考虑一个解决最优化问题的过程。决策理论教导我们,要分两步来对付最优化问题。首先需要识别出可行集 X。然后在集合 X 中找到最优点 x。莱布尼茨(Leibnitz)甚至设想,当上帝思考所有可能创造的世界时,他也经历了这两个阶段。

在集合 X 被确定之后,但最优化计算未被运行之前,没有人知道 x 是什么——尤其是决策者本人也不知道。如果在他开始运算之前就知道 x 在哪里,那么他就不会把其他点纳入他的可行集合。在最优化计算被运行之前,说他能够在集合 X 的所有备选项中自由地进行选择是完全合理的。维持相反的观点甚至是亵渎神明的,这是因为,上帝可以自由地创造一个世界,而不是创造所有可能的世界中最完美的那个。〔1〕

强调可行集合被错误地设定,是因为对最优化决策者而言,只有最优点才是真正可行的,这不但是一种误解,而且也毫无逻辑可言。决策者的最优化算法在决定最优值时,将可行集合作为一种投入要素。也就是说,只有在我们设定了决策者能够从中自由选择的集合之后,最终选择才能被界定。〔2〕

因此,在构建生存博弈时,亚当被构建为,只有在我们事先不知道如何解决他的选择问题时才拥有一次选择。于是,我们通过说他可以自由地选择与节点相连的任何行动,来表达我们当前对他在博弈任何决策节

---

〔1〕 由于我们生活的世界显然不是完美的,我认为,一个人可以通过强调这不可能是上帝创造的世界,来回应乐观的潘格洛斯博士(Dr. Pangloss)。因此,我们所有的痛苦和努力都仅仅是创造这个不完美世界的上帝心中的一次模拟。

〔2〕 解决康德[297]关于理性人的必要行为并不必要的难题的一种方法便是,将分析者在不同时间拥有的信息考虑进来。我们对一个理性人在其可行集合 X 中选择任意特定点所需要的必要信息没有先验的知识。如果我们有,这便已经包含在集合 X 的定义之中。因此,我们对行为人实际的选择行为的知识必须等待最优点 x 的计算结果出来。在完成这一计算之后,我们就会知道一个理性行为人选择 x 是必然的。然而,这一后验知识只有在适当的计算完成之后才能获得。

点上选择的决定因素的忽视。这一消极自由不会由于将亚当自己构建为经济人中的一员而受到影响,尽管一旦我们知道他的偏好和信仰,来自这一种类的人的行为就被完全决定了。〔1〕他进行最优化,因而我们能够预测他会采取的行动——正如我们能够预测当其运行一个解决线性规划问题的简单算法时,计算机程序将会得到的结果。特别地,如果作为亚当和夏娃的社会契约的均衡是共同知识,那么亚当会尽到他的义务并且维持在均衡路径之上。

箱中之神(Deus in machina)? 当萨缪尔·约翰森(Samuel Johnson)臭名昭著地评论道:"先生,我们知道我们的意志是自由的,但其存在一个限度。"他并不是在谈论消极自由。当一个自我监管的机器人正在为寻找一个电源插座而努力决定是向左移动还是向右移动才更符合它的利益时,它会报告类似的内部现象,而这一事实会使它寸步难行。约翰森会毫无疑问地宣称,他的心理过程并不是事先决定的,因为无论是他还是其他任何人,都不能够预测他们将会成为什么样的人。

然而,正如斯宾诺莎[506, p. 134]所解释的那样,对夏娃来说,即使她完全了解亚当的最优化算法,也很容易协调她的能力,以根据亚当被建模为经济人物种的一个机器人成员来预测亚当的行为。她仅仅需要接受的是,她对于作为算法投入要素的偏好和信仰没有充分的信息。〔2〕例如,在第3.2.2节的时尚靓丽的囚徒困境模型中,一个随机变动决定了亚当是偏好穿无花果树叶,还是偏好赤身裸体。如果夏娃没有观察到这一随机变动,那么她就不能够很有把握地预测亚当将要采取的行动。对她来说,亚当是在完成了他的义务之后,行使一份积极的自由,并在留给他的选项中进行选择。

---

〔1〕假设作为多重最优的结果不存在平局。

〔2〕我对混沌动力学以及它们放大关于初始条件的细微不确定性的能力的参考,隐藏在这个脚注之中。在一个通常的比喻中,一只蝴蝶在巴西扇动了一下翅膀,能够导致席卷得克萨斯州的一场飓风。

类似的思想也适用于亚当对自己心理过程的理解。内省很难告诉我们自己大脑的运行情况。众所周知,一些创造性的思想家难以说出,他们思想的来源远不是我们可供开放检测的大脑的高级活动。莫扎特(Mozart)声称,他只是聆听并记录他头脑中"某一个人"谱写的音乐。当庞加莱(Poincare)旅行结束离开飞机时,他突然发现他知道了福克斯群(Fuchsian group)难题的答案,而在旅行期间他根本没有特意思考这一问题。彭罗斯(Penrose)[401]以及其他学者提供了这样的现象以支持心智(mind)不能被视为一种机械装置的观点。然而,宾默尔[63]使用定理证明,自我知识的某些失败是自我监管机制的一个必要性质(第 1 卷第 3.4.2 节),而远非证明我们不能够像彭罗斯(Penrose)宣称的那样进行算法式运作的哥德尔定理(Gödel's theorem)。[1]

当经济人推理如何达到最优结局的方法时,与推理过程本身一样,对作为投入要素的信仰和偏好的内省不再开放。即使当我们认为我们能够解释自己的行为时,我们给出的理由也会随着我们的实际行为而荒谬地变动。正如休谟[265]所言:

> 我们听到的是所有人的口头宣言:没有什么像我们的宗教信仰那样确定。检视他们的生活。你几乎不能看到人们对其寄托了丝毫的信心。

真实的情况是,我们的行为是通过一个在我们生而拥有的基因程序和

---

[1] 彭罗斯在其新近的著作《心之阴影》(*Shadows of the Mind*)[402]中,对"卢卡斯谬误"(Lucas Fallacy)的详尽阐释对争论毫无助益,这是因为,他不想与哥德尔的判断产生矛盾。哥德尔认为,"有可能的是,一个实际上等同于数学直觉的定理证明机器是存在的(并且甚至在经验上是可被发现的),但其不能够被证明是那样的,甚至也不能被证明能够产生有限性数论的正确定理"(彭罗斯[402, p. 128])。于是,问题简化为,我们是否可以认为哥德尔的假设是合理的?但对于这一问题,即使是最伟大的数学家也存在观点上的差异,哥德尔认为错,但图灵却认为对。尽管他持否定意见,但是我们中那些站在图灵一边的人们都认为,彭罗斯关于我们将内部热线接进一个绝对数学世界的能力的柏拉图式的信念,将他归入神秘主义者的范围。我们不能够证明他的神秘主义的类型是错误的,但是他对元数学和量子物理的大呼小叫也丝毫不能证明他是正确的。总之,哥德尔假设的合理性依然莫衷一是。

我们生长其中的物理社会环境之间的复杂的互动而获得的。特别地，我们都是天生的模仿者。我们倾向于模仿任何孕育社会成功的行为，而基本没有意识到正在发生的情况。之后，我们用与某些事故受害人相同的方式来理性化我们自己的行为，这些受害者的大脑失去了身体左侧的概念，因而他们针对被他们视为义肢的东西在其床上出现，显示出了荒谬的理性。

简言之，由于内省几乎不能提供关于我们心智活动的有益洞见，因而对我们来说，我们喜欢或者相信或者选择某个事物而不是另一个事物的原因经常是神秘的。正如人们在面对一个神秘的自然过程时经常做的那样，我们的祖先也发明了一个被称为自由意志的形而上学解释物——一个引发我们无法解释的现象的不动的始动者或无意的有意者[丹尼特(Dennett)[156]]。〔1〕

这并不是因为引入了一个黑匣子，使我对这一逃避自由意志问题的传统方法感到困惑。事实上，我倡导的处理积极自由问题的常用方法尽管简单得多，但也需要黑匣子。当我们对自己或他人的心智活动进行建模时，博弈论专家采取的建模策略便是，使用随机变动和信息集合的标准技术来代表我们不能理解或者不能观察的事物，正如第 1 卷第 3.5 节描述的那样。〔2〕

哈萨尼[232]对不完全信息问题的建模方法，提供了使用这一技术的最为纯粹的例子。〔3〕当试图将博弈论应用于真实问题时，本书基本忽

---

〔1〕由于存在“思考”的现象，人们想当然地认为自我(ego)是存在的；但直到现在，每一个人都相信……在“我想”这一概念中存在一些无条件确定性的事物，通过我们对所有其他因果反应的理解的类比，这里的“我”被认为是思考的原因。然而，人们现在已经对这一观点感到习以为常并且不可或缺，这一事实无法证明其想象中起源的本质：其可能是一个在整个生命中维持的信念，但仍然是错误的。——尼采[384]

〔2〕萨普斯(Suppes)[514，515]强调，这样的随机变动应该被视为自发且独立自存的投入要素的来源，这也是一个真正的个人自由理论所要求的。但从传统意义上来看，我并不认为一个还要通过抛硬币来决定主子的奴隶，要比一个已经决定了主子的奴隶有更多的自由。事实上，正如萨普斯自己所强调的那样，一个奴隶是否会在已被决定但我们不知其身份的主子的指示下行动，或者，主子是否是随机选择的，这些基本都是不知道的。博弈论专家当然不会区别这两种可能性，而且会使用相同的模型来表示这两种情形。

〔3〕宾默尔[70]的第 11 章中包含了一个完整的分析，并伴有大量案例。

视的一块巨大的绊脚石便是,重要的事情往往不是局中人之间的共同知识(第1卷第2.3.6节)。例如,在分析一个博弈时,我们想当然地认为,没有局中人会对其对手的结局偏好或者他们对随机移动的信念存在疑虑。但是,当一个如第1.5.1节中出现的纳什要价博弈在现实中展开时,亚当很有可能对夏娃的风险厌恶程度只有一个模糊的概念。当这类局中人的重要特征不是共同知识时,哈萨尼的方法要求我们考虑一个局中人所有可能类型的集合。例如,在第3.2.3节的时尚靓丽的囚徒困境博弈的每一个阶段,亚当可能是一个胆小羞怯的人,也可能是一个爱出风头的人。于是,一个新的博弈就被构建出来,在这个博弈中,假想的随机变动将类型赋予每个局中人。赋予各种随机变动中所做选择的概率,反映了局中人对于其对手的知识。他们对由机会决定的局中人个人类型的忽视,也在新博弈信息集合的结构中反映出来。

传统主义者用形而上学的黑箱子来塑造积极的自由,而平凡的黑箱子是由博弈论的随机移动所代表的,这两个箱子在概念上的主要区别在于,平凡的方法没有排除打开黑箱子并检查其中物品的可能性。在这个箱子中,我们不仅能发现大量关于脑类构造以及我们基因中智慧的信息,也能发现许多对决定我们的偏好和信仰十分重要的社会投入信息。在社会契约的讨论中,从我们的文化发展出来的社会投入尤为重要。

用来塑造这些文化投入的随机移动将会在我们头脑外部进行,这样的行为对于传统主义者来说是绝对不能接受的。他们坚持无论在自由的黑箱子中有什么,其造成的坏的结果都要受到责备,因此传统主义者赞成惩罚。但是,社会本身是存在于我提倡使用的黑箱子中的。对于一位传统主义者来说,这看上去是在暗示"模糊不清的自由"信条,在惩罚违背者时是不正当的,因为其行为的责任源自社会如何塑造他。因此,让我再重申我所强调的方法,是将惩罚作为最基本的概念,而不是责备。人们没有受到惩罚,因为他们只需要责备——他们被责备是因为我们的社会契约要求他们被惩罚。因此,无论在一个或另一个黑箱子中等待发现什么,或者没有发现什么,违法者都将会受到惩罚。所以,如果传统主义者打开自己的特别的黑箱子,也不需要害怕潘多拉(Pandora)的命运。尽管在黑箱子中不会发现不动的始动者,社会也不会因此而崩溃。一切仍然不变。

反事实　尽管通常我们不讨论这样的术语,但接下来关于积极自由的讨论与定义博弈中的均衡问题相关。理性的局中人保持在均衡的路上,因为如果他们改变方向,将不知会发生什么。但是,如果局中人表现得不理性或偏离正常轨道,我们该如何塑造他所践行的自由?

理性的局中人表现得不理性,这一命题显示出我们正与哲学传统相联系,努力在反事实的角度下定义自由。〔1〕 正如第 1 卷第 3.4.1 节想要解释的,解释反事实的问题代表了博弈论的主要困难。我和一些博弈论者——如著名的泽尔腾和利奥波德(Selten and Leopold)[474]——分享过我的想法,即合适的方法需要通过增加不可观察的随机移动来装饰模型,这能真正地实现不同的"可能世界",在这个世界中反事实是有道理的。我所提倡放在积极自由的黑箱子中的随机移动,与这些是一样的。通过这些随机移动的介绍,人们可以使需要考虑的反事实活动仅仅变得不确定,而不是完全否定。考虑观察到的不理性是因为某一个而不是另一个原因,这样的问题是方法论迫使一个人需要去面对的,这是十分正确的,但对我来说这是方法的优点,而不是一个缺陷。

既然社会契约将被塑造成在重复博弈中的一种均衡,那么这些关于反事实的问题可以表达为这样的疑问,询问什么是在生存博弈中从社会契约中偏离的主要责任。比起随意地提及自由意志来假装回答这个问题,我认为我们需要问一问,该博弈中的局中人如何表现得像经济人?也就是说,他们如何在一开始找到通向均衡的道路?本书中主要提到的机制是模仿。不成功的局中人通过改变能为他们更成功的对手产生更高回报的文化基因或策略,从而学习如何玩得更好。但是,在学习过程结束之

〔1〕 摩尔(G. E. Moore)[363]定义"夏娃本可以不这么做"这句话的意思为,"如果夏娃愿意的话,她本不用那么做",因此把一些简单的事物变得复杂化。

前,一个人不能指望受最优文化基因控制的对手。另外,一小部分人群会继续创造新的文化基因,他们想出聪明的新点子,或者通过不断实验,跌跌撞撞地向前迈进。即使在一个社会尽可能接近它所能达到的生存博弈中的均衡之后,它的公民仍然容易受到变异文化基因的感染。

总的来说,一个黑箱子解释了为什么具有算法的局中人可以自由地从最优玩法中偏离,而在这个故事中这个箱子位于局中人的头脑外部。偏离轨道的局中人是因为他受到在某处生成的过时的或变异的文化基因感染。对于不知道是什么文化基因在影响局中人的旁观者来说,无论局中人是否偏离轨道,他看上去都是很自由的。归根结底,无论他做什么选择,对于乱出主意的人来说,他本可以做一些其他事情。既然局中人自己不会比旁观者更好地了解相关的心理过程,那么他也会认为自己的做法是很自由的。

混合隐喻　当博弈论被用做塑造演化的过程,我们把基因作为有偏好和信仰的局中人。我们为基因设立一个目的,那就是最大化它的适应度。正如第2.5.2节中所说,我们甚至自由地讨论基因可能知道或不知道些什么,是否知道它何时决定去采取什么行动。但是,基因仅仅是一个自我复制的分子,没有人会去想它比台球或齿轮有更多决定权。然而,将基因通过这种方式拟人化的博弈论模型,被证明是分析进化生物学的非常成功的工具。

就像在第2.7.1节,因此我们发现需要去面对两个截然不同的模型,但它们能准确地描述同一个现象。其中一个是分子物理学的机械模型,分子在其中是一个环境的无助受害者。另一个是进化生物学的模型,自我复制的分子在其中被当做博弈中的局中人。第二个模型的幻想被提出,因为其简单描述了作用于一群混乱的无意识的分子上的演化力量,在其达到平衡后发生了什么。如果这种平衡总是需要用冗长的语句在第一个模型中进行描述,那么事实上进化生物学的发展是不可能的。

丹尼特(Dennett)[154, 155, 156]主张,一个人可以用同样的方法来描述人类行为,既可以用机械模型,也可以用意向模型。一些要讨论的自由的困惑在于一种无谓的尝试,去调和这些不可调和的模型中的内部结构。关于他所说的消极自由,我同意需要把人有时候塑造成行为人,有时候塑造成经济人(第1卷第2.4.2节)。前者在传统意义上是机械的,被设置成对刺激直接反应,就像一个分配巧克力的机器。后者的行为依然是算法的,但是用偏好和信仰来表达得有目的性。

我部分同意丹尼特的观点,这是因为,我不确定机械的和目的性的差别,是否代表了关于自由意志辩论的真正领域。当积极自由出现之时,一个人也需要分辨社会人标志的模型与康德所说的"本体人"(homo noumenon)——作为道德主体的人们。[1]

我们在第0.4.2节曾提过社会人。这个虚构的类人动物是由一个叫做社会规范的特殊文化基因来控制的。他与行为人不同,并不完全依靠他的基因。他的行为随着时间推移会改变,因为控制他行为的规范会根据他所在的环境而改变。如果有足够长的时间,社会演化可以通过经济人拥有合适的偏好和信仰,从而成功地把自己的行为变得不易察觉。实际上,控制他行为的社会规范会清楚地表现出偏好和信仰,这样他不仅在某些情况下表现得像经济人,他的行为也会变得像经济人。经济人的消极自由能力在于,我们在他的最优算法运算之前就预测到其结果;与其不同,社会人的积极自由能力在于,不论他用何种算法,我们都可以预测到结果,因为我们不知道算法的输入。

本体人比较难以确定,但是他提供了一种类型的人,符合最普通的道德目的——就像"自然界厌恶真空"这条原理,足以用来处理气体力学中最实际的问题。本体人模糊的本性只有在一个人试图去评估自己做出的声明时,才变得清晰。比如说,还在读大学的未来哲学家仍然在学习,"应该蕴含能够"这句格言需要本体人必须有自由意志,否则它就不能倾听绝

[1] 可以写做"伦理人",或用"酒精人"表示机器中的鬼神(喻指身心有别或身心独立论)。但是,康德的本体人是用来对抗"现象人"——作为自然主体的人们——的本体人,看上去能更好地表达出我的所想。

对命令的呼唤。[1]

我不知道是否可以建立内在一致的本体人模型,在该模型中,这样的结果是有效的。但重要的一点是,一个人必须避免搞混"应该蕴含能够"这样的格言在用于本体人模型时的含义,与用于经济人或社会人时的含义。在讨论经济人时,"应该蕴含能够"的意思是,他的最优结果在于他的可行组合。在谈到社会人时,这句话的意思是,社会契约只会对有些人有权力去做的行动加以惩罚。问题只有在这些不同的含义被搞混时才会出现——我们的社会契约有时要求亚当去责备夏娃,这个事实被用来证明,她在道德上要对自己的行为负责,因此必须拥有自由意志。

类似的考虑也出现在同样有名的名言"是不能蕴含应该"之中,这句话有时被认为是休谟法则,[2]时常被用来责备像我一样的休谟主义人群拥护道德的自然理论。但是休谟的意思只是,非依情况而定的道德命令不能从依情况而定的事实中推论出。主张另一种观点的原因是,他们没有注意到,他们混淆了本体人与经济人或社会人的含义。分清各自不同的范围,来解释"是不能蕴含应该"这句话,是没有内在困难的。比如说,如果经济人想要最大化一个受线性约束的线性目标函数,他应该使用单一的算法。如果社会人要避免被同伴谴责,他就应该履行他的职责。甚至于,如果本体人在康德意义上是理想的理性,他应该遵守绝对命令。

3.2.5 永不绝望!

本书中表达的自然主义的观点经常受到抨击,认为其是失去人性的或是令人沮丧的。这样的批评源自关注这部分中提到的道德责任和自由意志的人,人们通常拒绝去相信有人会对人类生存本质持有如此悲观的看法。如果这样的事情是真实的,那么对生活的看法将会变成什么样?

---

〔1〕 回顾第1卷第4.2.1节,我们讲过,假想命令告诉你,如果你想要达到特定的目标,你应该要做什么;绝对命令告诉你,无条件地去做什么。

〔2〕 据说强调对立的观点会被困在自然主义谬误之中。但是,后者与摩尔(G. E. Moore)的定义完全不同,这个脚注在第1卷第2.3.5节中被遗漏了。

一种答案是，自然并不关心我们究竟是否喜欢她的真相。但是，这样的回答就像在回答“你是否已经停止殴打你的妻子”这一问题。正确的回答应该是否认这样的前提。如果一个人认真对待自然的观点，那么他应该相信这不是失去人性的或令人沮丧的。特别是，我们内在生活的真相会在一定程度上妨碍工作，这个观点在我看来相当可笑——就像这么一句话，我刚刚读了一本流行的科学书籍，上面提到，如果量子论是错误的，那么我们的身体会散成碎片。身体当然是不会散成碎片的！它们会像之前那样良好运作。我们要改变的只是，需要找到一个更好的解释，来说明宇宙是如何运行的。

在传统道德责任与个人自由的理论中，情况也没有什么两样。正如第 1 卷第 3.4.2 节中提到的，如果人们认识到他们本质上与猿或机器人没什么区别，社会也不会崩塌。如果我们确实是猿或机器人，那么人类目前的所想或所为就是猿人或机器人的所想或所为。特别是，人类社会运行的方式就是猿人社会或机器人社会运行的方式。

失去宗教信仰提供了一个很好的例子。当人们坚信上帝，那么通常他们会认为失去信仰生活将变得不可能。没有上帝进行主导，生活会失去意义，社会会四分五裂，邪恶势力会蔓延扩散。但是，当背叛者从失去信仰的创伤中恢复过来，他会发现日常生活还是一如既往。与他们经常去教堂的同胞相比，不信教的人们也没有很明显地缺乏同情心或良好的心地——他们发现不需要编造一些简单的故事来解释周遭的一切，生活仍然可以继续。我们就是和那些放弃了大众心理学的生锈思想的人们在一起。我们看上去像是失去了生活的热情吗？我们更加倾向于自杀吗？在我看来不是这样的。

塞克斯都・恩皮里柯(Sextus Empiricus)说过，不需要坚持舒服的信仰也能心满意足。或者像歌德所说：

Ich hab' mein Sach auf Nichts gestellt...

Drum ist's so wohl mir in der Welt.[1]

---

[1] 我的生活建立在沙滩之上，而不是其他什么之上——这就是我感到伟大的原因！

3.3 无名氏定理

左翼思想家们强调信任和承诺对于维系人类社会合作协议的重要性,而那些右翼思想家则更偏好于依赖法律工具以强制执行契约安排。然而,对于无限期重复博弈而言,无名氏定理告诉我们,我们不需要依赖其他任何东西,而只需要有足够远见的局中人的被启蒙的自我利益,就可以维系合作可能性的全套盔甲。更具体地说:

> 令 x 是博弈 G 的合作收益区域中的任一收益对,其至少赋予了局中人最小最大值。如果亚当和夏娃都有足够耐心,那么在博弈 G 的无限期重复版本中就存在一个纳什均衡,其结局 y 能够任意地接近 x。

本节将以一种非技术性的方式对这一结论进行解释并为其辩护,同时,也将介绍无名氏定理的更为复杂的版本。在我的《乐趣与博弈》(宾默尔[70])一书的第8章中,我对这一问题进行了更为细致的讨论。但是,严谨的学者或许可以参考弗登博格和梯若尔(Fudenberg and Tirole)[187]以及迈尔森(Myerson)[374],以求更为综合的分析。

本节也试图抵制某些流行的误解所产生的危害,诸如认为将能够产生合作行为的博弈都构建为无限期重复囚徒困境是合理的,且在无限期重复囚徒困境中,人们只需要认识到无名氏定理被压缩进"针锋相对"这一短语之中。〔1〕艾克斯罗德(Axelord)[31]的著作《合作的演化》成功地将公众的目光聚焦于一些至关重要的论题,但他对"针锋相对"这一特定策略的主观热情已经远远超过了他的经验论据,即使对于两人博弈也

〔1〕 杜格纳托夫(Dugnatov)[163, p. 25]用4页纸的篇幅不置可否地列举了一系列详细描述这一主题的生物学论文。即使这些论文都具有一致的可靠性,它们与其书中所研究的大多数案例也只具有间接的相关性。例如,雌雄同体的黑鲈的交配行为用蜈蚣博弈来刻画更为合适(第1.6.2节)。

是如此(第1卷第3.2.5节)。对于两个以上局中人的博弈而言,其维系合作社会契约的机制具有相当不同的性质,如果将“针锋相对”策略作为上述机制的一份指南,这将是一个非常严重的误导。

3.3.1　文化基因

文化基因(meme)的概念是由道金斯[151]引入并被视为基因的社会等价物。文化基因是当人们模仿更为成功的邻居或者向他们的老师学习的时候,所得到复制的东西。文化基因可以指代很多事物,从一种发型或者一段音乐,到一个科学原理或者一个哲学系统。或许最重要的文化基因是那些作用于其他文化基因并为反馈系统提供原材料的东西,我们将其解释为意向性和自我。然而,本节将目光局限于一些特定的文化基因,其引入了在博弈中实施一个策略所要求的“如何去做”的信息。这样的文化基因将被构建为一种特殊类型的算法。[1]

广为人知的算法类型是一个计算机程序。不幸的是,涉及策略实施算法的语言会将注意力从运行计算机的软件转移到计算机运行所依赖的硬件。例如,算法的最具一般性的代表被称为图灵机器(Turing Machine)。[2] 同样会令人误解的是,本节所研究的算法被称为有限自动机(automata)(第1卷第3.2.5节)。但是,我们绝不能把自动机视为一个关于局中人的模型。我们必须将一个局中人视为计算机的硬件,而将自动机视为局中人在玩某种类型的博弈时决定其策略的计算机程序。

因此,一台有限自动机应该被视为某种类型的文化基因,这种文化基因会基于模仿或教育的原因,从一个人的头脑中转移到另一个人的头脑中。于是,社会演化就有机会相对较快地达致一个博弈的均衡状态。如果一台自动机被视为一个局中人的基因硬件,那么收敛只能以生物学的速率进行。

---

〔1〕 尽管我们考虑的算法落入了丘奇兰德(Churchland)[124]的限制词语使用的范畴,但我不认为他有资格否定达内特(Dennett)[158]的更为自由的用法。

〔2〕 在假设丘奇-图灵论题(Church-Turing thesis)成立的基础上(第1卷第3.4.2节)。

3.3.2 有限自动机

数学家们区分了各种类型的有限自动机。那些适合于运作重复博弈的被称为摩尔机(Moore machine)。通过告诉摩尔机某个重复博弈在前一轮中所发生的状况以对其进行刺激,摩尔机便会公布用于下一轮的对策建议以作为回应。在此处所考虑的大多数例子中,代表亚当策略的自动机的投入,仅仅是上一轮博弈中夏娃所采取的行动。而可能的产出则是下一轮博弈机会出现时可供亚当选择的行动。除了夏娃上一次的行动之外,所有被用于计算亚当下一步行动的信息都必须被保存在自动机的存储器中。然而,有时候考虑自动机接受更为复杂的投入的情况,可能是有用的。例如,在第3.3.5节中,我们会遇到这样一台自动机,其能够记录自己的及其对手的上一轮的行动。在其他情况下,我们可能希望允许自动机求助于计时或计算工具,从而将所考虑过程的复杂性从自动机的内在本质转移到它们的环境中。

一台有限自动机的典型特征便是,其记忆容量存在一个上限。由于这个原因,一台有限自动机不可能跟踪记录一个无限期重复博弈的所有可能的历史过程。因此,将目光局限于有限自动机,相当于明确限制了亚当和夏娃能够选择的策略。幸运的是,在这一限制下,对无名氏定理来说,重要的事物没有受到丝毫损失。

有限自动机可以维持的每一个可想象的记忆配置,都是这一机器的一种可能的状态(state)。因此,对一台有限自动机的详细描述,应该从列举其所有可能的状态开始。对一台有限自动机而言,这一状态的集合必须是有限的。自动机的其中一个状态被指定为初始状态(initial state):自动机在这个状态中开始进行博弈。一个产出函数(output function)刻画了在每个状态下,自动机将会推荐的行动。当自动机接受了刚刚结束的一轮博弈中对手所采取的行动这一投入要素后,一个转换函数(transition function)会告诉自动机如何从一个状态转向另一个状态。

数学形式主义所要求的对一台自动机的描述有时是十分可怕的，但是我们可以发现，利用一些小图片就足以表达自动机具备玩无限期重复囚徒困境的能力。在第 1 卷第 3.2.5 节中，我给出了这一类中单状态自动机和双状态自动机的一些图片。图 3.3 展示了所有 26 种这样的自动机。

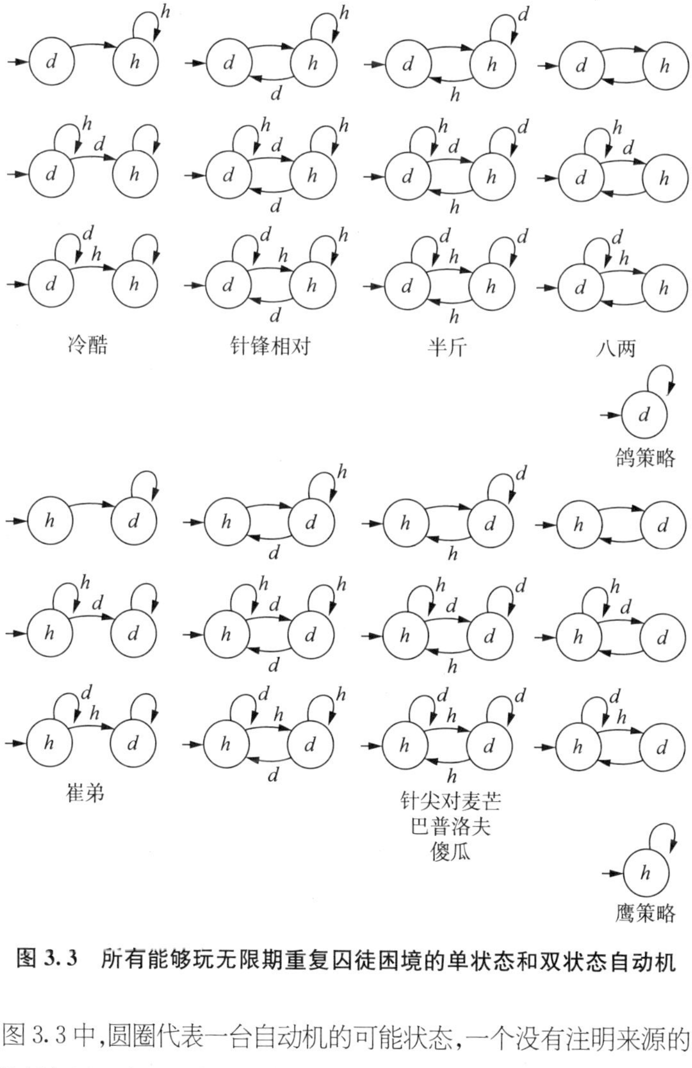

图 3.3　所有能够玩无限期重复囚徒困境的单状态和双状态自动机

图 3.3 中，圆圈代表一台自动机的可能状态，一个没有注明来源的箭头指向的是初始状态。圈内的字母代表了在这一状态下自动机的产出。字母

d 和 h 分别代表在当前一局博弈中所采用的鸽策略和鹰策略。从一个圆圈指向另一个圆圈的箭头展示了自动机在得到产出之后,如何从一个状态转向另一个状态。没有标识的箭头意味着,无论对手刚才采取什么行动,都会出现的无条件的状态转换。标识了 d 或 h 的箭头表示有条件的状态转换,即转换取决于在刚结束的一轮博弈中对手采取的是鸽策略还是鹰策略。

可能的自动机的数量会随着我们所允许的状态的数量增加而飞速增长。因此,我们有必要怀疑通过计算机模拟得出的很多重大结论,这些结论是基于较少数量自动机之间的博弈而实现的,并且被认为符合这种或那种典型的人类特征。由于进化将可能的自动机扔进自然选择的搏击场,这使得任何对自动机复杂性的简单描述都变得徒劳无功。

图 3.4(a)展示了当亚当和夏娃分别采用图 3.3 所示的"针锋相对"和"针尖对麦芒"策略时,无限期重复囚徒困境博弈产生的情况。这一博弈便立刻进入了一个长度为 3 的循环,并且不断地得以重复。

循环 循环 循环

亚当	收益	−1	0	3	−1	0	3	−1	0	3
	针锋相对	d	h	h	d	h	h	d	h	h
	阶段	1	2	3	4	5	6	7	8	9
夏娃	针锋相对	h	h	d	h	h	d	h	h	d
	收益	3	0	−1	3	0	−1	3	0	−

(a)

亚当	收益	0	2	2	2	2	2	2	2	2
	针尖对麦芒	h	d	d	d	d	d	d	d	d
	阶段	1	2	3	4	5	6	7	8	9
夏娃	针尖对麦芒	h	d	d	d	d	d	d	d	d
	收益	0	2	2	2	2	2	2	2	2

(b)长度为1的循环

图 3.4 计算机战争

当两台自动机博弈时，它们总是会结束于某种长度的循环。当“针锋相对”与其自身的一个副本博弈时，这两台自动机便立刻进入了一个长度为 1 的循环，且总是采用鸽策略。在一般情况下，某场预备性的掐架可能出现在循环之前。例如图 3.4(b)所展示的，两台“针尖对麦芒”的自动机首先摆好了打斗的架势并采取鹰策略，之后便安定下来进入一个长度为 1 的循环，并且都采用鸽策略。当图 3.3 中的“半斤”(Tweedledum)采用“麦芒对麦芒”(TAT-FOR-TAT)策略时，其初始的掐架时期长度为 2。

3.3.3　计算收益

在如图 3.1(a)所示的重复囚徒困境博弈中，当亚当采用“针锋相对”策略对抗夏娃的“针尖对麦芒”策略时，他的收入流是 $-1,1,3,-1,1,3,\cdots$。那么亚当会怎样评估这一收入流呢？

经济学所采用的标准方法在第 1.2.4 节中有所描述。如果连续两轮博弈的时间间隔为 τ，那么亚当会把这一收入流视为下述折现的总和：

$$s=-1+\delta^{\tau}+3\delta^{2\tau}-\delta^{3\tau}+\delta^{4\tau}+3\delta^{5\tau}\cdots$$

其中，δ 表示亚当的折现因子。但是，博弈理论家们经常偏好于找到一个亚当同样喜欢的常数收入流 $x,x,x,x,\cdots$ 来进行评估。在本书中，x 称为亚当的每次博弈收益(per-game payoff)。正如第 1.6.1 节所解释的，我们可以通过将折现和 s 乘以 $1-\delta^{\tau}$，得到亚当的每次博弈收益 x。

我们可以通过假设亚当和夏娃都具有无限的耐心，或者假设他们会连续地进行博弈，从而简化相关数学问题。为了研究无限耐心的情况，我们取极限 $\delta\to1$。为了研究连续性博弈的情况，我们取极限 $\tau\to0$。无论在哪种情况下，都有 $\delta^{\tau}\to1$。也正因此，第 1.6.1 节的分析告诉我们，亚当的每次博弈收益 x 相当于他的长期平均收益。[1]

[1] 在讨论无名氏定理时，我们是在通俗意义上使用“长期”这一词语。第 2.5.5 节提出的技术性的使用方法将在第 4 章中得以恢复。

如果局中人所采用的策略能够利用有限自动机得以表示,那么计算长期平均收益是相当容易的。正如我们看到的那样,任意两台有限自动机在一个重复博弈中进行足够长时间的博弈,最终都将通过相同的博弈序列而结束于一种循环。因此,一个局中人的每次博弈收益可以简单地计算为他在一次循环中的平均收益。例如,当亚当采用“针锋相对”策略对抗夏娃的“针尖对麦芒”的策略,并连续地在囚徒困境中博弈时,亚当的每次博弈收益是:

$$x=\frac{1}{3}(-1+1+3)=1$$

如果亚当改用“半斤”策略,同时,我们忽略起初的两轮掐架,且仅仅考虑后续的长度为1的循环。那么一旦进入循环,亚当总是能够获得大小为2的收益,这便成为他的每次博弈收益。

本书标准地假设,不但亚当和夏娃对于时间的态度可以用一个简单的折现因子进行捕捉,而且博弈是连续的。然而,重要的是能够认识到,从长期平均的角度进行研究是情有可原的,因为它仅仅是简化了数学的处理。例如,在现实生活中,对于填饱肚子这件事来说,我们不可能具有无限的耐心。正如约翰·梅纳德·凯恩斯的名言:“在长期,我们都死了。”因此,有时我们需要偏离主题并指出关于人们如何评估收入流的更为现实的假设,这对于完善我们所采用的模型是十分必要的。

3.3.4 互惠分成

我们对重复博弈理论中的无名氏定理感兴趣,是因为它告诉我们,在使用互惠机制时,哪种类型的分成协议是能够得以维系的。我们将考虑成本和收益分担的三种方式。其中的第一种和第二种可以通过拓展我们所研究的博弈的策略集合而得到;而第三种方法则是在无名氏定理中被关注的焦点。

抓阄　第 1.2.1 节描述了如何构建如图 1.1(a)所示的博弈 G 的非合作收益区域和合作收益区域。非合作收益区域 V 可以通过考察当亚当和夏娃相互独立地随机选择策略时所形成的所有可能的收益对而获得。然而，我们更感兴趣于合作收益区域 W，其是在亚当和夏娃联合地选择策略的情况下产生的。正如图 3.5(a)所展示的，这一合作收益区域是包含了当亚当和夏娃受限于博弈 G 的纯策略时所形成的所有可能的收益对的最小凸集合。

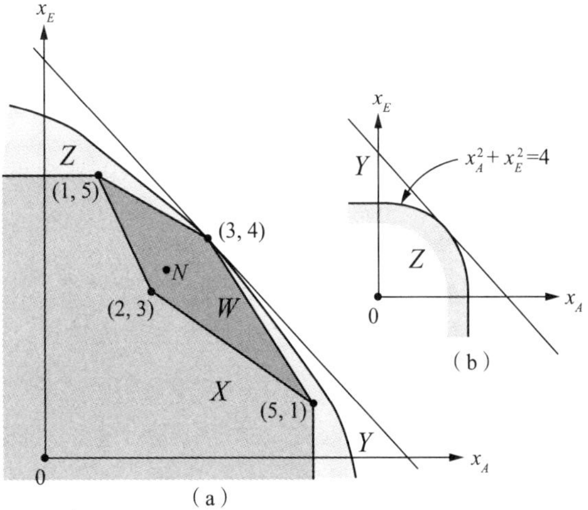

图 3.5　收益区域

如果某种分成类型是通过抛硬币或者轮盘赌的方式来决定谁获得什么而完成的，那么当我们考虑这种类型的分成时，一个博弈 G 的合作收益区域将变得十分重要。当这样的分成存在可能时，用一个扩大的博弈 H 来替代博弈 G 将是合理的，博弈 H 以一个公开可观察的随机事件为先导，但在其他方面，与博弈 G 完全一致。[1] 例如，如果在一场足球比

〔1〕 在这一背景下，很重要的一点便是，随机事件的结果是共同知识。混合策略在下述情形中得到更为广泛的研究，在该情形中，每个局中人都将他对纯策略的选择置于独立的、私人可观察的随机事件的条件之下。如果局中人被限制在这样的私人随机化之中，那么其所产生的收益区域将是图 1.1(b)中的 V。

赛中,如何选择哪一个球队进行开球是重要的,那么人们就会让队长根据抛硬币的结果来开始一场足球比赛。在扩大的博弈 H 中,其中一名队长的纯策略便是:在硬币正面朝上即亚当队开球时,在博弈 G 中使用策略 s;而在硬币反面朝上即夏娃队开球时,使用策略 t。

关键在于,如果我们能够证明,在一个足够大的博弈类型中使用纯策略时,无名氏定理依然成立,那么我们便自动地包含了这样一种情形,在该情形中,局中人使用一种公开的随机装置以协调他们的行为。

物资转移 第 1.2.1 节展示了如果我们允许自由处置(free disposal)或者可转移效用(transferable utility),那么合作收益区域将会如何拓展。

无论会出现怎样的不同情况,本书总是假设自由处置是可能的。这意味着局中人总是可以单方面地扔掉一些效用。图 3.5(a)阐释了为什么合作收益区域 W 必须被替换为综合(comprehensive)收益区域 X。

在公开随机化的情况下,我们没有必要允许自由处置以复杂化无名氏定理的问题,因为我们可以将博弈 G 拓展为一个扩大的博弈 H,且博弈 H 的纯策略允许局中人采取浪费资源的行动。例如,博弈 H 中的一个纯策略可能要求亚当采用在博弈 G 中他的第二个纯策略并且烧毁一张 10 美元的纸币。

在将这样的浪费资源的策略作为无关紧要的数学细节而舍弃之前,我们需要注意的是,坚持使用它们的社会契约不但能够存在,而且它们的确存在。在我们自己的社会契约中,某些方面的无效率性可以追溯到我们对同伴施加的惩罚,他们使用其人力资本以获得最大的利益,却被我们嫉妒地认为自视高傲。在一些现代狩猎采集者的社会中,这一现象是如此明显,以至于孩子们发现采用必要的企业家精神以应对外部世界几乎是不可能的。

从一个人到另一个人的物资转移,同样是没有问题的。例如,如果夏娃可以为亚当提供一个苹果,以诱使亚当采取他的第一个纯策略而不是第二个，那么在构建扩大的博弈 H 时，其纯策略必须包括夏娃将一个苹果的产权转移给亚当。

在对这样的转移建模时，如果所有事物都具有货币价值，并且局中人对于货币都持有风险中性的态度，那么事情就变得极其简单。我们可以重新校准他们的冯·诺依曼-摩根斯坦效用的尺度，以使得每一单位效用正好值 1 美元。于是，把一个苹果从夏娃转移给亚当就相当于拿走夏娃的一些效用值并将其分配给亚当。如果亚当和夏娃总是可以用这种直截了当的方式将自己的效用分给对方，那么正如第 1.2.1 节所解释的那样，图 3.5(a)中的收益区域 X 需要被替换为收益区域 Y。

在合作博弈理论的某些分支中，能够简单地从夏娃那里拿走一单位效用并将其给予亚当这一思想被想当然地接受了，也没有理会关于风险中性问题的警告。但是，第 1.2.1 节强调，这种对可转移效用采取随心所欲的态度是非常值得怀疑的。要知道，如果事情如此简单的话，那么第 2 章关于效用人际比较的所有讨论都显得小题大做。如果博弈 G 的运行可以辅之以作为贿赂或奖赏的物资或金钱的转移，那么我就不应该经常假设 X 能够被拓展为集合 Y。如果经济环境是非常复杂的，或者局中人是风险规避的，那么图 3.5(a)中的集合 Y 必须被某个更小凸集，即综合集 Z 所替代，正如接下来的例子所论述的那样。

保险交易　尽管本书所涉及的模型没有排除亚当和夏娃是风险中性的可能性，但我认为，将这一情形作为关注的焦点可能是不明智的。其中一个理由便是，如果我们不相信亚当和夏娃的每单位效用值在公平的计算中应该被视为相等，那么我们便不能够系统地按亚当和夏娃效用尺度的单位来使用货币。但是，第 2.5.4 节的论据产生了另一个重要的理由，其将我们对公平规范的使用追溯到我们对原始食物分享的思考。

这种关于食物分享的安排源于局中人对自己进行保险的需求，以应对狩猎或采集中遭遇到坏运气。在最简单的情形中，假设局中人知道他们之中的一个人将在星期一获得 2 个苹果，而另一个人则会一无所获；而在星期二,两人的情况则会颠倒过来。假设苹果是易腐烂的,甚至不能存储过夜。如果局中人对不同时间消费所产生的效用都保持风险中性的态度——正如在折现的范例中那样,那么局中人通过分享,使其在星期一和星期二都能吃到1个苹果的交易将不具有任何优势。每个局中人对于随机地选择一天饥饿而另一天吃饱的博彩方式都感到同样高兴。

想要在保险契约有意义的情形中研究物资转移,我们就需要走出浮现于我们脑海中的最简单的数学模型。然而,在不引入任何复杂设计的前提下,我们仍然有可能将苹果分享的案例用于分析。

不同于第2.5.4节,将亚当和夏娃视为隐藏于"不确定性之幕"背后的无知大众,这里将其视为被剥夺了信息的局中人Ⅰ和局中人Ⅱ。在他们的"不确定性之幕"背后,他们不知道自己最后会变成亚当还是夏娃。于是,他们通过磋商以相信两种状态都具有相同的可能性。为了评估这一情形,他们需要确定由亚当和夏娃所玩博弈 H 的合作收益区域。

在这里所讲的最简单的故事中,亚当在星期一发现2个苹果而在星期二一无所获;夏娃则在星期二发现2个苹果而在星期一一无所获。在博弈 H 中,亚当的纯策略由他在星期一给予夏娃的苹果数量 a 所构成;而夏娃的纯策略则由她在星期二给予亚当的苹果数量 e 所构成。如果我们忽略自由处置的可能性,那么他们对策略的选择会使得亚当持有束 $(2-a,e)$,而夏娃持有束 $(a,2-e)$。

在具有无限耐心局中人的折现范例的最简单版本中,一个束 (m,t) 被赋予效用 $u(m,t)=m+t$,其中,m 是星期一的消费量,而 t 为星期二的消费量。于是,局中人对于束(2,0)、(1,1)、(0,2)都感到同样满意,并且我们被导向图3.5(b)中的收益区域 Y。但我们已经看到,这样的假设所暗含的风险中性将导致保险交易毫无意义。

为了适当地对保险问题进行建模,我们采用以下函数形式:

$$u(m,t)=\{(m+1)(t+1)\}^{\frac{1}{4}}$$

这样,两个局中人都变成风险规避并且偏好于每天消费1个苹果,而不是随机地选择一天消费2个苹果。在这种情形下,收益区域 Z 是怎样的呢?根据算术平均数和几何平均数的不等式,有:

$$x_A^2+x_E^2=\{(3-a)(e+1)\}^{\frac{1}{2}}+\{(a+1)(3-e)\}^{\frac{1}{2}}$$
$$\leq\frac{1}{2}(4-a+e)+\frac{1}{2}(4+a-e)=4$$

当 $a+e=2$ 时,上述不等式取等号,这意味着集合 Z 的帕累托前沿正是如图 3.5(b)所示的半径为 2 的 1/4 圆。

轮流 抓阄和物资转移都是分配事物的方式,都可以在单次博弈中成功地建立模型。即使是上文中考虑的保险交易,也可以通过将星期一和星期二合并为一个时期,而塞进单次博弈的形式之中。但是,当事物的分配是轮流决定的,正如足球队轮流在球场的一端进行防守一样,我们就不可避免地与维系交易的惩罚机制一起,研究重复博弈中的分配机制。

图 3.6(a)展示了两台自动机——“汉普蒂”(HUMPTY)和“邓普蒂”(DUMPTY)。它们能够玩重复囚徒困境博弈。如果亚当选择“汉普蒂”而夏娃选择“邓普蒂”,那么博弈通过以下序列循环进行:

(鸽,鸽),(鸽,鸽),(鸽,鸽),(鸽,鹰)

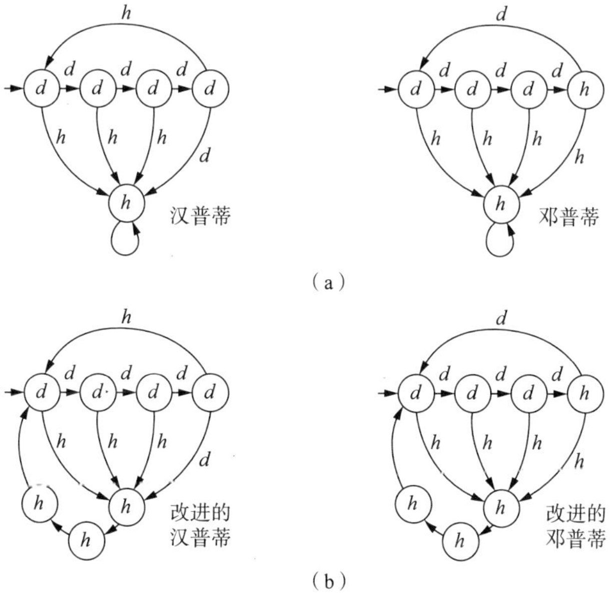

图 3.6 汉普蒂和邓普蒂

因此,在图3.1(b)中,亚当和夏娃花了3/4的时间在收益对(2, 2)上,并花了1/4的时间在收益对(−1, 3)上。对时间进行平均,就可以得到每次博弈收益对 $x=\left(1\frac{1}{4},2\frac{1}{4}\right)=\frac{3}{4}(2,2)+\frac{1}{4}(-1,3)$,如图3.1(b)所示。如果亚当和夏娃同意以3/4的概率采取(鸽,鸽)而以1/4的概率采取(鸽,鹰),那么计算他们期望收益的方式与上述计算方式相同并不是偶然的。毕竟,如果我们在循环中随机地选择一个时间点,那么发现(鸽,鸽)的概率为3/4,而发现(鸽,鹰)的概率为1/4。出于同样的原因,我们可以通过循环某个适当的纯策略结局序列,以任意地接近博弈 G 收益区域中的任意一点。[1]

无名氏定理的精华在于,它解释了为什么(汉普蒂,邓普蒂)这一策略对是一个纳什均衡。在第1卷第2.2.6节中,我曾经使用类似的推理展示了,当局中人并非太没耐心时,(针锋相对,针锋相对)是无限期重复囚徒困境博弈的一个纳什均衡。当应用于策略对(冷酷,冷酷)时,论证最为容易,第3.2.2节已经将其作为无限期重复囚徒困境博弈中维持合作解的一个均衡的案例。

如果亚当和夏娃都采用如图3.3所示的“冷酷”(GRIM)策略,那么他们总是会进行合作,并因此每次获得数值为2的博弈收益。当然,如果他们都采用鸽策略,那么也可以获得相同的结果,但这要求局中人总是采取鸽策略而不管对手如何反应。但是,(鸽,鸽)不同于(冷酷,冷酷)之处在于,其并非是一个纳什均衡。如果夏娃坚持使用鸽策略,那么亚当可以通过偏离至鹰策略而将其每次博弈收益从2提升到3。但是,如果夏娃坚持使用“冷酷”策略,那么亚当除了“冷酷”策略之外,没有更好的选择。如果他在某一个阶段无缘无故地从鸽策略切换到鹰策略从而产生偏离,那么“冷酷”策略便会使夏娃从合作的状态切换到惩罚的状态,并永远冷酷地采用鹰策略。因此,任何亚当的偏离行为都会导致他的每次博弈收

[1] 其识别是近似,因为使用有限自动机只能得到理性的权重。

益从2降低到几乎为0。因此对于亚当来说,永不偏离"冷酷"策略是其最优选择。由于这对夏娃来说也是如此,因此(冷酷,冷酷)是一个纳什均衡。

同样的论据可以证明(汉普蒂,邓普蒂)是一个纳什均衡。如果任何一个局中人偏离既定的均衡循环,那么对手就会永远转向鹰策略,以使得产生偏离的局中人每次获得几乎为0的博弈收益。由于采用均衡策略使两个局中人都能获得大于0的收益,因而任何一个局中人都没有激励采取偏离行为。

显然,这一论证对于图3.1(b)阴影部分中的任意结局都是成立的。但是,在一些不如囚徒困境残酷的博弈中,局中人没有像鹰策略那样的占优策略作为威胁对方的手段以维持秩序,那又会发生什么呢?

3.3.5 罪与罚 □

为了刻画在一般情况下作为均衡的可维系的分配安排(sharing arrangement),我们需要讨论一个局中人在博弈中的最小最大值(minimax value)。

最小最大 亚当的最小最大值可以通过寻找在长期中夏娃能够施加于亚当的最大惩罚而获得。"长期"这一附带条件之所以重要,是因为亚当最终能够搞清楚夏娃在使用怎样的惩罚策略,并采取他自己的策略以最小化其对自己收益的影响。夏娃预测到亚当会采取一个最优反应策略 s 来应对她选择的惩罚策略 t。因此,想要对亚当造成最大伤害,她可以选择某个 t 以最小化亚当在知道她选择 t 时所能获得的最大收益。 □

如果局中人被局限于只能使用纯策略,那么找到亚当在一个博弈中的最小最大值 $\bar{m}_A$ 的第一步便是,找出亚当在博弈策略形式的每一列中的最大收益。在如图3.7(a)所示的博弈中,这些最大收益用圆圈标出。第二步即最后一步便是,找出这些最大值中的最小值。在图3.7(a)中,

用这种方法找到的 $\bar{m}_A$ 值用方框标出。类似地,$\bar{m}_E$ 是通过找出夏娃在各行中的最大收益的最小值而获得。最小最大点(minimax point)$\bar{m}$ 即是 $(\bar{m}_A, \bar{m}_E)$。

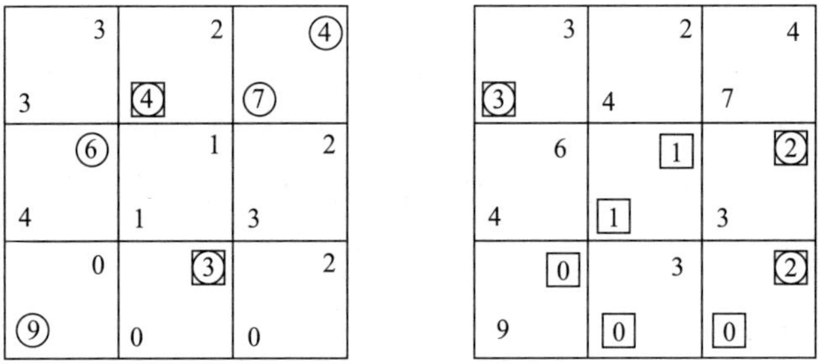

(a) (b)

$\bar{m}=(4, 3)$
$n=(7, 4)$

$\underline{m}=(2, 3)$

图 3.7 最小最大和最大最小

在如图 3.1(a)所示的囚徒困境中,$\bar{m}=(0,0)$。无论一个局中人对另一个局中人施加怎样的惩罚,对手的最优回应都是采用鹰策略。因此,第一个局中人除了自己采用鹰策略以外,没有其他方式能使对手遭到更多的惩罚。在如图 3.7(a)所示的博弈中,当局中人只能采用纯策略时,$\bar{m}=(4,3)$。

一个更一般的无名氏定理 这里给出了重新定义如图 3.6(a)所示的"汉普蒂"和"邓普蒂"策略的必要元素,以适用于更为一般的情形。

在博弈合作收益区域 W 中,选择任意一个收益对 $x \geq \bar{m}$。因为 W 是博弈中使用纯策略所能获得的收益对集合的凸壳,因而亚当和夏娃可以通过协议,以一个适当的概率 p 实施每一个纯策略对 (s,t) 以达致点 x。为了在轮流决策中取得同样的效果,他们需要以这样一种方式进行循环,即他们需要对每一个策略对 (s,t) 花费具有恰当比例 p 的时间。[1]

〔1〕 如果 p 是一个无理数,他们就不能够完全按这样去做,但是他们能够选择尽可能地逼近。

正如在“汉普蒂”和“邓普蒂”中那样,为这种反对偏离行为的循环进行辩护的最简单方式,就是引入一个“冷酷”惩罚计划。如果任何局中人偏离了这一循环,那么另一个局中人便会永远地切换到一种状态,即采取策略以使得对手只能获得其最小最大值。由于在坚持循环的情况下,他至少能够获得他的最小最大值,因而任何偏离行为都无利可图。于是,一个纳什均衡就被建立起来以维系博弈结局 x。

尽管我们经常强调以下事实,即这样的互惠机制可以在一个无限期重复博弈中被用于维系具有帕累托效率的均衡状态,但更重要的是,我们需要意识到同样的机制也能够被用于稳定非效率的均衡状态。如果允许自由处置,这样的机制甚至可以被用于维系这样的均衡,即允许一个局中人烧毁足够多的金钱以使收益降低至他的最小最大值。一些人类学的报告认为,一些现代的狩猎社会的确行使着这样的社会契约,在这样的社会中,上述现象在一定程度上表现了出来。然而,上述机制与本书的主要相关点在于,这使得如下假设成为可能,即对所有实际目标而言,可行社会契约集 X 不仅是凸的,而且是综合的。

最小惩罚　上述对无名氏定理的辩护抽象掉了很多真实世界的复杂特征。特别地,局中人被假设为理想化的理性人,所以他们从不偏离均衡路径。因此,当他们迷路时,等待他们的惩罚也只是假设而已。倘若充分阻止偏离的行为,那么惩罚的严重程度也就变得无足轻重。直到现在,我们都遵循阿布鲁(Abreu)[1],并利用这一事实,探索在无限期重复博弈中能够作为均衡状态来维系的结局的范围,而不允许所施加惩罚的力度大小来混淆这一问题。所有的惩罚都被调到最大限度。但我们有充分的理由相信,植入真实社会契约中的惩罚其实很少那样严厉而苛刻。

不像传统博弈论中理想的理性局中人那样,真实的人类可能会由于粗心大意或者愚蠢的误判而难以保证从不偏离均衡路径,因此,真实的社会契约会设定最大限度的惩罚这一点成立的可能性就大打折扣。不管我们的动机有多么好,我们有时也必须预期到我们自己会遭到惩罚。事实上,如果我们认为所有人用来表达不同意信号的微妙装置是有价值的,那么我们总是在以细小的方式遭受惩罚。是否有其他方式去解释暗中收起礼节、半转的肩膀、看似揶揄的挑衅言论、撅着的嘴唇、尴尬的沉默、寻找更合得来的伙伴的游离眼神、忘记了我们是谁或为什么我们重要?在复杂的社会生活中,除了利用同伴给予的暗示和线索以作为一种控制机制,使我们在迷路时能被拉回均衡路径之外,我们难道还学会了其他开辟路径的方法吗?〔1〕

当设定一些可能会施加于我们自己或者我们爱的人的惩罚时,我们都具有一个共同的利益,即在不影响其威慑功能的前提下,将其严厉程度控制在最低的限度。〔2〕它们可能仅仅是可感知的,但正是这种习俗的"蛛丝"在维持社会契约正常运作方面具有至关重要的意义。

如何修正"汉普蒂"和"邓普蒂"以使得其管理的惩罚最小化而不是最大化?为了正确研究这一问题,我们必须暂时将"时间连续性"这一假设搁置一边,因为这一假设完全忽略了由于偏离而获得的短期收益。

假设我们修正了"汉普蒂"和"邓普蒂",以使得鹰策略只能被采用3次,而不是永久地切换至鹰策略以惩罚任何偏离——并忽略对手在被惩

---

〔1〕 的确,有时候这样的信号并不是针对我们个人的行为,而是针对我们被认为所代表的社会群体的行为。传统的道德不可救药地将这种行为谴责为"责备无辜"。我也不喜欢这一点,但毋庸讳言的是,这不可能成为一种在多人社会中维系社会契约的有效技术(第3.4.4节)。这就是为什么传教士们总是企图强化他们内部成员的排外情绪,尽管他们在口头上赞同普世的兄弟之爱。即使像佩斯里(Paisley)那样的尼安德特式(Neanderthal)的偏执狂,当他宣称自己是一个牧师并且发现了一个新的新教宗派时,他甚至可以在北爱尔兰逃脱被嘲笑的命运。

〔2〕 当然,当资产阶级为无产阶级设定惩罚时,没有采用这样的约束。于是,骗取穷人积蓄的维多利亚时代的骗子只遭到了象征性的惩罚,而那些为了果腹而偷窃的儿童则被投入监狱或被流放。现在的三次失败教条(three-time loser doctrine)正令人不快地提醒着我们,这样的维多利亚时代的思想还远没有消亡。即使我们面对两次罢工运动,像我们这样的受人尊敬的人永远不会绝望或轻率到去偷披萨饼的地步,因为我们知道,如果被抓到,就面临着终身监禁。只有那些卑微的人们发现自己处于如此尴尬的境地。当我们获知我们被教导并引以为豪的司法制度以我们的名义施加于社会之上的种种苦难时,我们对于人际比较的标准使我们维持着一种严格的正义感。

罚时的行为，之后这一被修正的自动机便切换回均衡循环的开端。图 3.6(b)展示了以上述方式运作的“汉普蒂”和“邓普蒂”的修正版本。

如果亚当考虑在博弈的第五轮中采取第一次欺骗行动，并且使用修正的“邓普蒂”以最优地应对来自夏娃的惩罚，那么他就需要比较以下两个收入流：

$$2,2,2,-1,2,2,2,-1,2,2,2,-1,\cdots$$

$$2,2,2,-1,3,0,0,0,2,2,2,-1,\cdots$$

如果在连续两轮博弈之间的时间间隔 τ 足够小，那么亚当采取偏离行为的总收益大约为 $1-2-2+1=-2$。由于收益为负，因而即使夏娃惩罚的严厉程度显著下降，这仍然阻止了亚当采取欺骗的行为。

混合策略与最大最小值　当人们谈及亚当的最小最大值 $\bar{m}_A$ 时，他们其实指的是亚当的最大最小值 $\underline{m}_A$，这就产生了混淆。回顾第 0.4.1 节可以发现，$\underline{m}_A$ 是指不管夏娃选择怎样的策略，亚当都能够确保的最大收益。正是基于这个原因，$\underline{m}_A$ 被称为亚当的安全水平(security level)。一个能够确保亚当至少获得其安全水平的策略被称为安全策略。

在图 3.7(b)中，找出亚当的最大最小值，首先需要用方框标出他在每一行中收益的最小值。他的最大最小值 $\underline{m}_A$ 正是这些最小值中的最大值，用圆圈将其标出。在如图 3.7 所示的博弈中，其最大最小点便是 $\underline{m}=(\underline{m}_A,\underline{m}_E)=(3,2)$。

在第 1 卷第 4.6 节中，我详细讨论了关于局中人的最大最小值的思想，并代表罗尔斯评价了下述观点，即最大最小准则给出了局中人在“无知之幕”背后如何做决策的解决方法。这类观点往往起源于对冯·诺依曼[537]著名的最小最大定理的一些误解。该定理认为，在任何一个有限博弈中，都有 $\underline{m}=\bar{m}$ 成立——倘若我们允许局中人使用混合策略的话。在两人零和博弈中，这一结论具有基础的重要性，因为这意味着局中人的安全水平之和为零。正如在第 1 卷第 4.6 节我解释的那样，该定理进一步告诉我们，两人零和博弈中的一对混合策略是一个纳什均衡，当且仅当这对策略中的每一个策略都是相应局中人的一个安全策略。特别地,如果在两人零和博弈中,一个纳什均衡结局是 n,那么必然有 $\underline{m}=\bar{m}=n$ 成立。

如果在两人零和博弈中,局中人是理性的这一点是共同知识,那么他们将会玩出一个纳什均衡。在两人零和博弈中,最小最大定理意味着每个局中人都会采用最大最小准则以选择一个策略。但它并没有说明,最大最小准则对于解决其他博弈的决策问题会有什么好处。在一般情况下,博弈的一个纳什均衡结局 n 与其最大最小点以及最小最大点之间的关系,仅为下式:$\underline{m}\leq\bar{m}\leq n$。图 3.6 中的博弈证明,当局中人被限制于只使用纯策略时,上式中的两个不等号都会变成严格的不等号。当我们允许局中人使用混合策略时,最小最大定理依然成立,即 $\underline{m}=\bar{m}$。然而,在本书中作为纳什均衡案例的每个博弈,几乎都产生了超过局中人安全水平的收益。

产生这一背离最小最大定理现象的主要原因在于,即使在允许局中人使用混合策略的情况下,仍然存在某种版本的无名氏定理是成立的。如果我们允许局中人能够看到对手在每一轮博弈之后用于选择其纯策略的随机装置,那么证明这一定理并不困难,但如果没有这一不现实的假设,局中人便不得不应对一个棘手的难题,那就是如何侦测那些不能被直接观察到的欺骗行为。

例如,可能的情况是这样的:夏娃的均衡策略要求她总是需要通过抛硬币的方式来决定采取怎样的行动。如果她不以这种方式行事,那么亚当就有义务去惩罚她。然而,亚当看到的仅仅是夏娃实际所采取的行动,而不是硬币下落的过程。例如,假设夏娃总是采取对她有利的行动,却宣称自己没有作弊,因为她的硬币恰巧每次都正面朝上。那么在亚当停止相信她并开始着手惩罚她之前,她会有多少次机会做出这样的宣言呢?

为了避免进行统计分析而打扰了奥登(Auden)的鬼魂,这一问题的答案暂不公开。[1] 但底线则是，在引入混合策略的情况下，无名氏定理几乎是成立的。因而在一个无名氏定理的背景下，当允许采用混合策略时，最大最小和最小最大这两个概念可以互换使用。特别地，一个博弈合作收益区域中的任何一个结局 x 都能够作为一个社会契约而得以维系，倘若这一结局至少能够赋予局中人安全水平的话。

3.3.6　相互监管的监管者

正如我反复强调的那样，如果一个社会谎称它的官员在执行所指派的与其个人利益相冲突的职责时总是能够被信赖，那么这个社会便埋下了毁灭自己的种子。因此，我们必须学会接受某种次优的社会，这种社会可以通过所设计的激励方案联合起来，以说服官员通过推进国家利益来谋取他们的个人利益。但是，谁来管理这样的激励方案？同时，他们的激励又是什么？

正如第 3.1 节所强调的那样，博弈论对“谁来监管监管者”这一经典问题的回答是，“我们必须相互监督”。聚焦于只有两个公民构成的社会的一个优点在于，这使得我们不能够以这种方式对结束责任链条的需求视而不见。亚当和夏娃必须完成需要做的监管工作，因而没有其他人可以指派。

然而，直到目前为止，由于我们将眼光局限于纳什均衡，这便回避了关于监管的问题。于是，就变成了这样一个故事，亚当一直处于均衡的路径之上，是因为他害怕当他偏离均衡时会遭到夏娃的惩罚。但是，夏娃所能采用的惩罚对于她和亚当来说，往往是同样的痛苦。因此，如果亚当偏离了那条狭窄的路径，夏娃有什么激励去惩罚他呢？如果我们不能够识别出这一激励，那么亚当为什么要相信夏娃会真的实施针对其

[1] 你不要与统计学家坐在一起，也不要承认一门社会科学。——威斯坦·休·奥登（W. H. Auden）

冒犯的惩罚呢?

正如在第 1 卷第 2.5.2 节中我所解释的,莱因哈德 · 泽尔腾(Reinhard Selten)[471]引入了子博弈完美(subgame-perfect)均衡的概念以处理这样的问题。要成为子博弈完美,那么一个策略剖面必须不仅是整个博弈的一个纳什均衡,其也必须在每一个子博弈中指定纳什均衡的玩法——无论这一子博弈在均衡中是否会被达到。当亚当考虑采取一种偏离的行为进入一个偏离均衡路径的子博弈时,他就会知道夏娃对这一子博弈的计划玩法与她对整个博弈的计划玩法都是同样理性的。因此,如果这一子博弈完美均衡规定在这一子博弈中夏娃会惩罚亚当,那么她真的就会惩罚他。

幸运的是,如果我们要求可维系的社会契约必须不仅是纳什均衡,而且必须是子博弈完美均衡,那么无名氏定理依然完好无损地成立。解释这一方法论并不困难,尽管除了一个必要的技术细节之外,其他所有技术细节都不在此赘述。

想要处理的技术细节涉及如下假设,即自动机仅仅将对手的上一轮行动作为投入要素。根据这一假设,我们甚至不清楚,在自动机通过偏离均衡路径而反事实地违反自己的程序之后,其将产生怎样的行为。与泽尔腾[471]利用颤抖手解决这类反事实场景相一致(第 1 卷第 3.4.1 节),我们往往假设,有时莫名其妙地采取错误行动这一事实对一台自动机的状态没有影响。根据这一理解,策略对(冷酷,冷酷)和策略对(针锋相对,针锋相对)都不是子博弈完美的。〔1〕

问题的产生是因为,我们不允许局中人的自动机考虑由于局中人未能实施自动机规定的行动而对未来博弈产生的影响。然而,通过将自动机的投入重新定义为两个局中人在上一轮所采取的行动对,这一难题便迎刃而解。这种处理允许自动机在发现其所控制的局中人由于采取一个

〔1〕 对反事实行为的另一个备选解释是,自动机在上一轮之前就莫名其妙地切换了状态并采取了错误的行动,因为它处于错误的状态之下。根据这一理解,策略对(冷酷,冷酷)是子博弈完美的,但策略对(针锋相对,针锋相对)仍不能通过测试。

非均衡的行动而犯错时，采取正确的行动。

根据对自动机设计的这一修正，我们很容易通过确保那些局中人在正在运行的均衡要求他们实施惩罚却未能实施惩罚时惩罚他们自己，从而构建子博弈完美均衡。正如在下述例子中展示的那样，我们甚至可以强迫产生偏离的局中人一起对他们正直的对手进行惩罚！

图 3.8 展示了如何修正如图 3.6(b)所示的改进的"汉普蒂"和"邓普蒂"自动机的惩罚方案，以使得它们成为一个子博弈完美策略对。如果某人决定停止合作并偏离均衡路径，那么两个局中人都加入惩罚他的行列，并进行多轮惩罚以使得其偏离行为无利可图。如果成功实施了惩罚行动，那么两个局中人都将回到均衡路径上来。但如果某人在被要求实施惩罚时而未能实施惩罚，那又会怎样呢？那么这一行为将被惩罚。如果某人未能惩罚那些在被要求实施惩罚时而未能实施惩罚的人，那么这一行为也将被惩罚。以此类推。

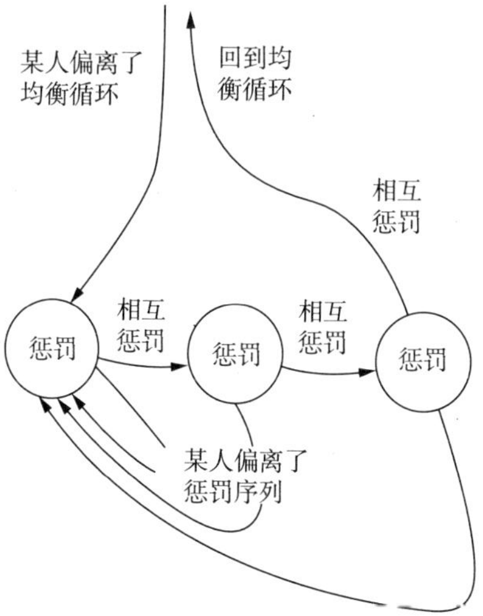

图 3.8　监管监管者

人们可以通过这种相互监督的方式而被控制，而那些成长于集权主义国家的人对于这一事实并不会感到意外。但是，对我们这些生活于更受庇护的社会中的人们来说,并不愿意相信我们社会契约的存续,仅仅是因为始终存在的监督和惩罚抑制了欺骗行为。我们更愿意认为,我们在公园中不践踏草坪,不是因为害怕公众的反对,而是由于我们不想违背社会公德。但我认为,这正好是另一个如何颠倒因果链条的大众心理学案例。这并不是因为我们不想违背社会公德而躲避公众的反对,而是因为我们躲避公众的反对从而使社会责任的价值观藏于内心。我们中的那些过着资产阶级舒适生活的人们已经忽视了这一事实,这仅仅是因为社会是如此成功地调节我们对持续不断的社会刺激和推动的反应,以至于我们甚至难以获取对这一调节过程的童年记忆。

3.3.7 针锋相对?

尽管无名氏定理对于理解人类社会契约中权利与义务的角色具有深刻的意义,但是这一定理长期被经济学家以外的学者严重忽视,并长达二十多年之久。直到特里夫(Triver)[524]创造了"互惠利他主义"(reciprocal altruism)一词,才使得无名氏定理受到公众的关注。然而,正是后来艾克斯罗德出版的[31]《合作的演化》才真正使无名氏定理大行其道。现如今,所有社会科学家们都知道"针锋相对"。不幸的是,许多关于"针锋相对"范式的观点不是过分夸张就是错得离谱。更严重的是,这一范式的广为流行甚至掩盖了一个重要事实,那就是除了幼稚的成对互惠行为之外,还有很多其他支撑社会契约的方式。

艾克斯罗德的奥林匹克竞赛 在第1卷第3.2.5节中,我详细讨论了针锋相对战略的幻想。为了重现演化过程,艾克斯罗德邀请各种社会科学家提交计算机程序以进行一个奥林匹克竞赛,在这一竞赛中,每个参与者都会在一个重复囚徒困境中与其他所有参与者进行配对。在学习了尝试性的第一轮博弈的结局之后,参赛者提交了63种能够实施的博弈策略的计算机程序。例如,心理学家阿纳托尔·拉帕波特(Anatole

Rapaport)和经济学家詹姆斯·弗里德曼(James Friedman)分别提交了“针锋相对”策略和“冷酷”策略。

在这一奥林匹克竞赛中,“针锋相对”是最为成功的策略。为了模拟其63种策略演化所产生的效果,艾克斯罗德使用了一个升级规则,以确保在一轮竞赛中获得较高收益的策略,在下一轮竞赛中有更多的数量。在演化模拟结束时,“针锋相对”策略在所有幸存下来的计算机程序中具有最大的数量,这一事实解决了艾克斯罗德的问题,于是他进而提出“针锋相对”策略是一种可以在很大范围内成为解决人类合作问题的合理范式。为了描述它的优点,艾克斯罗德[31, p. 54]说:

> “针锋相对”如此稳健的成功,主要是因为它结合了友好、报复、宽恕和清晰。其友好使之免于不必要的麻烦。其报复打消了对手采取背叛的念头。其宽恕帮助重新建立相互合作。而其清晰则使对手易于理解,进而促使长期合作。

这些宣言究竟在何种程度上是正确的呢?在实验中,结果表明“针锋相对”策略在艾克斯罗德的模拟中并不是非常成功。且当最初参赛者群体类型多样时,其有限的成功也不具有稳健性。当最初的参赛者群体由图3.3中所有的26台自动机构成时,那个从不宽恕的“冷酷”策略却有极好的表现。倘若某一小部分值得利用的傻瓜持续不断地流入系统,那么我们也不要期待能够演化出从不首先采取鹰策略的友好机制。至于“清晰”这一点,演化出合作的所有必要的事物便是一个突变异种能够识别出其自身的一个副本。于是,在艾克斯罗德的清单上只剩下一个要求,即一个成功的策略必须能够报复。但是,这仅仅适用于成对(pairwise)互动的情况。正如第3.4节表明的,在多人互动中,并不必然是受损失的一方去惩罚欺骗者。

在证明这些反对理由之前,我们有必要回应纳赫巴(Nachbar)[377]的更为激进的批评:艾克斯罗德错误地模拟了一个有限期重复囚徒困境的演化过程。由于在有限期重复囚徒困境中,使用纳什均衡的必然结果为总是采用鹰策略,因此,如果在最初的参赛者群体中对每一个策略都有所呈现,那么我们并不需要一个计算机模拟就可以知道哪一个策略会生存下来。最终胜出的策略便是永不合作。

正如第1卷第3.2.5节所解释的,纳赫巴认为,艾克斯罗德在运行其演化模拟中疏忽地采用了有限期重复囚徒困境,这一点的确没错,但这一事实并不必然能够推翻艾克斯罗德的结论,因为在63个参赛程序中,没有一个被编程以利用有限期重复博弈的终端效应。事实上,当林思特(Linster)[327, 328]将有限期重复囚徒困境替换为无限期重复囚徒困境时,他获得了接近于艾克斯罗德所报告的效果。然而,与流行的观点相悖的是,在其获得的结果中,并不仅仅只有"针锋相对"策略生存了下来。实际上,生存下来的是某些策略的混合物,其中,"针锋相对"具有最多的数量,但尽管如此,它也仅仅占了整个群体的1/6强。

"针锋相对"策略能在幸存的策略中以多数胜出,到底有多重要呢?理论对于回答这一问题提供了帮助。我们知道,林思特的模拟只能收敛到63×63策略形式的众多纳什均衡中的一个,且博弈的纯策略来源于提交给奥林匹克竞赛的计算机程序。如果系统从每一个策略控制相同份额的群体开始,那么艾克斯罗德的研究表明,系统会收敛到一个混合的纳什均衡,其中,"针锋相对"策略将以约1/6的概率被采用。然而,我们可以令系统从任何一个我们喜欢的稳定均衡的吸引域出发,以使得系统收敛于63×63博弈的各种纳什均衡之上。艾克斯罗德尝试了6种不同的初始条件,并发现"针锋相对"策略有5次在幸存的策略中赢得了多数。林思特[327, 328]系统地探索了所有可能的初始条件,并发现"针锋相对"策略只有在1/4的时间里最终获得了最大的概率。

但是,为什么我们要将自己限制于艾克斯罗德的63种策略呢?为什么不遵循林思特[327, 328]并以所有自动机至多有两个状态而开始实验?那么,系统就从很大范围的初始条件收敛于一个混合的解决,其中"冷酷"策略将以超过1/2的概率被采用。然而,"冷酷"策略是从不宽恕的。相反，正是其对任何偏离进行永久且冷酷无情的惩罚，才使其获得了这个称号。

艾克斯罗德认为，"针锋相对"策略符合友好这一演化的要求，为了评价这一点，我们有必要求助于模仿基因突变和性别变异的噪音过程的模拟实验。在一篇极具创新的论文中，艾克斯罗德[32, 33]为了这一目的，率先使用了霍兰德(Holland)[257, 258]的基因算法。〔1〕艾克斯罗德这一初步的研究仅仅考虑了具有 50 个世代的 40 次模拟，但普罗布斯特(Probst)[411]后来干得更为彻底，在不施加复杂约束的前提下，运行了数量极大且历经时间很久的模拟。〔2〕艾克斯罗德[32]发现，"狠角色"们(mean machine)在其 40 次模拟中只有 11 次最终是成功的，但是普罗布斯特指出，艾克斯罗德错误地认为这是"针锋相对"策略这类幼稚的报答者最终接管之前的一个转瞬即逝的现象，从而将其忽视。恰恰相反，正是"针锋相对"策略这类幼稚的报答者最初获得的胜利，才表现出转瞬即逝的样子。在长期中，"狠角色"们取得了胜利。因而这表明，艾克斯罗德[31]宣称的在无限期重复囚徒困境博弈中我们可以期待演化能够产生友好的策略是错误的。

图 3.3 中的"针尖对麦芒"策略是普罗布斯特模拟中涌现出来的"狠角色"中的最简单的一种类型。一个使用"针尖对麦芒"策略的局中人一开始便试图利用他的对手，并且只有在他发现她也在以同样的方式在利用他的时候，才开始进行合作。尽管生物学家诺瓦克和西格蒙德(Nowak and Sigmund)[388, 389, 390, 391, 493]没有进行如此决定性的模拟，但也得到了与普罗布斯特类似的结论。他们将"针尖对麦芒"策略称为"巴普洛夫"(PAVLOV)，因为当其胜利时，它将处于相同的状态；而当其失

〔1〕艾克斯罗德将其较早研究中的确定性模拟归属于"生态的"模拟，以区别于这些"演化的"模拟。

〔2〕第 1 卷第 3.2.5 节报告了普罗布斯特在巴塞尔撰写硕士论文时所运行的最初的模拟。他在博士论文中的后续研究很快就发表了[波拉克和普罗布斯特(Pollack and Prbst)[411, 407]]。

败时,它就会转移。〔1〕

艾克斯罗德[31, p. 21]的《合作的演化》的最新续篇忽视了本节综述的来自博弈论专家的广泛批评。其注意到了一些生物学家的不安,但尽管如此,仍然重申了他原来的观点,即"针锋相对"策略体现了用于无限期重复囚徒困境博弈的有效策略的核心特征。但是,这又如何解释他自己发现的演化有时会有利于"狠角色"这一现象呢?他认为"狠角色"表现出色,仅仅是因为它们能够利用傻瓜。如果他的模拟能够运行得更长一些,他宣称,一开始表现出色的"狠角色"就会在消灭了傻瓜之后中途被淘汰出局,而这些傻瓜正是"狠角色"获得成功所需要依赖的。

这一论证背后的直觉对于最初由鹰策略者、鸽策略者和"针锋相对"策略者构成,且不允许新的陌生人入侵的群体来说,当然是成立的。如果鸽策略者在一开始占据多数,那么鹰策略者在最初便会表现出色,但之后他们会与鸽策略者一起逐渐消失,且他们成功捕食鸽策略者的频率也逐渐下降。但是,来源于这一例子的直觉并不能推广至当"针尖对麦芒"策略者替代了鹰策略者时的情形。如果我们将后一系统从一个正确的吸引域开始启动,那么群体最终将仅仅由"针尖对麦芒"策略者构成。〔2〕即使艾克斯罗德[33]在其新书中做出的复杂思考,也不能逆转这些理论观点。恰恰相反,宾默尔和萨缪尔森(Binmore and Sam-

〔1〕在他们较早的著作《囚徒困境》中,拉帕波特和夏玛(Rapaport and Chammah)[415]有偏见地将"针尖对麦芒"策略归属于"傻瓜"(SIMPLETON)策略。[回忆一下,安纳托尔·拉帕波特(Anatole Rapaport)在第1卷第3.3节中可是个大人物,他是致力于证明在单次囚徒困境中合作是理性行为的其中一个化圆为方者。]而我更偏好于坚持使用宾默尔和萨缪尔森[41]引入的术语,因为它认识到了博弈开始阶段的信号发射功能的重要性,在这一阶段,两个"狠角色"会试探对方具有利用价值的可能性,并最终决定是否相互合作。阿布鲁和鲁宾斯坦(Abreu and Rubinstein)[5]对这一点进行了详尽的讨论。

〔2〕尽管下述事实也同样成立,即如果系统从第二个吸引域出发,那么最终的群体将根本不会包含"针尖对麦芒"策略,然而吴和艾克斯罗德[568, 33]在试图反驳诺瓦克和西格蒙德对"巴普洛夫"的观点时,忽视了类似的一点。他们将"针尖对麦芒"和其他三个策略加入艾克斯罗德最初生态模拟的原始群体中。这一干扰并不足以将系统移入包含"针尖对麦芒"策略的均衡混合物的吸引域,但那又怎么样呢?

uelson)[84]发现,将这些复杂思考引入演化分析,动摇了所有不包含"狠角色"的均衡混合物的稳定性。而由"针尖对麦芒"这一"狠角色"以及其他两个友好策略——"半斤"和"八两"——构成的混合物,则被证明具有特别的稳定性。

为什么"针锋相对"幻想没有破灭?　为什么像雷德利(Radley)[426]这样的科幻作家仍然使用"针锋相对"策略以作为人类合作的范式呢?难道他们不能理解本节综述的对艾克斯罗德研究的批评吗?

"针锋相对"策略得到支持有时是由于误解,误以为这不过就是日常英语中"一报还一报"的意思。于是,进一步的混淆就开始产生,因为通俗的用法携带了一种公平的内涵。例如,一名记者最近告诉我,"针锋相对"是一个科学的事实,因为獾相当平均地分配了相互梳理皮毛的时间。但是,为什么这与"针锋相对"策略有关系呢?即使在日常英语中,"一报还一报"中的"一报"是指与罪行相适应的惩罚。

做出这一论断并不是否认,当我们想要将"一报"与"另一报"匹配起来时,需要诉诸公平的原则。恰恰相反,第 3.7.3 节强调,当亚当在一个公平交易中采取欺骗行为时,自然的反应是让夏娃采取任意一种必要的行动以恢复在交易达成之前运行良好的现状。有欺骗行为的局中人承担的损失相当于他实施这一交易预期能够获得的收益。由于这些收益是采用现行的公平标准计算出来的,因而夏娃惩罚亚当的偏离行为所导致的损失也是这样计算的。因此,"一报"是非常公平地取决于"另一报"。然而,这种对公平的考虑在艾克斯罗德[31]为"针锋相对"戴上胜利桂冠的奥林匹克竞赛中完全缺席。

其他的科普作家被"演化必然会使我们变得友好"这一理念如此诱惑,以至于他们认为没有必要去检验支持这一理念的科学证据。当他们面对证据的缺陷时,他们便改变自己的立场从而露出马脚。于是结果就变成,他们对于"针锋相对"的热情实际上是基于他们在舒适的中产阶级家庭中成长的经历。[1] 但是,他们为“针锋相对”进行辩护的关于中产阶级社会动态的奇闻轶事,与重复囚徒困境博弈毫无关联,这一博弈刻画的是两个陌生人之间的互动行为。要理解在中产阶级内部组织中运行的社会契约,我们必须记住,中产阶级家庭的子女们参与的是一个多人博弈,且在很久之前就开始了。

代际交叠模型似乎是一个捕捉到科普作家错误使用“针锋相对”标签的直觉思维的最简单博弈,在这个模型中,无论在哪个时刻,都存在三个局中人。有时,一个局中人会去世并立刻被一个新的局中人所取代。在每一个时期,会随机地匹配两个局中人以进行囚徒困境博弈,而第三个局中人则袖手旁观。在很久以前,一个均衡便以某种方式建立了起来,并要求现在的局中人总是采取鸽策略。一个没有这样去做的局中人会发现,下一个与他配对的对手将实施鹰策略以示惩罚——无论这个对手是谁。昨天,局中人是亚当、夏娃和以迦博。但是,以迦博在昨晚去世并被奥利弗(Olive)所取代。夏娃现在与亚当配对。亚当为什么要实施鸽策略以友好地对待她呢?毕竟我们知道存在很多低劣的均衡,这些均衡可以形成由亚当和奥利弗构成的小型社会的社会契约之基础。某个低劣的均衡可能允许亚当和奥利弗试探他们的新对手是可以利用的傻瓜的可能性。但是,这些均衡由于夏娃的存在而变得不可利用,因为她从一开始就随时准备惩罚那些可恶的人以强制推行友好的行为。

更一般地,当儿童在中产阶级内部组织中成长起来时,他们会学着以某种区别于对待局外人的方式来对待其他局内人。那些不遵从的局内人很快就会发现他们被当做局外人对待,除非他们修改自己的行为方式。然而,这正是类似“针锋相对”的策略最远能够达致的地方。自然并没有

〔1〕 有时,角色扮演的课堂练习也会被提及。在课堂练习中,无报酬的相互认识的学生的表现正如“针锋相对”策略所规定的一样好。但是,这样的学生也经常在单次囚徒困境中采用鸽策略!第0.4.2节解释了,为什么我不相信源于这类课堂练习的“典型事实”具有科学价值的原因。我们当然不能够推断真实世界中富有经验的陌生人之间的互动行为。即使对于合理控制下的实验室试验,也需要极其谨慎地进行解释。

将运行于中产阶级内部组织的相同的美妙与光明带给整个世界。那些潜伏在黑暗小巷中的心怀暴力和侵害的局外人既不友好,也不宽恕。“鲨鱼”们不仅仅游弋于浑水之中,他们也在灯火通明的董事会议室中活动,并且在权利走廊中巡逻。这种上流社会的鲨鱼在掠夺我们的银行账户以及年迈寡妇的养老金时,总是露出美丽的牙齿。但是,如果我们笑脸相迎并相信他们也是像我们自己一样的好人,那么我们就真的成了蠢货。

政治理论家们不能忍受忽视世界的污秽与丑陋。但说可恶的行为是非理性的,或者说演化会最终将其清除,却恰恰是不正确的。正如休谟[271]警告我们,我们的宪法制度必须全副武装以抵御那些冒充局内人的流氓和无赖发展出来并用于颠覆我们社会契约的现代手段(第3.1节)。更为急迫的需求便是找到减少相互敌对群体之间冲突的方法。塞尔维亚人和克罗地亚人是否能够被劝导以停止将对方视为局外人并重修旧好?北爱尔兰和中东是否还存在希望?

艾克斯罗德[31]给出了一个关于这类合作如何产生的显著案例。在第一次世界大战中,英军和德军部队之间出现了几次短暂的暗中勾结,其间,他们停止了相互炮击。艾克斯罗德[31]将这一行为归属于“针锋相对”策略的思维,但这样的解释忽视了一个明显的事实,即局中人并不是从相互友好的情况开始进行博弈的。将对方视为局外人的群体之间的合作如何能够展开,理解这个问题我认为是至关重要的,但使用一个认为结论是理所当然的模型以致力于分析合作的产生,似乎是毫无意义的。

3.3.8 合作是如何演化出来的? ⧈

无名氏定理总结了许多能够在无限期重复囚徒困境博弈中维系帕累托有效结局的互惠机制。流行的文献并不支持艾克斯罗德[31],并将其归咎于论证“针锋相对”策略是这类机制的唯一例子这一错误命题。他的成就在于,其率先将演化方法用于均衡是如何被选择的问题。

即使当我们将目光从均衡是如何维系的,转向均衡是如何被选择的,仍然存在误解艾克斯罗德的研究的可能性。尽管他是一位政治科学家,但他对于均衡选择的理念与任何有历史记载的社会契约都没有直接关联。所有知道的社会契约都明显是需要追溯到史前时期在社会组织竞争形态之间长期而激烈的斗争的产物。[1] 正如第2.5.3节所解释的,想要正确地理解这种演化斗争,我们需要学习那些演化产生并能够增加一个社会利用新的剩余资源优势以超越其竞争者的公平规范与其他均衡选择机制。但是,艾克斯罗德[31]的运行于真空中的单一社会模型,缺乏一个让这类竞争性均衡选择机制相互竞争的舞台。

艾克斯罗德[31]设计的模拟实验,似乎为演化如何首次使互惠利他主义得以运转这一生物学难题提供了深刻见解,而不是为了告诉我们古代或现代的政治体制。因此,艾克斯罗德的研究显然更接近于威尔金森(Wilkinson)[553]描述的吸血蝙蝠之间分享血液的情形,而不是人类的行为。毕竟,我们在成为人类之前的很长一段时间里都是社会动物。但是,我认为艾克斯罗德的研究与更晚近的重组(retooling)时期也是相关的,在那时,人类放弃了黑猩猩和狒狒社会的等级制组织形式,而偏好于一种无领袖的社会契约。这一假设是由现代狩猎采集社会的人类学研究所提出的,在第4.5节中我简要回顾了这些研究。

现代觅食社会当然没有老板,但我不同于那些人类学家,他们在这一问题上有所研究,并认为这些社会的社会契约过于复杂,以至于不适用于史前狩猎采集者的群体。人们甚至可以强调,如果从秩序维持不需要诉诸警察或法官等粗野事物这个角度来看,当代觅食社会的社会契约远比我们自己的复杂。在一个现代狩猎采集社会中,较小数量的个体就能够使整个群体实施社会契约成为可能——正如在第3.3.7节中提到的三人世代交叠模型中那样。因而第4.5.2节推断认为,原始狩猎采集者之间的食物分享行为,最初必定更接近于无亲缘关系的吸血蝙蝠之间的成对

[1] 这与说演化的进程已经结束还有很大的距离。事实上,苏联国家的崩溃必然会成为见证演化过程的最具戏剧性的事件之一。在所有最近获得的棒球帽之下,谁知道在新与旧之间最终会制定出怎样的妥协呢?

血液分享行为，而不是黑猩猩之间共同分享肉的行为，更不是股东和工人之间对公司剩余收益的契约式分享行为。因此，当亚当和奥利弗在一个互惠的基础上分享食物时，不存在像夏娃一样的第三方来协助以控制欺骗行为。亚当和奥利弗必然会在没有外界协助的条件下，扮演他们自己的警察角色。

演化稳定性　我已经解释了我为什么认为，艾克斯罗德[31]试图研究在隔离外界影响的两人重复博弈中的演化均衡选择问题，或许与我的进取心有关。下一步就是要问，他对于合作产生的不可避免性的观点究竟在多大程度上能够成立？

我们不难看出合作的演化优势。如果我们协调我们的努力，我们都能够得到改善。第2.5.3节清楚地阐释了，为什么在不同社会相互竞争的条件下，我们能够预期帕累托占优对手的均衡选择机制会被演化出来。特别地，失败的社会倾向于在某些社会组织方面模仿更为成功的对手——正如福特和通用公司试图复制日本企业的实践那样。但是，自然一开始是如何将合作这只“兔子”从帽子里拿出来的呢？为什么演化的诡计会将第一个学会利用合作好处的社会扔进熔炉？它是一个巧合？还是某件或迟或早注定要发生的事情？

艾克斯罗德[31]的回答是基于他关于“针锋相对”策略的观点，但是我们已经看到，这些观点从最乐观的角度来看也令人怀疑。我也不相信从其他计算机模拟中去获得宽泛的结论是明智的。正如亚瑟·爱丁顿爵士(Sir Arthur Eddington)对天文学的评论，“不要相信任何一条新数据，直到有理论证实它为止”。那么，关于在重复博弈中的合作演化问题，理论告诉了我们什么呢？

显然，第一个要问的问题是，从梅纳德·史密斯和普瑞斯(Maynard Smith and Price)[348]的角度来看，无限期重复囚徒困境博弈的哪个策略是演化稳定的？根据在第1卷第3.2.3节中给出的理由，在一个对称博弈中，一个策略 s 要成为演化稳定的，其必须满足两个条件：第一，它必须是它自己的一个最优回应,因而(s,s)是博弈的一个纳什均衡;第二,如果策略t是策略s的另一个最优回应,那么策略s在对阵策略t中所获得的收益,必须严格优于策略t对阵自身。

从这一定义中我们立刻可以推断出,在无限期重复囚徒困境博弈中,没有一个纯策略s是演化稳定的。其理由在于,当策略s与自己对阵时,存在没有访问过的部分博弈树。例如,当"针锋相对"策略与自己对阵时,当有人采取鹰策略时所达致的博弈树的部分仍然没有被访问。于是,一个突变异种t就能够出现并以如下方式修改策略s,使之只有在没有被访问过的博弈树的部分出现。例如,无论发生什么都采取鸽策略的单状态自动机,就是"针锋相对"策略的一个突变异种。由于我们不能够从策略s和t与其自己对阵或者相互对阵所采取的玩法中看出差异,因而突变异种t就成为策略s的另一个最优回应,且策略s在对阵策略t中并没有严格优于策略t对阵自身。这意味着,策略s并非演化稳定。特别地,"针锋相对"策略并不是演化稳定的。由鸽策略者建立的一个突变异种的桥头堡在"针锋相对"策略者的群体中不能够被排斥。

尽管这一结论被以泽尔腾[473]为首的来自不同学科的学者反复证明,但神奇的是,艾克斯罗德[31]证明"针锋相对"策略是演化稳定的这一错误观点仍然流通于世。梅纳德·史密斯[347]在其著作《演化与博弈论》中的一个论证更是火上浇油,其展示了"针锋相对"策略是弱演化稳定的。[1] 为了明白这一点,我们只要看到,"针锋相对"策略的任何备选的最优回应都必须在循环中与"针锋相对"策略进行合作,且博弈永远在这一循环中进行。但是,当备选的最优回应与其自己对阵时,它不能够通过总是合作而获得更多。这样,"针锋相对"策略在与备选最优回应对阵中所获得的收益,至少同后者与其自身对阵中所获得的收益一样多。例如,"针锋相对"策略在对阵备选最优回应鸽策略时所获得的收益,正好等同于鸽策略对阵其自身时所获得的收益。

---

[1] 弱演化稳定性是通过将"严格"一词从演化稳定性的定义中删除而获得的。

是否值得对演化稳定性和弱演化稳定性之间的区别进行小题大做呢？为了搞清楚，答案为“是”，回忆一下，在对无限期重复囚徒困境博弈演化的计算机模拟中，没有遇到唯一的赢家。存活下来的群体总是很多策略的混合。例如，在林思特[327, 328]使用如图3.3所示的所有26台自动机的模拟中，策略“冷酷”“针锋相对”“半斤”以及“八两”都以相当可观的数量存活了下来。在弱的意义上，这些策略都是演化稳定的。但是，那又怎么样呢？即使是鸽策略，也在艾克斯罗德和林思特的模拟中以较小的数量存活了下来，而鸽策略根本不具备稳定的性质。

我认为，从对演化稳定性的这一基础研究中，我们至少可以获得两个教训。第一个是，将目光局限于任何一个单一策略都是错误的，不论是“针锋相对”“针尖对麦芒”或其他策略。我们已经看到，一个由“针锋相对”策略者构成的群体，能够被鸽策略和其他很多策略所侵略。一个由“针尖对麦芒”策略者构成的群体，尽管不那么容易被颠覆，但其仍然能够被“半斤”“八两”“崔弟”(TWEETY-PIE)策略，以及其他更为复杂的策略所侵略。

第二个教训则并不那么明显。我们不但必须要准备在拟共生关系中理解一个生存下来的策略混合物，我们还必须接受一个事实，即它们的稳定性很可能是不确定的。自然选择过程必然是充满噪音的，因而我们必须预料到，生存下来策略的占比会随着系统针对微小冲击连续轰炸进行的调整而漂移。在一个更为简单的环境中，宾默尔和萨缪尔森[84, 85, 458]发现，通过以这种方式漂移的系统的均衡组成部分经常包含不稳定点。如果随机漂移持续足够长的时间，系统很可能会找到通向这种不稳定均衡的路径。一个进一步的微小冲击可能会再次启动选择过程，并将系统带入一个完全不同的均衡构成中。

这个情景将与均衡一般是孤立的物体这一通常的误解进行比较。于是，演化可以被设想为，一个小球沿着小坑的边缘向等候在底部的均衡滚动的过程。但是，这一场景只有在很简单的博弈中才能得到支持。在更为现实的博弈中，这个小坑就会变成一个山谷。在谷底平地上的每个点都对应着所研究的博弈的一个均衡点。一旦到了谷底,这个小球就会在基因漂移的影响下随机滚动。这本身并不是一个非常复杂的现象,但宾默尔和萨缪尔森[86]发现,悬谷是相当常见的。如果小球找到了一条通往悬谷的谷底平地的路径,它会像之前那样产生漂移。但现在漂移可能会把小球带到悬崖边的一个不稳定均衡之上,在那里,这个悬谷连接着一个更大的山谷。于是这个小球可能会突然跳入这个更深的山谷,到达等候在下面的一整套全新的均衡。对一个观察者来说,这看起来似乎是自然选择在达到一个均衡之后关闭了进程,但又莫名其妙地重新启动,并将系统迅速带到一个完全不同的均衡状态。至少在重复囚徒困境博弈中,这样的充满动力的胡闹行为乃是家常便饭。

演化和复杂性 我们对演化稳定性的研究,并没有把我们带到很远的地方。如果我们想要能够说点关于演化最终能够创造什么类型的社会契约的有用信息,那么我们就必须将另外一些东西加入模型。建模者的共识似乎在于,传统建模方式所欠缺的因素乃是均衡策略的复杂性。阿布鲁和鲁宾斯坦(Abreu and Rubinstein)[5]、安德里尼和萨布里(Anderlini and Sabourian)[14]、本-普拉斯(Ben-Porath)[50]、宾默尔和萨缪尔森(Binmore and Samuelson)[84]、大卫·库帕(David Cooper)[133]、本·库帕(Ben Cooper)[132]、弗登博格和马斯金(Fudenberg and Maskin)[186]、奈曼(Neyman)[383]、诺瓦克和西格蒙德(Nowak and Sigmund)[388]、皮科内(Piccione)[404]、普罗布斯特(Probst)[411]、鲁宾斯坦(Rubinstein)[446]以及施拉格(Schlag)[465]都写了相关的文章,在这些文章里,策略的复杂性扮演了一个至关重要的角色。然而,不同的建模者提出了不同的假设,于是得到了不同的结论。

或许,各种各样的研究结果仅仅是反映了五花八门的能够观察到的在孤立社会中运行的社会契约。但是,所做出的建模判断足够微妙,以至于如果在整条路线上根本没有人迷失方向,那将是令人吃惊的。在构建一个容易驾驭的模型中,需要回答的问题是无穷尽的。我们应该让局中人保持多大程度的耐心？我们应该取整个种群中的多大一部分来表示一个桥头堡突变异种的规模？在一些特别的区域，取一个较大的比例或许并非不现实。正如艾克斯罗德和汉密尔顿所展示的那样，一个将自己建立在这种区域的突变异种入侵可能很容易就能够蔓延到了种群的剩余部分。应该如何测度复杂性？用一台更为复杂的备选自动机以替代一台简单的自动机，将会产生多大的成本？一台自动机能够达致的复杂性是否存在上限？或者说，一台自动机的复杂性是否仅仅取决于成本？噪音应该如何进入系统？在产出或转换，或此两者同时并存中，自动机是否会颤抖？即使我们致力于同时解决所有这样的问题，我们仍然面临这样一个难题：对每一个问题应该赋予多少权重？

宾默尔和萨缪尔森[84]的下述模型代表了一条穿越各种选项的丛林并通向一个可能世界的路径，在那里，演化必然会产生合作。弗登博格和马斯金[186]沿着其他路径到达了另一个合作的世界。〔1〕但在这一类型的作者中，没有一个会认为，在他们模型的基础上将通常的社会彻底一般化是合理的。

宾默尔和萨缪尔森[84]修改了弱演化稳定性的定义，以使这一因素复杂化。只有当策略 s 不能通过演化稳定性的检验且弱于弱演化稳定的时候，这一修改才起作用。于是，策略 s 在与一个备选的最优回应策略 t 对阵时，所获得的收益就等于策略 t 在与自己对阵时所获得的收益。在这些环境下，我们通过坚决要求增加一个条件而修改了定义，即要求策略 s 不比策略 t 更复杂。正如一个演化稳定策略被称为一个 ESS 一样，一个修正的演化稳定策略被称为一个 MESS。

衡量一台自动机复杂性的一种方法，便是计算其状态的数量。〔2〕

〔1〕 弗登博格和马斯金(Fudenberg and Maskin)[186]假设，在一个机器产出中的颤抖压倒了其他的影响因素。然而宾默尔和萨缪尔森[84]却认为，这样的颤抖是可以忽略的。

〔2〕 在一篇扩展了鲁宾斯坦[445]讨价还价模型建模技术的文章中，宾默尔等[81]引入了一个更加弱的复杂性测度方法，也得到了相同的结论。

针锋相对策略有两个状态,因而比鸽策略更为复杂。在定义中,令 s=针锋相对策略而 t=鸽策略,我们可以发现,针锋相对策略并不是一个 MESS。但是,针尖对麦芒(tat-for-tit)策略则是一个 MESS,因为鸽策略和鹰策略都不满足将复杂性要求引入博弈的必要条件。注意到,针尖对麦芒策略在其与自己对阵时使用了所有的状态,但针锋相对策略则没有。正如阿布鲁和鲁宾斯坦观察到的,在更为一般的环境中,一个 MESS 在其与自己对阵时,从来没有一个状态会不被使用到。如果策略 s 有一个没被使用的状态,那么我们可以将其更新以排除那个没被使用的状态,并建立起一个降低了稳定性的自动机 t。

假设无限期重复囚徒困境博弈的某个纯策略是一个 MESS,但当其与自身配对进行博弈时,却最终没有进入合作状态。于是,一个使用这一策略的正常种群便可以被一种特定类型的使用罗伯森(Robson)[430]"秘密握手"(secret handshake)策略的突变异种所侵略。这一战术使得一个突变异种在与一个正常策略博弈时所获得的收益等同于一个正常策略在与另一个正常策略博弈时所获得的收益。但当这个突变异种与自身的一个副本进行博弈时,它能够获得数值为 2 的合作性每次博弈收益。这样的一个突变异种比一个正常策略表现更好,因而它会扩展其桥头堡直至它接管了整个种群。因此,它的存在便与假设——一个 MESS 在长期中不能与其自身合作——相矛盾。也就是说,如果一个纯策略是一个 MESS,那么当其与自身的一个副本配对进行博弈时,它最终总会一直使用鸽策略。

秘密握手策略建立于在首轮博弈中选择一个异常行动的基础上。这使得突变异种们能够识别出对方。一旦一个突变异种识别出一个同胞兄弟(a twin soul),那么它就采用鸽策略。当一个突变异种与其自身的一个副本博弈时,这两台自动机便能够获得数值为 2 的合作性每次博弈收益。然而,在一开始,一个突变异种就与另一个突变异种配对进行博弈的情况是十分罕见的,除非局中人只与他们的邻居进行互动。为了在第一轮博弈中偏离正常的玩法,一个突变异种必须期待它将与一个正常的局中人进行博弈，并且它恰好已经将其驱使进入它的惩罚阶段。正是在这一点上，我们需要诉诸一个事实，那就是一个正常的自动机在与其自身的一个副本博弈时会用完每一个状态。一台正常的自动机在开始惩罚突变异种时所进入的某一个状态 q，也将是这台自动机在与另一台正常的自动机进行博弈时迟早要使用的状态。因此，一个突变异种现在就能够通过切换到自己的状态 q 并在此后完全像一个正常者那样行为，来获得与正常者相同的长期平均收益。突变异种会由于在博弈一开始时的偏离行为而略有损失，但在计算长期平均收益时，这点小损失完全可以忽略不计。

这一论据表明，针尖对麦芒策略正是一个 MESS 的典型案例。它的秘密握手策略就是采用鹰策略。如果这一信号是互惠的，它就会认定它在与其自身的一个副本进行博弈，并会切换至鸽策略。然而，它总是通过回归到其在博弈一开始就广而告之的惩罚计划，以随时准备惩罚那些对切换至合作模式没有报答的行为。我们可以通过发明出利用各种类型傻瓜的复杂的秘密握手策略，并同时向它们自己的副本发出它们的确是所宣称类型的信号，来构建更多的精心构思的 MESS。

然而，上述对弱演化稳定性的讨论警告我们，不要将希望寄托于任何单一的纯策略上。我们必须认识到，弱稳定策略是能够被侵略的。尽管这样的入侵者并不必然会扩展它们的桥头堡，但这类入侵者的后继者会通过改变当前策略的构成比例，以玷污原始群体的纯洁性而使其无法被挽救。

宾默尔和萨缪尔森[84]对一个多态 MESS(polymorphic MESS)的定义考虑了以下条件，即许多不同的策略必须被预期能共同地生存在一个被认为稳定性并不牢靠的群体之中。然而，结果再次表明，所有来自一个多态 MESS 的策略最终都产生了相互合作。一个特别令人感兴趣的多态 MESS 包含了“针尖对麦芒”“半斤”和“八两”这三台自动机。只要这三台自动机各自控制着整个群体的某一部分，它们就能享受共生关系的一大好处，即能够排斥任何可能的突变异种入侵者——除了“崔弟”之外。如果“崔弟”出现了，那么系统就会变得容易受到一些更为复杂的掠夺者的侵害,但这些掠夺者自己也会在消灭了所有无防御能力的“崔弟”之后被清除出场。掠夺者短暂的出现会改变“针尖对麦芒”“半斤”和“八两”三者所占的比例。如果重复足够多的次数,这样的冲击会导致其中某台正常的自动机最终湮没。但是,保存下来的一对自动机还变得容易受到——除了“崔弟”之外——其他各种各样的突变异种的侵害。〔1〕

总之,合作是否能够在单一的社会中演化出来这一问题,比我们通常想当然认为的要复杂得多。如果根本机制是生物学的,那么我们当然有乐观的理由,但是,过去支持这些乐观主义的论据更多的是取决于一厢情愿的思考而不是严谨的分析。正如我在下文中要强调的,当我们将目光转向社会演化的特征时,情况也不会有所好转。

回 **自然是一个功利主义者?** 社会生物学认为,在道德被提上议程之后,人的进化就基本失去了动力。对于自然会倾向于赋予我们哪种类型的道德这一问题存在各种猜测,目前的共识倾向于支持某种版本的粗略构想的功利主义。当宾默尔和萨缪尔森[84]的模型应用于一般性的重复博弈时,这一观点获得了一些支持。当来自一个多态 MESS 的策略相互博弈时,其结局必然是功利主义的。但急于下结论并不合适。即使我们将模型的生物学目的搁置一边,我们也必须牢记,人类社会是一个协同演化(coevolution)的过程,在这一过程中,生物演化和社会演化协力运行。

当我们能够更好地理解生物和社会的演化时,我猜测主要的一个区别因素就将是对于突变异种的建模方式。例如,梅纳德·史密斯和普瑞斯[348]提出的演化稳定性的概念暗中假设,每次只有一个突变异种挑战正常的种群,因而系统有时间找到路径以返回在新的突变异种出现之前系统所处于的均衡状态。但这一点并不适用于社会演化。正如3.1节所注意到的,我们需要想象一个均衡的文化基因种群,其处于来自各种渠

〔1〕 普罗布斯特(Probst)[411]研究了由五个具有更好稳定性的三状态自动机构成的群体的稳定性,但其核心结论依然是相同的。

道——包括创造性和偶发性思考——的文化基因的突变异种流的持续冲击之下。假装认为任何人都有一个清晰的思路以对这样的复杂问题进行建模,那也无可厚非。但是,我们足够清晰地看到,我们所讲的关于在重复博弈中演化的故事,直到目前为止依然不恰当得令人绝望。

特别地,当前在无限期重复囚徒困境中对演化稳定性进行建模的研究,不但假设每次只出现一个突变异种,而且还假设它们仅仅在两个相继的世代之间出现。在生物学研究中,对于那些能够明确界定繁殖时期的动物的情形,这一方法是有意义的。但在人类社会中,我们必须假设性地认为,无限期重复囚徒困境博弈是在相互交叠的世代之间展开的,且新的文化基因容易在任何时间出现。因此,一个在博弈一开始时受制于某个文化基因的局中人,可能会在博弈过程中被另一个文化基因所俘获。这样,我们便不能认为局中人只忠于一个策略。所以,第2章警告我们不要惊讶于,指向功利主义方向的结论会突然消失。

然而,我想要关注的是新来的局中人在模仿成功的老手时犯复制错误的可能性,而不是研究那些能够切换策略的有经验的局中人。很可能的是,一个新手经常难以领会一些自动机较少使用的方面的重要性,而正是这台自动机控制着他用以模仿的老手,且正因如此,新手在行动中仅仅使用了老手自动机的一个简化版本。例如,当观察到一个使用"针锋相对"策略的老手群体时,一个新手往往只看到了鸽策略在被采用,并很可能因此也采纳了鸽策略。一旦有足够多的鸽策略者出现,那么整个群体就很容易由于鹰策略者或其他"狠角色"的攻击而遭到侵害。

鲁宾斯坦[446]描述了一个可以被认为是用一种极端的形式展现上述现象的模型。该模型要求代表一个均衡策略的自动机的所有状态都要无限地经常(infinitely often)被使用,从而有别于他后来与阿布鲁[5]合作的研究。这样一个策略所具有的性质都不难被看出,因而它也有机会被忠实地复制。不幸的是,即使是策略对(针尖对麦芒,针尖对麦芒)也不能满足这一均衡的要求,因为采用鹰策略的状态仅仅使用了一次。事实上,鲁宾斯坦发现,没有一个满足他的条件的对称纳什均衡是帕累托有效的。

由于赋予了鲁宾斯坦模型太多的重要性,因而在经历了如此长的旅途之后却回到非合作的结果,的确令人感到绝望。虽然分析性的模型相比计算机模拟更为可靠,但是它们并没有比它们建立其上的假设好多少——且当人们互动时,其所发生的事情比这里考虑的任何一个模型都要多。例如,范博格和康格尔顿(Vanberg and Congleton)[530]等很多学者都指出,真实的亚当和夏娃在一生中很少不可改变地搭配在一起,且当初将他们匹配起来的过程也不完全在他们的控制之外。

因此,对于合作是否必然会在由一群陌生人构成的人类社会中演化出来的问题,陪审团依然难以回答。在这一问题上,我把钱压在艾克斯罗德[31]身上,但我希望,我的论述足以阐明,没有一个人应该满足于通常文献中所兜售的简单答案。在我们知道是否押对了赌注之前,我们还需要去做很多严谨的研究。

3.4 大型社会中的社会契约

“针锋相对”策略所取得的明星般的风采带来了一个不幸的后果,即使得整整一代演化论思想家认为其他互惠行为并不值得关注。人们想当然地认为,“针锋相对”策略适合作为由无名氏定理所涵盖的互惠机制的整个集合的一个范例。这种误解导致人们相信,合作的协议需要得到某种策略的支撑,这种策略要求欺骗者受到被欺骗一方的惩罚。但休谟[267, p. 521]确切地指出,这一观点早在两百多年前就不恰当了(第 3.1 节)。在一个拥有两个以上局中人的社会中,一个欺骗者不一定受到他所伤害的人的制约:他可以受制于一个第三方——正如第 3.3.7 节研究的中产阶级内部人群体模型。

3.4.1 社会转移

当局中人并不是积极地从转移中获得收益时,我们很容易给出受制于这类局中人的转移的例子。事实上,当我们在第 3.3.4 节中讨论自由处置时,我们遇到了这样一种情形。我们知道,亚当在被夏娃惩罚的威胁之下,可以被诱导以抛弃金钱。但她这么做有意义吗?坚持要求亚当浪费掉本可以供他们分享的资源,对她来说,难道是理性的吗?

这样的问题将均衡如何被选择的难题和均衡如何被维持的难题混淆了起来。的确,夏娃没有理由为一个浪费的社会契约投下支持的选票。但是,也没有人为她提供改变社会契约的选项。她需要问自己的问题是,对她而言,完成当前社会契约强加给她的职责是否是理性的。由于这一社会契约作为一个子博弈完美均衡而能得到支撑,因而答案为"是"。她惩罚亚当的激励便是,不这么做会导入另一个子博弈,且对她来说,这一子博弈的均衡,相比在完成她职责的情况下所导致的子博弈的均衡要糟糕得多。有人可能会反对,并认为这只有在亚当的行为使得非均衡路径上的子博弈变得没有吸引力的情况下才是可能的。但他和夏娃一样,博弈没有征求他们关于运行哪个社会契约的意见。如果达致非均衡路径上的子博弈,亚当仍然会发现,他的激励总是与他的职责相一致。

遵循哈蒙德(Hammond)[218],通过采纳阿莱斯(Allais)[13]和萨缪尔森[459]所使用的模型,我们还可以得到另一个引人注目的例子,该模型阐明了休谟关于金钱只有在习俗意义上才是有价值的洞见。该例子也可以用来阐释将无名氏定理推广至世代交叠的情形的容易程度[坎多利(Kandori)[291]、埃里森(Ellison)[170]]。第 3.3.7 节的中产阶级内部人群体模型提供了一个相关但没那么引人注目的案例,其展示了人们并不必要相信只有长生不老才能维持一个合作的社会契约。

正如在第1卷第1.2.8节中,想象一个全部由妇女构成其公民的亚马逊(Amazonian)社会。在任何一个时期,只存在两名妇女——母亲及其女儿。她们不关心其他任何事情,而只关心自己能够得到的食物的数量。特别地,女儿们对母亲们并没有家人的感觉。在每一时期的开始之时,上一期作为女儿的妇女生下了她自己的女儿并衰老了。在年轻的时候,她能够生产200条面包。而在年老时,她变成了一个无助的残疾人并且不能够生产任何东西。如果她能够将上一期的面包保存下来,那么她就会选择在她年轻的时候吃100条面包,而在她年老体弱的时候再吃100条面包。[1] 然而,面包是易腐品,并不能从一个时期保存到下一个时期,所以母亲得到的养老金必然来源于她女儿的产出。

一个可能的均衡要求,每个局中人都吃掉在她年轻时生产的200条面包,并且在她年老的时候选择忍饥挨饿。从表面上看,这似乎是故事的结局,因为母亲们完全没有能力,从而无法给她们的女儿施加任何压力。但是,必要的惩罚威胁并不需要来自被其女儿所忽视的母亲——而可以来自她的孙女!使用这样一个第三方惩罚计划,我们就很容易构建出一个支持帕累托有效结局的子博弈完美均衡,在这个均衡中,每个局中人都在她年轻的时候吃100条面包,并且将剩下的100条面包送给她们无助的母亲。由孙女带来的惩罚威胁是,如果女儿在当前世代中没有履行她的职责,那么在下一世代中,孙女就不会给女儿(即孙女的母亲)100条面包。更确切地说,这个分享的社会契约要求将局中人分为尊奉者和非尊奉者。如果她是一位尊奉者,那么她会给母亲100条面包;如果她是一位非尊奉者,那么她将分文不给。注意到,这一定义确保了那些通过惩罚一位非尊奉者母亲以完成她们职责的女儿不会受到惩罚;相反,那些没有留给她们母亲养老金的女儿则会受到惩罚。类似地,一位没能惩罚那位没能惩罚其母亲的女儿的孙女也会受到惩

[1] 诸如那些在第3.3.4节描述的保险模型中的偏好,已足以使这一安排成为她的最优消费束。

罚;并以此类推。

为所欲为? 在第1卷第2.2.4节中,我试图解释为什么博弈论是一种道德中性的分析工具。如果认为博弈论建立其上的最优化假设蕴含了在道德上令人厌恶的结论,从而想要挑战这些假设,那么在无名氏定理的背景下,这是相当愚蠢的。我们刚刚看到的是,博弈论可以用来展示,对软弱无助者的关怀之心可以是一个社会契约的稳定组成部分,这即使在冷酷无情的海兹先生的社会中也能成立,而远不是定理所蕴含的那样,认为只有自私的行为才能在均衡中生存下来。但其也可以通过另一种方式发挥作用。相同的机制也可以用来维持本书大多数读者所偏好的,却不包含于我们社会契约中的行为。例如,考虑日本原住民阿伊努人(Ainu)被日本正常社会所排斥的例子。将阿伊努人视为局外人怎么就成了一种稳定的行为呢?这是因为,任何不这么做的人也会被视为局外人。

在听了这样的结论之后,批评家们通常会回应道,关注无名氏定理完全是浪费时间,因为它的结论仅仅是回应了相对主义者的愚蠢观点,即道德是一场令人为所欲为的混战。请允许我重申为什么这一回应是错误的理由。

首先,无名氏定理并没有说可以为所欲为。为了使一个均衡保持稳定,必须精确地调整均衡所体现的职责体系,使其为所有局中人提供在正确的时间做正确的事的正确激励。然而,无名氏定理的确为大量不同类型的社会契约留下了广阔的空间。但如果这是错误的,那么无名氏定理必然未能考虑到人性本质的重要因素。毕竟,除了大量类型迥异的社会契约之外,我们还能从历史书上找到什么呢?

道德相对主义的确否认,在某种绝对意义上说一个社会契约要优于另一个社会契约是合理的。尽管如此,道德相对主义者对于他们认为值得追求的社会契约类型有自己的观点(第3.8.2节)。他们在这方面不同于道德绝对主义者之处仅仅在于,他们认识到他们对于什么是善或恶的观点,是他们成长其中的文化的人造产物。然而,无论我们认为道德价值是相对的还是绝对的,抱怨它们不在无名氏定理的陈述之中则是愚蠢的。无名氏定理是关于可行性的。它告诉了我们可以维持的社会契约的集合。想要谈及最优化,那么我们需要一个社会契约如何从可行集合中被选择的理论。

3.4.2 友谊和联盟

人类学家认为,在食物短缺时期,狩猎采集者分享食物这一行为的优势很可能是原始人类时期社会性演化的主要原因。然而,一旦社会群体建立起来,社会交换的其他形式也可能变得具有相同的重要性。相互进攻和防御联盟的变动模式是一个充分论证的决定黑猩猩社会结构的因素。在人类社会中,这类联盟的重要性是不可估量的。几乎所有事物都是通过交叠联盟的复杂网络来交易的,且所有的人类社会都是由这样的联盟编织而成的。

因此,具有讽刺意义的是,即使是成对的友谊的概念也会对演化心理学制造难题[图比和科斯米德斯(Tooby and Cosmides)[523]]。亚当向朋友夏娃发誓,在她受伤或生病的时候会永远保持忠诚,那么亚当为什么还要与夏娃在一起呢?现在夏娃对他有什么好处呢?当亚当挑战敌人或受到敌人的挑战时,亚当需要的是一位支持他的强有力的伙伴。

"针锋相对"的范式无法为这种问题提供答案,这是因为,如果亚当在他们的相互照顾的默示协议中存在欺骗行为,那么夏娃受伤之后的软弱无能使她不可能去惩罚亚当。但是,惩罚并不一定要由夏娃来执行。它可以由亚当的其他老朋友,或那些他在抛弃夏娃之后想要结交的新朋友来执行。毕竟,在真正需要的时候,如果亚当不被认为是忠实的,那么他又有什么用呢?简言之,正如我们中的大多数人不能承受一个无信用或不诚实的坏声誉,亚当也不能承受被贴上背信弃义的标签。如果社会契约足够复杂,那么一个被贴上不忠实标签的人今后注定会被所有联盟排斥。

3.4.3 警察力量

第 4.5 节讨论了某些人类学家相信的早期原始人物种社会性演化的环境。有人认为,现代狩猎采集者团队的无政府主义和平等主义的组织,为这类早期社会的社会结构提供了一个原型。由于人类这一物种必然在一个相对较早的时期就抛弃由猿的社会所运行的等级结构,因而原始人类社会是无政府的这一观点看似完全合理。因而很可能的是,像他们的现代对应物一样,原始人类社会并不存在使唤周围人的老板。但我的猜想是,原始人类社会的社会契约不太可能足够复杂,以至于能够维持现代抢劫者的平均主义分配方案。如果我们相信人类学家,在这样的社会中的食物收集和分配都遵循马克思主义原则,即每一个人根据其能力做出贡献,并根据其需求获得收益[埃达尔和怀滕(Erdal and Whiten)[175]]。

这样一种马克思主义契约如何能够生存下去呢? 如果只有“针锋相对”这一机制存在,那么没有人会给其直系家属之外的毫无能力的人们提供食物。但是,不分享食物所遭受的惩罚并不需要由挨饿的那个人来执行。在现代抢劫者团队中,惩罚是由整个团队来执行的。因此,每个人都是一个社会组织中的公民,且这一组织类似马克思主义认为的在国家消亡之后所产生的乌托邦社会。没有一个人能够抵抗集体的力量,因而几乎所有行为都可以作为一个子博弈完美均衡而得以维持。

侦测欺骗　一些在西方民主国家中长大的人们会发现,一个现代狩猎采集团队的社会环境令人窒息地难以容忍。我们最接近的途径或许是青少年家族(teenage clan),家族成员的行为被如此严格地相互约束着,以至于人们有时会想,他们是否在军队中接受了一致性的训练。在两种情形中,使得大多数独裁成功运作的关键特征在于群体规模较小且是封闭的,这确保了群体中某个成员的偏离行为可以立刻成为共同知识。因此,群体在执行惩罚时所面对的协调问题也就很容易解决了。

然而,生活在狩猎采集者社会的人们仍然寻找着在他们的社会契约上行骗的方法。在一些觅食社会中,食物经由可容忍的偷窃和攻击性的乞讨来进行分享,这种行为已经足以接近欺骗。相比在我们社会中的欺骗,这类社会中的欺骗的不同之处仅仅在于,采集狩猎者会发现行骗侥幸成功的难度要比我们大得多,因为他们生活在厚着脸皮爱打听的邻居的连续公开的监视之下。因此,他们紧张的社会契约对于大型社会来说并不可行,在大型社会中,侦测和惩罚欺骗者的工作必然更为困难。我的猜测是,我们在这一行为中所投入的大量脑力比我们意识到的还要多。科斯米德斯和图比(Cosmides and Tooby)[134, 135, 136]发现,当人们在追捕欺骗者的过程中出现时,人们能够更好地解决逻辑问题,这显然不是一种巧合。〔1〕

因而在大型社会中,奖励那些成为警察的局中人是有效率的,因为他们使得侦测的角色专业化了。于是,谁来监管监管者的问题就以最为纯粹的形式浮现出来。第3.3节的无名氏定理告诉我们,我们可以让监管者相互监管,但这一版本的无名氏定理假设信息是完美的。显然,当人们在暗中偏离时,发现并惩罚这种偏离行为便更为困难了。如果偏离者被赋予惩罚那些揭发其行为的人的权力,那么想要惩罚偏离者更是难上加难。

在当前的状态下,博弈论仅仅能够指出解决这类现实问题的方法,但休谟[271]在两百多年前就表达了这一必要原则。在设计一个警察系统时,应该把每个警官都视为一个流氓或无赖。

3.4.4 惩罚无辜者

警察力量能够用来阻止那些能够追踪到一个确定的犯罪分子的犯罪

〔1〕 尽管我不认为这一事实意味着,在我们的大脑中必然有一个特殊的解决社会契约问题的模块存在。

行为，但对于那些难以归咎于某个特定个人的反社会行为又怎么样呢？有人可能会认为，在这样的背景下，无名氏定理的论据将没有用武之地。但坎多利(Kandori)[290]已经证明，通过使用某种均衡，我们有时仍然可以维持较高水平的合作。在这种均衡中，惩罚通过传染病传播至整个群体。

作为一个极端的例子，来自一个有限群体的每个人在每一轮博弈中都被匿名配对，并与来自同一群体的另一个人展开囚徒困境。假设匹配在每一轮中都会被随机更新，因而没有人能够跟踪任何对手的行为。那么如何才能维持一个所有人都采用鸽策略的社会契约呢？

问题在于，没有人知道他在与谁博弈，因而也永远无法挑出欺骗者以进行惩罚。然而，如果偏离行为的受害者总是惩罚下一轮他遇到的对手，而不管对手是无辜的还是有罪的，[1]那么合作还是能够作为一个纳什均衡而得以维持。例如，我们可以简单地通过要求所有局中人都采用“冷酷”策略——正如当对手总是同一个人时他们的策略——来维持合作的状态。如果亚当通过采用鹰策略而行骗，那么他的对手从下一轮开始便都采用鹰策略。在接下来一轮中，这一对手与另一个局中人随机匹配之后，便存在两个局中人使用鹰策略。除非在下一轮中相同的局中人得到匹配，否则将有 4 个局中人使用鹰策略。因为群体是有限的，所有这种传染病终将以一个很高的概率传播至整个群体。由于亚当本可以通过遵守社会契约而确保数值为 2 的每次博弈收益，但现在他却被迫接受数值为 0 的每次博弈收益，因而亚当为其欺骗行为付出了代价。

这种惩罚无辜者的政策的有效性主要依赖于群体的规模。如果亚当并不是无限有耐心的，并且群体规模足够大，那么亚当的偏离行为便难以

---

[1] 在一次盛大的晚宴上，沃尔特·罗利(Walter Raleigh)爵士的儿子讲述了一个妓女的故事，这个妓女以在不到一小时前刚与他的父亲上过床为由，而拒绝为他提供服务。于是，罗利爵士便将他儿子打了一顿。一些残余的孝顺的情感阻止他回击他的父亲，但他转而打了一位无辜的看热闹的人，并且大喊着：“打吧，她还会去找我父亲的！”——奥布里(Aubrey)[22]的《短促的人生》(*Brief Lives*)

被阻止,因为他会利用博弈早期阶段所遇到的对手以获得一笔足够大的收益,从而弥补他之后在遇到会惩罚他的对手时所遭受的损失。当我们进一步考虑谁来监管监管者的问题时,这一问题就会变得更为重要。难道因为有人刚刚欺骗了我,所以我就要开始惩罚整个世界?或许我的对手是第一个行骗的人,而且以后永远不会再犯同样的错误。如果是这样的话,我可以避免在这样的社会中生活,在这个社会中,每个人将我被骗的经验视为好像没有发生过,并且最终都选择欺骗行为。另一方面,或许这样的传染病已经在我的社会中流行开来了,于是我应该做的便是在下一轮中选择合作,并且把我自己装扮得像一个被人欺骗的受害者。这些问题如何在相互之间保持平衡,是一个技术性难题。[1]

个人犯罪的归咎团体 尽管当群体变得足够大时,由于个人犯罪而惩罚世界的政策立刻变得不再合理,然而,如果能够识别出欺骗者属于某个足够小的团体,那么惩罚无辜者的均衡仍然是可行的。[2] 于是,当一个局中人受骗时,他仅仅惩罚欺骗者团体,而不是惩罚整个世界。如果被惩罚团体的所有成员是相互关联的,以至于欺骗者的个人效用函数包含了其群体中的其他人被惩罚时所遭受的痛苦,那么这一安排的效用就十分明显。如果某一宗族的一名成员受到另一宗族的一名成员欺骗的事实,可以通过口口相传的方式迅速传播,以至于这种堪比传染病传播的速度要快于博弈进行的速度,那么上述安排的效果就更加明显了。一些当某事出差错并且惩罚计划被实施的情形,熟悉得令人沮丧。一个著名的

〔1〕 在一个规模为4的群体中,考虑一个在第一轮便与一名使用鹰策略的对手匹配的局中人。如果他的折现因子$\delta=1-\Delta$,那么当Δ充分小时,他从均衡规定的惩罚中获得的每次博弈收益为$1+\Delta$。如果他继续将其对手视为在使用鸽策略,那么他的每次博弈收益大约是$1-\frac{5}{2}\Delta$。所以,一个足够有耐心的局中人应该坚持采用均衡策略。

〔2〕 我并不认为今天还会允许这种行为,但我仍然记得,当班级里没有人坦白承认自己做的错事时,老师有时会在放学之后把整个班级都留下来。我敢说,如果这种策略被系统地贯彻执行,那么它们还是有效的。

案例便是在哈特菲尔德(Hatfields)和麦考伊(McCoys)之间发生的乡下人的争斗。另一个案例为《罗密欧和朱丽叶》(*Romeo and Juliet*)设定了故事的背景。

但是,将从这样的情形中得到的普遍性延伸至排外情绪和战争的不可避免性,是并不恰当的。解释了这种争斗如何开始的故事,并没有解释我们为什么应该从生物学上根深蒂固地对没有伤害我们的陌生人怀有敌意。像库克那样的探险家在诸如夏威夷那样的地方所受到的待遇,也不能够支持这样一个假设。至于国家之间的战争,塞尔维亚人和克罗地亚人应该注意到,由于某些个人的罪行而去惩罚一个非常大的团体中的每一个人,正如惩罚整个世界一样,都是不理性的。对战争的欲望正是基于将适合小团体互动的态度错误地应用于大型群体之中,因而我们甚至还有理由希望我们最终能够学会更加明智地行动。

3.4.5 领导与权威

正如3.4.3节所说,现代觅食社会并不存在老板。更重要的是,他们的社会契约配备了旨在抑制老板出现的机制。我的猜测是,这些社会机制的存在是因为这样的自给自足的社会不能够承担改革的风险,即不敢让某位改革者对他们传统的生存技能进行实验。但直接的一点是,这种无领导社会的存在意味着人们在社会中生活并不需要领导人。那么为什么我们会有呢?

一个流行的观点认为领导人是必要的,因为,像斯大林(Uncle Joe Stalin)那样,他们比我们自己更知道什么东西对我们更好。但是,领导们是否知道他们所做的比他们的追随者所做的要更好或更坏?在解决某些博弈的均衡选择问题时,如果传统的方法过于缓慢或者存在不确定性,那么领导人就变得非常有用,因为他们可以作为一个社会的协调机制。如果我们身处遭遇风暴的帆船之上,或者身处饱经战乱的国家之中,那么我们无法等待正当程序(due process)来产生一个所有人都能接受的妥协方案。亨利·福特告诉我们,历史是一堆废话(history is bunk),但这至少教导我们,在危机中使一个社会共同进退的方法,就是将权威委托给唯一的领导人。

提及权威似乎意味着,我们只有在跳出无名氏定理所能解释的现象集合之后,才能够讨论领导的问题。但是,一个领导的权威并不需要建立在某种君权神授的理论之上,也不需要建立在公民用自决权利交换安全的霍布斯式社会契约理论之上,更不需要建立在某种形而上学的论证之上,这些论证意图证明,让个人欲求服从国家元首所感知的总体意志是理性的。如果我们将领导人的角色视为在那些备选的子博弈完美均衡中做出一个公共的选择,那么像社会契约的其他方面一样,服从他的权威这一事实就仅仅变成一个习俗问题。

如果亚当相信其他所有人都会通过使用领导人指定的均衡策略来服从领导,那么对于亚当来说,服从领导也是最优选择。在极端的情形中,当一个疯子掌握权力时,他选择的均衡或许是要求亚当和夏娃伤害自己,并威胁说,如果他们不答应,他就会命令其他局中人来惩罚他们。亚当为什么要相信夏娃会执行这样一个惩罚的命令?因为夏娃相信如果她不这么做,亚当就会遵守领导的命令来惩罚她!需要承认的是,当一个领导人只有两个追随者时,为了支撑这样一个子博弈完美均衡而需要维持的信息假设的确超越了我们的想象,但是,在如卡里古拉(Caligula)或希特勒实施恐怖统治的大型社会中,情况则并非如此。尽管在历史课本中他们占据突出地位,但这样的"怪兽"是十分罕见的,而且他们的政权也没有维持很长的时间。但是,即使是圣人般的领导也是人。只要掌权的时间足够长,他们最终会学会给自己讲故事:一方面,允许他们对自己的激励做出反应;另一方面,相信他们一直致力于追求公共利益。

考虑一个简单的案例,如果亚当是性别战中的领导者[第1卷图2.1(c)],那么他可以通过抛一枚硬币来决定选择两个纯策略纳什均衡的其中一个,从而进行公平博弈。如果他指定(鹰,鸽),并且夏娃相信他会采用鹰策略，那么对于夏娃来说，她采用鸽策略是最优的。类似地，如果亚当相信他指定的(鹰，鸽)会诱使夏娃采用鸽策略，那么对于亚当来说，他采用鹰策略是最优的。在亚当指定(鸽，鹰)的情况下，一种类似的期望收敛仍然成立。但是，实际经验强烈表明，亚当通过行骗而滥用其权威地位的机会是如此诱人，以至于令人难以抗拒。一段时间之后，亚当会学着将硬币抛出对他有利的结果，以使得选择均衡(鹰，鸽)的概率要高于选择均衡(鸽，鹰)的概率。最终，他或者他的继承者将说服他们自己，并认为他们始终有权利选择均衡(鹰，鸽)。〔1〕因此，在独裁国家中，正义总是一种稀缺的商品。

新封建主义与辉格党原则　在第4.5节中，我遵循人类学的路线，并将等级制人类社会的出现视为一种为了应对人口增长的压力而转向农业生产的社会适应现象。但是，这种社会组织的专制形式必须在一个生物学意义上决定的公平规范的框架内运行，且这种公平规范是作为一种史前无领导觅食群体之间的协调工具演化而来的。于是，在领导的传统权威和使用公平准则进行协调的本能冲动之间，总是存在一种紧张关系。马力昂斯基和特纳(Maryanski and Turner)[343]使用了一个社会囚笼的隐喻来捕捉这样一种思想，即专制社会将我们囚禁于一种非生物学上适应的文化之中。〔2〕

由于我们不能合宜地适应专制社会的囚笼，由此导致的不稳定性并没有为无名氏定理所察觉，因为无名氏定理所依赖的均衡的概念每次只能考虑一个个体的偏离行为。然而，那些过于偏向于选择某种均衡以讨好使其掌权群体的领导人，也冒着创造出那些受到不公正对待的人们之

〔1〕 经济学家们需要注意到，只有在偶然的情况下，(鹰，鸽)才能成为所谓的性别战的斯塔克尔伯格均衡。但是，亚当并不是斯塔克尔伯格意义上的领导者——因为他并没有在夏娃之前公开采取行动，并留给夏娃一个“要么接受，要么放弃”的难题。他对一个均衡的最初选择，仅仅是一个不向任何人承诺任何事情的信号。

〔2〕 我同意他们的评价，即社会演化是造成我们为了在现代社会中生存而做出大量适应性行为的原因，因此社会生物学并不是毫无教益的。

间相互保护的联盟的风险。这样一个疏离的群体会把这种命名法(nomenclatura)视为局外人,并且在自己的一个反叛均衡上进行协调。在这一均衡中,第一条原则便是从不支持老板去惩罚自己的同类。汉密尔顿(Hamilton)[215, p. 3]解释了政客是如何通过暂时性地促进在公平均衡中的协调,以夺取这类疏离群体的领导权的。但是,如果这样的政客被推上权力的宝座,那么历史事实证明,他们很快就会变得与之前那位已被取代的暴君一样腐败。

在西方民主国家中,我们用两种方法将关于公平和领导的对立协调机制之间的冲突制度化。第一,我们通过将一个分权制衡的体系构建入宪法,以约束我们领导人的行为,这种宪法旨在限制在没有普遍民意支持的情况下领导人的行动范围;第二,宪法提供了定期变换领导人的机会。

尽管这些方法的确能够阻止领导人将一个社会带入并维持一个明显不公平的均衡,然而它们只是偶然达到了这一目标,并且也不清楚事情是否在改善。如今的美国总统相比以前的美国总统要有更多的权力。在英国,撒切尔夫人清楚地表明,英国首相甚至具有更多的机会,以凌驾于原先旨在制衡君主的权力的宪法安排之上。

在第2.2.6节和第4.10节中,我将我们当前的政治体制描述为新封建的(neofeudal),以反映我们根据领导人的偏见来解决均衡选择问题的程度。对我来说,我们应该根据独裁权威的新封建形式与辉格主义公正概念的正当程序之间的斗争来看待政治哲学,而不是根据左派功利主义与右派自由主义之间的斗争来看待。这并不是说,辉格党人相信我们完全可以将领导人弃之不用。没有企业家,我们将永远不能发现可行社会契约集合的帕累托前沿。当需要迅速做出决策时,正当程序也不适用。但是,一个公平的社会必须能够控制领导人——正如美利坚合众国的国父们在撰写宪法时所深刻铭记的那样。因此,有人可能会这样来刻画辉格主义计划,即该计划号召我们思国父之所思,如果国父当时面对的是现代世界的更为复杂的问题的话。

3.5　情感的作用

情感反应经常作为非理性的冲动而被排除在我们的进化史之外。在社会交往中所引起的情感，诸如骄傲、嫉妒和愤怒，甚至被认为属于致命的七宗原罪之列。这种对情感的负面报道具有危险的误导性。在本节中，我简略地分析了一个案例以反对下述观点，即我们的情感经常会将我们导向不一致或者自我毁灭的行为。吉伯德(Gibbard)[205]在这一问题上有更多的研究。

3.5.1　显见之事

就我看来，存在两个理由使我们误解了情感的作用。第一个理由是，我们过度关注那些我们的情感的确使我们陷入荒唐行为的情形。第 4.2 节将这一错误与众所周知的显见之事相类比，其总是在一个错误的角度过分突出。通过描述对生拇指(opposable thumb)在疼痛时如何顺利工作从而判断其有用性，显然是荒谬的。但当某事如自然所计划的那样运作时，我们却完全不予理会。

例如，考虑骄傲这一原罪。当某人错误地判断了他相对于同其交往的人们的社会地位时，我们会说骄兵必败。魔鬼撒旦提供了最令人瞩目的案例。然而，这并不意味着人们继续评估以及再评估他们的社会地位是不健康的行为。如果夏娃没有意识到她在社会等级排序上已经超过了亚当，那么她怎么会知道不要去模仿亚当呢？的确，只有病态的人才会投入大量有意识的思考以评估他们的社会地位，但是这一事实仅仅显示，我们天生就具有无意识地进行这种评估的设备。于是，这一显见的难题以一种特别严重的形式浮现出来。只有当我们完全没有意识到其运作时，这一特定的人类设备才能保持良好运行。

3.5.2 管窥之见

情感反应被误解的第二个理由是,我们倾向于在一个过于狭窄的环境中对其进行评估。奥尼尔(O'Neill)[395]强调,当亚当不公平地对待夏娃时,表达愤怒的典型场景就会出现。在夏娃对这一不公正待遇的愤怒中,她实际上对亚当造成了一定伤害。〔1〕如何解释这样的情感表达?我们将讨论关于这一问题的两个案例的管窥之见。

透明的性格? 以弗兰克(Frank)[185]或者雷德利(Ridley)[426, p. 133]为代表的学派,将愤怒视为承诺机制运行的一部分。夏娃为了遏制亚当对她的不公正待遇,她大肆宣传她报复亚当的决心——无论侵犯发生之后所采取的报复行为是否符合她自己的利益。〔2〕因此,伴随一个侵犯行为之后的愤怒被视为履行夏娃承诺的自然方法(Nature's method)。

在第1卷第3.2节中,当我在单次囚徒困境中分析透明性格谬误时,我详尽地批评了这一思想进路。斯科姆斯(Skyrms)[499]也表达了类似的疑虑。难点处于以下事实之中,即人们会学着通过发送初始威胁以破坏这一机制,但如果这一威胁阻碍了他们这样去做,那么人们便不能执行这一威胁。正如博弈论专家所认为的,这一威胁就会变成被人忽视的"廉价交谈"(cheap talk)。

这样的威胁通常以无意识的身体语言来表达,这一回应缺乏说服力。

---

〔1〕对于这个故事,我要增加下述条件,即夏娃需要意识到亚当在损害其利益的情况下获得了不公平的收益。如果她在做出这一判断时产生错误,或者不能够释放出适当的愤怒情绪,那么我们称其为嫉妒。但是,正如第4.2节所强调的,这并不意味着做出公平的判断是不好的。

〔2〕我最近遇到一辆车,上面贴着一幅标语写道,"我不会生气,但我要报复"。

的确,我们不能够随时哭出来,然而,演员们则能够通过在内心中刺激出使我们自然而然地哭出来的情景,从而按照需要制造眼泪。在为他的透明性格理论进行辩护的过程中,弗兰克(Frank)[185]诉诸达尔文[144]的《情感的表达》(*Expressions of the Emotions*),但这一被忽视的杰作仅仅提供了起诉的证据。该书中的照片展示了各种感情状态的典型的面部表情,其实际上展示的是演员们刺激他们所考虑的状态。[1] 达尔文[144, p. 365]自己在这一问题上引用了《哈姆雷特》(*Hamlet*)中的话:

> 真不可思议,这个伶人,
> 能把单单一个虚构的故事,
> 以伪装的感情,
> 表演得如此淋漓尽致。
> 他的脸色可随意苍白,
> 热泪可泉涌,神情可仓皇,
> 声音可抖颤,姿态可传神。
> 但这全是徒劳啊!

多重人格?　前述对第1卷第3.2节的透明性格谬误演化版本的总结,并不旨在表明不存在理论不能合理解释的现象;能够被理论解释的现象只是例外的情况,而不是一般的规律。[2] 在第二个学派关于情感策略性功能的观点中,由于我同意第二种理论在描述各种不同的行为中极其成功,因而情况变得十分不同。但问题在于,这一理论最终能否成功地解释其所描述的现象?

---

〔1〕 达尔文[144, p. 191]注意到,当我们悲伤时,特别难以有意识地控制压抑嘴角的肌肉。但是,德国的老妇人却设法使用这些肌肉,以显示她们对公共场合非正统行为的反对。当几个老妇人一起做这个动作时,效果极其吓人!

〔2〕 对于透明性格谬误的各种版本来说,这样的让步都是不恰当的,透明性格谬误强调,理性要求履行过去发出的威胁(第1卷第3.2节)。斯科姆斯(Skyrms)[499]在这一点上态度同样坚定。

第二种理论将人类心智构建为一个各种角色束,其可以通过心理开关打开和关闭,且我们将这种心理开关视为情感。愤怒的情感特别符合这一分析范式。我还没有发现有人不能够识别出我们通常将其描述为“出离愤怒”(beside yourself with anger)的“脱体经验”(out of body experience)。

然而,这样一种对另一角色占据人的身体的描述可能是恰当的,认识到下述观点是重要的,即这一描述没有解释它会发生的原因。事实上,那些坚持认为这一范式必然将冲突的目标和目的归属于各种占据我们头脑角色的学者,或许排除了理解模型所描述现象的演化根源的所有希望。当自然可以将我们的生殖成功控制在其目标仅仅是最大化适应度的单一角色的手中时,为什么她却要将其交付于一个无思考能力且在追求不同目标的角色之间不断切换的机制的手中呢?

对这一问题的合理回应,便是否认其理论基础。在采纳一个笛卡尔(Cartesian)身心关系模型仍然有用的情况下,实际数据与一个致力于最大化适应度的单个角色正在运行这一理论假设是一致的。然而,这一老板角色的合理性在应对生存博弈的巨大的复杂性方面并不合适。[1] 她选择满足,而不是最优化。在实践中,这意味着她监控着从其环境中获得的线索,并使用实际数据在几个行为程序中进行切换,且这些行为程序是她从所属的物种在演化过程中继承得到的。

在这一背景下,将下棋类比于生存博弈并不是一个坏的选择。下棋是那么复杂,以至于难以计算出一个最优策略,但是棋手们竭尽全力通过掌控局势来赢得比赛,并且为自己设定附属目标,诸如占领特定的开放线,或者阻挡敌方“象”的去路。我们可以通过说他们在某些位置喜欢开放线,但另一些位置发展出对敌方“象”的行动的一种厌恶,来恰当地描述这种棋手的行为。然而,这样一种描述完全是表面化的。要理解一位棋

〔1〕 谁都会困惑于笛卡尔的“我”。打开她的有意识的认知模式,仅仅是老板角色回应刺激的其中一种方式。

手,我们需要知道为什么他有时候喜欢开放线或者憎恶敌方的“象”。但是,如果我们不能够超越当前的局势以从整体上看到博弈中的局中人所面临的策略性考虑,那么我们的这种理解总是会遭到否定。

类似地,如果我们想要理解为什么我们从一个社会情境转变为另一个社会情境时会切换角色,那么我们有必要看到一个局中人的角色菜单,以及对于整个生存博弈而言,作为一个宏大策略来切换它们的机制。证据并不表明,这一宏大策略是由我们的生物学因素所固定的。我的猜想是,当一个不恰当的感情状态在新遭遇的社会环境中被重复触发时,将我们的情感状态从一个切换至另一个的机制迅速地适应了。事实上,大多数人在有意识地控制他们当前的感情状态方面,都表现得足够好。

最后,我们不应该假设这一宏大策略是最优的。生存博弈给自然制造了一个难题,对她来说,在可利用的时间内是难以解决的。将这一宏大策略视为,它似乎是由一个致力于最大化适应度的老板角色所选择的,因而重要的是,不能将这一角色构建为比对教授颐指气使的系主任有更多理性的事物。

愤怒的策略性功能 在批评了两个关于情感的策略性功能的可能解释之后,轮到我来提出我所偏好的关于愤怒情感的解释了。

我从不倦于强调,将生存博弈构建为某种比无限期重复博弈还要简单的事物是没有意义的。只有将其构建为无限期重复博弈,我们才能够严肃地讨论互惠性问题。正如我们在第 3.3 节中学习到的无名氏定理所证明的,在无限期重复博弈中,维持作为均衡状态的高水平的合作,要求采用能够惩罚偏离行为的策略。假设人们经常意识到,在他们的日常生活中,他们在玩重复博弈中的一个均衡状态,那将是十分荒谬的。很可能的是,黑猩猩甚至没有能力理解一个均衡的概念,但在它们的重复生存博弈中,黑猩猩成功地维持了高水平的互惠利他主义。

尽管我是一名博弈论专家,当我在研究我能够在多大程度上偏离当地的社会契约而不遭到他人的惩罚,或者我能够在多大程度上惩罚一个被我发现有欺骗行为的人的时候,我当然不会采用马基雅维利式的算计。科斯米德斯和图比(Cosmides and Tooby)[136]推测,我们都固有侦测违反当地社会契约行为的能力,且不需要通过负责证明定理和逻辑推断的那部分心智来处理数据。〔1〕这一处理过程的某一部分要求使用情感。特别地,当要求进行惩罚时,愤怒的情感开关就会被打开。于是有时候,当我们对那些我们责备的人造成伤害时,我们自己也付出了沉重的代价。

认为这种自我毁坏的行为必然是非理性的,这种诱惑十分强烈,但无名氏定理告诉我们,存在这样的帕累托有效均衡,使得这样的行为对于局中人运行均衡而言是最优的。如果事情看似并非如此,那是因为观测者没有注意到这种行为在单次博弈中并不仅仅是一种野蛮的行为,而是玩一个无限期重复博弈的宏大策略的一部分。

回 **将最后通牒博弈作为案例研究** 在经济学家中,反对多重角色思想的情形恰恰清晰地聚焦于第0.4节单次最后通牒博弈之上。我们回忆起,在实验室中,被试者并没有玩这一博弈的子博弈完美均衡。大多数扮演亚当角色的人都将桌上金钱的相当一部分给予夏娃,而不是将几乎所有金钱占为已有。这种行为是明智的,因为大多数扮演夏娃角色的人都会拒绝那些分配给他们很小一部分金钱的提议。

具有传统智慧的经济学家致力于通过将奇特的偏好赋予局中人,从而解释这一现象[博尔顿(Bolton)[95]、莱文(Levine)[324]]。根据多重人格理论,这相当于假设夏娃至少有两种具有不同偏好的角色。第一种角色偏好更多的金钱,且独立于亚当的福利;而第二种角色则为了确保亚当一无所获而做好了牺牲金钱的准备。在单次最后通牒博弈中,故事就这样展开了,夏娃的那个怀恨在心的角色就会由于她对一个来自亚当的不公平提议的愤怒回应而被触发。

---

〔1〕 说我们头脑的部分硬件是留出来计算社会关系的,并不是断言不包含从社交中获得的软件;否则,那些在成长过程中被剥夺了与人接触机会的具有普通头脑的不幸的孩子们,就不会有社会功能障碍了。

第 0.4.2 节强调，这种解释忽视了被试者玩博弈的方式是随时间而不断改变的这一事实。宾默尔等[76]将这种行为的变化归属于适应性学习。〔1〕首先，被试者会运行某个社会规范，它是由实验设计的方式所提供的暗示触发的。随着他们博弈经验的积累，他们的行为便产生变化。如果我们等待足够长的时间，一个交互作用的试错过程可能会将被试者导向一个均衡状态。〔2〕正如宾默尔等[79, 91]所述，他们非常乐于把他们所收敛到的均衡状态描述为公平的——尽管玩同一个博弈的不同被试者的实验群体可能收敛到不同的均衡状态。

然而，在这里重要的是被试者的短期行为，因为这是大多数评论最后通牒博弈的焦点所在。在评估这种短期行为中，对我而言，我们需要意识到单次最后通牒博弈是最初触发的社会规范的显见情势(sore-thumb situation)。有时候，我们会在现实生活中遇到最后通牒，但几乎从来不是一种单次博弈的情形，在单次博弈中，一个人对最后通牒的回应并不会对未来产生影响。相反，在生存博弈中，在当前承受巨额成本以换得未来一种立场坚定的声誉往往是合理的。均衡要求的这种行为自然存在于无限期重复最后通牒博弈之中。事实上，当我们突然将局中人置于只在表面上类似于他们所适应的环境的单次博弈的情形中时，我们不该惊奇于适应这些均衡状态的行为会被触发。

3.6　程序正义

我们迄今为止所关注的权利和义务，部分地回答了在一个固定的生

〔1〕 经济学家的传统回应便是，夏娃没有需要学的东西，因为她已经知道 1 美分比什么都没有要好。但是，她需要学的是某些更为困难的事物。她必须明白，单次最后通牒博弈并不是一个适合发怒的环境。

〔2〕 尽管并不必然收敛到一个子博弈完美均衡(宾默尔等[76])。

存博弈中均衡是如何维持的这个问题。但是,生存博弈并不是固定的。因为它会随着命运之风而改变,一个成功的社会能够调整其社会契约,以顾及它当前所面对的新的机遇和挑战。

例如,在实现一项技术创新或者发现一种新的自然资源之后,无名氏定理保证,存在很多可供选择的、相对于当前社会的现状点而言是帕累托改进的均衡状态。由于所有人都可以通过移动到这样一个帕累托改进而获得收益,并且假设能够令人满意地解决一个更大蛋糕的分配问题,因而这样的移动并不需要伴随以破坏性的内部冲突。第 2.5.3 节推测,公平规范的演化生成,正是因为它们在这样的环境中提供了一个相对低成本的解决均衡选择难题的机制——当存在可供分配的额外收益时,分裂成为各部分相互对抗的社会,已经被能够有效解决作为结果的讨价还价问题的社会所超越。

图 2.8 展示了随着可行集合首先扩展至 X,然后进一步扩展至 Y,一个社会运行的社会契约是如何从 ξ 先转变为 υ,再转变为 ω 的。当存在一个哲学王以实施这一改革时,我们并不需要关心这种连续的转型是如何设计出来的。但是,正如哲学王缺席迫使我们关注自我实施的社会契约那样,我们现在被迫考虑从生存博弈的一个均衡状态向另一个均衡状态转移的方式,且在这一过程中还不能破坏社会的稳定性。在一个社会的机会集合得到扩展之后,我们必须将注意力集中于,当一个社会找到从作为其当前自然状态的社会契约到其重新选择的帕累托改进的社会契约的路径时,该社会所使用的程序的动态。

前一节所述的无名氏定理的论据并不适合这一目的,因为这些论据仅仅解释了,在一个重复生存博弈的合作收益区域中的点是如何被维系为均衡结局的。这种不动流(constant-flow)均衡的研究需要辅之以变动流(variable-flow)均衡,后者推动社会沿着一条预先设定的通过合作收益区域的路径向前移动。

这种想法与被哈萨尼[233]和青年罗尔斯[417]奉为典范的乌托邦传统相违背,对他们而言,一个社会的历史经验与他们所辩护的自由宪章是不相关联的。像 18 世纪的雅各宾派或者 20 世纪的布尔什维克,现代乌托邦主义者认为,烧毁历史遗产,并且在完全不考虑支配今天的习俗的情况下,为明天重新起草一份社会契约是可能的。根据第 1 卷第 1.2.1 节,他们所辩护的乌托邦与社会当前的自然状态是相互独立的。

想要找到那些认为历史具有重要作用的学者,我们必须转向非常不同的、被布坎南(Buchanan)[103, 106]和诺齐克(Nozick)[392]奉为典范的保守主义传统。这些学者遵循埃德蒙·伯克(Edmund Burke),将改革视为一个连续的过程,在这个过程中,昨天的权利与义务不能由某个全能的哲学王用笔一挥而被废除,而是作为局中人自由签订的协议的结果而随着时间不断演化,且这些局中人受到自身利益而不是抽象的乌托邦理想的驱使。

3.6.1　从无政府到国家

诺齐克[392]将程序正义作为其权利理论的基石[罗默(Roemer)[435]]。为了知道一种特定的情势是否是正确的,他强调我们必须研究其历史,以决定其是否是将正确的程序应用于先前也正确的情势所导致的结果。例如,如果亚当持有一份先前由夏娃所持有的财产,那么他便有权利保留这一财产,倘若对夏娃而言同样如此,并且她无条件地放弃了向亚当索取适当份额赔偿金的权利。

因此,一种权利的合法性需要追溯到某个原始的自然状态。但在这样一个自然状态中,什么东西才能被作为正当的(Right)呢? 这里,诺齐克[392]又回到洛克[330]的自然权利理论,根据这一理论,"没有人可以侵害他人的生命、健康、自由和财产",并且一个物品中的财产权是通过将人的劳动与其混合而获得的,倘若还存在"足够的同样好的物品留给他人共享"。

我们很容易理解,为什么这样的理论对于保守主义者们具有吸引力,因为它似乎合法化了富人对其财富的权利。我怀疑这就是约翰·洛克

(John Locke)[330]一直被视为权利理论的至高无上的权威的原因,尽管一个被广泛认可的观点是,他的思想缺少一个连贯一致的哲学基础[安德鲁(Andrew)[15, p. 5]]。〔1〕对于包括诺齐克在内的现代学者而言,洛克在基督教自然法原则的基础上建立一个权利理论的主张,似乎仅仅是为在其所处时代涌现出的资本家们提供了一种工具,使得他们有机会在享用蛋糕的同时还拥有蛋糕。也就是说,洛克编造了一个神话故事,从而提供了一种隐藏事实的障眼法;而事实是,嵌入现代商业社会的社会契约的道德规范与被其替代的、嵌入中世纪社会契约的道德规范是不相容的。

然而,尽管在资产阶级圈子里洛克的理论深得人心,他的理论事实上根本不可能使任何人的权利合法化。正如休谟[267]所指出的:"哲学家可以,如果他们愿意的话,将他们的推理延伸到想象中的自然状态;倘若他们允许它仅仅是一种哲学虚构,从来没有而且也永远不会有任何真实性。"但是,我们必然不能将这样一项哲学发明与世界的真实运行情况混淆起来。财产权并不起源于任何一种像洛克和卢梭那样的思想家们所设想的自然状态,这些自然状态是他们从关于等待殖民的美洲新大陆(New World)的浪漫理念中提取出来的。高贵的野蛮人是极为稀少的。而那些自己尚未吃饱,还愿意将"足够的和一样好的"食物留给流浪汉、精神分裂症患者以及不怀好意的异教徒的人就更加稀少了。总之,洛克的自然状态从来没有存在过。将他视为一位权威,诺齐克似乎在告诉我们,所有的财产都是盗窃来的,不管它的来源看起来是多么令人尊敬。

然而,这可能会误解诺齐克[392]。尽管诺齐克的理论具有保守主义的热情,但他的论证并不打算把富人从不安的情绪中解救出来,这种不安情绪是富人将他们的炫耀性消费与穷人的苦难经历相比较时所产生的。诺齐克非常清楚地知道,洛克式的自然状态完全是一种虚构,而且对现代产权制度来源的历史探索几乎都揭露了沿途充满的阴谋诡计。他告诉我

---

〔1〕洛克在他的个人生活中为了维护自己的原则,从未提及自己的失败。例如,洛克断言,我们对自己身体的权利是不可剥夺的,除非我们犯下该死的罪行,但不包括奴隶的交易[法尔(Farr)[179]]。

们一个虚构社会演化的神秘历史——从洛克式的有限的无政府状态到乌托邦国家——的目的在于,提供一个理想状态并将其作为基准,以批判我们自己社会的缺陷之处。但是,正如斯宾诺莎(Spinoza)[506]所言,将我们自己的社会契约与这样一种哲学虚构相比较,正如将它与在"诗人的黄金时代"所运行的社会契约相比较。如果这就是游戏的名字,那么为什么不把我们做事情的方式与天堂上的天使军团的社会组织相比较呢?假使某个关于人类困境的反事实假设导致了某一种乌托邦,那么这一假设可能是,我们都是小天使。

虽然我质疑讲这种故事的价值,即一个社会在特定的神秘环境下如何演化,但我认为,诺齐克对相互保护机构的作用的强调在很多方面击中了要害。但即使在这里,我们对事情的重要性仍存在不同意见。我认为,诺齐克关于联盟形成难题很容易被解决的乐观主义是不合时宜的。例如,我没有看到一个整体的相互保护机构需要普遍存在于每一个地理相邻的区域。相反,这样一个怪物的出现会使其用户觉得有必要发明新的相互保护机构,以保护他们免受滥用权力的侵害。事实上,之所以我将自己的理论局限于只包含亚当和夏娃两个人的社会,正是因为我不知道如何掌控交叠联盟机构这一系统,并且我也相信其会有所发展。

3.6.2 自然均衡

回

诺齐克[392]强调对社会政治制度演化动态的研究非常贴近我的心意,但是,相比我对他讲的关于神秘世界的故事的态度,我在联盟问题上与他的分歧要小得多,在他的神秘世界中,公民被某种方式所约束以尊崇一个不需要解释的先验的自然权利系统。历史记录当然会把事情搞得一清二楚,我们关于权利和义务的概念是断断续续演化而来的,并且随着时间的流逝,运行于我们社会中的社会契约也变得越来越复杂。

布坎南(Buchanan)[103]试图用一个简单的静态模型来捕捉这一现象,并采用霍布斯式的自然状态来替代诺齐克所考虑的洛克式的自然状态,在霍布斯式的自然状态中,分配问题完全由强力解决。在每一个时期,亚当和夏娃都被赋予一定数量的产品,此后,两个局中人都致力于侵占对方的禀赋,并且保护自己的禀赋,使其不被对方侵占。如果两个局中人在这个侵占博弈中都采取最优行动,那么结局便是布坎南(Buchanan)[103]所谓的一个"自然均衡"。但是,在玩这样一个"对所有人的战争"中,存在帕累托改进的备选方案。亚当和夏娃可以通过遵守一个协商同意的财产权系统而受益,该系统将他们共同得到的禀赋适当地分配给他们。建立这样一个"立宪契约"使得局中人铸剑为犁,并通过有效地使用他们的时间来增加可供分配的剩余。〔1〕

布坎南(Buchanan)[103, p. 74]通过指出契约需要连续地再磋商以便将变动的环境纳入考虑,从而补充了这一版本的传统的社会契约的论证。在每个时点上,亚当和夏娃都面对一个新的讨价还价博弈,对于这个博弈,布坎南坚持认为,合适的现状点是当前的立宪契约,而不是某种理想化的备选方案。正如他所说,接受这一点并不意味着表达对我们当前社会政治体制的赞同,仅仅是接受一个社会所面临的政治现实是如何从这里转到那里的。这一观点在他所描述的情形中得以强化,因为他假定存在一个外部执行机构——哲学王,当亚当和夏娃对一个替代性改革方案进行磋商时,该机构继续维持着旧宪章。

布坎南[103]在评估潜在的均势时对现实主义的强调,作为一种条件出现在我的理论之中,即只有生存博弈的均衡状态才能被考虑作为社会契约的一个候选对象。我也完全热衷于他的观点,即相互同意的改革要求,当亚当和夏娃对一个新的社会契约进行讨价还价时,他们要将当前的社会契约作为现状点。但我认为,完全没有必要涉及某种原始的自然状态——更不必说由霍布斯、洛克或卢梭提出的自然状态,这些理论完全没有得到近年来人类学家所做出的科学进展的印证。

〔1〕 一旦这样一个产权系统出现,布坎南[103]认为,当存在很多局中人并且存在公共产品和私人产品时,还存在进一步帕累托改进的可能,最优的结局将是一个市场调节的"后立宪契约"。

第 2 章强调,行为生态学能够告诉我们一些关于人类社会公平规范的演化和结构的信息,但是,通过询问我们遥远的祖先,如果他们已经意识到现代科技所能创造的机会,那么他们会磋商出怎样的社会契约,这似乎难有收获。因此,当在我自己的社会契约理论中谈及自然状态时,我既不会涉及如诺齐克(Nozick)[392]或高德(Gauthier)[196]等学者的乌托邦式的幻想,也不会涉及像布坎南(Buchanan)[103]等学者制造事物真实存在的特征模型的企图。正如我在第 1 卷第 1.2.1 节所解释的,在我的理论中的自然状态仅仅是当前在位的社会契约——作为服务于一位改革者的原始材料的现状点。

当被问及去都柏林的路时,一个爱尔兰农民的著名回答是,最好不要从这里出发。我们或许也希望有这样一个自然状态,在这个自然状态中,如此众多的历史事件还没有凝固,但如果我们允许自己被愿望思维所引导,那么留给我们的只有悲伤和失败。

3.7　再磋商

遵循布坎南[103],我认为,一位社会契约理论家的任务在于超越下述难题,即刻画我们当前的自然状态,并将其与其他可行社会契约进行比较。一位社会契约理论家也需要解释,哪些社会契约可以从我们当前所在的位置获得以及如何去获得它们。

第 1.6.2 节详细论证了,对于亚当和夏娃来说,通过传统的握手以签订一个协议,从而使他们从当前的现状点移动到一个帕累托改进的均衡点是远远不够的。如果他们在当前社会契约的条款范围内达成交易,那么这样一个公开可观察的信号往往足以确保每一个局中人相信对方会履行他那边的协议。在交易过程中,任何试图攫取多于自己同意得到的份额的违约行为,如被发现,便会遭受惩罚,从而失去他诚实交易的声誉。

然而,如果不暂停某些在旧社会契约下占支配地位的分配责任的规则,人们就不可能从一个社会契约移动到另一个社会契约。在极端情形中,寻找一种方法,在局中人完全没有理由信任他人的基础上去实施协议,有可能是必要的。

第 1 卷第 2.3.2 节使用图 3.9(a)中描述的猎鹿博弈(Stag Hunt Game)来阐释当局中人相互不信任时所产生的困难。假设亚当同意夏娃的建议,在(鸽,鸽)这一收益占优(pay-off dominant)的均衡点上进行协调,而不是在他们过去玩的(鹰,鹰)这一风险占优(risk-dominant)的均衡点上进行协调。那么夏娃现在必须问问自己,亚当的言辞是否可信?如果他正在计划采用鹰策略,那么他通过假装同意,必定获利;他或许还会怂恿夏娃采用鸽策略,因为他能凭此获得数值为 4 的收益而不是 2。但是,为什么亚当要倔强地坚持采用鹰策略,而不是信守诺言从而获得数值为 5 的收益?夏娃有理由怀疑亚当,其原因在于,她自己的可信度也存在问题。

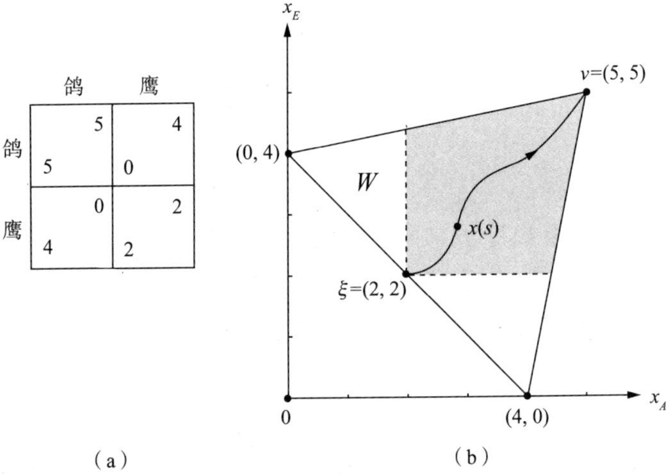

图 3.9　猎鹿博弈

亚当没有更多的理由信任夏娃,正如夏娃不信任亚当一样。表面同意采用鸽策略而实际计划采用鹰策略,使得亚当能够防御夏娃违约所带来的风险。如果夏娃没有违约,那么他凭此得到的收益为 4 而不是 5;但如果夏娃真的违约,那么他凭此得到的收益为 2 而不是 0。正如第 1 卷第 2.3.2 节所解释的,亚当遵守采用鸽策略的诺言,只有在他认为夏娃会以高于 2/3 的概率遵守她的诺言的情况下才是合理的。

第 1.6.2 节解释了在无限期重复博弈的情形中,在局中人之间只存在极低程度的信任的情况下,如何实施协议的难题。这种难题可以通过寻找一条从现状点出发到商定结局的连续路径来解决。在从这条曲线上的一个点移动到邻近的另一点的过程中,局中人相互之间不需要太多的信任,这是因为即使转型失败,也没有人会损失太多。在本节中,我们将通过考虑原初状态中所产生的特殊问题来补充这一观点。

3.7.1 从这里到那里

首先,我们必须解释如何通过使用在贯穿整个转型时期都处于均衡状态的策略,以使得从自然状态点 ξ 移动到帕累托改进的社会契约 v 的转型能够成功。但是,一旦认识到,只有在实施所需要的信息是局中人的共同知识的情况下,一组局中人才能行使一个均衡,那么上述新闻所产生的任何热情都会被立刻浇灭。特别地,每个局中人都需要有充分理由来相信,在均衡变得可行之前,其他局中人都会在实施均衡过程中执行分配给他们的任务。但是,这样的相互信任只能一点一点地建立起来。

变数流均衡　只要有可能,本书致力于研究通过转化为连续时间状态而获得的无名氏定理的极限版本。在第 3.3 节所研究的均衡中,局中人在每个时刻都获得一个值为 x 的收益流。[1] 人们或许会将这种均衡称为静态均衡,但我则偏好称它为一个常数流(constant flow)均衡,以避

[1] 在时点 t 的瞬时收益流 $x(t)$ 是通过如下方式获得的:首先对包含时点 t 的时长为 $\tau>0$ 的区间中的每一轮博弈所得到的收益进行平均;然后取极限 $\tau\to0$。根据适当的连续性假设,在时长为 τ 的区间内,时点 t 的确切位置是无关紧要的。

免与其他术语用法之间混淆。这种均衡将与变数流(variable flow)均衡进行比较,[1]在后者中,局中人的行为按如下方式随时间变化,即他们的收益流 $x(t)$是通过博弈合作收益区域的一条曲线。[2]

猎鹿博弈首次出现在第 1 卷第 2.3.2 节,这里我将其作为一个例子。单次博弈版本的收益矩阵如图 3.9(a)所示。图 3.9(b)展示了其合作收益区域 $\mathbf{W}$。带阴影的区域是博弈连续重复版本的均衡结局的集合。由于(鹰,鹰)是单次博弈的一个纳什均衡,如果每一个人总是计划采用鹰策略,那么它是重复博弈的一个子博弈完美均衡。于是,相应的均衡结局是,收益流 $\xi=(2,2)$。策略剖面(鸽,鸽)也是单次博弈的一个纳什均衡。因此,重复博弈的另一个子博弈完美均衡便是,每一个人都计划采用鸽策略。相应的均衡结局是,收益流 $v=(5,5)$。

图 3.9(b)展示一条从 ξ 到 v 的连续路径,在这条路径上,后续的点总是构成前面点的帕累托改进。由于在这样一条路径上的每个点都能够被维持为一个常数流均衡结局,因而我们很容易设定惩罚策略,以确保亚当和夏娃没有激励偏离设定的路径。我们仅仅需要确保的是,当偏离发生时,任何偏离均衡的玩法都会导致局中人转换到任何支持在时刻 s 每次博弈收益为 $x(s)$的常数流均衡。一次偏离所产生的收益只有在难以察

---

〔1〕 在有限自动机玩的博弈中,变数流均衡怎么可能出现呢? 假设我们研究一个在重复博弈中有限自动机玩的均衡,其中每一轮博弈都由时间间隔 τ 分割开来。由于在进入均衡循环之前的争夺的预备阶段只会耗费有限的几轮,因而在取极限 $\tau\to 0$ 并计算每一个时点 $t\geq 0$ 的瞬时收益流之后,在这一阶段获得的收益将变得无关紧要。一个观看连续时间博弈的旁观者,仅仅会看到局中人在每个时点中获得他们均衡循环上的平均收益。但是,这一论点仅仅在满足以下条件时成立,即我们不允许自动机的复杂性取决于 τ。如果我们允许的话,那么随着 $\tau\to 0$,最初争夺时期的轮数会无限制地增加。

〔2〕 每一个这样的变数流均衡在收益上都等价于,一个具有每次博弈收益对为 y 的常数流均衡。如果亚当的折现率为 $p>0$,那么有:

$$\frac{y_A}{\rho}=\int_0^{\infty} y_A e^{-\rho t}dt=\int_0^{\infty} x_A(t)e^{-\rho t}dt$$

为了研究亚当具有无限耐心的情形,我们取极限 $p\to 0$。给定任意时刻 T,亚当仅仅关心时刻 T 之后发生的事情,因为:

$$\rho\int_0^{T} x_A(t)e^{-\rho t}dt \xrightarrow{\rho\to 0} 0$$

觉的一小段时间内才能够享受，且相比偏离所导致的成本，其基本可以忽略不计。这一成本是具有偏离行为的局中人本来可以获得的收益，其可以通过维持均衡路径，并且允许 $x(t)$ 穿越现有收益流 $x(s)$ 的帕累托改进集合而获得。

与惩罚应该最小化这一原则相一致，在时刻 s 的偏离之后，局中人不需要维持支持 $x(s)$ 的常数流均衡。只需要保证偏离行为是没有吸引力的。于是，局中人会继续他们的路径并到达 v。或者，对偏离的惩罚仅仅是减缓他们沿着均衡路径移动的速率。在连续时间极限下，具体的细节并不重要，因为任何这种“罪与罚”的紧张阶段都将被压缩进一个难以察觉的小时间段之中。

类似的考虑也适用于局中人从 ξ 移动到 v 所花费的时间 T。他们都想尽可能地缩短这一时间，以最小化他们等待享受合作的全部果实的时间。但是，由于信任需要逐步建立，我也不打算对其建模，因而局中人受到他们对 T 的选择的制约。然而，在评估这里所考虑的变数流均衡的类型中，我们假设，局中人在通向帕累托有效均衡 v 的过程中，所花费的用以建立信任的时间长度 T，相比局中人预期处于状态 v 的无限时期而言，是微不足道的。这使得我们略微简化了数学问题，我们可以将一个最终实施 v 的变数流均衡与变数流均衡 v 本身视为等同的。我们可以通过要求局中人具有无限耐心，或者通过对有限自动机所允许的复杂性设定一个固定的上界来论证这一假设，但我却偏好将这一假设仅仅视为一个简化的近似。〔1〕

〔1〕 到达时刻 T，亚当的每次博弈收益为：

$$\rho\int_0^T x_A(t)e^{-\rho t}\,dt \le v_A(1-e^{-\rho T}) \le \rho T v_A$$

在时刻 T 之后，他的每次博弈收益为 $v_A e^{-\rho T}$。如果对一个足够小的 $\varepsilon>0$，有 $e^{-\rho T}<\varepsilon$，那么前者对后者的比例是微不足道的。当 $T<2\varepsilon/\rho$ 时，这一不等式成立。随着 ρ 的下降，通向 v 的路径上所获收益可以忽略不计这一前提假设也就变得不那么重要了。

3.7.2 在原初状态中的再磋商

第2.5.4节认为公平规范会演化为均衡选择机制。特别地,如果图3.10(b)中的点ξ是自然状态,那么原初状态的机制提供了一种从可选均衡集合中选择帕累托效率改进点ρ的方法。正如我们已经看到的那样,找到一个令亚当和夏娃沿着如图3.10(b)所示的那种连续路径从ξ到达ρ的变数流均衡并不困难。但是,一旦达到中间点ξ',一个新的问题便会产生。

当局中人临时性地运行社会契约ξ',其便成为他们当前的自然状态。如果原初状态的机制能够被一致使用,那么局中人应该再次回到"无知之幕"背后,以再次磋商他们最终的命运。如果由此形成的新的结果ω比原初状态更具吸引力,那么将会产生问题,除非$\omega=\rho$。如果亚当和夏娃知道原初在v上的协议在达到ξ'时会被再磋商成ω,那么他们在一开始就没有理由实施社会契约v。

为了避免这样一个再磋商问题,事情必须被安排成,当原初状态是ξ'时,吸引原初状态机制的结果要等同于当原初状态是ξ时的结果;否则,亚当或者夏娃便可以通过在到达ξ'时提出新的要求而有所获益。在哲学王存在的情况下,由于这种再磋商而处于不利地位的局中人,将能够继续遵守原初协议的条款。但是,在缺少执行合约的机构的情况下,老的协议已经无法改变了。

当我们在第1.7节研究不存在信任的讨价还价问题时,也遭遇到同样的困难。在ρ是讨价还价博弈(X,ξ)的纳什讨价还价正规解这一特殊情形中,要安全地从ξ到达ρ,并且不激起任何局中人在途中要求再磋商,可以通过如下方式简单地解决,即要求他们沿着从ξ到ρ的一条直线前进。如果任何一个局中人在到达一个中间点ξ'时要求重新磋商,那么结果仅仅是对ρ的再次确认,因为这也是讨价还价博弈(X,ξ')的一个纳什讨价还价正规解。

当原初状态机制替代了纳什讨价还价解以作为我们的均衡选择机制

时，事情略微复杂一些。在下一章中，我们将回到图 2.5(b)，其阐释了罗尔斯版本的处于“无知之幕”背后的局中人所面对的讨价还价博弈。尽管我们拒绝了罗尔斯使用最大最小准则作为个人选择的原则，但是我们需要找到充分理由以赞同他的直觉，即从原初状态角度来看的社会契约的可行集合 T，需要与图 2.5(b)中的 $X_{AE} \cap X_{EA}$ 相等同。但是，相同的理由并不适用于现状点 τ 的位置。正如在哈萨尼的图 2.5(a)中，其必然处于 $\tau = \frac{1}{2}\eta + \frac{1}{2}\zeta$ 处。代表这一结果的混合图形在图 3.10(a)中得以重现。

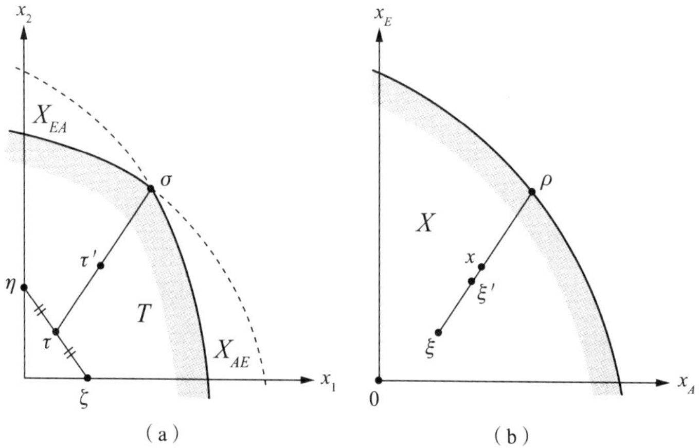

图 3.10　在原初状态中的再磋商

当情形并非过于不对称时，处于“无知之幕”背后的局中人所面对的讨价还价博弈(T, τ)的纳什讨价还价解 σ，位于 T 的帕累托前沿的拐折点处，如图 3.10(a)所示。但是，无论 σ 位于 X 的帕累托前沿的什么位置，处于原初状态的局中人都可以通过同意沿着从 τ 到 σ 的直线前进以接近 σ，从而避免本节所研究的再磋商问题。一旦达到了这条直线上的一个中间点 τ'，从而产生一个比原初状态更具吸引力的状态，那么仅仅会再催生出协调于 σ 之上的相同的协议。图 3.10(b)展示了一旦亚当和夏娃摆脱“无知之幕”，他们在原初状态的协议要求他们遵循的那条从 ξ 到 ρ 的直线路径。

3.7.3 使惩罚与罪行相符

在吉尔伯特(Gilbert)和沙利文(Sullivan)所著的《日本天皇》(*Mikado*)一书中,日本的君主非常感兴趣于司法职能。正如他所说的:

我的所有目标都庄严而崇高

我必须及时达到——

让惩罚与罪行相符——

惩罚与罪行相符。

桌球赌客被宣告采用扭曲的绳索、椭圆的桌球在虚拟的布上进行比赛。教师们都乐于看到那些老套的说教者被送往德国神秘主义布道院,那里从上午10:00到下午16:00都在布道。

为什么我们都乐于见到咬人的人被反咬一口?乐于见到别人搬起石头砸自己的脚?乐于见到针锋相对?乐于见到以眼还眼和以牙还牙?简言之,为什么只有当惩罚与罪行相符时,正义才是理想而富有诗意的?

我的猜测是,诗人们正在利用我们共有的一种关于正义的直觉。其源自如下一种观念,即公平是在相互不信任的成员之间妥协产生的。

当我们在第4.6.5节对罗尔斯进行辩护时,我们需要证明,图3.10(b)中从现状点ξ出发到公平结局ρ的射线具有斜率U/V,其中,权重U和V由标准的人际比较(见第2.7.2节)所决定。我们可以推断,ρ便是具有权重U和V的博弈(X,ξ)的成比例讨价还价解(见第1.3.3节)。心理平衡理论要求每个局中人的收益需要与他的价值成比例(见第4.4节)。如果我们认为亚当和夏娃的价值分别等同于$1/U$和$1/V$,那么使用成比例讨价还价解在心理学意义上是公平的。

当从ξ移动到ρ时,我们已经研究过的再磋商问题表明,亚当和夏娃实际上会通过允许当前的社会契约沿着图3.10(b)中的那条连接他们的射线连续移动,从而完成这一转型。最终,他们将达到ξ'。这一点便成为一个临时的现状点，如果亚当或者夏娃要求对交易进行一次再磋商，那么在这一点上也是可以操作的。达到了 ξ' 之后，亚当和夏娃必须通过附近的点 x 继续向 ρ 前进。在从 ξ' 向 x 移动的过程中，每个局中人所得到的收益与他的价值成比例，并且局中人也会认为是公平的。

如果亚当在从 ξ' 向 x 转移的过程中犯了欺骗的错误，那又会怎么样呢？尽管其他的惩罚方案也可能会同样有效，第 3.7.1 节则表明，夏娃的自然反应是，采取任何必要行动以回到现状点 ξ'。于是，放弃 x 而回到 ξ' 的过程中每一个局中人所遭受的损失，等同于从 ξ' 移动到 x 的过程中他们所获得的收益。由于这样的收益被认为是公平的，因而夏娃惩罚亚当所带来的损失也是如此。

所以，监管从 ξ 到 ρ 的转移过程所采用的自然惩罚方案要求，通过选择一种与罪行相符的惩罚来达到理想的正义。用第 3.3.7 节的话来说，“针”(tit)与“锋”(tat)相对是公平的选择。

3.7.4　再磋商防御

我们一直讨论的再磋商问题，与博弈论专家以“再磋商防御”(renegotiation-proofness)为题所讨论的问题紧密相关。然而需要指出的是，我对这一问题的思路并不完全正统。第 3.3.5 节认同再磋商相关文献的论点，即理性的局中人会对均衡进行磋商，在均衡中，惩罚以阻止偏离行为为最大限度。我也同意，我们必须坚持一个磋商均衡能够在均衡的路径上防御对条款进行再磋商的要求。但在理解一个难题时，我与现有文献有所差别，我的想法是，在一次偏离行为使局中人脱离均衡路径之后，相同的再磋商准则依然能够使用。

这一难题与第 0.4.2 节所提出的难题以及子博弈完美均衡的概念相关联。为什么夏娃要在子博弈中继续将亚当视为理性，而这一子博弈却只有在亚当不理性地行动时才能够达致？如果亚当足够频繁且不理性地行动，那么夏娃是否应该放弃亚当具有理性这一信念？第 0.4.2 节解释了,为什么我仍然依赖子博弈完美均衡这一概念,尽管其存在一些基础性的困境。简言之,我相信依赖这一概念所产生的扭曲会被它强加于模型之上的允许自己考虑的约束所超越。然而,当我们将均衡路径之外的再磋商防御加入子博弈完美时,我相信上述扭曲将变得非常严重以至于不可忽略。

关于再磋商防御的文献〔1〕已经在定义上达成了共识,但是对我来说,所有文献都忽视了一个关键问题:在互惠关系中,信任是怎样建立并维系的?如果在一个重复博弈中,亚当和夏娃同意在某个均衡上进行协调,但是亚当却违背诺言并偏离了他原本同意实施的均衡策略,那么夏娃必须假设性地问她自己,在未来他们磋商并遵循任何协调协议的过程中,亚当还有多可信?如果亚当反复地违背诺言,那么马上就会出现的情况是,夏娃会怀疑在未来是否有必要与他进行任何磋商。但是,正如子博弈完美均衡的概念所要求的那样,无论局中人在过去有怎样的不理性行为,我们都将局中人视为理性的。因此,传统的关于再磋商防御的文献要求我们总是信任其他的局中人,而无论他们之前是否经常辜负我们的信任。

做出这样一个假设意义深远。例如,当我们将阿布鲁(Abreu)等[4]的方法应用于无限期重复猎鹿博弈时,在图3.9(b)的W区域中,唯一一个能够被支撑为再磋商防御均衡的是$v=(5,5)$。在他们的理论中,那些预测到未来有可能出现再磋商机会的局中人,会受制于一个协议,其要求每个人都总是计划采取鸽策略,而不管到目前为止在博弈过程中所发生的事情。因此,怎样从点ξ到点v的问题,在阿布鲁(Abreu)等[4]中并不会出现。根据他们的理论,理性的局中人一开始不会一直实施将产生结局ξ的均衡。

人们或许会强调,在博弈开始之前局中人所分享的经验的历史是如此

〔1〕 例如,阿布鲁和皮尔斯(Abreu and Pearce)[3]、阿布鲁(Abreu)等[4]、阿谢姆(Asheim)[21]、博金和麦克劳德(Bergin and McCloud)[54]、法雷尔和马斯金(Farrell and Maskin)[180]、鲁宾斯坦和沃林斯基(Rubinstein and Wolinsky)[452],以及范达美(van Damme)[528]。

广泛,以至于在博弈过程中,一个局中人可能展示的不诚信的证据都不足以超过他过去诚实可信的记录,从而为传统的再磋商防御理论进行辩护。但对我来说,这一点太理想化了。我相信,相互信任的问题太接近社会契约理论的核心了,以至于我们不允许接受抽象掉所有因素的形式主义。

3.8　道德观念是什么?

在从本章所研究的社会契约是如何被维系的过渡到下一章所研究的社会契约是如何被选择的之前,我们必须抽空讨论一下,当谈及维系或选择社会契约时,民间智慧所使用的道德观念的语言。

霍布斯[250]根据人的体力、经验、理智和激情来刻画人类本性。用经济学的术语来说,人的体力由人当前能够在其中自由选择的可行集合所决定,人的经验可以用人的知识和人的信念来总结,而人的激情则是写入个人效用函数的基本偏好。一个理性人使用他的理智从可行集合中选择一种行动,以最大化相对于其信仰的预期效用。

本节想要强调的是,社会和道德观念需要被归为个人经验而不是个人激情的一部分。我们谈论善和正当方式,与谈论一部好的电影或者解决问题的正确方法的方式基本相同,但是,植入我们语言的大众心理学(folk psychology),相比研究地球性质和太阳运行的大众物理学(folk physics)而言不再可靠。将使用某种公平规范调节的行为归功于某个局中人具有公平的偏好,这种错误在本书中特别具有误导性。

3.8.1　混淆喜好和观念

为什么人们在伦敦和巴黎分别靠左和靠右行驶?一个幼稚的答案是,人们在英国喜欢靠左行驶,而一旦穿越英吉利海峡来到法国,他们的偏好就会逆转。显然,这一解释并不符合我自己的经验。在我的母国英国,靠左行驶并非给我带来快乐;但我却十分想念在法国靠右行驶的时光。

我关于靠左和靠右的偏好,可以从亚当和夏娃玩 2×2 的交通博弈看出来。在这一博弈中,两个局中人都将 1 单位的收益赋予结局(左,左)和(右,右),而将 0 单位的收益赋予结局(左,右)和(右,左)。因此,每个人都靠左行驶的均衡和每个人都靠右行驶的均衡,对于两个局中人而言是无差异的。

在交通博弈中,当决定是靠左行驶还是靠右行驶时,夏娃需要考虑比她自己的偏好更多的东西。她需要咨询其所处社会中运行的协调性习俗。在巴黎,相关的习俗选择了每个人都靠右行驶的均衡。夏娃使用她的信念,即在巴黎这一习俗是共同知识,来预测当她遇到亚当从对面驶来的车时,亚当也会靠右行驶。夏娃对撞车的厌恶会告诉自己,对她来说靠右行驶也是最优的。亚当也会类似地推理,结果便是两个局中人成功地使用法国社会观念这一共同知识,并协调于都靠右行驶这一均衡之上。

在交通博弈中,这一分析是如此显而易见,以至于似乎都不值得写下来。喜好(taste)由个人所持有,而观念(value)由某个社会所共同持有。我具有喜好——我们具有观念。既然如此,这两个概念怎么会被混淆呢?

如果没有博弈论的语言来约束我们的思想,那么答案便是,喜好和观念太容易被混淆了。从亚里士多德以降的哲学家们经常将喜好和观念相混淆,而这个问题却很重要。除非我们合理地将它们区别开来,否则我们总是有成为下述谬误的牺牲品的风险,即外来者在本质上是邪恶的,因为他们的观念与我们不同。

观念和喜好是怎样被混淆的呢?这里将提及两种错误的来源。第一种错误出现于下述情况,即人们试图通过将喜好称为观念,以使得他们的个人喜好得到特殊的对待。而第二种错误出现于下述情况,即人们试图诉诸显示偏好原理的民间版本时,错误地将观念视为喜好。

道德伪君子们(Ipsedixists)强调,我们被束缚于低下的品味和令人讨厌的爱好,而他们仅仅被最高等级的道德挂念所驱使。例如,柏拉图是一个到了这种程度的道德相对主义者,他发现雅典人和斯巴达人的道德观念是不同的。他自己对贵族政治的喜好,使其更加喜欢斯巴达人的观念。如果给予他权力,他可能会将一种斯巴达式的宪法强加于雅典人身上。其他雅典的公民拥有竞争性的疯狂计划,于是柏拉图开了一个经典的玩笑,声称观念的状态是他自己的个人喜好。然而,对一套观念的喜好胜过对另一套观念的喜好,这本身并不是一种观念。将两者混淆起来,使我们基本没有可能将道德相对主义者和道德绝对主义者区分开来(第3.8.4节)。

第二种错误更加隐蔽。每个人都乐于同意我们靠路的哪一边行驶是一个社会习俗问题。因此,没有人会犯这样的演绎错误,即从夏娃靠右开车的事实推导出夏娃具有一种靠右行驶的内置偏好。但人们却否认,我们的公平标准相比交通规则更是社会习俗。因此,他们成了下述谬误的牺牲品,即那些拒绝不公平出价的人们必然有一种公平的内置偏好。然而,如果在生存博弈中,夏娃在行驶一个均衡时尽自己的职责,那么她的行为取决于所有的霍布斯标准——而不仅仅是她的激情。

作为追溯第二种错误源头的初步工作,本节重申显示偏好理论的基本原理。无辜的人们或许会怀疑这样简单而直接的想法怎么会激起那么多的尘埃。终有一日,尘埃落定,或许某个写下决策理论历史的勇敢无畏的学者,将会告诉我们其中的缘由。

凭着他们的果子,就可以认出他们来 发明显示偏好理论的目的在于,使经济学对大脑运作方式的研究独立于心理学的研究。因此,其放弃了任何试图解释为什么夏娃选择这一行动而不是那一行动的自负主张。高德(Gauthier)[197, p. 186]是一名没有理解这一简单观点的典型代表。这并不是说,这一被认同的理论认为,“只有效用为行动提供了理由”。这一纯理论完全没有为行动给出任何理由。它仅仅描述了在夏娃行为保持一致性的情况下,她会选择什么行动。

关于一致性的新的定义层出不穷,但传统的定义允许以下述方式来描述夏娃的行为,即她选择行动似乎最大化了相对于一个主观概率分布的效用函数的期望值。在这一表述中,她的效用和主观概率可以通过数据来构建,这些数据要么来源于对她行动的观察,要么来源于对她在各种假设的环境下将会采取什么行动的假设。[1]

对于很多批评家而言,这种对理论目的的陈述听起来会被怀疑是行为主义。我是否真的坚持信奉斯金纳(Skinner)[497, 498]那不可信的教条——他认为动物和人都是简单的"刺激—反应"机器?答案是否定的。尽管斯金纳在很多问题上听天由命,但他没有坚持下述荒谬的假说,即人类的认知过程与我们的决策是无关的——我也不同意这一点。显示偏好理论对于我们大脑中发生了什么是中性的。在2.5.2节中,我强调"偏好—信念"模型很可能对于某些情况下描述我们的认知过程起到一个重要作用,但做出这样一个推断已经跨出了显示偏好理论的领域。当我们使用显示偏好理论来描述树木在一个演化博弈中的策略选择时,我们当然不愿意致力于认为树木使用一个"偏好—信念"模型来对环境进行建模!

应用显示偏好理论时,第一步便是决定夏娃的行动集合A。随着时间的流逝,我们将会观察到夏娃在受制于各种不同的A的可行子集时所做出的选择。例如,如果我们观察夏娃的购物行为,那么我们将最终知道,当她有不同数额的可共花费的金钱并面对不同的价格配置时,她所购买的商品束。最初的显示偏好理论给出了一致性条件,并允许用下述方式来描述这样的购物行为,即夏娃的选择似乎是在致力于最大化一个定义在所有商品束集合C上的效用函数。[2] 然而,现代的显示偏好理论

---

[1] 在单次囚徒困境博弈中,结局(鸽,鹰)下夏娃的效用被设定为大于结局(鸽,鸽)下她的效用,因为我们假设,如果夏娃知道亚当必然会选择鸽策略,那么她会选择鹰策略(第1卷第2.2.4节)。一旦理解了这一点,我们就可以明确知道,所有关于囚徒困境的标准博弈论分析的无休止的争论,都基于最简单不过的误解(第1卷第3章)。

[2] 其中一个一致性的要求被称为显示偏好弱公理(weak axiom of revealed preference)。在实验室的条件下,鸽子很好地遵守了这一点[凯格尔(Kagel)等[284]]。

更为雄心勃勃。其认识到夏娃的行为可能取决于世界的状态,而对于这些状态,她还没有观察到或者还没有发生。例如,在考虑花多少钱购买一把雨伞时,夏娃会考虑未来下雨的可能性。

于是我们就有3个需要考虑的集合:行动集合 A、世界可能状态集合 B,以及最终结果集合 C。这些集合通过函数 $f: A \times B \rightarrow C$ 联系起来,其描述了在世界状态为 b 的情况下选择行动 a 所导致的结果 $c = f(a, b)$。传统的显示偏好理论通过下述方式,为夏娃在集合 A 中的行为提供了一致性条件,即她的选择似乎最大化了相对一个定义在集合 B 上的主观概率分布而言的定义在集合 C 上的效用函数的期望值。

显示偏好理论被严重误解的其中一个原因是,这一理论的实践者感到,只有最为正式的数学家才适合讨论这样一个重要话题。但是,根据理论原理推导期望效用理论所需要的数学知识根本是微不足道的。我在第1卷第4.5节的短短几页纸中展示了最为基础的代数技巧。至于这些原理本身,它们可以不用数学知识就被表达出来。它们只不过表明,一个理性的局中人不会允许在 A、B 和 C 的其中一个领域发生的情况影响到他对其他领域的处理。

例如,《伊索寓言》中的那只狐狸是非理性的,他因为摘不到葡萄而认为葡萄是酸的。因此,他犯了这样一个错误,即允许他对领域 B 的信念受到领域 A 中可行行动的影响。如果因为他认为小鸡比葡萄更好吃,从而判断一定能抓到小鸡,那么他会因为这个乌托邦式的错误而感到愧疚,即允许他对领域 A 中可行行动的判断受到他在领域 C 中偏好的影响。同样类型的一厢情愿会导致他认为,他能摘到的葡萄一定是成熟的,因为相比酸葡萄,他更喜欢甜葡萄;或者相比甜葡萄,他更喜欢酸葡萄,因为他能够摘到的葡萄很可能是酸的。在所有这些情形中,他没有能够将领域 B 中的信念与领域 C 中的偏好区分开来。这类不理性的更多案例可以从每周任何一天里伟大的政治家和博学的政治学家的讲演中找到。

以基本原理为代价强调显示偏好理论的数学知识的其中一个后果是,将老练的数学家的注意力从选择基础模型中转移开来。如果在集合

A、B 和 C 之间存在关联,并且没有被结果函数 $f: A\times B\to C$ 表达出来,那么就没有理由解释,为什么夏娃的决策不应该反映这些未被建模的关联。

例如,森[483]告诉我们,没有人会拿走碗里的最后一个苹果,因而下述情况是不一致的:当碗里只有一个苹果时,显示出没有苹果优于有一个苹果的偏好;而当碗里有两个苹果时,上述偏好得以逆转。支持这一观点的证据无疑是从那些礼仪小姐(Miss Manners)仍然主宰的社会的最后堡垒中获得的——而且这与构建夏娃选择问题的模型是相关的。她的信念集合 B 必须使她认识到,她在这个社会中从碗中取得了一个苹果,且这个社会认同礼仪小姐的社会观念,而不是纽约市的社会观念。她的结果空间 C 必须记录,对她的决策而言,她生存博弈的未来过程至少与她现在是否吃一个苹果同样重要;否则,我们就不能够对她的伙伴在她偏离社会契约时施加给她的惩罚进行建模。一旦我们在一个适当且宽阔的背景下设定了她的问题,夏娃对显示偏好理论一致性的明显违背便消失了。在不违反礼仪的情况下,她喜欢苹果并会取走一个;但是在违反礼仪时,她不会这样做。

从森的例子中得到的教训,并不是显示偏好理论的一致性要求太过严格以至于难以使用;而是当这些要求似乎不能成立时,我们首先要做的是问一问,是否恰当地构建了选择问题的模型?

回 **喜好必须被固定** 将一致性要求强加于夏娃是没有道理的,除非她的选择行为的潜在决定因素是固定的。这些决定因素可能不会永远被固定,但当夏娃从一个足够大的各种不同可行集合的集合中做出选择,以提供足够的证据来保证在她从其他可行集合做出选择时她的行为可以被预测时,它们必须维持不变。本书将这样的时间长度称为短期。在中期,内置于她移情偏好的社会观念的知识可能会改变,从而也改变了她的信念集合 B。在长期,她的偏好集合 C 也可能会改变。因此,只有在短期,我们才有资格直接使用显示偏好理论。

然而，如果我们想要在中期对夏娃的行为做出一致性假设，那么我们仍然能够间接地使用显示偏好理论。在中期，随着夏娃接收到新的信息，她会更新集合 B 中的信念。要求在静态情形下信念和偏好相分离的相同的理性考量，要求随着夏娃更新在集合 B 中的概率分布，夏娃在集合 C 中显示的偏好维持不变。〔1〕例如，一只狐狸品尝了一粒葡萄并发现它是甜的，这一事实不应该使它改变相比葡萄它更喜欢吃小鸡的偏好。

经济学家在描述夏娃对于结果的固定偏好时，会谈及一个直接效用函数。而随着关于她环境信息的变化，进而从她的行为中显示出来的变化的偏好可以用一个间接效用函数来描述。这样一个间接效用函数可以用下述方式来阐释，其描述了夏娃对于用来达到目的的可供选择的手段的态度，且这些目的可以由她的直接效用函数来描述。于是，最终目的可以与达到它们的手段区分开来，并且我们可以通过观察下述情况来得到：夏娃对于手段显示的偏好能够在中期发生变动，而夏娃对于目的显示的偏好则维持不变。

遗憾的是，使用间接效用函数产生了更多的混乱，这是因为学者们总是将短期中使用的原则应用到中期的问题中。帕累托原则便是一个具有代表性的例子。如果在决策过程中或者决策之后，没有东西能够改变任何人的信念，那么将帕累托原则应用于一个直接效用函数还是一个间接效用函数是无关紧要的。但是，假设哈特菲尔德人和麦考伊人被问及税收收入是否应该用来造一个公共图书馆。每一个群体都相信对方是文盲，因而投了赞成票。如果我们将帕累托原则应用于他们在投票亭中的行为，那么图书馆将会被建造——当哈特菲尔德人和麦考伊人发现他们以完全相反的理由赞成了同一事物时，灾难性的结果将会出现。

为了避免这样的悖论，我们需要将社会福利原则应用于直接效用函

〔1〕一些更加严格的一致性要求经常被给出，这些要求意味着，夏娃的概率分布会根据贝叶斯法则进行更新。我遵循萨维奇(Savage)[461]的观点，认为将这种一致性要求强加于一个“小型世界”之外是“荒谬的”和“可笑的”；在这一“小型世界”中，我们可能预测所有可能的未来信息会如何影响总结于夏娃先验概率分布中的基础模型(宾默尔[69])。

数。因此,任何研究都必须一开始提供一个选择行为模型,以清晰地区分手段和目的。博弈论的语言自动做到了这一点。夏娃的目的在她玩的博弈的收益矩阵中得以归纳。这些收益是她在结果集合 C 中的直接效用。她用以达到这些目的的手段由她在博弈中的策略所表达。这些策略是在集合 A 中的行动。集合 B 由随机选择的策略以及由对手选择的策略所构成。

她在策略集合 A 上的间接效用反映了她所知道的或相信的在集合 B 中发生的事情。特别地,它们包含了在她的社会中所运行的社会观念的相关信息。如果一种社会观念要求使用帕累托原则来解决均衡选择问题,那么将帕累托原则应用于局中人对策略的间接效用就变得不合逻辑,因为他们已经想当然地认为帕累托原则正在使用中了。这一点看似非常明显,但我们需要注意,一旦用足够晦涩的语言包装之后,混淆手段和目的的错误更加难以被发现。

回 **是水还是钻石?** 在经济学中,区分个人喜好和社会观念的问题,出现在区分使用价值和交换价值的问题之中。水对我们的健康和福祉是必不可少的,而钻石则不然。这意味着水具有很高的使用价值而钻石具有很低的使用价值。但是,为什么钻石昂贵而水便宜呢?〔1〕

这一传统的问题在现代教科书中是这样回答的:钻石具有极高的交换价值,因为它们的供给极其短缺。但是,这一答案掩盖了问题。正如阿尔弗雷德·马歇尔[342, p. 820]所解释的,仅仅根据供给来讨论市场价格,正如解释如何用半把剪刀来裁纸一样。真正有趣的问题在于,为什么钻石具有如此高的需求?

我们的共同知识是,在一些社交圈,钻石传递了社会地位的信号。反过来,社会地位能够带来较高的使用价值——特别是有机会与优良基因

〔1〕 没有什么比水更有用;但它能购买的东西却很少;很少一点东西就能够交换得到它。一颗钻石则相反,它没有什么使用价值;但经常的情况是,需要大量商品才能够交换得到它。——亚当·斯密[501]

进行配对。因此，夏娃对钻石的需求有两个来源：她个人对真实有用商品的偏好，以及她对嵌入她文化背景的社会观念的信念。如果那些将社会地位与展示钻石相关联的卑鄙的社会观念行将过时，那么再也不会有人需要钻石，即使他们自己的喜好维持不变。

亚里士多德 亚里士多德[18]告诉我们，亚当有三种可能的目的：成为有用的人，成为快乐的人，成为高尚的人。由于他强调，成为一个有用的人仅仅是成为一个快乐的人或一个高尚的人的手段，因而我们很容易将亚里士多德关于有用的目的，解释为用间接效用函数进行评价的行动；也毫无困难地将快乐的目的视为用直接效用函数进行评价的结果之一。然而，他似乎认为，高尚的目的是快乐的目的的一个榜样，从而也犯了混淆社会观念和个人喜好的典型错误。但是，这一错误没有使他误入歧途过远，因为亚里士多德非常清楚，高尚是由社会决定的。

如果亚当的行为是值得称赞的，我们说他是高尚的。但是，什么样的人会去称赞，就取决于他们的文化了。例如，亚里士多德将节欲视为高尚的美德之一，但是，他的家乡所在地区的赛西亚人(Scythians)则无疑将节欲视为一种不光彩的恶习，并自古以来以做海盗为生。因此，节欲是亚当关于他居住的城市中运行的社会契约的信念之一。他不节欲，是因为他有不节欲的喜好。他节欲，是因为如果他没有符合社会的标准，他会失去其他公民对他的尊敬——而且在别人尊敬他的情况下，他可以更好地满足个人喜好。

节欲是一个特别生动的社会观念的例子，因为试图将它构建为一种个人喜好立刻会变得荒唐可笑。根据他自己的喜好，将其可行选项进行排序，选择排在中间的选项是否意味着，亚当表达了一种节欲的喜好？显然不是！显示偏好理论将最优先的行动排在最前面，因为只要这一行动可行，亚当总是会选择它。显示偏好理论的批评家们说，最初的排序应该代表亚当“真实”的偏好，而不是他显示的偏好。但是，我们拥有在做决策时不想采用的真实偏好这一观点，就像是说亚当会选择中间选项是因为这并不是他选择的选项那样,对我而言都同样不合逻辑。

穆勒 亚里士多德挖了一个坑,约翰·斯图亚特·穆勒便栽了个跟头。在试图调和功利家长主义和个人自由的过程中,穆勒强调自由的社会观念已经嵌入了我们的个人喜好。因此,一个最大化我们个人效用之和的社会契约,能够在一定程度上保障自由。

自由可以用机会集合的大小来衡量,在这个集合中,我们能够从中进行选择且不会违反社会契约强加于我们的义务(第3.2.2节)。我们想要有一个大规模的机会集合,因为我们不知道未来会给我们带来什么。因此,保障一个大的机会集合正是亚里士多德所说的一个有用的目的。如果我不知道明天是下雨还是天晴,那么同时带上雨伞和阳伞是有用的,因为在任何情形下,我都能够最大化我的直接效用函数。但是,如果我确信未来将总是下雨,那么我还是否愿意将我的机会集合从一把雨伞扩展到一把雨伞和一把阳伞?人们会认为这个问题荒唐可笑。他们会问,为什么有人会购买一些他们不可能需要的东西,从而证明他们理解了下述情形的非理性,即允许他们在最终结果集合 C 中的个人喜好受到集合 A 和 B 中发生的事情的影响?

当应用于间接效用时,功利主义和帕累托原则都同样没有道理。只有当应用于描述局中人在最终结果集合 C 中的个人喜好时,它才是有意义的。思虑周全的功利主义者有时通过强调下述观点来表达他们对于这一观察的看法,即我们应该加总局中人在信息完备的情况下所具有的偏好,而不是加总他们实际上的现实偏好。

至于穆勒试图调和自由和功利主义的实质,这样一种方法会失去假定存在一个执行法律的哲学王所带来的所有优势(第2.2.4节)。一种崇尚自由的文化为个人提供了更为多样的方法以实现他们个人的目的,但在这种意义上,如果我们不给人们反社会行动的机会,我们就不可能让人们自由。如果他们在乘坐市郊火车时享有购票的自由,那么其中一部分人将会变成搭便车者。一位功利主义的哲学王会通过清除这种搭便车的制度,从而使最大化可供分享的社会蛋糕成为可能。由于没有哲学王存在,因而相比一个最优的功利主义乌托邦,一个平均主义的社会契约成为次优选择(第 2.8 节)。但是,如果我们遵循穆勒,混淆了所需评价的目标,那么这样一种比较便不再有意义。

罗尔斯　正如穆勒既想吃掉蛋糕又想拥有蛋糕一样,他将义务论的社会观念写入我们的个人喜好,罗尔斯则通过让社会契约吸收个人的善的观念,将结果论的社会观念写入我们的个人喜好。我并不完全清楚这些不同的善的概念是如何反映在诸如权力和特权或者自尊的社会基础这些基本善(primary goods)之中,但或许我们足以认为,亚里士多德会将前者归入他的有用的目的,而将后者归入他的高尚的目的。总之,两者完全不能被视为一种个人喜好。

辛格　彼得·辛格(Peter Singer)[496]最近的著作打算回答普林尼(Pliny)长期反复提出的问题:我们应该怎样活着?由于第 2.4 节提到的辛格[495]早期的著作《扩大圈子》(*Expanding Circles*)启发人们在伦理学中使用演化方法,因而我们很失望地发现,他仍然试图通过将那些个人偏好表示为社会观念的根本原则,以劝说我们接受他的比绿色更绿的个人偏好。

不像大多数道德伪君子,辛格用一种论证来辩护他的宣言。由于他告诉我们大多数人想要听到的动物的苦难和环境的破坏,因而我们很难冷静地评价他的论据。然而,当辛格雄辩的口才似乎要征服我时,我提醒自己,黑格尔的类似论证是多么不可信。但是,相比黑格尔,我更喜欢辛格版本的基本社会契约,这一事实应该与我对他们的证据质量的评价没有关联。

辛格[496, p. 268]更喜欢生活在这样一个社会里,在其中,我们都致力于接受“宇宙的观点”。所以他信奉功利主义的一种松散形式,在这一观念中,宇宙成为他的理想旁观者的对应物。[1] 这一理想旁观者关爱众生,因此不但将权力赋予人类,而且也将权力赋予动物。[2] 在将这种个人喜好表达为一种特许的社会观念的过程中,他宣称社会契约将会朝着扩大我们移情对象范围的方向进行演化。于是,辛格[496, p. 272]将这一演化趋势称为一种“理性的电梯”,其将载着我们向上、向前,直至他所偏爱的社会契约。即使再多的反思,也不能够说辛格版本的伦理人生是无关紧要的或者没有意义的,因而故事还在继续(辛格[496, p. 258])。

除非我的观点属于无可救药的错误,辛格关于演化对我们人类的作用的观念便是错误的,更不用说动物了。然而,他将一个均衡选择的演化过程与维持一个均衡的规则混淆起来,这便直接导致了我对他的不满。对我来说,遵守维系当前在位的社会契约的规则是理性的。强调这是理性推断的结果,而不是我遵守了某个更好的社会契约的规则,并且这一社会契约在每个人都这样做时就会出现,这相当于加入了化圆为方者的行列,他们认为在囚徒困境中进行合作是理性的(第1卷第3章)。简言之,一棵源自休谟之种的植物,不可能开出康德之花。

3.8.2 论亚当·斯密难题

亚当·斯密强调移情识别的重要性,因而他或许是一位使我们最为深入理解下述问题的哲学家:为什么社会价值那么容易与个人喜好相混淆?由原初状态的机制所代表的公平算法是生物学所决定的,因而我们不会去怀疑其基本有效性。其运行所必要的社会观念,也被视为完全由

---

〔1〕 辛格[496, p. 206]在这方面诉诸罗伯特·黑尔(Robert Hare)的权威。黑尔[225, 227]在本书中靠边站了,因为我感觉他仅仅沿着哈萨尼的道路走了一小段,而哈萨尼[231, 233]则在若干年前就完成了对整条道路的探索(附录B)。

〔2〕 没有内容涉及人际比较。或许当我们交换狮子和羔羊的生命时,会数数自己的心跳。

我们共同持有的移情偏好所承载。但是,一个移情偏好在结构上是如此接近于个人偏好,以至于想要将两者区分开来,被证明是十分困难的。

根据泰希格雷贝尔(Teichgraeber)[518]的研究,亚当·斯密[500,501]将其自己一生的研究视为相互交织的三条主线——法律哲学、道德哲学和经济学。他对第一个领域的观点只能从他学生的笔记中看到,而没有载入他自己的其他著作。但他的《道德情操论》和《国富论》则代表了他在道德哲学和经济学方面的真知灼见。

现代经济学家时常惊奇地发现,在亚当·斯密看来,他前一部著作所述的关心社交礼节的智人(homo sapiens)和他后一部著作所述的他所拥护的理性人(homo economicus)之间并无矛盾。除了德国之外,如何跨越这一鸿沟的问题似乎直到最近才得到些许关注。其中的难点可以从《国富论》的一段著名论述中展现出来:“我们每天所需的食物和饮料,不是出自屠夫、酿酒师或烙面师的恩惠,而是出自他们自利的打算。”然而,又是什么使他们天生有能力去同情他们的同胞伙伴?这是《道德情操论》所依赖的基础。

亚当·斯密难题的评论者似乎在很大程度上同意这一观点,即我们必须探索现代移情和同情的差别,从而达到调和他两部著作观点的目的。例如,拉斐尔(Raphael)[414]没有注意到,亚当·斯密定义的同情接近于我所说的移情,因而他接受了这一批评。然而,每当亚当·斯密提出一个严肃的论据却没有论证他自己的定义时,现代的辩护者们总是过于急切地想要原谅他。事实上,他总是被本书所理解的同情的意义所吸引,从而反复掉进陷阱。这就是说,他暗中假设他人的福利将作为我们个人的效用函数的一个自变量出现。

然而,正如罗尔斯[417]所说,我相信亚当·斯密的直觉是良好的,尽管他的推理不见得总能经得起推敲。他对《国富论》和《道德情操论》两部著作的内在一致性的信仰,可以通过澄清他和大卫·休谟共同持有的移情和同情的概念来得以证明。

个人喜好和公众观念 当夏娃的福利成为亚当个人效用函数的一个自变量时,我们说亚当同情夏娃。于是,他会帮助夏娃,因为他想要这样做。根据这种方式去解释所有道德行为的诱惑是强烈的。但是,正如第3.8.1节所解释的,关键在于,在这种方式下,我们不会将我们的喜好同我们的观念相混淆。喜好是由个人持有的,而观念是由整个社会共同持有的。

第3.8.1节的交通博弈阐释了,当夏娃考虑是否在维系均衡中尽到自己的职责时,夏娃只需要考虑她个人的偏好理由。如果我根据维系一个社会契约所用的规则,正确地构建正当理论背后的直觉,那么我们将毫不惊奇地发现,那些只关心维持我们传统的保守主义者没有意愿超越亚当·斯密[501]《国富论》的理性人模型。但当我们考虑均衡是如何被选择的时候,我们就很有必要研究嵌入共同知识池的社会观念和道德观念,且我将共同知识池等同于文化。如果启发出善的理论的直觉真的来源于对社会如何选择均衡的观察,那么我们同样不会惊讶于社会主义者们会构建伦理人(homo ethicus)的一些变种,这些伦理人的偏好反映了一个特定社会的观念。尽管亚当·斯密当然不是社会主义者,但是他的《道德情操论》中的公正的旁观者或者理想的旁观者就是一个具有这种美德的典范。

当我们从决定靠路的哪一边驾驶的社会习俗,转向产生我们正义观念的道德习俗时,事情就变得不那么清楚了,因为我们实际上的确使用偏好来对一些相关的观念进行编码。但是,我们并没有将这些观念写入我们个人的偏好中。社会将它们写入共同持有的移情偏好中,以将其作为原初状态变种的社会投入,且这些原初状态是自然封入我们基因之中的。当亚当或夏娃单独做决策时,移情偏好永远不会被显示出来。当亚当和夏娃共同使用标准的公平规范以解决一个协调问题时,它们会通过均衡选择过程而被显示出来。

 总之,解决亚当·斯密难题要求将他在《道德情操论》中多次提及的同情重新解释为移情偏好。移情偏好是文化观念的承载体,亚当·斯密用一个公正的旁观者作为比喻来暗示它们。它们需要从一些均衡中被选择出来。根据传统的理性人概念,不会有矛盾产生,因为经济学家总是更关心均衡是如何维系的。为了这一目的,需要的仅仅是一个代理人的个人偏好而已。

3.8.3 后福利主义

第4.3.3节批评了后福利主义者所给出的理由,因为他们拒绝将个体的个人偏好视为策划改革的重要因素。例如,据说,生活在自给自足社会中的妇女习惯于接受分配给她们的从属地位。因此,改革者不应该问这些妇女想要什么。需要做的是,他应该根据他自己客观选择的对她们来说什么才是好的标准,来改善她们的生活,而不是去关注那些接受者是否喜欢他的恩德。

在这一方法背后的道德伪善主义是好意的,但其也是建立在个人喜好和道德观念的哲学泥潭之上,本节将致力于探讨这一话题。作为一个客观事实,我想知道一名在丛林中艰难度日的妇女与在巴黎购物旅行的社交名媛之间,对于真正归入个人喜好的领域是否真的存在很大的差别。她们是否都喜欢吃而不喜欢饿着?她们是否都喜欢温暖而不喜欢寒冷?她们是否都喜欢安全而不喜欢暴力?她们是否都想要她们的孩子生存下来并生儿育女?一个原始人可以在吃蛆中找到快乐,一个讲究人则会恶心得扭头就走,但同样地,原始人在面对巴黎时装展时也会惊慌失措。这些差异的出现是因为当人们被赋予不同信念时,具有相同基本偏好的人们会有不同的行为。如果他们感到足够饥饿或寒冷,那么关于什么是好吃的或者什么衣服是漂亮的信念很有可能迅速改变,但是,对于嵌入他们所尊崇的社会契约的社会观念的信念而言,上述观念难以成立,因为这些是根据客观事实的长期经验建立起来的。

如果没有认识到这一点,就会将个人喜好和社会观念混淆起来,且社会观念是我们在孩提时代通过观察在我们社区中社会契约的运行方式而获得的。后福利主义者正确地认识到,巴黎式社会契约不同于巴西丛林式社会契约;但是他们错误地认为,由夏娃遵守社会契约的需求所引起的社会诱致行为,应该首先归因于她的个人喜好。

我们可以从下述事实中认识到,喜好的确是个人的;也就是说,在中期随着社会契约的变化,喜好维持不变(第3.8.1节)。对我来说,下述认识是愚蠢的,即认为我们相比某一些人更有能力评估这种个人喜好的本质,那些人的快感中枢会在事情变坏或变好时被压抑或被满足。相比由她自己的行为所显示出的偏好而言,难道还有更好的信息来源以探寻个人的基础性喜好的客观关联吗?的确,为了这个目的去寻找某种版本的显示偏好理论似乎是困难的,因为我们必须首先完成深入而广泛的社会学研究,以将一个社会共同持有的社会观念从其公民的基本喜好中分离出来。但毫无疑问的是,所有旨在改革社会的计划付诸实施之前,都需要一项关于当前社会契约是如何运作的详细的科学研究。生态学家认为,当人类干扰动植物栖息时,一些关心和关怀是必不可少的,是否人类没有资格享有相同的关心和关怀?

生活在欠发达国家的妇女去改变她们的间接效用,以适当地适应她们当前的社会契约,这似乎没有什么根据。如果一名妇女生活在一个将她视为奴隶的社会中,则为什么要告诉这名妇女应该发展出对于自由的喜好呢?她已经知道大量劳作会使她劳累。因而如果可能的话,她会去享受更多的休闲。但是,她头脑中所携带的社会决定的文化基因也令她知道,如果有外来的好心人劝说她并使她不履行写入她村子的社会契约的义务,那么她会遭到她的朋友和亲戚的惩罚。所以,她总是拒绝他人的建议这一现象并不令人惊讶。

后福利主义者在承担下述工作时更有成效,即致力于采用公民自己发现可以接受的方式去改革这些原始社会的社会契约,而不是告诉别人什么对他们是好的、什么对他们是坏的。特别地,一名改革者更应该接受下述观点,即他们自我价值的观念是沿着第4.7.4节所述的思路由社会决定的,而不是通过将她们的观点视为毫无价值,从而进一步降低原始社会妇女的自尊心。于是,改革者所要解决的问题并不在于使夏娃相信她的个人喜好没有反映出她自己的最大利益,而是说服在她社会中的所有人,向某个社会契约移动将是帕累托改进,且在这个社会契约中,她所感知到的价值会更大。

3.8.4　道德相对主义不是什么?

第 0.3.1 节抱怨了混淆道德相对主义和道德主观主义的顽固传统。本节重新回到这一相同的话题,并希望我对澄清个人喜好和社会观念的坚持将有助于澄清上述问题。

死去的上帝和超人　为什么在人们心中道德相对主义与道德主观主义是那样纠缠,以至于哲学家都很难明确定义以清晰地区分两者?而字典在区别相对和主观方面,却没有那样困难。

我的诊断使得尼采(Nietzsche)[385, p. 46]成为制造混淆的荒谬推理路线的始作俑者。正如查拉图斯特拉(Zarathustra)所说:"每个人都有一套自己的关于善与恶的语言,连他们的邻居也不能理解。无论是在法律还是风俗方面,这套语言是为他们自己设计的。"尼采正确地推断出,当教会和国家向那些像牛一样迟钝的习惯于不会自主思考的公民灌输某种绝对道德(absolute morality)时,他们一定谎话连篇;但当他发现自己也是其中一头牛时,他感到出离愤怒,这最终导致他严重的精神问题。

回忆一下,查拉图斯特拉在获悉上帝已死之后走下山,并宣称超人的出现。在下一段话中,他根据尼采[385, p. 216]的个人发展经历揭示出上述观点的内涵:

> 有一种古老的幻想,叫做善与恶。这种幻想之轮一直都在围绕着预言家和占星家转动。人们曾经相信预言家和占星家;而且因此之故,人们也相信,"一切皆命运:你应当,因为你必

须!”后来人们又怀疑所有的预言家和占星家;而且因此之故,人们也相信,“一切皆自由:你能够,因为你愿意!”

尼采努力反抗他所鄙视的从众心理,但是他不能突破思考绝对化的习惯。在丧失了对那些发明绝对道德以令大众追随的公共权威的信心之后,尼采转而提出,每个人应该成为自己的私人权威,并为自己发明一种绝对道德。不像康德,他勇敢地面对这一残酷的事实,即放弃传统道德会使人们只能在自己的个人喜好之中寻找灵感以达到上述目的。因此,他与休谟法则纠缠在了一起:“应该”不能从“是”中推导出来——即使是一个应用于他自己的个人的“应该”也不行(第3.2.4节)。

但是,尼采代表其他所有思想家所犯的一个经典的错误在于,他混淆了道德观念和个人喜好,这些思想家都设法混淆相对主义和主观主义之间的区别。道德演化以规制互动的人类行为。一个特定社会的所有成员都需要根据规则玩相同的道德博弈以达成某种目标。如果道德不但在社会与社会之间不同,而且也在个人与个人之间有别,那么道德又有什么意义呢?

教小孩对与错 尼采被用作一个案例来分析和解释道德相对主义所普遍具有的坏名声。我认为,这些负面的态度都基于一个简单的逻辑错误:像尼采那样的人是道德相对主义者——因而道德相对主义者必然是像尼采那样的人。所以,我们这些相对主义者被告知,尽管公众反对他们所持有的性行为对儿童有益的观点,但我们相信恋童癖的意志力量证明了他们忽视公众反对的正当性。而且我们觉得奴役和殴打妻子也无可厚非,因为在过去的社会中,所有这些行为在道德上都被认为是可接受的。更荒谬的是,我们还受到这样的控告,即我们相信教孩子们区分对与错是没有意义的。

但是,科学的道德相对主义者并不声称,道德仅仅是一件关乎主观个人喜好的事。相反,一位相对主义者强调,当前社会的道德观念是其文化的客观特征。像其他人一样,一位相对主义者也会有他自己的关于他希望社会如何改变的观点,但当他强调,道德准则在不同社会各有不同是一个客观的事实时,这一主观主义的帽子会被坚实地锁在橱柜之中。像所有其他重要的科学事实一样,这一道理可以有效地教给小孩。但这并不是说,我们不应该同时教导小孩观察他们所处社会中的对与错的标准的必要性。相反,历史事实表明,当一个社会对自己的社会契约是如此不信任,以至于不再清晰地教导小孩如何运作时,这个社会就会分崩离析。

以前的确有过这样的社会,在社会中,奴役和殴打自己的妻子并不被认为是错误的,承认这一点也不意味着我们需要教导孩子们以下谎言,即在现代社会中,我们有权利像对待财产一样对待人类。柏拉图那个圈子的道德绝对主义者认为,与未成年的男孩做爱完全是值得赞扬的,这是一个历史事实。很有可能的是,他们总会如此。但是,道德相对主义者坚持认为下述情况也是一个客观事实,即在当今任何社会中,恋童癖不可能再被接受——而且一旦我们抓到他们,我们就有义务去惩罚他们。

为了回应第3.2.5节的主题,如果我们承认我们对于对与错的概念是与我们的社会共同演化的,那就也不会发生什么可怕的事情。如果我们不再假装在协调一个均衡时我们所遵循的规则是荒谬而不切实际的且教我们说好话的绝对主义命令,那么我们的社会契约当然也不会崩溃。相反,言行一致必然只能有一个稳定效应。在危险存在的情况下,有可能出现的是,一个下层阶级会学着使用原教旨主义者所兜售的这个或那个绝对主义的童话故事,以作为一种协调机制来施加集体的权力。

这一事实也不会妨碍任何改革的理性道路。妨碍进步的敌人是绝对主义者,他们不能够理解我们当前关于对和错的标准是可以被改善的。或许,他们不像现代的罗杰·德·柯弗利(Sir Roger de Coverley)那样愚蠢,[1]最近他们向我展示让英国钟表显示与法国和德国的钟表同样的时间的便利性,这不会导致放弃真实时间而产生不公平。然而,绝对主义者认定的事情都是基于罗杰爵士(Sir Roger)的表面信仰之类的不怎么可靠的东西,他相信,上帝在他改变世界的同时,会让本初子午线穿过格林尼治皇家天文台(Royal Observatory in Greenwich)。[2]

〔1〕 辉格主义散文家艾迪生(Addison)和斯蒂尔(Steele)在他们发表于《旁观者》(*Spectator*)的文章中,使用了这一虚幻的地方法官的形象,以讽刺在他们那个年代居住在偏远地区的托利党人的陈词滥调。

〔2〕 历史有时为我们提供一些文化基因演化的化石标本。没有古典的学者曾经提到"自然权利"或"自由意志"。与"浪漫爱情"一起,这些观念都是在中世纪时期发明的[麦金泰尔(Macintyre)[337]]。格林尼治标准时间(Greenwich Mean Time)是从第五任皇家天文学家马斯基林(Maskelyne)的时代开始的,在1765～1811年间,他正在编制《航海天文历》期刊,并使用格林尼治皇家天文台作为他的通信地址。

本章所辩护的次优的资产阶级乌托邦，对威廉·布莱克并没有吸引力。但是，永远歌颂上帝对我也没有吸引力。

第 4 章

向往乌托邦

让国家遭受咳嗽和气短的痛楚，让世界遭受恶行的煎熬，让他们照现在这个样子一直做野人，让他们施行暴政、贪图享乐、压迫良善、生活奢靡，让他们用内耗、迷信、诉讼、战争、争论来吞噬他们自己，让他们在暴乱、穷困、贫乏、痛苦、叛逆、堕落中生活，就像那些与尤利西斯的同伴一起生活在自己的粪便之中的猪们，让他们变得愚昧无知，因为这就是他们的意愿。而我会制造一个我自己的乌托邦、一个新的亚特兰蒂斯、一个富有诗意的共和国。

——罗伯特·伯顿(Robert Burton)，

《忧郁的剖析》(*Anatomy of Melarcholy*)

4.1 导论

在第 2 章中，哈萨尼[233]的善的功利主义理论被重新构建为一个适当(the Seemly)理论。在这种重构下，传统道德哲学的绝对善就被减弱为一种相对善——人为发明出来以描述从原始食物分享习俗演化而来的公平规范的运作方式的事物。然而，这样生成的理论包含了一个重大缺陷,因为其假设局中人受制于功利主义社会契约理论的条款。但是,用来实施这种约束的全能的哲学王又在哪里呢?

放弃哲学王这一概念所产生的问题,在传统的正当理论中有所处理。第3章根据局中人在一个重复博弈中为了维系一个均衡而必须遵守的自我监管规则,重新解释了这些理论。在这种小写的适当理论中,一个局中人有权利采取任何不被义务禁止的行动,他的义务则是待在其社会运行的社会契约所设定的均衡路径之上。

最后一章提供了一个适当理论,在这个理论中,我们不会看到"什么是对"同"什么是错"之间的冲突。这一理论坚信,一个国家的所有官员都可以被视为社会的一部分,从而不存在外部执行机构是可能的。因此,描述均衡是如何维系时,正当的理念是必要的;而决定均衡是如何被选择时,则要求有善的理念。

与罗尔斯[417]将善减弱为正当相一致,出于下述平凡的理由,即我们在询问什么是最优之前,总要决定什么是可行的。从逻辑上来看,权利在善之前。当我们在这种适当理论下应用哈萨尼[233]的方法论时,它再也不会导致一个功利主义的结论。相反,它会带领我们来到一个用某一版本的罗尔斯式最大最小准则刻画的次优的资产阶级乌托邦。因此,我的理论可以被视为一种对罗尔斯[417]和哈萨尼[233]方法的综合,因为我在不引入哈萨尼承诺假设的前提下使用了他的方法论,并得到了一个罗尔斯式的结论。

根据阅读指南中的图所展示的哲学先贤,善的理论由标有路径2的功利主义之路所代表,其与边沁、穆勒和哈萨尼这些名字相关联。正当理论由标有路径1的平均主义之路所代表,其与洛克、卢梭、康德和罗尔斯这些名字相关联。路径3通过将罗尔斯对原初状态下理性讨价还价的分析替换为哈萨尼的分析,把路径1转移到功利主义。第2章通过将这些思想的源头迁移至霍布斯和休谟,从而将这一道路延伸得更远,达到路径4。它指明了通向一种关于适当的功利主义理论的道路。本章展示了一种无须承诺假设的适当理论。这一理论由标有路径5的通向平均主义之路所代表。

4.2　嫉妒

除了哈萨尼和罗尔斯，我们还需要认识到另一种灵感的来源，那就是起源于弗利（Foley）[183]和科姆（Kolm）[309]的关于"嫉妒—自由"的研究。为了领会这一理念并理解我的方法与经济学家所采用的传统思路的差异，我们有必要问一些关于嫉妒本质的问题。特别是，嫉妒和公平是什么关系？

引人注目的事（Sore thumbs）　当房间的温度适宜时，没有人会去想中央供暖系统。只有当温度变得太热或太冷时，人们才开始寻找温度调节工具。这些事情与在生存博弈中维系均衡的道德规则可有一比。当它们顺利运行时，我们完全不会注意到它们。正如我们驾驶汽车和系鞋带的内心程序一样，我们的道德程序在没有意识的状态下运行。但当情况变糟时，这些程序就会十分惹人注目，而且它们往往在不能适应的环境中以某种方式被唤醒。

在第 1 卷第 2.3.3 节中，我使用康拉德·洛伦茨（Konrad Lorenz）所研究的小寒鸦作为一个例子来阐释这种引人注目的现象，但是提及鞋带又引出另一个例子。雄性园丁鸟（bower bird）在搭建"凉亭"以吸引可能的配偶时，打结精美令人惊叹。但是，它用以实现这一目标的规则系统，仅仅在它搭建中途失去一根小树枝时才变得十分明显。尽管这一行动再也不能实现什么目的，然而小鸟仍然会空着嘴继续完成所有打结的程序。

我相信，关于罪恶与美德的大众观念在很大程度上建立在下述观察的基础之上，即道德规则在类似的引人注目的情形中被唤醒。当社会契约运作良好时，我们赞扬同胞们的美德，抱怨他们的罪恶，此时道德规则并不会显现。只有当现行的社会契约无法适应的不同寻常的情况发生时,才会出现认可那些坚持运行自己的道德规则的极少数个体的机会。

强调一个病态的社会变得功能紊乱是因为罪恶战胜美德,那就颠倒了因果链条。的确,一种对罪恶和美德的公众偏见是从一个社会契约向另一个社会契约转移的非计划性症状,但这并不意味着从导致这种转移的美德中逃离。真正发生的是,这一转移创造了众多引人注目的情形,在这些情形中,传统的道德要求人们应该坚守原来的美德——但他们几乎没有做到。于是,关于罪恶与美德传统概念的不适应性便显现出来。最终,一种新的关于罪恶和美德的本质观念便演化产生了,从而减少了那些引人注目的情形。在变化之后,这些新的罪恶和美德就被说成是永远有效的。

只有当历史的视野足够长远,这种从一个社会契约向另一个社会契约的转移才容易被察觉到。在对罗马衰落的评价中,麦克米伦(MacMullen)[339]说,一些敲诈勒索的形式首先变成惯常的现象,然后变得像合法权利那样能够强制执行。与此同时,那些拒绝行贿的少数派便成为那些引人注目的事情的一部分。但是,最终每个人都学着认为这些贿赂就像缴费一样既正确又合理。

嫉妒的罪恶 因此,治疗一个病态社会并不在于向过去的美德要求回报。这种运动难道何时成功过了?我也不相信在这种运动中被谴责的罪恶总是功能紊乱的。事实上,像曼德维尔(de Mandeville)[341]那样,我认为我们需要为七宗美德(seven deadly virtues)而不是为七宗罪(seven deadly sins)寻找理由。特别地,愤怒、骄傲以及嫉妒似乎是人类情感能力的表现,当这些情感能力在其演化的环境中被触发时,它们不但是健康的,而且是人类社会性的基本要素。

嫉妒有一个特别坏的名声。〔1〕正如施洛克(Schroek)[468]所提到

〔1〕 我认为嫉妒是一种口交和肛交的破坏性冲动的表达方式,从一生下来便开始运行,且其具备一个宪法的基础。——克莱因(Klein)[306, p. 176]

的，嫉妒被广泛地谴责为一种无条件的恶。与施洛克一样，我们质疑这一观点，并不是否认嫉妒在一些社会具有病态的形式。根据人类学家的研究，在诸如纳瓦霍(Navajo)这样的社会中，创新几乎是不可能的，因为任何想要变得更好的尝试都会引起其邻居的强烈不满。在一些特别恶劣的社会中，人们貌似单独吃饭，但在晚上，他们被迫与他人分享自己的劳动果实。我们也不是质疑，嫉妒在引人注目的情形中出现往往标志着每个人都以更差的结局收场。但是，如果嫉妒在社会中完全是功能紊乱的，那么我们怎么会演化出这种嫉妒的能力呢？

我相信乔叟(Chaucer)〔1〕的“嫉妒之罪恶”是人类能力的一个功能紊乱的变种，但它显然也具有积极的一面。当它的功能被正确显示时，它将成为促使我们运行公平规范的引擎。正如施洛克[468]所说：

> 这些对于政治秩序而言至关重要的情感——如公平感、正义感以及不正义感——都是因为人的嫉妒能力而与生俱来的。

如果亚当要嫉妒夏娃，那么他必须有能力将自己的福利与夏娃相比较。他必须有能力感到夏娃吃苹果要好于亚当穿树叶。因此，嫉妒的前提条件便是能够持有一个移情偏好。第 2.5.4 节强调，我们被赋予这种移情偏好，是因为当我们使用公平规范时，我们需要将它们视为投入，而原初状态的机制则被作为公平规范的一个典型代表。反过来，公平规范则作为一种均衡选择机制，当有新的剩余存在时，其能够将社会迅速带到一个帕累托改进的状态。因而我们可以说，我们有嫉妒的能力，是因为它有助于一个健康的社会有效运行。

同情和怜悯　嫉妒是当遇到不公正待遇时，寻求赔偿的健康冲动的一种退化形式。但是，我们是否需要依赖被压迫者的大声疾呼以确保偏离一个公平社会契约的行为得以纠正？为什么不将相同的权重给予一些

〔1〕 骄傲之后，我们讲讲嫉妒的罪恶，用哲学家的话来说，那就是对一切美德的痛恨。——《牧师的故事》(*Parson's Tale*)

人的宽宏的冲动,这些人发现自己得到了不公正的青睐?同情或者怜悯难道不和嫉妒一样重要吗?在回答这些问题之前,我们有必要首先指出,同情、怜悯和宽宏未必是同一事物的不同名称。

在第1卷第1.2.2节中,我讨论了用某种版本的伦理人代替经济人以作为我们的人的模型所带来的利弊。我们注意到,为了容纳智人也具有伦理人的某些美德的大多数证据,我们并不需要跨出经济人的研究范式。特别地,我们可以简单地将一个自变量包含他人福利的效用函数赋予一个经济人,从而将同情的能力嵌入经济人之中。第2.5.2节强调,我们的确在很大程度上以这种方式同情我们的家人和朋友。我们也在较小的程度上同情陌生人,但是,随着距离的增大以及我们识别他们环境的能力的减弱,我们的同情程度随之下降。因此,想要依赖这种同情的情感从而将大型现代社会黏合起来是极不明智的。同情可以使社会生活变得更加愉快,但在没有同情的条件下,社会依然能够运行。即使康德[298]也同意“如何组织一个国家的难题,尽管看上去是极为困难的,但是只要聪明,即使是一群恶棍也能够解决”。

亚里士多德[17]的《修辞学》经常被这样翻译,即想要在人的内心产生怜悯需要具备三个条件:第一,那些被怜悯的人所遭受的不幸必须是真实的;第二,他们遭受的不幸并不是他们自己造成的;第三,我们也容易受到同种类型的不幸的伤害。

我同意努斯鲍姆(Nussbaum)[394]的观点,即亚里士多德心中并没有现代社会的怜悯概念,但对我来说,他的第三个条件也将同情作为一个可选的翻译排除在外。

他似乎更想描述在一个公平社会契约的条款下,我们对债主的情感是怎样的,而不是描述当别人陷入困境时,我们有时感到的心痛。我认为,将在这种环境下产生的善解人意的移情感称为宽宏(magnanimity)是更为合适的。需要注意的是,我将宽宏置于移情偏好的领域,并将同情置于同情偏好的领域。根据我的定义,人具有一种内心的动机将同情表现出来,但要表现宽宏,则需要来自其同伴的外在压力。

在现代语法中，怜悯与同情和宽宏都不一样。我们认为，那些以牺牲我们的利益获得不公平好处的人们应该慷慨地对待我们。成为同情的对象是可以承受的，但是，谁又能够容忍成为怜悯的对象呢？

其理由是，怜悯往往被用于把人从那些与我们共享一个社会契约的人群中排除出去。我们怜悯醉汉和穷鬼、精神病人和愚蠢的动物，但我们并不试图将我们自己置于他们的位置上，并学习如何应对他们所面对的问题(第 2.5.4 节)。我们认为他们的问题与我们的阶级和信仰毫无关系。因此，我们给予他们的是一种排斥性的施舍，而不是一种包容性的帮助。

西方人经常惊讶地发现，那些接受他们慈善而慷慨援助的第三世界国家的人，往往因为处于接受一端而感到痛苦。但是，这一现象仅仅凸显出西方人在同情他们怜悯的对象时的失败。毕竟，如果你不得不每天出现在我家后门来乞讨食物，那么你的感受会怎样呢？

所以，施舍远不是最伟大的美德。的确，我们的慈善捐助对于缓解肉体的痛楚是成功的。但是，这些行为也将人类分割成不同的群体——施舍者和那些别无选择的接受者。信仰和希望或许可以被所有人拥有，但施舍则是上流阶级的特权。

这些刺耳的评论并不意味着我提倡停止捐赠我们当前指定用于慈善的一小部分收入。就我个人而言，我同情那些患病者和饥饿者，且这些足以使我愿意花费我的一小部分收入来救济他们。[1] 但是，如果我们允许我们的施舍冲动使我们自己远离那些我们帮助的人，那么想要扩大正义运行的圈子，我们注定会失败。

正如第 2.5.4 节所强调的，一个公正的社会需要一种共同的文化来支撑，在这种文化中，每个人都准备向另一个人学习。基于怜悯的施舍冲动阻碍了这一目标。同情则更有希望，但是，认为人类本性会以某种方式调整以使得我们开始像同情我们的亲人一样同情陌生人，这必然是徒劳

〔1〕 这里仅仅是一小部分，因为除了圣人和天真的少年，每个人都知道慈善始于家中。

无功的。

另一方面,教导我们的孩子学着同情尽可能大的群体会得到巨大的收益,则绝不是徒劳无功的,[1]这样我们就能够拓宽下述领域,在这个领域中,我们的羡慕冲动和宽宏冲动能够有效运行,以维持一个公正的社会契约。但我害怕的是,相比宽宏,嫉妒总是更迫切地作用于我们心弦。

4.3 经济学中的公平

人类有一种嫉妒的能力,是因为其可以在一个健康的社会中促进效率,这一理念与经济学家的思路完全相反,他们认为公平和效率正如油和水那样无法融合。接受这一思想的经济学教科书也强调了这种被信以为真的效用人际比较的不可能性,于是,它们通过将社会最优等同于帕累托有效来回避公平的问题。

我们似乎没有注意到,这一思想进路与同样值得尊敬的福利经济学的理论基础是不相容的,在福利经济学中,用来度量个人福利的效用函数的可比性往往被想当然地认为是,作者没有理由给出如何做这种比较的信息。他们对这一学科缺乏兴趣,也许从以下事实中可以看出来,即如果你试图采用更为复杂的福利单位而不是美元来衡量成本和收益,那么来自福利经济学的理念就难以在实践中得以应用。但是,正如第2.3节所述,根据人们的支付意愿来衡量一项改革的社会价值,忽视了下述事实,即将一美元从穷人的口袋里拿出来再放入富人的口袋是明显不公平的。

幸运的是,并不是所有经济学家都患上了这两种思路并存所导致的

[1] 就这一点而言,排斥性的教育显然适得其反。卢梭(Rousseau)[441]的《爱弥儿》(*Emile*)必定是现在哲学著作中最愚蠢和最虚伪的作品之一。(卢梭悲观地将他所有的孩子从一出生就遗弃在孤儿院里。)但是,他正确地意识到,让儿童直接学习那些出生于不幸家庭中的孩子的生活方式是非常重要的。

精神分裂症。两种理论传统都发展出了许多理论分支,从而更加严肃地讨论公平问题。这里我将讨论其中两种研究公平的分支方法,两者分别来自两大理论传统。当我在第 4.6 节揭开我自己理论的面纱时,这两者的差异将变得显而易见。

4.3.1　免嫉妒

那些坚持效用的人际比较是不可能的或者无意义的观点的经济学家,想要根据人们拥有的东西来定义公平。但是,你怎么去比较不同的人拥有的不同商品束呢?

罗尔斯[417]根据基本善(primary goods)假定了一个共同接受的指标,这一构成他的抽象商品的基本善将在一个共同的尺度下得以衡量。至于苹果和无花果树叶等具体物品,他强调它们具有一个“交换价值”,从而可以被加总为一个单一的基本善,他将其称为财富或者收入(第 1 卷第 1.2.5 节)。经济学家无法容忍这一方法。他们认为,将诸如“权势和特权”或者“自尊的社会基础”这种无形的事物视为物品是没有意义的。他们的直觉则是,将那些不能称重或无法测量的事物视为不存在。经济学家也不能理解,为什么在市场中交易的有形商品的价格会被认为与决定什么是公平的相关?在做出公平判断时,我们不能够逃避下述现实情况,即不同的人对不同的商品具有不同的评价。

弗利(Foley)[183]、科姆(Kolm)[309]、鲍莫尔(Baumol)[49]、嘉登福(Gardenfors)[194]、范里安(Varian)[531,532]以及其他学者都意识到嫉妒在公平规范运行中所起的作用,他们提出,如果没有人想要将分配给自己的商品束与他人的商品束交换,那么这一商品的配置就被视为公平的。更精确地说,一个配置(c_A, c_E)将商品束 c_A 赋予亚当而将商品束 c_E 赋予夏娃,如果有 $c_A \succeq_A c_E$ 且 $c_E \succeq_E c_A$ 成立,那么我们就说这一配置是免嫉妒的(envy-free)。

分割并选择 作为一个例子,我们考虑如何在两个对于坚果和葡萄干具有不同偏好的人之间,分割一块坚果和葡萄干并不均匀分布的蛋糕。经典的分割并选择的方法十分古老。[1] 亚当先将蛋糕分为两块,然后夏娃选择其中之一。亚当的一个可选策略是,将蛋糕切成对他而言没有差异的两块。无论夏娃选择哪一块蛋糕,他都不会嫉妒夏娃。如果夏娃选择她偏好的那一块,那么她也不会羡慕亚当。因此存在一种算法,其独立于局中人的偏好并实施了一个免嫉妒的结局。

当然,如果亚当知道夏娃的偏好,那么他能够做得更好。他可以将蛋糕分为 A 和 B 两块,且这两块对于夏娃来说毫无差异。例如,如果亚当仅仅关注坚果而夏娃仅仅关注葡萄干,那么他可以将蛋糕分为这样两块,并保证每一块包含相同数量的葡萄干。[2] 这可以通过很多方法来完成,但是亚当应该选择能够最大化 A 中坚果数量的方法。通过把 A 中的一小块转移到 B,亚当就可以保证夏娃会选择 B。夏娃最终选择了 B,因为相对于 A,她更偏好 B。尽管相比以前,亚当现在有所改善,但结果依然是免嫉妒的。

这种分割并选择问题的迷人历史源远流长,被记录在布兰姆斯和泰勒(Brams and Taylor)[100]最近的著作之中。但很自然的是,经济学家更感兴趣于使用市场机制实施免嫉妒配置的可能性。

市场 第1.2.5节解释了如何将一个简单地纯交易问题表示为一个埃奇沃思箱形图 ε。在图4.1(a)所示的问题中,亚当和夏娃共有 A 个苹

---

[1] 在一则伊索寓言中,一头毛驴、一只狐狸和一头狮子决定要分割一堆狩猎的战利品。毛驴将猎物分为均匀的三堆并邀请狮子首先选择。狮子吃掉毛驴作为回应。而狐狸则邀请狮子在很大一堆猎物和很小一堆猎物之间进行选择。然而,伊索是一位相对后到者。根据布兰姆斯和泰勒(Brams and Taylor)[100],赫西奥德(Hesiod)讲了这样一个故事,其中宙斯是分割者,而普罗米修斯是选择者!

[2] 如果蛋糕可以被完全重组,那么我们可以通过赋予亚当所有坚果且赋予夏娃所有葡萄干,从而毫不费力地解决这一难题。但是,我们假设只能使用符合通常礼节的蛋糕切割方法。

果和 F 枚无花果树叶以供在他们二人之间分配。回忆一下，在箱形图 ε 中的每一个点 t 都表示亚当和夏娃之间的一个可能的交易，在这个交易中，亚当获得了 (a,f) 而夏娃获得了 $(A-a,F-f)$。假设一开始时，亚当拥有所有的苹果而夏娃拥有所有的无花果树叶，无交易点或禀赋点处于点 e。图形展示了两条穿越点 t 的无差异曲线，即 $u_A(a,f)=c$ 和 $u_E(A-a,F-f)=d$。集合 C 由亚当认为至少比 t 更好的所有交易构成，而集合 D 则由夏娃认为至少比 t 更好的所有交易构成。

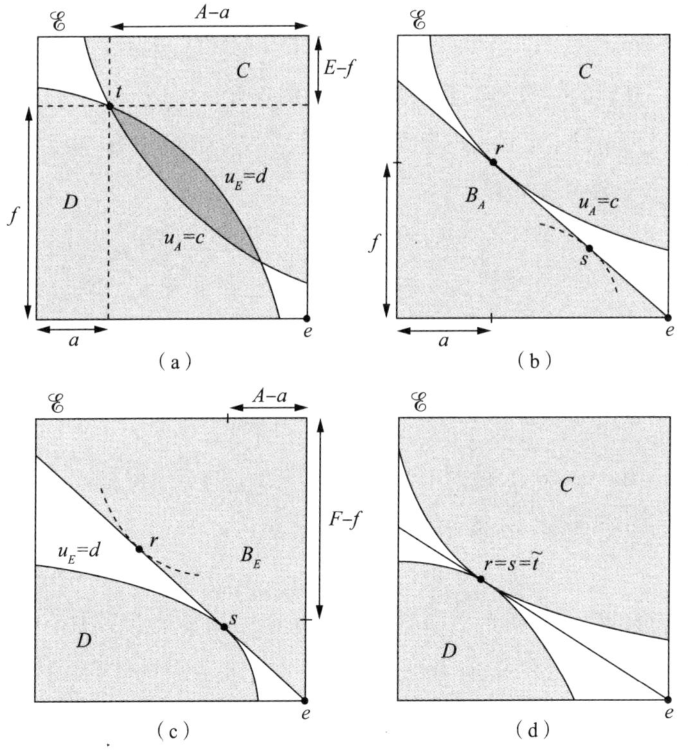

图 4.1　埃奇沃思箱形图

经济学中最重要的思想便是在一个完全竞争市场中的瓦尔拉斯均衡(Walrasian Equilibrium)。为了引入这一思想，我们假想亚当和夏娃通过一个中间商或者拍卖商进行交易。他一开始以价格 p 和 q 进行叫价,在这一价格上,他通过承担苹果和无花果树叶的交易来赚钱。于是,亚当和夏娃便用自己的禀赋与他作为货币发行的纸条相交易。

在交易之后,亚当有了 pA 单位的纸条,凭借这些纸条,他可以买回任意满足不等式 $pa+qf\leq pA$ 的商品束(a,f)。因此,亚当的预算集合 B_A 由集合 ε 中所有位于其预算线 $pa+qf=pA$ 下方的点构成。在可行集合 B_A 中,亚当的最优选择 r 如图 4.1(b)所示。

类似地,夏娃有了 qF 单位的纸条,凭借这些纸条,她可以买回任意满足不等式 $p(A-a)+q(F-f)\leq qF$ 的商品束$(A-a,F-f)$。因此,夏娃的预算集合 B_E 由集合 ε 中所有位于其预算线上方的点构成——在图形中,夏娃的预算线与亚当的预算线相重合,是因为 $pa+qf=pA$ 与 $p(A-a)+q(F-f)=qF$ 是同一个方程。在可行集合 B_E 中,夏娃的最优选择 s 如图 4.1(c)所示。

这一连串的事件会给拍卖者留下一个问题。他保证分别以价格 p 和 q,用他作为货币发行的纸条赎回苹果和无花果树叶。但是,如果某人想买比他的库存更多的苹果或者无花果树叶,那么他会怎么做呢?每当在图 4.1(b)和(c)中的 $r\neq s$ 时,这样的短缺就可能出现。为了避免搞得一团糟,拍卖者需要重新选择价格 $\tilde{p}$ 和 $\tilde{q}$,并通过确保 $r=s=\tilde{t}$ 以出清市场(clear the market),如图 4.1(d)所示。这样形成的商品配置,以及支撑这一配置的价格水平,被称为一个瓦尔拉斯均衡。

无形的手 前一个故事中的瓦尔拉斯拍卖者是无形的手(invisible hand)的一个正式化身,在亚当·斯密[501]富有创意的《国富论》中,这一无形的手将价格水平推向他们的市场出清水平。当然,无论是亚当·斯密[501]还是瓦尔拉斯[545]都没有要求我们相信,事实上有某个官员,无论是否可见,在芝加哥小麦市场设定价格。拍卖者是一个"解围之神"(deus ex machina),通过引入他,我们根据实际上用以调整真实世界中供需差距的价格,来对动态过程的最终产品进行建模。如果在当前交易的价格下苹果的需求超过了苹果的供给,那么卖苹果的人将会提高价格。

如果无花果树叶的供给超过了无花果树叶的需求，那么卖无花果树叶的人将不得不降低价格。因此，价格会一直调整，直到两种商品的供给和需求都相等为止。所以，一个完全竞争市场并不需要一个拍卖者来设定价格以出清市场。事实上，一个市场体系的重大优点便是，市场在完全竞争下会出清它们自己。

价格接受者　要使得一个市场完全竞争，需要满足什么条件呢？最重要的要求便是，在均衡中，所有的交易者都像价格接受者（price-takers）一样行为。每个交易者都将下述条件视为给定，即交易通过一个价格系统居中调节，且他自己的行动不能够影响商品交易的价格。因此，一个完全竞争市场可以与一个完全垄断市场进行对比，在后者中，垄断者是一个价格制定者（price-maker），因为她可以选择其产品交易的价格。想要把我们关于亚当和夏娃的故事塞进完全竞争的分析范式的确有些不舒服，因为在一开始，亚当垄断了苹果的供给而夏娃垄断了无花果树叶的供给。因此，经济学家将他们的困境称为双边垄断（bilateral monopoly）。

在一个双边垄断的问题中，没有理由证明主角们应该使用价格系统来调节他们的交易。自然的方法是，不要将他们的问题放入商品空间去分析，而是将其转化为一个纳什讨价还价博弈(X,ξ)，正如第 1.2.5 节所描述的那样。

图 4.2(a)是图 1.4(c)的一种版本，其已经被重新设计以确保所产生的讨价还价博弈(X,ξ)是对称的。于是，使用对称的纳什讨价还价解便产生了一个对称的效用对σ，其对应于埃奇沃思箱形图ε中的交易t。在这个解中，两个局中人平均分享可得的苹果和无花果树叶。这可以与瓦尔拉斯配置w相比较，在这一配置中，商品的分配是高度不对称的。

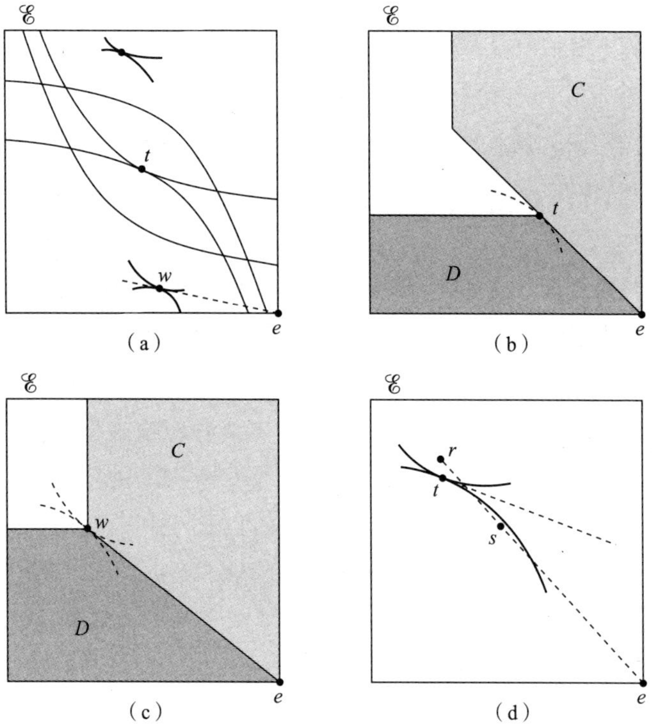

图 4.2　在埃奇沃思箱形图中讨价还价

在亚当和夏娃之间的讨价还价博弈中,想要获得瓦尔拉斯配置 w 作为其均衡结局的一种方法是,要求局中人根据价格来交流。更精确地说,假设亚当仅仅能够宣布他想要交易苹果的最大数量,以及交易每一个苹果他愿意支付的无花果树叶的最小数量。夏娃同时宣布她想要交易无花果树叶的最大数量,以及交易每一枚无花果树叶她愿意支付的苹果的最小数量。于是,交易就在与这两项宣布相一致的最大数量上发生了。

亚当的宣告将可能的交易局限于如图 4.2(b)所示的集合 C。特别地,它固定了夏娃在用苹果换取无花果树叶时能够得到的最佳价格。图 4.2(b)展示了在集合 C 中她的最优交易是 t。她可以通过确保自己的宣布使可能的交易局限于集合 D 来保证交易 t。这样集合 D 便是集合 C

的一个最优回应。然而，对于一个纳什均衡来说，我们也要求集合 C 是集合 D 的一个最优回应。这样的一个纳什均衡如图 4.2(c)所示。正如图形所显示的那样，如果作为最终结果的交易 w 是帕累托有效的，那么它是瓦尔拉斯的。

□

复制局中人 亚当和夏娃怎么可能变成价格接受者呢？标准的辩护要求市场上有很大数量的经济行为人，其中，每一个人相比他的同类都显得微不足道。于是，每一个行为人都可以在下述假设下现实地运作，即他自己的行动对于决定商品交易价格的整个市场的影响是可以忽略不计的。

埃奇沃思[169]在去掉埃奇沃思箱形图的边界的情况下，巧妙地展示如何阐释这一思想。正如舒贝克(Shubik)[490]所指出的，埃奇沃思的方法实际上是计算大型交易博弈的核(第 0.5.1 节)，且该博弈是通过多次复制亚当和夏娃而得到的。可以发现，如果存在足够大数量的亚当和夏娃的复制品，那么任何非瓦尔拉斯配置都处于博弈的核之外[德布鲁和斯卡夫(Debreu and Scarf)[153]、希尔德布兰德(Hildenbrand)[247]]。奥曼(Aumann)[23]通过用夏普利值(Shapley value)替换核，也得到了类似的结果(第 2.3.1 节)。

图 4.2(d)展示了在契约线上的非瓦尔拉斯配置的一种关键情形，其将相同的商品束(a,f)赋予每一个亚当，并且将相同的商品束$(A-a,F-f)$赋予每一个夏娃。我们可以看到，每一个亚当更愿意在 $r=(b,g)$ 上进行交易，而不是在 t 上；并且每一个夏娃更愿意在 $s=(c,h)$上进行交易，而不是在 t 上[因为相比$(A-a,F-f)$，她更偏好于$(A-c,F-h)$]。选择点 s 以使得我们可以找到整数 M 和 N，满足$(M+N)s=Mr+Ne$，其中 e 是禀赋点。于是，当且仅当 t 不是瓦尔拉斯的，点 s 处于连接点 e 和点 r 的直线段之上(为了看到这一点，我们可以从 $r=t$ 开始，然后轻微地移动 r)。

方程$(M+N)s=Mr+Ne$ 确保一个由 $M+N$ 个亚当和 M 个夏娃构

成的联盟能够对他们的禀赋进行再分配,以使得在联盟中的每一个亚当都获得(b,g),而在联盟中的每一个夏娃都获得$(A-c,F-h)$。[1] 因此,在联盟中的每一个亚当都在点 r 进行交易,而每一个夏娃都在点 s 进行交易。这意味着,相比在点 t 进行交易,他们都更偏好于再分配的结果。用第 0.5.1 节的术语来说,他们会阻止[2]配置 t,于是 t 便处于核之外了。

第 0.5.1 节表明,那些为核辩护的经济学家,如果并不十分满意在使用市场博弈时推理得到的结论,那么会对他们赋予局中人的近视行为更加不满。就我个人而言,我没有发现有什么特别的理由可以解释,为什么 N 对亚当和夏娃不能够聚集成 N 个单独的联盟,且每一个联盟都在纳什讨价还价解处进行交易,以使得图 4.2(a)的最终结局是,每一个人都获得$(\frac{1}{2}A,\frac{1}{2}F)$。

□ **通过市场获得公平?** 一些人认为,由军人政府管理的完全计划经济要比尽可能使用市场的经济有更好的绩效,历史事实几乎不能支持这一点。但是,为了完全不干预市场运行而支付的代价则是,必须放弃任何关于公平的考虑。图 4.2(a)非常清晰地阐释了这一点。尽管埃奇沃思箱形图是完全对称的,但是瓦尔拉斯均衡几乎将所有的无花果树叶分配给夏娃,同时将苹果非常均匀地分成两份。

然而,我们从来没有面对过要么全计划要么不计划的零一选择。我们能够而且也的确在计划着我们经济的某些方面,并让剩余的事情由市

---

〔1〕 向量方程$(M+N)s=Mr+Ne$可以简化为两个标量方程:$(M+N)c=Mb+Nb$和$(M+N)h=Mg$。将其写成$(M+N)c+M(A-b)=(M+N)A$和$(M+N)h+M(F-g)=MF$。这些方程意味着,联盟作为一个整体,被赋予了正好使得再分配成为可能的数量的苹果和无花果树叶。

〔2〕 为了阻止一个结局 t,一个联盟 S 必须能够找到一个备选的结局 u,在这个结局中,联盟的每一个成员都偏好 t,且他们能够独立于被排斥在联盟之外的局中人的可能行为并联合执行 u。

场去决定。尽管没有官僚能够知道亚当和夏娃的确切偏好，但是我们依然有可能通过计划和市场机制的巧妙组合，在一个纯交换经济中来实施一个免嫉妒且帕累托有效的结局。〔1〕 在一个拥有大量亚当和夏娃的经济中，官僚所需要做的便是，再分配初始禀赋，直到每一个人都得到相同的商品束$\left(\frac{1}{2}A,\frac{1}{2}F\right)$为止，然后允许交易继续，直至一个瓦尔拉斯均衡。在现代国家中运行的累进制税收已经在这条道路上走了一段了。

图 4.3(a)展示了在官僚再分配初始禀赋直到每一个人都拥有相同数量的商品之后，所达致的新的禀赋点 $e=\left(\frac{1}{2}A,\frac{1}{2}F\right)$。将 e 作为禀赋点从而获得的瓦尔拉斯配置位于点 $w=(a,f)$。为什么点 w 是免嫉妒的？如果某位亚当和某位夏娃想要互换他们的瓦尔拉斯配置，那么他们会从交易点 w 移动到交易点 v，但是，图 4.3(a)显示，相比 v 他们都更偏好 w。

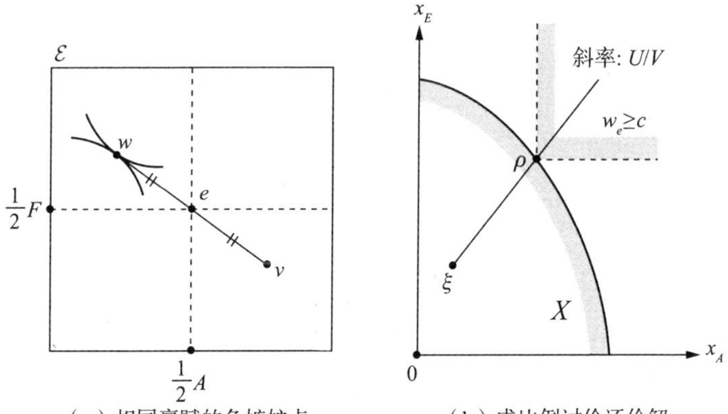

(a) 相同禀赋的免嫉妒点　　(b) 成比例讨价还价解

图 4.3　福利主义者和后福利主义者的概念

〔1〕 在一些特定的市场中，范里安(Varian)[533]证明，所有免嫉妒、帕累托有效的配置都可以用这种方式获得。汤姆森(Thomson)[521]提供了一个关于平等收入、瓦尔拉斯相当的更为广义的刻画。

免嫉妒怎么了? 用来批评免嫉妒概念的标准的例子赋予亚当和夏娃每人两瓶酒,其中一瓶是杜松子酒,另一瓶是苦艾酒。他们除了根据某种方法调制马丁尼酒之外,没有其他任何用途。亚当不是一个聪明人,他用等量的杜松子酒和苦艾酒来调制马丁尼酒。因此,根据他的禀赋,亚当能够调制出两瓶马丁尼酒。夏娃则更有辨别能力,她仅仅允许用一滴苦艾酒去稀释杜松子酒,否则她就不能容忍调制出来的马丁尼酒。因此,根据她的禀赋,夏娃仅仅能够调制出比一瓶稍多一点的马丁尼酒。

最初的禀赋是免嫉妒的,而且也是帕累托有效的。但将其称为公平是否有道理呢?在亚当和夏娃实际上关心的是马丁尼酒的情况下,为什么要我们根据亚当和夏娃拥有的杜松子酒和苦艾酒的数量来权衡他们的处境呢?或许我们应该将$\frac{2}{3}$瓶杜松子酒赋予亚当,而将$\frac{4}{3}$瓶杜松子酒赋予夏娃。这样他们就可以调制出相同数量的马丁尼酒了。

反对这样解决公平问题的论据并不难以发现。人们或许会争辩道,夏娃应该被惩罚,因为想要满足她的口味代价高昂;但如果她需要马丁尼酒是用于急救,那么或许没有人会坚持上述论据。或者人们会认为,亚当应该被惩罚,因为他调制马丁尼混合酒所采取的不加鉴别的态度,证明了他不如夏娃那样懂得品尝。

这样的论据显示,根据马丁尼酒来评估公平,并不比根据杜松子酒和苦艾酒来评估公平更令人满意。当夏娃考虑是否要嫉妒亚当时,她比较的不仅仅是财产。她会将她的整个处境与亚当相比较。即使夏娃贫穷而亚当富有,但如果亚当受到不可治愈的抑郁症的折磨,那么夏娃也不会嫉妒亚当。即使给她100万美元,她也不愿意与亚当互换位置。当夏娃将她的命运与亚当相比较时,她仅仅想象拥有他的财产和她的偏好会怎么样是不够的,她必须想象拥有他的财产和他的偏好会怎么样。

简言之,尽管那些强调免嫉妒的学者确实在认识到我们对嫉妒的脆弱和对正义的渴求之间存在紧密关联这一重要洞见上花费了大量精力,但我认为，他们对嫉妒的定义是不恰当的。为了决定夏娃是否有理由嫉妒亚当，我们需要考虑她的移情偏好。因此，我们不能绕过人际效用比较这一环节。

4.3.2 福利主义

根据森[481]，福利主义是一种研究社会选择的方法，其致力于关注公民赋予可得社会备选项的效用，而不是其他什么东西。因此，福利主义者从一开始便别无选择，而只能直接面对人际效用比较这一难题。

不幸的是，近年来，由于一场由斯坎隆(Scanlon)[462]、森[479,481]、德沃金[167]、科恩[129]等人领导的学术运动，这一问题被混淆了。他们强调，在福利主义的基础上构建公平理论是不恰当的。有时候，有人主张在这样一个理论中，像个人偏好这样的主观准则完全没有立足之地，并且只有客观准则——如谁拥有了多少某种东西——才需要被考虑。穆兰(Moulin)[367]将这样的理论称为后福利主义(postwelfarist)。在关于免嫉妒的问题中，后福利主义的理论经常包含一些主观因素和客观因素的混合物。在科恩[129]"中期福利"(midfare)这一概念中，主观准则和客观准则相混合是非常清晰的。

根据第 3.8.1 节所列出的理由，我相信远离福利主义的运动是一种退步。除了他们初期的道德伪善主义之外，〔1〕后福利主义者忽视了下述事实，即现代效用理论的发明是因为，根据一个先验的客观准则归纳人类愿望的企图是普遍失败的。

我同意后福利主义者的下述观点，即边沁和穆勒(第 2.3 节)所持有的关于效用的维多利亚式的理念并不适合用来做出公平的判断。如果享

〔1〕 边沁[53]将道德伪君子定义为这样一个人，他提出他自己的偏见以作为道德命令，供他人遵循(第 2.2.2 节)。这样的偏见在道德哲学家为探索美好生活而编制的列表中都十分醒目。但是，正如边沁[53]所说，又是谁将我们对诗歌的偏好强加在那些偏好钉图钉的人的头上？

乐主义的刻度盘能够以某种方式被接入亚当和夏娃的快乐中枢,那么正义只有通过确保两个刻度盘给出相同的读数才能被获得。在反对这种研究正义的幼稚方法的很多其他意见中,斯坎隆(Scanlon)[462]指出了一点,即某些人具有代价高昂的"香槟式品味",并且当我们考虑如何做出社会决策时,这些成本需要与人们享受的好处一起纳入考虑的范围。〔1〕

当这些批评指向基于现代效用理论的福利主义理论版本时,便迷失了目标。那些理解他们学科基础的经济学家,在坚持认为他们的效用的概念仅仅提供了一个关于一致性行为的总结时,他们的确说话算数(第3.8.1节)。因此,认为博弈中赋予局中人的效用并没有恰当地反映出他们的动机,从而去攻击现代福利主义,这是不合理的。根据现代观点,如果他们的效用没有恰当地反映出他们的动机,那么这些就是错误的效用。特别地,说效用理论仅仅关注局中人获得的收益而忽视这些收益的满足可能给其他局中人带来的成本,这一控告对于博弈论专家而言显得十分奇怪。现代效用理论正是作为一种精确地保证当做出决策时没有重要因素被忽视而发明出来的理论工具。

人们或许会认为,来自客观主义者的一个更为恰当的批评会抱怨,为了成为一种有用的实际决策制定的指南,效用理论考虑了太多的东西。但是,对于后者这一非常合理的批评意见,恰当的回应是,我们不应该发明一种坏的理论,这种坏理论根据一套简单的放之四海而皆准的客观准则,使我们假装知道如何刻画人们心中所有的恐惧和意愿。恰当的回应是,我们应该继续使用一个好的理论,但是要意识到每一次应用都要求一次新的对客观准则的搜索,从而恰当地将人们的基本个人品味从他们对社会价值观的信念中区分出来。这些客观准则经常明显地取决于实际问题所产生的背景。

回 **合作博弈理论** 传统的合作博弈理论(第0.5节)从其假设来看完全是福利主义的。它的方法论包括,提出了某个特定问题的解必须满足的

〔1〕 我们要对我们的品味负责,无论是被惩罚还是被奖赏。

公理,并且刻画了满足这些公理的解的集合。

我们考虑的问题往往可以分为两大类型:在第一种类型中,效用被假设为在局中人之间是可转换的(TU 问题);而在第二种类型中,则不然(NTU 问题)。在第 1 卷第 4.6 节以及其他地方,我提出无可争议的一点,即冯·诺依曼和摩根斯坦[538]研究可转换效用的方法困难重重。因而在本书中,我并不试图为这一概念提供任何理论基础。一个更为实用的分类标准可以通过区分效用在局中人之间何时是可比较的以及何时是不可比较的来获得。

第 1 章聚焦于纳什讨价还价解以及卡莱-斯莫洛定斯基解,这些解的公理刻画特别排除了比较亚当和夏娃效用单位的可能性。根据纳什规划(第 0.6 节),我们可以通过评价那些均衡结局与所研究的合作解概念相重合的非合作讨价还价博弈的现实性,来评估这种合作解概念的预测能力。基于这一准则,第 1 章支持纳什讨价还价解。

第 1 章也简要地考虑了下述两个合作解概念,它们的确取决于在个人之间比较效用单位的可能性:功利主义讨价还价解和成比例讨价还价解(第 1.3.3 节)。第 2 章和第 4 章试图将纳什规划应用于这种合作解概念集合中的取决于效用人际比较的代表。正如在第 1 章中使用非合作讨价还价博弈来构建关于交易达成过程的模型,第 2 章和第 4 章使用原初状态的机制来构建做出公平判断过程的模型。一个加权版本的功利主义讨价还价解,使用一个虚构的哲学王,在第 2 章中以这种方式被辩护。当这种虚构被舍弃时,本章证明,同样的论据可以达致一个加权版本的成比例讨价还价解。

成比例讨价还价解　图 4.3(b)展示了讨价还价博弈(X,ξ)具有权重 U 和 V 的成比例讨价还价解ρ。由于在局中人的效用单位被恰当地加权之后,所有的局中人都能够在他们现状点收益的基础上得到一个等量的收益增加,因而这种解有时候被称为平均主义的讨价还价解。正如第 1.3.3 节所解释的,这一思想与罗尔斯最大最小准则存在紧密关联。如

果 X 是严格综合的,那么成比例讨价还价解 ρ 正是集合 X 中在受制于 $x \geq \xi$ 的条件下,最大化下述罗尔斯式社会福利方程的点 x:

$$W_\rho(x)=\min\{U(x_A-\xi_A),V(x_E-\xi_E)\} \tag{4.1}$$

这一社会福利函数被称为罗尔斯式的,这是因为在将亚当和夏娃的现状点效用标准化为0,并且用常数 U 和 V 进行加权以反映局中人是如何比较对方的效用单位之后,其要求将最大最小准则应用于亚当和夏娃的效用。

成比例讨价还价解被莱法(Raiffa)[413]、伊莎贝尔(Isbell)[281]、卡莱(Kalai)[288]、迈尔森(Myerson)[373]、罗斯(Roth)[438]、皮特斯(Peters)[403]等学者广泛研究。其之所以成为关注的焦点,是因为假设将完全的人际效用比较引入刻画一个合作解概念的公理,给对手留下了极小的空间。[1]

由于一个严肃的竞争者不复存在,因而我们也不必特别惊讶于,成比例讨价还价解应该从将纳什规划的一个对等物应用于公平问题的尝试中显露出来。然而,正如在第1章中应用纳什规划为纳什讨价还价解进行辩护的情况一样,关于解应该怎样被应用,我们还有很多方面需要学习。特别地,是什么决定了 ξ 的位置?又如何找到 U 和 V?

完全人际效用的假设为操纵合作讨价还价解的形成留下了极小的空间,其中的道理是很容易解释的。这一假设允许亚当和夏娃将剩余分割成许多小块,且对他们来说每一小块具有相同的价值。例如,如果每一小块对亚当而言都价值一个效用单位,那么其对夏娃而言价值 U/V 个效用单位。于是,他们可以将问题更容易地处理为一连串的小块问题,而不是像在第1.4.3节中那样。假设每一个新的小块都按照相同的方式进行分割,且独立于每一个局中人效用水平的增长,那么所有被分割开来的小块之和也会以等同于每一小块的分割比例被分割。这样,一个成比例讨价

[1] 功利主义的讨价还价解并不是一个竞争对手,因为你可以改变亚当和夏娃效用尺度的零点而不改变其值。因此,它没有涉及完全的人际比较。

还价解就已经被实施了。

卡莱(Kalai)[288]使用了一套公理，在刻画成比例讨价还价解中，捕捉到了这一直觉。除了要求 ρ 属于博弈 (X,ξ) 的弱讨价还价集合 B_0 之外，[1]他进一步要求满足以下三条公理：

- 效用水平的独立性；
- 共同重新调节单位的独立性；
- 可分解性。

在刻画纳什和卡莱-斯莫洛定斯基讨价还价解中，上述的第一个和第二个公理需要与在第 1.4.1 节和第 1.4.2 节中使用的效用校准独立性公理进行比较。在第 1.4.1 节中，由下式定义的函数 $R: \mathbb{R}^2 \to \mathbb{R}^2$ 被用于重新校准亚当和夏娃的效用尺度：

$$R(x_A, x_E) = (ax_A + c, bx_E + d)$$

这样一种再校准，将讨价还价博弈 (X,ξ) 转换为 $(Y,\eta)=(R(X), R(\xi))$。效用校准独立性公理除了要求根据新的效用单位改写后的问题与原先一模一样之外，还要求对再校准对讨价还价解 $\sigma=f(X,\xi)$ 没有影响，于是有 $f(Y,\eta)=R(\sigma)$。

效用水平独立性公理用函数 $R_0: \mathbb{R}^2 \to \mathbb{R}^2$ 替代了函数 R，其定义如下：$R_0(x_A, x_E)=(x_A+c, x_E+d)$。这一函数移动了亚当和夏娃效用尺度的零点，但是仍然固定他们效用单位的衡量刻度。这是因为，增加条件 $f(Y,\eta)=R_0(\sigma)$ 相当于坚持认为，亚当和夏娃的财富水平与解决他们讨价还价问题的方式并不相关。

共同重新调节单位的独立性公理只需要被应用于讨价还价博弈 $(X, 0)$。用函数 $R_1: \mathbb{R}^2 \to \mathbb{R}^2$ 替代函数 R，其定义如下：$R_1(x_A, x_E)=(ax_A, ax_E)$。这一函数使现状点 0 保持不变，但使用相同的因子 $a>0$，重新调节了亚当和夏娃效用尺度的单位。用 R_1 来替代 R，认识到下述问题是重要

---

[1] 回忆 1.3 节，我们不能像认识本书所考虑的其他讨价还价解那样，坚持认为 ρ 处于正规的讨价还价集合 B 之中，因为当 X 并不是严格综合的时，ρ 可能是唯一的弱帕累托有效点。

的:每一个亚当的效用单位相当于半个还是两个夏娃的效用单位?根据R_1,我们通过总是同时重新调整两个局中人的效用单位来维持这一区别。

可分解性公理要求讨价还价可以通过任何方式被分解为一系列步骤而不影响最终的结局。这样,如果$\sigma=f(X,\xi)$且$\tau=f(Y,\xi)$,那么当Y是X的一个子集合时,有$\sigma=f(X,\tau)$成立。

想要证明卡莱公理刻画了成比例讨价还价解,是非常容易的。正如在图4.4(a)中,我们固定一个半空间Z,并且令Y为Z的任意子集合。证明的核心在于,确认点$\eta=f(Y,0)$位于连接0点和点$\zeta=f(Z,0)$的直线之上。〔1〕正如图4.4(b)所展示的,选择函数R_0并将点η映射到0点上。然后再选择函数R_1并将$R_0(Z)$映射回Z点。由于R_1将0点映射回自身,这意味着我们已经将讨价还价博弈(Z,η)映射到讨价还价博弈$(Z,0)$。可分解性意味着$\zeta=f(Z,\eta)$。其他公理意味着$R_1(R_0(\zeta))=f(Z,0)=\zeta$。因此,点$\eta$位于连接0点和点$\zeta$的直线之上。

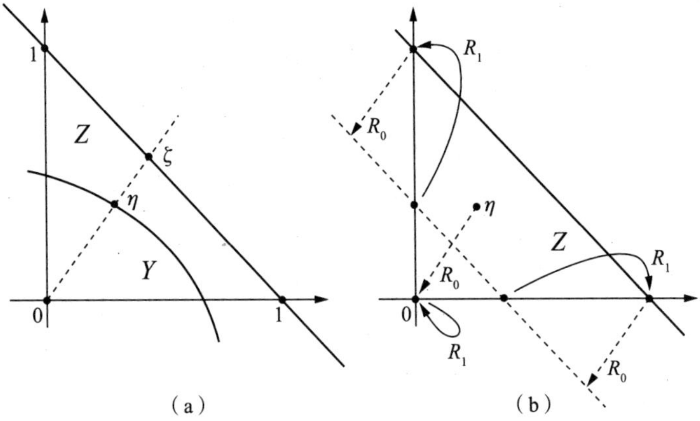

图4.4 刻画成比例解

卡莱[288]的公理已经被批判为过于强了。特别地,为什么我们要假

〔1〕于是我们很容易推导出,对于所有包含0点的集合X,$f(X,0)$位于同一条直线之上。因此,我们可以求助于效用水平独立性公理,来推导$f(X,\xi)$位于穿过点ξ且具有相同斜率的直线之上。

设可分解性？然而，皮特斯(Peters)[403, p. 65]已经证明，我们几乎别无选择，因为在做出其他假设的情况下，可分解性可以由一个更弱的条件得出，即当讨价还价博弈$(X,0)$被替换为$(X+Y,0)$时，讨价还价博弈从来不会赋予局中人更少的效用。

效率与公平　由于诺齐克(Nozick)[392]所讲述的关于威尔特·张伯伦(Wilt Chamberlain)类型的故事，如第 1 卷第 1.2.8 节所述，效率和公平不可兼得的理论一直保持着生命力。诚然，人们有时候是如此关注如何分割蛋糕这一问题，以至于他们忘记了，对于每一个人而言，平均分配一块小蛋糕可能要比不平均地分配一块大蛋糕更为糟糕。但是，当应用公平准则时，这样的非效率无论如何都难以避免。相反，我断言公平规范的演化正是因为，一个不允许内部纠纷的群体妨碍了充分利用新资源的机会，在群体间竞争中是重要的(第 2.5.4 节)。当公平准则以演化的方式被应用时，它们被用来在有效均衡集合中选择均衡点。因此，效率先于公平。特别地，弱帕累托效率的假设被嵌入本书所有的讨价还价解中。

4.4　心理学中的公平

在社会心理学中，公平理论围绕着一个经验法则，该法则预测，社会交换问题可以通过均等化人的收获(gain)与其价值(worth)的比例而得以解决。因此，那些被认为有高价值的人能够比其他人收获更多的财富。正如在威尔逊(Wilson)[561]中那样，这一理论经常被称为“现代”公平理论，尽管其起源于亚里士多德[18]；[1]并且在 30 多年前，由霍曼斯(Ho-

[1] 什么是成比例的……什么就是公正的。——《尼各马可伦理学》(*Nicemachean Ethics*)(亚里士多德著)

mans)[260]和亚当斯(Adams)[7, 8]介绍给社会心理学家之后,便不知怎地失宠了。〔1〕

用一个方程来表示,公平的心理学理论断言:

$$\frac{g_A}{w_A}=\frac{g_E}{w_E} \tag{4.2}$$

其中,g_A 和 g_E 分别表示亚当和夏娃的收获,而 w_A 和 w_E 则衡量了他们的价值。但是,如何衡量收获呢?在选择刻度之后,应该在哪里放置零点呢?价值又应该如何解释?是根据社会地位、美德、努力、需要,还是其他什么因素来衡量?

早期的心理学论文假设,努力是价值的首要决定因素。例如,霍曼斯(Homans)[260]强调,一个公平的合伙企业的赢利分配应该使得每一个合伙人所得的份额与其投资成比例。然而,这一理论的批评者给出的实验证据表明,在某些情形下,除了相对努力程度以外的另一些社会考量与公平判断更为相关。〔2〕"需要"被认为具有特别的重要性。

于是,一系列其他法则便加入这一公平法则之中,并作为在社会环境下对人们行为的更好描述,其相比最初的实验,更少关注经济因素。其他一些学者也不约而同地将最初公平法则的简单代数复杂化,并试图在该法则没有良好运作的地方,得到一个更好的实际数据拟合。其结果便是,产生了一篇类似传统合作博弈理论的文献(第0.5节),其给出了过多的描述性准则,却没有给出任何基础性原则,以解释实验对象为什么要认为在不同的环境中应用不同的公平规范是合适的。

---

〔1〕 详见,例如,亚当斯和弗里曼(Adams and Freedman)[9]、奥斯汀和哈特菲尔德(Austin and Hatfield)[29]、奥斯汀和沃尔斯特(Austin and Walster)[30]、巴伦(Baron)[44]、科恩和格林伯格(Cohen and Greenberg)[131]、弗比(Furby)[188]、梅勒(Mellers)[354]、梅勒和巴伦(Mellers and Baron)[355]、梅西克和库克(Messick and Cook)[356]、普理查德(Pritchard)[410]、瓦格斯塔夫(Wagstaff)等[541, 544, 543]、沃尔斯特(Walster)等[546, 547, 548]。瓦格斯塔夫(Wagstaff)[542]写了一部用户友好型的著作,初步设定了哲学场景。泽尔腾(Selten)[472]提供了一个理论综述,并很容易为经济学家所理解。

〔2〕 例如,道奇(Deutsch)[159]、凯塞(Kayser)等[303]、勒纳(Lerner)[320, 321]、瑞思(Reis)[422]、桑普森(Sampson)[456]、施瓦兹(Schwartz)[469]。

公平理论的拥护者,特别是沃尔斯特(Walster)等[546,547],强调他们观点的实验结果可以通过拓宽对价值概念的理解,从而与传统的公平法则的理论框架相适应。例如,我们可以解释,实验对象有时候通过强调在公平法则中的价值系数不仅仅是由一个特定的社会维度决定的,而是由整个社会环境决定的来考虑需要。但像施瓦兹(Schwartz)[469, p. 132]那样的批评家没有时间将掏空任何公平法则实质性内容的行为视为一种"戏法"(sleight of hand)。然而,公平理论家能够通过在不同的环境和不同的时间中发明一个全新的描述性法则,以合理地回应我们并没有很好地理解人类的公平规范,且在这些环境中,现有的任何法则都不能拟合实际数据。

我自己的方法为争论双方都提供了一个避难所。正如在第 2 章中所解释的,我相信公平在人类中的演化是因为,有效率地分享食物的能力具有生存价值。更大胆地说,第 2.5.4 节强调,我们为这一目的所使用的机制已经写入我们的基因。如果的确是这样,那么罗尔斯原初状态的普遍吸引力可以归因于其提供了一个在解决每天的社会协调博弈中我们无意识地使用的特征模型。然而,为了使用原初状态,亚当和夏娃需要一个进行效用人际比较的共同标准。在家庭环境之外,我的猜测是,这一标准并不是与生物性紧密相关,而是取决于社会或文化的演化。由于在公平法则中,价值系数 w_A 和 w_E 决定了人际比较的相关标准,因此,我的方法提供了一种决定它们如何随着社会环境而变化的方法。

第 2 章提供了一种理论原型,其描述了当一种新的剩余来源改变了基础性的生存博弈时,人际比较的标准在中期应该会如何调整。从原则上来讲,我的理论提供了一个函数,其将社会环境映射到亚当和夏娃在熟悉这一环境时所应用的价值系数之上。于是,一些批评便失去了杀伤力,其认为,如果价值系数没有一个固定的值,那么公平理论便是无可反驳的。相反,毫无疑问的是,在给定当前我的理论的原始状态的情况下,我们很容易反驳第 4.7 节所提供的价值系数 w_A 和 w_E 会如何随着需要、努力、能力以及社会地位而变化的简单预测。

因此,我同意下述公平理论家的观点,他们认为,把在不同社会环境中公平判断的差异归因于基础性社会机制的差异是一个错误。相反,我相信基础性社会机制是普遍而通用的,但是运行这一机制所要求的投入要素却极易受到社会演化的影响,并因此随着环境而变化。然而,在我的理论中,基础性机制并不是心理学的公平法则,而是原初状态的机制。我也没有保证原初状态的使用会导致与公平法则相同的结果。事实上,第2.6节证明,如果亚当和夏娃知道存在某种外部执行机制以监管他们在"无知之幕"背后所做的假想交易,那么他们会同意加权的功利主义讨价还价解是公平的。

由于功利主义者和平均主义者相互尊重,因此我的方法对公平理论的进一步支持看似不太可能。但是现在绝望还为时过早,因为日常的公平交易都由一个上帝一样的哲学王来监管的假设远离现实。在回顾人类学的证据中,本章下一节将提出,公众舆论有时候可以替代外部执行机构,但是在史前狩猎采集社会中,个人之间的交易必须在很大程度上是自我监管的(self-policing)。因此,第4.6节考虑了当局中人没有任何机会做出承诺时,使用原初状态机制的内涵。于是,我们不再被导向加权的功利主义讨价还价解,但是会被导向第1.3.3节所介绍的平均主义的或成比例的讨价还价解。

成比例讨价还价解的出现是重要的,因为它可以被视为在被广泛认可的罗尔斯[417]的正义的最大最小准则与公平的心理学法则之间的一个缺失环节。我们只需要一些最简单的代数运算,就可以认识到这些表面上不同的概念其实质是一样的。

我们可以通过最大化罗尔斯式的社会福利函数来得到成比例讨价还价解,这一事实已经被多次提及,最近的一次是在第4.3节之中。为了看到公平法则等价于成比例讨价还价解更加容易,我们只需要对比(4.2)式给出的公平法则的形式与如下方程:

$$U(x_A-\xi_A)=V(x_E-\xi_E)$$

上述方程描述了在图1.7(b)中成比例讨价还价解所在的直线。为了让两个方程等同,我们这样简单改写,令 $g_A=x_A-\xi_A$,$g_E=x_E-\xi_E$,$w_A=1/U$,以及 $w_E=1/V$。于是,社会心理学的价值系数 w_A 和 w_E 便与权重 U 和 V 呈反比,且这些权重被经济学家用以量化比较亚当和夏娃的效用单位。

令人振奋的是,在心理学实验中所模仿的支撑公平理论的社会环境,与在第 4.6 节中用来从原初状态中推导出成比例讨价还价解的假设在大体上是一致的。然而,我的方法提供给公平理论的理论支撑则受到各种告诫的制约,这里我们提及其中三种:

• 价值系数不但会随着一系列社会参数以某种难以猜测的方式而变化,而且也会由于行为主体调整并适应新的社会环境而随着时间变化。

• 我们不应该假设,收获的客观相关物是容易识别的。即使在金钱可以用来衡量个人福利的情况下,这也并不意味着金钱可以在一个小群体环境中,作为个人效用的一个相关物,特别是当性别因素或亲属关系清晰地进入图景之中时(第 4.5.4 节)。其也不像霍曼斯(Homans)[260]在讨论社会地位经常能够找到一个易于测度的等价物时所引入的令人尊重的名义单位。

• 在很多环境下,现状点的位置将会有问题。通过试图应用具有负收获的公平法则,或是定义公平惩罚(第 3.7.3 节),都会导致一些棘手的难题出现。

这样的告诫可以在某种程度上平息对心理学公平理论的批评,但我的猜测是,它们所含的怨仇更加根深蒂固。如果我们相信道德的存在是为了超越对权力的争夺,那么当我们面对一个将潜在的权力平衡作为社会公平的基础的理论时,我们很难不予采信。但是,如果日常生活中的道德要求人们采取行动以使得自己变得更糟,那么这种道德怎么会演化出来呢?哲学家可以嘲笑这样的论证,因为他们的原则不会迫使他们面对下述情况,即实验主体随时准备调整他们对何谓公平的感知以适应他们的环境。但是,现代社会心理学的其中一项成就便是,揭示出我们想把自己变成什么样和我们实际上是什么样的现实之间的差异。

在米尔格拉姆(Milgram)[357]的著名实验中,一个权威人物能够诱导实验主体对受害者施加表面上十分厉害的电击,以对他在任务中的恶劣表现进行惩罚。遵循相同思路的后续研究直接与公平理论相关。[1]在一个典型的例子中,勒纳和西蒙斯(Lerner and Simmons)[323]要求实验主体观看相当长一段时间的被假设为真实的一位无辜受害者遭受痛苦电击的照片。由于没有能力去干预,因而在实验后的汇报中,被置于这种情景下的实验主体通过找出各种借口来解释为什么受害人并不值得施救来安慰自己。勒纳(Lerner)[319]强调,实验主体诋毁被害人,是为了维持我们生活在一个"公正世界"之中这一错误的信念;但我认为,实验主体仅仅是在证明我们实际生活其中的"公正世界"的正义原则与道德哲学理想的正义原则并不相同。

我希望,在第4.7节中所给出的需要和努力会如何影响公平法则中的价值系数的不受欢迎的预测,会以同样的精神被接受。没有人能够否认只有一个次优的乌托邦会允许权力如此卑鄙地影响分配。即使平均主义者也共享着对一个最优乌托邦的功利主义的渴望,在这个乌托邦中,所有人都被给予均等的机会(第4.6.9节)。但是,现实主义要求我们采取奥利弗·克伦威尔(Oliver Cromwell)对待其外表的态度来对待社会实际如何运作。他也想变得好看一点,但是他坚持毫不隐瞒自己的任何丑陋面。

4.5 人类学中的公平

自然主义者认为,关于善和正当的传统争论缺少坚实的理论基础。我们相信,哲学家声称是源自普遍的形而上学原则的伦理冲动,实际上是

[1] 例如,贝尔沙伊德(Berscheid)等[59]、格拉斯(Glass)[206]、勒根和梅蒂(Legant and Mettee)[316]、勒纳(Lerner)等[317, 318, 322, 323]。

关于在他们所熟悉的社会中，任何被视为适当的习俗的运作的直觉。洛克的理论体系证明了在其时代的英格兰商业社会契约是合理的，这并非偶然。黑格尔的理论体系为普鲁士的威权主义社会契约进行辩护，也是如此。

当这种相对主义的例子并不迫使我们面对自己的文化禁忌时，这些例子显得更加引人注目。因此，人类学家福瑞尔-汉门多夫(Furer-Haimendorf)[189]阐述了在威尔第的歌剧中唐·卡罗(Don Carlo)表达的对其继母的爱慕。〔1〕如果我们可以找到普遍适用的道德原则，自然主义者相信，找寻它们之处便在我们分享的演化历史之中。特别地，如果平均主义的社会契约比功利主义的更加稳定，那么这是因为，我们种族在形成期所运行的生物和文化的共同演化的条件对功利主义的公平法则怀有敌意。

因此，比较平均主义和功利主义的自然主义者便提出了经验性的问题。但是，我们有很好的理由来解释为什么判断一个给定的社会契约是平均主义的还是功利主义的并不容易。第 4.6.7 节强调，一旦一个社会比较效用单位的共同标准已经调整为基本的现实权力，那么功利主义和成比例讨价还价解将变为等同。在一个正常运行的社会中，想要从平均主义中将功利主义区别出来，我们有必要看看这个社会对一个新的协调博弈的短期反应，因为平均主义和功利主义这两种系统会以相反的方向来奖励价值(第 4.6.9 节)。但是无论我的理论想要说些什么，这当然并不表明，评估来自为人们设定的新的协调博弈的数据是完全不重要的。

一个备选的方法是直接检验形成我们史前祖先的公平规范的演化压力。在我的理论分析框架下，关键问题在于，在亚当和夏娃之间的一个隐性保险交易是否可以由他们社群的剩余成员来强制执行，或者，唯一可行

〔1〕但需要注意的是，人类学家经常弱化他们的道德相对主义。霍布豪斯(Hobhouse)[254, 252, 253]甚至具有绝对主义的倾向。韦斯特马克(Westermarck)[549]、伊道和伊道(Edal and Edal)[168]、莱德(Ladd)[312]以及福瑞尔-汉门多夫(Furer-Haimendorf)都明确地讨论道德，但时髦的现代研究似乎使人类学研究的道德内涵靠边站了。

的交易是否是那些他们能够自我执行的交易。在前一种情况中,第 2.6 节强调,当我们在运行一项公平规范时所使用的任何生物线路(biological hardwire)都会有一个功利主义偏向。在后一种情况中,第 4.6 节强调,这一偏向将会是平均主义的。

那么,我们史前的祖先们是如何生活的呢?演化心理学家认为,在现代幸存下来的极少数仍然维持狩猎采集的社会的社会契约,便是回答上述问题的灵感的最佳来源。我同意,人类学家可以教我们很多关于各种对人类来说可能的社会契约,但浮现出来的问题在于,我严肃地怀疑我们从现代觅食社会向史前觅食社会有效外推的程度。

4.5.1 分享和关心

人类学家之间的共识十分强烈,即在世界上幸存下来的狩猎采集者所运行的社会中,他们分享成果并相互关心,且不存在领导和社会身份。[1]

我必须承认,对于这种在政治上更为正确的报告,我存在一些怀疑。正如在艾克斯罗德(Axelrod)[31, 33]的研究中(第 3.3.7 节),相信人们本质上是美好的,这一需求十分强烈。例如,梅格瑞(Megarry)[352, p. 230]通过要求我们"严厉拒绝"人类所实践的狩猎行为代表了一种前人类生活方式的延续的思想,从而反驳了"人天生是暴力的,因为他们是狩猎者的后代"这一理论。他说:"在灵长类动物中,生活往往是一种群体行

〔1〕 贝利(Bailey)[37]、达玛斯(Damas)[141]、恩道和怀滕(Erdal and Whiten)[175]、埃文斯-普理查德(Evans-Pritchard)[176]、福瑞尔-汉门多夫(Furer-Haimendorf)[189]、加德纳(Gardner)[195]、霍克斯(Hawkes)等[239]、海姆(Helm)[244]、伊萨卡(Isaac)[280]、卡普兰和希尔(Kaplan and Hill)[301]、可耐福(Knauft)[308]、李(Lee)[315]、瑞齐斯(Riches)[424]、田中(Tanaka)[517]、梅格瑞(Megarry)[352]、梅吉特(Meggitt)[353]、罗格斯(Rogers)[436]、沙林斯(Sahlins)[455],以及特布尔(Turnbull)[526]。经常的情况是,现代觅食社会被认为是"平均主义"的,但我并不偏好使用这个词,因为考虑到这个词可能包含了一个功利主义社会的含义。

为,但觅食仍然是一种孤立行为。”但是,每一个人都见过西非黑猩猩集体捕猎猴子进而分割并一起吃掉尸骸的录像片段。我们也读过达尔文关于他在火地岛遭遇的土著的肮脏生活的记载。关于杀婴、猎头、食人等,我们知道的太多了,并被认为是为高贵的野蛮人提出的更加乌托邦的要求。但是,即使允许某些观察者戴上有色眼镜,我们依然会面对一大堆证据,其表明分享食物,特别是肉类,在狩猎采集者社会中是十分普遍的。我们也没有理由去怀疑,觅食社会在没有首领或老板作为权威的情况下能够勉强运行。

为什么分享食物?　在第 2.5.4 节中,我遵循了传统的理论进路,将食物分享现象的演化起源归因于个体为了抵抗贫困而相互保险的需求。正如人类学家埃文斯-普理查德(Evans-Pritchard)[176, p. 85]所解释的:

> 在一个每个人都有可能不时陷入困境的群落中,分享以及与分享类似的习惯是很容易被理解的,这种群落由于资源的稀缺性和不充分性,使得人们不能慷慨大方。于是,分享行为相当于使每个人都为饥馑保了险。某个今天需要帮助的人可能会得到某个明天需要帮助的人的帮助。

对于这一食物分享的解释,我们至少需要提及三种批评意见。第一种批评意见是,史前的原始人类不见得就具备“马基雅维利式的精明”,以维持这样的保险契约[伯恩和怀滕(Byrne and Whiten)[112]]。这句行话表达了一个熟悉的观点,即根据理性自利假说来解释一种行为,相当于断言这一行为是通过冷静计算,在事先就缜密计划好的。通常,经济学家会通过指出下述观点来否认这些“稻草人”(strew men),即一个骑着摩托车的人是在暗地里解决一个非常复杂的控制论数学难题,但没有人会推导出黑尔·安琪儿(Hells Angels)摩托车俱乐部的成员都是杰出的数学家。正如埃文斯-普理查德(Evans-Pritchard)所解释的那样,在狩猎采集者社会中的人们获得了分享的习惯——并且因为这一习惯在生存博弈的一个均衡点上协调行为,且没有任何人意识到有一个博弈在运行,所以这一习惯才幸存了下来。

第二种批评意见怀疑了下述观点,即狩猎采集者社会总是生存在灭绝的边缘。沙林斯(Sahlins)[455]提出了相反的观点并指出,如果我们将现代狩猎采集者社会中的人们在满足了需求之后所享受的休闲时间,与一位现代农业劳动者或一位大学教授的休闲时间相比,那么我们会发现现代狩猎采集者社会有一个相对富足的生活方式。

尽管他们不是觅食者,但对我而言,在这个问题上,我们还可以从关于乌干达艾克(Ik)的相互冲突的报告中学到很多。特布尔(Turnbull)[527]认为他们有极端自私的社会,这一臭名昭著的观点与海涅(Heine)[243]后来的观察相矛盾。很有可能的是,海涅是在一个丰收的年份观察的艾克,而特布尔是在一个非常歉收的年份观察的艾克。为了调和埃文斯-普理查德和沙林斯,类似地,我们只需要认识到,不是每年都是丰收年,且在歉收的年份,演化的无形之手会将不适应的群体置于死地。即使是在最为丰收的年份,觅食者也不能总是将腌肉带回家中赖以度日,因而总是有很好的理由在互惠的基础上分享肉食。我们也不应该假设,现代狩猎采集者采用的有助于调整他们人口总量以适应食物供应的控制生育的自然方法先于食物分享现象的演化。我的猜测是,人口控制是一种相对较晚的对被狩猎采集者占领的边际领土的适应。但是,在没有任何控制手段的情况下,马尔萨斯(Malthus)[340]的铁律会迅速将一个丰裕社会变为一个稀缺社会。我们还能怎样解释狩猎采集者社会在全世界的扩展,甚至扩展至最不适合居住的荒凉地带?

第三种批评意见挑战了埃文斯-普理查德的观点,他将互惠性视为食物分享的一个解释性因素。例如,恩道和怀滕(Erdal and Whiten)[175]综述了100多份研究,并证明所观察到的食物分享。

> 超越了亲属关系或者互惠关系的解释能力。个人的确在有些时候会试图为自己获得一份不合比例的资源或影响力,但这是在他们群组成员的警觉和反主导行为的控制之下的。

如果不是这样一份社会契约，在这份社会契约中，每一个人都会照顾其他人，因为那些不这么做的人会遭到他们同伴的惩罚，那么言下之意是什么呢？的确，支撑互惠安排的机制并不是在人们谈到"针锋相对"时心中经常想到的双边交易的简单模型之一。但是，正如我们在第 3.4 节所看到的，在重复博弈中，支撑有效均衡的惩罚策略并不必然要求，因偏离行为而被惩罚的局中人也是惩罚偏离行为的那个人。在现代狩猎采集者社会的情形中，整个团队联合起来以惩罚任何一个在相互保险计划运行中没有采取合作态度的人，而他们正是依靠这个计划在糟糕的年份得以继续生存。

对于我这样一个外行人而言，人类学文献的一个令人不安的特征便是，当代对狩猎采集者社会的评价与 50 年前的评价存在明显的差异。谴责早期学者的偏见是十分容易的，但同样重要的是，我们应该认识到他们能够在较少反对意见和较少制约的环境下研究狩猎采集者社会的居住情况。群体通过分裂并拓展进入新的领地来解决争端的机会对于形成史前社会契约必定非常重要，且这些社会契约在人口压力发挥作用之前就已经存在，因而从一个演化的视角来看，关于仍然占据未饱和的森林栖息地的中青年觅食社会的报告显得尤其重要。

老一代人类学家在描述分享型社会时一直不采纳领导的角色，但是，明显的间断性不再那么明显，其将卡拉哈里(Kalahari)沙漠的布希曼人(bushmen)那样的狩猎采集者的仁爱善良，与巴西丛林的亚诺玛米人的疯狂凶猛，或者东玻利维亚的西罗尼人(Sironi)的阴冷内向区别开来。[1] 例如，福瑞尔-汉门多夫(Furer-Haimendorf)[189]对南亚部落中的道德态度和社会组织的研究，展现了一个从觅食的楚朱人(Chenchu)、刀耕火种的瑞迪丝人(Reddis)、猎头的娜迦人(Nagas)一直到一致而正统的印度农民的无缝连续统。个人之间的暴力随着财产权扩展至农业而增加，但随着权威集中到一些能够协调公共报复行为的个人手中而衰减。在使得财产几乎无关紧要的生产力水平下，那些感觉遭受不公正待遇

〔1〕 维斯那(Wiessner)[552]、莎尼翁(Chagnon)[119]、霍姆伯格(Holmberg)[259]。

的个人或者群体可以通过保持与他们敌人之间的距离来处理这种状况,但重要的是,在群体开始耕种土地并畜养动物很长一段时间之后,司法部门仍然是分权的。根据福瑞尔-汉门多夫(Furer-Haimendorf)[189],对那些不公正对待别人的人们的惩罚,并不被认为是生活在同一个村庄的每个人的职责,即使在相对高级的达夫拉人(Daflas)之间也是这样。

如果仅仅想要让像勃姆(Boehm)[94]或者恩道和怀滕(Erdal and Whiten)[175]这样的学者安心于人类学的数据是可解释的,并且不需要假定人类真实利他性的演化,那么我认为详细考察演化心理学家对古代和现代狩猎采集者社会的探索是重要的。然而,第4.5.3节回到了我的争论焦点,即现代狩猎采集者社会的社会契约并不一定是我们史前祖先的社会契约的良好向导。

4.5.2 觅食社会中的执行

霍布斯和休谟都重复强调,强权者是强大的,仅仅是因为他们所统治的人民相信他们有能力。因此,一位最为傲慢自大的独裁者与他统治下的最为卑微可怜的国民一样,也不过是生存博弈中的一位局中人罢了。如果他的政权没有在生存博弈的一个均衡状态中运行,那么它照样要灭亡。[1]

可耐福(Knauft)[308]强调,在人类社会中,权威的演化可以被看成一条U形曲线,占优结构的前人类社会让位于无政府的人类狩猎采集者群体,进而又被独裁主义群体和农业社会所取代,有记录的历史也从此展

---

〔1〕 坚持认为,所有可行的政权最终都应该被构建为生存博弈的均衡状态;并不是否认,权威在某些社会中的运作方式被如此稳定地建立,以至于当研究一个将政府视为处于系统外部的子社会时是有道理的——正如第2章使用虚构的哲学王来构建政治合法性的现代共识的模型一样。然而,当政治合法性的根本基础被质疑时,我们就有必要回到下述严格的原则,即所有政权——无论是无政府还是独裁——都仅仅是幸存下来的社会契约的例子。它们幸存下来,是因为偏离它们所规定的行为是无利可图的。在后续对不同社会类型的讨论中,问题从来不是“是否有均衡被运行”,而是“有什么类型的均衡被运行”。

开。正如恩道和怀滕(Erdal and Whiten)[175]所述,在现代狩猎采集者社会中的领导仅仅存在于对共识的影响之中:“但当取得了一项共识的时候,没有人需要违背他们自己的意志去遵循它——并不存在执行机制。”

我的自然主义的公平理论在很大程度上取决于如何构建执行公平规范的模型。正如第2章所证明的,如果在原初状态下所达成的假想交易是由一位站在系统之外的哲学王来执行的,那么结局必然是功利主义的。然而,本章转而强调,我们在日常生活中实际使用的公平规范似乎是在完全没有执行机制的情况下运行的。初看之下,表面上无政府结构的现代狩猎采集者社会似乎会支持以下理念,即当我相信是生物学上决定的公平算法在演化时,执行结构的确是不存在的。然而,我们需要小心,切不可本末倒置。我们不能够认为,在管制食物分享的公平规范演化出来之后,食物分享是人类社会性的关键并且其会自动行进,似乎人类已经生活在一个现代狩猎采集者类型的有组织的社会之中了。

现代狩猎采集者运行着防止潜在的独裁领导者产生的社会机制,这一事实也并不意味着,他们的社会不执行规范。恰恰相反,事实是,一个由狩猎采集者群体所运行的社会契约是用一根铁杖强制执行的。没有人占据哲学王的角色,但是,一个规模相对较小的狩猎采集者群体使得用公众意见(public opinion)来完成相同的功能成为可能。当亚当询问自己是否应该将一些肉分给夏娃时,他非常清楚,如果他没有根据习惯的方式进行分享,那么他会被整个群体无情地嘲笑;如果他继续坚持不公平的行为,那么他会被完全排斥。

现代狩猎采集者社会在一个拟功利主义的基础上展开分享的报告,与在这种社会中用公众意见充当哲学王的一个替代物的观点是一致的。但是,我们很难分享一些人类学家所表达的关于用以维持纪律的压迫性社会机制的热情。嫉妒是地方性的。例如,在卡拉哈里沙漠的!Kung[1]人中,没有人在乎长时间地拥有一个特别好用的工具。工具会被作为一个

〔1〕 我不知道应该怎么读这个惊叹号!

礼物传递到其他人,以免工具的主人被认为高人一等。但这样的礼物并不是没有条件的。在适当的时候,主人会期待一个对等的回报。正如第 4.2 节所述,在这样一个社会契约中,对嫉妒计算的紧密关注使得社会几乎不可能进步。根据哈耶克(Hayek)[240, p. 153]的定义(第 2.2.3 节),这种社会中的公民是自由的,因为他们没有受制于任何人的意志,但是让自由论者去崇拜这种社会则是一个明显的错误,这种社会更应该作为马克思想象的社会主义乌托邦的楷模,其在国家消失之后将会出现。

因此,我不同于恩道和怀滕(Erdal and Whiten)[175]那样的演化心理学家,他们相信,史前狩猎采集者的社会契约由今天的觅食群体以化石的形式保存了下来。我不怀疑史前的群体都同样没有领导者,但我认为不太可能的是,他们运行了一份至少与古代土地整理者运行的专制型社会契约一样复杂的社会契约。对于我对公平规范演化环境的推测,上述判断相当重要,因而我很有必要为其进行详细的辩护。

回 **农耕与觅食** 科恩(Cohen)[130]将农业的起源归因于史前的食品危机,当人类狩猎采集者群体不断扩展领地,直到当地可供居住的地方不能够支撑他们的经济时,便爆发了食品危机。对这一人口过剩问题的反应是两方面的。我特别感兴趣的是使觅食得以在边际领地上继续的适应性行为,但是人类学家很自然地专注于被证明是主流文化适应的现象——农业的兴起以及作为新的生产模式的集中畜牧。

为了利用这些新的生产模式带来的递增的规模报酬,以及为了防止这些剩余被外部人攫取,必须放弃史前觅食群体的无政府结构。转而出现的情况是,权威开始被赋予一些领导者。重新采用在猿的社会中典型的层级组织,并不需要一套新的生物适应性。当我们获得了下述新的程序时,其给予我们的类人猿祖先维持狩猎采集者无政府的生活方式,以及一个有待拓展的全新世界的灵活性,我们并没有失去服从领导的能力。甚至在一个现代觅食社会的非竞争性环境中,我们想要支配他人的自然冲动并不会被我们想要公平的自然冲动所熄灭——否则抑制支配行为的社会机制就变得不必要了。

回到维持一个公共农耕社会所需的层级类型的社会契约，人类学家将上述过程所必需的社会重组归因于文化革命。可用的时间似乎太短了，以至于进一步的生物适应都无法完成。

我们曾经强调，人类为了有机会变成农民而付出了沉重的代价。当社会演化在一个生物学的基础上树立起一个权威的上层建筑，且这一基础演化使得我们的祖先有一份没有领导的随心所欲的生活的时候，一场在我们的生物本性和我们的社会条件之间的战争便爆发了。像马里昂斯基和特纳(Maryanski and Turner)[343]这样的评论者相信，我们仍然在打这场战争。用博弈论的语言来说，他们通过说，我们习惯于使用领导作为一个均衡选择机制与我们为达到这一目的使用公平规范的本能是相冲突的，从而将现代工业社会刻画为一个“社会囚笼”(social cage)。〔1〕

尽管是推测性的，但是这样一个关于农耕社会起源的故事相对来说是无可争议的，且我们的工业社会正是从那里传下来的。但我相信，类人猿觅食群体的设计契约根本不像现代觅食者的复杂的社会契约，因而去做这样的对比是没用的。

回忆科恩(Cohen)[130]的观点，由于人口过剩导致的史前食品危机，预示着觅食作为人类之间正常生产模式的终结。但是，它并没有从产生问题的旧世界领土上将狩猎采集者彻底消灭。觅食者在边际领地仍然幸存下来，无论是在沙漠边缘还是在极地冰盖，总之，在那里种植庄稼或畜养动物皆无可能。事实上，这种领地被殖民的事实正是支持人口过剩理论的证据之一。

为了在这种边缘栖息地生存而不移民，觅食者必须发展出一种毫不逊色于那些选择农耕的人们且与他们的自然本性有分歧的文化。在现代

〔1〕 我的猜测是，我们通过发明下述社会幻想，从而成功地容忍了领导者，即他们作为个体，需要对他们协调群体的能力负责。如果其是一个人，那么被归于群体的价值就会被授予领导者。因此，他提出的超过其份额的要求就被理性化掉了。但是，维持这样一个谜语的确有压力。

狩猎采集者社会中,可以普遍观察到三种文化适应现象。第一种便是他们使用控制生育的"自然"方法——比如推迟婴儿断奶的时间。这种适应在一定程度上解决了他们的人口问题。而在糟糕的时间,严酷的环境或许帮他们做了剩下的事情。第二种文化适应极端有效的便是发展出防止领导者或者企业家出现的现象社会机制——除了在紧要关头暂时出现之外。

为什么抑制领导能力的社会机制带来了一种演化的优势?理由很可能是,对于占据边缘栖息地的觅食者群体来说,创新者是一种毒药。规制一个狩猎采集者社会生活的文化基因的生存,取决于这个社会的成员在坏的年份和食物稀缺时所协调的均衡。如果危机足够严重,那么该群体的一些成员便会死亡,而剩下的成员就会向邻近的群体寻求避难。但是,这种饥荒的年份并不经常出现[沙林斯(Sahlins)[455]]。随着丰收年份的到来,荒年饥馑的记忆淡化了。于是,该群体便有可能被一位具有超凡魅力的企业家引诱,并协调于一个新的均衡,这一均衡能够更好地利用丰收年份的剩余。如果在这一新的社会契约被运行的情况下,荒年不期而至,那么灾难必然产生。

简言之,领导者倾向于篡改适应荒年条件的传统的社会契约,而抑制这种领导者出现的文化基因便充当了一种集体无意识,以保存过去勉强躲过灾难的民间记忆。毫无疑问,对于经营自给农业的愚蠢农民的顽固保守主义也有一种类似的解释。

第三种文化适应已经被提到过。公众意见可以在关系紧密的小型社会中充当哲学王的替代物。因此,第2.5.4节为我们提供了下述问题的一种解释,即使用我相信写入我们基因的公平算法是如何导致在现代狩猎采集者中十分普遍的拟功利主义的分享结局的。

为什么是拟功利主义,而不是功利主义?其理由在于,本书所做的关于局中人评价收益流方式的假设,忽略了自给自足社会的不稳定性[卡什丹(Cashden)[117]]。如果亚当和夏娃生活在这样一个社会,那么他们面对的是赌徒破产博弈,其经常粉碎他们抢劫蒙特卡洛银行万无一失的计划的白日梦。控制现代觅食者的文化基因不能够将来自未来丰年的收益视为对荒年遭受损失的适当补充。从这样的长远观点来看，便是忽视了下述可能性，即他们体现的文化可能无法生存下来以享受未来丰收年份的奖励。〔1〕

因此，一个抑制狩猎采集者头领的文化基因不会将其效用计算为一个长期的算术平均数。根据罗伯森(Robson)[431]给出的理由，其或许会根据一个恰当加权的长期几何平均数来计算收益流，以至于荒年的低收益相比丰年的高收益有一个大得多的影响。于是，在 2.6.1 节中的亚当和夏娃便会在短期停止使用一个加权的功利主义讨价还价解。他们转而会在短期使用具有讨价还价能力系数 U 和 V 的加权的纳什讨价还价解！

4.5.3　史前的无政府状态？

图 4.5 阐释了第 4.5.2 节所给出的现代社会契约的演化历史。最为显著的特征是，当代狩猎采集者社会的复杂的社会契约出现在通向我们自己社会的树干的小树枝上。为了理解我们对正义的直觉的来源，我们需要回到两种类型的社会契约的共同祖先。但这并不意味着，我们从现代觅食群体的社会契约中学不到任何东西。他们展示了人类生物学的“连接线”(hardwiring)允许我们在没有类人猿统治层级结构的情况下运行社会契约。由于现代狩猎采集者社会在没有领导者的情况下得以运行，因而人类不需要像动物那样需要领导者才能够生存。

因此，可耐福(Knauft)[308]的 U 形曲线必须在一定程度上进行改

〔1〕 在维持温饱水平的农耕社会情形中，这一观点需要更加坚定地被强调。狩猎采集者通过调整他们的觅食技术以适应气候变化，从而在一定程度上降低他们在荒年所面临的风险。但是农耕者的弹性就小得多，因为他们必须在知道会下多少雨之前就选定要种植庄稼的种类。因此，一个自给的农耕社会甚至会使用最大最小准则来评估收益流。只有当剩余足够充分并能够在每年保存恰当的储备时，第 2.6.1 节的分析才开始变得有意义。

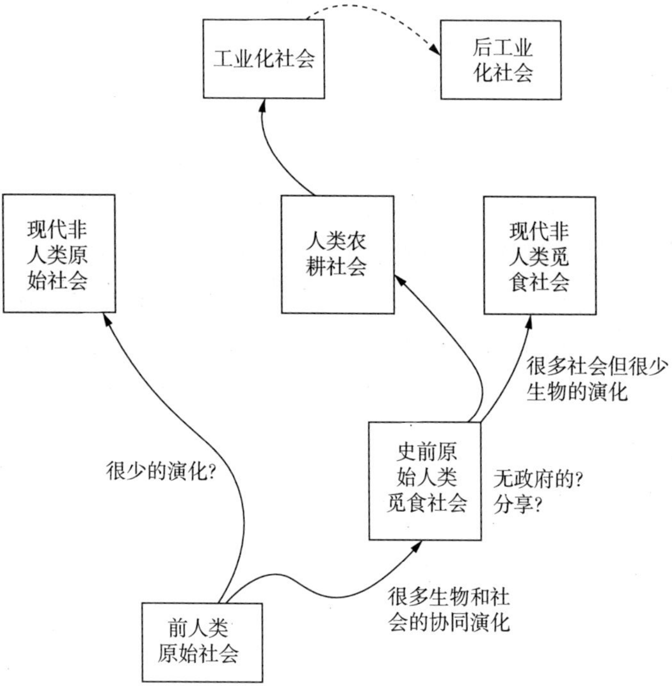

图 4.5　公平规范在哪种环境下演化?

进,它体现了威权主义的冲动被我们前人类祖先的基因以某种方式清洗掉了的观点,其仅仅是在相对晚近的历史时期作为一种文化适应而复活的,并通过驯养动物和种植植物来应对人口压力。为了理解人类公平算法演化的环境,我们必须回到这样一个时刻,其在根据统治结构来组织的生物性冲动充分减弱至允许更多有弹性的社会系统能够演化之后,但在人口压力使得那些社会仍然维持觅食以发展出能够同时控制他们整个人口和具有自私倾向的企业家的精妙方法之前。

这样的史前觅食群体必然在若干个重要方面,不同于他们在现代的后代。特别地,当整个世界都可以殖民时,移民的障碍是不存在的。在这种环境下,他们的社会组织在一定程度上必然是无政府的,其会使得现代狩猎采集者社会看上去具有积极的家长主义作风。否则,当一个持不同意见的群体总是具有以相对低的成本脱离并在新的草地上建立营生的洛克式的观点时，那会怎么样呢？当惩罚都可以简单地通过离开而躲避时，公众意见和个人权威都不能够扮演大哥的角色。

我相信，我们在行使专制权力时所感到的悲痛来源于在这种环境下根植于我们头脑中的态度。谁会没有感觉到尼采[385]如此雄辩地赋予查拉图斯特拉的沮丧？

> 我的兄弟们，莫非你们愿意在他们的嘴巴和肉欲的臭气中窒息！宁可破窗而出，跳到旷野！……依然有许多空地周围环绕着静默大海的气息。大地也依然为伟大的灵魂敞开。

在1888年，美洲的确仍然存在一些野蛮未开化的自由地带。今天的悲剧是，已经没有地方供我们逃离。从这个角度来看，我们的人口过剩危机是给世界带来威权主义的史前危机的一次重演。

在没有外部执行机构去执行食物分享协议的情况下，史前时期的亚当和夏娃们很可能要像威尔金森(Wilkinson)[553]所报告的吸血蝙蝠分享血液那样去分享食物。〔1〕正如每一只在互惠对里的蝙蝠必须充当自己的警察以防止其同伴的欺骗倾向那样，每一对学着合作的亚当和夏娃会发现，将他们同伴的不良行为诉诸群体的剩余成员是没有意义的。因此，合作最初建立在成对(pairwise)互动的基础之上，正如艾克斯罗德(Axelrod)[31]在提出针锋相对策略的优点时所假设的那样。〔2〕

成对互动应该形成任何试图理解人类合作是如何演化的基础，一些支撑上述观点的证据可以在一个世纪以前的人类学研究中找到。那时狩猎采集者和其他经济上的原始社会仍然占据着相对良好的栖息地。福瑞

---

〔1〕如果失去血液超过60小时，吸血蝙蝠就会饿死。威尔金森(Wilkinson)[553, p.182]认识到，较近的亲属关系对于一只蝙蝠为伴侣定期回流血液并不必要。蝙蝠不但能够认出对方，而且证据还显示，它们更倾向于帮助曾经帮助过它们的邻居。

〔2〕但是，我们必须记住的是，针锋相对策略是在所有互惠策略中，唯一一个能够支撑合作作为无限期重复囚徒困境博弈的均衡策略(第3.3.8节)。我们也不能够忘记，一旦有一个第三方开始感兴趣于亚当和夏娃的交易时，针锋相对策略作为这种类型的社会互动的描述，其不合适性令人绝望(第3.4节)。

尔-汉门多夫(Furer-Haimendorf)[189]对印度部落社会各种发展阶段的考察已经被提及。可以感觉到,他所描述的群体相比现代演化心理学家所提到的幸存下来的狩猎采集者社会,要有更差的表现。因此,关于他们如何惩罚违反其社会契约的行为的信息更为丰富。追踪随着社会经济变得越来越有生产力,惩罚的功能是如何集中到越来越不粗野的哲学王的手中,将是特别有趣的。但是,政治的成熟落后于经济的发展。例如,尽管在东北部边缘山区生活的达夫拉人(Daflas)已经超越了自给自足的阶段,并维持了一个活跃的贸易经济,福瑞尔-汉门多夫(Furer-Haimendorf)[189, pp55 - 83]发现,"通过报复寻求正义"依然是唯一的资源,即使对于生活在毗邻联屋的亚当和夏娃也是一样。

如果我的关于前人类狩猎采集者社会的无政府结构的判断是对的,那么我们必须在没有哲学王的情况下,重新讲述第2.5.4节的故事,在原初状态演化的情况下,保持每一个人诚实可信。在图2.2中所给出的演化进程依然适用,但是,在没有虚构的哲学王的情况下,重复利用第2章的论据会达致一个更像我们自己的社会,而不是现代狩猎采集者的拟功利主义社会(第4.6节)。

4.5.4 小型群体中的亲属关系

在2.5.2节及其他地方,我提出了一些警告,仿佛活跃我们在其中一起工作和玩耍的小型群体的友情会延伸至整个世界。这种小型群体的日常生活唤醒了埋藏于我们基因中的记忆,即如何与那些和我们共享篝火或者同住联屋的人们互动。人们的兄弟关系会表明其自身,因为在这种环境中,我们确实被编写程序以像兄弟或姐妹那样对待他人。但是,邓巴(Dunbar)[164]貌似合理地强调,一个使人们可能像对待家人一样对待他人的群体的规模,受到人类新大脑皮层维持一个社会模型的能力的限制,在这个模型中,群体中的每一个人以及他和别人的关系都被个别地建模了。

 这一关于小型群体社会动态的理论似乎被恩道和怀腾(Erdal and

Whiten)[175]破坏了,他们宣称,亲属关系理论不能解释食物是如何在现代狩猎采集者之间分配的。毫无疑问正确的是,我们不能使用某个简单的公式,从局中人的家庭关系中计算出他的份额。但很难理解的是,食物是根据需要分配的这一观点可以在不假设局中人积极地同情对方困境的情况下得到解释,正如汉密尔顿法则所预测的那样(第2.5.2节)。

有一个例子有助于阐释所设想的机制。然后,这个例子还会被用于比较现代狩猎采集者的食物分享规范和我的理论所涉及的史前更加无政府的狩猎采集者社会的食物分享规范。

现代狩猎采集者 这里所需要的装备在第2.4.5节中已经介绍过了,其用于讨论两个局中人在"不确定性之幕"背后对保险合同的讨价还价。但是,我们不能再让事情保持那么简单,即赋予两个局中人相同的效用函数,因为这样做便不可能研究当亚当有比夏娃更多的需求时所发生的情况。因此,我们有必要为亚当和夏娃引入某种新的效用函数,并将其标准化,以使得 $u_A(0)=u_E(0)=0$ 且 $u_A(1)=u_E(1)=1$。新的效用函数有一个特别简单的形式。我们假设,对于由某个狩猎者带回家里的猎物,亚当和夏娃在获得全部和获得某个较小的份额 σ 之间是无差异的。在亚当的情形中,$\sigma=\frac{2}{3}$。而在夏娃的情形中,$\sigma=\frac{5}{6}$。最后,我们假设对于处于0到 σ 之间的份额 x,亚当和夏娃都是风险中性的。[1]

"需要"是一个复杂的概念,我们将在第4.7.3节进行更为详细的讨论。说某人"有需要"(in need),其中一个意思与本节内容相关——在多大程度上他"想要"(in want)。亚当和夏娃需要吃,可以根据使他们愿意

[1] 因此,他们的个人效用函数的图像包含两条直线段,其中一条连接(0,0)和(σ,1),另一条连接(σ,1)和(1,1)。在这种背景下,一个关于"需要"的更好的定义,可以用一条连接(0,0)和(σ,0)的直线段来代替第一条直线段。于是,一位局中人会拒绝任何 $x<\sigma$ 的份额,并更偏好以 $x=0$ 和 $x=\sigma$ 为奖励的抽彩。因此,在表4.1中的份额可以用局中人的需要被满足的概率来替代。然而,这样一种模型会由于为局中人提供某种形式的补充以解决获胜率 σ 较低的难题而变得复杂。

承担最终一无所获风险的最大份额 σ 的大小来衡量。他们的绝望会通过他们对于较小份额是风险中性的假设而得以加强(第 4.8.2 节)。由于 $\frac{2}{3}+\frac{5}{6}>1$,因而亚当和夏娃的需要不能够同时得以满足,即使我们假设他们是群体中唯一认为这堆猎物有价值的成员。他们所运行的规范会在什么程度上认识到亚当比夏娃有更多的需要?

我认为,公众意见在一个现代觅食群体中充当了一种集体性的哲学王,如果这一点我是对的,那么亚当和夏娃在狩猎和采集时的勇敢和技术与如何分割剩余是毫无关系的。不像第 2.5.4 节所研究的情形,社会契约会使得幸运的猎人的份额仅仅取决于他是亚当还是夏娃。一个有能力的猎人或许会抗议并试图将所有猎物占为己有,但他是唯一一个反对整个群体联合势力的人。于是,根据一个人的能力来决定其贡献的马克思主义原则便实现了。

分配不像生产那么好对付。遵循第 2.6.2 节,我会继续进行分析,好像该群体运行了一个功利主义的规范那样。在这个规范中,人际比较的标准已经被调整到下述状态,即每一对局中人都根据纳什讨价还价解来分割剩余。我们假设,如果争吵替代了相关公平规范的体面应用,那么整个群体就通过充公所有猎物来执行其社会契约。因此,对于纳什讨价还价解而言,相关的现状点是(0,0)。于是,我们很容易证明,猎物会在亚当和夏娃之间五五平分——不管我们将怎样的 σ 值写入他们的个人效用函数。这一分割看似平均主义的,但当其转化为效用值时,就显得不那么平均了。他们的讨价还价集合 X 的帕累托前沿的相关部分的斜率为 $-\frac{4}{5}$。为了实施使用一个加权功利主义解得到亚当的份额为 $x=\frac{1}{2}$ 的结局,我们可以取 $U=4$ 和 $V=5$。于是夏娃较少的需要便反映在她个人的效用值中,其 1 个效用单位只相当于亚当的 $\frac{4}{5}$ 个效用单位。但由于在中期,一个公平规范的道德内涵会消逝,因而他们所感知的这一价值的差异并不会导致结局偏离五五平分并向亚当的方向移动。

现在我们让亚当和夏娃成为亲属从而改变这个故事。于是，他们的个人(individual)效用函数便必须用引入汉密尔顿包容性适应度准则的私人(personal)效用函数来代替(第 2.5.2 节)。如果亚当对夏娃的关系程度是 r，那么对于亚当获得 x 而夏娃获得 $1-x$ 的这种猎物分配方案，亚当的个人效用 $u_A(x)$ 必须用其真实的私人效用来代替：

$$v_A(x)=u_A(x)+ru_E(1-x)$$

类似地，如果夏娃对亚当的关系程度是 s，那么 $u_E(x)$ 必须用 $v_E(x)=u_E(x)+su_A(1-x)$ 来代替。

首先，我们忽略在较小的孤立群体中难以避免的近亲交配行为。当亚当和夏娃是亲兄弟姐妹时，第 2.5.2 节的基因计数的论据意味着 $r=s=\frac{1}{2}$。当他们是堂兄弟姐妹时，$r=s=\frac{1}{8}$。当考虑到父母与孩子的关系时，就有可能出现 $r\neq s$ 的可能性。如果儿子可以活到青春期，而他的母亲不再处于适婚期，那么他们的关系必须改变，并将他们再生产其基因的不同机会纳入考虑范围。在这个例子中，我考虑了以下两种极端的情形，即 $r=\frac{1}{2}$ 和 $s=0$，以及 $r=0$ 和 $s=\frac{1}{2}$。[1]

表 4.1 展示了当家庭关系被纳入考虑时，猎物将被如何分割。常数 U 和 V 是权重，使用它们是为了确保同意的分割方案最大化了加权功利主义解，倘若亚当和夏娃的效用被正确评估，并展示了他们相互之间的同情。在亚当和夏娃的私人效用函数被他们的个人效用函数错误替代的情况下，常数 U^* 和 V^* 发挥了相同的功能。

〔1〕 有一种观点认为，母亲被植入了一种算法，在一个家庭内决定如何分配食物时，运用这种算法估计 r 和 s 的相关数值。惊讶于这一观点的人应该回忆一下，习惯于饥荒的母亲仅仅喂养其孩子中最强壮的一个，从而至少能有一个孩子活下来。我们的算法不会允许我们做同样的事情，因为我们的数据没有包含死于饥饿的儿童的一手资料——但如果在我们的社会中饥荒是地方性的，他们也会这么做。

亚当	夏娃	亚当的份额	夏娃的份额	U	V	U^*	V^*
陌生人	陌生人	$\frac{1}{2}$	$\frac{1}{2}$	4	5	4	5
堂兄弟	堂姐妹	$\frac{6}{11}$	$\frac{5}{11}$	3	4	4	5
亲兄弟	亲姐妹	$\frac{2}{3}$	$\frac{1}{3}$	1	2	4	5
儿子	母亲	$\frac{2}{3}$	$\frac{1}{3}$	3	10	4	5
父亲	女儿	$\frac{1}{6}$	$\frac{5}{6}$	4	3	4	5

表 4.1 在现代觅食群体中的家庭内食物分享

除了亚当是夏娃的父亲这种情况之外,亚当和夏娃之间的关系越亲近,亚当就可以实现更多的需要。当亚当与其母亲或其姐妹互动时,他的需要便完全被满足了。这种亚当需要的实现,在不同情形中运行的人际比较的标准中也是明显的。例如,当亚当和夏娃是亲兄妹时,亚当的一个效用单位被认为只相当于夏娃的半个效用单位。当他们是堂兄妹时,亚当的 1 个效用单位相当于夏娃的 3/4 个效用单位。除了亚当是夏娃的父亲这一例外情形,亚当非互惠性的对夏娃福利的关注,导致夏娃的需要优先于亚当。于是,夏娃的 1 个效用单位就被认为相当于亚当的 3/4 个效用单位。

尽管没有简单的公式将谁得到多少与他们是什么关系两者联系起来,但亲属关系还是清晰地解释了,为什么在现代狩猎采集者社会中,需要者会获得特殊对待这一现象。如果我们考虑到近亲交配会提高亲属关系的亲密程度这一事实,那么上述现象便被加强。有一个简单的模型,将概率 ρ 赋予下述事件,即任何已婚夫妇共享一种特定的基因,并将关系程度 $r=\frac{1}{2}+\frac{1}{2}\rho$ 赋予亲兄妹,而将关系程度 $r=\frac{1}{8}+\frac{7}{8}\rho$ 赋予堂兄妹。如果 $r=\frac{1}{7}$,那么亚当的需要被完全满足,即使他和夏娃只是堂兄妹。如果

$\rho=\frac{1}{4}$，那么他的需要也将被完全满足，尽管亚当和夏娃完全没有亲属关系。

于是，一位观察者会看到分享食物的同一代的所有成员，似乎只有需要才是重要的。但是，我们不能够推导出亲属关系与分享食物的方式无关。相反，需要者得到关注是因为他们是亲属。

史前狩猎采集者　第 4.5.3 节强调反对以下假设，即现代觅食群体可以充当作为我们祖先的史前觅食群体的模型。如果我是对的，史前狩猎采集者的社会契约既不是由一位强有力的领导者来执行，也不是由整个群体一致行动来执行。因此，分享协议的各方需要靠他们自己来监管交易。下述形式的社会组织必定超出了他们的理解能力，在这种形式中，每一个公民根据自己的能力进行生产，并根据自己的需要进行消费。

在我们所研究的简单例子中，两种类型的社会契约之间的差异在自然状态的位置上显现出来。在一个史前觅食群体中，如果亚当和夏娃通过斗争来解决分配问题，而不是运行传统的公平规范，那么整个群体并不会通过充公他们的产品来管制亚当和夏娃。因此，我们需要修正之前的分析，以便在应用纳什讨价还价解时使用的现状点变成布坎南(Buchanan)[103]自然均衡(natural equilibrium)的类似物。〔1〕

我假设，在签订一个保险契约失败之后，猎物留在亚当手中的概率是 $p=\frac{1}{5}$。在最清晰的情形中，不存在争斗，并且一次签订协议失败，仅仅使得猎物仍然留在出去打猎的那位局中人的手中。第 2.5.4 节也做了相同的假设，但这里我们允许打猎者所得到的数量取决于他是亚当还是夏娃。在没有争斗的情况下，我们可以将 p 等同于亚当是成功的打猎者的概率，因此 p 可以作为能力的一种度量。

〔1〕 我的理论预测，史前觅食者使用成比例讨价还价解而不是加权功利主义解，但是中期的内涵在这两种情形中是相同的(第 4.6.6 节)。

在模型中参数的选择意味着,我们可以研究夏娃更有能力而亚当更有需要的情形。表4.2比较了在一个现代狩猎采集者社会的情形下,每个人能够获得的份额。注意到,尽管人际比较的标准并没有变化,但他们生存博弈的新权力结构戏剧性地改变了亚当和夏娃的剩余分享比例。当亚当和夏娃的关系比堂兄弟姐妹还疏远时,只有夏娃的需要被满足。当夏娃是亚当的母亲时,她仍然为自己保存了超过一半的剩余。即使假设一个$\rho=\frac{1}{3}$的较高水平的近亲交配,当与夏娃的关系像姐妹那样近时,亚当依然只能获得少于$\frac{4}{7}$的剩余。

亚当	夏娃	亚当的份额	夏娃的份额	U	V	U^*	V^*
陌生人	陌生人	$\frac{1}{6}$	$\frac{5}{6}$	4	5	4	5
堂兄弟	堂姐妹	$\frac{1}{6}$	$\frac{5}{6}$	3	4	4	5
亲兄弟	亲姐妹	$\frac{1}{3}$	$\frac{2}{3}$	1	2	4	5
儿子	母亲	$\frac{7}{15}$	$\frac{8}{15}$	3	10	4	5
父亲	女儿	$\frac{1}{6}$	$\frac{5}{6}$	4	3	4	5

表4.2 在史前觅食群体中的家庭内食物分享

回 **远亲交配和基因多样性** 近亲交配提高了一个觅食群体成员之间的关系程度,从而使他们更同情于同伴的需要。但其也有负面效应。如果他们的生存博弈受制于一些他们无法适应的冲击,那么基因多样性对于群体的生存是非常重要的。如果他们对冲击的反应取决于他们全部携带的一种基因,那么他们都会用相同的方式回应。但是,如果在群体中存在各种各样的基因,那么对冲击的不同回应方式就会相互竞争。于是,编入最佳回应冲击程序的基因便会在种群中变得更为普遍,从而该群体就能够适应冲击,而不需要等待一种不太可能的突变异种的到来。

三种因素经常被认为是维持基因多样性的原因。第一种因素是基因漂变(genetic drift)。如果在一条染色体的一个位点上的基因在过去没有被选择,但在冲击之后变得相关,那么没有任何事物能够阻挡位于那里的基因在有性生殖的过程中随机改变身份,并且不需要付出损失适应度的代价。第二种因素是选型交配(assortative mating)。当亲兄妹爱上了他们直系亲属以外的个体而没有相互交配时,就出现了这种交配的例子。(我们的社会维持乱伦禁忌以保持整个群体基因的多样性,而不是防止有缺陷的婴儿出生这一较小的风险。)第三种因素是与其他群体的成员进行远亲交配。

一个吸收了以上三种现象的玩具模型,或许可以用来阐释关键的机制。这可能是一个基因漂变模型,因为选择压力并不存在。这可能是一个选型交配模型,因为亲兄弟姐妹与家庭之外的个体结婚。这也可能是一个远亲交配模型,但是我们首先考虑近亲交配。

想象一个基因单一的社会,其总是恰好包含四位公民,两男两女(第2.5.2节)。在每一代中,每一个男孩和每一个女孩相爱并结婚。于是,每一对幸福的夫妇在去世之前也恰好生下了一儿一女。兄妹或姐弟之间从不结婚,因而每一个孩子仅有一个可供选择的伴侣,除非出现某种远亲交配。

例如,假设亚当娶了夏娃而以迦博娶了奥利弗。如果亚当和夏娃都携带了相同的基因 a,但是以迦博和奥利弗携带了两种不同的基因 b 和 c,那么对于他们后代的基因多样性,我们能说些什么呢?由于每一个孩子都以相同的概率从父亲和母亲那里得到相关基因,因而在下一代的婚姻中,存在两种可能的基因分布。第一种情形在一半的时间里出现。基因 b 或 c 会消失其一,因而在下一代的每一个婚姻中,其中一位携带基因 a,而另一位携带基因 b 或者 c。第二种情形在另一半的时间里出现。其中一个婚姻将携带基因 a 和 b,而另一个婚姻将携带基因 a 和 c。[1]

我们需要研究7种这样的情景,每一种情景在下一代都以某种概率再生产出这7种情景,且这一概率相当容易计算。于是我们就可以看到一个 7×7 的马尔科夫转移矩阵 A。这样一个马尔科夫链的极限分布是一个满足 $p=Ap$ 的概率向量 p。这一方程确保,如果我们知道一个给定世代的种群是分布在情景 i 的概率为 p_i 之上的,那么下一代的分布同样如此。无论种群是从哪一种情景开始,基因漂变都会运行到事情被搅到不能再乱的地步。于是,你和我以及演化所知道的分布都被总结于马尔科夫链的一个极限分布之中。

在没有远亲交配的情况下,想要看到会发生什么并不需要复杂的计算。给定足够长的时间,除了一个基因之外,其他所有基因都会逐渐从种群中消失。我们将以概率1遇到下述场景,在这一场景中,在种群中的每一个人都具有相同的基因。因此,基因漂变将会消灭所有的基因多样性。

为了避免这样一种危险的结局,人类群体主要采用远亲交配。这或许可以解释,为什么神秘的陌生人相比邻家男孩或女孩更具有性吸引力。这里我们所研究的机制包含了互换成员的群体。为了让事情简单一些,我假设一个群体从不与另一个携带本群体已经出现的基因的群体进行交换。很明显,这一假设会导致高估该机制所产生的基因多样性。

假设群体在任何一代中参与互换的成员都不会多于一个,且在任何给定世代中,发生互换的概率为 ε,其中 $0<\varepsilon<1$。现在我们就可以在参与交换的个体是随机选择的这一假设的基础上,构建一个新的转移概率矩阵 B。于是,我们必须研究当两种过程同时运行时,所得到的转移矩阵 AB 的马尔科夫链。我们已经看到,基因漂变对于基因多样性是有害的,即使在选型交配的情况下也是如此。而远亲交配则推动事情向另一个方向发展。那么这两种倾向中的哪一种会最终获胜呢?

---

[1] 亚当和夏娃的婚姻只能够生产出携带基因 a 的孩子。而奥利弗和以迦博的婚姻则能够产生4种相同概率的结局,其中他们的女儿和儿子分别携带基因 bb、bc、cb 和 cc。在第一种情形和最后一种情形中,一种基因便从种群中消失了。

事实上,这两种过程会相互妥协,并产生一个独立于最初场景的唯一的极限分布 p。因此,基因多样性持续下来,但会维持在什么程度呢？为了回答这一问题,我们有必要计算出表示在 7 种可能的场景中已婚夫妇平均关系程度的向量 m。在极限情形下,群体中已婚夫妇的平均关系程度可以由下式给出:

$$\rho = m^{\tau} p = m_1 p_1 + m_2 p_2 + \cdots + m_7 p_7$$

显然,ρ 的值取决于参数 ε,后者衡量了正在进行远亲交配的数量。当完全没有远亲交配时,$\varepsilon = 0$,我们已经知道 $\rho = 1$。当 $\varepsilon = \frac{1}{3}$ 时,ρ 大于 $\frac{1}{2}$。当 $\varepsilon = \frac{2}{3}$ 时,ρ 大约为 $\frac{1}{3}$。当每一世代中都有某人被交换,因而 $\varepsilon = 1$,此时 ρ 略大于 $\frac{1}{5}$。

当然,在一个真实的觅食者群体中,关系程度的基本值取决于各种从我们所研究的玩具模型中被排除出去的因素。群体的规模具有特殊的重要性,群体从中选择互换成员的整个基因库也很重要。我的猜测是,写入我们基因的 ρ 的数值在世界不同区域的人类演化历史中都有所不同,但其从来没有小到可以忽略的程度。

这一关系程度的基本值或许理性化了我们的"温情"感受,其引导我们施舍给街上穷困潦倒的陌生人一点零钱,或者捐献我们收入的一小部分以救助饥荒肆虐的国家中的人民,而那些国家远隔重洋,我们永远不会拜访也永远无法理解。

宗族之间的分享　第 2.5.4 节强调,当我们运行原初状态的机制时,我们用作投入的移情偏好与我们用以协调我们在家庭内部行为的同情偏好,只有一步之遥。然而,对于道德如何从家庭内部互动扩展到陌生人之间互动的问题,我们的探索没有展开,直到狩猎采集者社会的例子出现为止。

我们受到演化的改造并生活在家庭群体之中。因而看上去很有可能的是,我们的基因程序只允许我们像对待亲戚那样对待其他人类。宠物猫们或许也在同一条船上。它们没有其他的选择,而只能将我们视为超大型的父母,正如我们将它们视为超小型的孩子一样。但是相比猫,我们拥有复杂得多的社会生活。说生物演化没有为我们找到对待陌生人的其他方式,除了将他们视为亲属,这便留下来一个开放的问题,即史前狩猎采集者如何学会将陌生人嵌入他们复杂的亲属结构之中。

分享食物的机会被认为是演化教导人类成群生活的主要理由。但是,发生在非常孤立的群体中的近亲交配问题创造了其他分享食物的理由。这一紧迫的情况使得群体与其他群体进行互动成为必要。群体内部的婚姻需要被安排——或许首先从容忍盗窃开始;正如在某些现代觅食者之间的食物分享那样。以某种方式来评估通过这种方法纳入宗族的陌生人的价值便成为必要。我应该如何评价我的姐夫?他是否真的应该被视为亲哥哥?如果不是,我应该如何估计我与他的关系程度?那些在他们自己的群体解散之后被纳入宗族的流浪者们,提出了一个相当不同的问题。无疑,这样的新成员需要非常努力地奋斗,以证明他们值得作为一名家庭内部成员来看待。

我的猜测是,一个被纳入宗族的陌生人的英勇程度,是决定他与新同伴之间的关系程度的首要因素。尽管下述例子并不完全恰当,但我们还是可以看到,在表4.2中,当亚当和夏娃没有亲属关系时,他们所获得的食物份额。由于夏娃是一位能力很强的狩猎者,因而她的需求被完全满足;而亚当只得到夏娃吃饱之后所剩下的猎物。在这一交易中,夏娃相对于亚当的价值是$U/V=\frac{4}{5}$。尽管并不是基于任何家庭关系,这一数值仅仅是在数量上不同于亚当和夏娃是堂兄妹时的相对价值$U/V=\frac{3}{4}$。因此,将一个陌生人纳入宗族结构并视为名誉亲属,相对而言并不痛苦。

友好地对待那些没有被吸收进入群体的陌生人,必然是更大的一步。但是,分享基因的生物性冲动为演化提供了一种解决这一难题的激励。

以物易物的新娘和新郎的不同价值必然产生一种伴随交换的送礼机制，无论是食品还是其他物品。我并不是想暗示，史前群体参与了至今还存在于世界某些地区的离奇的赠礼仪式〔1〕——只是认为还需要交换一些东西，以使得宗族双方都感到交易是公平的。评估那些你并不了解的其他宗族的人的价值并不是件容易事，但这正是我怀疑为了这一目的我们仍然使用的社会习俗的地方。

4.6　道德博弈

场景已经设定好了，是时候揭开我自己的社会契约理论的面纱了。第 1 卷第 1 章中大略地预览过这一理论，但是在那一阶段，一些较为艰深的思想都未经证明便直接给出了。然而，现在我们可以使用第 2.5 节和第 2.6 节所介绍的演化思想来弥补上述缺陷。

4.6.1　公平的社会契约

第 2.5.4 节强调公平规范的演化，是因为这些规范使得应用它们的群体可以较快地协调于帕累托改进的均衡状态之上，从而超越那些仍然固守旧均衡的群体。扩张圈子的暗喻是从辛格(Singer)[495]那里借用

〔1〕 由卡迈克尔和麦克劳德(Carmichael and McCloud)[115]写的一篇有趣的论文使用重复博弈理论以强调，当配对产生时，传统的昂贵礼物交换的实践起到了阻止在婚姻中出现偏离行为的功能。这样的礼物赠予行为使得宗族很难再匹配他们在破裂婚姻中的另一半。为了这一目的，最有效的礼物就是那些对给予者来说代价高昂，但对于接受者来说在婚姻破裂之后毫无价值的东西——比如订婚戒指或者婚宴。某些这种故事或许解释了为什么在部落婚姻中这样的大型礼物如此常见。但我怀疑，当礼物交换时包含其中的军备竞赛的因素随着时间而指数式地上升，其与下述事实更为相关，即在某些环境下，较高的社会地位可以通过建立较小的价值来证明(第 4.7.7 节)。

过来以描述所设想的机制。其观点是,局中人有时候通过像玩他们熟悉类型的博弈那样去玩这些博弈,从而在新一轮博弈中学会如何在均衡上进行协调。偶尔,他们从更大的圈子中成功地协调于博弈的一个均衡之上,于是他们便发现了一些博弈的均衡选择机制,且这些由局中人操控的博弈假装受到更具约束性的博弈规则的约束。

当博弈在生存博弈中选择均衡的方式具有公平的内涵时,我将后一类型的博弈称为品德博弈(morality games),但是,在道德上中性的均衡选择机制也经常以相同的方式运行。例如,在交通博弈中,如果所有局中人都这样进行博弈,似乎通过选择靠左行驶从而打破规则是不可想象的,那么他们会成功地协调于每一个人都选择靠右行驶的均衡之上。第3.4.1节还描述了一个更重要的例子。在一个世代交叠模型中,我们描述了这样一个均衡,在这个均衡中,完全自私的女儿们被诱导与其没有能力的父母分享她们的劳动成果。伴随这一社会契约的品德博弈的规则会设定,关心年老的父母是一种道德责任,且作为子女是"责无旁贷"的[伯克(Burke)[109]]。

认为生存博弈的规则是生理上有约束力的,而社会品德博弈的规则仅仅通过习俗来约束——像下棋的规则那样,这一观点具有创新性。自然(physis)与规范(nomos)之争可以追溯到公元前5世纪!用古代诡辩家安提芬(Antiphon)的话来说,"法治是偶然的,而自然之治则是不可避免的;法治是由公约产生的,而不是由自然创造的"[高夫(Gough)[210]]。但是,这一简单的真理在从纸莎草向纸传递的过程中,不知怎地就变得晦涩难懂了。现如今,现代学者们经常通过将道德规则称为"自然法则",从而混淆了这一问题。然而,如果我们使用这一具有误导性的术语,那么对我来说,我们有必要遵循霍布斯[251]和休谟[267],并澄清自然法则实际上并不自然且不能强制人们服从——或者遵循斯宾诺莎[505],并强调我们拥有一种做任何自然置于我们能力之内的事的自然权利。

我只考虑一种品德博弈,我将其称为道德博弈(the Game of Morals)。我的猜测是,被同时玩的生存博弈和品德博弈的概念对于现代人经营其社会具有重要的描述效度，但是宣称任何简单刻画的道德博弈都能够接近于包含所有人类道德互动的内涵将是荒谬的。我提出的道德博弈的规则仅仅是捕捉了公平的现象。

道德博弈被定义为生存博弈的一个双胞胎兄弟，但是道德博弈为局中人提供了额外的选择，且这些选择在真实世界中并不存在。在重复生存博弈的每一轮之间，道德博弈的规则设定，任何局中人都有机会求助于原初状态的机制——无论过去是否有过这种求助于正义的行为。当做出一次请求时，局中人便消失了，并在“无知之幕”背后，在不知道他们当前和未来的身份以及什么样的道德博弈的均衡应该在未来运行的情况下进行磋商。于是，一次随机变动对他们在社会中的位置进行重新洗牌，从而使得每一个局中人都有相同的机会最终变成亚当或者夏娃。〔1〕

一个公平的社会契约(fair social contract)被定义为生存博弈中的一个均衡，其要求使用这样一种策略，如果在道德博弈中使用这种策略，那么其会使得局中人永远不会有激励行使他求助于原初状态机制的权利。因此，一个公平的社会契约是道德博弈中的一个均衡，但我们绝对不能忘记的是，它也是生存博弈的一个均衡——否则演化会将其消灭。事实上，道德博弈只不过是在生存博弈中选择均衡的一种协调机制。人们能够在道德博弈中进行欺诈，正如在下棋时他们能够把“象”当“马”来下一样。但他们没有激励那么做，因为玩道德博弈时似乎规则是有约束力的，其会导向生存博弈中的一个均衡。因此，没有局中人能够通过偏离来获得收益，除非某个其他的局中人违背他自己的利益，并首先采取了偏离行为。

4.6.2　失乐园

第 2.5.4 节强调原初状态的机制从一种原始的食物分享规范演化而

〔1〕 正如在 2.6.1 节所解释的那样，在“无知之幕”背后的局中人具有变成亚当或夏娃的机会这一相同要求，对于在中期获得的结果而言并不重要。

来,且这一规范仍然深深地根植于人类的心智之中。第4.2节将我们嫉妒的持续能力追溯到这一来源。如果这种对于原初状态演化历史的探索是正确的,那么我们并不需要惊讶于该机制如此成功地捕捉了我们在日常事务中实际上是如何使用公平规范的直觉。

第2章致力于研究我们如何以及为什么经常使用像原初状态那样的机制来解决小规模的协调问题。然而,在这一章中,我更感兴趣于使用公平博弈这一概念的可能性,演化将这一概念赠予人类,以使得我们能够设计吸引我这样的辉格党人的大规模改革——改革可以通过相互同意而达成,因为改革使得每一个人都得到改善。但是,如果求助于我们关于正义的自然观念能够成功地获得这种大型改革的支持,那么它们需要建立在很好地理解下述问题的基础上:我们在日常生活中实际上是如何使用公平规范的?以及为什么它们会首先演化出来?

正如第2.7.2节所坚持的那样,公平规范并非按照那些具有乌托邦式雄心壮志的哲学家们想要它们运行的方式去运行,这一事实并不能让我们灰心丧气,而不去尝试按照它们实际运行的方式去运行。特别地,我们必须面对下述不受欢迎的事实,即使得公平判断有意义所必需的人际效用比较,最终取决于潜在的均势。当我们从公平准则的小规模应用向牵涉整个社会的大规模应用移动时,我们仍然需要接受一个同样不受欢迎的事实,即没有哲学王存在以监管在"无知之幕"背后达成的假想协议。

在诗意的热情迸发中,第2.8节将免除哲学王的需要比做,把亚当和夏娃驱逐出伊甸园。在伊甸园之外,他们发现上帝让他们在没有外部监视的情况下塑造自己的生活。关于吃苹果,弥尔顿的《失乐园》告诉我们,这不幸的一对发现:

> 善良与邪恶,善良失败,而邪恶获胜,
> 知识的恶果,如果这就是我们要知道的,
> 是什么让我们赤裸身体,使我们荣誉尽失。

 本章的亚当和夏娃没有荣誉感,且都不会观察到婚姻契约的任何条

款,除非对他或她来说有利可图。因此,可行的契约必定是自我监管的。

第 3 章通过分析哪一种社会契约可以被维系为一个重复生存博弈中的均衡状态,从而研究了自我监管的机制。本章致力于研究使用道德博弈作为均衡选择机制的启示。但在着手这一工程之前,我们需要详细地厘清并捍卫道德博弈的结构。

4.6.3　对原初状态建模

本节将分析道德博弈所需要的基本工具联合起来。这些思想在本书的前面部分已经有所讨论,有些还不止一次。因此,一些读者可以直接跳到第 4.6.4 节去阅读。

可行社会契约的集合　第 1 卷第 1.2.5 节简化了亚当和夏娃所面对的难题,将一个婚姻契约写成从代表可行社会契约的集合 X 中选择一个收益对 $x=(x_A,x_E)$。在集合 X 中构建的非对称性代表了“出生和自然禀赋的不平等”,这正是罗尔斯[417, p. 100]相信的一个正义社会应该力图纠正的东西。

图 2.1(a)展示了一个典型的可行社会契约集合 X。然而,在第 2.6.1 节中提供的关于集合 X 中收益对的解释,需要进行实质性的修正。根据第 2.6.1 节无限制的承诺假设,将集合 X 等同于一个生存博弈的合作收益区域是有道理的(第 1.2.1 节),这一生存博弈可以是任何情况——甚至是单次囚徒困境博弈。但是现在,我们必须将目光局限于这样的社会契约,其不过是在生存博弈的一个特定均衡上协调行为的习俗而已。因此,如果社会契约包含了可以达到的较高层次的合作,那么我就必须依赖生物学家称为互惠利他主义的机制。这种机制只有在局中人重复互动的情形下才能够运行。因此,将生存博弈构建为一个无限期重复博弈,对于所有问题都十分重要。

第 3.3 节描述了重复博弈理论的无名氏定理。这一定理使用互惠机制来证明,一个博弈合作收益区域中任何感兴趣的收益对,在这一博弈的无限期重复版本中,都可以维持为均衡结局,倘若后者的结局是在每次博弈的基础上进行评估的。这就是说,我们必须将图2.1(a)集合 X 中的亚当和夏娃的收益,重新解释为第1.2.4节意义下的收益流。在无名氏定理的其他优点中,其为我们确保了以下重要事实,即在第3.3.4节所讨论的程度上,集合 X 是凸的且综合的。事实上,我们应该使集合 X 成为闭的、有上界的、凸的以及综合的,正如第1章中的标准假设那样。只要有必要,集合 X 的边界就被假设为平滑的。

□ **自然状态** 就自然状态点 ξ 而言,将收益重新解释为效用流具有特别的重要性。正如我们会发现的那样,沃尔夫(Wolff)[565, 566]对罗尔斯[417]忽视该问题的批评是充分合理的。

第2.6.1节仅仅通过考察一种特殊情形,从而简化了在哲学王存在的情况下自然状态的决定问题,在这个情形中,求助于纳什[382]可变威胁理论的难题被轻视了。但是,在不存在哲学王的情况下,纳什的可变威胁理论并不适用,因为纳什的理论是基于可以做出单边承诺这一思想的(第1.5.2节)。现在,我们并不想问,如果亚当和夏娃在向一个新的社会契约移动中协商失败,那么他们会承诺执行什么样的可怕行动?而是想提出一个更为简单的问题:当亚当和夏娃正在对一个新的社会契约进行磋商时,他们的收益流会是多少?当承诺无法做出时,正是这一收益流对构成了亚当和夏娃讨价还价博弈的恰当现状点——而不是应用纳什可变威胁理论所导致的霍布斯式的自然状态(第1.7.1节)。

因此,我的理论将现状点 ξ 置于在任何现行社会契约下亚当和夏娃所获得的收益流对之上。正如第1卷第1.2.1节所述,这一理论并不容易受到像盖尔纳(Gellner)[200, p.249]那种学者的批评的伤害,[1]他

[1] 恩内斯特·盖尔纳[201]最近去世了,但他留下了著作《理性与文化》(*Reason and Culture*),以供我们纪念他渊博的知识和清晰的思想。

们攻击罗尔斯和其他社会契约理论家,在他们看来,似乎一个社会能够很自由地抛弃它的历史,并且能够像新生婴儿那样规划自己的未来。

在图 2.1(a)中,亚当和夏娃私人效用尺度的零点和单位的选择条件为使得自然状态点 ξ 位于零点,且两位局中人的最大可行收益皆为 1。本节将维持同样的标准法方式,并尽可能地维持与第 2.6 节相同的符号。然而,请允许我重申,这种亚当和夏娃私人效用尺度的标准化完全是任意的。特别地,它并不意味着我们要使用第 2.3 节的零一法则来比较他们的效用单位。

讨价还价　在 2.6.1 节中,我们使用纳什讨价还价解为讨价还价结局进行建模,并求助于纳什要价博弈为这一做法进行辩护。当讨价还价模型适合讨价还价者做出单边的、"要么接受,要么放弃"的承诺时,第 1.5.1 节为上述做法再次进行辩护。然而,在不存在哲学王来执行承诺的情况下,纳什要价博弈作为一个讨价还价模型,不再具有任何吸引力。

出于第 1.7.1 节给出的理由,我们有必要转向鲁宾斯坦(Rubinstein)[445]的交替出价博弈。我们回忆第 1.6.2 节和第 1.7.2 节,总是不能逃脱做出承诺的假设的需求。我们仍然假设无论是面对足够小的金额,还是面对足够短的时间,局中人相信他们的讨价还价的同伴会说话算话。基于其他理由,也不是没有人批评鲁宾斯坦(第 1.7.2 节)。然而对我来说,交替出价博弈代表了我们能够找到的描述现实世界讨价还价实际进行方式的模型中最为真实的一个——且这样的现实主义对于一个理论是重要的,其强调我们已经使用了原初状态的机制来解决我们日常生活中的小规模协调问题。总之,在原初状态中假想的讨价还价在亚当和夏娃的经验之外,那么尽管是诸如今晚谁洗碗这样的家庭琐事,他们怎么会在当前使用这种机制呢?

第 1.7.1 节解释了当相继两次出价之间的时间间隔趋于无穷小时,为什么交替出价博弈的唯一子博弈完美均衡实施了一个加权版本的纳什讨价还价解。权重 α 和 β 分别代表了亚当和夏娃凭借他们对非生产性时间的不同态度而拥有的讨价还价势力。确切地说,$\alpha=1/\rho_A$ 且 $\beta=1/\rho_B$,其中,ρ_A 和 ρ_E 分别代表亚当和夏娃折现时间的速率。

在后续的内容中,我们总是假设亚当和夏娃以同样的速率来折现时间。[1] 尽管我们不能够遵循纳什[380],用要价博弈来捍卫他的讨价还价解,但当理性的局中人在以每一人的偏好为共同知识的情况下讨价还价时,我们依然能够使用对称纳什讨价还价解来对结局进行建模。

如果亚当和夏娃准备面对面地讨价还价,那么我还得多说两句。他们的讨价还价博弈将是变量对(X,ξ)。我们对讨价还价结局的预测将是如图1.5(a)所示的纳什讨价还价解 v。由于亚当和夏娃会在缺乏相互信任的情况下进行讨价还价,因而我们需要遵循第1.7节来寻找一条连续路径,亚当和夏娃可以沿着这条路径从现状点 ξ 移动至点 v,并且没有任何一方有激励通过要求对协议的条款进行再磋商而打断这一转型的过程。正如图1.13(b)所示,连接点 ξ 和点 v 的直线便满足这一要求。对于在这条路径上的任意点 ξ',博弈(X,ξ')的对称纳什讨价还价解便是点 v。因此,任何再磋商交易条款的企图都仅仅是复制了原先的协议。

第3.7.2节解释了当亚当和夏娃并不是面对面讨价还价,但是通过原初状态机制来缓冲他们的互动时,正如道德博弈所要求的那样,为什么相同的直线路径同样满足要求。然而,当他们的讨价还价博弈是(T,τ)而不是(X,ξ)时,我们将会遇到一大堆其他的问题。

在“无知之幕”背后 在研究原初状态中的局中人所面对的讨价还价博弈(T,τ)中,第2.6.1节强调了清楚局中人被假设知道什么这一问题的重要性。为了让事情保持简单,我们仍然根据最薄的“无知之幕”进行分析。在原初状态下,亚当忘记了自己的身份,从而被称为局中人Ⅰ。类似地,夏娃也忘记了自己的身份,从而被称为局中人Ⅱ。然而,每一个局

[1] 或者,我们可以强调,在原初状态中的一个局中人相信他的折现率也等于 ρ_A 或者 ρ_E。当相继两次出价之间的时间间隔趋于无穷小时,对具有这一假设的交替出价博弈的分析将会导出对称纳什讨价还价解。

中人都保留了自己的移情偏好。这意味着,局中人也必须忘记哪个移情偏好源自亚当或夏娃。但是,其他所有东西都被假设为属于局中人Ⅰ和局中人Ⅱ的共同知识。因此,他们都知道生存博弈的规则和道德博弈的规则。每一个局中人也知道亚当和夏娃的私人偏好,以及他自己的和与其讨价还价的对手的移情偏好。〔1〕

第 2.6.1 节和第 2.6.3 节已经打破了不少设定原初状态中局中人面对的讨价还价博弈(T,τ)所必需的基础。回忆一下,他们必须考虑两种可能事件:AE 和 EA。如果 AE 发生了,那么局中人Ⅰ成为亚当,而局中人Ⅱ成为夏娃;如果 EA 发生了,那么局中人Ⅰ成为夏娃,而局中人Ⅱ成为亚当。为了评估这样一个或有的社会契约,局中人会咨询他们的移情偏好并且想出两个收益对 y 和 z。收益对 y 处于图 2.1(c)的集合 X_{AE} 之中,并代表他们对发生事件 AE 所导致的社会契约的评价。收益对 z 处于图 2.1(d)的集合 X_{EA} 之中,并代表他们对发生事件 EA 所导致的社会契约的评价。如图 2.2(a)所示,由于事件 AE 和 EA 被设定为具有相同的可能性,局中人将这种或有契约视为整体进行评价,并认为它的价值为:

$$t=\frac{1}{2}y+\frac{1}{2}z \tag{4.3}$$

我并不遵循罗尔斯[417]对贝叶斯决策理论的排斥。因此,我假设局中人Ⅰ和局中人Ⅱ都致力于最大化期望效用,而不是采用最大最小准则或者其他决策规则。正如在第 1 卷第 4.5 节所解释的,原初状态的假设创造了一个微观世界,其或许是为应用贝叶斯决策理论而量身定制的。在原初状态的背景下排斥贝叶斯决策理论,罗尔斯也应该将整个理论都排斥掉。第 1 卷第 4.6 节回顾了罗尔斯给出的采取这种打破旧习的思想进路的理由,

〔1〕 第 2.6.1 节注意到,这些强信息假设可以通过求助于哈萨尼[232]的不完全信息博弈理论而被弱化,尽管付出的代价是产生了一个更为复杂的理论。但在本章中,推广的前景并不乐观,因为对于鲁宾斯坦交替出价博弈,还没有纳什要价博弈的宾默尔[66]推广的对应物。

却没有发现任何有说服力的东西。我怀疑真实的情况是,年轻的罗尔斯对贝叶斯推理所导致的功利主义的结论是如此失望,[1]以至于他没有严肃考虑这种推理可能是正确的。于是,他抓住了最接近他手头的支持他直觉的论据,即在原初状态下的可行或有社会契约集合 T 应该等同于图 2.2(b)中的 $X_{AE} \cap X_{EA}$,而不是图 2.2(a)中的 $\frac{1}{2}(X_{AE}+X_{EA})$。

但是遵循哈萨尼[233],使用贝叶斯决策理论并根据方程(4.3)来定位 t,并不能使得可行集合 T 等同于 $\frac{1}{2}(X_{AE}+X_{EA})$。只有当存在一个强有力的哲学王时,这种情况才能成立,此时,哲学王有能力实施那枚假想硬币所做出的关于离开原始状态后谁将占据何种角色的这一重要裁决。在没有这种哲学王的情况下,道德博弈的规则允许抛硬币后处于不利的一方可以要求重新回到原初状态,并在那里重新抛硬币。

因此,两个局中人别无选择而只能认识到,他们必须面对比哈萨尼图 2.2(a)中的集合 $T=\frac{1}{2}(X_{AE}+X_{EA})$ 要小得多的一个可行集合。事实上,第 4.6.4 节强调,只有在罗尔斯图 2.2(b)中的集合 $T=X_{AE} \cap X_{EA}$ 中的收益对才是可行的。然而,由于这一结论是在没有求助于最大最小准则的情况下得出的,因而我们没有理由去遵循图 2.2(b),使用最大最小准则来定位现状点 τ。我们从而躲过了第 2.6.3 节中的毫无意义的计算。

4.6.4 正义何时被分配?

第 4.6.3 节在求助于原初状态的时间变得重要的时刻,中断了对放弃虚拟的哲学王所导致的后果的探索。在这一问题上,罗尔斯[417]被无数学者批评,包括达斯古普塔(Dasgupta)[146]、海尔(Hare)[226]、卡尔沃(Calvo)[113]、豪韦和罗默(Howe and Roemer)[262],以及罗德里格斯

[1] 老年的罗尔斯[419]更加小心谨慎。

(Rodriguez)[432],所有这些人都轻而易举地将哈萨尼[233]包含在他们的严谨之中。

遵循罗尔斯[417, p. 167],第1卷第1.2.4节提供了下述说辞,一个奴隶主正是使用这套说辞向奴隶证明奴隶制度是合理的:“如果你被要求同意这样一种社会结构,在那个社会中你不知道你会变成怎样的人,那么你有可能同意一个奴隶制社会,因为在你心中,成为一位奴隶主的预期收益要超过成为一个奴隶的预期成本。因此,你发现自己是一个奴隶,你并没有正当的理由来抱怨。”罗尔斯使用这一论据来挑战其功利主义推理的有效性。他否认奴隶和奴隶主会遵循哈萨尼[233],并在“无知之幕”背后使用贝叶斯决策理论。相反,他提出他们会使用最大最小准则,因而没有机会使他们在原初状态中同意一个奴隶制社会。但是,罗尔斯费尽心机地强调,如果在“无知之幕”背后的确同意了一个奴隶制社会——明确地排斥奴隶的反对意见,即他没有理由去遵守一个他从来都不同意,并且分配利益的抽彩机制也从来不发挥作用的假设契约,那么奴隶主的论据将是成立的。

正如第1卷第1.2.4节所述,奴隶的反对意见给哈萨尼和罗尔斯提出了不少难题——其中尤其重要的是,在他们所设想的理论中,何时求助于正义?他们显然不打算遵循早期的诸如格劳修斯(Grotius)和普芬道夫(Pufendorf)这样的契约论者,并假设存在某种古代的民间集会,且在这种集会上达成了一个能够制约生活在今天的人们的共识。休谟[274]对于这种“原初契约”理论的猛烈攻击是无法争辩的。相反,哈萨尼和罗尔斯将他们的原初状态置于超越时空的康德式地狱边境之中。正如“疯帽子”(mad-hatter)茶话会总是在6点钟举行那样,这一假想的地狱边境包含了一枚永远冰封的假想硬币,无论其掉下来是正面朝上还是反面朝上。

上帝决定高尚或卑贱?　我们在社会中的地位是由这样一枚虚幻的硬币所决定的,这一思想在保守主义的圈子中甚为流行。我想起在我的孩提时代曾唱过的一首赞美诗,其中包含以下诗句:

富人在城堡中,

穷人在大门口，
上帝决定高尚和卑贱，
并以此排序他们的财产。

这一宣传标语意味着破坏了下述颠覆性的论据,即农民在地里劳作而贵族却无所事事是不公平的。其将求助于充当最终哲学王的上帝和下述观点结合起来,即任何新的求助于正义的尝试仅仅会确认奴隶的被奴役地位——因为唯一正确且合适的抛一枚假想硬币以决定谁在社会中充当什么角色的模型便是,一开始就将奴隶判定处于被奴役地位的最初的上帝命令。这对于贵族来说是一个有吸引力的论据,但是我们很难想象,任何农民会通过求助于他自己关于公平规范如何运作的直觉从而被说服。我们也可以要求一名赌徒去玩轮盘赌,并告诉他轮子已经被固定,他必输无疑!

戴蒙德(Diamond)[161]使用了一个类似的论据来反对功利主义。想象一下,亚当和夏娃都需要进行心脏移植,但现在只有一颗心脏。如果他们的生命被认为具有同等的价值,那么一名功利主义者对于将心脏给予亚当还是给予夏娃感觉是无差异的。但是夏娃会认为非常不公平——如果是因为亚当是男的才把心脏给他,抑或是因为亚当是白种人或者非常富有。如果告诉夏娃,当孕育她的卵子在其母亲的子宫中受孕时,她也有相同的机会变成男人,那么这不能使她得到丝毫安慰。如果我们使用这种随机的时间来决定谁能够获得心脏,那么她就会争辩道,现在就应该抛一枚真实的硬币。

对我来说,夏娃关于公平规范在实践中如何运作的观点显然是正确的。正如在原始食物分享的安排中,或当通过抛硬币在足球比赛开始前挑边时,必须存在一些关于谁将得到什么的不确定性。正如《箴言》中所言:“掣签能止息争竞”(The lot causeth contentions to cease)。

戴蒙德(Diamond)[161]的心脏移植的故事使我们看清楚,无论是在遥远的过去,还是在永恒的地狱边境中,道德博弈不能通过设置抛硬币来决定谁会成为亚当以及谁会成为夏娃。为了捕捉公平规范在实践中的实际运作方式,每一次对原初状态机制的求助都必须相互独立。在每次新的求助之后,必须再抛一枚新的硬币。

如果一开始你没有成功 当公平规范在实践中被用以解决日常协调问题时,不存在外部执行来源的情况几乎是不存在的。想象一下,例如,如果在足球比赛中,球队队长拒绝执行通过抛硬币确定的挑边结果,并且坚持要再抛硬币直到他喜欢的结果出现为止,那么我们可想而知公众的反对情绪。但无论是在考虑我们日常生活中使用的公平规范演化的环境时,还是在评估这些规范在现代社会中带来大规模改革的适合性时,正是这种没有监管的情形才是我们必须思考的。

第4.5.2节讨论了在现代狩猎采集者社会中,不存在一个哲学王的人类对等物。但是违背公平规范所带来的公众方案,无论是在现代觅食群体中,还是在工业化社会的足球场上,都同样强烈。然而,第4.5.3节强调,这一社会机制并不能先于原始公平规范的演化,后者正是我们在这里所关注的。在人类公平算法演化的环境中,亚当和夏娃在执行他们的协调协议时,并不能够得到来自邻居的帮助。因此,他们的困境必须在不假设任何类型的哲学王存在的前提下进行分析。至于在现代社会中的大规模改革,摒弃哲学王仅仅是让我们意识到没有人站在系统之外。特别地,没有人可以被认为是不易腐败的。

在没有哲学王的情况下,一个基于抛硬币来赋予局中人实质性优势的或有契约是站不住脚的,因为没有东西能够防止不利的一方拒绝遵循协议并要求再抛一次硬币。我们也不能够忽视下述事实,即在"无知之幕"背后所抛的硬币是假想的。即使存在一位哲学王,他怎么会知道一枚新抛的假想的硬币是正面朝上还是反面朝上?

对这一难题的补救是严苛的。我们必须接受在以一位局中人受损为代价的情况下,赋予另一位局中人优势的或有社会契约是不可行的。特别地,一位在原初状态中的局中人不会同意一个或有社会契约,除非无论他结果是成为亚当还是夏娃,他都预期得到相同的收益。

回忆一下,原初状态中的局中人根据集合 X_{AE} 中的收益对 y 以及集

合 X_{EA} 中的收益对 z 来评价一个或有社会契约。正如贝叶斯主义者,他们将整个或有社会契约的价值估计为 $t=\frac{1}{2}(y+z)$。但如果 $y=z$,那么 t 既在集合 X_{AE} 中,也在集合 X_{EA} 中。也就是说,原初状态中的局中人Ⅰ和局中人Ⅱ可得的可行收益对集合是 $T=X_{AE}\cap X_{EA}$,如图 2.2(b)所示。

因此,这里我们通过完全放弃罗尔斯[417, p.115]的宣言,即我们有一项"自然义务"来遵守在原初状态中达成的假想交易,获得了第 2.6.3 节中罗尔斯求助于最大最小准则所产生的结果。我们并不假设原初状态中的局中人会不理性地反对贝叶斯决策理论或者对其表现出荒谬的谨慎态度。他们将注意力局限于同时处于集合 X_{AE} 和 X_{EA} 中的收益对集合 T,因为这一集合外部的收益在没有哲学王的情况下是不能获得的。

尽管我不同于年轻的罗尔斯[417, p.176],并否定遵守一个公平社会契约的自然义务的存在,但我采取的思想进程与他对坚持承诺的难题的更为一般的关注仍然是兼容的。甚至可以声称,我仅仅是将他的观点推至其逻辑极限,即亚当和夏娃不会赞同一个包含下述条款的契约,这些条款过分地限制了他们遵守承诺的能力,因为他们知道自己无法抵抗做出欺骗行为的诱惑[罗尔斯[417, p.178]]。

在这个以及其他问题上,我仍然觉得有资格用罗尔斯式的思想来描述我的方法——特别是因为我被告知,罗尔斯自己在没有哪一次抛硬币可以被认为是最后一次的思想的基础上,对最大最小准则的辩护理由进行简单实验。需要承认的是,罗尔斯[419]的后续研究没有展示出这一担忧的踪迹。他当前对最大最小原理的辩护仅仅被简化为以下观点,即一个平均主义的底线在原初状态的环境中是可以凭直觉获得的,于是,最大最小准则被作为一个从平均主义现状点开始的讨价还价的必然结局给出。从我的观点来看,这一试图简化对"无知之幕"背后局中人所面对问题进行的严肃分析,其主要困难在于,这使得没有手段来处理效用的人际比较难题。但是,如果我们事先就知道平等地分享某事物是何含义,那么我们就能够将一个平均主义的分配视为没有问题的。

评估现状点　为了设定在原初状态中局中人所面对的讨价还价博弈(T,τ),我们已经强调,$T=X_{AE}\cap X_{EA}$,如罗尔斯的图 2.2(b)所示。然而,第 4.4.3 节评论道,我们并没有被强迫遵循图 2.2(b)以使用最大最小准则来定位点 τ。相反,我们没有其他选择,而是选择 $\tau=\frac{1}{2}\eta+\frac{1}{2}\zeta$,如哈萨尼的图 2.2(a)所示。

然而,如果 $\eta\neq\zeta$,这就产生了一个问题。出于第 3.7.2 节给出的理由,局中人Ⅰ和局中人Ⅱ之间缺乏信任,意味着他们必须沿着一条直线路径从点 τ 移动到博弈(T,τ)的纳什讨价还价解 σ。然而,在这里重要的是,路径是连续的。为了描述这一连续的路径,他们必须首先到达图 4.6(a)中的点 τ'。为了实施点 τ',必须抛一枚决定谁是亚当以及谁是夏娃的硬币。如果抛硬币的结果是事件 AE,那么局中人就会移动到点 η'。如果结果是事件 EA,那么局中人将会移动到点 ζ'。但在每一种情形中,局中人Ⅰ或者局中人Ⅱ会偏好于再抛一次硬币。因而在不存在哲学王的情况下,原初状态的机制是不可行的,除非 $\eta=\zeta$。

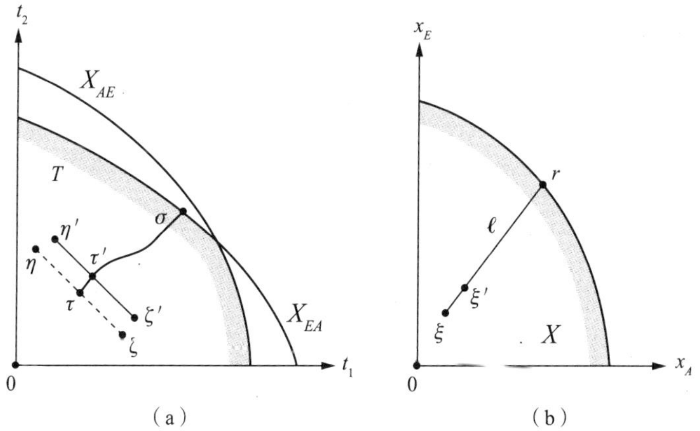

图 4.6　搞清楚现状点

我们可以将 $\eta=\zeta$ 的要求解释为,局中人的移情偏好必须认可当前社会契约的条款是公平的——从自然状态中局中人Ⅰ和局中人Ⅱ对于成为亚当或夏娃是无差异的这一角度来看。一位传统的道德哲学家会抗议道,如果当前实践总被认为是公平的,那么谈论正义是毫无意义的。然而,我认为这种抗议混淆了两种直觉:一种直觉来源于观察社会契约是如何被维系的,而另一种直觉来源于观察当有新的剩余可供利用时,新的社会契约是如何被选择的。

当局中人完全理性并且从不偏离均衡时,清晰区分维系一个均衡的规则和选择一个均衡的规则是轻而易举的。但现实中的人们并没有发现,这一细长而狭窄的道路是容易遵循的。当他们侵犯他人的权利时,演化教导我们,通过抱怨他们的行为"是不公平的",从而将社会制裁强加于他们头上。第3.3.8节解释了选择均衡的规则是如何通过决定什么样的惩罚才是公平的来履行双重义务。因此不可避免的是,我们关于一个不完美社会契约的运作经验会模糊下述区别,即我们接受的用来维系当前社会契约的义务与当我们选择新的社会契约时我们使用的社会观念之间的区别。

为了厘清混淆,我们需要看到,不公平的行为是通过偏离生存博弈所设定的均衡路径来破坏道德博弈的规则。但是,说我们当前的社会契约本身是不公平的,又意味着什么呢?我们要么接受用自然主义方法研究伦理问题的相对主义搞乱问题的逻辑,要么沉溺于这个或那个演化毫不关心的传统形而上学的正义概念。

方程(2.5)和(2.6)允许 $\eta=\zeta$ 这一条件,用四个刻画局中人移情效用函数的常数 U_1, U_2, V_1, V_2 来表达:〔1〕

$$\eta_1=U_1\xi_A=1-V_1(1-\xi_E)=\zeta_1 \tag{4.4}$$

〔1〕 回忆第1卷第4.3.1节,亚当和夏娃的私人效用函数通过标准化,满足 $u_A(\mathcal{L})=u_E(\mathcal{L})=0$ 且 $u_A(\mathcal{W})=u_E(\mathcal{W})=1$,其中两位局中人都同意结局 $\mathcal{L}$ 较糟糕而结局 $\mathcal{W}$ 优于任何其他备选项。于是,最差的结局 $\mathcal{L}$ 被等同于自然状态,而最好的结局 $\mathcal{W}$ 被等同于1.3.2节中的乌托邦点。局中人Ⅰ的移情效用函数 v_i 通过标准化,满足 $v_i(\mathcal{L},A)=0$ 且 $v_i(\mathcal{W},E)=1$。于是,常数 U_i 和 V_i 就可以分别通过 $U_i=v_i(\mathcal{W},A)$ 和 $1-V_i=v_i(\mathcal{L},E)$ 来定义。

$$\zeta_2 = U_2 \xi_A = 1 - V_2(1 - \xi_E) = \eta_2 \quad (4.5)$$

由于亚当和夏娃的私人效用尺度都被标准化，从而 $\xi=0$，这意味着 $\eta=\zeta=0$。因此有：[1]

$$V_1 = V_2 = 1 \quad (4.6)$$

4.6.5 罗尔斯是无辜的！

第 2.2.5 节区分了短期、中期和长期。在短期中，私人偏好和移情偏好都是固定的。第 2.6.1 节仍然通过假设亚当和夏娃具有相同的移情偏好，从而在原初状态中所玩的博弈是对称的，即满足 $U_1=U_2=U$ 并且 $V_1=V_2=V$，进而探索其短期的启示。在存在哲学王以实施承诺的情况下，我们被引导至哈萨尼[233]版本的功利主义。正如图 2.5(a)所展示的，在这种环境下运行的社会契约可以用集合 X 中的点 h 来表示，在该点，福利函数

$$W_h(x) = Ux_A + Vx_E$$

实现最大化。第 2.6.3 节用罗尔斯的最大最小准则替代贝叶斯决策理论，验证了重复哈萨尼分析的效果。于是，我们被导向具有权重 U 和 V 的成比例讨价还价解 r，正如图 2.5(b)所示。但是，r 并不是讨价还价博弈 $(X,0)$ 的成比例讨价还价解，除非自然状态点 ξ 被标准化为 0。相反，r 是满足 $\alpha=(0,1-1/V)$ 的讨价还价博弈 (X,α) 的成比例讨价还价解。这不但本身是一个没有意义的结果，而且当我们试图进行中期分析时，其还将我们导向不存在性难题。

幸运的是，当我们考虑在没有哲学王的情况下运行道德博弈的启示时，第 4.4.4 节中得到的结论允许我们重新利用第 2.6.3 节的分析。罗尔斯所依赖的在方程(2.30)中被标准化的最大最小准则被摒弃了。我们

---

[1] 我们或许注意到，设定 $\xi=0$ 等价于将自然状态等同于结局 $\mathcal{L}$。因此，局中人在自然状态中对于成为亚当或者夏娃感觉无差异的要求，可以简化为 $1-V_i=v_i(\mathcal{L},E)=v_i(\mathcal{L},A)=0$。

保留了贝叶斯式的假设,即局中人致力于最大化 $t_i=\frac{1}{2}y_i+\frac{1}{2}z_i$,而不是假设局中人 I 致力于最大化 $t_i=\min(y_i,z_i)$。然而,第 4.4.4 节中的新论据允许我们保留下述结论,即原初状态中的局中人所面对的讨价还价博弈 (T,τ) 的可行集合 T,包含了所有同时处于 X_{AE} 和 X_{EA} 中的收益对。也就是说:

$$T=X_{AE}\cap X_{EA}$$

正如第 2.6.3 节中的内容,现状点 τ 可以被置于 0 点。但是,将点 τ 置于 0 的新论据并不取决于最大最小准则,而是取决于 $\tau=\frac{1}{2}\eta+\frac{1}{2}\zeta$ 且 $\eta=\zeta=0$ 的事实。正如方程(4.6)所记录的那样,$\eta=\zeta=0$ 的要求也意味着 $V_1=V_2=V=1$。当我们重新利用第 2.6.3 节论据的剩余部分时,我们再次被引导至这样一个社会契约,其由具有权重 U 和 V 的讨价还价博弈 (X,α) 的成比例讨价还价解 r 所表示。但是现在 $V=1$,从而讨价还价博弈 (X,α) 简化为 $(X,0)$。

图 4.6(b)阐释了在一般情形中的这一结论。在一般情形中,自然状态点 ξ 并没有被标准化。我们观察到,当集合 X 是严格综合的时(第 4.3.2 节),r 正是集合 X 中最大化下述罗尔斯或社会福利函数的社会契约:

$$W_\rho(x)=\min\{U(x_A-\xi_A),V(x_E-\xi_E)\}$$

正如在第 1 卷中所保证的那样,一只最大最小的"兔子"便从贝叶斯式的"帽子"中被取了出来。由于所涉及的论据在数学上非常简单,因而很明显,没有骗术和花招包含其中。

□ **无信任的再磋商** 提到承诺,这便提醒我们还必须在一个无信任的世界中解决再磋商问题。第 1.6.2 节强调,这一难题使我们需要找到一条连续的路径,亚当和夏娃可以沿着这一路径从点 ξ 移动至点 r,而不需要去信任对方,除了在很小的程度上信任之外。在穿越这一路径的过程中，道德博弈允许在任何时间向原初状态的机制进行新的求助。由于局中人能够预测任何这种求助的结局，因而求助的结果仅仅是重新回到原先的协议并继续向点 r 移动——否则一种不一致性便会植入系统。

幸运的是，正如 3.7.2 节所解释的那样，我们可以通过要求亚当和夏娃沿着图 4.6(b)中的连接点 ξ 和点 r 的直线路径 ℓ，从点 ξ 向点 r 移动，从而轻而易举地解决再磋商问题。在“无知之幕”背后，这对应于沿着图 2.6(b)中的连接点 τ 和点 N 的直线路径，从点 τ 向点 N 移动。如果我们在直线 ℓ 上取点 ξ' 并对博弈(X,ξ')应用成比例讨价还价解，那么我们仅仅是续签了协议并继续向点 r 移动。类似地，如果我们在图 2.6(b)中的连接点 τ 和点 N 的直线路径上取点 τ'，并且对博弈(T,τ')应用对称纳什讨价还价解，那么我们仅仅是续签了协议并继续向点 N 移动。因此，没有局中人有任何理由去修改他对协调协议最终结果的预测。

不平等但公平的社会契约　在图 4.7(a)中，对可行协议集合 X 非综合的博弈(X,ξ)应用成比例讨价还价解的结果，是严重帕累托无效的。罗尔斯主义者发现，最大最小准则的其中一个优点是，其能够避免这种非效率，尽管这是以引入不平等为代价的。当 $\xi=0$ 且 $U=V=1$ 时，图 4.7(a)展示了最大最小点 R 并没有处于集合 X 边界上的点 ρ，在点 ρ 处，亚当和夏娃能够获得相等的收益。因而在这种情形中，最大最小准则将效率排在了平等之前。

然而，这一结局不应被赋予太多的重要性。因为在相关范围内，集合 X 总是综合的——倘若每个局中人都能够单方面地降低自己的效用，如果他真的选择这么做的话，比如烧掉一些金钱(第 3.3.4 节)。正如图 4.7(b)所阐释的那样，成比例讨价还价解 ρ 是弱帕累托有效的，并且满足最大最小准则。然而，我们仍然可以找到另一个满足最大最小准则的结局 R，并且是强帕累托有效的。在这一结局下，没有一个局中人能够在严格地不损害同伴的情况下，严格地改善自身的状况。

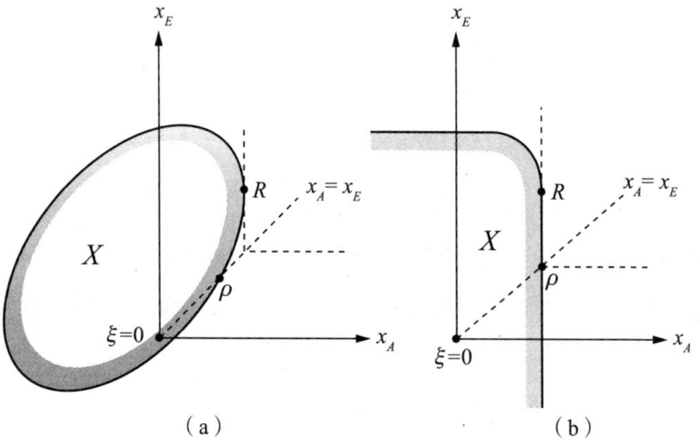

图 4.7　不平等最大最小结局

这一例子表明,用来为成比例讨价还价解辩护的论据并不是刻画公平社会契约的最终结论。该论据仅仅证明,求助于原初状态的机制会导致成比例讨价还价解的实施。然而,第 4.4.1 节并没有将一个公平的社会契约定义为求助于原初状态所导致的结局。它是这样定义的,如果在玩道德博弈的局中人中,没有人有激励求助于原初状态,那么这样所导致的社会契约是公平的。但是,所有满足最大最小准则的社会契约都具有这条性质。特别地,在图 4.7(b)中,亚当没有激励去打扰社会契约 R,因为在成比例讨价还价解中,他的收益不会再增加。

尽管这一结论通过确定最大最小准则优先于成比例讨价还价解,从而证明罗尔斯使用最大最小准则是正确的,但这还不是最激动人心的结果。第一,这两个概念只有在 X 是弱综合时才有差异;第二,非理性嫉妒的轻微暗示就足以动摇一个不同于成比例讨价还价解 ρ 的强帕累托效率的社会契约 R 的稳定性。

4.6.6　中期的人际比较

第 4.6.5 节宣称,罗尔斯是无辜的,这一切都很好,但是他的思想的重新运作留下了两个有待回答的重要问题：为什么亚当和夏娃具有相同移情偏好，从而 $U_1=U_2=U$？又是什么因素决定了 U？给定 $V=1$，U 的值特别令人感兴趣，因为其代表了多少单位的夏娃效用才相当于 1 个单位的亚当效用。

无论是哈萨尼还是罗尔斯，都没有回答第二个问题。罗尔斯[417]突然从帽子中变出他的基本善指数(index of primary goods)，而哈萨尼[233]则求助于某种理性算法，以使得 U 成为我们都知道的一个函数，这在没有关于算法本质线索的情况下是没有帮助的(第 1 卷第 4.3.2 节)。正如第 2.3 节所述，学者提出了很多方法用来在个人之间进行效用比较，其中任何一种方法都能用以决定 U。例如，我们或许可以遵循高德(Gauthier)[196]，暗中求助于零一法则(第 2.6.3 节)。但我认为在这一问题上，强加这种武断的标准以进行人际比较是徒劳无功的。这一问题应该将它自己的标准强加给我们才对。

回到第一个且更为基础的问题，为什么 $U_1=U_2=U$？我同意哈萨尼和罗尔斯，在一个特定的社会中，对于效用如何在个人之间进行比较，的确存在相当程度的共识。但是对我来说，为了理解这种共识是如何产生的，我们必须去研究该社会的文化史。

这样一种态度可以认为，与像黑尔(Hare)[228]这样的哲学家和像哈萨尼[233]这样的目的论者相距不远，他们在继续培育亚当·斯密[500]《道德情操论》的理想观察者的传统。我们至多将他们的理想的观察者视为一个暗喻——正如亚当·斯密[501]《国富论》中无形的手，其将供给和需求相等同。理想的观察者并不是一个真实的东西，而是一个一般文化态度集合的人格化，且我们或许都没有意识到需要为其进行辩护，因为我们想当然地认为它们被我们所共同分享。但是，如果我们都拥有共同的文化态度，这是因为我们有一个共同的文化史，那么为什么不试图将一个共同文化史的概念直接构建到分析中呢？

在跟进这一理想观察者传统的备选方案中，所采用的文化的代理是移情偏好，且亚当和夏娃将其代入原初状态。我们的问题是，这些移情偏好是如何随着时间被社会演化力量塑造成型的?

□

需要证明的结果　短期对应于经济时间——一个我们做出日常决策的时间段。中期对应于社会时间——一个足够长的时间段,以至于社会演化能够有机会塑造我们的移情偏好,而不会足够长到影响我们的私人偏好。

第 4.6.5 节为下述做法进行了辩护,即在外部执行者不存在的情况下,使用最大最小准则为我们使用公平规范的方式进行建模。正如第 4.6.4 节所解释的,这一论据要求设定 $V_1=V_2=1$,但是没有为如何决定常数 U_1 和 U_2 提供指导意见。因此,我们需要回答以下两个问题:

- 为什么 $U_1=U_2=U$?
- U 是如何决定的?

我们所采用的方法需要尝试一种中期分析,以探索一个社会中使用道德博弈来解决公平问题的公民的移情偏好会发生什么状况。正如在第 2.5.4 节中那样,我们将使用一个移情均衡的概念,来刻画允许社会演化在中期运行于我们的移情偏好之上所导致的结果。回忆一下,一个移情均衡是通过下述条件定义的,即如果在原初状态中的局中人有机会歪曲他自己所持有的移情偏好,那么他也不愿意歪曲自己的移情偏好。

第 2.6.2 节根据哈萨尼的非目的论功利主义理论,探索了允许社会演化移动我们的移情偏好,直到它们适应了一个对称的移情偏好为止所导致的结果。这一结果是一个简单的理论,其决定了人际效用比较在中期是如何取决于社会演化的。结论 $U_1=U_2=U$ 以及 $V_1=V_2=V$,可以通过将目光局限于对称的移情均衡而轻松得到。正如第 2.7.2 节所解释的那样,决定亚当的单位效用如何与夏娃的单位效用相比较的常数 U 和 V,可以通过首先找到博弈(X,ξ)的对称纳什讨价还价解 v 来确定。如图 2.6(a)所示,常数 U 和 V 的比例被这样选择,以使得具有权重 U 和 V 的博弈(X,ξ)的加权功利主义解等同于v。

现在，这一方法将适应于我对罗尔斯平等主义理论的重新运作。尽管技术细节有所差异，但最终结果与哈萨尼功利主义理论所得的结果具有一个类似的结构。在罗尔斯的情形中，只有常数U可以被社会演化的力量所塑造，因为我们在第 4.6.4 节中对自然状态的研究表明，我们必须坚持$V=1$。于是，我们并不必要强加一个对称性要求。在唯一的移情均衡中，$U_1=U_2=U$。在移情均衡中的U值，可以通过类似于第 2.7.2 节中的两步程序来确定：

(1)找到博弈(X,ξ)的对称纳什讨价还价解v；

(2)选择权重U以及$V=1$，以使得博弈(X,ξ)的成比例讨价还价解与v重合。

这个两步程序如图 4.8(a)所示。那些对通向结果的技术细节不感兴趣的读者可以直接跳到第 4.6.7 节。

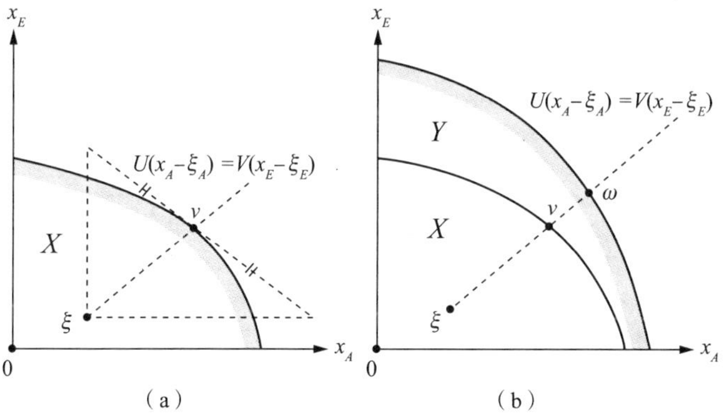

图 4.8　中期和短期中的道德

由于我们并不需要U的帮助就可以计算出博弈(X,ξ)的纳什讨价还价解，因而人们或许会问，为什么U的值是重要的？其答案与第 2.7.2 节中给出的相同。在短期中，在基础性环境有了某些改变，使得可行社会契约集合从X扩展至Y之后，U的值关系重大。于是，所运行的公平规范以图 4.8(b)所示的方式,将社会移向一个新的帕累托有效的社会契约 ω。然而,对于这种短期问题的讨论,将被留到第 4.6.8 节。

证明结果 我们只考虑可行社会契约集合 X 是严格凸的情形。

图 4.9 展示了四种情形。左边的图形展示了原初状态中局中人 Ⅰ 和局中人 Ⅱ 所遇到的状况。σ 表示满足 $T=X_{AE}\cap X_{EA}$ 的博弈$(T,0)$的纳什讨价还价解。右边的图形展示了当局中人从"无知之幕"背后出来后,执行对应 σ 的或有社会契约$(\mathcal{C},\mathcal{D})$时所发生的状况;如果发生事件 AE,那么社会契约 $\mathcal{C}$ 就被实施,并且亚当和夏娃获得私人收益对 R。如果发生事件 EA,那么社会契约 $\mathcal{D}$ 就被实践,并且亚当和夏娃获得私人收益对 S。为了找到点 R 和点 S,回忆 $V_1=V_2=1$,从而 $y=(U_1R_A,R_E)$且 $z=(S_E,U_2S_A)$。因此,条件 $y=z$ 就导出结论 $U_1R_A=S_E$ 且 $R_E=U_2S_A$。由于局中人 Ⅰ 实际上就是亚当,而局中人 Ⅱ 实际上就是夏娃,因而在实践中,局中人获得的私人收益分别是 R_A 和 R_E。

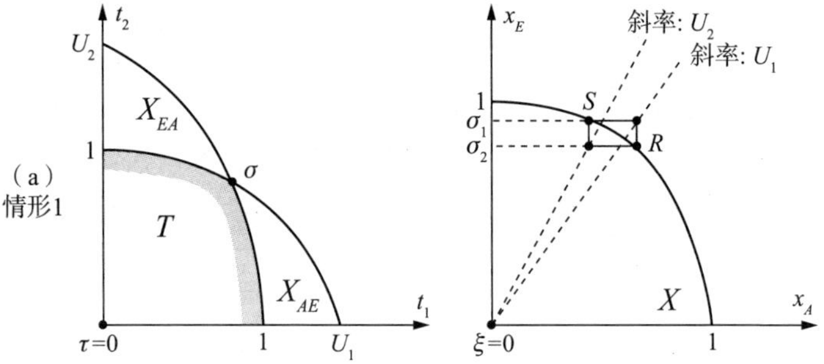

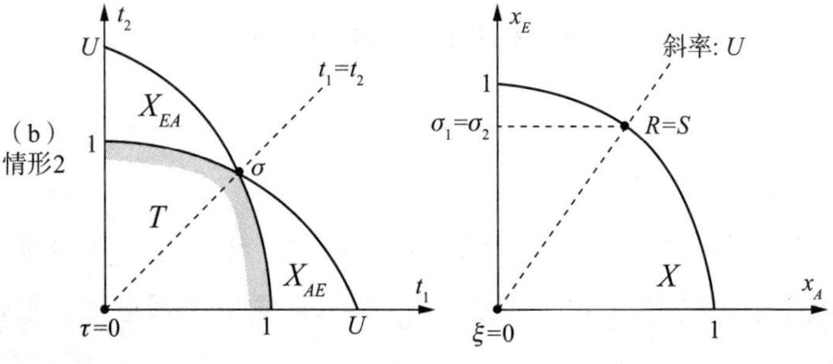

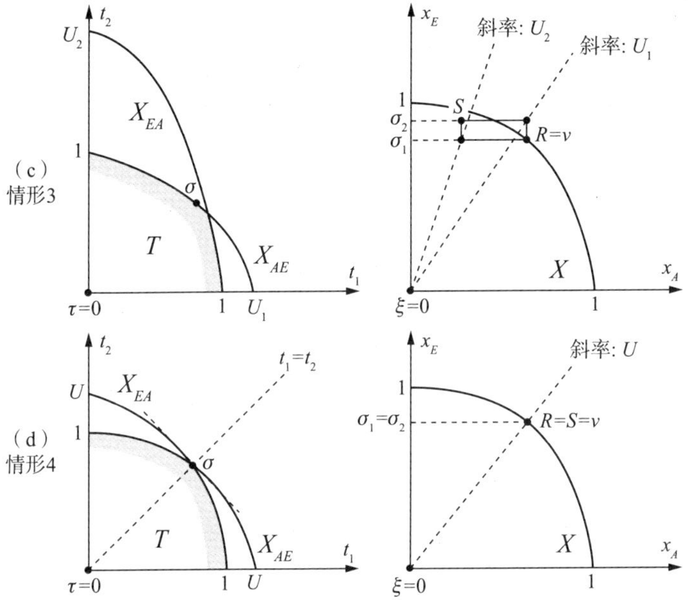

图 4.9　根据私人收益表达协议

情形 1:图 4.9(a)左侧的图形复制了图 2.5(b)。其适用于 U_1 和 U_2 的值相差不远的情形。于是,纳什讨价还价解 σ 便位于集合 X_{AE} 和 X_{EA} 的帕累托前沿的相交之处。注意到,点(R_A,S_E)和点(S_A,R_E)分别位于通过 0 点且斜率为 U_1 和 U_2 的射线之上,从而我们得到了右侧的图形。这就固定了 R 和 S 的位置,因为这两个点都必然处于集合 X 的帕累托前沿之上。

情形 2:图 4.9(b)复制了当 $U_1=U_2=U$ 时图 4.9(a)对称的情形。于是我们有 $R=S=\rho$,其中,ρ 是具有权重 U 和 $V=1$ 的博弈$(X,0)$的成比例讨价还价解。这一情形中 $R=S$ 的实施可以从 $\sigma_1=\sigma_2$ 中推出。这一对称的情形可以由一个或有社会契约$(\mathcal{C},\mathcal{D})$来实施,在这个社会契约中,$\mathcal{C}=\mathcal{D}$。这就是说,发生事件 AE 与发生事件 EA 相比,所运行的社会契约的唯一重要的差异之处在于,亚当和夏娃交换了位置。

情形 3:图 4.9(c)左侧的图形适用于 U_1 和 U_2 的值相差甚远的情形。

于是,博弈$(T,0)$的纳什讨价还价解σ要么等同于博弈$(X_{AE},0)$的纳什讨价还价解,要么等同于博弈$(X_{EA},0)$的纳什讨价还价解。图中所画的情形代表前一种可能性。图4.9(c)的右侧图形是由下述观察决定的,点R必然等同于博弈$(X,0)$的纳什讨价还价解v,这是由第1.4.2节中被称为效用校准独立性公理推理得到的。

情形4:图4.9(d)展示了最有趣的情形,因为其对应于唯一的移情偏好。当集合X_{AE}和X_{EA}的帕累托前沿在相交时正好相切,这种情形便会产生。情形1和情形3都适用。这意味着它必然是一种对称的情形,满足$U_1=U_2=U$,从而情形2也同样适用。因此,我们试图论证的两步程序是一种寻找能够导致情形4的U值的方法。

排除情形1 下一步便是排除不能作为可能的移情均衡,从而不属于情形4的情形1形态。

假设局中人Ⅰ和局中人Ⅱ具有以U_1和U_2刻画的移情偏好,其产生了如图4.9(a)所示的情形1形态。为了证明这样一种形态并不处于均衡,我们必须证明,其中一位局中人可以通过宣称虚假的移情偏好集合来获得比显示真实移情偏好时更多的收益。

假设局中人Ⅰ虚假地声称具有一个以U_1'刻画的移情偏好集合,且满足$U_1'<U_1$,但是局中人Ⅱ依然坚持她真实的移情偏好,从而有U_2'。除非σ是博弈$(X_{AE},0)$的纳什讨价还价解,U_1'才可以被选得离U_1足够近,从而情形1仍然适用。因此,新博弈$(T',0)$的纳什讨价还价解是σ',如图4.10(a)所示。尽管$\sigma_1<\sigma_1'$,但这并不意味着局中人Ⅰ已经提高了他的地位。我们需要注意的是,$\sigma_1'=\frac{1}{2}U_1'R_A'+\frac{1}{2}S_E'<\frac{1}{2}U_1R_A'+\frac{1}{2}S_E'$,其中最后一项是,局中人Ⅰ相对于其旧的移情偏好,对原初状态中达成的新的交易的评价。[1]

---

〔1〕 的确,$U_1R_A=S_E$且$U_1'R_A'=S_E'$,但$U_1R_A'=S_A'$并不成立。

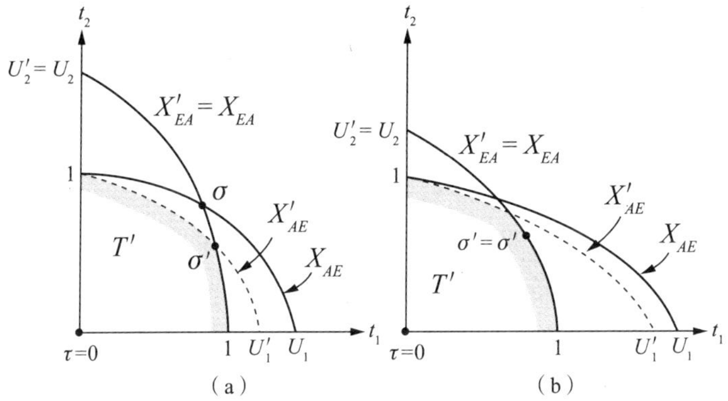

图 4.10　排除情形 1 和情形 3

除非 σ 是博弈$(X_{EA},0)$的纳什讨价还价解，将局中人Ⅰ替换为局中人Ⅱ之后，相同的论证依然可以使用。这意味着，当 σ 同时是博弈$(X_{AE},0)$和$(X_{EA},0)$的纳什讨价还价解时，在情形 1 中才可能出现一个移情均衡。然而，这一条件刻画的是情形 4。

排除情形 3　下一步便是排除不能作为可能的移情均衡，从而不属于情形 4 的情形 3 形态。 □

假设局中人Ⅰ和局中人Ⅱ具有以 U_1 和 U_2 刻画的移情偏好，其产生了如图 4.9(c)所示的情形 3 形态。假设博弈$(T,0)$的纳什讨价还价解 σ 与博弈$(X_{EA},0)$的纳什讨价还价解相重合，但不与博弈$(X_{AE},0)$的纳什讨价还价解相重合。为了证明这样一种形态并不处于均衡，我们必须证明，其中一位局中人可以通过宣称虚假的移情偏好集合，来获得比显示真实移情偏好时更多的收益。

假设局中人Ⅰ虚假地声称，具有一个以 U_1' 刻画的移情偏好集合，且满足 $U_1'<U_1$，但是局中人Ⅱ依然坚持她真实的移情偏好，从而有 $U_2'=U_2$。如果 U_1' 被选得离 U_1 足够近，那么新博弈$(T',0)$的纳什讨价还价解 σ' 仍然是 σ，正如图 4.10(b)所示。于是便有 $\sigma_1=\sigma_1'=\frac{1}{2}U_1'R_A'+\frac{1}{2}S_E'<$

$\frac{1}{2}U_1R'_A+\frac{1}{2}S'_E$,从而局中人Ⅰ的地位提高了。

如果博弈$(T,0)$的纳什讨价还价解σ与博弈$(X_{AE},0)$的纳什讨价还价解相重合,但不与博弈$(X_{EA},0)$的纳什讨价还价解相重合,那么将局中人Ⅰ替换为局中人Ⅱ之后,相同的论证依然可以使用。当σ同时是博弈$(X_{AE},0)$和$(X_{EA},0)$的纳什讨价还价解时,在情形3中才可能出现一个移情均衡。然而,这就是情形4。

□ **保留情形4** 最后一步便是确认情形4的确是一个移情均衡。

假设局中人Ⅰ和局中人Ⅱ具有以$U_1=U_2=U$刻画的移情偏好,其产生了如图4.9(d)所示的情形4形态。为了证明这样一种形态处于均衡,我们必须证明,没有一个局中人可以通过宣称虚假的移情偏好集合,来获得比显示真实移情偏好时更多的收益。因为这种情形的对称性,我们只要证明下述情形就可以了,即在假设局中人Ⅱ仍然宣称$U'_2=U$的基础上,局中人Ⅰ不能通过宣称虚假的移情偏好$U'_1<U$或$U'_1>U$来提高他的地位。

图4.11(a)展示了$U'_1<U$的情形。根据效用校准独立性公理(第1.4.2节),博弈$(X_{AE},0)$的纳什讨价还价解σ'与σ赋予局中人Ⅱ相同的收益。由于σ'处于集合$T'=X'_{AE}\cap X'_{EA}$之中,它必然也是博弈$(T',0)$的纳什讨价还价解。因此,情形3是适用的。正如图4.11(a)右侧图形所显示的,$R_A=R'_A$且$S'_E<S_E$。这意味着$\frac{1}{2}UR'_A+\frac{1}{2}S'_E<\frac{1}{2}UR_A+\frac{1}{2}S_E=\sigma_1$,从而局中人Ⅰ的地位恶化了。

图4.11(b)展示了$U'_1>U$的情形。求助于无关备选项独立性公理(第1.4.2节),我们可以证明,根据$\sigma'=\sigma$,情形3依然适用。正如图4.11(b)右侧图形所显示的,$S'_E=S_E$且$R'_A<R_A$。这意味着$\frac{1}{2}UR'_A+\frac{1}{2}S'_E<\frac{1}{2}UR_A+\frac{1}{2}S_E=\sigma_1$,从而局中人Ⅰ的地位恶化了。

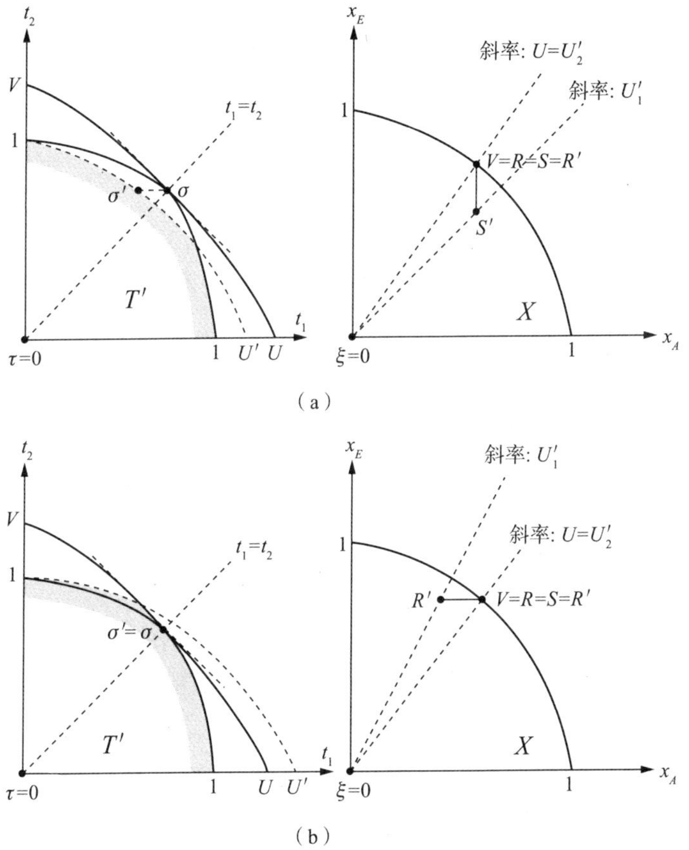

图 4.11　保留情形 4

4.6.7　共识与环境

罗尔斯[417]对其基本善指数的处理揭示了他的想法,即对于如何进行人际比较这一难题取得共识,相比他讨论的其他问题而言,是不成问题的。哈萨尼[233, p.60]对于取得共识的前景也表现出了相同的乐观态度,他说:“事实上,对具有相似文化背景、社会地位以及人格特征的人们进行人际效用比较,很可能会显示出观察者间的较高程度的有效性(interobserver validity)。”我也拥有与哈萨尼和罗尔斯同样的感觉,即事实上,当一群人在一起平稳而顺利地工作时,我们的确看到了对于如何进行人际比较的相当程度上的共识。但是,出于第2.7.2节所给出的理由,我们的理论预测共识会随着环境而变化。

在不同环境中,人们会以不同的方式做出公平判断,这一观点已经被众多学者所证明。近年来,埃尔斯特(Elster)[173]和杨(Young)[573]竭力主张这一观点。然而,人们经常想当然地认为,进行人际比较的标准并不会随着环境而有太多的变化,并将“什么被认为是公平的”这一问题的观点差异用所使用公平算法中的不同来解释。相比之下,我的理论假设公平算法总是原初状态的机制,不管在什么环境下都是这样。因此,公平判断的差异可以归因于进行人际效用比较的标准中的环境变化。

我断言,公平判断的差异并不是由所使用的公平算法的变化引起的,看似还需要用下述保留条款来证明,即由原初状态的机制导出不同的结果,取决于是否有一个外部机构存在以执行在“无知之幕”背后所达成的假想交易。在不存在一个外部机构充当哲学王的情况下,本章强调,使用原初状态会导向某个版本的罗尔斯平均主义理论。在存在一个哲学王的情况下,第2章强调,使用原初状态会导向某个版本的哈萨尼功利主义理论。当然,当原初状态在实践中被用来在超小型社会中解决小型争端时,上述两种极端的情形都不适用。其将处于提供某种程度的强制执行的压力之外,[1]但是这种压力很少具有完全的决定性。如果我们对这种局部承诺的可能性进行建模,那么很可能会出现功利主义和平均主义原则的某种混合物。于是我们可以争辩,原初状态不应该被视为唯一的公平算法,而应被视为很多公平算法的一个集合。事实上,如果进行人际效用比较的标准取决于一个哲学王存在与否,那么我们将别无选择而接受后一种观点。

---

〔1〕 第4.6.4节提及了一位足球队队长的故事的启示,他不拒绝接受通过抛硬币决定的挑边结果。

然而,比较在中期出现的单位效用的标准,取决于一个哲学王的存在性,这一观点结果被证明是错误的。无论亚当和夏娃是否受制于在"无知之幕"背后达成的交易,在一个移情均衡中获得的 U/V 的值都是相同的。为了理解这一点,我们回忆图 1.7(b),其展示了三种不同的讨价还价解:对称纳什讨价还价解 v、加权功利主义解 h,以及成比例讨价还价解 ρ。在后面的情形中,权重 U 和 V 是相等的。雅里(Yaari)[570]已经证明,如果我们选择 U 和 V 以使得其中两个解相重合,那么第三个解也会处于相同的位置。

4.6.8　短期中的道德

正如在 2.7.2 节中,接受下述观点是错误的,即为了这一意味着正义是一个空洞概念的标准目标,时间会最终侵蚀一个被经常使用的公平规范中的道德内涵。的确,第 4.6.6 节表明,在中期,常数 U 是由图 4.8(a)所示的两步程序决定的。一旦社会演化将系统带入一个移情均衡,那么当亚当和夏娃通过使用原初状态机制公平博弈时,他们将获得完全相同的私人收益,正如他们在不受约束的情况下面对面讨价还价。

在柏拉图的《共和国》中,苏格拉底与格劳孔(Glaucon)和特拉西马库斯(Thrasymachus)辩论正义的本质。格劳孔由于给出了一个接近本书所捍卫的社会契约思想的观点而受到轻视。特拉西马库斯提出,正义就是强权者能够强加于他人头上的东西。我们可以通过说特拉西马库斯在中期是正确的,从而对第 4.6.4 节所得到的结果进行分类。然而,决策并不是在中期做出的——它们是在短期做出的。正义理念的演化也不是用来解决中期协调问题;而是当新的剩余来源出现时,用来解决在短期产生的均衡选择难题(第 2.7 节)。因此,我们不能抛弃格劳孔而支持特拉西马库斯,因为我倡导反对柏拉图让苏格拉底辩护的荒谬的威权主义国家。

为了研究理论的道德启示,我们必须关注,当可行社会契约集合 X

在短期扩展至 Y 时,该理论是如何运作的。这种可行集合的扩展如图 4.8(b)所示,并且现状点 ξ 不再被标准化为 0。为了解释这一数字,我们必须想象进行人际效用比较的标准在中期已经适应了博弈(X,ξ)。因此,使用具有权重 U 和 $V=1$ 的成比例讨价还价解的局中人,最终会运行博弈(X,ξ)的纳什讨价还价解 v。但是,一个不可预测的冲击将可行社会契约集合 X 扩展至 Y。于是,亚当和夏娃出于原初状态机制演化的目的,使用了原初状态这一机制——以将他们现行的社会契约 v 移动至一个在集合 Y 中帕累托有效的社会契约 ω。正如我在第 4.6.5 节中为罗尔斯辩护时所解释的,当集合 Y 严格综合时,这种对原初状态的使用相当于在第 4.6.6 节两步程序的基础上又增加了第三步:

> (3)新的社会契约 ω 是讨价还价博弈(Y,v)的成比例讨价还价解,其是根据博弈(X,ξ)演化出来的权重 U 和 V 计算得出的。

第三步的自然状态是 v 而不是第 2.7.2 节中的 ξ,因为本章中的自然状态总是当前的社会契约。然而,图 4.8(b)表明,即使自然状态被带到 ξ,ω 也还是一样。这反映了如下事实,即决定如何进行人际比较的常数 U 是过去历史的一个函数。做出这种人际比较的标准不会立刻适应新的可行集合 Y。正如在 2.7.2 节中,如果亚当和夏娃所面对的代表性问题维持在博弈(Y,v)足够长的时间,那么常数 U 最终会调整。于是,公平便失去其作用。但在短期,U 依然维持固定。

我们总结第 2.7.2 节所详细论证的观点,即我们关于正义的直觉来源于对运行中的公平规范的观察,这一公平规范是由原初状态的机制以一个特征化的形式所表现出来的。亚当和夏娃所使用的人际比较标准可以通过一个单一的参数 U 建模,其可以被设想为社会文化的一部分。因此,它是由历史决定的。如果亚当和夏娃所面对的代表性问题维持在博弈(X,ξ)足够长的时间,那么常数 U 便会做出调整,直到公平结局只反映根本的均势为止。然而,在短期所面对的新问题可以根据历史形成的 U

值，使用公平规范来解决。

4.6.9　平均主义 vs. 功利主义

第 4.6.7 节解释了，为什么一个平均主义者和一个功利主义者不但会在中期进行相同的人际比较，而且他们还会发现他们认可的恰好是相同的社会契约！这一结论具有较强的讽刺意义，因为在善和正当理论的追随者之间的争论往往会导致奇异的哲学决斗，在决斗中，各方都提出荒谬且刻意制造的道德问题，并在没有听清楚对手答案的情况下就开始嘲笑他们的观点。即使他们相互倾听，通过宣称在面对显而易见的难题时，我们的道德直觉经常产生非常古怪的药方，我看不到双方会达成什么共识。

只有在意识到，没有一方认为在评估显见的道德难题中用来进行人际比较的标准是重要的时，像《爱丽丝梦游仙境》风格的这种哲学口水仗才能够被完全体会。于是，我们有资格为他们选择 U 和 V。正如我们所看到的，对这些常数的认真选择能够确保平均主义者和功利主义者都认可这一对剩余的相同分割方式。于是，“半斤”(Tweedledum)就不能在不嘲笑自己的同时去嘲笑“八两”(Tweedledee)！但是，为了证明这一点，我冒着被自己嘲笑的风险。我是否真的认为平均主义者和功利主义者之间没有区别呢？

如同往常，回答这种问题需要否定理论的基础。指出平均主义者和功利主义者在中期会收敛到同一个均衡之上，这离说这两套教义总是具有相同的道德启示还有很远的距离。指控我犯下这种愚蠢的错误，是忘记了道德在短期具有作用。当社会演化在中期有机会在 U 和 V 之上运作之后，的确，亚当和夏娃会发现他们自己在运行相同的比较效用单位的标准，而无论充当他们当前自然状态的社会契约被诠释为平均主义还是功利主义。但是，常数 U 和 V 以相反的方向影响成比例讨价还价解和加权功利主义解。[1]

第4.5.4节的例子有助于阐释这一点。为了研究短期,我们需要将亚当和夏娃的可行集合从 X 扩展至 Y,如第2.7.2节所述。做到这一点的最简单方法便是增加猎物的规模。[2] 然而,如果有任何新事情发生,亚当和夏娃之间的本质关系也需要被同时改变。在当前的例子中,最令人感兴趣的改造似乎是把夏娃的个人效用函数替换成亚当的,从而使得夏娃与亚当具有相同的需求欲。这样得到的集合 Y 的对称性,使得我们能够相当容易地预测猎物在中期将会被如何分割。除了代际情形之外,局中人进行人际比较的标准将会调整,直到一个五五分成的方案得以实施为止。

然而在短期,常数 U 和 V 仍然维持固定。根据现代觅食群体的功利主义社会契约,如表4.1所列示,进行人际比较的标准总是导致夏娃在短期获得5/6的猎物。尽管他们都有相同的效用函数,但是夏娃的需要现在被认为要排斥亚当的需要——甚至在夏娃是亚当的母亲的情形中也是如此。

想要在相似物之间进行比较,我们有必要使用与功利主义的情形中自然状态相同的平均主义的成比例讨价还价解。这便是在集合 X 扩展为 Y 之前就在位的均衡。根据第4.6.1节的准则,我们可以将所列示的分享收益对视为恰当的自然状态,从而为表4.1中的每种情形计算一个公平的社会契约。

结果显示如下事实,即相比应用加权功利主义解,亚当现在想要一个更大的 U/V;而相比应用成比例讨价还价解,亚当现在想要一个更小的

---

〔1〕 在两种情形中,人际比较的标准以相当不同的方式运行的理由已经非常明显。在功利主义的背景中,1单位亚当的效用相当于 U/V 单位夏娃的效用,因为当从亚当的收益中减去1单位效用而在夏娃的收益中加上 U/V 单位效用时,加权功利主义的社会福利函数值维持不变。但是,我们在平均主义的背景下也同样这么说,因为通过应用成比例讨价还价解获得的一个公平的剩余分割,奖励亚当1单位额外的效用,当且仅当其奖励夏娃 U/V 单位额外的效用。

〔2〕 将老的个人效用函数替换为满足 $u_A(1)=u_E(1)=k$ 的新的个人效用函数,其中 $k>1$。

U/V。如果猎物的规模足够大，那么亚当的需要被认为要排斥夏娃的需要——除了亚当是夏娃的父亲的情形之外，在这一情形中，夏娃的需要再次压倒了亚当。

为了理解为什么会得到这种完全相反的结论，思考下述情形将是有帮助的，一位平均主义者和一位功利主义者将剩余一小份一小份地分发出去。一位平均主义者拿来一小份剩余并根据亚当和夏娃各自的价值系数，$1/U$ 和 $1/V$（第4.4节），将其成比例地在两人之间分割。一位功利主义者则将这一小份剩余给予那个被认为能够从中获得最大效用的人。因此，他喜欢能够从一小份剩余中获得大量效用的局中人。但是，这样一个局中人正是被平均主义者认为无价值的人。由于我相信，我们的演化史引导真实的人们基于平均主义或说辉格党原则来做出公平判断，因而功利主义者或社会主义者可以这样来刻画，即他们倾向于将优先权给予无价值的需要，同时忽视了像我们这样有价值的人的公平要求。

第3.4.5节认为，如果新封建国家的领导者使用他们的协调能力，以选择一个被认为极其不公平的均衡，那么他们将自己的权威置于他们追随者的仇恨的风险之中。但是，一位基于社会主义原则管理国家的权威并不能避免产生这种破坏性的仇恨，且这些原则是由从约翰·保尔(John Ball)到卡尔·马克思等一系列乌托邦平等主义者所倡导的。其原则要求，必须要以在短期中被认为不公平的方式来分配物品，并且坚持认为我们应该将无价值的视为有价值的，但这样的要求在大型社会中只是暂时有效。〔1〕历史表明，人性最终会回归。猪变得难以从农民中区分出来，

〔1〕 功利主义者会这样回应，当代狩猎采集者的拟功利主义社会契约的存在性表明，至少有一些人响应了这种道德命令，其要求无价值的事物被重新归类为有价值的事物。但是他们忘记了，只有以每一个人都对嫉妒算计拥有病态兴趣为代价，这种社会才能被维系。如果亚当变得比夏娃更有生产能力，那么没有人会说，因为亚当现在更具价值，所以亚当分享剩余的比例应该大于夏娃的比例。相反，精心设计的谎言会被发明出来，并解释为什么亚当实际上并没有比其他人具有更高的价值。在一些社会中，亚当的进取心会被认为是取笑他的一个理由。而在另一些社会中，他会被指控使用魔术来窃取他们的能力。不管怎样，我们的基因受够了欺骗，以使得这样的骗人游戏得以继续进行。

价值回到了它的最初含义;强盗贵族重新出现,并以标准的新封建方式侵吞工人阶级的劳动果实(第4.7.4节)。

4.6.10 复乐园?

始于第4.6节的对道德博弈的讨论,现在需要通过下述暗示来进一步完善,即对于改革的辉格党计划而言,其分析可能具有极高的重要性。

当他们被驱逐出伊甸园时,尽管失去了他们的哲学王,但是我的理论仍然允许亚当和夏娃在新情势中使用公平习俗,并在避免代价惨重的内部斗争以及外部执行机构的情况下,实现协调于帕累托有效均衡之上的目标。在吃智慧树的果实中,有人或许会说,他们用其荣誉交换一套街头智慧,以使得他们能够和睦相处。尽管这一交换从传统意义上被视为一种坏的讨价还价,但是亚当和夏娃堕落之后的理想化的世界,相比我们自己的世界而言,仍然是某种乐园。

辉格党人相信,这种公认的次优乐园也能向我们开放。我们可以通过将原初状态的使用领域从其演化而来的小规模的问题扩展至大规模的协调问题,从而获得通向新的伊甸园的路径。

在这一提议中,我们没有宣称这是善的事或是正当的事。当倡导一种可行的改革而不是另一种时,适当的追随者对他们所显示的偏好没有特别的权威。他们仅仅是邀请那些对社会具有类似偏见的人们加入他们,并致力于创造这样一个社会,在这种社会中,他们愿意让他们的孩子在那里生活。然而,正如第2.7.2节所坚持的那样,如果可行约束被放松了,那么这种邀请将徒劳无功。特别地,无论提出多么别致的捍卫某种抽象的正义原则的论据,如果人们看到那些被认为无价值的人正在接受奖励,人们就不可能永久接受一种基于该原则的政治妥协。

4.7　价值和权力

《圣经》说,"工人得工价是应当的"。其内涵是,工人履行了一个公平社会契约中他那一方的义务,并且是时候来探索支付方面的宽宏了。价值(worthiness)可以由一个讨价还价来决定,并且正是在这一意义上,第 4.4 节在将心理学公平理论中亚当和夏娃的价值等同于源于我自己理论的常数 $1/U$ 和 $1/V$ 时,使用了这一术语。提出这样一种关联包含了很大一步,因为心理学实验仅仅表明,环境依赖的价值系数是存在的,而我的理论提出了一些定量化的分析,以预测这些系数是如何随着环境而改变的。

本节将在特别简单的环境中导出一些有效的预测,旨在为进一步的实验和应用性研究提供指导。我也使用这些预测来彻底推广政治体制的概念,但必须记住,我关于我们应该使用写入我们基因的公平算法来促进大规模社会政治改革的建议,最多只是一种愿望而已。当前,公平算法只是被系统地用来解决小规模的协调问题。这是因为,相关预测仅仅在经验上与运行于超小型社会(minisocieties)中的局部性社会契约相关。每一个这样的社会都由源于不同经验历史的不同超小型文化(miniculture)的规则所指导,并且受制于不同的超小型生存博弈的规则。因此,不同的超小型社会将会识别出不同的人际比较标准。于是,一个人的价值会随着他在各种超小型社会之间移动而剧烈变化,无论是永久移动还是暂时移动。简言之,我们绝不能忘记,真实生活的价值系数可能对做出公平判断的环境非常敏感(第 4.6.7 节)。

回到最大的基础,回忆一下,在中期,平均主义者和功利主义者都以相同的方式进行人际比较(第 4.6.7 节)。由于本节基于一个中期分析,因此所给出的比较静态同时适用于平均主义和功利主义。然而,当这两个原则应用于短期时,我们所导向的结论具有相反的启示。正如我们将看到的,价值系数 $1/U$ 和 $1/V$ 取决于一个社会的基本权力结构。我们需要面对下述事实,即平均主义者没有什么东西可以提供给那些不能赢得他人同情的无助者。在另一方面,功利主义者则恰好挑出这些不幸的人并给予特殊照顾。但是对这些无助者而言,期待从乌托邦空想家那里得到些什么将是很不明智的,这些空想家使用这一事实以宣称社会主义的道德高地。无论我们喜欢与否,演化使人类本性成为平均主义者而不是功利主义者。否则人们会注意到,那些一边吹嘘对饥民的同情,一边在豪华餐厅吃饭的乌托邦空想家是极其伪善的。

4.7.1 权力意志?

谈论权力令现代人震惊。但是,当我们坚持认为权力在决定价值判断中具有重要性时,我们还必须把话讲清楚,且这些价值判断正是社会在管理其事务中实际使用的——而不是那些社会仅仅提供口头支持的价值判断。那些对我们误导了自己的孩子的道德问题的荒谬而不现实的宣传是如此根深蒂固,以至于一点点狂飙运动(sturm und drang)似乎也可以原谅,如果它吸引了反思某一问题的注意力,并且在我们的偏见中,我们没有感到这种问题有何不妥。在第0.2节和其他地方,马基雅维利、冯·克劳塞维茨等人由于他们对国家权力现实的令人耳目一新的坦率赞同而被引用。但是,在以这种强硬姿态震惊资产阶级的过程中所找到的无害的愉悦,需要用下述认识进行弥补,被正确思想吸引的反动派的文字游戏可能与革命派的一样危险。

考虑一下,例如,霍布斯[251]对人的价值的淘气的定义:

> 人的价值或重要性,正如在其他事物中一样,是他的价格;即使用他的权力所能给出的东西的多少。

给出这样一个定义,便是带来了误解。特别地,认为人的价值仅仅取决于其市场力量的右翼狂妄思想,使得我们需要认真对待马克思,他断言，一个资本主义社会所认可的一位工人的唯一价值便是他出售自己劳动的最高价格。他认为，在一个竞争性市场中，劳动总是处于过剩的状态，于是他遵循大卫·李嘉图并宣称，供给与需求的铁律必然会将工人的工资减少至勉强糊口的生活水平。

但是，市场仅仅是众多行使权力的工具之一。甚至在被市场规律正常管制的交易中，政治影响也经常战胜市场力量。那些没有其他缺陷和外部影响的市场也不能幸免。历史证明，处于超额供给状态的无技能劳动者也不是完全没有能力，因为在中期很难阻止他们结盟。甚至当市场规则适用时，无技能劳动者也不是被支付不足温饱的工资。正如亨利·福特证明的，利润动机经常要求适用非常慷慨的激励机制。马克思将无技能劳动视为规范也是不对的。具有相关技能的劳动者总是处于短缺状态，从而能够较好地维护他们自己的利益。

简言之，政治哲学家有代表性地夸张了权力的支点喜欢权威人物的程度。那些没能处于如此高贵地位的我们，基本没有个人权力，但是我们集体地行使大量权力，因为我们遵守一个潜在的保险契约，其要求我们使用数量上的优势来惩罚那些侵犯已经建立的权利和自由的人。因此，民间传说中的被压迫的民众并不像看上去那么无助。〔1〕他们经常在短期成为牺牲品，但是，正如水往低处流一样，社会的受压迫者渐渐地学会了利用压迫他们的体制的弱点。于是，一个运行到均衡之外的政权就会被悄悄破坏，从而在充分紧张时，倒台的时机便成熟了。

对权力建模　说价值取决于一个社会的基础权力结构，有时候被认为是在暗示特拉西马库斯主义的教义，即价值等同于强权。但是我们有

〔1〕　他们一点也不比那些强权者更少倾向于将沙子踢在真正懦弱无助的人的脸上。除非这些弱者有一些同情他们困境的朋友或亲人，他们几乎不用期望从这个社会中得到些什么，这个社会的道德观念是在中期由社会演化所塑造的。因此，当我们为自己庆祝我们在这个世界上的慈善外表时，我们成功地忘记了用完积蓄的老人、不讨人喜欢的动物、散发恶臭且口吐脏话的贫民、不友好的孤儿和精神病人，以及所有其他不幸的人所经历的痛苦和虐待。

必要记住,太监也管理过强大的帝国。摇摇篮的手也经常有影响力,甚至是在最盛行家长主义的社会中。如何对各种不同类型的权力的行使进行建模呢?

在研究均衡选择时,我的理论将我们的生活方式塞进一个正规的讨价还价博弈(X,ξ)中(第 1.2 节)。在最大规模的应用中,集合 X 描述了在一个稳定的社会中,行使权力的所有可能方式。因此,其形状仅仅受制于生存博弈的规则。正如第 1 卷第 2.3.1 节所解释的,我们不能通过认为这一博弈的规则在我们的控制之下,从而将我们分析的一致性置于风险之中。我们在大多数时间里都遵守道德博弈的规则,因为这样做是最优的,但是我们遵守生存博弈规则的理由则与我们遵守牛顿引力定律的理由相同。

因此,关于谁大而强或者谁快而敏捷的信息,都在集合 X 的形状中有所显示。与不可改变的物理学世界的现实一起,这种关于人能做什么和不能做什么的基本事实,决定了哪一种社会契约是可行的。例如,假设在亚当和夏娃的生存博弈中,他们共用一个猪圈,猪圈的一端有一个食槽,而另一端有一个控制食槽的开关。如果亚当是小猪而夏娃是大猪,我们可以想象两种社会契约:一种是亚当去按开关,而另一种是夏娃去按开关。但是夏娃的体格使得第一种契约并不可行。如果亚当按开关而夏娃等在食槽边,那么亚当将得不到任何吃的,因为夏娃猪的本性会坚持用强力将亚当排斥在食槽之外。实验研究证实,唯一与猪的本性相兼容的社会契约是夏娃去按开关,而亚当则在夏娃飞奔回来并将他赶走之前吞下尽可能多的食物。

特拉西马库斯主义的错误在于,认为权力仅仅存在于这种像猪一样的生存博弈的规则之中。但格劳孔(Glaucon)则理解为,权力也存在于当前品德博弈(morality game)的规则之中——其在自然状态点 ξ 的位置显现出来。正如埃德蒙 · 伯克向法国大革命的乌托邦仰慕者所解释的,当社会契约被改革时,历史便是重要的。当有可能的改革者从集合 X 中选择一个社会契约 σ 时,他们也有必要设定一条从我们现行的社会契约 ξ

出发到由 σ 表示的新耶路撒冷的可行路径。

例如，考虑奴隶的情形。在被解放之前，奴隶们被铁链锁着并被囚禁。但是生存博弈的规则并没有设定，他们被铁链锁着并被囚禁是人类本性的一部分。他们的铁链可以被解除，他们的房门也可以被打开，倘若他们的主人被说服或被迫去那么做的话。因此，只是由于现行社会契约的特点，才使得奴隶主拥有凌驾于奴隶之上的权力。这授予并保护他拥有奴隶的权利，并不是生存博弈的规则，而是现行的品德博弈的规则。也没有必要让这种涉及铁链和监狱等生理性限制的凌驾于他人之上的权力感受到自己的存在。共同信仰的蛛丝可以结得像铁链一样坚固。正如第 3.4.5 节所解释的，服从一名暴君是因为每个人都相信别人会服从他。引用霍布斯[251, p. 16]的话来说："强者的权力并没有物质基础，而是处于人民的意见和信念之中。"但是，知道一名暴君的权力根源仅仅处于人民共同拥有的信念之中，并不会使得他权力的真实性有丝毫减少。

现行的社会契约总是会使一些个体或阶层过于强大以至于难以制约。找到某种方法来说服他们是非常关键的，即要令他们相信，放弃一些他们的权力并换来另一些好处才符合他们的最佳利益。如果在他们放弃权力之后所要运行的新社会契约过于激进，那么他们必然不受劝说的影响。如果改革是通过双边同意而达成的，那么我们必须将注意力集中于自然状态上的帕累托改进。然而，这便会产生一个协调问题，因为通常存在很多个这样的帕累托改进。

公平是自然解决这种协调问题的方法，但即使是正义的概念也不能免于权力被污染。什么被认为是公平的，取决于那些分配到正义的人的价值。然而，亚当或夏娃的价值取决于冻结在现行社会契约的权力结构中的历史事件。正如霍布斯[251]所解释的：[1]

> 价值是一种不同于人的价值或重要性的东西，也不同于人的优点和应得，而与一种特别的权力或能力相一致……其往往

---

[1] 这显示了，他非常清晰地知道，存在一些价值超越了在市场中能够交易的价值。

被称为适应(fitness),或天赋(aptitude)。

霍布斯的价值概念要比我的更窄。在其文章中,他还谈到了我称为社会地位(social standing)的东西。[1] 但是,霍布斯的观点与我对价值的扩展概念相关联。价值当然受到一个人天赋才华和他对公众利益的客观贡献的影响,但不能混淆。像美丽一样,价值处于旁观者的眼中。它并不是一个人类本性的普遍性质,但是一种描述在自然状态中,与公平交易相关的权力结构特征的方法。

4.7.2 比较静态

在接受了权力具有基本的重要性这一观念之后,我们现在可以询问,亚当和夏娃的特征会如何影响他们的价值?简言之,是什么使得一个人比另一个人更有价值?经济学家将这一问题视为一个比较静态问题。

在中期,社会演化的动态会停留在 U 和 V 的均衡值之上——第 4.6.6 节根据一个移情均衡的条件推导出来的值。根据第 4.4 节,亚当和夏娃的价值系数可以等同于 $1/U$ 和 $1/V$,倘若我们牢记只有这些值的比例才有实际意义。但是,如果社会演化在生存博弈或自然状态是不同的这种反事实假设下运行,又会怎么样呢?于是,我们会得到 U 和 V 的不同值。在比较静态中,我们将研究这些 U 和 V 的备选值是如何随着博弈基础参数的变动而变动的。

那些与价值的比较静态相关的基础参数是什么呢?尽管我不是卡尔·马克思的仰慕者,但需要承认的是,他确切地指出了在研究一个社会如何确定价值时重要的人的特征。回忆一下,在革命之后,工人将根据他的劳动获得奖励。马克思主义的劳动价值论显然不是经济思想皇冠上的明珠,但的确,亚当和夏娃在创造一个剩余来源时需要付出的努力的相对

[1] 有一点是必须维持的,即人通过向比他社会地位高的人表达恰当的恭敬,并通过优雅地接受比他社会地位低的人对他的尊重,来表明他知道自己的社会地位——即使在被认为是无阶层的美国社会中也是如此。

程度，必然是当分割这一他们联合创造的剩余时我们所要关注的重要参数之一。当然，根据马克思，劳动只是为衡量价值提供了权宜之计。在国家最终消亡之后的社会主义乌托邦中，规则将是这样的：各尽所能，按需分配。人类本性还是不变，设计这样一种激励机制是为了让一个大型繁荣社会在一夜之间陷入贫困。然而在评估价值时，"能力"和"需要"都是必须考虑的参数。

最后，我们需要将社会地位（social standing）和政治影响（political pull）加入努力、能力和需要之中。对于马克思而言，社会地位是一种封建残余，需要与历史上其他人类组织的失败实验一起被清除掉，但是一个现实的社会契约理论不能够忽视以下事实，即今天的权力结构是从过去的权力结构中演化而来的。因此，一个人的社会地位，由当前充当社会现状点的社会契约所赋予他的角色来衡量，与他的价值是如何被周围人评估的高度相关。〔1〕

我们研究的所有情形的背景故事，都是亚当和夏娃在伊甸园中签订一个婚姻契约时所面临的问题。正如在第 2.6.1 节中，问题会被简化，以至于唯一的问题是如何分享嫁妆。在第 2 章中，嫁妆是 1 美元这个一次性的礼物，在这里需要被重新解释为每单位时间 1 美元的收入流。

在每个故事中，最差的结局 $\mathcal{L}$ 是指嫁妆被完全浪费掉了，因而亚当和夏娃都一无所获。而最好的结局 $\mathcal{W}$ 是指一个反事实事件，其中，所有嫁妆被分别赋予亚当和夏娃中的每个人。这种天堂和地狱状态总是维持固定，并有 $u_A(\mathcal{L})=u_E(\mathcal{L})=0$ 且 $u_A(\mathcal{W})=u_E(\mathcal{W})=1$ 成立。因此，亚当和夏娃的私人效用总是以相同的方式进行衡量，因而随着我们从一种情形转移到另一种情形，比较他们的效用变化是有意义的。

---

〔1〕 当我们发现，当前社会契约所偏爱的人，其结果却比他们的乡下表亲价值更低，经常迎接这一观点的敌意便趋于平息。但是，将我们对关于世界是如何运作的断言的反应，建立在我们是否喜欢其导致的结果之上，这是否理智呢？

4.7.3 按需分配?

可以用来讨论道德问题的语言充满了大众心理学的错误假设,如果我们能够说出一些逻辑一致的话来,那么这简直是个奇迹。"需要"这一理念尤为混淆。解开大众概念中纠缠在一起的两条线具有特别的重要性。我想要捕捉的思想是,一个处于需要中的人缺少了他认为对他的福利至关重要的一些东西。然而,我并不是有意暗示他处于需要中,是因为他没有能力去获得他缺少的东西——目前他唯一不具备的东西。

绝望 在英语口语中,说亚当有需要,总是意味着他正处于需求中(in want)。但其可能也携带另外一种理解,即他总是处于需要之中(in need)。如果那样的话,那么他很可能没有能力去缓解他的需求,无论是单独行动还是与在同一条船上的其他人集体行动。他的困境也没有在他人的心中引起足够的同情,尽管那些人有能力帮助他。

这一思想必须从需要的概念中剥除,因为它将亚当的私人喜好与运行在其社会中的社会环境混淆起来。一个没有能力的人当然更有可能处于需要之中,但是一个处于需要之中的人不一定没有能力。只要有必要,我会说,一个人不能满足自己的需要便是陷入绝境(in despair)。于是我们可以这样说,例如,俄罗斯政府当前正在通过使其士兵有需要(needy)而开始玩火。军队现在处于绝望之中,因为一位领导人为了潜在的集体力量而将自己成功地树立为一个协调的焦点。但是,谁又知道未来会怎样呢?

正如在第 4.5.4 节,亚当的需要(need)可以用他为了获得他缺少的东西而愿意冒险的程度来衡量。这样一种定义使得亚当在与具有较少需要的夏娃基于相同条款进行讨价还价时变得相对强大,而远非使他没有能力。正如第 1.4.2 节和第 4.8.2 节所解释的,夏娃越是风险规避,纳什讨价还价解就会给她越小的份额。其中的直觉是非常简单的,有需要的人能够获得更多,因为他们的绝望(desperation)使他们更努力地讨价还价。因此,绝望与陷入绝境完全不同。只有当一个有需要的人不能与夏娃互动而只能接受她的条件,那么他才会陷入绝境。

移情需要　在解开了“需要”这一概念中被大众心理学纠缠在一起的两根线后,我们现在必须指出其中内含的第三根线。说亚当处于需要之中,经常携带了我们认可亚当对其需要的感知这一含义。有时候,这种认可与道德相符,但道德在这里所研究的需要概念中不能起任何作用,因为所有的道德判断都是在原初状态中做出的。然而,我关于需要的概念必须要求,我们愿意认可亚当对其困境的信念的理性。

例如,我们不愿意将夏娃为填饱她饥饿的孩子的肚子的食物需要,等同于亚当拥有完全可躺座椅的红色保时捷跑车的需要,〔1〕尽管两人为得到他们想要的都愿意承担类似的风险。后福利主义者会欢迎这一观点,并将其视为回应第 3.8.1 节和第 4.3.2 节批评意见的一个机会。他们会指出,正是出于这种考虑,我们才必须使用客观条件来衡量福利。但是,他们再次混淆了私人喜好和社会观念。

夏娃的需要满足了第 2.5.5 节中一个私人喜好所要求的准则——在中期,无论发生什么,它都保持不变。但是,亚当对保时捷的需要则不然。他的生物性程序促使他年轻的心脏去追求社会地位,这样年轻的女子便会觉得他富有魅力。保时捷只是实现这一目的的一种方法,而不是目的本身。说句不好听的,亚当的最终目的便是尽可能地与女人上床,从而使他的基因能够广泛传播。然而,亚当认为这一目标能够通过获得一辆保时捷而最快实现,这一无意识的理解取决于他对社会文化的信念。他要一辆保时捷而不是其他什么地位象征物,这一事实揭示了他的下述观念,即一个特定的社会观念根植于他所在的超小型社会的社会契约之中(第

〔1〕 回忆我们在重复博弈中对收益流的讨论。一位经济学家会沉闷地将亚当的梦遗翻译为足以支付贷款和补偿折旧的收入流。

3.8.1 节)。如果亚当的社会地位已经提升到驾驶保时捷所能带来的那种高度,那么他想要进一步提高社会地位,就必须寻找更为微妙的性展示方式(第 4.7.7 节)。但是,将他对地位象征物需求的中期变化归属于其私人喜好的变动则是错误的。亚当需求变动的原因在于,他变动的社会地位改变了他关于如何满足固定的私人喜好的信念。

在亚当关于文化的信念从私人偏好中分离出来以后,他的需要就可以在同一个基础上与夏娃进行比较。给定他们都会对基因命令做出最优的反应,亚当是否应该为获得保时捷而承担与夏娃为给自己的孩子糊口而承担的相同风险呢?显然不是。对他们的母亲而言,孩子代表了巨大的投资。如果夏娃的孩子去世,那么在未来她可能永远也没有机会进行类似的投资。但是,亚当仅仅拒绝了实现他相对低成本的放荡不羁的行为的众多机会之一。

但是,如果亚当坚持想要承担与夏娃相当的风险,那么又会怎样呢?那么夏娃将不会成功地移情于他。根据亚当的私人偏好,将她自己置于亚当的位置,夏娃会预测到亚当比她更容易妥协。因此,他们会对何谓公平存在分歧,从而失去了分割剩余的机会。给定足够长的时间,亚当将学会更为理性地看待世界运作的方式,尽管几乎没有成年人会愉快地回忆起伴随这一过程的青少年时期的痛苦经历。当亚当仍然不成熟的时候,我的理论并不适用,因为他的行为并不反映他根本的私人喜好。[1] 但当亚当一旦成年,使用他的冒险行为以评估他的需要的难题便消失了。

□ **有需要之人的价值是什么?** 接下来我们要说的关于计算有需要之人的价值问题的很大一部分,在第 4.5.4 节中就有所预见。然而,这里使用的例子的纯粹性或许能够澄清其所涉及的原理。

回忆一下,在研究价值的比较静态中,我们使用第 2.6.1 节的婚姻契

---

〔1〕 给定干预的能力,我会遵循后福利主义者并支持夏娃,正如在我的孩子年幼时,我裁决他们之间的争吵那样。但是,我没有找到任何理由来否决成年人关于他们私人喜好的判断。我当然也不希望有人对我这么做。

约作为标准案例。为了研究需要对价值的影响，假设嫁妆是由这对幸福夫妻的家人提供，而不需要亚当和夏娃出一分钱。经济学家有时会强调，做出这种假设是将嫁妆看做“天赐之物”（Manna from Heaven）。当我们讨论需要时，我们将进一步假设，嫁妆是一个不可分割的物体 $\mathcal{D}$，其在每一个时期只能被一个人所享用。我们将注意力集中于分享规则，其决定了平均而言，亚当相比夏娃有多少时间来享用 $\mathcal{D}$。根据我们关于时间折现的简单假设（第 3.3.3 节），一个婚姻契约可以根据在随机选择的时刻中亚当拥有 $\mathcal{D}$ 的概率 p 来进行刻画。

当亚当和夏娃磋商一个婚姻契约时，他们面对的讨价还价博弈 (X,ξ) 是什么呢？他们的自然状态点位于 0 点。可行社会契约集合 X 的帕累托前沿是一条通过点 $(a,0)$ 和点 $(0,e)$ 的直线，其中，$u_A(\mathcal{D})=a$ 且 $u_E(\mathcal{D})=e$。由于两个局中人都将拥有 $\mathcal{D}$ 视为介于 $\mathcal{L}$ 和 $\mathcal{W}$ 之间的一种结局，我们需要假设 $0\leq a\leq 1$ 以及 $0\leq e\leq 1$。

根据 4.6.6 节，在中期的社会演化的行动会导致一个针对博弈 $(X,0)$ 的纳什讨价还价解 σ 的公平的婚姻契约。由于 $\sigma=\frac{1}{2}(a,0)+\frac{1}{2}(0,e)$，因而在随机选择的时刻亚当拥有嫁妆的概率 p 总是 $\frac{1}{2}$，不论 a 和 e 取值为何。因此，亚当和夏娃总是会平等地分享 $\mathcal{D}$。然而，平等地享用嫁妆并不意味着，相对于他们的私人效用刻度——其零点和单位被我们武断地选定在 $\mathcal{L}$ 和 $\mathcal{W}$，〔1〕其赋予了局中人相等的收益。事实上，亚当获得了 $\frac{1}{2}a$ 的收益而夏娃获得了 $\frac{1}{2}e$ 的收益。

为了决定在中期如何比较亚当和夏娃的效用，我们必须选择 U 和 V，以使得具有这些权重的成比例讨价还价解与纳什讨价还价解相重合。由于连接点 $\xi=0$ 和点 $\sigma=\left(\frac{1}{2}a,\frac{1}{2}e\right)$ 的直线斜率为 e/a，因此我们必须

〔1〕 我们必须防止犯下述假设的错误，即使用零一规则来进行人际比较是有意义的（第 2.3 节）。

选择 $U/V=e/a$。这意味着我们可以将亚当的价值 $1/U$ 等同于参数 a,并将夏娃的价值 $1/V$ 等同于参数 e。因此,一个局中人的价值随着他或她认为的嫁妆价值的增加而增加。

回忆一下,"需要"应根据人们为了满足他们所缺少的重要事物而愿意承担的风险来衡量。幸运的是,这恰好是被编码在一个冯·诺依曼-摩根斯坦效用中的信息。事实上,正如第 1 卷第 4.2.2 节所解释的,夏娃将 e 的效用赋予拥有嫁妆 $\mathcal{D}$,意味着她在得到 $\mathcal{D}$ 和下述抽彩之间是无差异的,在这一抽彩中,她以概率 $1-e$ 获得奖励 $\mathcal{L}$,以概率 e 获得奖励 $\mathcal{W}$。如果 e 接近 1,这意味着她是如此厌恶结局 $\mathcal{L}$,以至于获得 $\mathcal{W}$ 而不是 $\mathcal{D}$ 的预期不再具有足够的吸引力,以劝诱她容忍再大一点的最终获得 $\mathcal{L}$ 的概率。简言之,她对于不想得到结局 $\mathcal{L}$ 是如此不顾一切,以至于她不再仔细地区分其他可能的结局。如果说一个具有这种偏好的人需要避免结局 $\mathcal{L}$ 是有道理的,那么夏娃的机制便随着她的需要而增加,倘若亚当的需要保持不变。

因此,在其他情况不变的条件下,当出现一个分配剩余的短期机会时,一个使用成比例讨价还价解的平均主义者,会奖励给那些更有需要的人更多的收益。如果这看似有些自相矛盾,那么回忆我对需要的定义,其使得有需要的人绝望,从而也使得危险的对手绝望。但是,功利主义者为了奖赏没有能力的人,会歧视那些能够照顾自己的人。为了报答从功利主义者手中获得的优惠待遇,夏娃必须不仅处于需要之中,而且还要对满足她的需要产生绝望,除非功利主义的"白衣骑士"把她拯救出来。但是,她将不在相同的条件下与亚当竞争。

4.7.4 劳动使人自由?

为了研究努力和能力对价值的影响,我们不但需要放弃嫁妆是不可分割的假设,也需要放弃其像是天赐之物的假设。我们将转而假设嫁妆是亚当努力的结果。然而,亚当只有在夏娃同意的情况下才能够享受他的一部分劳动成果,因而夏娃充当了一个传统强盗贵族的角色。然而,尽管只是一个农民,亚当并非完全没有权力。如果不能就一个社会契约达成双方协议,那么亚当就不再生产任何东西。

这是一个关于资本和劳动的古老故事。在史前时期,资本是自然投资于男性身体的体力。当一位女性采集者将她摘到的果子带回家来喂她的孩子时,她的配偶往往会以懒惰和野蛮性行为的方式霸占她的劳动果实。[1] 在亚当·斯密[501]的时代,相关的资本包含食利者的国家强制执行的财产权,其允许他们征收相当一部分农业剩余,而他们对于这些产物则毫无贡献。在现代,资本家总是设法避免交税,并与之同时享受公共产品,而提供这些公共产品的税收直接抽取自穷人的账户。用这种方式补贴的大型歌剧表演便是一个特别典型的例子。

图 4.12(a)展示了新的场景。亚当对于商品束(y_A, ℓ)的偏好被假设为拟线性的(第 1 卷第 4.3 节),其中,y_A 表示亚当分享的那部分嫁妆所带来的收益,而 ℓ 表示他为了生产嫁妆而付出的努力。如果嫁妆是天赐之物,那么社会契约集合 X 上的每个点都能被使用,而现在则需要向左平移 ℓ 的距离,以获得新的社会契约集合 Y,其要求亚当付出努力来生产嫁妆。这样一种位移会如何影响亚当的中期价值呢?

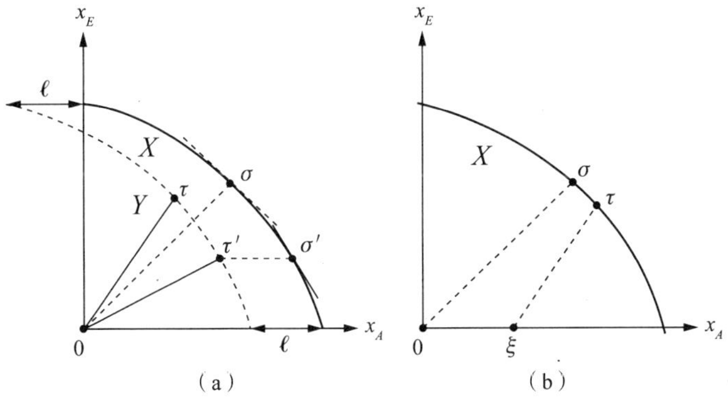

图 4.12　计算价值

---

〔1〕 或许这就是为什么主要由妇女采集的水果和蔬菜,不像男人捕猎得到的肉食那样被普遍分享的原因。

在天赐之物的情形中,U/V 等于连接博弈$(X,0)$的0点和纳什讨价还价解 σ 的直线的斜率。在新的场景中,U/V 等于连接博弈$(Y,0)$的0点和纳什讨价还价解 τ 的直线的斜率。正如在图1.5(c)中,X 的帕累托前沿在点 σ 处的斜率等于连接0点和点 σ 的射线的斜率。这意味着,在图4.12(a)中的点 τ' 不可能是博弈$(Y,0)$的纳什讨价还价解,因为 Y 的帕累托前沿在点 τ' 处的斜率等于 X 的帕累托前沿在点 σ' 处的斜率,其比点 σ 处的斜率更陡峭,而从0点到点 τ' 的射线比从0点到点 σ 的射线更平坦。因此,连接0点和博弈$(Y,0)$的纳什讨价还价解 τ 的射线必然比从0点到点 σ 的射线更陡峭。

如果我们保持 $V=1$,那么可以证明,当嫁妆不是天赐之物而是从亚当的汗水中获得时,U 必然会变得更大。因此,亚当生产一份剩余所需要付出的努力减少了他的价值。〔1〕

如果这一结论看似有些反直觉,这是因为现如今我们一般不能遇到以下这种情况,在这种情况下,一个个体拥有夏娃的权力,可以将亚当的努力减少至零。在更为正常的环境下,夏娃必定会在获取剩余的最大份额时有所退让,以免亚当选择退出他们之间的关系。即使是一位史前觅食者,也没有必要将她的所有成果带回家中。她的外部选择是,无论在哪里采到果子,得先喂饱自己和孩子。类似地,一名现代的工人也有找另一份工作或领取失业救济金的外部选择。如果亚当别无选择而只能屈服于夏娃的权力,那么夏娃只会感到亚当是没有价值的,因为他用他的汗水来获得他们的面包。于是,他实际上是一个奴隶。

然而,尽管在西方民主社会中,很少有人能够对他的同伴行使这样的权力,这并不意味着,使强迫劳动成为无价值来源的封建文化基因已经消亡。由现代西方民主社会所运行的新封建社会契约中,当代强盗贵族不

〔1〕 凡勃伦(Veblen)[535]在这个问题上是个乐观派。为什么在其时代的男性通过穿上浆高领的衣服来显示他们的价值?因为没有人能够穿着这种“刑具”并靠自己的汗水来获得他们的生活。为什么女性在庆祝仪式上仍然带着长长的白手套?这是为了显示她们的生活方式甚至不需要她们触碰任何东西。

再雇用军队以向无力反抗的人们榨取贡品。他们转而使用国家这种机器作为中介,使我们口袋中的金钱流向他们的口袋。我们这些农民没有避免合法征税的选择。因此,与那些使用权力以使得其偷税漏税计划合法化的新贵族相比,我们被他人甚至是我们自己认为是无价值的。当他们通过把自己的一丁点时间和金钱捐献给慈善事业以证明他们的社会优势时,我们甚至还会钦佩他们"位高则任重"(noblesse oblige)的表演(第 4.7.7 节)。

4.7.5　各尽所能

"能力"不像"需要"那样难以定义,但其内涵仍然需要一些讨论。其通常等价于使一个人比另一个人更有生产能力的个人特征。天生智力、手的灵巧、体力以及魅力等生理和心理特征都属于这一范畴。这种特征是我们基因遗传和社会继承的产物,我们几乎不能控制。教育和技能则是也属于这一范畴的其他特征,但其是作为一种有意识的投资决策的结果而获得的。教育和技能是人力资本的重要例子。重要的是,当被算在人的能力之中时,获得这种类型的人力资本所需要付出的努力代表了一种沉没(sunk)成本。〔1〕 为了维持他的技能,亚当所付出的任何持续的努力都将减少他的能力所能购买的价值。

我总是能够遇到一些人,他们结合了聪明而有修养的头脑和漂亮而健美的身体。这种来自"先天仙女"和"后天仙女"的生日礼物,使他们比我们中剩下的这些人活得更好。但是,在下述反思中我们能够找到些许安慰,即先天和后天因素在放大人的生产能力方面的重要性,相比社会上

〔1〕 经济学家强调,沉没成本不应该影响当前决策。那些用一手普通牌下注以"保护他们投资"的扑克牌玩家就是一个恰当的例子。你投入的金钱就是一种沉没成本。你会输掉这笔钱的事实与你是否退出玩牌无关。你一旦将金钱投入,你便失去了它们,并且它们最终属于那位赢家。由于想要在摊牌时依然在场,你会下注很多,因而唯一理性的问题是,你成为赢家的概率是否足够大,以值得投入如此多的额外的金钱且不退出比赛。类似地,获得教育所花费的成本并不等于努力,因为它们已经在过去"沉没"了。

能够使用的技术来说要小一些。一个拥有联合收割机的人要比配备镰刀的一整队农民有高得多的生产能力。组织优势也经常同样重要。例如,亚当·斯密做出如下著名估算,制针厂的劳动分工至少使一名工人的生产效率提高了240倍。在大多数情形中,夏娃的生产能力更多地取决于她的老板在维持和提高自身企业的技术方面的投资规模,而不是她自己的天赋。〔1〕

我们已经提到了各种影响能力的因素。我们现在抽象掉这些因素并简单地定义一个有能力的人是这样一个人,他能够通过付出较少的努力来生产出与其较低能力的竞争对手相同的产量。根据这一定义,研究能力变化对价值的影响的问题变得不那么重要了。我们让亚当更有能力,他便可以付出较少的努力以生产出给定水平的剩余。由于努力降低价值,因而能力提高亚当的价值,假设他的能力被引导至最大化可供在亚当和夏娃之间分配的剩余。

人们或许会通过说,在其他条件不变的情况下,一个使用成比例讨价还价解的平均主义者会以损害智力迟钝的奴隶为代价,来支持有才能的贵族,从而总结第4.7.4节和第4.7.5节的结果。但是,功利主义者在祝贺他们扭转这种偏见之前,需要考虑再三。我们不再生活于僵滞的封建经济之中。在做出任何判断之前,即使是乌托邦空想家,也需要考虑他们的体系对激励和创新的动态的影响(第4.7.7节)。

4.7.6 高尚和卑贱

如果亚里士多德[18]关于高贵(nobility)的概念等同于社会地位

〔1〕 由于他的持续投资,夏娃的老板降低了其相对价值,因为在相关计算中,他的成本等于他的努力。然而,尽管雇用有技能的劳动者,并且偿还为投资设备而借贷资金的利息,以及良好的组织管理,都降低了他的相对价值,但是他并没有由于支付公平工资而亏本。他仅仅用一块大蛋糕的较小份额替代一块小蛋糕的较大份额,而且如果他在与其竞争者的比赛中落后太多,那么这块小蛋糕会整个儿消失。

(social standing),那么为什么在公平社会中节欲(temperance)被认为是一种高贵的美德,就变得显而易见(第 3.8.1 节)。在其他条件不变的情况下,价值(worthiness)随着社会地位而下降。与“位高则任重”的原则相一致,高尚者和强权者相比他们卑贱的同胞们获得了更少的剩余份额。〔1〕

为了确定社会地位降低了价值,我们有必要把聚光灯从可行集 X 的帕累托前沿转移至自然状态点 ξ。亚当在当前社会契约中的社会地位,可以用他在点 ξ 获得的收益来衡量。如果我们增加他的社会地位 ξ_A,那么亚当在博弈(X,ξ)的纳什讨价还价解中获得的收益也会增加。因此,较高的社会地位能够改善亚当的状况。但是,他的价值发生了什么变化呢?

这一问题可以简单地通过再次利用第 4.7.4 节的论据而得以解决,其被用来证明努力会降低价值。将现状点 ξ 向右移动 ℓ 的距离,相当于,首先将集合 X 向左移动 ℓ 的距离,然后将整个结构向右移动 ℓ 的距离。由于最后一步操作仅仅将博弈$(X,0)$的纳什讨价还价解 σ 向右移动了 ℓ 的距离,因而这意味着在当前社会契约中,增加亚当地位的结果就是减少他的价值,正如图 4.12(b)所示。

社会地位的动态　社会地位是如何获得的?在这一问题上,我遵循霍曼斯(Homans)[260]。在提出了一个成比例讨价还价解的近似物之后,其可以作为人们实际做出公平判断方式的经验性描述,霍曼斯建议根据尊重的单位来刻画每个人获得的收益。他的尊重的概念有些模糊,但由于社会地位很可能与人们被他人模仿的程度紧密相关,其或许可以根据社会适应度来操作——我将社会适应度等同于使一个人成为位点的东

〔1〕 一个卑贱的亚当有时候会坚持一个高于他公平份额的支付,并寄希望于误导夏娃以使其高估他的社会地位。当地位追求者在餐馆中抢着买单时,令人讨厌的协调便失败了。这种赞助行为的企图被抗拒的激烈程度,似乎与冒犯完全不成比例。我们似乎被编入了这样的程序,其使我们像憎恨被怜悯一样憎恨被赞助的行为。

西,这一位点可以将其文化基因复制到他人的头脑之中。当完成任何事情的权力主要取决于一个人的社会地位时,将我的效用单位首先解释为社会适应度的单位,然后解释为尊重的单位,可能并非不理智的。

尊重的单位对亚当来说是珍贵的,因为它们增加了他的社会地位。在一个平均主义的社会中,尊重主要是通过公平交易获得的,因而亚当将从一个较大的价值系数中获益。随着他积累尊重,他增加的社会地位会使自然状态向着对他有利的方向移动。但是,这种自然状态位置的移动会降低他的价值。最终会建立起一个均衡,在这个均衡中,他从公平交易中获得的尊重流恰好足以维系保持当前水平尊重流的价值的程度。因此,平均主义者为加入一个自我调控的系统而祝贺他们自己,这一系统会自动地纠正社会阶层间不平等程度扩大的趋势。[1] 否则,我的关于史前觅食群体是根据平均主义者的思路来组织的判断,当然会显得意义不大。

4.7.7 社会主义和资本主义

社会尊重是一个很难对付的概念,而且所提出的社会地位的动态也相应具有猜测性,但是影响价值的其他因素的动态效果则要明确得多。他们的研究仅仅是增强了下述共识,即老式的社会主义扼杀了企业家精神和创新精神。

一个功利主义社会忽视了有需要的人(the needy),因为他们冒险的意愿使得他们能够照顾自己。其阻碍了有能力的人(the able),因为他们不需要像别人那样努力工作就可以生产出相同的产量。那些愿意承担风险的企业家以及那些愿意将金钱投入新办企业的投资者也出于同样的理由而被惩罚。获得比他人更多的教育相当于对自己进行投资,因而学识

〔1〕 我不认为相同的论据证明,在功利主义社会中的阶层会被持续疏离,因为很难相信,无能力者会被真诚地尊重,即使在一个将缓解他们的绝望放在优先列表顶部的乌托邦社会中也是如此。

也处于类似的不利地位。更一般地，功利主义者不赞成任何使亚当和夏娃可以凭自己的力量在世界上生活的东西。自我救助、勤俭节约、善于创新以及开拓进取等辉格党人的美德，都会通过将资源从具有这种美德的人那里转移至像奥威尔(Orwell)的《动物农场》(*Animal Farm*)中博克瑟(Boxer)那样的无思考能力的机器那里，而遭到抑制。

第 2.8 节强调，在一个静态社会中，功利主义社会将是最优的——倘若农舍里的猪可以防止被权力腐败。但是，它将所有错误的激励提供给了下述社会，这个社会的文化生存取决于其与其他社会在经济方面的竞争优势。我不想抨击苏联帝国的崩溃以及其他退出社会民主的国家，我谨提供从一首打油诗中摘取的略带学究气的要点，在这首诗中，曼德维尔(de Mandeville)表达了从其《蜜蜂的寓言》(*Grumbling Hive*)中提取的道德，在这则寓言中，蜜蜂通过采纳它们先前尊崇的美德来摧毁它们的社会：

> 经过正义的修剪约束，
> 恶德亦可带来益处。
> 一个国家必定不能缺少恶德，
> 如同饥渴定会使人去吃去喝。

现代的功利主义者通常接受曼德维尔预言性的观点，即在创造经济财富方面，社会主义不能与资本主义竞争，但他们没有看到在这方面支持平均主义者的任何理由。为什么资本主义在经济上的成功会与正当和善更相关，而不是金钱可以通过在偏僻小巷中抢劫游客来获得的事实？在这一点上，至少后福利主义的平均主义者是同意的。毕竟，最大化某个衡量社会中最不成功阶层的福利指标的罗尔斯式程序，为创造财富而提供激励，相比功利主义也没好到哪里去。

我也同意下述观点，即财富的创造与正当和善之间的冲突是无关的，但是出于截然不同的理由，这种在虚构的绝对道德准则上的争论与真实世界毫无关系。人类的道德演化是用来协调在生存博弈帕累托改进上的人类行为。在本节中,相比较的平均主义和功利主义的版本符合大卫·休谟的洞见,并因此在一个适当理论的范围内,被重构为解决协调问题的备选方法。它们仍然与平均主义者和功利主义者之间的很多传统争论相关,因为绝对主义者关于正当和善的直觉,实际上来源于对真正切实可行的社会契约的观察。但是,当适当理论的追随者坚持认为分享剩余的机会的道德要求有时应该被忽视时,他们必须与道德绝对主义者断绝关系。在这一点上,绝对主义者与真实社会契约运行的直觉理解失去了联系,而正是这些契约使得他们在大部分时间里处于正确的路径之上。演化出来的公平规范作为一种方法,用来在生存博弈的帕累托有效均衡之间进行协调。当如同适当理论那样合理构造时,平均主义者肯定这一功能,而功利主义者则不然。

4.8 市场与长期

如果霍布斯的《利维坦》(*Leviathan*)代表了他对一个正义政体的理念,在这个政体中,个体的公民像一个健康身体中的细胞那样协调着他们的努力,那么他在《巨兽》(*Behemoth*)中叙述的英国内战时期无政府状态的历史,似乎是自由市场运行的一个恰当比喻。〔1〕没有有形或无形之手指导芝加哥小麦市场上的交易者们,使得他们尖叫、呐喊且手舞足蹈。但是,他们行动的总和便以令人吃惊的速度,将价格确定在他们的市场出

〔1〕何谓市场?根据无政府主义者,市场是这样一个地方,在那里他们相互欺骗,是一个陷阱。世界本身又是什么?它是一个巨大的混沌、各种习惯的混淆、变幻无常的空气、一所精神病院、充满杂质的骚乱军队、一个充满行尸走肉和妖精的集市、伪善者的剧场、无赖和谄媚者的商店、充满邪恶的幼儿园、一片胡言乱语的场面、混乱迷糊的学校、恶德的学院,是一场我们必须参加的战斗,不论愿意或不愿意,不论征服或被征服,不论杀人或被杀。在这场战斗中,每个人都是为了自己,为了保护自己,为了实现他的私人目的。——伯顿(Burton)[110]的《忧郁的剖析》(*Anatomy of Melancholy*)。

清值上了。

在这种环境下，秩序自发地源自混沌的方式，使得市场成为自组织社会机制的一个一般性比喻，其可以在没有任何中央权威的干预下运行。[1] 这一比喻是如此令人信服，以至于整整一代右翼思想家都忽视了这只是一个比喻的事实。于是便犯下这样的错误，即将所有的自组织社会现象都视为市场，从而当它们失败时，必须使用拯救病态市场的相同药方来拯救它们。科斯[128]甚至提出，将知识的传播构建为一个思想的市场！

当将市场视为一个理想社会运作方式的模型，并将政府的功能简化至提供公共产品和内部化外部性问题时，这种错误的最危险的版本便出现了。我同意部分政府可以有效运行的功能在于扩展现有可得产品的范围以及协助新市场的创生，但是仅仅从这样一个角度来看待政府则是被遮住了眼睛。除了其他考虑之外，显而易见的是，一个良好发展的社会契约是市场产生的前提条件。甚至在不存在一些嵌入我们文化的共同理解的情况下，私人产品的概念也没有什么意义，且右翼思想家坚持将文化设想为公共产品。法律和秩序是仅仅能够根据政府按照强制力所花费的数量来恰当衡量的事物，这一理念被证明具有特别的灾难性。

考虑到在完全竞争市场中，交易成本为零，但根据交易成本迫使其偏离理想市场的距离来评估社会制度，似乎也不是特别有效。的确，在科斯的观念中，世界被看成一个完美竞争的舞台，并被一些缺陷所损害，即偶尔存在一些市场模型不适用的地方，因为在我看来，交易成本高得令人负

---

[1] 哈耶克[241，242]经常被自由主义思想家认为是，通过发明自发秩序(spontaneous order)这一革命性的概念，从而将政治哲学从社会契约传统中解放出来。但是，这一概念至少可以追溯到卢克莱修(Lucretius)[335]，而且哈耶克也必然非常熟悉休谟[267]和达尔文[145]的著作。一个政治哲学家使用契约论隐喻的事实也并不意味着，他相信我们的社会是被古代社会的建筑家们设计好的。人们或许会争辩道，亚当·斯密使用"无形的手"这一隐喻意味着，他相信新古典经济学中的虚构的拍卖者是真实存在的！在我的理论中，社会契约是一个类似的暗喻，用来指代由生物和文化的演化行动在一个社会中产生的自发秩序。

担不起,像是一张照相底片。我们的舞台是一场生存博弈,其是根据仅仅在一个非常局限的环境集合中的市场规则来玩的。

否认市场模型的普适性并不是忽视下述事实,即市场经常为有效分配资源而提供一种具有弹性且稳健的工具。科斯强调,将市场机制应用于一个新的环境中时,明晰的产权配置是重要的,对于这一观点的正确性,我们没有任何疑问。但是,建立市场仅仅是我们用来配置资源的众多方式之一。

像我这样的辉格党人与市场的支持者站在一起,我们怀疑由官僚军队管制的指令结构,他们对社会服务的无私奉献是系统成功运行的前提条件。然而,对于老式的社会主义者所倡导的指令经济的类型而言,市场并不是唯一的选择。资本主义经济体也没有完全使用完全竞争的范式来进行构建。很多不同类型的社会经济组织正在被使用,而且新的类型也一直在实验之中。事实上,博弈论成功的部分原因在于,其提供了一种可以用来描述这种结构及其演化的语言。

如果我们足够聪明,那么我们甚至可以学着使用博弈论语言所提供的自由思想,来避免传统主义者所认为的左派和右派的错误的两分法。我们并不一定要在市场和指令经济两者之间进行选择。对于左派而言,没有必要去否认,一个稳定的社会需要有效配置资源,从而决策必须下放到相关信息所处的层次。右派也不需要假装没有注意到,一个稳定的社会必须有计划地公平配置资源,以防那些认为自己没有受到公正对待的人寻求暴力和犯罪的补偿。机制设计(mechanism design)这一学科认为,在宏大规模上使用博弈论的思想,可能会使得事情两全其美。在这样一个未来愿景中,我们可以将决策留给当场的人去做,并用规则约束他们的行为,且这种被选择出来的规则使得决策者选择与同意的计划相一致的行为是最优的,从而使市场的优点得以保持。

然而,我们距离知道如何具体操作这种计划还有很长的路要走——否则本书也没有必要将假设简化为,亚当和夏娃完全知晓一切重要的信息。重要的问题在于,机制设计理论发展至今,仍然依赖于一个外部执行机构，以确保各方遵守机制的规则。但是，想要与社会契约理论相关，这些规则必须是自我监管的。

正义或市场价值？　一个辉格党人不但必须与市场支持者就社会可获得的生存博弈的均衡范围进行争论，而且他还必须与通常坚信的市场必然是好的这种近乎宗教狂热的观点作斗争。这一断言的证明依赖第一福利定理和第二福利定理，其可以在所有经济理论的教科书中找到。

第一福利定理断言，在一定条件下，瓦尔拉斯均衡是帕累托有效的。但是，这些条件相比通常所理解的要有更大的局限性。例如，生产的规模报酬必须递减，并且市场在未来必须是完全的。我们不能保证，在现实世界中运行的并且能够产生一个有效率结局的市场是存在的。

至于第二福利定理，其断言，任何帕累托有效的配置都可以使用市场机制来达到，只要在交易开始之前，在代理人之间进行产品转移，以使得禀赋得到恰当的重新配置。[1] 例如，一个平均主义的政府或许会选择平均化所有公民的禀赋，然后允许他们自由交易直至帕累托效率达到为止(第 4.3.1 节)。因此在教科书中，第二福利定理会伴随一个哲学信条，其强调市场机制并不需要与一个特定的政治立场相联系，因为即使是罗宾汉(Robin Hood)，也会发现它是一个实现效率的有用工具，如果他被推上了权力的宝座的话。但是，这一政治哲学信条与将帕累托效率等同于社会最优的实践并不一致(第 4.3 节)。

说某一个目标是社会最优的，即是在宣称一旦达到这一目标，社会就没有理由进一步干预。因此，将社会最优等同于帕累托有效，便是断言，只要配置是帕累托有效的，那么这一配置是否公平对社会来说无关紧要。

右翼学者或许会这样回应，这种分析社会最优的方法与我分析公平规范演化的思路没有原则性差异。第 2.5.4 节强调，公平规范没有演化，

〔1〕 这一证明并不困难，因为禀赋点可以被重置于所研究问题的帕累托有效结局之上。

因为我们关于公平的理念导致物品以具有某种固有的生存价值的方式被分配。公平规范演化是因为群体想要在没有较高代价的内部冲突的情况下,达到他们所玩博弈的帕累托有效均衡。如果某种其他的规范为这一目的而演化——从而根据当前的理念,物品没有被公平分配,我们会被转而提供相同强度的关于这一备选规范的基本正确性的直觉。

在那些适用第一福利定理的特殊情形中,这种推理的右翼思路会导致以下观点,即演化已经将市场扔进竞赛场,将其作为一种把社会带入帕累托有效结局的方法,与公平进行竞争。事实上,市场观念在经济活动圈层中越来越广泛传播的历史过程表明,市场是一个非常成功的竞争对手。当供给与需求的法则最终打败公平价格这一中世纪概念时,难道承认我们关于公正社会的直觉被一个新的范式所取代的时刻还没有到来吗?一旦市场的文化基因完全替代了公平的文化基因,这个故事便得以继续,在传统的理念中,市场是否公平将变得无关紧要。事实上,像桑内特(Sennet)[485, p. 43]那样的右翼评论家,已经迫不及待地通过重新定义公平结局来协助这一进程,他将一个公平的结局定义为,在无形之手的运行没有受到约束的情况下所导致的任何结果。

本节的目的在于制造一种情形以推翻这种戏剧化的场景。我同意,演化最终倾向于生成像在生存博弈的受限制附属博弈中运行的市场那样的社会契约,其允许这样一个解进入它们的均衡选择问题——但并不是因为市场机制体现了一套引人注目的新观念,并胜过一堆过时的公平规范,这些规范仅仅作为在史前时期由狩猎采集者社会所运行的社会契约的化石记忆而存在。相反,当环境有利时,市场注定会胜利。我想要争辩的是,这是因为,市场正是在长期中我们应该预期看到的东西,在长期中,市场是人的私人偏好随着时间的流逝而适应于将原初状态的机制用作公平规范所导致的一个结果。

我们已经研究了当我们允许移情偏好在中期可以调整之后,并使用原初状态的机制来进行资源配置时所发生的状况。正如第 4.6.6 节所述,尽管亚当和夏娃仍然会将他们的社会契约描述为公平的,但是对于他们的讨价还价博弈，他们实际上会同意纳什讨价还价解。于是，他们所采用的公平程序中的所有道德内涵都会消失殆尽，因为他们所达成的协议与他们使用任何可以处置的讨价还价能力以面对面地磋商而得到的结果是一样的。

这一中期论证想当然地认为，当局中人的移情偏好变化时，他们的私人偏好保持固定。但是，第 2.5.5 节引入的时间跨度的分类仅仅在短期和中期维持了这一假设。在长期，私人偏好也可能发生变化，以适应于所使用的任何配置机制。于是我们需要询问，在下述假设下，即亚当和夏娃所显示的偏好仅仅充当了纳什讨价还价解的投入要素，如果他们都致力于最大化他们的适应度，那么亚当和夏娃会选择显示怎样的私人偏好。如果在可以根据市场条件来构建的情势中，没有一位局中人愿意错误地显示他或她的私人偏好，那么结果是，使用纳什讨价还价解会实施一个瓦尔拉斯均衡。

因此，市场是下述过程的最后一步，首先是滤去文化的道德内涵，然后通过塑造他们的私人偏好以侵蚀其公民的自治。这样一个结论与右翼学者的华丽辞藻不相一致，其将市场体制理想化为真正自由的化身。他们都不会受到那些左翼学者的欢迎，左翼倡导一个为所有人提供公平交易的福利国家，并以扼杀企业家的行为为代价，因为其认为任何这种体制都会随着时间退化为一种像市场的东西。辉格党人会为下述事实而祝贺他们自己，即市场机制要走很长的路才能迎合他们对腐败的关注，但是我的故事所提供的理由却不那么令人欣慰。正如一块掉入深坑的石头不能轻而易举地被诱导以掉得更深，一个市场也不那么容易产生腐败，因为其制度已经被腐败了。

然而，尽管没有人有任何理由对下述事实感到高兴，即一个固定的生存博弈所运行的文化的道德价值会在长期中腐蚀殆尽，但是也没有绝望的原因。我们当然没有资格得出这样的结论，即道德在一个发达社会中毫无作用可言。图 4.8 所总结的短期和中期的思考依然是有效的，无论在长期会发生什么。因此，生存博弈的一个短期改变，或许是由于技术或环境的变化引起的,会像在一群狩猎采集者中那样,在一个发达经济体中激起对剩余公平分配的相同需求。

泰勒(Thaler)[520]关于下雪后的铁铲市场这一具有乡土气息的例子,非常清晰地捕捉到了表象的实质。当下雪时,铁铲的需求增加了。如果供给必须与需求相等,并且铁铲的供给是固定的,那么铁铲的价格必定上涨。但是,消费者马上会通过谴责价格上涨是不公平的来回应。[1]于是,他们就会通过拒绝购买来惩罚零售商的欺骗行为。

当然,这种拒绝购买的行为是一种短期反应。如果我们处于一个新冰河时期的开端并且开始每天下雪,那么人们就会停止坚持认为,公平规范要求采用下雪之前的市场出清价格。在长期,他们会学着将新的市场出清价格视为公平的。

像撒切尔夫人那样的右翼政治家,他们抽象掉了这种非均衡的现象,并在危难时期将社会契约据为己有。[2] 由嫉妒产生的愤怒是一种强大的力量,特别是被理性化为正义的愤慨。忽略由其产生的社会机制,便犯了新古典经济学的经典错误——其假设所有事物总是处于均衡之中。但是,所有社会系统都需要花费时间找到通向均衡的路径。为了找到他们的通向一个长期均衡的路径,他们需要很长的时间。然而,正如第2.7节所解释的,公平演化为提供解决均衡选择难题的短期方案。

4.8.1 瓦尔拉斯讨价还价解

第4.3.1节传统性地强调,价格能够在一个瓦尔拉斯均衡上协调行为。一旦价格被确立,那么所有商品束都可以用货币来衡量。但是,我们用作货币的纸币只有根据习俗才有价值。在运行不同社会契约的社会

[1] 下雪后,零售商的价值没有变化,因为他以下雪前的价格从批发商那里购买铁铲。而消费者不能理解,为什么他们上升的需求会使他们具有更低的价值?

[2] 回忆一下,撒切尔夫人是因为一场普遍的抗税运动而下台的,这场抗税运动是由于人们认为她的人头税不公平而引发的。

中,也运行着不同类型的习俗。在休谟的时代,金和银被用作货币。在第二次世界大战的战俘营中,香烟充当了相同的角色。但是,这种习俗不能先于市场确立的物物交换比率而出现。那么在货币出现以便于交易之前,市场是怎么运作的呢?社会演化是如何想到瓦尔拉斯均衡这一理念的呢?

核 标准的教科书讲的是一个关于核的故事。如果一个潜在联盟的所有成员能够通过在他们自己之间再分配他们自己的禀赋,从而获得比当前配置给他们的更多,那么他们就可以通过在当前配置的实施中联合地拒绝合作,从而阻止当前的配置。那些不能被阻止的配置集合称为核(第 0.5.1 节)。在一个足够大的纯交换经济中,结果是,核与瓦尔拉斯均衡集合相重合(第 4.3.1 节)。如果每当条件成熟时,总是可以保证阻止联盟,那么故事就变成只有瓦尔拉斯均衡才能生存下来。

但谁又说,存在一个在配置实施之前其必须被全体一致同意的过程,而不是一个零敲碎打的系统,在这个系统中,最终的配置取决于在少数代理人之间大量独立的物物交易?即使这样的一个过程被建立起来,为什么一个联盟能够阻止一种配置这一单纯的事实会被认为是联盟想要阻止这一配置呢?如果这一假设成立,那么在零和博弈中将无法达成任何协议。该假设忽视了参与一个阻止性联盟的愚蠢,而没有首先问问自己,相比当前得到的,在所有阻止行动结束之后,最终是获得更多还是更少。

例如,考虑一个基于图 4.2(a)埃奇沃思箱形图的经济。如果亚当和夏娃对一个实施纳什讨价还价解的交易进行磋商,那么他们将分别对这两种可得的物品平均分配。相比而言,如果他们选定了瓦尔拉斯均衡,那么无花果树叶仍然会被分割成大致相等的两部分,但夏娃会获得几乎所有的苹果。因此,相比瓦尔拉斯结局,亚当更偏好于纳什结局。现在,我们遵循埃奇沃思,将亚当和夏娃复制很多次,从第 4.3.1 节中我们知道,阻止所有可阻止的事物的结果是,瓦尔拉斯均衡将是最终的结局。但是,如果纳什配置在桌面上,既然从中获得的任何优势都是暂时的,那么一个亚当为什么会加入一个阻止性联盟呢?正如冯·诺依曼和摩根斯坦

[538]所意识到的,当拒绝核而支持他们关于稳定集的概念时(第0.5.1节),这种阻止的故事仅仅在局中人都非常不理性地近视的情况下,为核提供了一种辩护。

拒绝将一个核的故事作为瓦尔拉斯均衡如何首次出现的一个可行解释,我并不是否认核在博弈论中是一个重要的概念。其将在这里提供的批评不适用的情形中反复出现。但是,就像许多事情一样,作为一个基础性概念,其理论基础的虚弱性在文献中被忽视了,因为采用这一概念能够带来不少具有魅力的结论。

货币之前 市场机制起源的一个合理得多的解释的开端,可以在匹配和讨价还价的文献中找到。[1] 在这一类文献中,交易者被这样建模,他们成对地会面,接着开始讨价还价,并将他们磋商失败时等待他们的外部选择考虑在内。这些外部选择包括找到另一个交易代理人的可能性。典型的结论是,当潜在的摩擦或者交易成本趋于无穷小时,系统将收敛于一个瓦尔拉斯均衡。

这种对物物交换系统的研究将从传统故事离开的注意力重新集中起来,根据这种传统故事,瓦尔拉斯均衡的理念通常被捍卫为一种讨价还价解。第1章是如此努力地宣传纳什讨价还价解的优点,因而这似乎是一种违反常理的观念。但我们并不会废黜纳什并支持瓦尔拉斯。当信息是完美的,并且局中人能够在没有制度约束的条件下讨价还价,纳什讨价还价解仍然是我们分析的基石。然而,在其他情形下,大门仍然为备选的讨价还价概念打开着。

经济环境中的讨价还价 纳什[380]的讨价还价理论假设局中人的偏好是共同知识。为了将他对讨价还价的分析方法从一般的情形中区分

[1] 详见鲁宾斯坦和沃林斯基(Rubinstein and Wolinsky)[450, 451]、宾默尔和赫雷罗(Binmore and Herrero)[78, 77]、盖尔(Gale)[191, 192, 193]等。

开来,纳什提出使用“杀价”(haggling)一词来描述局中人在没有关于对手私人偏好完全信息的情况下进行磋商的情形。

哈萨尼[232]的不完全信息理论为在某些环境下对杀价进行建模提供了一种工具,当局中人致力于策略性地利用他们对手的无知时,对于所产生问题的可信分析,现在我们仍然不能给出。理由在于,现实的杀价模型往往具有大量的均衡状态,从而我们会在一个特别加重的形式下面对均衡选择问题(宾默尔等[80])。我的猜测是,在这一领域的研究水平会维持不令人满意的状态,直到关于下述问题的研究有实质性的进展为止,即试错调整过程是如何把真实的人们带到实际运作的博弈的均衡之中的。

提及杀价问题,仅仅是为了否认本节所展示的讨价还价的内容旨在为下述问题的研究做贡献,即局中人的无知会如何被他们的对手所利用。适用这一理念的不那么雄心勃勃的问题,将在第4.8.2节中变得明显。在过渡时期,由宾默尔[66]给出的公理可以被视为罗默(Roemer)[433]称之为经济环境中讨价还价问题的一种贡献。

当纳什将一个抽象的讨价还价问题表达为(X,ξ)时,他想当然地认为:只有编入这些数据的效用信息才与理性局中人的讨价还价行为相关。当讨价还价者不受信息约束或者制度约束的阻碍时,这是一个明智的假设。但是,当局中人受到这些阻碍时,又会发生什么呢?

例如,在第4.3.1节中,亚当和夏娃只能够根据价格来交流。在这种情形中,在其上定义他们效用函数的经济环境就变得相关。我们不能再遵循纳什[380],也不能将一个讨价还价解定义为从(X,ξ)映射到集合X的函数f。讨价还价函数的集合必须扩展以顾及下述可能性,即当面对博弈(X,ξ)时,理性的讨价还价者所同意的结局可能取决于他们博弈所处的经济环境。

我们只考虑两种简单的经济环境。在第一种情形中,经济环境基于满足第1.2.5节和第4.3.1节所述性质的埃奇沃思箱形图ε。当我们讨论埃奇沃思箱形图中的讨价还价时,我们往往想当然地认为,现状点应该被置于禀赋点e,但这一假设需要一些理由。

第1.2.2节区分了磋商中的崩溃点(breakdown point)和僵局点(deadlock point)。前者代表了这样一种情况,其中一个局中人单边地放弃磋商以寻求一个外部选择,这导致另一个局中人别无选择也只能这样去做。僵局点则代表,局中人永久地进行讨价还价而不能达成一个协议的情况。正如第1.2.2节所解释的,尽管在纳什讨价还价理论中,现状点位于僵局点,但在应用研究中通常将现状点置于崩溃点。幸运的是,在本章中,这一问题不会烦扰我们,因为我们将收益解释为收益流。因此,我们必须将亚当和夏娃的禀赋想象成常数商品流。进一步假设这些商品是易腐烂的,必须在他们获得这些商品的时期被消费掉,在一个特定时期,亚当和夏娃磋商失败的结果便是,他们俩都必须消费掉该时期他们被赋予的商品。正如第1.2.5节所述,禀赋点 e 便充当了他们磋商的僵局点。[1]

我们考虑的第二种经济环境要比第一种简单一些。其来源于第1.2.4节介绍的分钱博弈。在这个情形中,经济环境可以等价于一个三元组,包含可能的物理结局集合 $\mathcal{E}=[0,1]$、没有达成协议所导致的物理结局(0,0),以及亚当和夏娃的冯·诺依曼-摩根斯坦效用函数 $u_A:\mathcal{E}\rightarrow\mathbb{R}$ 和 $u_E:\mathcal{E}\rightarrow\mathbb{R}$。在区间[0,1]中的每一个点 x 都对应于一种分钱方法,其中,亚当所得的比例为 x,而夏娃所得的比例为 $1-x$。

刻画瓦尔拉斯均衡的讨价还价公理 合作博弈理论的标准方法包括列出刻画各种讨价还价解的公理。一旦我们允许讨价还价解取决于潜在的经济环境,那么我们将有大量锻炼想象力的机会,以发明肯定会令人感兴趣的公理清单。但是,我们在这里只研究适用于第1.2.5节的简单交换经济的公理。这样,结局集合 $\mathcal{E}$ 便是一个埃奇沃思箱形图。

为了致力于研究对潜在的经济环境敏感的讨价还价解,通过构建一个保持纳什[380]公理精神的公理集合来开始是很自然的(第1.4.2

[1] 当亚当和夏娃的禀赋是一次性磋商中的库存(stocks)时,这个禀赋点应该被视为崩溃点,因为在磋商失败之后,局中人只会消费他们自己的禀赋。僵局点的位置取决于与埃奇沃思箱形图不相关的因素。这一点被宾默尔[66]避开了。

节)。有点令人惊讶的是,出现的公理结果刻画了瓦尔拉斯均衡集合(宾默尔[66])。因此,有时候将一个瓦尔拉斯均衡称为瓦尔拉斯讨价还价解是有道理的。

像本书之前那样,我们只描述一个必要论证的简化版本。特别地,注意力将被局限于具有唯一瓦尔拉斯均衡的情形。热韦尔(Gevers)[202]和永久(Nagahisa)[378]提供了更为复杂的处理方法。

瓦尔拉斯讨价还价解将被刻画为埃奇沃思箱形图中的一个交易 w。在这一交易中,亚当和夏娃会获得收益对 x。正如我们所研究的其他讨价还价解,我们想当然地认为,x 属于基本问题的讨价还价集合。这意味着,w 处于埃奇沃思箱形图的契约线之上(第 1.2.5 节)。刻画瓦尔拉斯讨价还价解的其他公理是:

- 效用与商品校准的独立性。
- 对称性。
- 无关选项独立性。

在 1.4.2 节中,刻画纳什讨价还价解的第一个公理要求,解要独立于在局中人效用刻度上选择零点和单位的方式。刻画瓦尔拉斯讨价还价解的第一个公理只在下述要求中有所差异,即解不取决于商品是如何被衡量的。第二个公理仅要求下述条件,即埃奇沃思箱形图等同于其根据对角线的翻折,且禀赋点 e 处于对角线之上。

正如在纳什讨价还价解的情形中一样,关键的公理是无关选项独立性。如同第一个公理,其需要被分割成两部分,其中一部分涉及效用,而另一部分涉及商品。首先来看商品部分,该公理要求,正如同创建一个新的埃奇沃思箱形图那样,从埃奇沃思箱形图中删除一些交易,但仍然保留点 e 和点 w,解维持不变。效用部分则更加有趣。它要求,当每一个局中人的效用函数都被改变以至于没有交易能够增加效用,并保持点 e 和点 w 的效用不变时,解维持不变。如果局中人起初就愿意在点 w 处达成协议,第二部分的思想是,效用的变化不会提供改变协议的激励,因为所有发生的事情是,备选方案变得更加没有吸引力了。

“证明” 第一步是将埃奇沃思箱形图从 $\mathcal{E}$ 扩展至 $\mathcal{E}_0$，如图 4.13(a)和(b)所示。重要的是，箱形图 $\mathcal{E}_0$ 的次对角线应该是穿过点 e 和点 w 的直线。第二步是通过改变衡量商品的单位，将箱形图 $\mathcal{E}_0$ 转变为一个正方形。在新的商品单位下，点 e 和点 w 在该图中是点 e_1 和点 w_1。第三步是改变效用刻度，以使得亚当和夏娃都将 0 的效用赋予 e_1，而将 1 的效用赋予 w_1。现在我们得到了埃奇沃思箱形图 $\mathcal{E}_1$，如图 4.13(c)所示。

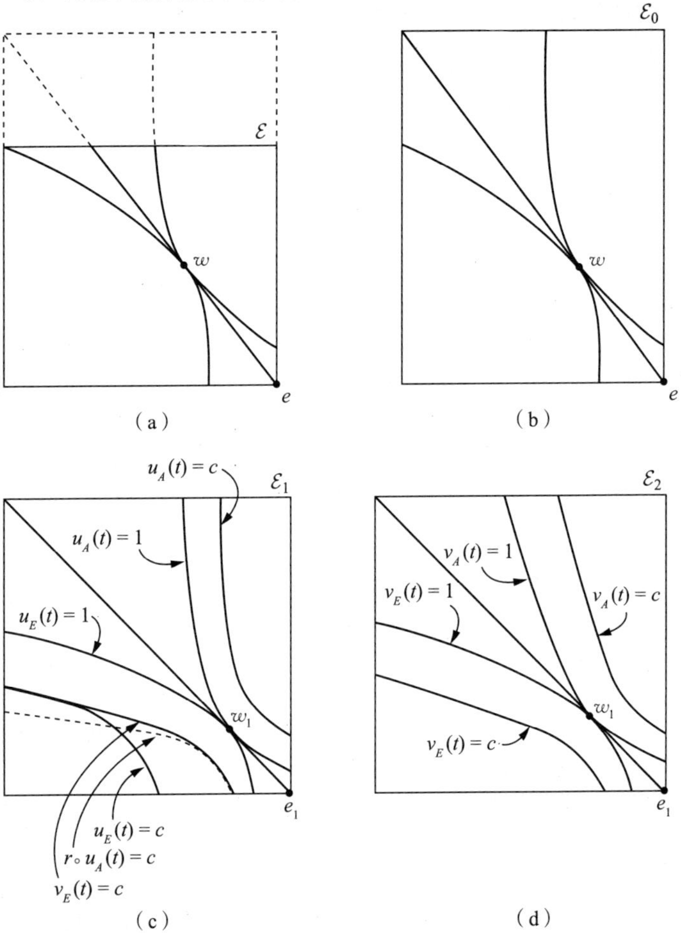

图 4.13 刻画瓦尔拉斯讨价还价解

第四步是将亚当和夏娃的无差异曲线，根据箱形图 $\mathcal{E}_1$ 的次对角线进行翻折。图 4.13(c)展示了夏娃的无差异曲线 $u_E(t)=c$，以及亚当的无差异曲线 $u_A(t)=c$ 根据 $\mathcal{E}_1$ 次对角线的翻折线 $r\circ u_A(t)=c$。根据这两条无差异曲线，构建一条新的无差异曲线 $v_E(t)=c$，如图 4.13(c)所示。[1]当 v_A 也以相似的方式构建时，结果便是图 4.13(d)中的对称的埃奇沃思箱形图 $\mathcal{E}_2$。

在箱形图 $\mathcal{E}_2$ 的契约线上的唯一对称交易，便是瓦尔拉斯均衡 w_1。为了证明这个结论，我们只需要从构建 $\mathcal{E}_2$ 的步骤倒退至构建 $\mathcal{E}$ 的步骤，注意到，公理确保在每一个阶段，瓦尔拉斯均衡都是讨价还价解。无关选项独立性的第二部分在逆转第四步时被要求使用，而其第一部分在逆转第一步时要求被使用。

4.8.2　错误表达私人偏好

根据第 0.6 节的纳什规划，我们提出的合作讨价还价解的实用性，需要通过构建讨价还价过程的模型来评价，且这一过程的结局可能是讨价还价解所预测的。当这样一个讨价还价过程的模型被作为一个非合作博弈来分析时，其解结局应该与所研究的合作讨价还价解相重合。在第 1 章中，纳什讨价还价解就是借助完全信息的非合作讨价还价博弈以这种方式来测试的，在这种博弈中，亚当和夏娃的私人偏好是共同知识。但在现实生活中，偏好是如何成为共同知识的呢？

他们心中预备诡诈　正如第 1 卷第 2.3.5 节所解释的，当且仅当某事物被一起公开事件所展示时，该事物便成为共同知识——公开事件是这样一起事件，除非所有人都知道这一事件，它才会发生。那么，什么公

[1] 函数 v_E 是最小的支配 u_E 和 $r\circ u_A$ 的拟凹函数。我们不能仅仅使用凹效用函数而不放松某一假设来完成证明(宾默尔[66])。

开事件会导致亚当和夏娃的私人偏好成为共同知识呢?

问题的答案可以在“当他人在观看时,他们会如何行为?”这一问题中找到。事实上,根据显示偏好理论,在亚当出现的情况下,如果没有他的如下推理,即夏娃相比穿无花果树叶更偏好吃苹果,夏娃就不能在苹果和无花果树叶之间做出一致的选择。但问题出现了,误导亚当关于她的偏好是否符合夏娃的利益呢?如果他们之后会以一个同意的比率用夏娃的苹果来交换亚当的无花果树叶,那么夏娃一定会获得实质性的优势,倘若她能够使亚当相信她并不是很在意亚当提供的东西。然而,用这种方式误导亚当的代价是高昂的,因为这要求当她偏好穿无花果树叶以保持她的端庄时,她需要吃掉大量的苹果。因此,她必须在树立不喜欢无花果树叶的声誉所导致的成本和当她与亚当讨价还价时这一声誉给她带来的收益之间进行权衡。除非她认为亚当是异乎寻常地幼稚,她对欺骗亚当所获得收益的算计必须将下述事实考虑在内,即亚当不太可能接受夏娃假装喜欢的苹果的表面价值。〔1〕

即使有可能解决由这种杀价情势中相互欺骗的机会所引起的一般性的策略难题,我认为,结果也不会告诉我们多少有关瓦尔拉斯讨价还价解的事情。想要朝这一方向做出进展,我们需要研究两种极端的情形。在第一种情形中,欺骗成本太高以至于无需顾虑。因此,局中人的私人偏好会被真实地显示,从而满足了应用纳什讨价还价解的信息要求。

在第二种情形中,在讨价还价的背景之外,欺骗他人关于自己的偏好基本上没有成本。因此,任何夏娃想通过吃苹果而建立的声誉,都会被亚当视为“廉价磋商”(cheap talk)(第1卷第3.2.3节)。于是,夏娃建立喜欢吃苹果的声誉的唯一机会便在早先遭遇的讨价还价之中。与本章亚当和夏娃会保持关系这一简化的假设相一致,我们将假设,相比未来类似遭

〔1〕“买物的说,不好不好,及至买去,他便自夸”[《圣经・箴言》(20:14)]。本节的标题引用了《圣经・约伯书》(15:35)中的一句哲言。

遇的预期收益总和,在这样一次遭遇中,每个人能够得到的收益是可以忽略不计的。于是研究下述情形便是有意义的,在这种情形中,局中人选择的谎言将永远维持。

我将这种情势构建为偏好错误表达的问题。如果亚当和夏娃能够公开承诺讨价还价的目的并这样行动,似乎他们有一套私人偏好而不是他们真正具有的私人偏好,那么他们会宣布怎样的假冒偏好呢?他们用这样的假冒偏好进行讨价还价,会导致怎样的结局呢?

在这种揭示私人偏好的方法与当定义移情偏好时第 2.5.4 节所使用的方法之间,存在一处明显的类似。为了阐明这种类似的事情,我将一个错误表达均衡(misrepresentation equilibrium)定义为,一对由局中人宣布的冯·诺依曼-摩根斯坦效用函数,并具有以下性质,即当局中人被问及以下问题时,他们的回答都将是“不”:

> 假设你可以欺骗任何人并令他们相信,你的私人偏好是任何你想要宣布的私人偏好。如果你必须像具有你所宣布的私人偏好那样进行讨价还价,那么相对于你实际所持有的私人偏好,这种欺骗行为对你而言是否值得呢?

当然,这一问题的答案取决于讨价还价是如何被引导的。我会简单假设,讨价还价的结局是,好像局中人宣布的假冒效用函数是真实的情况下计算出来的对称纳什讨价还价解。

生活在谎言中?　正如在一个移情均衡的情形中,当我们考虑将错误表达均衡应用于本书所发展的社会契约理论时,使用目的论的语言是错误的,这种语言会按照字面意义将一种错误表达均衡表示出来。亚当和夏娃并不会被认为是有意识地通过这种或那种方法来承诺这样行为,即好像他们具有他们在模型中所宣布的假冒偏好。我当然不想被认为是在复活显性偏好谬误(transparent disposition fallacy),它企图在单次囚徒困境中理性化合作行为(第 1 卷第 3.2 节)。正如当博弈论应用于一个演化的背景中那样,所达致的结局好像是局中人按照模型所描述的方式选择的,但是达致这一结局实际依赖的机制则要复杂得多。

如果我们坚持第2.5.5节的故事,其将长期等同于生物时间,那么局中人的真实私人偏好应该等同于他们的生物适应度。假设他们的讨价还价行为是决定他们适应度的唯一重要因素,于是演化稳定性要求,他们在讨价还价时要最优地行为。如果在他们社会中的讨价还价是使用纳什讨价还价解来引导,且这个解是在亚当和夏娃过去所显示的私人偏好的基础上计算出来的,那么他们会被从基因方面编入程序,以显示最大化源自讨价还价结局的适应度的私人偏好。否则,他们就会被突变异种所最终取代。

即使我们抛弃下述幻想,即私人偏好仅仅取决于生物性演化,我们也不需要将亚当和夏娃想象为在有意识地说谎。我自己的关于我们如何以及为什么在头脑中携带了“偏好—信念模型”的休谟式的观点,在第2.5.4节中有简要的描述。如果这只对了一半,那么我们不但会做我们喜欢做的事情,而且还具有一种学着喜欢我们习惯于做的事情的倾向。在一个私人偏好像移情偏好那样适应于中期的模型中,我们甚至还可以为重新叙述一个错误表达均衡的定义而找到充分的理由,以使得局中人不会根据一套外生给定的真实偏好,而是根据他们实际宣布的假冒偏好,来评估变动他们宣布的假冒偏好的效果。

这样一种方法会否认一个真实私人偏好的概念,并因此为康德式的思路打开大门,其强调,在单次囚徒困境中的理性在于,局中人改变他们的偏好以使得合作成为可能(森[480])。让我再次强调,局中人并不会被认为是在选择他们的偏好,无论是私人的还是移情的。他们的偏好取决于源自生物和社会适应度因素的演化压力。在一个表达出来的偏好和适应度之间的关联可能是复杂的——正如我的故事中的移情偏好如何演化那么复杂,或者相对简单一些——生物学上固有的私人偏好的情形。但是,我们不能逃避以下事实,即适应度最终必须被外生决定。[1]

总之,说错误表达仅仅是一个将复杂现象简单化的暗喻——虽然这有为愚蠢的批评家提供弹药的风险,他们认为,基因或文化基因在没有配备"像人类那样的"自由意志的情况下,都不能装出它们好像是自私的样子。

在中期和长期中建模　回忆第2.5.5节,所有偏好在短期都被认为是固定的。因此,短期对应于经济时间——一个实际进行决策的时期。中期对应于社会时间,在这一时期,移情偏好会调整到达致一个移情均衡为止,但是私人偏好维持固定。长期对应于生物时间,在这一时期,我假设私人偏好会调整到达致一个错误表达均衡为止。

第2.5.5节解释了从厂商经济理论中借来的建模程序,对于这一程序,这些时间跨度需要被清晰区分。第4.6.6节将这一程序带到了这样一个阶段,在那里,我们对中期程序的研究以根据移情均衡的思想决定亚当和夏娃的移情偏好而告终。当这些中期变量的均衡值被采用时,亚当和夏娃都获得了相同的私人收益,无论他们是使用成比例讨价还价解还是使用对称纳什讨价还价解。最后一步是询问,亚当和夏娃的私人收益在长期是如何决定的?如果他们被赋予私人偏好的结果是,这些偏好是用来根据对称纳什讨价还价解计算他们的收益。正是出于这个目的,我们才形成了一个错误表达均衡的理念。

沉着冷静　在转向简单交换经济中的错误表达均衡之前,研究分钱博弈这一相同的问题或许是有帮助的。

第1.7.1节解释了,当亚当和夏娃在对如何分钱进行讨价还价时,决定谁能够拿多少的个人特征是他们对于承担风险的态度,以及他们对于

[1] 通过讲一则演化的故事,复活第1卷第3章中回顾的某些谬误变得时髦起来,在这则演化的故事中,生物体能够选择在特定环境中的适应程度。

推迟达成协议的耐心程度。如果指导局中人选择讨价还价策略的私人偏好将成为共同知识,那么当他具有一个较低的风险规避程度以及一个较高的折现因子时,他将占据优势。因此,在讨价还价的背景下,从不匆忙、从不焦虑的沉着冷静的声誉,是一份高价值的资产——由此我们仰慕由克林特·伊斯特伍德(Clint Eastwood)在美国西部片中所刻画的那些特别高冷的主角。

第1.7.1节倡导使用鲁宾斯坦[445]的交替出价博弈,来构建面对面讨价还价的模型。于是,我们可以使用一个加权纳什讨价还价解来预测讨价还价的结局,在这个解中,讨价还价能力与局中人的折现率呈反比。然而在这里,我们并不关注面对面的讨价还价问题。我们使用对称纳什讨价还价解,因为这正是我们对亚当和夏娃在他们的移情偏好在中期达致一个移情均衡时,使用原初状态的机制所能获得的私人收益对的预测。应用一个更为复杂的理论仍然会发现,局中人的耐心程度是有作用的,但我将这种可能性放在一边并仅仅关注,当使用对称纳什讨价还价解时,亚当和夏娃错误表达他们对承担风险的规避程度的激励。

在研究分钱博弈的错误表达问题中,最令人感兴趣的情形假设,局中人是风险规避的并且不能假装是风险偏好的(第1卷第4.6节)。在这一情形中,克劳福德和范里安(Crawford and Varian)[137]已经证明,在错误表达博弈中,宣布自己是风险中性的是一个占优策略。这样一个局中人旨在最大化其预期货币收益,从而将冯·诺依曼-摩根斯坦效用单位等同于美元。简言之,一个错误表达均衡要求,每一个局中人宣称是否承担风险是无差异的。由于两个局中人都宣布了相同的假冒偏好,于是纳什讨价还价解的对称性确保,每一个局中人都获得50美分的收益。

图4.14是图1.3(a)的一个修订版,其致力于从几何的角度解释结果。回忆一下,图1.3(a)展示了如何将一个分钱博弈映射到一个纳什讨价还价博弈$(X,0)$。这一博弈的对称纳什讨价还价解用N表示。由点T设定的分钱方式实施了这个解。

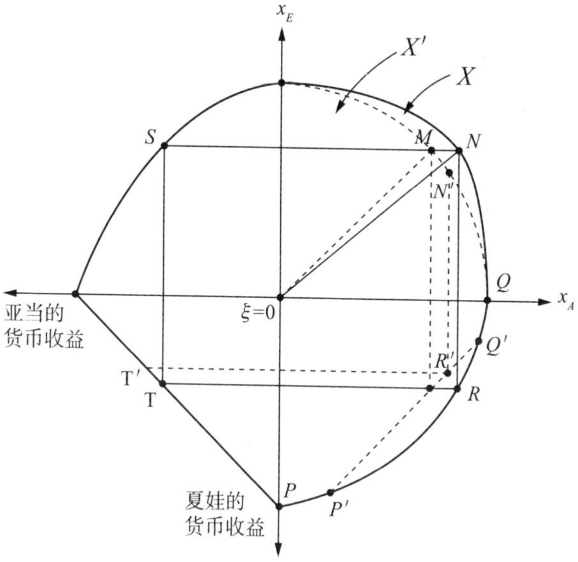

图 4.14　在分钱博弈中假装风险中性

在第 1.2.4 节中,图的东南部分和西北部分描绘的冯·诺依曼-摩根斯坦效用函数代表了亚当和夏娃的真实偏好。但是,现在它们代表亚当和夏娃宣布的一对假冒偏好。无论夏娃宣布拥有怎样的假冒偏好,我们想要强调的是,亚当都可以通过将自己的宣告变为风险中性函数,而获得至少一样多的金钱,这一风险中性函数的图形是连接点 P 和点 Q 的直线段。由于我们假设亚当的真实效用函数是随着金钱而递增的,因而无论夏娃选择宣布怎样的假冒偏好,假装风险中性是对其的一个最优回应。

考虑亚当宣布这样一个新效用函数的效果,其通过将他旧的假冒效用函数图像中点 P' 与点 Q' 之间的那部分替换为连接这两个点的直线段而得到。于是他假装自己比以前要少风险规避一些了。讨价还价博弈 $(X,0)$ 就会被 $(X',0)$ 所替代。如果根据点 T 所设定的方式来分割这 1 美元,那么现在局中人就必须在集合 X' 帕累托前沿的收益对 M 上达成协议。

所使用的对称纳什讨价还价解的刻画如图 1.5(c)所示。其要求集

合 X 帕累托前沿上点 N 处的切线与横轴相交的角度，等于从点 O 到点 N 的射线与横轴的夹角。为了利用这一事实，我们选择连接点 P' 和点 Q' 所得到的弦，使其不比亚当旧的假冒效用函数上点 R 处的切线更陡峭。因此，集合 X' 帕累托前沿上点 M 处的切线比集合 X 帕累托前沿上点 N 处的切线更平坦。同时，从点 O 到点 N 的射线比从点 O 到点 M 的射线更平坦。这样点 M 便不可能是博弈 $(X',0)$ 的对称纳什讨价还价解，其必然位于点 N'。集合 X' 帕累托前沿上该点的切线，要比点 M 的切线更陡峭；并且从点 O 到点 N' 的射线，要比从点 O 到点 M 的射线更平坦。这样一个收益对对应于点 T' 的分钱方式，且相比点 T，亚当更偏好点 T'。

因此，从假冒效用函数中剪掉不是太陡峭的弦，无论他的对手会宣布怎样的假冒效用函数，都会使得局中人至少与以前一样好。用这种方式可以被剪掉的最大的弦便是 $P'=P$，但不能保证 $Q'=Q$。然而，一旦点 R' 处于这种弦上，该弦就可以更为陡峭，而不改变点 T' 的分钱方式。[1] 这意味着，通过假装他自己的冯·诺依曼-摩根斯坦效用函数的图形是连接点 P 和点 Q 的直线段，亚当永远不会吃亏。

□ **在交换经济中错误表达偏好** 在分钱博弈的错误表达均衡中，1 美元被五五平分。然而，当我们转向一个简单交换经济的情形时，我们还可以得到更有趣的结论。这种情形提供了一种可能是不对称的潜在经济环境。在温和的假设下，一个帕累托有效的错误表达均衡导致了一个瓦尔拉斯配置[赫维兹(Hurwicz)[276]、施迈德勒(Schmeidler)[466]、宾默尔[66]]。

混淆的空间依然存在，因为瓦尔拉斯配置既可以用局中人的真实偏好来计算，也可以用他们的假冒偏好来计算。帕累托有效也具有相似的

〔1〕 于是，纳什讨价还价解仍然不变，好像亚当的假冒效用函数仅仅是弦 PQ' 向横轴的延长线。使这样一条直线段更陡峭，对应于通过乘以一个正常数而得到的亚当效用单位的再校准。但根据效用校准独立性公理，这种转换不会使纳什讨价还价解的结局发生变化。

模糊性。因此，让我强调一下，这里所得到的结果要求，这两个概念都是使用局中人的真实偏好来计算的。无论局中人宣布怎样的假冒偏好，所导致的配置相对于局中人的假冒偏好而言，将自动是帕累托有效的，因为我们假设讨价还价的结局由对称纳什讨价还价解所决定。结果也显示，相对于局中人的假冒偏好而言，一个错误表达均衡总是实施一个瓦尔拉斯均衡。这些结果都是重要的，但是我们不能将注意力从下述事实中转移开，即需要被证明的结果关注局中人的真实偏好。

所研究的环境 $\mathcal{E}$ 是一个埃奇沃思箱形图，其在第 1.2.5 节中有所介绍且在第 4.3.1 节中有更为详细的讨论。这里我们仍然保持这些章节所做出的假设。特别地，每个局中人的偏好都被假设为凸的。这意味着相比一个特定的交易，局中人至少同样喜欢的交易集合总是一个凸集。一个具有凹效用函数的局中人便具有凸的偏好，从而我们可以通过假设他们是风险规避的，进而确保局中人具有凸的偏好。然而，一个具有凸的偏好的局中人必定具有一个凹的效用函数，这一点并不正确。具有凸的偏好的效用函数被称为拟凹的。

第 4.3.1 节揭示了连接错误表达均衡和瓦尔拉斯配置的论证的精华，因为我们可以根据一个错误表达均衡来重新解释图 4.2(c)。假设亚当宣布了一套等同于其真实偏好的假冒偏好，且其位于图 4.2(b)的集合 C 之内，但使得在集合 C 之外的所有事物都比禀赋点更差。如果最终的配置处于假冒埃奇沃思箱形图的契约线之上，[1]那么在集合 C 之外的所有事物对夏娃来说都不可行。她所能期待的最好情况是，在集合 C 中的配置的确是她最偏好的。类似地，如果夏娃宣布了一套在集合 D 中的等同于其真实偏好的假冒偏好，但使得在集合 D 之外的所有事物都比禀赋点更差，那么亚当所能期待的最好情况是，在集合 D 中的配置的确是他最偏好的。如果像图 4.2(c)中那样选择集合 C 和 D，那么两个局中人

〔1〕 正如第 1.2.5 节所解释的，契约线对应于第 1.2.3 节的讨价还价集合。对称纳什讨价还价解，或者任何其他讨价还价解，都会产生一种处于契约线上的配置。

都会选择一套包含对手选择的假冒偏好的一个最优回应的假冒偏好。因此,图 4.2(c)提供了一个帕累托有效的错误表达均衡的例子,其实施了瓦尔拉斯配置 w。这一例子可以如图 4.15(a)那样进行简单改造,以展示一个不是帕累托有效的错误表达均衡不一定会实施一个瓦尔拉斯配置。

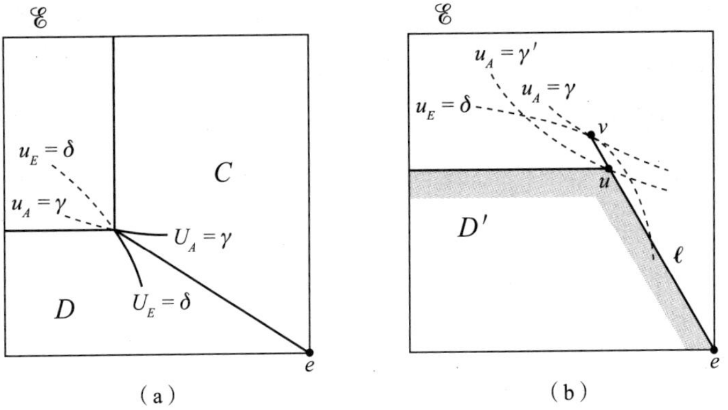

图 4.15 埃奇沃思箱形图中的错误表达均衡

注意到,在例子中的假冒偏好并不满足我们用来限制局中人真实偏好的条件。我们必须研究一个连续、凹效用函数序列的极限,以得到这样一套奇怪的无差异曲线。然而,正如在寻求区间(0,1)中 x 的最大值时,我们想要把点 1 加入这个开区间之中,出于同样的理由,我们想要把这种可能性加入亚当和夏娃的可用策略集合之中,这看似有道理的。如果我们不用这种方式压缩区间,那么最大值便不存在。我们所能做的是,给出区间(0,1)的一个较好近似,以使得最大值能够存在。

还需要证明的是,实施一个帕累托有效而不是瓦尔拉斯的配置 v 的一对假冒偏好,不可能是一个错误表达均衡。详细的证明在宾默尔[66]中给出。然而,图 4.15(b)使我们很容易看到,为什么这一结论是对的。由于配置 v 不是瓦尔拉斯的,因而连接点 e 和点 v 的直线段 ℓ 必然包含一个配置 u,且相比 v,其中一个局中人更偏好 u。在图 4.15(b)中,这个局中人是夏娃。如果 u 足够接近于 v,那么连续性保证，相比直线段 ℓ 上任何处于 e 和 u 之间的配置，亚当都更偏好 u。更重要的是，u 处于集合 C 之中，因为集合 C 是凸的且包含 e 和 v。这意味着，夏娃可以通过从她所宣布的假冒偏好，转向基于如图 4.15(b)所示的集合 D' 的一套新的假冒偏好而变得更好。因此，她旧的假冒偏好并不是对亚当假冒偏好的一个最佳回应，从而旧的假冒偏好对并不是一个错误表达均衡。

当然，观看亚当和夏娃讨价还价的人们可能没有注意到他们的真实偏好。他们仅仅知道亚当和夏娃所解释的假冒偏好。事实上，用来解释我理论中的错误表达均衡的演化故事使得下述情况不太可能，即局中人自己会将他们的适应度视为展示他们的真实偏好。正如当被告知他们所认为的最为性感的女性体型是适合生儿育女的良好标志时，年轻男子会笑一样，亚当和夏娃会坚持完全是真实的假冒偏好。我们也没有资格坚持认为，我们比他们自己更好地了解他们的真实偏好。毕竟，他们拥有显示偏好理论。

因此，当亚当和夏娃根据他们的"真实"偏好来运行一个错误表达均衡时，刻画讨价还价结局是不够的——我们还需要根据他们的"假冒"偏好进行刻画。注意到上述答案仍然是瓦尔拉斯配置，但是现在要使结果是帕累托有效的附带条件并不必要了，因为根据局中人的假冒偏好，配置自动是帕累托有效的。这一结论成立的理由或许可以从图 4.15(a)中得到——尽管没有理由认为为什么集合 $C \cap D$ 是空集，正如图 4.15 所示。假冒效用函数 U_A 和 U_E 的无差异曲线也没有描绘出，真实效用函数 u_A 和 u_E 的无差异曲线所描绘的相同路径。

4.8.3　公平价格的概念 □

图 4.2(c)展示的错误表达均衡的假冒偏好，描绘了我们熟悉的一组消费者态度。当亚当拒绝在集合 C 以外考虑任何交易，他会通过告诉自己他不是要匆匆忙忙买一些不需要的东西——也不是在交易一个不公平

的价格,从而合理化这种自我否定的条例。

回想一下,亚当和夏娃认为社会契约运行于一个移情均衡是公平的。价格也是如此,在错误表达均衡中使市场变得透明。因此,在运用一个错误表达均衡时,亚当在合理化态度中提到的公平价格概念,与罗尔斯在原初状态的公平描述方法是一致的。据推测,由教堂定义的中世纪公平价格概念演化成为长期市场稳定的结果,这种稳定是由企业和技术的停滞而造成的。〔1〕

在解释公平价格概念与本节中讨论的瓦尔拉斯均衡的其他结果时,需要特别注意一些地方。个人偏好的长期演化只是这条链上薄弱的环节之一。一个人必须记住,我们表露出的偏好并不只是由讨价还价之后得到什么来决定的,同样也由其他一些因素来决定。一个人通过讨价还价能得到一些好处,说服其他人去承担大的风险,但是如果这样的名声只能通过在赌场中投下重注来获得,那么它的代价可能是过高的。亚当不会总和夏娃讨价还价。在不同的时间拿着不同的钱,他们会和不同的人搭配。在第2.7.2节中讨论的解释移情均衡的难处,在这里也会出现。局中人也不知道他们在讨价还价时对手的偏好。商人也不想只考虑自己的目的而获得商品。大多数交易是由中间人完成的,他们靠着将从一个人手中买到的物品卖给另一个人而谋生。

尽管这里提到的简单模型的困难可能无限增加,一个人不需要模型去感激存在于讨价还价情形中的压力,假装面对谈判失败而毫不在乎,或是在交易没有达到预期之时夸大厌恶之情。有了这些失败,这个模型不仅成功地描绘这样的现象,也解释了为什么瓦尔拉斯均衡在日常的讨价还价技巧中比其他东西更加有力。关于市场主体的言论还有很多,但是一个人必须记住,这仅仅适用于与实际一样同世界相连的两人小环境,就像我们理想中亚当和夏娃居住的地方。

---

〔1〕 公平价格的概念一定会与黏性价格现象相关,这个现象在微观经济中明显没有用类似“拐折的需求曲线”这种不足信的概念去解释。

4.8.4　时间毁了一切

人们通常没有意识到自己能支配的权力，特别是当他们要和他人协调的时候，需要有效运用自己的权力。但是，当一个潜在的权力意志没有被使用，社会系统能否稳定就是一个未知数。如果有足够的时间，一个基因或文化基因最终会出现，其适应度会因为利用现有的权力真空而加强。人们成为新的复制器的受害者时，可能还没意识到他们正成为权力斗争的工具，因此阿克顿爵士(Lord Acton)的至理名言“权力使人腐败”并不完全恰当。〔1〕删除了诗人贺拉斯(Horace)的一些不妥的语句后，是时候摧毁非均衡状态的社会了。〔2〕

我认为道德博弈是我们用于小范围理想的均衡选择方式，从而在不损害内部冲突的情况下达到帕累托最优均衡。然后自然地提出当用道德博弈来解决小规模人类协调问题时，我们故意重新制定指导我们行为的公平规范，从而应用于大的范围之中。但是，只有在我们避免告诉自己关于道德博弈现实中如何有效的谎言之时，这样的安排才会有效。正如第2.7.2节提到的，忽略现实权力而被公平所吸引是注定的结果，因为权力下的平衡最终塑造了人与人之间的比较，这对于公平的判断是有效的。本节将这个告诫运用到了市场之中。在一个长期建立在稳定环境的市场之中，我们看到了，有人会认为，它对于呼吁刺激重新分配机制改革的社会公正是无用的。如果有足够的时间来实践我们的观点，那么市场看起

〔1〕即使一个非均衡状态的社会系统在一夜之间崩塌，但把政权变更归因于人，通常是错误的。通常的模式是，支撑社会契约的共识随着环境和时间的改变而慢慢损坏，直到系统对不稳定因素变得十分脆弱，而这些不稳定的因素与社会运行其吸引域深处的一个均衡是没有关系的。一旦从传统方式中转变，系统最终会重新稳定在一个新的社会契约上，这些我们通常归因于历史上伟大的任务，但实际上是由转型过程中的偶然事件造成的。

〔2〕已故的肯尼思·泰南(Kenneth Tynan)偏好删除阿克顿爵士(Lord Acton)的一些不妥的语句。我猜想，不出意外，我们能发现剧评人认为，“权力是令人愉快的，绝对的权力是绝对令人愉快的”。

来将是公平的。[1]

总结我所说的伊甸园中亚当和夏娃的故事,短期中使用原初状态方法的结果是,当没有哲学王来掺和的时候,局中人将妥协于成比例讨价还价解。从中期来看,人际效用比较的标准决定了谁在使用这一规范时值得被特殊对待,这个标准会最终演化成为,如果他们面对面地使用纳什的讨价还价解,那么公平将分配局中人得到的东西。当他们的问题变成交易货物,在长期中他们的偏好将进行调整,直到他们发现运用瓦尔拉斯均衡是公平的。

简单来说,时间可能会摧毁我们脆弱的灵魂,直到对道德进行讨论的场所成为市场。但是,这个真相会产生误解。只有当生存博弈在长期中是固定的,它才得以适用。但是正如第2.7节所说的,当新的剩余出现成为生存博弈中没有预料到的改变时,公平规则就演化为解决短期出现的协调问题。因此在市场中,一个人应该期待看到,当外部刺激改变了经济基础结构之后,是道德在起作用。就像在真实经济中,它会表明自己不愿意从亚当和夏娃认为是公平的且保证市场供求平衡的旧价格中脱离出来。

4.9 未完成的事业

随着在最后一节恰当地完成我的理论,是时候去效仿当第欧根尼(Diogenes)在公开演讲时看到克律西波斯(Khrysippo)的卷轴上出现空白时的反应了。他转向观众说道:“高兴一点吧,各位。世界就在眼前!”然而,在本书结束之前,我想关注一些尚未提及的事情,为未来留下一些希望。

---

[1] 市场商人应该注意到,这句话不是想表明市场应该使用在任何地方,因为它们最终都会被认为是公平的。这种观点不仅错误地认为道德存在于仓促的演化之中,同样也忽略了对改革的支持是由呼吁人们现在认为的公平而聚集起来的。

我写这本书的策略是描述最简单的可能模型，来概括世上发生的事情，使之具有指导意义。这个方法有一个优点，就是让我们清楚哪些传统的推论应该被更理性的分析所取代。这个方法的缺点在于，宪法改革的具体计划应该基于比这些故事更有力的东西。有三个我感到内疚的过分简单化的事情会在本章中被提及，作为未来辉格党可能想要遵循的计划。

4.9.1　大的社会和同盟

本书基本模型的第一个缺陷，完全是表面上的。如果一个社会只有亚当和夏娃，那么公民的人数就太少了，不足以代表一个大的现代化国家。如果我想遵循哈萨尼和罗尔斯的观点，假设唯一有关系的同盟是变质的，要么每个公民单独行动，要么所有人参加一个大的同盟，让整个社会像一个人在行动，那么我的结论也可以简单地运用到拥有任意大量公民的社会。然而，对我来说非常明显的是，哈考特和德瓦尔（Harcourt and de Waal）[223]辨识出同盟授予其成员权力，作为我们发展社会能力的主要决定物，这是正确的。甚至在猩猩和狒狒的社会，有许多证据能支持同盟形成和社会网络的重要性。

因此，我们需要设想，一个社会是由互相关联的小社会构成的系统，其中每个小社会都有自己的文化。要了解这样一个社会，就要去欣赏这些小社会的文化如何互相影响。

正如第 0.5.1 节提到的，博弈论者提出了许多模型，想要在理性局中人中解释同盟的形成，但是没有人可以说是成功地抓住了一切相关联的事情。因此，直到这方面有进一步的发展，我认为只学习现有理论充分的案例是非常明智的——只有亚当和夏娃的两人社会。所以，直接运用这个理论的机会仅限于亚当和夏娃被视为坚如磐石的集团代表的情况。然而，我们必须小心，不要误入歧途，把这种抽象事物认为是男人和女人，或是资本家和劳动者，就像由一系列偏好所激发的个体（第 1 卷第 1.2.8 节）。更有前途的理论运用领域在于国际关系，显然在这方面哲学王是缺席的。

4.9.2 不完全的信息和机制设计

博弈论不仅没有解决同盟形成的问题,也没有明确的方法去解决用不完全信息来讨价还价的问题。因此,本书中的所有模型都假设亚当和夏娃的偏好在局中人中是常识。在这种假设下,假定他们会讨论出,帕累托最优的结果通常是合理的(第1.2.3节)。如果亚当和夏娃的偏好当时不是常识呢?

作为案例分析,想象夏娃要卖给亚当一个苹果。假设通常来说,每个局中人认为对方的最低价格[1]大致在0到1美元之间,但是没有一个人知道对方准确的最低价格。当亚当的最低价格超过夏娃的,那么夏娃就愿意以这个价格卖给亚当苹果。因此,帕累托最优以及个人理性的讨价还价就在于,苹果以两人最低价格之间的数目卖给了亚当(第1卷第3.2.3节)。

达到帕累托最优结果是困难的,因为没有一个局中人愿意透露自己真实的最低价格。如果亚当告诉夏娃,他不太想要这个苹果,那么夏娃就会降低自己的价格。同样地,如果夏娃说服亚当不愿卖掉这个苹果,那么亚当就会提高自己的价格。在这个讨价还价的过程中,有多少关于两人最低价格的信息流露出来,要取决于他们所玩的讨价还价博弈的规则。但是让我们考虑最有利的案例,就是要尽量最大化两人交易中预期的总剩余。迈尔森和萨特思韦特(Myerson and Satterthwaite)[376]的著名结论是,只有当亚当的最低价格超过夏娃的25美分或更多,交易才会发生。几乎一半的时间里,亚当和夏娃双方都可以从交易中得益,因此交易不会发生。

接下来的故事表明,书中所提到的理论完全不足以用来解释关于亚当和夏娃共有的境况,那就是他们没有足够的信息。但是,迈尔森和萨特

[1] 亚当的最低价格是他愿意为这个苹果出的最高数目;夏娃的最低价格是她愿意接受的最低数目。

思韦特的结论表明，在这种情况下，博弈论专家并不都是无助的。实际上，通常人们认为在不远的将来，最有用的实际社会工具是博弈论分支中的机制设计。

当委托—代理问题需要解决方法，对机制设计的需求就出现了。在经济学术语中，所有者面临执行的问题——就像第 0.7 节中的所罗门王(King Solomon)。他有权迫使一个或更多的代理支持自己博弈规则的选择。他在选择规则时的目标是提供激励，让代理人选择能提升他目标的策略。如果信息是完整的，他只需要提供给代理人要么选择任何能最大化其报酬的事情，要么接受可怕的惩罚。当代理人知道一些他不知道的事情，但是又与他的目标息息相关，那么他的问题就很有趣。例如，政府中的哲学王想要重新公平分配财富，但是他不确定有多少公民将财富藏于自己的床垫下。或者一家公司想要增加产出，但是又无法掌控每个工人付出的努力。或者一个房主想要选择一种拍卖方式，最大化从售房中得到的收入，但是又不知道买家预期的最低价格。

成功的博弈论就是要解决这种机制设计问题。在一些案例中，博弈论专家能够准确地找到最优机制。即使现有的理论无法完全应对任务，但是它能提供宝贵的领悟——就像最近一系列美国联邦政府财产的主要拍卖[麦克米兰(McMillan)[350]]。鉴于它失控式的成功，非常遗憾的是，机制设计理论无法应用于本章所提到的社会契约问题。但是它依赖于所有者的强制力，这意味着只有哲学王存在，它才与书中提到的观点息息相关。因此，机制设计的进步必须等待无名氏定理的改进，这样当机制规则可以期待为自我管理之时，人们也能得到领悟。

4.9.3　不断变化的生存博弈

在互惠机制中可以发现人类社会的主要影响。由于这无法在一次性博弈中获得，本书为了最简单的可能性生存博弈模型，从而转向无限期重复的博弈理论，允许互惠机制运用于合理的现实行为。但是使用重复博弈的决定,使得另一些重要的事情需要变得不切实际。

第 2.5.4 节提到,我相信公平规则演化为,社会团体不需要通过使内在斗争变得不稳定来探索新的剩余来源,这是有可能的。但是我们不能在不跳出重复博弈理论框架的前提下,去塑造一个新的剩余来源。[1]第 2.7 节解决了这个建模难题,想象局中人从来不期待新的剩余来源可能是存在的。他们在一天早晨突然醒来,发现他们的组合 X 扩展成为 Y,但是从来没考虑过同样的事情在未来还有可能发生。他们也没想过更加困难的情况:一天早晨醒来之后,发现自己的可能组合在一夜之间缩小了,与以前相比,可以用的更少了。

只有当第一步靠近更复杂的理论,在这之中生存博弈被建模为博弈论专家误传的随机博弈,那么这样一个粗糙的模型才会是合理的。这样的术语看起来像是,随机博弈仅仅是一个随机移动决定下一次有多少一次性博弈的重复博弈。这样的随机博弈当然是有趣的。例如,第 3.2.2 节中流行的囚徒困境是一个随机博弈,被用来说明积极自由如何出现在社会契约框架下。但是,当问到这一代人如何消耗可枯竭的资源,或是以下一代人为代价来污染环境,我们需要考虑由现在的局中人选择策略的随机博弈,不仅会影响自己的报酬,也会影响未来局中人的博弈。

相比重复博弈来说,局中人能在博弈中使用无法逆转策略的随机博弈更加难以分析。在目前情况下,我们甚至不知道随机博弈的分类,其中有一些是无名氏定理中可识别的分类。如果没有这些分类,局中人也许能够快速有效地限制未来博弈中的选择。如果这是现代生存博弈的本质,那么我们想要维持一个文明的社会契约的期望看起来比较渺茫。但是,我们可以希望技术进步会带来新的选择,这应该要比失去这些选择的速度快得多。

---

[1] 在重复博弈中,新的一天代表了每个局中人都有与前一天一样的问题。

4.10　完美的理想国度?

在大卫·休谟[272]的《关于理想国的设想》(*On the Idea of a Perfect Commonwealth*)一书中,他不时写出一些关于辉格党改革的妙语警句,让当时的人们照着来做。鉴于前几章中提到了许多他还未完成的事业,因此遵循休谟的建议看起来不太理智,但我还是忍不住来谈一谈现代辉格党的理想和抱负。

4.10.1　辉格党原则是什么?

有时候我们可以从理性立场或政治立场如何被对手歪曲这方面学到很多。举例来说,那些憎恶税收收入都用在了帮助穷人身上的现代美国政治家,在用"自由"一词侮辱对手的时候,也暴露了自己的许多方面。诗人叶芝写的以下这首打油诗也相当具有启发性,内容是关于早期反动派的态度:

辉格党的原则是什么?
他们是主张公平、心怀仇恨、崇尚理性,
从来不通过圣人或醉汉的眼光
看事物的一群人。

本书第 1 卷第 1.1 节已表明,叶芝说辉格党人崇尚理性是正确的。他们认为,建立一个更好的社会在于理性的利己主义。在主张公平方面叶芝也是对的,如果对待像对叶芝一样的顽固守旧的托利党人士似乎是充满恶意的,那是因为托利党人没有看到自己的长远利益。诗里同样写道,辉格党人不是圣人。关于这一点,叶芝也是正确的。辉格党人不仅不是圣人,而且他们认为所有人都没有能力成为圣人,这些天真的左派人士就是要让我们这么想。人们或许可以暂时被说服,将自己的利益摆在集体利益之后,但是如果一个团体假设它的民众大多数时间都优先考虑集体利益,而非自己的家族利益,那么现实中这个团体根本无法运作。

最后,谈及辉格党人没必要表现得像醉汉一样,徘徊于危机之中,叶芝也是对的。计划和改革不需要成为肮脏的词汇。他们不要求有一些虚构的"共同利益"。取而代之的是,我们可以计划去制度化"共同理解"。没有人需要在此过程中做出巨大牺牲,辉格党人一旦知道这无关乎强者的个人利益,他们就会把弱者抛在一边。我们可以通过达成共识从旧到新。而在此过程中,我们不需要建立徒劳无用、毫无效率的官僚机构。只要市场是合适的,没有人会阻止我们去使用,但是一个社会如果仅仅依赖于市场,那么它的大部分潜力就会被抑制。

用更直白的话来说,辉格党人首先认识到,人们不应该用乌托邦的幻想去隐藏一个事实——稳定是社会的最主要需求。在计划改革之时,可行的新社会契约组合应该在生存博弈中受到限制,达到均衡的状态。另外,从现有的社会契约中获得新的社会契约应该也是稳定的。但是,如何来选择新的社会契约?

我的建议是,我们把现在每天用于解决小范围协调问题的公平规范,用在处理大范围的社会改革问题上。我认为,如果我们生活在无政府的原始社会,潜在的公平法则会自然而然得到修复,因为那时候任何对公平有用的理解都受到自我约束。我们与生俱来拥有公平直觉,其结构也因此非常适用于从本质上来看外部力量缺失的宪法改革问题。

尽管基本的公平法则也许是与生俱来的,但是我们用来做人与人之间比较的公平判断标准应该是由文化来决定的。与我们所有的看法一样,随着时间的推移,这些标准最终会反映出一个社会潜在的权力构成。但是,改革者需要记住,根据现有人与人之间比较的标准,只有新的社会契约能够奖罚分明,人们才会相信这个契约是公平的。乌托邦居民对一些被认为公平的理想世界坚持形而上学的想法,混淆了改革者的视听,而这些人却实际上有希望触及人们的心灵。

为了回应乌托邦批评家，首先要挑战他们宣称的道德高地，指出你认同他们不承认“只有在次等社会中，改革才源自人的天性”这一客观事实，但是我们承认与否与情况是否真实无关。第二步是要坚持自己的优势，指责批评家用不切实际的计划来阻碍人类从苦难中解脱，这注定是要失败的。最后，在他们士气低落的时候再次打击，向他们解释，不切实际的想法对于科学研究人们实际生活的社会结构没有丝毫帮助。但是除了傻瓜之外，没有人会对他不了解的事情进行修正。

未来设想　我希望本书中写的简单事例不仅适用于展示辉格党的原则是连贯的信条，同时也能够解释辉格派政治思想中公平的部分如何实施，以及说明如果改革需要经受时间的考验，关注公平是非常重要的原因。但是，如果我们有更多复杂的事例，将发现其中一些会向辉格派方法所屈服。

如果本书的分析可以拓展至随机博弈，那么很可能我们会讨论面对不确定的未来，社会契约是否具有稳定性。在一个基于互惠互利的机构毁灭之前，它能承受多少打击？我们也有可能会计划不可回头的改革之路。有多少人需要在那里(第 2.5.2 节)？我们需要留下多少现有的资源给我们的孩子？我们如何分配医疗保健和社会福利？政府应该给教育和科研多少补助？

信息问题同样严峻。在拥有不完整信息的博弈中达到均衡状态，并不是件容易的事情。有些人可能认为，这是自我约束的机制——违背原则是显而易见的。问题在于，制定规则来惩罚那些在生存博弈中不出力的人，并不能得到什么，除非证明这种搭便车的行为是可行的。人们也无法在不能摸清一个人性格的情况下，对其加以责备或奖励。

我们应认识到，这种自我约束机制的规则——社会道德博弈——看起来更像现实生活的品德博弈，规范我们的日常生活，而不是在本书中学到的简易版本的道德博弈。特别是考虑到信息受到约束，道德的博弈会为第3.2.4节中提到的积极自由留下足够的空间。在信息公开的社会中,使用社会契约来规范每个公民的一举一动是极有可能的。如果信息不公开,那么社会契约会给每个公民留下自由选择的空间。但是,辉格派社会在现实信息受到约束的情况下,建立一个机制而构成的社会契约,其位置会处于独裁社会和无政府社会这两极之间。因此,这个契约可能会赢得任何一方的支持。那些推崇秩序的人们在这种机制的规则下会感到非常高兴。爱好自由的人们也同时感到很快乐,因为这些规则是由公民自由选择,并提供给代理人大量可选的社会认同的激励。

最后,将谈到同盟之间最重要的问题,比起其他灵长类动物来说,同盟在人类社会显得更为重要。对我来说,遵循哈萨尼和罗尔斯的观点是毫无意义的,就好像没有任何权力结构介于个人和国家之间那样。归根到底,虽然地球上的人类团体创造出一份所谓的社会契约,但是我们和其他国家公民之间的关系则必须由各自的政府进行调和。举例来说,我们考虑法国和德国之间的国际关系。在两个国家的生存博弈中,它们的社会契约明显不同。但是,法国和德国可以在国际生存博弈中共同成为局中人,因为这场博弈中的社会契约是不同的。

同盟中主要靠每个成员的行动,这一现象也不仅仅局限在国际博弈中。相反地,同盟之间的模式会由于压力和限制进行转变,这在很大程度上决定了现代民主的特点。现代社会由一个复杂的系统构成,在此之间层层相扣的组织等级协调不同层面的行为。想要描述现状却又不考虑现实,这注定是徒劳无用的,更不用说,在制定一个社会需要的社会契约方面也是这样的。由一个整体社会分割出来的小社会并不是一种无关紧要的副现象,它们对于大社会的有效运行是十分重要的。

每个小社会都配有充分听取民意的代表,我们可以想象用于解决这些小社会之间协调问题的原初状态方法。这些代表的汇报转而也会由类似的原始位置方法来决定,以用于解决小社会之间的协调问题——这些小社会也会分裂出不同派系、不同派别。但不可避免的是,在不同层面和不同环境下,人与人之间比较会有不同的标准。如果所有的小社会都被认为是公平的，那么它们组成的大社会也将以一种复杂的方式形成公平。

尽管目前的国家博弈理论只包含了最为推测性的模型，但我愿意大胆揣测在多人情形中理想的辉格派国家的结构。我认为，它的社会契约从本质上来说是多元的，决定权下放到拥有有效信息来做决定的层面。但是，我认为多个国家或联邦国家中的个体不应该仅仅根据地域来区分。任何有权力的团体在社会契约中都将被制度化。联邦国家中的个体因此会变成一系列互相交错的组织，其中每个公民通过不同方式与政府进行连接。这些组织是什么形式？以及它们推行什么政策？我猜测，第一个问题的答案很大程度上是由历史的偶然性决定的，正是这种偶然性形成了现状。至于第二个问题，只有信口开河的人才会为需要做决定的人们做出选择。

4.10.2　哪里有辉格党原则？

回

在第 4.5 节关于原始社会的人类学作品中，使用“平等主义”一词广泛涵盖了大量被分享的资源和权力的自由。但是我想，没有人会想出这两者之间的联系。图 4.16(a)中的直角坐标系表明了高压政治下的自由以及资源的平等；实际上，我自己的理论表明，人们应该使用这个二维图形，对实际的以及假想的社会契约进行分类。并非偶然的是，心理学家艾森克(Eysenck)发现，比起经典的一维政治分类——左派和右派，匹配个性类型和政治态度的数据结果与这个二维图形更为接近。图 4.16(b)试图将一些伟大的政治哲学家放入一个类似的图形中。

随着新封建主义明显地出现在图 4.16(a)中，马克思的追随者可能会自然而然地期待出现不同的资本主义和社会主义。资本主义的理想形式是，所有的社会互动都在市场中进行，将它放置在自由主义的分类下并不是难事。而社会主义的理想形式是，国家官员像喜欢他们自己一样喜欢无权力的人，那么将此放在实用主义的分类下也不是难事。但是苏联过去推行的共产主义，以及西方的混合经济又该放在哪里呢？

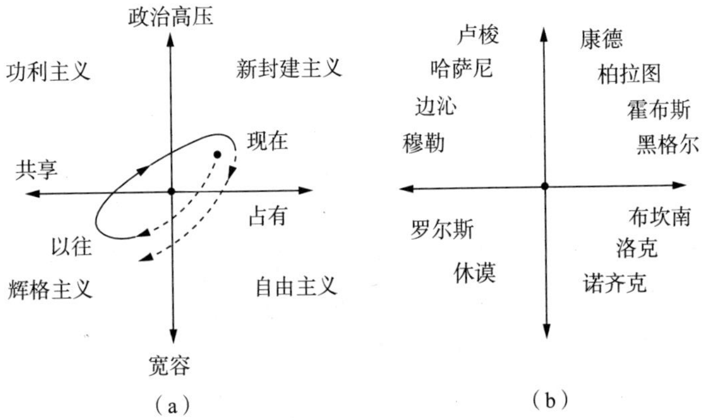

图 4.16　政治态度的分类

与马克思不同，我们从未深入了解代表封建社会的等级权威体系。我们只是发现并推行了新的封建形式。因此，在这个世界上施行的社会主义和资本主义都可以归类在新封建主义名录下。毕竟如果不是一个自我任命的贵族，谁会成为苏联共产党的官员呢？现代民主除了不时地提供机会去把寡头政治家从一个换成另一个之外，还会做些什么？如果不是民选出一位统治者，那么美国的总统又会是谁？

我们把左派和右派理想之间的差异看做一场战争，我不仅从中看到了政治组织的问题，我还认为，实用主义和自由主义像斯库拉(Scylla)和卡律布狄斯(Charybdis)那样，是一个进退两难的问题，如果我们要摆脱过去的封建制度，改革者们必须在两者之间做出抉择。斯库拉无法提供一个避风港，因为任何东西都无法阻止独裁社会中的领导者变得贪得无厌。卡律布狄斯同样也是不安全的，因为在无政府的社会，财产安全不能得到保障。我们要在新封建主义与辉格党原则之间做出抉择。

正如第 3.4.5 节提到的，新封建主义和辉格党原则在程度上有所差异。在社会中公然忽略公平规范的精英群体，正在使自己的政权变得越来越不稳定[巴朗迪耶(Balandier)[39]]。另一方面，没有社会可以舍弃领导者和企业家，他们会在需要快速做决定的情况下做出抉择，以及探索和发现新机会。在弱肉强食的时代,即使是最主张平等的社会,也会听从比较成功的打猎者的建议,以组织好狩猎,连北美大平原上本地的部落也会明白暂时授权给酋长的必要性。〔1〕

浪漫主义作家把这类残暴的社会视为高尚的,我相信这与卢梭(Rousseau)推崇的高尚的野蛮人一点儿关系也没有。狩猎者的生活方式使我们产生共鸣,这是因为他们不会压制人的本能,使我们不去讨厌个人统治下的不公平。相反,正如第4.5节所讨论的,我们占领了马力昂斯基和特纳(Maryanski and Turner)[343]提出的"社会牢笼",在我们祖先感受到人口压力而不得不接受农耕生活时,他们建造了这个牢笼。其中的条条框框代表了两种社会契约形式之间战争的前线——其中一些选择把生存博弈中的平等用做协调机制,另一些把平等的选择权交给了领导者。

或许在遥远的未来,科技进步将会把我们从新封建主义社会的牢笼里解脱出来,但是只有最不切实际的无政府主义者才会认为,不交给官员任何权力,大型的现代社会也能存活下去。我们不能舍弃警察的力量以及法制处罚系统。当我们有许多装备武器的邻居时,我们需要军队来保护我们的自由。税收需要征收,也需要监管。也没有证据显示,我们有能力在大型企业或公司中,在没有老板指明方向的情况下,探索获得收益的方法。如果没有领导人和企业家,大型社会中的社会契约就无法最可能接近帕累托边界的可行组合。

我们无法改变一个事实,就是在某种程度上,大型社会中帕累托最优的社会契约一定是独裁主义的。我们也无法改写社会的历史,想方设法改变从过去流传下来的公平的标准。但是像美利坚合众国的祖先那样,我们能试图说服我们的民众不要浪费机会,改革我们的社会契约,使之成为帕累托改进出现的新机会。辉格党的提议是根据目前所想,在现有的组合中选择任意一个帕累托最优的社会契约,这是最公平的做法。

渴望乌托邦的辉格党人因此提议,既不要听信左派实用主义,也不要

〔1〕 像辛辛纳图斯(Cincinnatus)那样,他们仅仅是在紧急情况下才有这样的权力。

相信右派自由主义,从新封建主义转变为我们祖先那样的高尚蛮人。在此过程中,我们将摒弃把我们锁在社会牢笼中的一些做作的习惯,比如舍弃崇拜权威和炫耀消费。在伊萨卡(Ithaca)仍然会有老板的存在,但是他们会成为——像我们这样的人,帮助我们协调公平的、帕累托最优的社会契约。

4.11 休谟主义与人道主义

作为现代社会契约理论的创始人,托马斯·霍布斯定下了《博弈论与社会契约》一书的基调。但是,大卫·休谟是这本书的核心所在。他被世人认为是最伟大的哲学家之一,但他同时也是一名伟大的英语文学家,这一身份使得他的那些有关哲学的创造性想法被掩盖了。就像日常对话,今天他可能和公交车上碰见的一个人谈论量子物理学,但是这样的对话不会使双方感到任何不妥。但是,由物品价格来判断质量的这种趋势渐渐影响到了哲学。难道花越多时间在研究伊曼努尔·康德上,就越能理解他思想的深度和创造性吗?用如此低价格买到的大卫·休谟的想法,在价值上具有可比性吗?

我一直与他人分享这种愚蠢的想法,直到我把休谟和康德关于博弈论的理论进行比较。正如所有关于一次囚徒困境的小题大做那样,人们发现这是一件有深度并且十分困难的事情。康德是彻彻底底地错了,但他把错误隐藏在混乱的散文中,这堪比海德格尔和黑格尔的做法。相反,休谟努力地将平等的想法用显而易见的方式来表明,以至于他思想的深度经常会被忽略。

休谟是互利主义的创始人——首先提出博弈论中的平等理念,对于理解人类社会如何运行十分重要。他知道人们必须关注,平等选择问题的解决方法是如何演化的——现代博弈论专家使用康德式夸张的方法定义了理性,并使用它徒劳地解决难题,直到 50 年后才得出休谟的结论。休谟甚至预想到了,现代博弈论家会将宪法改革视为机制设计中的一个问题。

即使休谟的文章将其想法表达得很清晰,但是人们提到他时经常会忽略其在博弈论方法中的政治暗示。更难以置信的是,甚至有人否认休谟应当被认为是辉格派改革的代表人。如同汉普蒂-邓普蒂推理(Humpty-Dampty reasoning)中把伊曼努尔·康德(Immanuel Kant)当做理性的自由人那样,诸如米勒(Miller)[361]、莱文斯顿(Levingston)[329]和惠兰(Whelan)[551]这类作家遵循传统,把大卫·休谟当做政治保守派。

在大卫·休谟的一生中,他一直被归为托利党,但这个分类是根据辉格党和托利党关于斯图亚特王(Stuart kings)是否合法的观点来制定的,1688 年辉格党的光荣革命推翻了该王室的继承。然而,在《英格兰简史》(*History of England*)一书中,休谟[268]拒绝站在辉格党一边,否认被废黜的斯图亚特王有任何优点。约翰·斯图亚特·穆勒[359]的说法又增加了人们的困惑,他认为休谟一定是政治保守派,总是满足于任何现行的社会惯例,他是一个持有怀疑态度的哲学家,以至于他总是怀疑设计可行改革的理性力量!在《关于一个完美共和国的思考》以及其他大量书信和散文中,休谟给出了一些辉格主义的社会与政治改革的理性方案。正如斯图尔特(Stewart)[508]所说,当我们检验这些证据时,很难理解为什么有许多人并不认为大卫·休谟在政治问题上是一个彻头彻尾的苏格兰辉格党人。

就自己的哲学与政治之间的关系,休谟一直否认他的怀疑论没有为理性留下任何余地。当然他也不提倡先验的理性,而大部分哲学家在宣扬政治改革时会用到这个,他们相信人类社会的研究如同其他一样,是门经验科学。特别是,他也不考虑乌托邦的计划,因为这忽略了人性的事实。但是人们很难发现,这样的现实主义如何解释为支持独裁政权。毕竟,是休谟[267]首先清楚地看到互利如何提供维持社会公平的方法,不需要一位从外部系统来的独裁者来颁布他的命令(第 1 卷第 1.2.3 节)。

200年前,在冯·诺依曼出生之前,重复博弈论的大众理论也不是休谟运用的唯一重要的博弈论理念。在接下来的关于辉格党的著作中,休谟[273]甚至预想到了机制设计的观点:

> 无论是真实的还是想象的政府计划,权力都分散在各个部门以及各类人群中,当我们需要审视或检查这些计划时,我们总是会考虑每个部门和每类人群各自的利益;如果我们发现通过合理的权力分配,利益生效与公众需求相一致,那么我们就可以称这个政府是明智和快乐的。

然而,在这最后一节中,我并不想大肆宣扬休谟的政治思想,而是想谈谈他的个人生活,他的生活坚定地驳斥了书中反复提及的观点,那就是霍布斯的心理学与休谟的道德伦理威胁了公众健康,应当引起重视。我们没有理由感到闷闷不乐,因为生活没有终极目标,或是因为传统概念中的道德责任只是建立在一盘散沙之上,这些是不是更有说服力的证据?如果我们的良好感知与智力成果只是许多弹簧或车轮的延伸和弯曲,或是如果我们的价值系统与猩猩和狒狒的相同,那将会怎样?我们的感知并不是良好的,我们的价值也不是珍贵的,因为过去我们告诉自己关于为什么需要这些的故事,最终只是无稽之谈。

人类支持年轻的自我重要感,在丢弃形而上学的包袱时,休谟教我们要丢掉一系列的知识链。特别是与卢梭和康德这些怪人来比较,休谟是最文明、最容易相处、最易满足的人,他绝没有被自己的信念弄得失去人性、变得沮丧或是感到失落。甚至在他临死之前,休谟也保持了他的幽默感——完全让詹姆斯·鲍斯韦尔(James Boswell)缴械投降,詹姆斯愚蠢地向休谟提问,如果在晚年没有信仰,那么在将死之时会有什么感受?[1] 正如鲍斯韦尔(Boswell)[96]所说:"休谟先生的幽默风趣让现场

---

[1] 尽管诗人总把休谟与霍布斯以及斯宾诺莎(Spinoza)一同归为无神论者,但休谟却是自然神论信仰者。他准备好去接受上帝创造了世间万物,但是现有的证据又让他否认上帝给人类带来任何进一步的利益。

的严肃感消失不见,死亡在这时候看起来也没有那么凄惨了。"

在一场稍微温和的死亡谈话中,休谟[269, p. xliii]告诉亚当·斯密,他一直在读卢西恩(Lucian)的《冥间的对话》(*Dialogues of the Dead*),书中许多名人向希神(Charon)解释,为什么他们不应该被渡过冥河(Styx)。在自己将死之时,他会说:"耐心点,好心的希神,我一直致力于开拓公众的视野。如果我能活得更长一些,我就能心满意足地看到一些目前主流迷信的垮台。"但是,紧接着休谟说道,希神会失去所有的耐心:"你这个磨蹭的家伙,这些事情在几百年以后都不会发生。难道我会再让你活这么长的时间吗？进到船里去吧,你这个懒惰的、磨蹭的家伙。"

关于预见到迷信还会在他死后持续几百年,大卫·休谟是正确的,但是,他怎么能预期到他自己的工作会给康德带来启示,从而发明出一系列新的迷信？或是《我的奋斗》(*Mein Kampf*)的作者在书中幼稚的咆哮是否会带领全世界走向战争？

或许有一天我们会通过建立辉格派社会契约,让每个小孩受到休谟怀疑主义的教导,从而成功地让社会脱离如此大量愚蠢的想法。如此这种全新的埃米尔(Emile)将会学到智人所崇尚的心理学的弱点,也因此会理解把所有权威——政治领导人和社会榜样、学者和教师、哲学家和先知、诗人和歌星——看做潜在的流氓和无赖这其中的智慧,每个人都去探索全人类对社会地位的渴望。因此,他也会喜欢为自己考虑任何事情。他会理解为什么和什么时候去相信他的邻居。最重要的是,他不会浪费时间去向往乌托邦,因为这一点都不符合人性。

在这样次优的伊甸园中,亚当和夏娃会感到快乐吗？至少在这个问题上,休谟自身的经验是相当可靠的。我们不需要对自己说谎以让自己感到满足。当然,我们也不需要相信有捷径可以实现乌托邦。甚至我们也不需要乐观地相信,事情会在长期变得越来越好。我们需要的仅仅是创造一个微观社会的自由,在这个社会里我们能得到那些我们能够报答的人的尊重。正如休谟的例子那样,即使是死亡,也不需要看起来那么糟糕。

威廉·布莱克为以西结(Ezekiel)所画的肖像,捕捉到了先知们在描述上帝对那些没有虔诚膜拜他的人的残忍惩罚时的诚意。现代社会的预言家们在宣扬上帝无限的仁慈时,也怀有如此诚意。

附录 A

真的如此！

我对天发誓，这是不可能的！

——托马斯·霍布斯，欧几里得第 47 定理

A.1 自然主义

本附录重新阐释了我的理论中那些最容易被批评家们指为难以按字面理解的部分。有时，就像从演化论角度解读伦理学一样，这些批评家们早在本科生时期就被灌输要对这些观点进行嘲讽。

道德哲学家经常认为，他们的学科旨在发现我们和他人共处时候的普适原则。但是，一个自然主义者否认这种原则的存在。他可能也很希望社会能够以他自己所搭建的框架作为改革的依据，但是对于自然主义的忠诚，使得他无法宣称自己的观点具有任何特殊权威，因为他知道，如果成长于一个不同的文化环境，那么他可能就会提出不同的改革目标。用色诺芬尼(Xenophanes)的话来说："埃塞俄比亚人(Ethiopians)的上帝有着黑皮肤和扁平鼻子，而色雷斯人(Thracians)的上帝则有着红头发和蓝眼睛。"

一个自然主义者把自己看成科学家,以挖掘我们的道德体系所基于的生物和社会事实为己任。这些事实是视情况而定的。如果生物与社会历史有所改变,那么这些事实也会改变。黑猩猩的道德行为与人类社会的不同,是因为它们的生物历史与我们的不同。其他人类社会的道德行为与我们的社会不同,是因为他们的社会历史与我们不同。憎恶同性恋的人必须意识到,如果他们生活在古希腊,那么他们也肯定会发现青年男性很有吸引力。女权主义者也必须看到,如果她们生活在先知时代,那么她们也很可能会为丈夫打妻子的权利辩护。如果我们生活在人类学家所描绘的极端自私的社会里,那么我们将不会觉得把食物藏起来而不给饥饿的孩子吃有问题。

这样坦诚的相对主义对很多人而言难以接受,因为它否认绝对道德标准的存在。和往常一样,大卫·休谟总是坦诚地面对问题,而亚当·斯密则是想要两者兼顾,很多人后来加入了他的行列。但是,那些想要走上讲坛大肆宣扬某个社会具有优越性的人,就不应该借助于自然主义伦理观。即使是那些认为所有社会都具有同等价值的空洞无聊的自由主义,也不能从自然主义者那里得到支持。一个不依赖于文化的、能够撬动整个世界的阿基米德支点并不存在。如果我们能够让自己完全摆脱所有的文化偏见,那么我们可能会发现道德已经失去了意义。

当和夏娃发生争执而支持改革的时候,亚当很容易受到宣称他的观点具有自然主义权威的诱惑。但是,自然主义只有在讨论具体手段时才能提供权威性。亚当可能会批评夏娃所支持的改革的可行性,或者指出这些改革并不会达到他们想要取得的目标。他可能认为,演化赋予一个社会的社会工具,也许可以被用于实现不同于现状的其他目标。但是当要决定目标时,夏娃没有理由认为,亚当的自然主义专业知识相较于她的具体生活经历更具有相关性。而亚当也没有理由要尊重夏娃通过形而上方法所展示的所谓普适道德的事实;他更无须为自己无法为自己的道德事实提供正当化证明而辩护。简单来说,价值观并不先于社会契约而存在——我们对社会契约的选择创造了我们的价值观。

A.1.1 因果倒置

上面最后一句话只是本书所提出的许多因果关系倒置之一。例如,一个公平的妥协并不会因为夏娃更具有价值而给予她更多的内涵。她注定会具有更多价值,这是因为社会长期演化所产生的公正概念给予了她更多价值。社会不会因为古老美德的被抛弃而无法良好运转。这些古老道德不再被尊重,是因为社会契约已经改变了。我们不能因为人们对他们的行为负有道德义务而实施惩罚。我们说他们负有道德义务,是因为我们的社会契约要求他们受到惩罚。我们不会因为我们拥有自由意志而变得不可预期。正是因为我们总是可预期的,我们才说,我们具有自由意志。一个社会并不是因为某个社会契约能够促进共同善而选择它。我们对于共同善的定义理性化了我们对社会契约的选择。最后,我们还有原型倒置。在现代效用理论中,亚当不是因为 a 行为的效用高于 b 而选择它。由于亚当在能够选择 b 的时候选择了 a,才使得我们对 a 赋予了较高效用。

最后这个因果倒置给道德哲学家带来了很多问题。如果我们愿意区分边沁(Bentham)[53]和穆勒(Mill)[360]的规范效用,以及现代经济理论的描述性效用,这些问题就不会那么严重了。因为我们已经同意,"效用"一词是我们的维多利亚时代的前辈们对于超过痛苦的快乐的误用,我建议我们用"快乐"(felicity)代替它,以纪念边沁对其研究方法的命名——"快乐微积分"(Felicific Calculus)。像森(Sen)[477]这样的后福利主义者可能会谴责哈萨尼(Harsanyi)[233]不是一个快乐主义者,但是我们中的其他人可能会继续恭喜他成为一个效用主义者(附录 B)。

A.2 把"人"模型化

近年来出现了很多对于模型中经济人假设的不满。确实,过去我们对于这个理性人给予了太多假设,为了寻找一个更具现实性的模型,我们要做的最后一步就是,去掉他强加给我们的道德原则,这个原则是许多左派乌托邦主义者强加给我们的。如果就在演化生物学家因为使用经济学家所发明的一系列技术而取得成就时,经济学家却把经济人假设丢在一旁,这就太具有讽刺性了。

在我看来,我们需要在很多不同的层面上学习最优化模型:

- 基因层面;
- 文化基因层面;
- 个人层面;
- 集体层面。

在本书中,基因演化被认为是塑造我们作为社会性动物的私人偏好和公正算法的最根本因素。社会演化产生了作为公正算法输入值的移情偏好。个人最优化被看做维护社会契约的稳定性力量。群体间的动态变化决定了选择不同社会契约的机制。

回 **还原主义** 只有傻子才会同意,所有现象都能通过最优化模型得到最好的描述。要给出最优化模型在某个层面上失败的例子太容易了。但是这个时候,我们所采用的研究方法可能是在一个更低的水平上寻找最优化模型。

例如,为什么实验对象有时候会认同一些与个人最大化相矛盾的公正原则?一个很可能的答案是,我们把他们放在了一个他们的公正观念未被采纳的痛苦环境中(第3.5.1节和第4.2节)。但是,如果我们想要知道为什么我们的实验主体选择某个特定的公正原则而不是另一个,我们需要从下面的最优化模型开始,这个最优化模型研究公正观念在塑造了它们的环境中的演化。支持元伦理学的人常常会采用倒置这一还原主义原则的研究策略。在发现现有模型无法运作时,他们不是向下移动一个层次,而是向上移动一个层次。但是,用一个解释高层次现象的理论来解释低层次现象,将导致致命的错误。生物学家强烈谴责韦恩-爱德华

(Wynne-Edwards)[569]犯了这种严重错误。想要用各种"集体理性"概念来解释个人行为的经济学家和哲学家至今还未受到如此对待,但是我想,他们距离这一天为时不远了。

群体选择 当基于现有层次的分析已经把所有重要的内容都充分模型化了时,我们就需要向上移动一个层次了。这些问题能够在下一个层次得到解决。不幸的是,演化生物学家们看起来已经因韦恩-爱德华的被妖魔化而如此受伤,以至于他们谴责所有向上一个层级的移动都是集体选择谬误。所以,本书支持均衡选择而非集体选择,但是我仍然有时候会发现,自己被指责否认了自私基因定理。这样的指责忽略了一个事实,即当在一个更高层级的选择被限制于在代表更低层级选择的最终产品中进行选择时,更低层级的选择已经被考虑到了。

个人最优化 抛开经济人,在我看来像是当你发现房子需要修理时而把工具箱扔在了一边。我也不认为经济学家至今所建立的房子已经年久失修。问题更在于,它的建造师坚持认为,宫殿式的感觉是一个舒适的资产阶级居所的本质要素(第1卷第2.2节)。特别地,一定要坚持认为,这个基于个人最优化的模型总是能够解释人类行为本来就是愚蠢的。在我的实验工作中[宾默尔(Binmore)[76,79,82]],我坚持认为,只有满足下列条件时,我们才能期待用新古典经济学的最优化模型去预测实验室中的现象:

• 被测试者所面临的问题不仅简单,而且以简单的方式展示出来。被测试者的注意力只能短暂集中,在如此有限的时间内,要让他们掌握一项复杂的任务是不对的。

• 提供了充足的激励。如果实验主体的决策行为和一大笔钱挂钩,那么问他们愿意做什么是没有意义的。人们所说的和真正做的显然是不一致的。

• 被测试者必须有充足的时间来试错和学习。我认为这样的考虑非常重要,但是大多数实验研究只是报告了被测试者对从来没有或者很少经历的任务的反应。

当这些标准在实验室或其他场合没有得到满足时,我们就应该质疑运用个人最优化模型的有效性。例如,经济人作为描述消费者在一个快速变化的超市环境中的行为的模型,很可能是没有价值的。但这并不意味着,它在一个更有利的环境中同样会失效。

如果坚持认为采用经济人模型意味着人们只在意钱,并且因为这个原因就忽视经济人模型框架的弹性,是讲不通的。迄今为止,基因被认为在"只关注自己的适应度"这个意义上是自私的,但是,接受基因层面的自私,并不意味着个人层面的自利也要被赋予同样幼稚的含义。

我们否定下述观点——经济人需要与斯蒂格勒(Stigler)[510]的海德先生(Mr. Hyde)相一致,或者要与森(Sen)[478]的吉基尔博士(Dr. Jekyll)不相容——时,我在第1卷第1.2.2节中引用了霍布斯(Hobbes)[251]对于人性的看法,他认为人性可以被完整地总结于其身体的力量、他的理性、他的热情和他的经历中。这些类别在下文中被系统化表述。很多对于经济理性人的批评,是因为没有理解最优化框架让个人拥有选择如何把每个类别模型化的自由。

A.2.1 身体的力量

身体的力量即指,什么对于个人是可行的。在一个社会环境中,我们不得不明确,生命博弈中的哪些方面与我们研究的问题相关。对经济理性人的批评常常更适用于那些用于描述人类困境的简单模型。

例如,第1卷第3章详细讨论了当单次囚徒困境博弈被用来代表生命博弈时所导致的困惑。于是人们会想到一个悖论,因为现实中人们常常会彼此合作,而单次囚徒困境中的最优化行为则往往像沿街叫卖的小贩的行为。那么结论就是,现实中的人们不是最优化行为者。但是,这样的推导忽略了另一个解释,即生命博弈并非像单次博弈的囚徒困境那样——或者不像任何单次博弈,比如性别战和斗鸡博弈。正如霍布斯(Hobbes)[249]所提出的跑步比喻那样,它也不是零和博弈。当可以从中得到某些好处时,现实中的人们便不断合作。所以,我在第1卷第

2.2.6节坚持使用重复博弈(repeated games),来刻画生命博弈的重要性。互惠机制的存在将导致合作的可能性。如果人类的生命博弈能够被单次囚徒困境所描绘,我们就不会发展成为社会性动物了。

把生命博弈描绘为单次囚徒困境,然后坚持社会团结的存在使得我们有可能脱离这一帕累托非效率,这是一个左派错误。现在流行的共产主义在某种程度上试图把这个错误和一些可能被归结为右派的观念结合起来。但是,传统的右派错误则是把生命博弈看做一个市场,然后希望第一福利定理的条件能够充分代表现实,从而使得市场的福利均衡能够带来大致的帕累托有效。但是,生命博弈并不是一个市场。而第一福利定理的条件也并不必然适用于市场环境下的生命博弈的子博弈。规模报酬常常是递增的,交易成本很少可被忽略,外部性问题非常严重。在这些条件下,我们没有理由认为,市场会产生帕累托最优的结果。

但是,相较于错误使用新古典经济学的定理,那些凡事都从市场角度进行思考的人则会犯一个更严重的错误。由于把法律秩序或者自由言论这些无形事物当做公共产品,这些人把自己弄糊涂了,仿佛这些物品的供给只需要花费足够的钱就行了。当代流行的从社会资本角度讨论社区精神的人也犯了同样的错误。不是所有社会契约问题都可以简化为市场问题;恰恰相反,一个有秩序的社会契约是市场出现的前提。但是,要学习一个社会所遵循的社会契约,我们必须准备好检验那些比新古典经济学市场复杂得多的博弈结构。

A.2.2 理性

与休谟(Hume)[267]所指出的理性是激情的奴隶相一致的是,经济人用他的理性来决定,哪一种可行行为能够产生他最偏好的结果。[1]

---

[1] 在本书所考虑的"小世界"中,用贝叶斯决策理论来刻画最优化过程总是适当的,但是这并不意味着我相信贝叶斯主义对于理性选择的一般性问题有实质性贡献。像萨维奇(Savage)[461]一样,我认为把这些模型运用到他称为"大世界"的情境中是荒谬和可笑的[宾默尔(Binmore)[69]]。

有人可能会问,如果经济理性人的本性是不断强迫自己选择最优行为,他怎么会是自由的呢? 通过对这个浅陋悖论的回顾,本书第3.2.4节指出了反事实理性在理性选择理论中的核心作用。经济人选择只会最优化行为,但是他选择该行为是最优的,只是因为他知道或者相信,如果他选择另一种可行行为,将得到较少的回报。[1]

估计博弈论中的反事实特别难,因为每个参与者必须尝试去估计,对均衡路线的偏离所导致的对其他参与者未来预期的影响。他的理性必须预计到,其他人会如何推理。但是,他们的推理必须被纳入他对于他们的推理的推理中;以此类推。[2] 博弈中的反事实理性问题已经产生了一系列假想的游戏种族。[3] 每一个这样的种族都对于理性参与者进行非理性行为所产生的不同后果有不同的看法(第1卷第3.4.1节)。结果是,由不同的小种族构成的社会将会发现,它们在生命博弈中处于不同的纳什均衡精炼中。

我个人认为,有关纳什均衡精炼的大量文献与人们真实的博弈方式相距甚远。在第0.4.2节中我已经指出,我甚至认为有必要为本书把注意力限制于子博弈完美均衡而道歉。我对这些与精炼有关的文献进行质疑的原因在于,我相信它们没有在正确的层次上讨论人们如何达到均衡。在个人层面,经济人可能提供了当人们适应新环境后最终会做什么的充足模型,但是,他很难成为一个完美刻画现实参与者如何随着时间的推移调整行为的模型。现实中,人们不是无所不知的,这就为传统微观经济学教材中的计算者卸下了重担。所以,他们不是通过计算思考走入均衡,他们基本上是通过互动学习、模仿他人、试错试验这一过程而找到了通向均

---

〔1〕 我们假设,一个理性选择必须产生一个玩家认为至少和其他任何可得回报一样高的回报,但是奥曼(Aumann)[26]建议改变该假设为:决策者找不到其他任何可得的回报能够比理性决策所产生的回报更高[宾默尔(Binmore)[72, 74]]。

〔2〕 第2.5.4节指出,我们拥有强大的大脑,因为我们必须拥有强大的计算能力来运行我们对自己和他人进行推理的复杂模型。

〔3〕 但不是赫伊津哈(Huizinga)[264]书中所描绘的游戏人,他认为在道德开始时博弈就结束了——这与我的想法相距甚远。

衡的路。在这个调整过程中,第0.4.2节指出,参与者更应该被描绘为社会人而不是经济人。最优化框架应该进而被应用于文化基因或者基因层次,而不是个人层次。

重述这个熟悉的内容的目的在于,要警告一些理论家,他们坚持把人模型化为各种类别,却忽略了那些塑造这些走向其所宣称的均衡行为的历史过程。对一个非理性行为的理性参与者做出形而上的假设是很有诱惑力的,但事实是,是参与者的历史经历决定了,那些为了达成均衡而需要被估算的反事实情况是怎样被解读的。我们必须特别警惕下述论述,即将局中人模型化为经济人的主张,要求在一个特定的博弈中,我们需要关注一个均衡而不是另一个,因为在那些特定情形中,在博弈中的互动学习的简单过程表明,它们对于小的干扰并不稳健。

第0.4.1节和第3.5.2节的最后通牒博弈——该模型已经成为令经济学家用伦理人代替经济人的核心所在——展示了互动学习的简单过程是缓慢的和易被打扰的[宾默尔(Binmore)等[76]、罗斯和伊芙(Roth and Erev)[440]]。但是,倘若仅仅因为要将研究对象下移到互动学习运转并不可靠的文化基因或基因层次,就抛弃了互动学习快速稳健的个人层次的经济理性人假设,那就得不偿失了。

A.2.3 激情

用现代术语来说,一个人的激情是他的偏好。当把经济理性人作为建模工具时,除了具有一致性之外,我们不对该偏好进行任何假设。所以,也就没有理由假设经济理性人应该具有海德先生(Mr. Hyde)狭窄的自私偏好。相反,我们可以随意加入吉基尔先生(Dr. Jekyll)的品质以贴近现实。但是,第1卷第1.2.2节里,我提醒在研究陌生人之间的博弈时,不能过多混入吉基尔先生的品质。正如2.5.2节所指出的,自然赋予我们一种能力,使得我们能够把对于血缘关系者的感情拓展为对于长时间交往的小群体的同情。但是,倘若要假设同样的善意存在于我们直接的亲人与朋友之外,则是一个严重的错误。

把过多利他主义动机放入模型的经济理性人的偏好不仅不切实际,而且在这方面赋予他们过多的自由也会使得建模失去意义。当对于古典经济学的批评不针对“只关心钱”的假设时,他们指责经济学家通过对定义的运用而使得最优化框架成了套套逻辑。正如第1卷第2.2节所阐释的,一个套套逻辑的体系可能对于梳理数据很有用,但是并没有实质内容,除了自身之外也无法解释其他任何内容。特别是,如果有人想要解释为什么夏娃选择了 a 而不是 b,下述解释可能并没有什么帮助:因为相比 b 她更偏好于 a,而相比 b 更偏好于 a 的定义则是,当她可以选择 b 的时候却选择了 a。

更一般地,通过“他想要如此”来解释人类行为太简单了。至少,这个解释需要得到一些关于个体偏好足够持久的证据支持,即这些选择也能在其他时间和场合被观测到。例如,我对于最后通牒模型中被测试者的行为是显而易见的解释常常会受到批评,人们更相信被测试者具有对公正的品味。但是,当具有更多经验时,被测试者却改变了行为[罗斯和伊芙(Roth and Erev)[440]]。为了适应这些数据,“对公正的品味”这样的解释必须改为,个体的偏好会随时间变化。所以,除非我们能够解释人们为什么会偏好公正,以及为什么这一偏好会随时间变化,否则这一理论也就没有实质意义了。

当然,我自己的观点是,在个人偏好层面来解释公正原则是错误的。公正起源于更高的一层,是协调博弈均衡的惯例的一部分。公正在中期会变化,而个人偏好则不会,这表明公正应该被模型化为一种社会价值,而不是个人偏好。

A.2.4 经验

经验表达了参与者知道或相信什么。可能这正是博弈论对现代经济学影响最大的地方。在冯·诺依曼和摩根斯坦[538]创建了信息集与预期效用的概念之前,经济理论对于未来不确定性具有核心意义的问题基本都保持沉默。但是,虽然冯·诺依曼和摩根斯坦关于模型化知识和信念的想法革新了经济学思想,这一观念对于社会问题的重要性仍受到广泛质疑。距离奥曼(Aumann)[24]和刘易斯(Lewis)[325]教会我们,密切注意个人(individual)知识和共同(common)知识的差异,已经过了 20 多年,这使得我们能够建立相比传统思想所允许的更复杂的人类社会模型。现在已经到了把这些观念运用于道德哲学的时候。

我确信,现在共产主义的流行思想中强调社群精神对于人类社会的重要性是正确的。但是,在研究人类社群时,我不再需要被束缚在更适用于其他类别的模型上。人类社群不像蚁群那样运作。我认为在家庭环境之外,相信群体互动的自然法则、集体理性,或者由共同善所产生的一系列概念,是一个核心的建模错误。我认为,亚当·斯密把经济人作为《国富论》的主线是给我们上了很好的一课。同时,正如第 3.8.1 节所坚持的那样,亚当·斯密认为《道德情操论》中并不成熟的思想能够与最优化模型相一致,我认为他并没有错。但是,我们不必把他关于一个大社会的繁荣的概念输入个人的身体、理性或者热情当中。这些观念属于对社会文化的讨论,而第 1 卷第 2.3.6 节则把它归入了常识中。

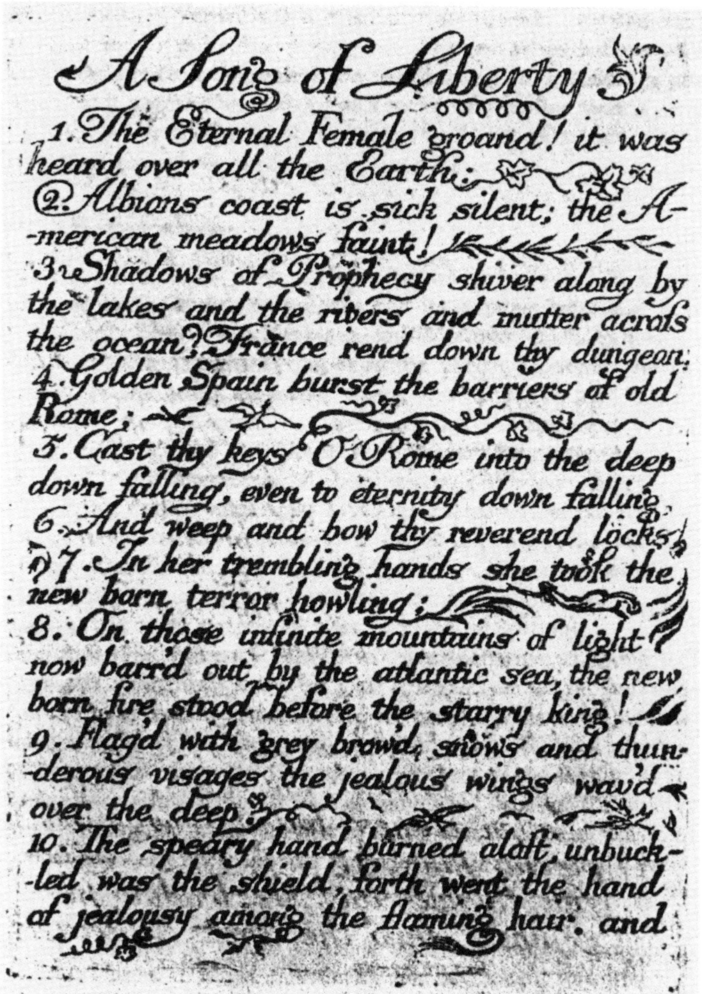

A Song of Liberty

1. The Eternal Female groand! it was heard over all the Earth:
2. Albions coast is sick silent; the American meadows faint!
3. Shadows of Prophecy shiver along by the lakes and the rivers and mutter across the ocean? France rend down thy dungeon;
4. Golden Spain burst the barriers of old Rome;
5. Cast thy keys O Rome into the deep down falling, even to eternity down falling,
6. And weep and bow thy reverend locks!
7. In her trembling hands she took the new born terror howling;
8. On those infinite mountains of light now barr'd out by the atlantic sea, the new born fire stood before the starry king!
9. Flag'd with grey brow'd snows and thunderous visages the jealous wings wav'd over the deep.
10. The speary hand burned aloft, unbuckled was the shield, forth went the hand of jealousy among the flaming hair, and

威廉·布莱克在这里用以调和他对自由的热爱和对权威的辩解非常混乱。我担心,约翰·斯图亚特·穆勒及其同伴们想要调和他们对于个人自由和功利主义的类似尝试也同样混乱。

附录B

哈萨尼学派

必须寻找义务的基础,不是从人性中寻找……而是从纯粹理性的事前概念中寻找。

——伊曼努尔·康德

B.1 导言

在本书中,哈萨尼(Harsanyi)[233]的工作是灵感与支持的持续来源,但是我选择忽略他对于功利主义贡献的长久争论。我这么做是为了强调下述事实:我已经用自然主义的解读来代替了哈萨尼对于其观点的形而上解读。通过把分散在长长两卷《博弈论与社会契约》中对哈萨尼工作的引用集合起来,并从对其批评的角度来对其工作进行辩护,本附录〔1〕希望能够重新阐释这个平衡。这样的工作将同时重新阐释我与哈萨尼在解读语言与角度方面的差异。

我对哈萨尼的目的论和非目的论方法进行了区分,这可能让某些正统的社会选择理论家感到困惑。哈萨尼本身可能并没有意识到这个区

〔1〕 更长版本参见"自然主义化哈萨尼和罗尔斯"[宾默尔(Binmore)[75]]。

别,但是通过区分他的聚合定理和理想观察者定理,其他作者有时会把他的观点分为两个近似的种类。与这些人不同的是,我用理想观察者的隐喻来讨论被称为哈萨尼目的论方法基石的聚合定理,但是诸如韦马克(Weymark)[550]这样的作者则更喜欢简化哈萨尼用非目的论方法讨论的"无知之幕"背后的公共利益博弈,他们把每个参与者都当做唯一一个理想观察者的复制品。但是,我的方法则需要保持每个参与者的独立身份。至于当前把目的论(teleological)和结果论(consequential)等同起来的流行趋势,我认为是一种倒退。

B.2 目的论的功利主义

第2卷第2.2.3节提出了所有功利主义者都必须回答的3个问题:

- 什么构成了效用?
- 为什么需要对个人效用进行加总?
- 为什么应该最大化总效用而不是自己的效用?

在讨论哈萨尼从目的论角度对功利主义的探讨时,这三个问题必须全部得到回答。

什么构成了效用? 回答第一个问题时,边沁和穆勒满足于谈论快乐,但是当代作者们倾向于更谨慎一些。由斯卡伦(Scanlon)[462]、森(Sen)[479,481]、德沃金(Dworkin)[167]和科恩(Cohen)[129]等人倡导的一种流派认为,福利主义并不能构成道德理论的足够基础。自从森(Sen)[481]把福利主义定义为一种只关注公民对于可得社会契约的效用赋值的社会选择方法后,这场后福利主义运动就对新古典经济学提出了挑战,后者认为,个人福利能够根据个人的偏好在多大程度上得到了满足来定义。正如第4.3.2节所指出的,一些作者甚至否认诸如个人偏好这样的主观标准在道德理论中有任何意义。

作为对经济学一般意义上的效用概念的替代，后福利主义者给出了一系列所谓的客观标准，这些标准通过加权来决定一个人的福利情况。最著名的例子是罗尔斯(Rawls)[417]的“基本善”。然后他们试图推翻正统效用理论的正当性。例如，森(Sen)[477]和罗默(Roemer)[435,434]否认哈萨尼(Harsanyi)[233]是一个效用主义者，因为他从冯·诺依曼和摩根斯坦的角度解读效用。

后福利主义者的这些观点并没有吸引力，但是本书认为，他们最大的错误在于不承认下述事实：当代效用主义之所以诞生，是因为想要从事前的主观标准解读人的抱负的努力都以失败告终。特别地，如果攻击现代福利主义的不一致之处在于其赋予个人的效用未能充分反映其动机，这在逻辑上是不一致的。根据现代观点，如果没有反映个人动机，那就是这些效用值出错了。

即使他是从冯·诺依曼和摩根斯坦的角度解读效用，哈萨尼(Harsanyi)[233]也依然可以被称为效用主义者，在指出这一点之后，我现在必须为他坚持采用一个效用函数而辩护。为了讨论韦马克(Weymark)[550]等对哈萨尼的个人比较方法的批评，需要首先明确一个术语上的可能导致混乱的模糊之处。我们曾经指出，冯·诺依曼和摩根斯坦的一致性假设意味着，即使是在寻找其效用函数的最优化预期值，一个理性参与者仍然可能是在做着危险的决策。更确切地说，一个这样的方程 $\phi:\Omega\to\mathbb{R}$ 存在，它满足，在具有收益 Ω 的集合 lott(Ω)上的偏好关系 $\preceq$ 能够被描述为 $\mathcal{E}\phi:\text{lott}(\Omega)\to\mathbb{R}$，其中 $\mathcal{E}$ 是期望算子。[1] 问题在于，ϕ 或 $\mathcal{E}\phi$ 是否被称为

[1] 我们说一个效用函数 $\Phi:\text{lott}(\Omega)\to\mathbb{R}$ 在集合 lott(Ω)上描述了偏好关系 $\preceq$，这意味着 $\mathbf{L}\preceq\mathbf{M}$，当且仅当 $\Phi(\mathbf{L})\leq\Phi(\mathbf{M})$。我追随冯·诺依曼和摩根斯坦(Von Neumann and Morgenstern)[538]来定义冯·诺依曼-摩根斯坦效用函数 $\phi:\Omega\to\mathbb{R}$，同时要求 $\mathcal{E}\phi:\text{lott}(\Omega)\to\mathbb{R}$ 是一个在集合 lott(Ω)上描述了偏好关系 $\preceq$ 的效用函数。注意，定义冯·诺依曼-摩根斯坦效用函数 $\phi:\Omega\to\mathbb{R}$ 并没有在集合 lott(Ω)上描述偏好关系 $\preceq$：它描述的是 $\preceq$ 在 Ω 上的约束(restriction)形式。一个函数 ϕ 是冯·诺依曼-摩根斯坦效用函数的充分必要条件是，对任意常数 $A>0$ 和 B，$A\phi+B$ 也是一个冯·诺依曼-摩根斯坦效用函数。就像温度的度量，我们可以随意选择如冯·诺依曼-摩根斯坦效用函数一样的零一基准，然后所有其他的温度都被相应决定了。在亚当和夏娃的效用的零一基准被选择之后，接下来就能够比较他们的效用——就像摄氏温度和华氏温度能够相比较一样。简言之，基数效用函数具有可比性。

冯·诺依曼-摩根斯坦效用函数。这一选择具有重要性,因为$\phi:\Omega\to\mathbb{R}$是一个关于$\preceq$受限于Ω的基数(cardinal)效用函数,而$\mathcal{E}\phi:\text{lott}(\Omega)\to\mathbb{R}$则是关于在lott($\Omega$)上无约束偏好关系$\preceq$的序数效用函数。因为只有在基数层面比较效用才是有意义的,所以,当我们依照哈萨尼的方法对冯·诺依曼-摩根斯坦效用函数进行比较时,就必须确定ϕ的命名术语。

哈萨尼(Harsanyi)[233]采用冯·诺依曼-摩根斯坦效用理论的另一个问题在于,我们通常认为,当且仅当个体较a对b的偏好要强于其较c对d的偏好时,衡量个人福利的方程ϕ才符合下述条件:$\phi(b)-\phi(a)>\phi(d)-\phi(c)$。否则,当个人具有高福利时被给予的内容,就会较于他福利低时被给予的内容具有不一致的价值。那些仅仅从ϕ是一个冯·诺依曼-摩根斯坦效用函数这一事实中就得出该结论的人,犯了露丝和瑞法(Luce and Raiffa)[334]在教科书中所列出的错误列表中的一个错误。为了正确得出该结论,我们不得不做出"何种偏好强度需要被考虑"的假设。哈萨尼采用冯·诺依曼和摩根斯坦基于风险的强度定义,而这恰好提供了一个有效的假设,从而为个人福利概念提供了一个可能的基础。

假设$a\prec b$且$c\prec d$。那么,同冯·诺依曼和摩根斯坦[538, p. 18]一样,哈萨尼认为,当且仅当个体永远愿意将具有收益a和d(各自发生概率为1/2)的彩票**L**与具有收益b和c(各自发生概率为1/2)的彩票**M**交换时,个体对第一个的偏好强于第二个。为了理解哈萨尼为何如此定义,想想这样一个人,他拥有具有收益b和d(各自发生概率为1/2)的彩票**N**,那么,他现在会不会愿意把彩票中的b换成a,或者把d换成c呢?想来当且仅当他认为b对于a的改进大于c对于d的改进时,他会进行后一种替换。但是,当我们说他更偏好前述两种假定替换中的第一个选项时,也就是说,他相较于**L**更偏好**M**。

对于冯·诺依曼-摩根斯坦效用函数ϕ而言,$\mathbf{L}\prec\mathbf{M}$可以用下列命题表示:

$$\frac{1}{2}\phi(a)+\frac{1}{2}\phi(d)<\frac{1}{2}\phi(b)+\frac{1}{2}\phi(c)$$

即当且仅当 $\phi(b)-\phi(a)>\phi(d)-\phi(c)$时，相较于偏好 $c\prec d$，该个体在 $a\prec b$中的偏好强度更大。

当然，对于偏好强度的其他定义，会带来对于个体福利的其他定义。人们很自然地会像韦马克(Weymark)[550]一样指出，用某种更严格递增的 ϕ 的转换形式来代替作为福利衡量指标的 ϕ。但是，哈萨尼的定义显然是需要探讨的第一个问题。

为什么需要对效用进行加总？　这包含了对个体间效用进行比较的问题。效用必须在加总前能够得到适当加权；否则，我们就要像边沁(Bentham)[53]所指出的那样，要把 20 个苹果和 20 个梨子加在一起了。后福利主义者无法回答个人间比较的问题。他们只是简单地宣称，自己所提出的福利标准具有普遍的适用性。而哈萨尼对此有两个解答，这里我将考察其中一个，我称之为目的论的解答。

目的论的道德理论假设存在一个事前的共同善概念。通过列出能够刻画该共同善的公理，哈萨尼(Harsanyi)[233]走上一条很容易被实施的道路。共同善的本质进而能够从这些公理中被推导出来，而不是简单地被宣称为不证自明。哈萨尼等功利主义者把个人偏好当做给定的，然后描述他们与社会偏好之间的关系。那么，社会也就被当做了一个大写的人。或者遵循亚当·斯密(Adam Smith)[500]的做法，社会利益被一个无偏观察者或者理想观察者(ideal observer)定义，他的偏好是社会所有个体成员偏好的某种平均或者加总。这个理想观察者的效用函数则被称为整个社会的福利函数。

韦马克(Weymark)[550]和罗默(Roemer)[435]等批评了哈萨尼(Harsanyi)[231,233]用来捍卫其目的论方法的数学方法。但是，第 1 卷第 4.2.4 节中的简单数学知识似乎不会受到类似的批评。布罗姆(Broome)[102]、哈蒙德(Hammond)[219,221]、马斯金(Maskin)[344]等很多其他作者的公理化方法也不会受到类似批评。

想象这样一个社会，它由亚当和夏娃两个公民组成。如果亚当和夏娃都满足冯・诺依曼和摩根斯坦理性条件,那么他们对于彩票的偏好就能够被总结在一个冯・诺依曼-摩根斯坦效用函数中,该函数定义在一个可能社会状态的有限集合 S 中。简单起见,我们假定亚当和夏娃同意有一个最差的社会状态 $\mathcal{L}$、一个最好的社会状态 $\mathcal{W}$。那么我们就能够选择他们的原点和效用规模的单位,从而使得 $u_A(\mathcal{L})=u_E(\mathcal{L})=0$,且 $u_A(\mathcal{W})=u_E(\mathcal{W})=1$。冯・诺依曼-摩根斯坦效用函数 u_A 和 u_E 将被作为决定理想观察者偏好算法的输入值。

下一步就不是这么简单了。不仅要假设亚当和夏娃满足冯・诺依曼和摩根斯坦理性条件,同时理想观察者也要满足该条件,他与前两者在种类上应该没有差异。特别地,他可能被赋予了一个冯・诺依曼-摩根斯坦效用函数 u_i,该函数描述了他对于一系列彩票的偏好,只是这时的收益是各种社会状态。就像亚当和夏娃一样,我们通过选择理想观察者效用函数的原点和单位,来使得效用函数 $u_i(\mathcal{L})=0$ 和 $u_i(\mathcal{W})=1$。

第三步,通过估计某个行为选择所导致的基于所有社会状态之上的彩票,理想观察者被假定为,仅仅考虑亚当和夏娃对于不同彩票的私人偏好。我们可以用下列条件来规范地表达这一要求,即对于每一个彩票 $\mathbf{L}$,有:

$$\mathcal{E}u_i(\mathbf{L})=v_i(\mathcal{E}u_A(\mathbf{L}),\mathcal{E}u_E(\mathbf{L})) \tag{B.1}$$

其中,方程 v_i 的取值 $v_i(x_A,x_E)$ 只取决于亚当和夏娃基于理想观察者决策所获得的效用值 (x_A,x_E)。简单来说,理想观察者对于某只彩票的预期效用,被假定为只取决于亚当和夏娃对该彩票的预期效用。

方程(B.1)意味着,函数 v_i 在其定义域 D 内是线性的。[1] 那么基本线性代数知识就可以告诉我们,存在常数 U 和 V,使得:

---

〔1〕 如果 x 在 D 上,那么存在一只彩票 $\mathbf{M}$,使得 $x_A=u_A(\mathbf{M})$ 且 $x_E=u_E(\mathbf{M})$。一只对应的彩票 $\mathbf{N}$ 能够和任何 D 上的 y 联系起来。令 $\mathbf{L}$ 为复合彩票,它以 p 的概率产生收益 $\mathbf{M}$ 且以 $1-p$ 的概率产生收益 $\mathbf{N}$。那么,公式(B.1)的左边为 $\mathcal{E}u_i(\mathbf{L})=p\mathcal{E}u_i(\mathbf{M})+(1-p)\mathcal{E}u_i(\mathbf{N})=pv_i(x)+(1-p)v_i(y)$,其右边为 $v_i(\mathcal{E}u_A(\mathbf{L}),\mathcal{E}u_E(\mathbf{L})=v_i(pu_A)(\mathbf{M})+(1-p)u_A(\mathbf{N}),pu_E(\mathbf{M})+(1-p)u_E(\mathbf{N}))=v_i(px+(1-p)y)$。接下来,有 $v_i(px+(1-p)y)=pv_i(x)+(1-p)v_i(y)$。数学家会说,这个方程意味着 v_i 是仿射的。但是,$u_A(\mathcal{L})=u_E(\mathcal{L})=u_i(\mathcal{L})=0$。因此,$v_i(0)=0$,且 v_i 是线性的。

$$u_i(x_A, x_E) = Ux_A + Vx_E$$

通过最大化一个合适的亚当和夏娃的效用加权值，理想观察者将从S中进行选择。那么他个人最大化的共同善也就具有了功利主义的性质。

为什么应该最大化总效用而不是自己的效用？　当我们问及为什么个人应该无私地追求公共善而不是他自己的利益时，哈萨尼（Harsanyi）[233]这样的康德主义者只会简单指出公民具有这样的义务。〔1〕但是，这是不是同义反复呢？

正如第2.2.3节所指出的，我认为，功利主义者在面对个人为何应该追求某个理想观察家的效用而不是他自己的效用时，犯了一个重大错误。需要回答的问题是，功利主义究竟是一个由个体来规范他与他人互动的道德体系，还是一个有权力用来推行其信念的政府准则系列。

我认为，功利主义者应该选择后者，这被哈丁（Hardin）[224]称为制度功利主义（institutional utilitarianism）。如果掌权者倾向于把他们组成的政府角色个人化，那么他们就可能同意下述建议，即政府的行为应该与个人一样是理性的。在一个拥有自由主义传统的社会里，边沁（Bentham）[53]的说法——“每个人都能代表一个人，但是没有人能代表多个人”——也将具有吸引力。如果掌权者同意这样的宣传，那么哈萨尼（Harsanyi）[233]的目的论说法可能会要求政府像理想观察者那样行动。

在我看来，哈萨尼（Harsanyi）[233]从目的论角度对功利主义的捍卫，是解决福利经济学问题的最好方法。在他的理想情形之下，一个良好的父爱主义政府会寻求对待其统治之下的公民的行为方式。当政府把自己当做没有偏见的大写的人的时候，哈萨尼的回答是有说服力的。

〔1〕　康德（Kant）[297，p. 63]可以作为这个论题的笑料。作为道义论者，他首先阐述了目的论原则，即人体的每一个器官都与身体的目的相关。他接下来观察到，一个适度复杂而精炼的直觉体系能够比我们大脑的推理能力，更好地为保证我们的生存和提高我们的福利而服务。接下来我们有理由为另一个目的服务，即我们应该遵守绝对道德（第1卷第2.4.2节）！

B.3 非目的论的功利主义

演化生物学家会对目的论者对于自然现象的解释感到不屑。演化是为了完成某个事前的目的,这一思想太奇怪了。像我这种从自然主义角度对人类社会的道德现象进行阐释的作者,也会对目的论的解释有同样的感觉。但是,批评者常常根本无法理解非目的论方法角度的道德理论,因为他们认为没有必要讨论共同善函数 G,除非 $G(a)<G(b)$提供了一个为什么社会会选择 b 而不是 a 的理由。但是像罗尔斯(Rawls)[417]一样,非目的论理论把一个社会做出其决策所使用的程序视为根本问题。一个在这个环境中产生的共同善函数并不扮演因果关系的角色。我们可以简单宣称,采用我们正在研究的程序就好像在最大化一个特殊共同善函数一样。罗尔斯(Rawls)[417]把通过遵循一个公正程序来构建共同善函数的过程,称为从正当中推导出善。

在第2章,基于我所称的西方民主社会的政治合法性的现代共识,我提出了一个功利主义理论。其中,人们采用一个公平过程来对政府下达一个指令,政府然后就会通过行为来执行人民赋予他的这种指令。为了模型化这个共识,我创造了一个没有偏见的哲学王。这个哲学王首先从人民中接受一个为达成某个目的的指令,然后他们协调每个人,使其采取适当的行为来达成该目的。

在模型化这个用来决定该命令的公正过程时,我采用了哈萨尼(Harsanyi)[233]和罗尔斯(Rawls)[417]的原初状态方法。但是,与他们显著不同的是,我仅仅把原初状态当做一个和人类种族一起演化而来的协调工具。基于此,我发现有必要把注意力集中在生命博弈和政治生活中的均衡社会契约上。与此相对的是,哈萨尼和罗尔斯采用了形而上的方法,这使得他们认为"无知之幕"背后所达成的社会契约取决于社会成员，因为他们受制于某种事前的形而上承诺，从而会做出道德行为。

当这样表述哈萨尼的非目的论方法时，我有可能会把他和其他学者混淆起来。因为同之前的休谟(Hume)[274]等一样，哈萨尼(Harsanyi)[234]否认契约主义有任何意义(第1卷第1.2.3节)。我同意，他们所攻击的各种形式的契约主义是站不住脚的，但是，我不认为只有当人们持有无法辩护的观点时，才能成为一个契约主义者。我自己的契约主义形式不会受到休谟或者哈萨尼的批评，因为我不认为社会契约能被当做一个法律文件来对待。

哈萨尼的原初状态 当展示哈萨尼本身对于功利主义的非目的论辩护时，第2卷2.6.1节就可以得到大大简化。回顾式(2.9)和式(2.10)，当 AE 发生时同意执行 $\mathcal{C}$，当 EA 发生时同意执行 $\mathcal{D}$，那么局中人Ⅰ和局中人Ⅱ的预期收益分别是：

$$w_1(\mathcal{C},\mathcal{D})=\frac{1}{2}U_1u_A(\mathcal{C})+\frac{1}{2}\{1-V_1(1-u_E(\mathcal{D}))\} \qquad (B.2)$$

$$w_2(\mathcal{C},\mathcal{D})=\frac{1}{2}\{1-V_2(1-u_E(\mathcal{C}))\}+\frac{1}{2}U_2u_A(\mathcal{D}) \qquad (B.3)$$

为了把这些公式简化为在哈萨尼的著作中可识别的内容，我们首先简化无关的常数$\frac{1}{2}(1-V_1)$和$\frac{1}{2}(1-V_2)$。其次，注意到哈萨尼并不承认有条件的社会契约，所以式(B.2)和式(B.3)可以被简单写成 $\mathcal{C}=\mathcal{D}$，就像第1卷第4.3节和第4.4节中所做的那样。最后，有必要借助哈萨尼的下述假设：局中人Ⅰ和局中人Ⅱ在“无知之幕”下应该具有相同的移情偏好，所以 $U_1=U_2=U$，$V_1=V_2=V$。

当把这些简化代入式(B.2)和式(B.3)时，局中人Ⅰ和局中人Ⅱ在原初状态中面临的谈判问题就变得至关重要，因为每个局中人都想要最大化相同的效用函数。他们因此可能简单地对最大化效用主义的社会福利函数的契约 $\mathcal{C}$ 达成了一致：

$$w(\mathcal{C})=\frac{1}{2}Uu_A(\mathcal{C})+\frac{1}{2}Vu_E(\mathcal{C})$$

形而上的撑竿跳 正如第1卷第4.3节和第4.4节所指出的,我对于哈萨尼从非目的论角度对功利主义的辩护的主要疑惑在于,他为什么能够保证$U_1=U_2=U$且$V_1=V_2=V$?为了保证局中人Ⅰ和局中人Ⅱ在原初状态中同意亚当的效用V等同于夏娃的效用U,哈萨尼指出,“无知之幕”应该被假设很厚,以至于亚当和夏娃忘记了和他们个人偏好相伴的移情偏好。每个人都必须在原初状态中形成新的移情偏好。借助于哈萨尼的理论框架——该框架指出相同环境中的理性个体将得到相同结论,我们也就保证了他们所形成的移情偏好是相同的。但是,哈萨尼并未考虑局中人Ⅰ和局中人Ⅱ应该怎样决定描述了他们新的移情偏好的权重U和V。

在我看来,我自己的方法基于原初状态机制在现实中正在被实际应用的事实。正如第1卷第4.7节所指出的,如果现实是我们的指导原则,那我们就不能像哈萨尼和罗尔斯那样假设一个非常厚的“无知之幕”。相反,“无知之幕”应该尽可能薄。亚当和夏娃仍然应该忘记与他们身份相伴的个人偏好,但重要的是,他们不能忘记他们的文化给予他们的移情偏好。对我来说,把亚当和夏娃隔离在一个与含有其文化信息的移情偏好无关的康德真空里,然后让他们基于此做出个体间的比较,就好比邀请某个人参加没有杆子的撑竿跳。

就像第2.5节所解释的,我猜想,我们之所以会具有移情偏好,只是因为我们在运用公正原则时需要它们,原初状态机制提供了一个典型的代表。第2.5.4节指出,社会演化可能使得亚当和夏娃具有相同的移情偏好,从而哈萨尼的解释就能够讲得通了。

从现实角度来看,这样的自然主义方法的优势在于,它告诉我们,原则上个人间的效用比较是如何做出的。在哈萨尼的目的论方法中,我们只能去问一位理性之神,当他被置于康德主义领域时,他是什么感受?但是,我猜想,即使我们能够找到这样一位理性之神,他或者她也会发现这个问题毫无意义。

威廉·布莱克的雕塑展示了柏拉图的一些学生在练习数学技巧,没有这些技巧,他们就无法进入柏拉图学派。当代作者对柏拉图所做的脚注基本上也是按照这种方式进行的。

附录 C

讨价还价理论

这是什么？定理。

——爱比克泰德(Epictetus),《道德理论》(*Moral Discourses*)

C.1 简介

本附录有两个目的。[1] 首要目的是为鲁宾斯坦(Rubinstein)[445]的讨价还价理论提供一个简单证明,并且使其适用于常见的信息不完整的情况。特别地,这里不必假设可行集合是凸的,并且对于分歧为何产生采取了一种更为合理的宽泛看法。

C.2 轮流出价博弈

我们并未直接把故事放入效用空间进行,而是从分割美元的角度进

〔1〕 在得到《经济学调查》(*Investigaciones Economicas*)编辑的许可后,附录 C 主要复制了宾默尔(Binmore)[71]的内容。

行讲述(第1.2.4节)。一个慈善家向亚当和夏娃捐赠1美元,前提是,他们能够对如何分割这笔钱达成一致。分歧可以来自许多方面。一个局中人可能会因为其最优外部选择而放弃谈判,这就使得对方也不得不这么做。或者,慈善家可能因协议拖延太久失去耐心而撤回投资。不论上述哪种情况发生,我们都说谈判崩溃(break down)了。局中人可能一直在讨价还价,而没有任何个人观点能够被接受,或者谈判也没有崩溃。当局中人采用导致上述永久结局的策略时,我们说他们进入了谈判僵局(deadlocked)——在这种情况下,除非慈善家撤回投资,否则僵局会永远存在。

我们将研究精确规则界定下的谈判结果。所有局中人都在时间$n\tau(n=0,1,2,\cdots)$采取行动,其中$\tau>0$。亚当在n为偶数时行动,夏娃在n为奇数时行动。如果博弈在$n\tau>0$时还没有结束,那么慈善家就会以$\pi=\lambda\tau<1$的概率撤回投资;否则,游戏以$\bar{\pi}=1-\pi$的概率继续。行动的局中人决定是否要参加。如果参加,那么他提出一个如何分割美元的建议,另一个被动局中人则选择接受或拒绝。只有在有人拒绝后,该博弈以τ的概率向前行进。被动局中人这时变为主动,并重复上述过程。

博弈在$n=0$时开始,但是在第一阶段协商失败的情况被省略。第一个步骤就由亚当提出建议构成。如果夏娃拒绝,那么上一段所描述的一系列事件则从$n=1$开始。图C.1描述了这些行动的顺序。[1]

[1] 该过程的大多数顺序对结果无关紧要。选择这样的顺序只是为了数学上的方便。但是,主动局中人不能在被动局中人拒绝之后立即做出退出决策,这一点很重要[谢克特(Shaked)[487]]。第1.7.2节指出,文中的模型更加符合实际。

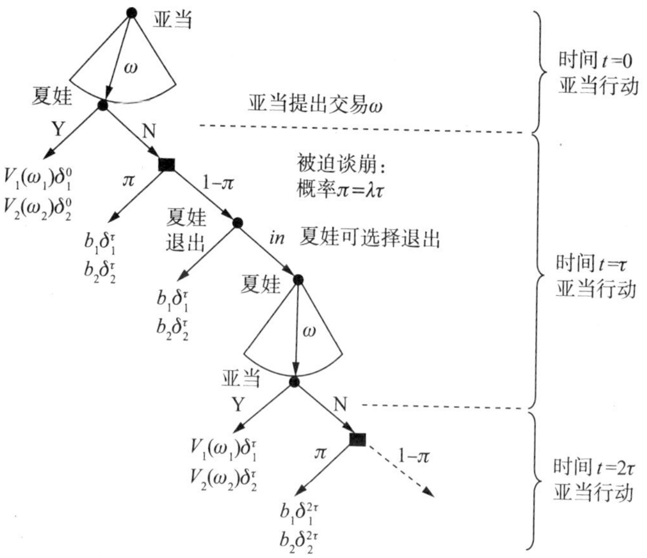

图 C.1 讨价还价博弈的规则

C.3 偏好

亚当为局中人Ⅰ,夏娃为局中人Ⅱ。可能交易的集合为:

$$\Omega=\{\omega : \omega_1+\omega_2\leq 1\}$$

其中,履行交易 $\omega=(\omega_1,\omega_2)$的结果是局中人 i 得到收益 \$ ω_i。注意,假设存在自由选择(第 1.2.1 节)。[1] 点 $\beta\in\Omega$ 代表了协议失败时局中人得到的收益。[2]

局中人 i 在时间 t 对于结果 $\omega\in\Omega$ 的效用是:

---

〔1〕 奥斯博恩和鲁宾斯坦(Osborne and Rubinstein)[396]做出了不同的假设,从而找到了更多的均衡。本书中的假设看起来更加自然。

〔2〕 宾默尔(Binmore)等[80]总结了取得的不同收益取决于协议如何崩溃的情况。新的困难只出现于排列组合上。

$$u_i(\omega_i)\delta_i^t \tag{C.1}$$

其中,折现因子 δ_i 满足 $0<\delta_i<1$。(相应的折现率 ρ_i 满足 $\delta_i=e^{-\rho_i}$。)简化起见,我们设 $\Delta_i=\delta_i^{\tau}$。由于 $\pi=\lambda\tau$,所以 Δ_i 和 π 都是 τ 的函数。假设方程 $v_i:\mathbb{R}\to\mathbb{R}$ 满足连续性和严格递增性,但是不必满足凹性。它的定义域是一个开区间 R_i。我们设 $b_i=v_i(\beta_i)$,那么谈判崩溃点就在 $R_1\times R_2$ 上。

时点 0 时可得的效用组合集合 X 的帕累托前沿,由下述方程的图形给出:

$$f(x_1)=v_2(1-v_1^{-1}(x_1))$$

其中,$f:R_1\to R_2$ 和 $f^{-1}:R_2\to R_1$ 都具有连续性和严格递增性。注意 $b\in X$,所以 $b_2\leq f(b_1)$,$b_1\leq f^{-1}(b_2)$。

现在还需要讨论局中人如何评估永久分歧结果 D 的后果。为了与式(C.1)中取极限 $t\to\infty$ 相一致,可以得出 $u_i(D)=0$。此外,我们还需要假设 $0\in\bar{R}_1\times\bar{R}_2$ 且 $b\geq 0$。

当局中人采用排除任何可能达成协议的策略时,僵局就发生了。但是,当且仅当 $\pi=0$ 时,会有永久分歧。在任何一种情况下,僵局的预期效用都是:

$$\pi b_i\Delta_i+\pi b_i(\bar{\pi}\Delta_i)+\pi b_i(\bar{\pi}\Delta_i)^2+\cdots=\frac{\pi b_i\Delta_i}{1-\bar{\pi}\Delta_i} \tag{C.2}$$

如果 v_1 和 v_2 是凹的,那么 f 也是凹的,进而 X 就是凸的。如果 X 不是凸的,那么我们不用它的凸包代替 X。这一标准做法可通过如下假定得到验证:假定局中人能够通过同意履行一个收益为 X 的彩票来解决问题。但是,这个假设是非常不现实的。一个工会老板怎么会向他的会员们通报,他们的工资是通过抛硬币决定的呢?当彩票可行的时候,Ω 应该被所有在 Ω 上有收益的彩票代替。由此我们就可以得到一个更简单的理论。

注释

1. 菲什伯恩和鲁宾斯坦(Fishburn and Rubinstein)[182]指出,对偏好关系相对温和的假设就能够保证形如式(C.1)的效用代表。特别地,式(C.1)是对奥斯本和鲁宾斯坦(Osborne and Rubinstein)[396]中假设A1～A5的替代。

2. 用分割美元的语言对这个问题的表述更加清晰,但是可能模糊了方法的一般性。真正重要的是所有可行效用组合集合 X 的形状,以及 δ_1、δ_2、π 和 b 的数值大小。在这个设定下的均衡结果的几何性质很容易求得[宾默尔(Binmore)[67]]。代数性质则需要更多的演算工作。

3. 如果 $\pi>0$,必须从冯·诺依曼和摩根斯坦角度理解效用函数。如果 $\pi=0$,那么预期效用的计算就不必要了,任何效用形式都行得通。这就允许我们观察没有明显包含在研究范围内的案例。特别地,鲁宾斯坦(Rubinstein)[445]的分歧的固定成本的情况就可被理解。局中人 i 在时间 t 对于交易 ω 的效用满足 $U_i(\omega,t)=\omega_i-\gamma_i t$,其中 $\gamma_i>0$。在鲁宾斯坦的版本中,我们还需要进一步要求,如果某人在时间 t 退出,那么局中人 i 得到 $-\gamma_i t$。假设 $u_i(\omega,t)=\exp U_i(\omega,t)$ 且 $\delta_i=e^{-\gamma_i}$,那么,$v_i(x)=e^x$ 远不满足凹性。注意,$f:(0,\infty)\rightarrow(0,\infty)$将由 $f(x)=e/x$ 和 $b=(1,1)$给出。这个例子非常有用,因为它反映了各种特殊情况。

C.4 静态子博弈完美均衡

在本节中,η 和 ζ 是 Ω 中的帕累托有效协议。在时点 0 赋予这些交易下列效用:$y_i=v_i(\eta)$ 且 $z_i=v_i(\zeta)$。注意,$y_2=f(y_1)$ 且 $z_2=f(z_1)$。

假设亚当采用静态纯策略 s,即根据下列两个指示行动:

a. 当被要求提出策略时,提出 η;

b. 当被要求做出回应时,接受 ζ 或者更好的提议,而拒绝其他更差的。

夏娃被假设采用与 s 具有同样性质的静态纯策略 t,但是对 η 和 ζ 进行交换。

满足这些特征的策略组合 (s,t) 什么时候是子博弈完美均衡呢? 本节通过一系列引理来回答这个问题。

定义 $m_i: R_i \to \mathbb{R}$ 为:

$$m_i(x)=\Delta_i(\pi b_i+\bar{\pi}\max\{b_i,x\})$$

且要求分析满足下列条件的 η 和 ζ:

$$\left.\begin{array}{l} y_2=m_2(z_2) \\ z_1=m_1(y_1) \end{array}\right\} \tag{C.3}$$

这些公式表明,被动局中人对于接受或者拒绝某个提议将永远漠不关心。

【引理 C.1】 如果式(C.3)成立,那么 $y_1\geq b_1$ 或 $z_2\geq b_2$。同时,$z_1\leq y_1$ 且 $y_2\leq z_2$。

证明: 如果 $y_1<b_1$,那么 $z_1=\Delta_1\leq b_1$。由于 z 是帕累托有效的,所以不可能有 $z_2<b_2$,如果 $y_1\geq b_1$,那么 $z_1=\Delta_1(\bar{\pi}y_1+\pi b_1)\leq\Delta_1 y_1\leq y_1$。所以,$z_2=f(z_1)\geq f(y_1)=y_2$。如果 $z_2\geq b_2$,同理可证。

【引理 C.2】 如果 y 和 z 满足式(C.3),那么存在一个对应的子博弈完美均衡 (s,t)。

证明: 由 s 和 t 的给定性质,无法确定当机会出现时,一个局中人是否应该退出博弈。在这个引理中,亚当和夏娃的指示是这样要求的:对亚当而言,当 $y_1\geq b_1$ 时参与,当 $y_1<b_1$ 时退出。对夏娃而言,当 $z_2\geq b_2$ 时参与,当 $z_2<b_2$ 时退出。

由 s 和 t 界定的行动策略一直是最优的,因为主动局中人不能在不被拒绝的情况下要求更多。但是,一个主动局中人永远不想被拒绝。只有一个例外,证实这一理论所需验证的所有情况,都直接在引理 C.1 中表述出来了。在这个例外中，积极局中人在均衡中退出博弈。

假设 $y_1 \geq b_1$ 且 $z_2 < b_2$，那么 $y_2 = \Delta_2 b_2$，且因此有：

$$z_2 \geq = \Delta_2 b_2 \geq \Delta_2(\bar{\pi}\Delta_2 b_2 + \pi b_2) = \Delta_2(\bar{\pi} y_2 + \pi b_2)$$

进而可以得出，相较于被拒绝，夏娃更偏好于提议 z 被接受。当 $y_1 < b_1$ 和 $z_2 \geq b_2$ 时，同理可证。

【引理 C.3】 如果(y, z)满足式(C.3)，当且仅当 y_1 是函数 $g: R_1 \to \mathbb{R}$ 的一个零值时，a 是一个静态子博弈完美均衡，g 满足：

$$g(x) = f(x) - (m_2 \circ f \circ m_1)(x)$$

且 $y_2 = f(y_1)$，$z_1 = m_1(y_1)$，$z_2 = f(z_1)$。

还需要详细探讨函数 g 的性质。注意：

$$g(x) = \begin{cases} f(x) - \Delta_2[\pi b_2 + \bar{\pi} f(\Delta_1 b_1)], & \text{如果 } x \leq b_1 \\ f(x) - \Delta_2[\pi b_2 + \bar{\pi} f(\Delta_1(\pi b_1 + \bar{\pi} x))], & \text{如果 } b_1 \leq x \leq c_1 \\ f(x) - \Delta_2 b_2, & \text{如果 } x \geq c_1 \end{cases}$$

其中，$\bar{\pi} c_1 = \Delta_1^{-1}(b_2) - \pi b_1$。$g$ 在 τ 上的符号不明显。当独立性变得重要时，研究由下述公式定义的函数 $G: R_1 \times (0, \infty) \to \mathbb{R}$ 更加方便：

$$G(x, \tau) = \tau^{-1} g(x) \tag{C.4}$$

【引理 C.4】 函数 $g: R_1 \to \mathbb{R}$ 有如下属性：

a. $x < \Delta_1 b_1 \Rightarrow g(x) > 0$

b. $x < f^{-1}(\Delta_2 b_2) \Rightarrow g(x) < 0$

证明：a. 如果 $x < \Delta_1 b_1$，那么：

$$\begin{aligned} g(x) &> f(\Delta_1 b_1) - \Delta_2[\pi b_2 + \bar{\pi} f(\Delta_1 b_1)] \\ &= (1 - \Delta_2 \bar{\pi}) f(\Delta_1 b_1) - \Delta_2 \pi b_2 \\ &\geq (1 - \Delta_2 \bar{\pi}) b_2 - \Delta_2 \pi b_2 \\ &= b_2(1 - \Delta_2) \geq 0 \end{aligned}$$

b. 如果 $x > f^{-1}(\Delta_2 b_2)$，那么 $f(x) < (\Delta_2 b_2)$。同理，$g(x) \geq 0$ 也是正确的，所以：

$$\Delta_2 b_2 - \Delta_2[\pi b_2 + \bar{\pi} f(\Delta_1(\pi b_1 + \bar{\pi} x))] > 0$$

$$b_2 > f(\Delta_1(\pi b_1 + \bar{\pi} x))$$

$$f^{-1}(b_2) > \Delta_1(\pi b_1 + \bar{\pi} x)$$

$$x > c_1$$

现在,假设 $f^{-1}(\Delta_2 b_2) \leq c_1$。那么 $g(x) < 0$,当 $f^{-1}(\Delta_2 b_2) < x \leq c_1$ 时。所以,$g(x) < 0$,当 $x > f^{-1}(\Delta_2 b_2)$时,因为 g 在区间(c_1, ∞)上是连续且递减的。另一方面,如果 $f^{-1}(\Delta_2 b_2) > c_1$,那么 $x > f^{-1}(\Delta_2 b_2)$意味着$g(x) = f(x) - \Delta_2 b_2$。

【引理 C.5】 函数 $g: R_1 \to \mathbb{R}$ 在区间$[\Delta_1 b_1, f^{-1}(\Delta_2 b_2)]$上有零解,且因此一个静态子博弈完美均衡总是存在。

证明:因为 g 是连续的,根据上一个引理得到这个结果。

C.5 不稳定均衡

这部分证明了鲁宾斯坦(Rubinstein)[445]提出的一个定理的广义版本,并参照了宾默尔(Binmore)[67]、谢克特(Shaked)和萨顿(Sutton)[488],以及宾默尔(Binmore)等[90]。

设 S 为所有子博弈完美均衡结果的集合。第一个结果告诉我们,当存在不止一个静态子博弈完美均衡时,S 必然是一个大集合。特别地,帕累托无效率结果就存在于 S 中。

当 $g: R_1 \to \mathbb{R}$ 有多于一个零值时,多重静态子博弈完美均衡存在。令$(\underline{s}, \underline{t})$为对应于 g 中最小零值 $\underline{y}_1$ 的策略组合,令$(\bar{s}, \bar{t})$为对应于 g 中最大零值 $\bar{y}_1$ 的策略组合。

令 T 为所有满足$x \geq (\underline{y}_1, \bar{y}_1)$的可行收益组合。

【引理 C.6】 如果 $x \in T$,那么存在一个子博弈完美均衡(s, t),使得亚当在时间 0 提议一个价值为 x 的交易 ξ，并且夏娃接受了。因此，$T \subseteq S$。

证明：三种“想象状态”——“上”“下”“中”——被区别开来。局中人从状态“中”开始。在这种状态，即将构建的子博弈完美均衡(s,t)要求亚当在轮到他提议的时候提议 ξ。夏娃接受 ξ 或者更好的提议，而拒绝任何其他提议。

在状态“上”，(s,t)要求亚当和夏娃在剩余博弈中根据$(\bar{s},\bar{t})$进行博弈。在状态“下”，(s,t)要求亚当和夏娃在剩余博弈中根据$(\underline{s},\underline{t})$进行博弈。

一旦局中人在状态“上”保持不变，那么在状态“下”也一样。从状态“中”开始的过渡是按照以下方式进行的。如果亚当提议 ξ，那么夏娃的拒绝会使得两人都过渡到状态“上”。如果夏娃拒绝任何其他提议，那么二人都过渡到状态“下”。

为什么在状态“中”的提议反应顺序是最优的？因为 $x_2 \geq \bar{y}_2 = m_2(\bar{z}_2)$，夏娃应该接受 ξ。她对其他提议的反应是最优的，因为她从拒绝中得到的收益为 $\underline{y}_2 = m_2(\underline{z}_2)$。亚当应该提议 ξ，因为他通过偏离这个提议得到的收益最多为$\underline{y}_1$，且 $x_1 \geq \underline{y}_1$。(如果亚当偏离到一个将会被拒绝的提议上，那么，夏娃或者因为 $\underline{z}_2 < b_2$ 而选择退出，或者因为 $\underline{z}_2 \geq b_2$ 而选择不退出。在后一种情况下，亚当得到 $\Delta_1(\pi b_1 + \bar{\pi}\, \underline{z}_1) \leq \Delta_1 \underline{z}_1 \leq \underline{z}_1 \leq \underline{y}_1 \leq x_1$。在前一种情况下，根据引理 C.1，他得到 $\Delta_1 b_1 \leq b_1 \leq \underline{y}_1 \leq x_1$。)

下一步，我们将会证明 $S \subseteq T$。在此之前，我们先介绍一个简单的引理。

【引理 C.7】 亚当的所有子博弈完美均衡收益的集合 Y 是$(\underline{y}_1, \bar{y}_1)$。

证明：令 $a = \inf Y$ 且 $A = \sup Y$。令 Z 为夏娃在时间 0 首先提出建议的同伴博弈中，所有夏娃的子博弈完美均衡收益的集合。令 $e = \inf Z$ 且 $E = \sup Z$。

1. 不管亚当在时间 0 提出何种建议，夏娃都有权拒绝。如果均衡策略在接下来的博弈中被用到，那么夏娃将会得到最少为 $m_2(e)$的预期收益,因为同伴博弈会停顿 τ 时间,直到美元被收回或者夏娃选择中途退出。如果均衡策略被使用,那么夏娃至少得到 $m_2(e)$,而亚当至少得到 $f^{-1}(m_2(e))$。这样,$A\leq f^{-1}(m_2(e))$,且因此:

$$f(a)\geq m_2(e) \tag{C.5}$$

通过在同伴博弈中应用相似的逻辑,有:

$$E\leq f(m_1(a)) \tag{C.6}$$

2. 对夏娃来说,如果在拒绝意见给出之后,均衡策略被使用,接受任何来自亚当的给她带来收益 $\omega_2>m_2(E)$ 的提议都是最优的。这样,夏娃一定会得到至少 $f^{-1}(\omega_2)$。因此,只要 $\omega_2>m_2(E)$,$f^{-1}(\omega_2)$ 就是 Y 的下限。同时我们有 $a\geq f^{-1}(m_2(E))$,且因此:

$$f(a)\leq m_2(E) \tag{C.7}$$

通过在同伴博弈中应用相似的逻辑,有:

$$e\geq f(m_1(A)) \tag{C.8}$$

3. 根据式(C.5)和式(C.8),有:

$$f(A)\geq m_2(e)\geq(m_2\circ f\circ m_1)(A)$$

且因此 $g(A)\geq 0$。但是,$g(x)<0$,当 $x>\bar{y}_1$。这样,$A\leq\bar{y}_1$。但是 $\bar{y}_1\in Y$,因此 $A=\bar{y}_1$。

根据式(C.6)和式(C.7),有:

$$f(a)\leq m_2(E)\leq(m_2\circ f\circ m_1)(a)$$

且因此 $g(a)\leq 0$。但是,$g(x)>0$,当 $x<\underline{y}_1$。这样,$a\geq\underline{y}_1$。但是 $\underline{y}_1\in Y$,因此 $a=\underline{y}_1$。

4. 最后强调一下,$\underline{y}_1\leq y_1\leq\bar{y}_1$ 意味着 $y_1\in Y$。上述结论可以很快根据引理 C.6 得出。

【定理 C.1】 $S=T$。

证明:根据前面的引理,亚当的均衡收益处于集合 $[\underline{y}_1,\bar{y}_1]$ 中。类似地,夏娃在同伴博弈中的均衡收益处于集合 $[\underline{z}_1,\bar{z}_1]$ 中。那么,她在初始博弈中的均衡收益处于集合 $[\bar{y}_2,\underline{y}_2]$ 中,因为 $\bar{y}_2=m_2(\bar{z}_2)$ 且 $\underline{y}_2=$

$m_2(\underline{z}_2)$。这样 $S \subseteq T$。另一方面,引理 C.6 证明了 $T \subseteq S$。

注释

第二个和第三个注释事项阐释了由鲁宾斯坦(Rubinstein)[445]考虑的两种特殊情况。这里的结论与他的不同,因为我们考虑的讨价还价模型与之并不完全相同。

1. 当多重均衡存在时,可能存在子博弈完美均衡,使得协议不能迅速达成[奥斯本和鲁宾斯坦(Osborne and Rubinstein)[396]的第 3.10.1 节]。

2. 在第 C.3 节的注释中,取 $v_1(x)=v_2(x)=x$ 且 $\pi=0$。那么 $R_1=R_2=\mathbb{R}$ 且 $f(x)=1-x$。方程 g 的零值解是亚当的静态子博弈完美均衡结果。在这种情况下,g 是严格递减的。因此,存在唯一的均衡结果。如果 $u=(1-\Delta_2)/(1-\Delta_1\Delta_2)$满足 $b_1 \leq u < \Delta_1^{-1}(1-b_2)$,那么亚当得到 u。如果 $u<b_1$,那么一旦机会出现,亚当将会采用外部选择。当提议的时候,他会得到 $1-\Delta_2(1-\Delta_1 b_1)$。如果 $u>\Delta_1^{-1}(1-b_2)$,夏娃会采用外部选择,且亚当得到 $1-\Delta_2 b_2$。

3. 我们现在分析第 C.3 节的注释 3 中提到的情况。当 $\Delta_1>\Delta_2$ 时,g 在 Δ_2^{-1}处有唯一零解。用货币收益方式来衡量,这意味着,当 $\gamma_1<\gamma_2$ 时,亚当在均衡时得到 $1+\gamma_2\tau$。(夏娃将会采用外部选择。)当 $\Delta_1<\Delta_2$ 时,g 在 $\Delta_1\Delta_2^{-1}$处有唯一零解。用货币收益方式来衡量,这意味着,当 $\gamma_1<\gamma_2$ 时,亚当在均衡时得到$(\gamma_1<\gamma_2)\tau$。(亚当将会采用外部选择。)当 $\Delta_1=\Delta_2=\Delta$ 时,g 在区间$[1,e\Delta^{-1}]$上为 0。使用第 C.4 节中的符号,可得 $y_1=1$ 且 $\bar{y}_1=e\Delta^{-1}$。因此,$\bar{y}_2=\Delta$。任何可行的组合 $x\geq(1,\Delta)$都是均衡结果。用货币收益方式来衡量,这意味着,当 $\gamma_1=\gamma_2=\gamma$ 时,均衡结果的集合为$\{\omega:\omega_1+\omega_2\leq 1,\omega_1\geq 0,\omega_2\geq -\gamma\tau\}$。

C.6 广义纳什讨价还价解

前面章节讨论的讨价还价模型之所以有趣,主要是因为在极限情况下随着 $\tau \to 0$,均衡结果能够用广义纳什讨价还价解来描述。$\tau \to 0$ 的情况之所以变得有趣,主要因为下述两个原因。第一,局中人将不会面临任何遵守模型设定的时间表的约束。在拒绝一个提议之后,他们会希望尽快提出一个反提议。第二,在 $\tau \to 0$ 的极限情况下,亚当的先行优势消失。

与第1.2.2节一样,一个广义纳什讨价还价问题由三个元素 (X, b, d) 表示。其中,X 被阐释为所有可行收益组合的集合;b 是崩溃点,此点的坐标是局中人的外部选择;d 是僵局点。与第C.2节一样,集合 R_1 和 R_2 是开区间,$f: R_1 \to R_2$ 是一个严格递减的满射,且 $X = \{(x_1, x_2) \in R_1 \times R_2 : x_2 \le f(x_1)\}$。同时,$0 \in \bar{R}_1 \times \bar{R}_2$ 且 $0 \le d \le b \in X$。在附录的其他部分,我们同时假定 f 是在 R_1 上二阶可微的。

一个谈判能力为 α 和 β 的广义纳什积被定义为如下形式:

$$P(x_1, x_2) = (x_1 - d_1)^{\alpha} (x_2 - d_2)^{\beta} \tag{C.9}$$

当 X 是凸的且 $b = d$ 时,纳什(Nash)[381]所介绍的对称纳什讨价还价解证明,在点 n 处的解为 (X, b, d)。在该点处,纳什积 P 得到最大化,因为 $\alpha = \beta$,约束条件为 $x \in X$ 且 $x \ge d$。

当 X 不是凸的时,我们需要一个更加精准的定义。令 $p: R_1 \to \mathbb{R}$ 的定义如下:

$$p(x) = P(x, f(x)) \tag{C.10}$$

注意力将会被限制在以下情况,即 $p'(x)$ 既在区间 $[b_1, f^{-1}(b_2)]$ 的端点处不为0,也在该区间的满足 $p''(x) = 0$ 的内点处不为0。这个约束仅仅排除了病态情况。函数 $H: R_1 \to \mathbb{R}$ 被定义为：

$$H(x)=\begin{cases}+\infty, & \text{如果 } x<b_1 \\ f^{-1}(x)\left(\dfrac{x-d_1}{\alpha}\right)+\left(\dfrac{f(x)-d_2}{\beta}\right), & \text{如果 } b_1 \leq x<f^{-1}(b_2) \\ -\infty, & \text{如果 } x>f^{-1}(b_2)\end{cases} \tag{C.11}$$

它与 p' 在区间 $[b_1, f^{-1}(b_2)]$ 上有相同的符号。一个 H 的“零值解”会被理解为任何满足如下属性的 $z \in R_1$，即它的所有邻域同时包含 H 的正值和负值。就我们对 p 的约束来说，一个 H 的“零值解”或者为满足 $H(z)=0$ 的区间 $[b_1, f^{-1}(b_2)]$ 的内点，或者是该区间的端点。

一个纳什讨价还价点 n 现在可以被描述为 X 的帕累托有效点，在此点处，n_1 是 H 的“零值解”。对所有纳什讨价还价点，令 $\bar{n}$ 为亚当得到最大收益的点(且夏娃得到最小收益)，令 $\underline{n}$ 为亚当得到最小收益的点(且夏娃得到最大收益)。对应于谈判能力为 α 和 β 的讨价还价问题 (X, b, d) 的广义纳什讨价还价解(generalized Nash bargaining solution)，是所有可行收益组合 $x \geq (\underline{n}_1, \bar{n}_2)$ 的集合 N。定义如图 C. 2 所示。

【命题 C. 1】 点 $\bar{n}$ 为纳什积(C. 9)的局部最大化点，约束为 $x \in X$ 且 $x \geq b$，在该点处亚当得到最大收益。点 $\underline{n}$ 是分配给夏娃最大收益的局部最大化点。

【命题 C. 2】 N 由一个单点组成的充分条件是，$(x-d_1)f'(x)$ 在区间 $[b_1, f^{-1}(b_2)]$ 上是凹的。特别地，f 为凹的且由此 X 为凸的是充分条件。

证明： 这个条件意味着，H 在 $[b_1, f^{-1}(b_2)]$ 上严格递减。

C. 7 纳什规划

与第 0. 6 节的纳什规划一致，我们现在需要证明广义纳什讨价还价

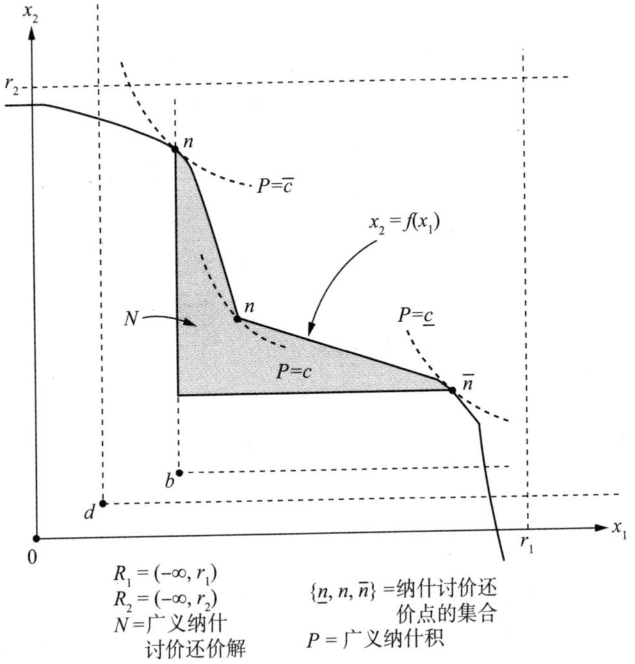

图 C.2　广义纳什讨价还价解

解,与轮流出价讨价还价模型的子博弈完美均衡结果相同。

【定理 C.2】 随着 $\tau\to 0$,轮流出价模型的子博弈完美均衡结果集合收敛于,讨价还价能力为 $\alpha=1/(\lambda+\rho_1)$和 $\beta=1/(\lambda+\rho_2)$的讨价还价问题(X,b,d)的广义纳什讨价还价解 N,其中僵局收益 $d_i=\lambda b_i/(\lambda+\rho_i)$是公式(C.2)在 $\tau\to 0$ 时的极限值。

证明:首先我们要证明,使得由式(C.4)定义的方程 G 为 0 的数值 x 的集合,收敛于由式(C.11)定义的方程 H 的"零值解"的集合。第一步需要证明,对每个 $x\in R_1$,有:

$$G(x,\tau)\to H(x),当\ \tau\to 0$$

在区间$[b_1,f^{-1}(b_2)]$上,这个结果可以根据洛必达法则得到,因为 $c_1>f^{-1}(b_2)$。在区间之外,我们可以借助引理 C.4 来决定 G 的符号。

1. 假设 τ 足够小,每个 H 的"零值解"的邻域包含了一个 G 的零值解。根据第C.6节介绍的约束,每个这样的邻域都包含一个使H为正的点和一个使H为负的点。因此,如果τ足够小,同样的结果也可应用到G。因为G是连续的,我们得到,G在邻域里有零解。

2. 对于所有足够小的τ,每个包含G的零值解的邻域都包含一个H的"零值解"。区间$[b_1, f^{-1}(b_2)]$是紧的,且G在该区间内均匀收敛于H。这个结果关注了区间内部点的邻域。一个简单的论证可以将结果扩展到端点情况。

总之,当我们为在轮流出价模型中使用纳什讨价还价理论进行辩护时,现状点应该对应于僵局结果。(在此过程中,局中人已然坐在谈判桌前,但是永远不会达成协议。)他们通过放弃讨价还价可能得到的外部选择,仅仅被用来限制纳什讨价还价解的可行性范围。通常来说,把这些原则应用到流动上非常方便。例如,在一场工资谈判中,僵局流动可能是罢工期间的时段平均收入。

本节的最后一个结果将会被直接给出而没有证明。它提供了一个使得轮流出价模型内的均衡唯一的标准,该均衡的取得并不依赖于τ足够小的假设。

【定理C.3】 轮流出价模型有唯一子博弈完美均衡的必要条件是,N由一个单点构成。

注释

定理C.3的一些特殊情况值得关注。在每种情况下,假设X是凸的,以便使得N由一个单点构成。

1. $\rho_1=\rho_2=0$。在这种情况下,均衡结果收敛于问题(X,b,d)的对称纳什讨价还价解。这里的崩溃点和僵局点一样,且找到一个适当的现状点并不费力。这种情况的出现并不是因为不耐心促成了早期协议的达成,而是因为害怕如果协议被推迟,达成协议的机会可能也会丧失。

2. $\rho_1=\rho_2=\rho>0$。在这种情况下,均衡收敛于问题(X,b,d)的对称

纳什讨价还价解,其中 $d=\lambda b/(\lambda+\rho)$。注意,现状点并不是 b。在对称讨价还价问题中,这并未使得纳什讨价还价解发生变化。错把 b 看做现状点的模型,因此也会得出正确的结论。

3. $\lambda=0$。在这种情况下,均衡结果收敛于谈判能力为 $\alpha=1/\rho_1$ 和 $\beta=1/\rho_2$ 的问题 $(X,b,0)$ 的非对称纳什讨价还价解。回忆一下,收益组合 0 对应着永久无协议点 D,此点因而成为这些情境下的现状点。这种情况的出现不是因为局中人在意失去达成协议机会的风险,而是因为他们对协议的推迟没有耐心。

参考文献

[1] D. Abreu. On the theory of infinitely repeated games with discounting. *Econometrica*, 56:383 - 396, 1988.

[2] D. Abreu and H. Matsushima. Virtual implementation in iteratively undominated strategies: Complete information. *Econometrica*, 60: 993 - 1008, 1992.

[3] D. Abreu and D. Pearce. A perspective on renegotiation in repeated games. In R. Selten, editor, *Game Equilibrium Models II*. Springer-Verlag, Berlin, 1991.

[4] D. Abreu, D. Pearce, and E. Stachetti. Renegotiation and symmetry in repeated games. *Journal of Economic Theory*, 60:217 - 240, 1993.

[5] D. Abreu and A. Rubinstein. The structure of Nash equilibrium in repeated games with finite automata. *Econometrica*, 56: 1259 - 1282, 1988.

[6] D. Abreu and P. Sen. Virtual implementation in Nash equilibria. *Econometrica*, ?:993 - 1008, 1991.

[7] J. Adams. Towards an understanding of inequity. *Journal of Abnormal and Social Psychology*, 67:422 - 436, 1963.

[8] J. Adams. Inequity in social exchange. In L. Berkowitz, editor, *Advances in Experimental Social Science*, *Volume II*. Academic Press, New York, 1965.

[9] J. Adams and S. Freedman. Equity theory revisited: Comments and annotated bibiliography. In L. Berkowitz, editor, *Advances in Experimental Social Science*, *Volume IX*. Academic Press, New York, 1976.

[10] R. Alexander. The evolution of social behavior. *Annual Review of Ecology and Systematics*, 5:325 - 383, 1974.

[11] R. Alexander. *The Biology of Moral Systems*. Aldine de Gruyter, Hawthorne, New York, 1987.

[12] R. Alexander, K. Noonan, and B. Crespi. The evolution of eusociality. In P. Sherman *et al*, editor, *The Biology of the Naked Mole Rat*. Princeton University Press, Princeton, 1991.

[13] M. Allais. *Economie et Interet*. Imprimie Nationale, Paris, 1947.

[14] L. Anderlini and H. Sabourian. Cooperation and effective computability. *Econometrica*, 63:1337 - 1369, 1995.

[15] E. Andrew. *Shylock's Rights: A Grammar of Lockean Claims*. Cambridge University Press, Cambridge, 1988.

[16] Aristotle. Politics. In J. Barnes, editor, *The Complete Works of Aristotle, Volume II*. Princeton University Press, Princeton, 1984.

[17] Aristotle. Rhetoric. In J. Barnes, editor, *The Complete Works of Aristotle, Volume II*. Princeton University Press, Princeton, 1984.

[18] Aristotle. *Nicomachean Ethics*. Hackett, Indianapolis, 1985. (Translated by T. Irwin).

[19] K. Arrow. *Social Choice and Individual Values*. Yale University Press, New Haven, 1963.

[20] K. Arrow. Extended sympathy and the problem of social choice. *Philosophia*, 7:233 - 237, 1978.

[21] G. Asheim. Extending renegotiation-proofness to infinite horizon games. *Journal of Games and Economic Behavior*, 3:278 - 294, 1991.

[22] J. Aubrey. *Brief Lives*. Penguin, Harmondsworth, UK, 1962. (Edited by O. Lawson).

[23] R. Aumann. Values of markets with a continuum of traders. *Econometrica*, 43:611 - 646, 1975.

[24] R. Aumann. Agreeing to disagree. *Annals of Statistics*, 4: 1236 - 1239, 1976.

[25] R. Aumann. Correlated equilibrium as an expression of Bayesian rationality. *Econometrica*, 55:1-18, 1987.

[26] R. Aumann. Backward induction and common knowledge of rationality. *Games and Economic Behavior*, 8:6-19, 1995.

[27] R. Aumann and M. Maschler. The bargaining set for cooperative games. In L. Shapley, M. Dresher and A. Tucker, editors, *Advances in Game Theory*. Princeton University Press, Princeton, 1964.

[28] R. Aumann and M. Maschler. *Repeated Games with Incomplete Information*. MIT Press, Cambridge, MA, 1995.

[29] W. Austin and E. Hatfield. Equity theory, power and social justice. In G. Mikula, editor, *Justice and Social Interaction*. Springer-Verlag, New York, 1980.

[30] W. Austin and E. Walster. Reactions to confirmations and disconfirmations of expectancies of equity and inequity. *Journal of Personality and Social Psychology*, 30:208-216, 1974.

[31] R. Axelrod. *The Evolution of Cooperation*. Basic Books, New York, 1984.

[32] R. Axelrod. The evolution of strategies in the iterated Prisoners' Dilemma. In L. Davis, editor, *Genetic Algorithms and Simulated Annealing*. Morgan Kaufmann, Los Altos, CA, 1987.

[33] R. Axelrod. *The Complexity of Cooperation*. Princeton University Press, Princeton, 1997.

[34] R. Axelrod and W. Hamilton. The evolution of cooperation. *Science*, 211:1390-1396, 1981.

[35] A. Ayer. *Language, Truth and Logic*. Gollancz, London, 1936.

[36] K. Baier. *The Moral Point of View*. Cornell University Press, Ithaca, 1958.

[37] R. Bailey. The behavioral ecology of Efe pygmy men in the Atari Forest, Zaire. Technical Report Anthropological Paper 86, University of Michigan Museum of Anthropology, 1991.

[38] R. Baker and M. Bellis. Human sperm competition: Infidelity, the female orgasm and kamikaze sperm. Lecture delivered to the fourth annual meeting of the Human Behavior and Evolution Society in Albuquerque, New Mexico, 1992.

[39] G. Balandier. *Political Anthropology*. Random House, New York, 1970. (Translated by A. Sheridan Smith).

[40] A. Banerjee. A simple model of herd behavior. *Quarterly Journal of Economics*, 110:797 – 817, 1992.

[41] J. Banks and R. Sundaram. Repeated games, finite automata and complexity. *Games and Economic Behavior*, 2:97 – 117, 1990.

[42] D. Barash. *Sociobiology and Behavior*. Elsevier, New York, 1982.

[43] J. Barkow, L. Cosmides, and J. Tooby. *The Adapted Mind: Evolutionary Psychology and the Generation of Culture*. Oxford University Press, Oxford, 1992.

[44] J. Baron. Heuristics and biases in equity judgments: A utilitarian approach. In B. Mellors and J. Baron, editors, *Psychological Perspectives on Justice: Theory and Applications*. Cambridge University Press, Cambridge, 1993.

[45] R. Barro. Are government bonds net wealth? *Journal of Political Economy*, 82:1095 – 1117, 1974.

[46] R. Barro. The neoclassical approach to fiscal policy. In *Modern Business Cycle Theory*. Harvard University Press, Cambridge, MA, 1989.

[47] R. Barro. The Ricardian approach to budget deficits. *Journal of Economic Perspectives*, 3:37 – 54, 1989.

[48] B. Barry. *Theories of Justice*. University of California Press, Berkeley and Los Angeles, 1989.

[49] W. Baumol. *Superfairness*. MIT Press, Cambridge, MA, 1986.

[50] E. Ben-Porath. Repeated games with finite automata. *Journal of Economic Theory*, 59:17 – 32, 1993.

[51] J. Bentham. Pannonial fragments. In *Works of Jeremy Bentham*. ?,

Edinburgh, 1863. (Edited by J. Bowring).

[52] J. Bentham. *Bentham MSS, University College London Catalogue of the Manuscripts of Jeremy Bentham*. London, 1962. (Edited by A. Milne. Second edition).

[53] J. Bentham. An introduction to the principles of morals and legislation. In *Utilitarianism and Other Essays*. Penguin, Harmondsworth, UK, 1987. (Introduction by A. Ryan. Essay first published 1789).

[54] J. Bergin and B. McCloud. Efficiency and renegotiation in repeated games. Working Paper, Queen's University, 1989.

[55] T. Bergstrom. On the evolution of altruistic ethical rules for siblings. *American Economic Review*, 85, 1995.

[56] I. Berlin. *Four Essays on Liberty*. Oxford University Press, Oxford, 1969.

[57] B. Bernheim. Is everything neutral? *A Neoclassical Perspective on Budget Deficits*, 3: 55 – 73, 1989.

[58] B. Bernheim and K. Bagwell. Is everything neutral? *Journal of Political Economy*, 96: 308 – 338, 1988.

[59] E. Berscheid, D. Boye, and E. Walster. Retaliation as a means of restoring equity. *Journal of Personality and Social Psychology*, 10: 370 – 376, 1968.

[60] C. Bicchieri. *Rationality and Coordination*. Cambridge University Press, New York, 1993.

[61] S. Bikhchandru, J. Hirshleifer, and I. Welch. A theory of fads, fashion, custom and cultural change as informational cascades. *Journal of Political Economy*, 100: 992 – 1026, 1991.

[62] K. Binmore. Bargaining conventions. *International Journal of Game Theory*, 13: 193 – 200, 1984.

[63] K. Binmore. Modeling rational players, I and II. *Economics and Philosophy*, 3 and 4: 179 – 214 and 9 – 55, 1987.

[64] K. Binmore. Nash bargaining and incomplete information. In K. Bin-

more and P. Dasgupta, editors, *Economics of Bargaining*. Cambridge University Press, Cambridge, 1987.

[65] K. Binmore. Nash bargaining theory I. In K. Binmore and P. Dasgupta, editors, *Economics of Bargaining*. Cambridge University Press, Cambridge, 1987.

[66] K. Binmore. Nash bargaining theory, parts I, II and III. In K. Binmore and P. Dasgupta, editors, *Economics of Bargaining*. Cambridge University Press, Cambridge, 1987.

[67] K. Binmore. Perfect equilibria in bargaining models. In K. Binmore and P. Dasgupta, editors, *Economics of Bargaining*. Cambridge University Press, Cambridge, 1987.

[68] K. Binmore. Social contract III: Evolution and utilitarianism. *Constitutional Political Economy*, 1:1 - 26, 1990.

[69] K. Binmore. Debayesing game theory. In B. Skyrms, editor, *Studies in Logic and the Foundations of Game Theory: Proceedings of the Ninth International Congress of Logic, Methodology and the Philosophy of Science*. Kluwer, Dordrecht, 1992.

[70] K. Binmore. *Fun and Games*. D. C. Heath, Lexington, MA, 1992.

[71] K. Binmore. Bargaining theory without tears. *Investigaciones Economicas*, 18:403 - 419, 1994.

[72] K. Binmore. A note on backward induction. *Games and Economic Behavior*, 17:135 - 137, 1996.

[73] K. Binmore. Right or seemly? *Analyse & Kritik*, 18:67 - 80, 1996.

[74] K. Binmore. Rationality and backward induction. *Journal of Economic Methodology*, 4:23 - 41, 1997.

[75] K. Binmore. Naturalizing Harsanyi and Rawls. In M. Salles and J. Weymark, editors, *Justice, Political Liberalism, and Utilitarianism: Proceedings of the Caen Conference in Honor of John Harsanyi and John Rawls*. Cambridge University Press, Cambridge, 1998.

[76] K. Binmore, J. Gale, and L. Samuelson. Learning to be imperfect: The Ultimatum Game. *Games and Economic Behavior*, 8:56-90, 1995.

[77] K. Binmore and M. Herrero. Matching and bargaining in dynamic markets. *Review of Economic Studies*, 55:17-32, 1988.

[78] K. Binmore and M. Herrero. Security equilibrium. *Review of Economic Studies*, 55:33-48, 1988.

[79] K. Binmore, P. Morgan, A. Shaked, and J. Sutton. Do people exploit their bargaining power? An experimental study. *Games and Economic Behavior*, 3:295-322, 1991.

[80] K. Binmore, M. Osborne, and A. Rubinstein. Noncooperative models of bargaining. In R. Aumann and S. Hart, editors, *Handbook of Game Theory I*. North Holland, Amsterdam, 1992.

[81] K. Binmore, M. Piccione, and L. Samuelson. Evolutionary stability in alternating offers bargaining models. ELSE discussion paper, University College London, 1996.

[82] K. Binmore, C. Proulx, L. Samuelson, and J. Swierzbinski. Hard bargains and lost opportunities. ELSE discussion paper, University College London, 1995.

[83] K. Binmore, A. Rubinstein, and A. Wolinsky. The Nash bargaining solution in economic modelling. *Rand Journal of Economics*, 17:176-188, 1982.

[84] K. Binmore and L. Samuelson. Evolutionary stability in repeated games played by finite automata. *Journal of Economic Theory*, 57:278-305, 1992.

[85] K. Binmore and L. Samuelson. Muddling through: Noisy equilibrium selection. (To appear in *Journal of Economic Theory*), 1996.

[86] K. Binmore and L. Samuelson. Evolutionary drift and equilibrium selection. ELSE discussion paper, University College London, 1997.

[87] K. Binmore, L. Samuelson, and R. Vaughan. Musical chairs: Modeling noisy evolution. *Games and Economic Behavior*, 11:1-35, 1995.

[88] K. Binmore, A. Shaked, and J. Sutton. Testing noncooperative game theory: A preliminary study. *American Economic Review*, 75: 1178 - 1180, 1985.

[89] K. Binmore, A. Shaked, and J. Sutton. Noncooperative bargaining theory: a further test: Reply. *American Economic Review*, 78: 837 - 839, 1988.

[90] K. Binmore, A. Shaked, and J. Sutton. An outside option experiment. *Quarterly Journal of Economics*, 104: 753 - 770, 1989.

[91] K. Binmore, J. Swierzsbinski, S. Hsu, and C. Proulx. Focal points and bargaining. *International Journal of Game Theory*, 22: 381 - 409, 1993.

[92] C. Blackorby, W. Bossert, and D. Donaldson. Intertemporal population ethics: A welfarist approach. Working Paper, University of British Columbia, 1993.

[93] C. Blackorby and D. Donaldson. Social criteria for evaluating population change. *Journal of Public Economics*, 25: 13 - 33, 1984.

[94] C. Boehm. Impact of the human egalitarian syndrome on Darwinian selection dynamics. *The American Naturalist*, 150: S100 - S121, 1997.

[95] G. Bolton. A comparative model of bargaining: Theory and evidence. *American Economic Review*, 81: 1096 - 1136, 1991.

[96] J. Boswell. *The Journals of James Boswell, 1762 - 1795*. Heinemann, London, 1991.

[97] T. Bowley. Edgeworth's conjecture. *Econometrica*, 43: 425 - 454, 1973.

[98] R. Boyd and P. Richerson. *Culture and the Evolutionary Process*. University of Chicago Press, Chicago, 1985.

[99] R. Boyd and P. Richerson. Group selection among alternative evolutionary stable strategies. *Journal of Theoretical Biology*, 145: 331 - 342, 1990.

 [100] S. Brams and A. Taylor. *Fair Division: From Cake-Cutting to Dis-*

pute Resolution. Cambridge University Press, Cambridge, 1996.

[101] L. Bredvold and R. Ross. *The Philosophy of Edmund Burke*. University of Michigan Press, Ann Arbor, 1967.

[102] J. Broome. *Weighing Goods*. Blackwell, Oxford, 1991.

[103] J. Buchanan. *The Limits of Liberty*. University of Chicago Press, Chicago, 1975.

[104] J. Buchanan. A Hobbsian interpretation of the Rawlsian difference principle. *Kyklos*, 29: 5 - 25, 1976.

[105] J. Buchanan. Towards the simple economics of natural liberty. *Kyklos*, 40, 1987.

[106] J. Buchanan. *The Economics and the Ethics of Constitutional Order*. University of Michigan Press, Ann Arbor, 1991.

[107] J. Buchanan and G. Tullock. *The Calculus of Consent: Logical Foundations of Consitutional Democracy*. University of Michigan Press, Ann Arbor, 1962.

[108] J. Burgess. Social spiders. *Scientific American*, 243, 1976.

[109] E. Burke. An appeal from the new to the old Whigs. Pamphlet, 1791.

[110] R. Burton. *The Anatomy of Melancholy*. Tudor, New York, 1927.

[111] J. Butler. *Fifteen Sermons Preached at the Rolls Chapel*. 1726.

[112] R. Byrne and A. Whiten. *Machiavellian Intelligence*. Clarendon Press, Oxford, 1988.

[113] G. Calvo. Some notes on time inconsistency and Rawls' maximin principle. *Review of Economic Studies*, 45: 97 - 102, 1978.

[114] H. Carlsson and E. Van Damme. Global games and equilibrium selection. CenTER discussion paper 9052, Tilburg University, 1990.

[115] H. Carmichael and B. McCleod. Gift giving and the evolution of cooperation. Queen's University Discussion Paper, 1995.

[116] E. Cashden. Coping with risk: Reciprocity among the Basarwa of Northern Botswana. *Man*, 20: 454 - 474, 1985.

[117] E. Cashden. *Risk and Uncertainty in Tribal and Peasant Commu-*

nities. Westview Press, Boulder, CO, 1990.

[118] L. Cavelli-Sforza and M. Feldman. *Cultural Transmission and Evolution*. Princeton University Press, Princeton, 1981.

[119] N. Chagnon. *Yanomamo: The Free People*. Harper Colophon, New York, 1966.

[120] N. Chomsky. A review of B. F. Skinner's "Verbal Behavior". *Language*, 35: 26 – 58, 1959.

[121] N. Chomsky. *Aspects of the Theory of Syntax*. MIT Press, Cambridge, MA, 1965.

[122] N. Chomsky. *Rules and Representations*. Columbia University Press, New York, 1980.

[123] P. Churchland. *Matter and Consciousness*. MIT Press, Cambridge, MA, 1988.

[124] P. Churchland. *The Engine of Reason: The Seat of the Soul*. MIT Press, Cambridge, MA, 1995.

[125] C. von Clausewitz. *On War*. Princeton University Press, Princeton, 1976. (First published 1832).

[126] R. Coase. The problem of social costs. *Journal of Law and Economics*, 3: 1 – 44, 1960.

[127] R. Coase. *The Problem of Social Costs*. W. A. Benjamin, Amsterdam, 1966.

[128] R. Coase. *Essays on Economics and Economists*. University of Chicago Press, Chicago, 1991.

[129] G. Cohen. Equality of what? On welfare, goods and capabilities. In M. Nussbaum and A. Sen, editors, *The Quality of Life*. Clarendon Press, Oxford, 1989.

[130] M. Cohen. *The Food Crisis in Prehistory: Overpopulation and the Origins of Agriculture*. Yale University Press, New Haven, 1977.

[131] R. Cohen and J. Greenberg. The justice concept in social psychology. In R. Cohen and J. Greenberg, editors, *Equity and Justice in*

Social Behavior. Academic Press, New York, 1982.

[132] B. Cooper. Copying fidelity in the evolution of finite automata that play the repeated Prisoners' Dilemma. Working paper, Wolfson College, Oxford, 1996.

[133] D. Cooper. Supergames played by finite automata with finite costs of compexity in an evolutionary setting. *Journal of Economic Theory*, 68:266 - 275, 1996.

[134] L. Cosmides. The logic of social exchange: Has natural selection shaped how humans reason? *Cognition*, 31:187 - 276, 1989.

[135] L. Cosmides and J. Tooby. Evolutionary psychology and the generation of culture ii: A computational theory of social exchange. *Ethology and Sociobiology*, 10:51 - 97, 1989.

[136] L. Cosmides and J. Tooby. Better than rational: Evolutionary psychology and the invisible hand. *Americal Economic Review (Papers and Proceedings)*, 84:327 - 332, 1994.

[137] V. Crawford and H. Varian. Distortion of preferences and the Nash theory of bargaining. *Economics Letters*, 3:203 - 206, 1979.

[138] H. Cronin. *The Ant and the Peacock*. Cambridge University Press, Cambridge, 1991.

[139] J. Cross. *The Economics of Bargaining*. Basic Books, New York, 1969.

[140] W. Cutler. On the optimal strategy for pot-limit Poker. *American Mathematical Monthly*, 82:368 - 376, 1975.

[141] D. Damas. The Copper Eskimo. In M. Bicchieri, editor, *Hunters and Gatherers Today*. Holt, Rinehart and Winston, New York, 1972.

[142] S. Darwell, A. Gibbard, and P. Railton. *Moral Discourse and Practice: Some Philosophical Approaches*. Oxford University Press, Oxford, 1997.

[143] C. Darwin. *The Descent of Man and Selection in Relation to Sex*. Murray, London, 1871.

[144] C. Darwin. *The Expression of the Emotions in Man and Animals*. University of Chicago Press, Chicago, 1965.

[145] C. Darwin. *The Origin of Species by Means of Natural Selection*. Penguin, Harmondsworth, UK, 1985.

[146] P. Dasgupta. Of some alternative criteria for justice between generations. *Journal of Public Economics*, 3:405 - 423, 1974.

[147] P. Dasgupta. Population and savings: Ethical issues. Working paper, University of Cambridge, 1993.

[148] P. Dasgupta. Savings and fertility: Some ethical issues. *Philosophy and Public Affairs*, 23:99 - 127, 1994.

[149] G. Davenport. *Herakleitos and Diogenes*. Grey Fox Press, San Francisco, 1976.

[150] M. Davis. *Empathy: A Social Psychological Approach*. Westview Press, Boulder, CO, 1996.

[151] R. Dawkins. *The Selfish Gene*. Oxford University Press, Oxford, 1976.

[152] T. de Laguna. Stages of the discussion of evolutionary ethics. *Philosophical Review*, 15:583 - 598, 1965.

[153] G. Debreu and H. Scarf. A limit theorem on the core of an economy. *International Review of Economics*, 48:235 - 246, 1963.

[154] D. Dennett. Mechanism and responsibility. In G. Watson, editor, *Free Will*. Oxford University Press, Oxford, 1982.

[155] D. Dennett. *Elbow Room: The Varieties of Free Will Worth Wanting*. Oxford University Press, Oxford, 1984.

[156] D. Dennett. *The Intentional Stance*. MIT Press, Cambridge, MA, 1987.

[157] D. Dennett. *Consciousness Explained*. Allen Lane: Penguin Press, London, 1991.

[158] D. Dennett. *Darwin's Dangerous Idea*. Allen Lane: Penguin Press, London, 1995.

[159] M. Deutsch. *Distributive Justice: A Social Psychological Perspective*. Yale University Press, Newhaven, 1985.

[160] A. Dhillon and J-F. Mertens. Relative utilitarianism. Technical report, CORE, 1994.

[161] P. Diamond. Cardinal welfare, individualistic ethics and interpersonal comparison of utility: Comment. *Journal of Political Economy*, 75:765 – 766, 1967.

[162] F. Dostoyevsky. *House of the Dead*. Penguin, London, 1985.

[163] L. Dugnatov. *Cooperation among Animals: An Economic Perspective*. Oxford University Press, Oxford, 1997.

[164] R. Dunbar. Neocortex size as a constraint on group size in primates. *Journal of Human Evolution*, 20:469 – 493, 1992.

[165] R. Dunbar. Coevolution of neocortex size, group size and language in humans. *Behavioural Brain Science*, 16, 1993.

[166] R. Dworkin. *Taking Rights Seriously*. Duckworth, London, 1977.

[167] R. Dworkin. What is equality? I and II. *Philosophy and Public Affairs*, 10:185 – 345, 1981.

[168] M. Edel and A. Edel. *Anthropology and Ethics*. Thomas, Springfield, Ill, 1959.

[169] F. Edgeworth. *Mathematical Psychics*. Kegan Paul, London, 1881.

[170] G. Ellison. Cooperation in the Prisoners' Dilemma with anonymous matching. *Review of Economic Studies*, 61:567 – 588, 1994.

[171] J. Elster. Sour grapes-Utilitarianism and the genesis of wants. In A. Sen and B. Williams, editors, *Utilitarianism and Beyond*. Cambridge University Press, Cambridge, 1982.

[172] J. Elster. *The Cement of Society: A Study of Social Order*. Cambridge University Press, Cambridge, 1989.

[173] J. Elster. *Local Justice: How Institutions Allocate Scarce Goods and Necessary Burdens*. Russell Sage Foundation, New York, 1992.

[174] Epicurus. *Letters, Principal Doctrines and Vatican Sayings*. Bob-

bs-Merrill, Indianapolis, 1964. (Translated by R. Greer).

[175] D. Erdal and A. Whiten. Egalitarianism and Machiavellian intelligence in human evolution. In P. Mellars and K. Gibson, editors, *Modelling the Early Human Mind*. Oxbow Books, Oxford, 1996.

[176] E. Evans-Pritchard. *The Nuer*. Clarendon Press, Oxford, 1940.

[177] H. Eysenck. *Sense and Nonsense in Psychology*. Pelican Books, Harmondsworth, UK, 1957.

[178] P. Farber. *The Temptations of Evolutionary Ethics*. University of California Press, Berkeley, 1994.

[179] J. Farr. So vile and miserable an estate: The problem of slavery in Locke's political thought. *Political Theory*, 14:269 - 283, 1986.

[180] J. Farrell and E. Maskin. Renegotiation in repeated games. *Games and Economic Behavior*, 1:327 - 360, 1989.

[181] R. Fernandez and J. Glazer. Striking for a bargain between two completely informed agents. *American Economic Review*, 81: 240 - 252, 1991.

[182] P. Fishburn and A. Rubinstein. Time preference. *International Economic Review*, 23:677 - 694, 1982.

[183] D. Foley. Resource allocation and the public sector. *Yale Economic Essays*, 7:45 - 98, 1967.

[184] P. Foot. *Vices and Virtues*. University of California Press, Los Angeles, 1978.

[185] R. Frank. *Passions within Reason*. Norton, New York, 1988.

[186] D. Fudenberg and E. Maskin. Evolution and cooperation in noisy repeated games. *American Economic Review*, 80:274 - 279, 1990.

[187] D. Fudenberg and J. Tirole. *Game Theory*. MIT Press, Cambridge, MA, 1991.

[188] L. Furby. Psychology and justice. In R. Cohen, editor, *Justice: Views from the Social Sciences*. Harvard University Press, Cambridge, MA, 1986.

[189] C. Furer-Haimendorf. *Morals and Merit*. Weidenfeld and Nicolson, London, 1967.

[190] W. Gaertner, P. Pattanaik, and K. Suzumura. Individual rights revisited. *Economica*, 59:161 - 178, 1992.

[191] D. Gale. Bargaining and competition I: Characterization. *Econometrica*, 54:785 - 806, 1986.

[192] D. Gale. Bargaining and competition II: Existence. *Econometrica*, 54:807 - 818, 1986.

[193] D. Gale. Limit theorems for markets with sequential bargaining. *Journal of Economic Theory*, 43:20 - 54, 1987.

[194] P. Gardenfors. Fairness without interpersonal comparisons. *Theoria*, 54:57 - 74, 1978.

[195] P. Gardner. The Paliyans. In M. Bicchieri, editor, *Hunters and Gatherers Today*. Holt, Rinehart and Winston, New York, 1972.

[196] D. Gauthier. *Morals by Agreement*. Clarendon Press, Oxford, 1986.

[197] D. Gauthier. Uniting separate persons. In D. Gauthier and R. Sugden, editors, *Rationality, Justice and the Social Contract*. Harvester Wheatsheaf, Hemel Hempstead, UK, 1993.

[198] D. Gauthier. Assure and threaten. *Ethics*, 104:690 - 721, 1994.

[199] D. Gauthier and R. Sugden. *Rationality, Justice and the Social Contract*. Harvester Wheatsheaf, Hemel Hempstead, U. K. , 1993.

[200] E. Gellner. *Plough, Sword and Book*. Paladin, Grafton Books, London, 1988.

[201] E. Gellner. *Reason and Culture*. Blackwell, Oxford, 1992.

[202] L. Gevers. Walrasian social choice: Some simple axiomatic approaches to social choice and public decision making. In R. Heller *et al*, editor, *Essays in Honor of K. J. Arrow*. Cambridge University Prcss, New York, 1988.

[203] A. Gibbard. Manipulation of voting schemes: A general result. *Econometrica*, 41:587 - 601, 1973.

[204] A. Gibbard. A Pareto-consistent libertarian claim. *Journal of Economic Theory*, 7:388–410, 1974.

[205] A. Gibbard. *Wise Choices and Apt Feelings: A Theory of Normative Judgment*. Clarendon Press, Oxford, 1990.

[206] D. Glass. Changes in liking as a means of reducing cognitive discrepancies between self-esteem and aggression. *Journal of Personality*, 32:520–549, 1964.

[207] J. Glazer and A. Ma. Efficient allocation of a prize—King Solomon's dilemma. *Games and Economic Behavior*, 1:222–223, 1989.

[208] W. Godwin. *Enquiry Concerning Political Justice*. Toronto University Press, Toronto, 1946. (Edited by F. Priestley. First published 1798).

[209] R. Goodin. *Utilitarianism as a Public Philosophy*. Cambridge University Press, Cambridge, 1995.

[210] J. W. Gough. *The Social Contract*. Clarendon Press, Oxford, 1938.

[211] A. Grafen. The hawk-dove game played between relatives. *Animal Behavior*, 27:905–907, 1979.

[212] A. Grafen. Natural selection, kin selection and group selection. In J. Krebs and N. Davies, editors, *Behavioural Ecology* (*Second Edition*). Blackwell, Oxford, 1984.

[213] J. Griffin. *Well-Being: Its Meaning, Measurement and Moral Importance*. Clarendon Press, Oxford, 1986.

[214] W. Güth, R. Schmittberger, and B. Schwarze. An experimental analysis of ultimatum bargaining. *Journal of Behavior and Organization*, 3:367–388, 1982.

[215] A. Hamilton, J. Jay, and J. Madison. *The Federalist*. Everyman, London, 1992. (Edited by W. Brock. First published 1787–1788).

[216] W. Hamilton. The evolution of altruistic behavior. *American Naturalist*, 97:354–356, 1963.

[217] W. Hamilton. The genetic evolution of social behavior, parts I and

II. *Journal of Theoretical Biology*, 7:1-52, 1964.

[218] P. Hammond. Charity: Altruism or cooperative egoism. In E. Phelps, editor, *Altruism, Morality and Economic Theory*. Russell Sage, New York, 1975.

[219] P. Hammond. Consequentialist foundations for expected utility. *Theory and Decision*, 25:25-78, 1988.

[220] P. Hammond. Interpersonal comparisons of utility: Why and how they are and should be made. In J. Elster and J. Roemer, editors, *Interpersonal Comparisons of Well-Being*. Cambridge University Press, London, 1991.

[221] P. Hammond. Harsanyi's utilitarian theorem: A simpler proof and some ethical connotations. In R. Selten, editor, *Rational Interaction: Essays in Honor of John Harsanyi*. Springer-Verlag, Berlin, 1992.

[222] P. Hammond. Social choice of individual and group rights. In M. Salles, W. Barnett, H. Moulin and N. Schofield, editors, *Social Choice, Welfare and Ethics*. Cambridge University Press, Cambridge, 1995.

[223] A. Harcourt and F. de Waal. *Coalitions and Alliances in Humans and Other Animals*. Oxford University Press, Oxford, 1992.

[224] R. Hardin. *Morality within the Limits of Reason*. University of Chicago Press, Chicago, 1988.

[225] R. Hare. *Freedom and Reason*. Oxford University Press, Oxford, 1965.

[226] R. Hare. Rawls' theory of justice. In B. Daniels, editor, *Reading Rawls*. Blackwell, Oxford, 1975.

[227] R. Hare. *Moral Thinking: Its Levels, Method and Point*. Clarendon Press, Cambridge, 1981.

[228] R. Hare. Ethical theory and utilitarianism. In A. Sen and B. Williams, editors, *Utilitarianism and Beyond*. Cambridge University Press, Cambridge, 1982.

[229] R. Hare. Rights, utility and universalization. In R. G. Frey, editor, *Utility and Rights*. University of Minnesota Press, Minneapolis, 1984.

[230] R. Hare. Could Kant have been a utilitarian? *Utilitas*, 5: 1 - 16, 1993.

[231] J. Harsanyi. Cardinal welfare, individualistic ethics, and the interpersonal comparison of utility. *Journal of Political Economy*, 63: 309 - 321, 1955.

[232] J. Harsanyi. Games with incomplete information played by "Bayesian" players, I-III. *Management Science*, 14: 159 - 182, 1967.

[233] J. Harsanyi. *Rational Behavior and Bargaining Equilibrium in Games and Social Situations*. Cambridge University Press, Cambridge, 1977.

[234] J. Harsanyi. Review of Gauthier's "Morals by Agreement". *Economics and Philosophy*, 3: 339 - 343, 1987.

[235] J. Harsanyi. A case for a utilitarian ethic. In H. Siebert, editor, *Ethical Foundations of the Market Economy*. Mohr, Tubingen, 1993.

[236] J. Harsanyi and R. Selten. A generalized Nash solution for two-person bargaining games with incomplete information. *Management Science*, 18: 80 - 106, 1972.

[237] H. Hart. *The Concept of Law*. Clarendon Press, Oxford, 1961.

[238] D. Hausman. The impossibility of interpersonal utility comparisons. Technical Report Working Paper DP1/94, LSE Centre for Philosophy of Natural and Social Sciences, 1994.

[239] K. Hawkes, J. O'Connell, and N. Burton-Jones. Hunting income patterns among the Hadza. In A. Whitten and E. Widdowson, editors, *Foraging Strategies and Natural Diet of Monkeys, Apes and Humans*. Clarendon Press, Oxford, 1993.

[240] F. Hayek. *The Constitution of Liberty*. University of Chicago Press, Chicago, 1960.

[241] F. Hayek. *Studies in Philosophy, Politics and Economics*. University of Chicago Press, Chicago, 1967.

[242] F. Hayek. *The Road to Serfdom*. Routledge and Kegan Paul, London, 1976.

[243] B. Heine. The mountain people: Some notes on the Ik of north-eastern Uganda. *Africa*, 55:3 - 16, 1985.

[244] J. Helm. The Dogrib Indians. In M. Bicchieri, editor, *Hunters and Gatherers Today*. Holt, Rinehart and Winston, New York, 1972.

[245] Herodotus. *The History of Herodotus*. Dutton, New York, 1910.

[246] Hesiod. *Hesiod: The Homeric Hymns and Homerica*. Heinemann, London, 1929. (Edited by H. Evelyn-Waugh).

[247] W. Hildenbrand. *Core and Equilibria of Large Economies*. Princeton University Press, Princeton, 1974.

[248] W. Hines and J. Maynard Smith. Games between relatives. *Journal of Theoretical Biology*, 79:19 - 30, 1979.

[249] T. Hobbes. *De Cive*. In W. Molesworth, editor, *The English Works of Thomas Hobbes II*. John Bohn, London, 1840. (First published 1642).

[250] T. Hobbes. *Elements of Law*. Frank Cass, London, 1969. (Edited by F. Tönnies).

[251] T. Hobbes. *Leviathan*. Penguin Classics, London, 1986. (Edited by C. B. Macpherson. First published 1651).

[252] L. Hobhouse. *The Rational Good*. Allen and Unwin, London, 1921.

[253] L. Hobhouse. *Elements of Social Justice*. Allen and Unwin, London, 1922.

[254] L. Hobhouse. *Morals in Evolution*. Chapman and Hall, London, 1951. (Seventh edition. First published 1906).

[255] M. Hoffman. Interaction of affect and cognition in empathy. In J. Kagan, C. Izand and R. Zajonc, editors, *Emotions, Cognition and Behavior*. Cambridge University Press, Cambridge, 1984.

[256] M. Hoffman. The contribution of empathy to justice and moral judgment. In N. Eisenberg and J. Strayer, editors, *Empathy and its Development*. Cambridge University Press, Cambridge, 1987.

[257] J. Holland. *Adaption in Natural and Artificial Systems*. University of Michigan Press, Ann Arbor, 1992. (Second edition, first published 1975).

[258] J. Holland. Genetic algorithms. *Scientific American*, 267: 66 - 72, 1992.

[259] A. Holmberg. Nomads of the long bow. Technical Report Publications of the Institute of Social Anthropology 10, Smithsonian Institute, 1950.

[260] G. Homans. *Social Behavior: Its Elementary Forms*. Harcourt, Brace and World, New York, 1961.

[261] J. Howard. Cooperation in the Prisoners' Dilemma. *Theory and Decision*, 24: 203 - 213, 1988.

[262] R. Howe and J. Roemer. Rawlsian justice as the core of a game. *American Economic Review*, 71: 880 - 895, 1981.

[263] A. Hughes. *Evolution and Human Kinship*. Oxford University Press, Oxford, 1988.

[264] J. Huizinga. *Homo Ludens: A Study of the Play Element in Culture*. Beacon Press, Boston, 1950.

[265] D. Hume. The natural history of religion. In *Hume on Religion*. Fontana, London, 1963. (Edited by R. Wollheim. Essay first published 1757).

[266] D. Hume. *Enquiries Concerning Human Understanding and Concerning the Principles of Morals*. 3rd edition. Clarendon Press, Oxford, 1975. (Edited by L. A. Selby-Bigge. Revised by P. Nidditch. First published 1777).

[267] D. Hume. *A Treatise of Human Nature (Second Edition)*. Clarendon Press, Oxford, 1978. (Edited by L. A. Selby-Bigge. Revised by P. Nidditch. First published 1739).

[268] D. Hume. *History of England*. Liberty Classics, Indianapolis, 1983. (First published 1777).

[269] D. Hume. Introduction. In *Essays Moral, Political and Literary, Part I*. Liberty Classics, Indianapolis, 1985. (Edited by E. Miller).

[270] D. Hume. Of suicide. In *Essays Moral, Political and Literary*. Liberty Classics, Indianapolis, 1985.

[271] D. Hume. Of the first principles of government. In *Essays Moral, Political and Literary, Part I*. Liberty Classics, Indianapolis, 1985. (Edited by E. Miller. Essay first published 1758).

[272] D. Hume. Of the idea of a perfect commonwealth. In *Essays Moral, Political and Literary, Part I*. Liberty Classics, Indianapolis, 1985. (Edited by E. Miller. Essay first published 1742).

[273] D. Hume. Of the independency of Parliament. In *Essays Moral, Political and Literary, Part I*. Liberty Classics, Indianapolis, 1985. (Edited by E. Miller. Essay first published 1742).

[274] D. Hume. Of the original contract. In *Essays Moral, Political and Literary*. Liberty Classics, Indianapolis, 1985. (Edited by E. Miller. Essay first published 1748).

[275] N. Humphrey. The social function of intellect. In P. Bateson and R. Hinde, editors, *Growing Points in Ethology*. Cambridge University Press, London, 1976.

[276] L. Hurwicz. On allocations attainable through nash equilibria. *Journal of Economic Theory*, 21: 140 – 165, 1979.

[277] F. Hutcheson. *System of Moral Philosophy*. London, 1755.

[278] T. Huxley. *Evolution and Ethics: With New Essays on its Victorian and Sociobiological Context*. Princeton University Press, Princeton, 1989. (Edited by J. Paradis and G. Williams. First published 1893).

[279] A. Hylland. Subjective interpersonal comparisons. In J. Elster and J. Roemet, editors, *Interpersonal Comparisons of Well-Being*. Cambridge University Press, Cambridge, 1991.

[280] G. Isaac. The food-sharing behavior of protohuman hominids. *Scientific American*, 238:90 - 108, 1978.

[281] J. Isbell. A modification of Harsanyi's bargaining model. *Bulletin of the American Mathematical Society*, 66:70 - 73, 1960.

[282] Y. Ito. *Behaviour and Evolution of Wasps: The Communal Aggregation Hypothesis*. Oxford University Press, Oxford, 1993.

[283] F. Jacob. Evolution and tinkering. *Science*, 96:1161 - 1166, 1977.

[284] J. Kagel, R. Battalio, and L. Green. *Economic Choice Theory: An Experimental Analysis of Animal Behavior*. Cambridge University Press, Cambridge, 1995.

[285] D. Kahneman, J. Knetsch, and R. Thaler. Fairness and the assumptions of economics. *Journal of Business*, 59:258 - 300, 1986.

[286] D. Kahneman and A. Tversky. Rational choice and the framing of decisions. In *Decision Making*. Cambridge University Press, Cambridge, 1988.

[287] E. Kalai. Nonsymmetric Nash solutions and replications of two-person bargaining. *International Journal of Game Theory*, 6: 129 - 133, 1977.

[288] E. Kalai. Solutions to bargaining situations: Interpersonal utility comparisons. *Econometrica*, 45:1623 - 1630, 1977.

[289] E. Kalai and M. Smorodinsky. Other solutions to Nash's bargaining problem. *Econometrica*, 45:1623 - 1630, 1975.

[290] M. Kandori. Repeated games played by overlapping generations of players. *Review of Economic Studies*, 59:81 - 92, 1992.

[291] M. Kandori. Social norms and community enforcement. *Review of Economic Studies*, 59:63 - 80, 1992.

[292] M. Kandori, G. Mailath, and R. Rob. Learning, mutation, and long run equilibria in games. *Econometrica*, 61:29 - 56, 1993.

[293] I. Kant. Critique of judgment. In *The Philosophy of Kant*. Random House, New York, 1949. (Edited by C. Friedrich. First published

1788).

[294] I. Kant. Idea of a universal history. In *The Philosophy of Kant*. Random House, New York, 1949. (Edited by C. Friedrich. First published 1788).

[295] I. Kant. *The Philosophy of Kant*. Random House, New York, 1949. (Edited by C. Friedrich).

[296] I. Kant. Theory and practice. In *The Philosophy of Kant*. Random House, New York, 1949. (Edited by C. Friedrich. First published 1793).

[297] I. Kant. *Groundwork of the Metaphysic of Morals*. Harper Torchbooks, New York, 1964. (Translated and analyzed by H. Paton. First published 1785).

[298] I. Kant. *Perpetual Peace and Other Essays*. Hackett, Indianapolis, 1983. (Edited by T. Humphrey. First published 1784 - 95).

[299] I. Kant. *Critique of Practical Reason*. Macmillan, New York, 1989. (Translated by L. Beck. First published 1788).

[300] I. Kant. *Metaphysics of Morals*. Cambridge University Press, Cambridge, 1991. (Edited by M. Gregor. First published 1797).

[301] H. Kaplan and K. Hill. Food shrug among Ache foragers: Tests of explanatory hypotheses. *Current Anthropology*, 26: 223 - 245, 1985.

[302] G. Kavka. Hobbes' war of all against all. *Ethics*, 93:291 - 310, 1983.

[303] E. Kayser, T. Schwinger, and R. Cohen. Layperson's conceptions of social relationships: A test of contract theory. *Journal of Social and Personal Relationships*, 1:433 - 548, 1984.

[304] E. Khilstrom, A. Roth, and D. Schmeidler. Risk aversion and solutions to Nash's bargaining problem. In O. Moeschlin and D. Pallaschke, editors, *Game Theory and Mathematical Economics*. North Holland, Dordrecht, 1981.

[305] R. Kirk. *Edmund Burke: A Genius Reconsidered*. Arlington House,

New York, 1967.

[306] M. Klein. *Envy and Gratitude*. Virago Press, London, 1988.

[307] H. Kliemt. Papers on Buchanan and related subjects. *Studies in Economics and Social Sciences*, 1, 1990.

[308] B. Knauft. Violence and sociality in human evolution. *Current Anthropology*, 32:223 - 245, 1991.

[309] S. Kolm. *Theories of Justice*. MIT Press, Cambridge, MA, 1997.

[310] J. Krebs and N. Davies. *Behavioural Ecology* (*Second Edition*). Blackwell, Oxford, 1984.

[311] P. Kropotkin. *Mutual Aid*. Allen Lane, London, 1972. (Edited by P. Avrich).

[312] J. Ladd. *The Structure of a Moral Code*. Harvard University Press, Cambridge, MA, 1957.

[313] J. Ledyard. Public good: A survey of experimental research. In J. Kagel and A. Roth, editors, *Handbook of Experimental Game Theory*. Princeton University Press, Princeton, 1995.

[314] I. Lee. On the convergence of informational cascades. *Journal of Economic Theory*, ?:395 - 411, 1993.

[315] R. Lee. *The !Kung San: Men, Women and Work in a Foxing Society*. Cambridge University Press, Cambridge, 1979.

[316] P. Legant and D. Mettee. Turning the other cheek versus getting even: Vengeance, equity and attraction. *Journal of Personality and Social Psychology*, 25:243 - 253, 1973.

[317] M. Lerner. Evaluation of reward as a function of performer's reward and attractiveness. *Journal of Personality and Social Psychology*, 1:355 - 360, 1965.

[318] M. Lerner. Observer's evaluation of a victim: Justice, guilt and veridical perception. *Journal of Personality and Social Psychology*, 20:127 - 135, 1971.

[319] M. Lerner. *The Belief in a Just World*. Plenum, New York, 1980.

[320] M. Lerner. The justice motive in human relations: Some thoughts about what we need to know about justice. In M. Lerner and S. Lerner, editors, *The Justice Motive In Social Behavior*. Plenum, New York, 1981.

[321] M. Lerner. Integrating societal and psychological rules of entitlement: The basic task of each social actor and a fundamental problem for the social sciences. In R. Vermunt and H. Steensa, editors, *Social Justice in Human Relations I: Societal and Psychological Origins of Justice*. Plenum, New York, 1991.

[322] M. Lerner and G. Matthews. Reactions to suffering of others under conditions of indirect responsibility. *Journal of Personality and Social Psychology*, 5: 319 - 325, 1967.

[323] M. Lerner and C. Simmons. Observer's reaction to the innocent victim: Compassion or rejection. *Journal of Personality and Social Psychology*, 4: 203 - 210, 1966.

[324] D. Levine. Modeling altruism and spite in experiments. UCLA Working Paper, 1995.

[325] D. Lewis. *Conventions: A Philosophical Study*. Harvard University Press, Cambridge, MA, 1969.

[326] N. Lin and C. Michener. Evolution of eusociality in insects. *Quarterly Review of Biology*, 47: 131 - 159, 1972.

[327] B. Linster. *Essays on Cooperation and Competition*. PhD thesis, University of Michigan, 1990.

[328] B. Linster. Evolutionary stability in the repeated Prisoners' Dilemma played by two-state Moore machines. *Southern Economic Journal*, pages 880 - 903, 1992.

[329] D. Livingston. *Hume's Philosophy of Common Life*. Chicago University Press, Chicago, 1984.

[330] J. Locke. *Two Treatises of Government*. Cambridge University Press, Cambridge, 1963. (First published 1690).

[331] C. Lovejoy. The origin of man. *Science*, 211: 341 - 350, 1981.

[332] W. Lucas. The proof that a game may not have a solution. *Transactions of the American Mathematical Society*, 137:219 - 229, 1969.

[333] R. Luce. Semiorders and a theory of utility discrimination. *Econometrica*, 24:178 - 191, 1956.

[334] R. Luce and H. Raiffa. *Games and Decisions*. Wiley, New York, 1957.

[335] Lucretius. *On the Nature of Things*. Johns Hopkins Press, Baltimore, 1945.

[336] C. Lumsden and E. Wilson. *Genes, Mind and Culture*. Harvard University Press, Cambridge, MA, 1981.

[337] A. Macintyre. *After Virtue: A Study in Moral Theory*. Duckworth, London, 1982.

[338] J. Mackie. *Ethics, Inventing Right and Wrong*. Penguin, London, 1977.

[339] R. MacMullen. *Corruption and the Decline of Rome*. Yale University Press, New Haven, 1988.

[340] T. Malthus. *An Essay on the Principle of Population*. Norton, New York, 1976. (Edited by P. Appleman. First Published 1798).

[341] B. de Mandeville. *The Fable of the Bees—or Private Vices, Publick Benefits*. Liberty Classics, Indianapolis, 1988. (Edited by F. Kaye. First published 1714).

[342] A. Marshall. *Principles of Economics*. MacMillan, London, 1961.

[343] A. Maryanski and J. Turner. *The Social Cage: Human Nature and the Evolution of Society*. Stanford University Press, Stanford, 1992.

[344] E. Maskin. A theorem on utilitarianism. *Review of Economic Studies*, 11:319 - 337, 1978.

[345] E. Maskin. The theory of implementation in Nash equilbrium: A survey. In D. Schmeidler, L. Hurwicz and H. Sonnenschein, editor, *Social Goals and Social Organization*. Cambridge University Press, Cambridge, 1985.

[346] K. May. A set of independent, necessary and sufficient conditions for simple majority decision. *Econometrica*,20,1952.

[347] J. Maynard Smith. *Evolution and the Theory of Games*. Cambridge University Press,Cambridge,1982.

[348] J. Maynard Smith and G. Price. The logic of animal conflict. *Nature*,246:15 - 18,1972.

[349] R. McKelvey and T. Palfrey. An experimental study of the Centipede Game. *Econometrica*,60:803 - 836,1992.

[350] J. McMillan. Selling spectrum rights. *Journal of Economic Perspectives*,8:145 - 162,1994.

[351] S. Medema. *The Legacy of Ronald Coase in Economic Analysis*. Edward Elgar,London,1995.

[352] T. Megarry. *Society in Prehistory: The Origins of Human Culture*. MacMillan Press,London,1995.

[353] M. Meggitt. *Desert People:A Study of the Walbiri Aborigines of Central Australia*. University of Chicago Press,Chicago,1962.

[354] B. Mellers. Equity judgment: A revision of Aristotelian views. *Journal of Experimental Biology*,111:242 - 270,1982.

[355] B. Mellers and J. Baron. *Psychological Perspectives on Justice: Theory and Applications*. Cambridge University Press, Cambridge, 1993.

[356] D. Messick and K. Cook. *Equity Theory:Psychological and Sociological Perspectives*. Praeger,New York,1983.

[357] S. Milgram. *Obedience to Authority*. Harper Colophon,New York, 1975.

[358] J. S. Mill. On liberty. In *Utilitarianism*. Collins,London,1962. (Edited by M. Warnock. Essay first published 1859).

[359] J. S. Mill. Bentham. In *Utilitarianism and Other Essays*. Penguin, Harmondsworth, UK, 1987. (Introduction by A. Ryan. Essay first published 1863).

[360] J. S. Mill. Utilitarianism. In *Utilitarianism and Other Essays*. Penguin, Harmondsworth, UK, 1987. (Introduction by A. Ryan. Essay first published 1863).

[361] D. Miller. *Philosophy and Ideology in Hume's Thought*. Clarendon Press, Oxford, 1981.

[362] J. Monod. *Chance and Necessity*. Knopf, New York, 1971.

[363] G. E. Moore. *Ethics*. Oxford University Press, Oxford, 1966. (First published 1911).

[364] G. E. Moore. *Principia Ethica*. Prometheus Books, Buffalo, N. Y., 1988. (First published 1902).

[365] J. Moore. Implementation, contracts and renegotiation in environments with complete information. In J-J. Laffont, editor, *Advances in Economic Theory I*. Cambridge University Press, Cambridge, 1979.

[366] H. Moulin. Implementing the Kalai-Smorodinsky bargaining solution. *Journal of Economic Theory*, 33:32 – 45, 1984.

[367] H. Moulin. Interpreting common ownership. *Recherches Economiques de Louvain*, 56:303 – 326, 1990.

[368] A. Muthoo. Bargaining without commitment. *Games and Economic Behavior*, 2:291 – 297, 1990.

[369] A. Muthoo. A note on bargaining over a finite number of agreements. *Economic Theory*, 1:290 – 292, 1991.

[370] A. Muthoo. Revocable commitment and sequential bargaining. *Economic Journal*, 102:378 – 387, 1991.

[371] A. Muthoo. A bargaining model with players' perceptions on the retractibility of offers. *Theory and Decision*, 38:85 – 98, 1995.

[372] A. Muthoo. A bargaining model based on the commitment tactic. *Journal of Economic Theory*, 69:134 – 152, 1996.

[373] R. Myerson. Two-person bargaining and comparable utility. *Econometrica*, 45:1631 – 1637, 1977.

[374] R. Myerson. *Game Theory: Analysis of Conflict*. Harvard University Press, Cambridge, MA, 1991.

[375] R. Myerson, G. Pollock, and J. Swinkcls. Viscous population equilibria. *Games and Economic Behavior*, 3: 101 - 109, 1991.

[376] R. Myerson and M. Satterthwaite. Efficient mechanisms for bilateral trading. *Journal of Economic Theory*, 29: 265 - 281, 1983.

[377] J. Nachbar. Evolution in the finitely repeated Prisoners' Dilemma. *International Journal of Game Theory*, 19: 307 - 326, 1990.

[378] R-I. Nagahisa. A necessary and sufficient condition for Walrasian social choice. *Journal of Economic Theory*, 62: 186 - 208, 1994.

[379] T. Nagel. Moral luck. In *Mortal Questions*. Cambridge University Press, Cambridge, 1979.

[380] J. Nash. The bargaining problem. *Econometrica*, 18: 155 - 162, 1950.

[381] J. Nash. Non-cooperative games. *Annals of Mathematics*, 54: 286 - 295, 1951.

[382] J. Nash. Two-person cooperative games. *Econometrica*, 21: 128 - 140, 1953.

[383] A. Neyman. Bounded complexity justifies cooperation in the finitely repeated Prisoners' Dilemma. *Economic Letters*, 19: 227 - 229, 1986.

[384] F. Nietzsche. *The Will to Power, Volume II*. Foulis, Edinburgh, 1910.

[385] F. Nietzsche. *Thus Spake Zarathustra*. Tudor, New York, 1938.

[386] F. Nietzsche. *The Birth of Tragedy and the Geneology of Morals*. Doubleday, New York, 1956.

[387] M. Nitecki and D. Nitecki. *Evolutionary Ethics*. State University of New York Press, Albany, NY, 1993.

[388] M. Nowak and K. Sigmund. The evolution of stochastic strategies in the Prisoners' Dilemma. *Acta Applicandae Mathematicae*, 20: 247 - 265, 1990.

[389] M. Nowak and K. Sigmund. Tit for tat in heterogeneous populations. *Nature*, 355:250 - 253, 1992.

[390] M. Nowak and K. Sigmund. A strategy of win-shift, lose-stay that outperforms tit-for-tat in the Prisoners' Dilemma game. *Nature*, 364:56 - 57, 1993.

[391] M. Nowak, K. Sigmund, and E. El-Sedy. Automata, repeated games and noise. Technical report, Department of Zoology, Oxford University, 1993.

[392] R. Nozick. *Anarchy, State, and Utopia*. Basic Books, New York, 1974.

[393] L. Nunney. Group selection, altruism and structured-deme models. *American Naturalist*, 126:212 - 230, 1985.

[394] M. Nussbaum. *Upheavals of Thought: A Theory of the Emotions*. Cambridge University Press, Cambridge, 1997.

[395] B. O'Neill. *Honour, Symbols, and War*. Michigan University Press, Ann Arbor, 1998.

[396] M. Osborne and A. Rubinstein. *Bargaining and Markets*. Academic Press, San Diego, 1990.

[397] M. Osborne and A. Rubinstein. *A Course in Game Theory*. MIT Press, Cambridge, MA, 1994.

[398] G. Owen. *Game Theory (Second Edition)*. Academic Press, New York, 1982.

[399] D. Parfit. *Reasons and Persons*. Oxford University Press, Oxford, 1982.

[400] P. Pattanaik and K. Suzumura. Professor Sen on minimal liberty. Discussion Paper A231, Institute of Economic Research, Hitotsubashi University, Tokyo, 1990.

[401] R. Penrose. *The Emperor's New Mind*. Oxford University Press, Oxford, 1989.

[402] R. Penrose. *Shadows of the Mind*. Oxford University Press, Oxford, 1994.

[403] H. Peters. *Bargaining Game Theory*. PhD thesis, Proefschritt Universitat Nijmegen, 1986.

[404] M. Piccione. Finite automata equilibria with discounting. *Journal of Economic Theory*, 56: 1029 - 1050, 1992.

[405] S. Pinker. *The Language Instinct: The New Science of Language and Mind*. Penguin, London, 1994.

[406] G. Pollock. Suspending disbelief: Of Wynne-Edwards and his reception. *Journal of Evolutionary Biology*, 2: 205 - 221, 1989.

[407] G. Pollock and D. Probst. Mutation paths and evolutionary stability in the iterated Prisoners' Dilemma. (Forthcoming in *Sociological Methods and Research*), 1998.

[408] K. Popper. *The Open Society and its Enemies*. Routledge, London, 1945.

[409] M. Power. *The Egalitarians: Human and Chimpanzee*. Cambridge University Press, Cambridge, 1991.

[410] R. Pritchard. Equity theory; A review and critique. *Organizational Behavior and Human Performance*, 4: 176 - 211, 1969.

[411] D. Probst. *On Evolution and Learning in Games*. PhD thesis, University of Bonn, 1996.

[412] R. Radner. Can bounded rationality resolve the Prisoners' Dilemma. In W. Hildenbrand and A. Mas-Collel, editors, *Contributions to Mathematical Economics*. North Holland, Amsterdam, 1986.

[413] H. Raiffa. Arbitration schemes for generalized two-person games. In H. Kuhn and A. Tucker, editors, *Contributions to the Theory of Games II*. Princeton University Press, Princeton, 1953.

[414] D. Raphael. *Adam Smith*. Oxford University Press, Oxford, 1985.

[415] A. Rapoport and A. Chammah. *Prisoner's Dilemma*. University of Michigan Press, Ann Arbor, 1965.

[416] J. Rawls. Justice as fairness. *Philosophical Review*, 57: 185 - 187, 1958.

[417] J. Rawls. *A Theory of Justice*. Oxford University Press, Oxford, 1972.

[418] J. Rawls. Social unity and primary goods. In A. Sen and B. Williams, editors, *Utilitarianism and Beyond*. Cambridge University Press, Cambridge, 1982.

[419] J . Rawls. *Political Liberalism*. Columbia University Press, New York, 1993.

[420] D. Regan. *Utilitarianism and Cooperation*. Oxford University Press, Oxford, 1980.

[421] H. Reichenbach. *The Rise of Scientific Philosophy*. University of California Press, Berkeley, 1959.

[422] H. Reis. The mutidimensionality of justice. In R. Folger, editor, *The Sense of Injustice: Social Psychological Perspectives*. Plenum, New York, 1984.

[423] P. Reny and M. Perry. A noncooperative bargaining model with strategically timed offers. *Econometrica*, 62:795 - 817, 1994.

[424] D. Riches. Hunting, herding and potlatching: Toward a sociological account of prestige. *Man*, 19:234 - 251, 1982.

[425] M. Ridley. *The Red Queen: Sex and the Evolution of Human Nature*. Viking: Penguin, London, 1993.

[426] M. Ridley. *The Origins of Virtue*. Penguin, Harmondsworth, 1997.

[427] J. Riley. Rights to liberty in purely private matters I. *Economics and Philosophy*, 5:121 - 166, 1989.

[428] J. Riley. Rights to liberty in purely private matters II. *Economics and Philosophy*, 6:26 - 64, 1989.

[429] L. Robbins. Inter-personal comparisons of utility. *Economic Journal*, 48:635 - 641, 1938.

[430] A. Robson. Efficiency in evolutionary games: Darwin, Nash, and the secret handshake. *Journal of Theoretical Biology*, 144: 379 - 396, 1990.

[431] A. Robson. A biological basis for expected and non-expected utility. *Journal of Economic Theory*, 68:397 - 424, 1996.

[432] A. Rodriguez. Rawls' maximin criterion and time consistency: A generalisation. *Review of Economic Studies*, 48:599 - 605, 1981.

[433] J. Roemer. *Free to Lose*. Radius, London, 1988.

[434] J. Roemer. *Egalitarian Perspectives: Essays in Philosophical Economics*. Cambridge University Press, Cambridge, 1996.

[435] J. Roemer. *Theories of Distributive Justice*. Harvard University Press, Cambridge, MA, 1996.

[436] E. Rogers. The Mistassini Cree. In M. Bicchieri, editor, *Hunters and Gatherers Today*. Holt, Rinehart and Winston, New York, 1972.

[437] R. Rosenthal. Games of perfect information, predatory pricing, and chain-store paradox. *Journal of Economic Theory*, 25: 92 - 100, 1981.

[438] A. Roth. *Axiomatic Models of Bargaining*. Springer-Verlag, Berlin, 1979.

[439] A. Roth. A note on risk aversion in a perfect equilibrium model of bargaining. *Econometrica*, 53:207 - 211, 1985.

[440] A. Roth and I. Erev. Learning in extensive-form games: Experimental data and simple dynamic models in the medium term. *Games and Economic Behavior*, 8:164 - 212, 1995.

[441] J. -J. Rousseau. *Emile*. J. M. Dent, London, 1908. (First published 1762).

[442] J. -J. Rousseau. A discourse on political economy. In G. Cole, editor, *Rousseau's Social Contract and Discourses*, pages 249 - 287. J. M. Dent, London, 1913. (First published 1755).

[443] J. -J. Rousseau. The inequality of man. In G. Cole, editor, *Rousseau's Social Contract and Discourses*, pages 157 - 246. J. M. Dent, London, 1913. (First published 1755).

[444] J. -J. Rousseau. The social contract. In G. Cole, editor, *Rousseau's*

Social Contract and Discourses, pages 5 – 123. J. M. Dent, London, 1913. (First published 1762).

[445] A. Rubinstein. Perfect equilibrium in a bargaining model. *Econometrica*, 50:97 – 109, 1982.

[446] A. Rubinstein. Finite automata play the repeated prisoners' dilemma. *Journal of Economic Theory*, 39:83 – 96, 1986.

[447] A. Rubinstein. Similarity and decision-making under risk. *Journal of Economic Theory*, 46:145 – 153, 1988.

[448] A. Rubinstein. Comments on the interpretation of game theory. *Econometrica*, 59:909 – 924, 1991.

[449] A. Rubinstein, Z. Srafa, and W. Thomson. On the interpretation of the Nash bargaining solution. *Econometrica*, page ?, 1990.

[450] A. Rubinstein and A. Wolinsky. Equilibrium in a market with sequential bargaining. *Econometrica*, 53:1133 – 1150, 1985.

[451] A. Rubinstein and A. Wolinsky. Middlemen. *Quarterly Journal of Economics*, 102:581 – 593, 1987.

[452] A. Rubinstein and A. Wolinsky. Renegotiation-proof implementation and time preference. *American Economic Review*, 82: 600 – 614, 1992.

[453] B. Russell. Mathematics and the metaphysicians. In *Mysticism and Logic*. Doubleday, New York, 1917.

[454] O. Sachs. *An Anthropologist on Mars*. Knopf, New York, 1994.

[455] M. Sahlins. *Stone Age Economics*. Tavistock, London, 1974.

[456] E. Sampson. On justice as equality. *Journal of Social Issues*, 31:54 – 64, 1975.

[457] L. Samuelson. Does evolution eliminate dominated strategies? In A. Kirman, K. Binmore and P. Tani, editors, *The Frontiers of Game Theory*. MIT Press, Cambridge, MA, 1994.

[458] L. Samuelson. *Evolutionary Games and Equilibrium Selection*. MIT Press, Cambridge, MA, 1997.

[459] P. Samuelson. An exact consumption-loan model with or without the social contrivance of money. *Journal of Political Economy*, 66: 467 - 482, 1958.

[460] M. Satterthwaite. Strategy-proofness and Arrow's condition: Existence and correspondence theorems for voting problems and social welfare functions. *Journal of Economic Theory*, 52: 187 - 217, 1975.

[461] L. Savage. *The Foundations of Statistics*. Wiley, New York, 1951.

[462] T. Scanlon. Preferences and urgency. *Journal of Philosophy*, 73: 655 - 670, 1975.

[463] D. Scharfstein and J. Stein. Behavior and investment. *Quarterly Journal of Economics*, 80: 797 - 817, 1990.

[464] T. Schelling. *The Strategy of Conflict*. Harvard University Press, Cambridge, MA, 1960.

[465] K. Schlag. Dynamic stability in the repeated Prisoners' Dilemma played by finite automata. Technical Report SFB 303 Discussion Paper B - 243, University of Bonn, 1993.

[466] D. Schmeidler. Walrasian analysis via strategic outcome functions. *Econometrica*, 48: 1585 - 93, 1980.

[467] A. Schotter. *The Economic Theory of Social Institutions*. Cambridge University Press, Cambridge, 1981.

[468] H. Schroek. *Envy: A Theory of Human Behavior*. Liberty Press, Indianopolis, 1987.

[469] S. Schwartz. The justice of need and the activation of humanitarian norms. *Journal of Social Issues*, 31: 11 - 136, 1975.

[470] W. Scott. *Francis Hutcheson*. Cambridge University Press, Cambridge, 1966. (First published 1900).

[471] R. Selten. Reexamination of the perfectness concept for equilibrium points in extensive-games. *International Journal of Game Theory*, 4: 25 - 55, 1975.

[472] R. Selten. The chain-store paradox. *Theory and Decision*, 9: 127 -

159,1978.

[473] R. Selten. Evolutionary stability in extensive 2-person games. *Mathematical Social Sciences*,5:269 – 363,1983.

[474] R. Selten and U. Leopold. Subjunctive conditionals in decision theory and game theory. In Stegmuller/Balzer/Spohn, editor, *Studies in Economics*. Springer-Verlag, Berlin, 1982. *Philosophy of Economics*, Vol. 2.

[475] A. Sen. *Collective Choice and Social Welfare*. Holden Day,San Francisco,1970.

[476] A. Sen. The impossibility of a Paretian liberal. *Journal of Political Economy*,78:152 – 157,1970.

[477] A. Sen. Welfare inequalities and Rawlsian axiomatics. *Theory and Decision*,7:243 – 262,1976.

[478] A. Sen. Rational fools: A critique of the behavioral foundations of economic theory. *Philosophy and Public Affairs*, 6: 317 – 344, 1977.

[479] A. Sen. Equality of what? In S. McMurrin, editor, *Tanner Lectures on Human Values I*. University of Utah Press, Salt Lake City, 1980.

[480] A. Sen. *On Ethics and Economics*. Blackwell,Oxford,1987.

[481] A. Sen. Utilitarianism and welfarism. *Journal of Philosophy*,76: 463 – 489,1988.

[482] A. Sen. Minimal liberty. *Economica*,59:139 – 160,1992.

[483] A. Sen. Internal consistency of choice. *Econometrica*,61:495 – 522, 1993.

[484] A . Sen and B. Williams. *Utilitarianism and Beyond*. Cambridge University Press,Cambridge,1982.

[485] R. Sennet. *Authority*. Faber and Faber,Boston,1980.

[486] R. Shackleton. The greatest happiness of the greatest number: The history of Bentham's phrase. *Studies on Voltaire and the Eigh-*

teenth Century, 90: 1461 - 1482, 1972.

[487] A. Shaked. Opting out: Bazaars versus hi-tech markets. *Investigaciones Economicas*, 18: 420 - 432, 1994.

[488] A. Shaked and J. Sutton. Involuntary unemployment as a perfect equilibrium in a bargaining model. *Econometrica*, 52: 1351 - 1364, 1984.

[489] L. Shapley. Utility comparison and the theory of games. In A. Roth, editor, *The Shapley Value: Essays in Honor of Lloyd S. Shapley*. Cambridge University Press, Cambridge, 1988.

[490] M. Shubik. Edgeworth market games. In A. Tucker and R. Luce, editors, *Contributions to the Theory of Games IV (Annals of Mathematics Studies 40)*. Princeton University Press, Princeton, 1959.

[491] M. Shubik. *Game Theory in the Social Sciences*. MIT Press, Cambridge, MA, 1982.

[492] H. Sidgwick. *The Methods of Ethics*. Hackett, Indianapolis, 1981. (Seventh edition 1907. First published 1874).

[493] K. Sigmund. *Games of Life: Explorations in Ecology, Evolution and Behaviour*. Penguin, Harmondsworth, UK, 1993.

[494] M. Singer. Moral skepticism. In C. Carter, editor, *Skepticism and Moral Principles*. New University Press, Evanston, IL, 1973.

[495] P. Singer. *The Expanding Circle: Ethics and Sociobiology*. Farrar, Strauss and Giroux, New York, 1980.

[496] P. Singer. *How Are We to Live: Ethics in an Age of Self-Interest*. Opus: Oxford University Press, Oxford, 1997.

[497] B. Skinner. *Walden II*. Macmillan, New York, 1948.

[498] B. Skinner. *Beyond Freedom and Dignity*. Knopf, New York, 1972.

[499] B. Skyrms. *Evolution of the Social Contract*. Cambridge University Press, Cambridge, 1996.

[500] A. Smith. *The Theory of Moral Sentiments*. Clarendon Press, Ox-

ford, 1975. (Edited by D. Raphael and A. Macfie. First published 1759).

[501] A. Smith. *The Wealth of Nations*. Liberty Classics, Indianopolis, 1976. (First published 1776).

[502] E. Smith. Risk and uncertainty in the original "affluent society". In T. Ingold *et al*, editor, *Hunters and Gatherers*. Berg, London, 1988.

[503] F. Snare. *The Nature of Moral Thinking*. Routledge, London, 1992.

[504] B. de Spinoza. Tractatus politicus. In *Chief Works of Benedict de Spinoza*, Volume I. Bell, London, 1909. (Translated by R. Elwes. First published 1674).

[505] B. de Spinoza. Theologico-political treatise. In *Chief Works of Benedict de Spinoza*, Volume I. Dover, New York, 1951. (Translated by R. Elwes. First published 1670).

[506] B. de Spinoza. Ethics. In *Collected Works of Spinoza*, Volume I. Princeton University Press, Princeton, 1985. (Edited by E. Curley. First published 1677).

[507] I. Stahl. *Bargaining Theory*. Economics Research Institute, Stockholm, 1972.

[508] J. Stewart. *Opinion and Reform in Hume's Political Philosophy*. Princeton University Press, Princeton, 1992.

[509] G. Stigler. *The Economist as Preacher*. Blackwell, Oxford, 1982.

[510] G. J. Stigler. Economics or ethics? In S. McMurrin, editor, *Tanner Lectures on Human Values*. Cambridge University Press, Cambridge, 1981.

[511] R. Sugden. Liberty, preference and choice. *Economics and Philosophy*, 1:213 - 219, 1985.

[512] R. Sugden. *The Economics of Rights, Cooperation and Welfare*. Blackwell, Oxford, 1986.

[513] P. Suppes. Some formal models of grading principles. *Synthèse*, 6: 284 - 306, 1966.

[514] P. Suppes. The transcendental character of determinism. In P. French *et al*, editor, *Midwest Studies in Philosophy*. University of Notre Dame Press, 1993.

[515] P. Suppes. Voluntary motion, biological computation and free will. In P. French *et al*, editor, *Midwest Studies in Philosophy*. University of Notre Dame Press, 1994.

[516] K. Suzumura. On the consistency of libertarian claims. *Review of Economic Studies*, 45:329 - 342, 1978.

[517] J. Tanaka. *The San Hunter-Gatherers of the Kalahari Desert: A Study of Ecological Anthropology*. Tokyo University Press, Tokyo, 1980.

[518] R. Teichgraeber. *Free Trade and Moral Philosophy: Rethinking the Sources of Adam Smith's* Wealth of Nations. Duke University Press, Durham, NC, 1986.

[519] R. Thaler. Anomalies: The Ultimatum Game. *Journal of Economic Perspectives*, 2:195 - 206, 1988.

[520] R. Thaler. *The Winner's Curse: Paradoxes and Anomalies of Economic Life*. Free Press, New York, 1991.

[521] W. Thomson. A study of choice correspondences in economics with a variable number of agents. *Journal of Economic Theory*, 46:237 - 254, 1988.

[522] J. Tooby. The emergence of evolutionary psychology. In D. Pines, editor, *Emerging Syntheses is Science*. Santa Fe Institute, Santa Fe, 1987.

[523] J. Tooby and L. Cosmides. Friendship, cooperation and the banker's paradox. In J. Maynard Smith, editor, *Evolution of Social Behavior Patterns in Primates and Man*. Proceedings of the British Academy, London, 1996.

[524] R. Trivers. The evolution of reciprocal altruism. *Quarterly Review of Biology*, 46:35 - 56, 1971.

[525] R. Trivers. *Social Evolution*. Benjamin Cummings, Menlo Park, CA,

1985.

[526] C. Turnbull. *Wayward Servants*. Eyre and Spottiswoode, London, 1965.

[527] C. Turnbull. *The Mountain People*. Touchstone, New York, 1972.

[528] E. van Damme. Renegotiation-proof equilibria in repeated Prisoners' Dilemma. *Journal of Economic Theory*, 46:206 – 217, 1989.

[529] E. van Damme, R. Selten, and E. Winter. Alternating bid bargaining with a smallest money unit. *Games and Economic Behavior*, 2:188 – 201, 1990.

[530] V. Vanberg and R. Congleton. Rationality, morality and exit. *American Political Science Review*, 86:418 – 431, 1992.

[531] H. Varian. Equity, envy and efficiency. *Journal of Economic Theory*, 9:63 – 91, 1974.

[532] H. Varian. Distributive justice, welfare economics and the theory of fairness. *Philosophy and Public Affairs*, 13:319 – 333, 1975.

[533] H. Varian. Two problems in the theory of fairness. *Journal of Public Economics*, 5:249 – 260, 1976.

[534] H. Varian. *Microeconomic Analysis (Third Edition)*. Norton, New York, 1992.

[535] T. Veblen. The theory of the leisure class. In M. Lerner, editor, *The Portable Veblen*. Viking Press, New York, 1958. (First published 1899).

[536] G. Vlastos. Justice and inequality. In J. Waldren, editor, *Theory of Rights*. Oxford University Press, Oxford, 1992.

[537] J. Von Neumann. Zur Theorie der Gesellschaftsspiele. *Mathematische Annalen*, 100:295 – 320, 1928.

[538] J. Von Neumann and O. Morgenstern. *The Theory of Games and Economic Behavior*. Princeton University Press, Princeton, 1944.

[539] F. de Waal. *Good Natured: The Origins of Right and Wrong in Humans and Other Animals*. Harvard University Press, Cam-

bridge, MA, 1996.

[540] M. Wade. Soft selection, hard selection, kin selection and group selection. *American Naturalist*, 125: 61 - 73, 1985.

[541] G. Wagstaff. Equity, equality and need: Three principles of justice or one? *Current Psychology: Research and Reviews*, 13: 138 - 152, 1994.

[542] G. Wagstaff. Making sense of justice. Draft book, Psychology Department, University of Liverpool, 1997.

[543] G. Wagstaff, J. Huggins, and T. Perfect. Equal ratio equity, general linear equity and framing effects in judgments of allocation divisions. *European Journal of Social Psychology*, 26: 29 - 41, 1996.

[544] G. Wagstaff and T. Perfect. On the definition of petit equity and the prediction of inequity. *British Journal of Social Psychology*, 31: 69 - 77, 1992.

[545] L. Walras. *Elements d'Economie Politique Pure*. Pichon et Durand-Auzias, Paris, 1926.

[546] E. Walster, E. Berscheid, and G. Walster. New directions in equity research. *Journal of Personality and Social Psychology*, 25: 151 - 176, 1973.

[547] E. Walster and G. Walster. Equity and social justice. *Journal of Social Issues*, 31: 21 - 43, 1975.

[548] E. Walster, G. Walster, and E. Berscheid. *Equity: Theory and Research*. Allyn and Bacon, London, 1978.

[549] E. Westermarck. *The Origin and Development of Moral Ideas*. Macmillan, London, 1906.

[550] J. Weymark. A reconsideration of the Harsanyi-Sen debate on utilitarianism. In J. Elster and J. Roemer, editors, *Interpersonal Comparisons of Well-Being*. Cambridge University Press, Cambridge, 1991.

[551] F. Whelan. *Order and Artifice in Hume's Political Philosophy*. Princeton University Press, Princeton, 1985.

[552] P. Wiesner. Risk, reciprocity and social influences on !Kung San economics. In E. Leacock and R. Lee, editors, *Politics and History in Band Cultures*. Cambridge University Press, Cambridge, 1982.

[553] G. Wilkinson. Reciprocal food-sharing in the vampire bat. *Nature*, 308:181-184, 1984.

[554] B. Williams. *Moral Luck*. Cambridge University Press, Cambridge, 1981.

[555] G. Williams. *Adaption and Natural Selection*. Princeton University Press, Princeton, 1974.

[556] D. Wilson. The group selection controversy: History and current status. *Annual Review of Ecology and Systematics*, 14: 159-187, 1983.

[557] D. Wilson and E. Sober. Reviving the superorganism. *Journal of Theoretical Biology*, 136:337-356, 1988.

[558] E. Wilson. *The Insect Societies*. Harvard University Press, Cambridge, MA, 1971.

[559] E. Wilson. *Sociobiology: The New Synthesis*. MIT Press, Cambridge, MA, 1975.

[560] E. Wilson. *On Human Nature*. MIT Press, Cambridge, MA, 1978.

[561] J. Wilson. *The Moral Sense*. Free Press, New York, 1993.

[562] L. Wispé. The distinction between sympathy and empathy: To call forth a concept a word is needed. *Journal of Personality and Social Psychology*, 50:314-321, 1986.

[563] L. Wispé. *The Psychology of Sympathy*. Plenum, New York, 1991.

[564] L. Wittgenstein. *Tractatus Logico-Philosophicus*. Routledge and Kegan Paul, London, 1992. (Translated by C. Ogden. First published 1922).

[565] R. Wolff. A refutation of Rawls' theorem on justice. *Journal of Philosophy*, 63:170-190, 1966.

 [566] R. Wolff. *Understanding Rawls*. Princeton University Press, Prin-

ceton, 1977.

[567] R. Wright. *The Moral Animal*. Random House, New York, 1994.

[568] J. Wu and R. Axelrod. How to cope with noise in the iterated Prisoner's Dilemma. *Journal of Conflict Resolution*, 39: 183 - 189, 1995.

[569] V. Wynne-Edwards. *Animal Dispersion in Relation to Social Behavior*. Oliver and Boyd, Edinburgh, 1962.

[570] M. Yaari. Rawls, Edgeworth, Shapley, Nash: Theories of distributive justice re-examined. *Journal of Economic Theory*, 24: 1 - 39, 1981.

[571] P. Young. The evolution of conventions. *Econometrica*, 61: 57 - 84, 1993.

[572] P. Young. An evolutionary model of bargaining. *Journal of Economic Theory*, 59: 145 - 168, 1993.

[573] P. Young. *Equity*. Princeton University Press, Princeton, 1994.

[574] C. Zahn-Waxler, B. Hollenbeck, and M. Rootke-Yarrow. The origins of empathy and altruism. In M. Fox and L. Mickley, editors, *Advances in Animal Welfare Sciences*. Humane Society of the United States, Washington, DC, 1984.

[575] C. Zeeman. Dynamics of the evolution of animal conflicts. *Journal of Theoretical Biology*, 89: 249 - 270, 1981.

[576] F. Zeuthen. *Problems of Monopoly and Economic Warfare*. Routledge and Kegan Paul, London, 1930.